인천국제 공항공사

통합기본서

시대에듀

2025 최신판 시대에듀 All-New
인천국제공항공사(인국공) 통합기본서

Always **with you**

사람의 인연은 길에서 우연하게 만나거나 함께 살아가는 것만을 의미하지는 않습니다.
책을 펴내는 출판사와 그 책을 읽는 독자의 만남도 소중한 인연입니다.
시대에듀는 항상 독자의 마음을 헤아리기 위해 노력하고 있습니다. 늘 독자와 함께하겠습니다.

머리말 PREFACE

세계 1등 공항을 넘어 글로벌 공항산업의 창의적 선도자로 도약하기 위해 노력하는 인천국제공항공사는 2025년에 신입직원을 채용할 예정이다. 채용절차는 「서류전형 ➡ 필기전형 ➡ 온라인 인성검사 ➡ 1차 면접전형 ➡ 2차 면접전형 ➡ 신원조회 및 신체검사 ➡ 합격자 발표」 순서로 진행되며, 지원서 불성실 작성자 등을 제외한 서류전형 합격자에 한해 필기전형 응시 기회가 주어진다. 필기전형은 직업기초능력평가와 직무수행능력평가로 진행된다. 직업기초능력평가의 경우 사무직은 의사소통능력 · 수리능력 · 문제해결능력 · 자원관리능력 · 정보능력 · 조직이해능력을, 기술직은 의사소통능력 · 수리능력 · 문제해결능력 · 자원관리능력 · 정보능력 · 기술능력을 평가한다. 또한 직무수행능력평가의 경우 지원한 분야별로 과목이 상이하므로 반드시 확정된 채용공고를 확인해야 한다.

인천국제공항공사 필기전형 합격을 위해 시대에듀에서는 인천국제공항공사 판매량 1위의 출간경험을 토대로 다음과 같은 특징을 가진 도서를 출간하였다.

도서의 특징

❶ **기출복원문제를 통한 출제 유형 확인!**

- 2025년 상반기 주요 공기업 NCS 기출문제를 복원하여 공기업별 NCS 필기 유형을 파악할 수 있도록 하였다.
- 2025~2024년 주요 공기업 전공 기출문제(경영학 · 경제학 · 행정학)를 복원하여 공기업별 전공 출제 경향을 파악할 수 있도록 하였다.

❷ **인천국제공항공사 필기전형 출제 영역 맞춤 문제를 통한 실력 상승!**

- 직업기초능력평가 대표기출유형&기출응용문제를 수록하여 유형별로 대비할 수 있도록 하였다.
- 직무수행능력평가(사무직) 적중예상문제를 수록하여 필기전형에 완벽히 대비할 수 있도록 하였다.

❸ **최종점검 모의고사를 통한 완벽한 실전 대비!**

- 철저한 분석을 통해 실제 유형과 유사한 최종점검 모의고사를 수록하여 자신의 실력을 최종 점검할 수 있도록 하였다.

❹ **다양한 콘텐츠로 최종 합격까지!**

- 인천국제공항공사 채용 가이드와 면접 기출질문을 수록하여 채용을 준비하는 데 부족함이 없도록 하였다.
- 온라인 모의고사를 무료로 제공하여 필기전형을 대비할 수 있도록 하였다.

끝으로 본 도서를 통해 인천국제공항공사 채용을 준비하는 모든 수험생 여러분이 합격의 기쁨을 누리기를 진심으로 기원한다.

SDC(Sidae Data Center) 씀

인천국제공항공사 기업분석

INTRODUCE

◇ 미션

인천공항의 **효율적 건설 · 관리 · 운영**

원활한 **항공운송**

국민경제 발전 이바지

세계적인 **공항전문기업 육성**

◇ 비전

공항을 넘어 세상을 바꿉니다

Beyond an Airport, Changing the World

◇ CORE VALUE

도전 Challenge	미래성장을 위한 변화와 혁신을 통해 끊임없는 도전 경주
협력 Cooperation	공항 생태계 내 협력적 신뢰관계 구축을 통한 조직 경쟁력 강화
창의 Creativity	열린 사고로 개방적 협력을 통해 주도적으로 문제 해결
윤리 Integrity	국민의 공기업으로서 윤리와 투명성을 통한 지속가능 성장 실현

◇ STRATEGY

공항인프라 **디지털 공항 혁신**	디지털 전환을 바탕으로 넷제로 등 미래 환경 변화를 반영한 새로운 공항 인프라 완성	• 디지털 공항 전환 가속화 • 친환경 수소공항 구현 • 하이퍼스케일 인프라 구현 • 첨단 통합 운항 플랫폼 구축
공항운영 **초연결 모빌리티 허브 완성**	새로운 서비스 · 경험으로 여객과 화물이 모이고 연결되는 메가 허브공항 고도화	• 메가포트 허브네트워크 강화 • 고객경험가치 극대화 • 미래형 교통망 혁신 • 지능형 항공보안 및 무결점 안전 구현
신사업(산업) **융복합 혁신 생태계 조성**	사업 간 경계를 넘어 창의적 혁신을 촉진하고, 이를 바탕으로 글로벌 진출 확대	• 인재 · 산업중심의 공항 복합도시 완성 • 글로벌 NO.1물류 · MRO 거점 구축 • 커머스 플랫폼 비즈니스 혁신 • 융복합 경쟁력 기반 K-공항 수출 확대
경영프로세스 **공항전문그룹 도약**	기회와 잠재력을 발굴하고 미래 변화에 효과적으로 대응할 수 있도록 경영체계 혁신	• 공항전문그룹 구조 확립 • 경영혁신 및 생산성 향상 • 지속가능한 ESG경영 실천 • 창의적 미래 인재육성 강화

◇ 인재상

전문성 Professional

1. 공항전문 분야에서 문제해결 능력 및 지식을 가지고 있는 사람
2. 맡은 업무를 끊임없이 고민하고 탐구하는 사람
3. 담당직무뿐만 아니라 공항 전반 유기적 연관성을 고민하는 사람

도전 Challenge

1. 새로운 시도를 두려워하지 않는 사람
2. 다양한 시각으로 공항을 바라보는 사람
3. 새로운 일을 안 할 이유를 찾는 대신 열린 마음으로 시도 방안을 고민해보는 사람

소통 Communication

1. 다른 사람의 말을 경청하고 존중하는 사람
2. 팀원들과 업무현안과 아이디어에 대해 공유하며 이끌어 가는 사람
3. 이해관계자들과 대화를 통해 협업을 진행하고 설득하는 사람

책임감 Responsibillity

1. 맡은 일을 마무리까지 책임지고 완수하는 사람
2. 직무에 애정을 가지고 지속적으로 배우고 개선하는 사람
3. 결정권을 가진 경영자의 마음으로 맡은 일을 고민하고 추천하는 사람

신입 채용 안내 INFORMATION

◇ 지원자격(공통)

❶ 학력 · 전공 · 연령 · 성별 · 경력 : 제한 없음

※ 단, 연령의 경우 채용 예정일 기준 공사 규정에 따른 정년 이내여야 함

❷ 공사 인사규정에 따른 임용 결격사유에 해당하지 않는 자

❸ 최종합격자 발표 이후 즉시 근무 가능한 자

❹ 병역 : 채용 예정일 기준 군필 또는 면제자

❺ 공인어학성적 : 다음 어학성적 기준 중 하나를 충족하는 자

- 영어 : TOEIC 800점 이상 또는 TOEFL-IBT 91점 이상 또는 TEPS 309점 이상
- 일본어 : JPT 800점 이상
- 중국어 : HSK 5급 210점 이상

※ 단, 사회형평분야와 안전보안직은 ❹ 병역과 ❺ 공인어학성적 규정을 적용하지 않음

◇ 필기전형

구분	전형내용 및 평가기준	
직업기초능력평가 (NCS)	사무	의사소통능력, 수리능력, 문제해결능력, 자원관리능력, 정보능력, 조직이해능력
	기술	의사소통능력, 수리능력, 문제해결능력, 자원관리능력, 정보능력, 기술능력
직무수행능력평가 (전공)	사무/기술	지원한 분야의 해당 전공과목 전반에 대한 시험
	장애/보훈	• 사무(경영학, 경제학, 행정학 중 택 1) • 기술(8개 전공 중 해당 전공)

◇ 면접전형

구분	전형내용 및 평가기준	
1차 면접	직무면접	• 내용 : 직무PT, 직무상황대처(Role Play), 영어 • 평가기준 : 문제해결능력, 직무지식, 의사소통능력 등
2차 면접	종합면접	• 내용 : 입사지원서 및 인재상 기반 종합 질의응답 • 평가기준 : 의사소통능력, 대인관계능력, 열정, 인성 등

❖ 위 채용안내는 2024년 채용공고를 기준으로 작성하였으므로 세부사항은 확정된 채용공고를 확인하기 바랍니다.

2024년 기출분석 ANALYSIS

총평

인천국제공항공사 필기전형은 PSAT형으로, 지문의 길이가 긴 편이고 난이도가 높아 시험 시간이 부족했다는 의견이 많았다. 따라서 평소에 시간을 안배하며 신속히 정답을 찾는 연습이 필요하다. 또한 공사 관련 내용을 토대로 출제된 문제가 다수였으므로 공사에서 추진하는 사업 활동에 관심을 갖고 홈페이지와 보도자료 등을 살펴봐야 한다. 아울러 전반적으로 다양한 자료를 보고 분석하거나 계산을 하는 문제가 다수였으므로 자료 해석에 대한 연습을 충분히 하는 것이 바람직해 보인다.

◇ 영역별 출제 비중

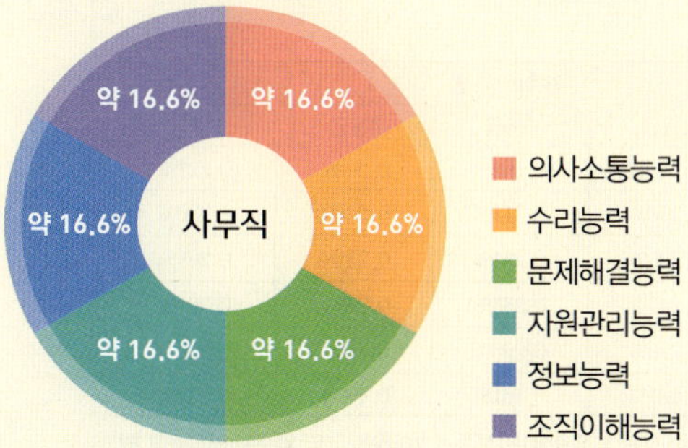

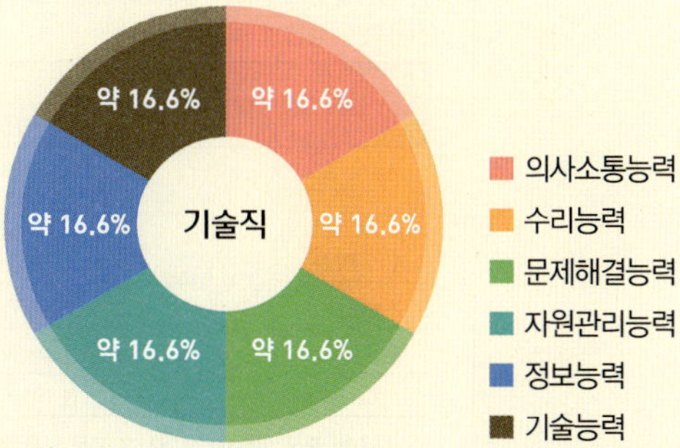

구분	출제 특징	출제 키워드
의사소통능력	• 지문이 긴 편이고, 공사와 관련한 지문이 출제됨 • 내용 일치 유형 및 항공기 관련 문제가 출제됨 • 영업이익이 흑자로 전환될 수 있었던 이유는 무엇인지 지문을 읽고 찾는 문제가 출제됨	• 공항 운영, ESG, 환경, 항공 개선 사항, 영업이익 등
수리능력	• 수치 비교, 자료 이해 유형의 문제(소수점 계산 필요)가 다수 출제됨 • 인천공항의 운영 현황 및 지표를 제시한 문제가 출제됨 • 전년 동기 대비 몇 % 상승했는지 등의 분석 문제가 출제됨	• 운영 현황, 증감률, 은행 대출 등
문제해결능력	• 주어진 자료를 해석하는 문제가 출제됨 • 프로젝트를 담당하는 사원 A가 협의해야 할 부서가 아닌 것을 묻는 문제가 출제됨 • 조건에 따라 순위를 결정하는 문제가 출제됨 • 좌표, 회전각 등의 자료를 적용해 풀이하는 세트 문제가 출제됨	• 날짜, 이윤 극대화, 순위 결정 등
자원관리능력	• 표나 그래프를 포함하는 문제가 출제됨 • 활주로에 설치되는 야간 안내용 등화 스펙을 묻는 문제가 출제됨 • 구매한 물품을 확인하고 할인율을 계산하여 가격 맞추는 문제, 비품 구매 규칙에 따라 주문해야 하는 비품을 고르는 문제가 출제됨	• 예산 편성, 할인율 적용 가격, 주문할 비품 등
정보능력	• 엑셀(필터, 함수식), 알고리즘 문제가 출제됨 • 파이썬 함수나 변수 요소들을 지문으로 설명하고 이를 적용할 때 어떻게 적어야 하는지 묻는 문제가 출제됨	• VLOOKUP 함수, 알고리즘, 파이썬 변수, string, msgbox 등
조직이해능력	• 지문 제시형 문제가 다수 출제됨 • 지문을 보고 부서에서 해야 할 일, 이메일을 보고 가장 먼저 해야 할 일 등을 찾는 문제가 출제됨 • 마케팅 활용 방안을 묻는 문제가 출제됨	• 마케팅 활용 등
기술능력	• 프린터가 고장 났을 경우에 조치해야 할 사항을 묻는 문제가 출제됨	• 프린터 고장 등

PSAT형

| 수리능력

04 다음은 신용등급에 따른 아파트 보증률에 대한 사항이다. 자료와 상황에 근거할 때, 갑(甲)과 을(乙)의 보증료의 차이는 얼마인가?(단, 두 명 모두 대지비 보증금액은 5억 원, 건축비 보증금액은 3억 원이며, 보증서 발급일로부터 입주자 모집공고 안에 기재된 입주 예정 월의 다음 달 말일까지의 해당 일수는 365일이다)

• (신용등급별 보증료)=(대지비 부분 보증료)+(건축비 부분 보증료)
• 신용평가 등급별 보증료율

구분	대지비 부분	건축비 부분				
		1등급	2등급	3등급	4등급	5등급
AAA, AA	0.138%	0.178%	0.185%	0.192%	0.203%	0.221%
A^+		0.194%	0.208%	0.215%	0.226%	0.236%
A^-, BBB^+		0.216%	0.225%	0.231%	0.242%	0.261%
BBB^-		0.232%	0.247%	0.255%	0.267%	0.301%
BB^+ ~ CC		0.254%	0.276%	0.296%	0.314%	0.335%
C, D		0.404%	0.427%	0.461%	0.495%	0.531%

※ (대지비 부분 보증료)=(대지비 부분 보증금액)×(대지비 부분 보증료율)×(보증서 발급일로부터 입주자 모집공고 안에 기재된 입주 예정 월의 다음 달 말일까지의 해당 일수)÷365
※ (건축비 부분 보증료)=(건축비 부분 보증금액)×(건축비 부분 보증료율)×(보증서 발급일로부터 입주자 모집공고 안에 기재된 입주 예정 월의 다음 달 말일까지의 해당 일수)÷365

• 기여고객 할인율 : 보증료, 거래기간 등을 기준으로 기여도에 따라 6개 군으로 분류하며, 건축비 부분 요율에서 할인 가능

구분	1군	2군	3군	4군	5군	6군
차감률	0.058%	0.050%	0.042%	0.033%	0.025%	0.017%

〈상황〉

• 갑 : 신용등급은 A^+이며, 3등급 아파트 보증금을 내야 한다. 기여고객 할인율에서는 2군으로 선정되었다.
• 을 : 신용등급은 C이며, 1등급 아파트 보증금을 내야 한다. 기여고객 할인율은 3군으로 선정되었다.

① 554,000원
② 566,000원
③ 582,000원
④ 591,000원
⑤ 623,000원

특징
▸ 대부분 의사소통능력, 수리능력, 문제해결능력을 중심으로 출제(일부 기업의 경우 자원관리능력, 조직이해능력을 출제)
▸ 자료에 대한 추론 및 해석 능력을 요구

대행사
▸ 엑스퍼트컨설팅, 커리어넷, 태드솔루션, 한국행동과학연구소(행과연), 휴노 등

모듈형

| 문제해결능력

41 문제해결절차의 문제 도출 단계는 (가)와 (나)의 절차를 거쳐 수행된다. 다음 중 (가)에 대한 설명으로 적절하지 않은 것은?

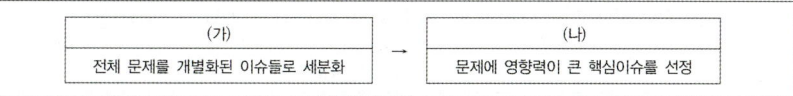

(가)	→	(나)
전체 문제를 개별화된 이슈들로 세분화		문제에 영향력이 큰 핵심이슈를 선정

① 문제의 내용 및 영향 등을 파악하여 문제의 구조를 도출한다.
② 본래 문제가 발생한 배경이나 문제를 일으키는 메커니즘을 분명히 해야 한다.
③ 현상에 얽매이지 말고 문제의 본질과 실제를 봐야 한다.
④ 눈앞의 결과를 중심으로 문제를 바라봐야 한다.
⑤ 문제 구조 파악을 위해서 Logic Tree 방법이 주로 사용된다.

특징
- 이론 및 개념을 활용하여 푸는 유형
- 채용 기업 및 직무에 따라 NCS 직업기초능력평가 10개 영역 중 선발하여 출제
- 기업의 특성을 고려한 직무 관련 문제를 출제
- 주어진 상황에 대한 판단 및 이론 적용을 요구

대행사
- 인트로맨, 휴스테이션, ORP연구소 등

피듈형(PSAT형 + 모듈형)

| 자원관리능력

07 다음 자료를 근거로 판단할 때, 연구모임 A～E 중 세 번째로 많은 지원금을 받는 모임은?

〈지원계획〉

- 지원을 받기 위해서는 한 모임당 5명 이상 9명 미만으로 구성되어야 한다.
- 기본지원금은 모임당 1,500천 원을 기본으로 지원한다. 단, 상품개발을 위한 모임의 경우는 2,000천 원을 지원한다.
- 추가지원금

등급	상	중	하
추가지원금(천 원/명)	120	100	70

※ 추가지원금은 연구 계획 사전평가결과에 따라 달라진다.

- 협업 장려를 위해 협업이 인정되는 모임에는 위의 두 지원금을 합한 금액의 30%를 별도로 지원한다.

〈연구모임 현황 및 평가결과〉

특징
- 기초 및 응용 모듈을 구분하여 푸는 유형
- 기초인지모듈과 응용업무모듈로 구분하여 출제
- PSAT형보다 난도가 낮은 편
- 유형이 정형화되어 있고, 유사한 유형의 문제를 세트로 출제

대행사
- 사람인, 스카우트, 인크루트, 커리어케어, 트리피, 한국사회능력개발원 등

인천국제공항공사

2024년 적중

날짜 ▶ 키워드

07 I공사는 5월 중에 진급심사를 하고자 한다. 인사관리과 A대리는 모든 진급심사 일정에 참여하면서도 5월 내에 남은 연차 2일을 사용해 가족들과 일본여행을 가고자 한다. 인사관리과의 진급심사가 〈조건〉에 따라 진행된다고 할 때, 다음 중 A대리가 연차로 사용가능한 날짜는?

〈2023년 5월 달력〉

일요일	월요일	화요일	수요일	목요일	금요일	토요일
	1	2	3	4	5	6
7	8	9	10	11	12	13
14	15	16	17	18	19	20
21	22	23	24	25	26	27
28	29	30	31			

조건

- 진급심사는 '후보자 선별 → 결격사유 심사 → 실적평가 → 인사고과 심사 → 임원진 면접 → 승진

2024년 적중

주문할 비품 ▶ 키워드

41 다음은 I기업의 재고 관리 사례이다. 금요일까지 부품 재고 수량이 남지 않게 완성품을 만들 수 있도록 월요일에 주문할 A~C부품 개수로 옳은 것은?(단, 주어진 조건 이외에는 고려하지 않는다)

〈부품 재고 수량과 완성품 1개당 소요량〉

부품명	부품 재고 수량	완성품 1개당 소요량
A	500	10
B	120	3
C	250	5

〈완성품 납품 수량〉

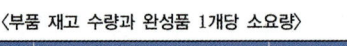

항목 \ 요일	월요일	화요일	수요일	목요일	금요일
완성품 납품 개수	없음	30	20	30	20

※ 부품 주문은 월요일에 한 번 신청하며, 화요일 작업 시작 전에 입고된다.
※ 완성품은 부품 A, B, C를 모두 조립해야 한다.

	A	B	C
①	100	100	100
②	100	180	200
③	500	100	100
④	500	150	200
⑤	500	180	250

코레일 한국철도공사

교통사고 ▶ 키워드

2025년 적중

※ 다음은 K국의 교통사고 사상자 2,500명에 대해 조사한 자료이다. 이어지는 질문에 답하시오. [3~4]

〈교통사고 현황〉

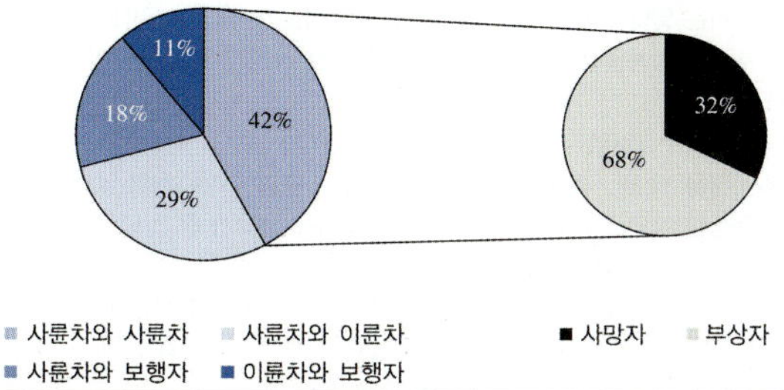

국가철도공단

브레인스토밍 ▶ 키워드

2025년 적중

※ 다음 글을 읽고 이어지는 질문에 답하시오. [3~4]

> 이혜민 사원은 급하게 ㉠ 상사와 통화를 원하는 외부전화를 받았다. 상사는 현재 사내 상품개발팀과 신제품개발 아이디어 수집에 대해 전화회의를 하고 있다. 상대방의 양해를 얻어 전화를 대기시키고 ㉡ 메모지에 내용을 적어 통화 중인 상사에게 전하고 잠시 기다렸다. 통화 중인 상사는 이혜민 사원에게 전화를 ㉢ 받을 수 없다는 손짓을 하고, 메모지에 ㉣ '나중에 통화'라고 적었다. 이혜민 사원은 상사의 뜻을 전하고 ㉤ 전화번호를 물어보았다. 잠시 후 상품개발팀장과 통화를 끝낸 상사는 이혜민 사원에게 다음과 같이 지시하였다. "㉥ 다음 주에 약 12명이 모여 신상품 아이디어에 대한 브레인스토밍 회의를 할 겁니다. 화요일을 제외하고 날짜를 잡아 팀장과 의논해서 준비하세요."

SH 서울주택도시공사

참인 명제 ▶ 유형

2025년 적중

04 제시된 명제가 모두 참일 때, 다음 중 반드시 참인 명제는?

> • 등산을 하는 사람은 심폐지구력이 좋다.
> • 심폐지구력이 좋은 어떤 사람은 마라톤 대회에 출전한다.
> • 자전거를 타는 사람은 심폐지구력이 좋다.
> • 자전거를 타는 어떤 사람은 등산을 한다.

① 등산을 하는 어떤 사람은 마라톤 대회에 출전한다.

한국공항공사

문단 나열 ▶ 유형

2025년 적중

03 다음 문단을 논리적 순서대로 바르게 나열한 것은?

(가) 여기에 반해 동양에서는 보름달에 좋은 이미지를 부여한다. 예를 들어, 우리나라의 처녀귀신이나 도깨비는 달빛이 흐린 그믐 무렵에나 활동하는 것이다. 그런데 최근에는 동서양의 개념이 마구 뒤섞여 보름달을 배경으로 악마의 상징인 늑대가 우는 광경이 동양의 영화에 나오기도 한다.

(나) 동양에서 달은 '음(陰)'의 기운을, 해는 '양(陽)'의 기운을 상징한다는 통념이 자리를 잡았다. 그래서 달을 '태음', 해를 '태양'이라고 불렀다. 동양에서는 해와 달의 크기가 같은 덕에 음과 양도 동등한 자격을 갖춘다. 즉, 음과 양은 어느 하나가 좋고 다른 하나는 나쁜 것이 아니라 서로 보완하는 관계를 이루는 것이다.

(다) 옛날부터 형성된 이러한 동서양 간의 차이는 오늘날까지 영향을 끼치고 있다. 동양에서는 달이 밝으면 달맞이를 하는데, 서양에서는 달맞이를 자살 행위처럼 여기고 있다. 특히 보름달은 서양인들에게 거의 공포의 상징과 같은 존재이다. 예를 들어, 13일의 금요일에 보름달이 뜨게 되면 사람들은 외출조차 꺼린다.

(라) 하지만 서양의 경우는 다르다. 서양에서 낮은 신이, 밤은 악마가 지배한다는 통념이 자리를 잡았다. 따라서 밤의 상징인 달에 좋지 않은 이미지를 부여하게 되었다. 이는 해와 달의 명칭을 보면 알 수 있다. 라틴어로 해를 'Sol', 달을 'Luna'라고 하는데 정신병을 뜻하는 단어 'Lunacy'의 어원이 바로 'Luna'이다.

보험료 ▶ 키워드

2025년 적중

29 K공단에서는 지역가입자의 생활수준 및 연간 자동차세액 점수표를 기준으로 지역보험료를 산정한다. 지역가입자 A ~ E의 조건을 보고 보험료를 바르게 계산한 것은?(단, 원 단위 이하는 절사한다)

〈생활수준 및 경제활동 점수표〉

구분		1구간	2구간	3구간	4구간	5구간	6구간	7구간
가입자 성별 및 연령별	남성	20세 미만 65세 이상	60세 이상 65세 미만	20세 이상 30세 미만 50세 이상 60세 미만	30세 이상 50세 미만	–	–	–
	점수	1.4점	4.8점	5.7점	6.6점			
	여성	20세 미만 65세 이상	60세 이상 65세 미만	25세 이상 30세 미만 50세 이상 60세 미만	20세 이상 25세 미만 30세 이상 50세 미만	–	–	–
	점수	1.4점	3점	4.3점	5.2점			
재산 정도 (만 원)		450 이하	450 초과 900 이하	900 초과 1,500 이하	1,500 초과 3,000 이하	3,000 초과 7,500 이하	7,500 초과 15,000 이하	15,000 초과
점수		1.8점	3.6점	5.4점	7.2점	9점	10.9점	12.7점
연간 자동차세액 (만 원)		6.4 이하	6.4 초과 10 이하	10 초과 22.4 이하	22.4 초과 40 이하	40 초과 55 이하	55 초과 66 이하	66 초과
점수		3점	6.1점	9.1점	12.2점	15.2점	18.3점	21.3점

※ (지역보험료)=[(생활수준 및 경제활동 점수)+(재산등급별 점수)+(자동차등급별 점수)]×(부과점수당 금액)

※ 모든 사람의 재산등급별 점수는 200점, 자동차등급별 점수는 100점으로 가정함

※ 부과점수당 금액은 183원임

한국도로공사

매출액 ▶ 키워드

2024년 적중

18 다음 표는 D회사 구내식당의 월별 이용자 수 및 매출액에 대한 자료이고, 보고서는 D회사 구내식당 가격인상에 대한 내부검토 자료이다. 이를 토대로 '2024년 1월의 이용자 수 예측'에 대한 그래프로 옳은 것은?

〈2023년 D회사 구내식당의 월별 이용자 수 및 매출액〉

(단위 : 명, 천 원)

구분	특선식		일반식		총매출액
	이용자 수	매출액	이용자 수	매출액	
7월	901	5,406	1,292	5,168	10,574
8월	885	5,310	1,324	5,296	10,606
9월	914	5,484	1,284	5,136	10,620
10월	979	5,874	1,244	4,976	10,850
11월	974	5,844	1,196	4,784	10,628
12월	952	5,712	1,210	4,840	10,552

※ 총매출액은 특선식 매출액과 일반식 매출액의 합이다.

〈보고서〉

2023년 12월 D회사 구내식당은 특선식(6,000원)과 일반식(4,000원)의 두 가지 메뉴를 판매하고 있다. 2023년 11월부터 구내식당 총매출액이 감소하고 있어 지난 2년 동안 동결되었던 특선식과 일반식 중 한 가지 메뉴의 가격을 2024년 1월부터 1,000원 인상할지를 검토하였다.
메뉴 가격에 변동이 없을 경우, 일반식 이용자와 특선식 이용자의 수가 모두 2023년 12월에 비해 감소하여 2024년 1월의 총매출액은 2023년 12월보다 감소할 것으로 예측된다.
특선식 가격만을 1,000원 인상하여 7,000원으로 할 경우, 특선식 이용자 수는 2023년 7월 이후 최저치 이하로 감소하지만, 가격 인상의 영향 등으로 총매출액은 2023년 10월 이상으로 증가할 것으로 예측된다.
일반식 가격만을 1,000원 인상하여 5,000원으로 할 경우, 일반식 이용자 수는 2023년 12월 대비 10% 이상 감소하며, 특선식 이용자 수는 2023년 10월보다 증가하지는 않으리라 예측된다.

참 / 거짓 ▶ 유형

2024년 적중

06 A ~ D는 한 판의 가위바위보를 한 후 그 결과에 대해 각각 두 가지의 진술을 하였다. 두 가지의 진술 중 하나는 반드시 참이고, 하나는 반드시 거짓이라고 할 때, 다음 중 항상 참인 것은?

A : C는 B를 이길 수 있는 것을 냈고, B는 가위를 냈다.
B : A는 C와 같은 것을 냈지만, A가 편 손가락의 수는 나보다 적었다.
C : B는 바위를 냈고, 그 누구도 같은 것을 내지 않았다.
D : A, B, C 모두 참 또는 거짓을 말한 순서가 동일하다. 이 판은 승자가 나온 판이었다.

① B와 같은 것을 낸 사람이 있다.
② 보를 낸 사람은 1명이다.
③ D는 혼자 가위를 냈다.
④ B가 기권했다면 가위를 낸 사람이 지는 판이다.

도서 200% 활용하기 STRUCTURES

1 기출복원문제로 출제경향 파악

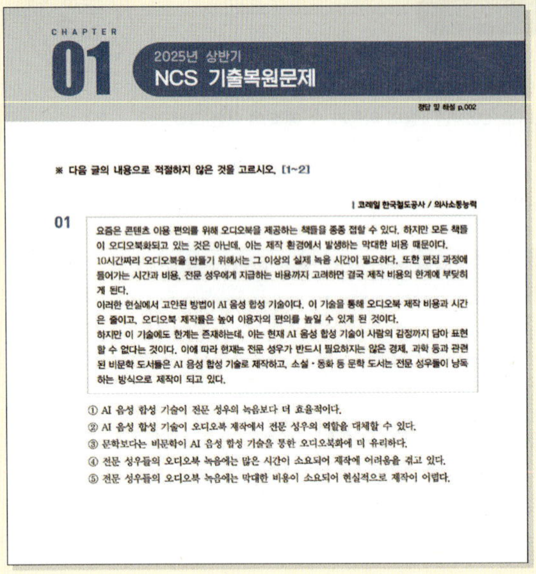

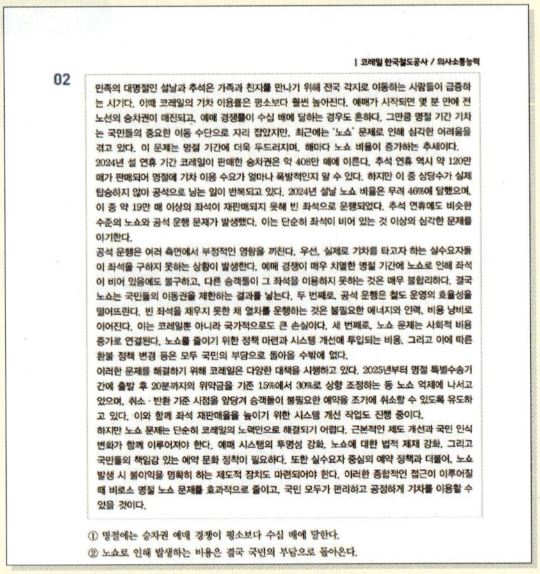

- 2025년 상반기 주요 공기업 NCS 기출문제를 복원하여 공기업별 NCS 필기 유형을 파악할 수 있도록 하였다.
- 2025~2024년 주요 공기업 전공 기출문제를 복원하여 공기업별 전공 출제 경향을 파악할 수 있도록 하였다.

2 대표기출유형 + 기출응용문제로 필기전형 완벽 대비

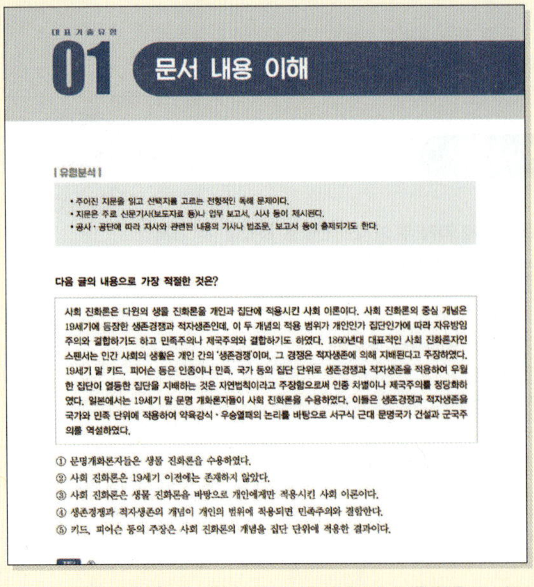

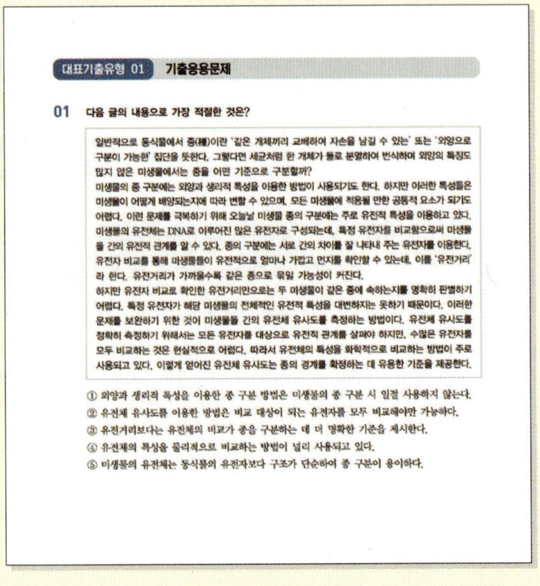

- NCS 출제 영역에 대한 대표기출유형과 기출응용문제를 수록하여 NCS 문제에 대한 접근 전략을 익히고 점검할 수 있도록 하였다.
- 직무수행능력평가(사무직) 적중예상문제를 수록하여 전공까지 효과적으로 학습할 수 있도록 하였다.

3 최종점검 모의고사 + OMR을 활용한 실전 연습

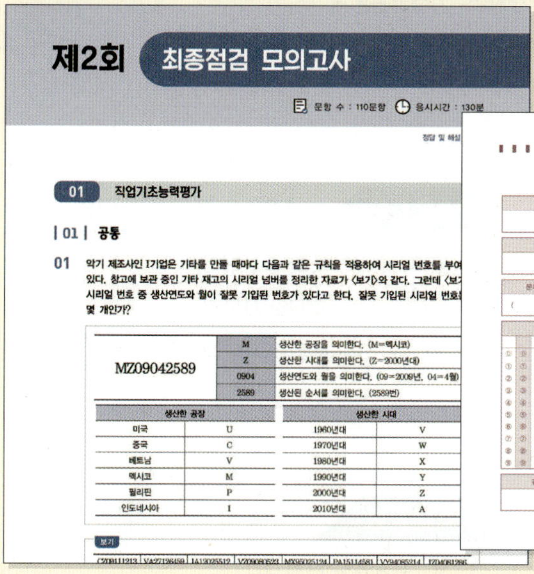

제2회 최종점검 모의고사

문항 수 : 110문항 | 응시시간 : 130분

01 직업기초능력평가

| 01 | 공통

01 악기 제조사인 I기업은 기타를 만들 때마다 다음과 같은 규칙을 적용하여 시리얼 번호를 부여 있다. 창고에 보관 중인 기타 재고의 시리얼 넘버를 정리한 자료가 〈보기〉와 같다. 그런데 〈보 시리얼 번호 중 생산연도와 월이 잘못 기입된 번호가 있다고 한다. 잘못 기입된 시리얼 번호 몇 개인가?

MZ09042589		
	M	생산한 공장을 의미한다. (M=멕시코)
	Z	생산한 시대를 의미한다. (Z=2000년대)
	0904	생산연도와 월을 의미한다. (09=2009년, 04=4월)
	2589	생산된 순서를 의미한다. (2589번)

생산한 공장		생산한 시대	
미국	U	1960년대	V
중국	C	1970년대	W
베트남	V	1980년대	X
멕시코	M	1990년대	Y
필리핀	P	2000년대	Z
인도네시아	I	2010년대	A

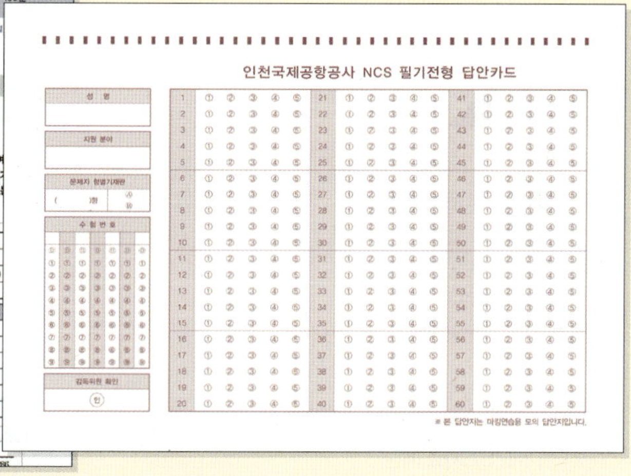

▸ 최종점검 모의고사와 OMR 답안카드를 수록하여 실제로 시험을 보는 것처럼 마무리 연습을 할 수 있도록 하였다.

▸ 모바일 OMR 답안채점/성적분석 서비스를 통해 필기전형에 대비할 수 있도록 하였다.

4 인성검사부터 면접까지 한 권으로 최종 마무리

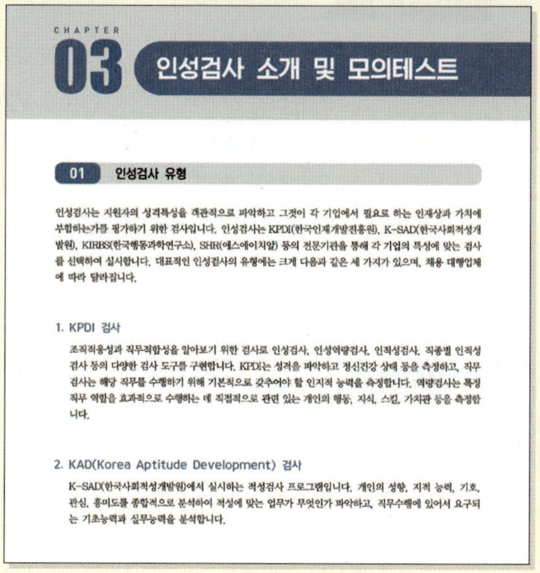

CHAPTER 03 인성검사 소개 및 모의테스트

01 인성검사 유형

인성검사는 지원자의 성격특성을 객관적으로 파악하고 그것이 각 기업에서 필요로 하는 인재상과 가치에 부합하는가를 평가하기 위한 검사입니다. 인성검사는 KPDI(한국인재개발진흥원), K-SAD(한국사회적성개발원), KIRBS(한국행동과학연구소), SHR(에스에이치알) 등의 전문기관을 통해 각 기업의 특성에 맞는 검사를 선택하여 실시합니다. 대표적인 인성검사의 유형에는 크게 다음과 같은 세 가지가 있으며, 채용 대행업체에 따라 달라집니다.

1. KPDI 검사

조직적응성과 직무적합성을 알아보기 위한 검사로 인성검사, 인성역량검사, 인적성검사, 직종별 인적성검사 등의 다양한 검사 도구를 구현합니다. KPDI는 성격을 파악하고 정신건강 상태 등을 측정하고, 직무검사는 해당 직무를 수행하기 위해 기본적으로 갖추어야 할 인지적 능력을 측정합니다. 역량검사는 특정 직무 역할을 효과적으로 수행하는 데 직접적으로 관련 있는 개인의 행동, 지식, 스킬, 가치관 등을 측정합니다.

2. KAD(Korea Aptitude Development) 검사

K-SAD(한국사회적성개발원)에서 실시하는 적성검사 프로그램입니다. 개인의 성향, 지적 능력, 기호, 관심, 흥미도를 종합적으로 분석하여 적성에 맞는 업무가 무엇인가 파악하고, 직무수행에 있어서 요구되는 기초능력과 실무능력을 분석합니다.

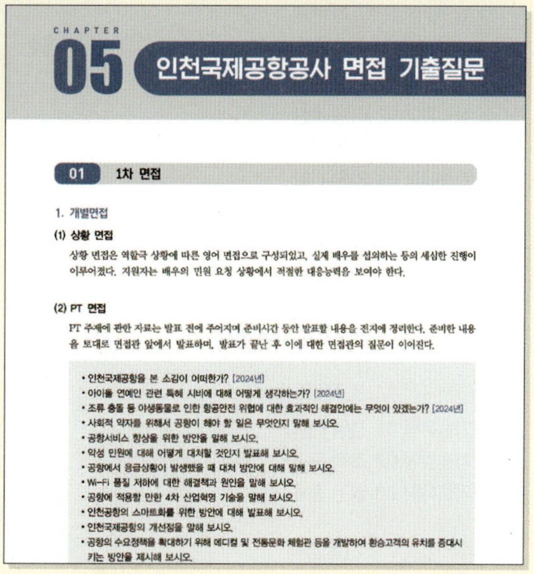

CHAPTER 05 인천국제공항공사 면접 기출질문

01 1차 면접

1. 개별면접

(1) 상황 면접

상황 면접은 역할극 상황에 따른 영어 면접으로 구성되었고, 실제 배우를 섭외하는 등의 세심한 진행이 이루어졌다. 지원자는 배우의 민원 요청 상황에서 적절한 대응능력을 보여야 한다.

(2) PT 면접

PT 주제에 관한 자료는 발표 전에 주어지며 준비시간 동안 발표할 내용을 전지에 정리한다. 준비한 내용을 토대로 면접관 앞에서 발표하며, 발표가 끝난 후 이에 대한 면접관의 질문이 이어진다.

- 인천국제공항을 본 소감이 어떠한가? [2024년]
- 아이돌 연예인 관련 특혜 시비에 대해 어떻게 생각하는가? [2024년]
- 조류 충돌 등 야생동물로 인한 항공안전 위협에 대한 효과적인 해결안에는 무엇이 있겠는가? [2024년]
- 사회적 약자를 위해서 공항이 해야 할 일은 무엇인지 말해 보시오.
- 공항서비스 향상을 위한 방안을 말해 보시오.
- 악성 민원에 대해 어떻게 대처할 것인지 발표해 보시오.
- 공항에서 응급상황이 발생했을 때 대처 방안에 대해 말해 보시오.
- Wi-Fi 품질 저하에 대한 해결책과 원인을 말해 보시오.
- 공항에 적용할 만한 4차 산업혁명 기술을 말해 보시오.
- 인천공항의 스마트화를 위한 방안에 대해 발표해 보시오.
- 인천국제공항의 개선점을 말해 보시오.
- 공항의 수요정책을 확대하기 위해 메디컬 및 전통문화 체험관 등을 개발하여 환승고객의 유치를 증대시키는 방안을 제시해 보시오.

▸ 인성검사 모의테스트를 수록하여 인성검사 유형 및 문항을 확인할 수 있도록 하였다.

▸ 인천국제공항공사 면접 기출질문을 통해 실제 면접에서 나오는 질문을 미리 파악하고 연습할 수 있도록 하였다.

이 책의 차례 CONTENTS

Add+

주요 공기업 기출복원문제

2025년 상반기 NCS 기출복원문제

정답 및 해설 p.002

※ 다음 글의 내용으로 적절하지 않은 것을 고르시오. [1~2]

| 코레일 한국철도공사 / 의사소통능력

01

요즘은 콘텐츠 이용 편의를 위해 오디오북을 제공하는 책들을 종종 접할 수 있다. 하지만 모든 책들이 오디오북화되고 있는 것은 아닌데, 이는 제작 환경에서 발생하는 막대한 비용 때문이다.
10시간짜리 오디오북을 만들기 위해서는 그 이상의 실제 녹음 시간이 필요하다. 또한 편집 과정에 들어가는 시간과 비용, 전문 성우에게 지급하는 비용까지 고려하면 결국 제작 비용의 한계에 부딪히게 된다.
이러한 현실에서 고안된 방법이 AI 음성 합성 기술이다. 이 기술을 통해 오디오북 제작 비용과 시간은 줄이고, 오디오북 제작률은 높여 이용자의 편의를 높일 수 있게 된 것이다.
하지만 이 기술에도 한계는 존재하는데, 이는 현재 AI 음성 합성 기술이 사람의 감정까지 담아 표현할 수 없다는 것이다. 이에 따라 현재는 전문 성우가 반드시 필요하지는 않은 경제, 과학 등과 관련된 비문학 도서들은 AI 음성 합성 기술로 제작하고, 소설·동화 등 문학 도서는 전문 성우들이 낭독하는 방식으로 제작이 되고 있다.

① AI 음성 합성 기술이 전문 성우의 녹음보다 더 효율적이다.
② AI 음성 합성 기술이 오디오북 제작에서 전문 성우의 역할을 대체할 수 있다.
③ 문학보다는 비문학이 AI 음성 합성 기술을 통한 오디오북화에 더 유리하다.
④ 전문 성우들의 오디오북 녹음에는 많은 시간이 소요되어 제작에 어려움을 겪고 있다.
⑤ 전문 성우들의 오디오북 녹음에는 막대한 비용이 소요되어 현실적으로 제작이 어렵다.

02

> 민족의 대명절인 설날과 추석은 가족과 친지를 만나기 위해 전국 각지로 이동하는 사람들이 급증하는 시기다. 이때 코레일의 기차 이용률은 평소보다 훨씬 높아진다. 예매가 시작되면 몇 분 만에 전 노선의 승차권이 매진되고, 예매 경쟁률이 수십 배에 달하는 경우도 흔하다. 그만큼 명절 기간 기차는 국민들의 중요한 이동 수단으로 자리 잡았지만, 최근에는 '노쇼' 문제로 인해 심각한 어려움을 겪고 있다. 이 문제는 명절 기간에 더욱 두드러지며, 해마다 노쇼 비율이 증가하는 추세이다.
> 2024년 설 연휴 기간 코레일이 판매한 승차권은 약 408만 매에 이른다. 추석 연휴 역시 약 120만 매가 판매되어 명절에 기차 이용 수요가 얼마나 폭발적인지 알 수 있다. 하지만 이 중 상당수가 실제 탑승하지 않아 공석으로 남는 일이 반복되고 있다. 2024년 설날 노쇼 비율은 무려 46%에 달했으며, 이 중 약 19만 매 이상의 좌석이 재판매되지 못해 빈 좌석으로 운행되었다. 추석 연휴에도 비슷한 수준의 노쇼와 공석 운행 문제가 발생했다. 이는 단순히 좌석이 비어 있는 것 이상의 심각한 문제를 야기한다.
> 공석 운행은 여러 측면에서 부정적인 영향을 끼친다. 우선, 실제로 기차를 타고자 하는 실수요자들이 좌석을 구하지 못하는 상황이 발생한다. 예매 경쟁이 매우 치열한 명절 기간에 노쇼로 인해 좌석이 비어 있음에도 불구하고, 다른 승객들이 그 좌석을 이용하지 못하는 것은 매우 불합리하다. 결국 노쇼는 국민들의 이동권을 제한하는 결과를 낳는다. 두 번째로, 공석 운행은 철도 운영의 효율성을 떨어뜨린다. 빈 좌석을 채우지 못한 채 열차를 운행하는 것은 불필요한 에너지와 인력, 비용 낭비로 이어진다. 이는 코레일뿐 아니라 국가적으로도 큰 손실이다. 세 번째로, 노쇼 문제는 사회적 비용 증가로 연결된다. 노쇼를 줄이기 위한 정책 마련과 시스템 개선에 투입되는 비용, 그리고 이에 따른 환불 정책 변경 등은 모두 국민의 부담으로 돌아올 수밖에 없다.
> 이러한 문제를 해결하기 위해 코레일은 다양한 대책을 시행하고 있다. 2025년부터 명절 특별수송기간에 출발 후 20분까지의 위약금을 기존 15%에서 30%로 상향 조정하는 등 노쇼 억제에 나서고 있으며, 취소 · 반환 기준 시점을 앞당겨 승객들이 불필요한 예약을 조기에 취소할 수 있도록 유도하고 있다. 이와 함께 좌석 재판매율을 높이기 위한 시스템 개선 작업도 진행 중이다.
> 하지만 노쇼 문제는 단순히 코레일의 노력만으로 해결되기 어렵다. 근본적인 제도 개선과 국민 인식 변화가 함께 이루어져야 한다. 예매 시스템의 투명성 강화, 노쇼에 대한 법적 제재 강화, 그리고 국민들의 책임감 있는 예약 문화 정착이 필요하다. 또한 실수요자 중심의 예약 정책과 더불어, 노쇼 발생 시 불이익을 명확히 하는 제도적 장치도 마련되어야 한다. 이러한 종합적인 접근이 이루어질 때 비로소 명절 노쇼 문제를 효과적으로 줄이고, 국민 모두가 편리하고 공정하게 기차를 이용할 수 있을 것이다.

① 명절에는 승차권 예매 경쟁이 평소보다 수십 배에 달한다.
② 노쇼로 인해 발생하는 비용은 결국 국민의 부담으로 돌아온다.
③ 2024년 설에 판매된 승차권 중 46%는 노쇼로 인해 공석으로 운행되었다.
④ 2025년부터 명절 특별수송기간에는 승차권 취소 위약금이 평소보다 높아진다.
⑤ 노쇼 문제를 해결하기 위해서는 코레일의 노력뿐만 아니라 국민 의식 변화와 정부의 제도 개선이 필요하다.

| 코레일 한국철도공사 / 의사소통능력

03 다음 제시된 표현법에 대한 사례로 가장 적절한 것은?

> 관용의 격률이란 자신의 이익은 최소화하고 부담은 최대화하여 말하는 표현법이다. 관용의 격률에 따르면 자신의 부담이 커질수록 상대에게는 예의 있는 표현으로 여겨지기 때문에 어떠한 문제를 자신 탓으로 돌려 말하는 것이라고도 해석된다.

① 민재 : 조은 씨는 좋겠네요. 아들이 훤칠한데 공부까지 잘해서요.
② 지우 : 설명이 너무 어려워서 이해가 되지 않아요. 더 쉽게 설명해 주시겠어요?
③ 다예 : 제가 다음 주에 발표가 있으니, 이번 주까지 자료 정리해서 보내줄 수 있나요?
④ 동현 : 짐을 옮겨야 되는데 너무 무거워서, 미안한데 잠깐 도와 줄 수 있을까요?
⑤ 선주 : 제가 시력이 안 좋아서 잘 보이지가 않네요. 조금 더 크게 보여주실 수 있나요?

| 코레일 한국철도공사 / 수리능력

04 다음 수식을 계산한 결과는 $\frac{q}{p}$의 기약분수 형태로 나타낼 수 있으며, p와 q는 서로소이다. 이때, $q+p$의 값을 구하면?

$$\frac{18\times(15^2+12+3)}{90^2-2\times45\times4}+1$$

① 90
② 100
③ 110
④ 120
⑤ 130

| 코레일 한국철도공사 / 수리능력

05 K시의 지하철 요금은 1회 탑승 시 1,500원이며, 오전 6시 30분 이전에 탑승할 경우 20%의 할인이 적용된다. K시에 사는 A씨는 지하철을 이용하여 한 달간 총 22일의 출근과 퇴근을 할 예정이다. 한 달 지하철 요금을 62,000원 이하로 유지하려면 A씨가 할인을 받아야 하는 날은 최소 며칠이어야 하는가?(단, A씨는 오후 6시에 회사에서 퇴근한다)

① 12일
② 13일
③ 14일
④ 15일
⑤ 16일

06 K공사의 사내 보안시스템은 숫자 1부터 6까지를 사용해 4자리 비밀번호를 설정할 수 있다. 이때, 다음 〈조건〉을 만족하는 4자리 비밀번호는 모두 몇 가지인가?

> **조건**
> - 각 자릿수에는 1부터 6까지의 숫자 중 하나가 들어간다.
> - 같은 숫자는 최대 2번까지만 사용할 수 있다.
>
> 예 1123, 2331, 4455 가능 / 1112, 2122, 4444 불가능

① 1,170가지　② 1,196가지
③ 1,236가지　④ 1,241가지
⑤ 1,296가지

07 다음은 K쇼핑몰에서 판매된 상품에 대한 월별 리뷰 수와 반품 및 환불률을 조사한 자료이다. 상품을 구매한 사람이 모두 1건씩 리뷰를 작성하였다고 가정할 때, 조사기간 동안 발생한 반품 건수와 환불 건수를 모두 합하면?

〈K쇼핑몰 월별 리뷰 수 및 반품 · 환불 비율〉

(단위 : 건, %)

구분	리뷰 수	반품률	환불률
1월	1,000	3	2
2월	1,200	2	3
3월	1,500	4	1
4월	1,300	3	2

① 240건　② 246건
③ 248건　④ 250건
⑤ 252건

08 다음은 K시 지하철 3개 주요 역사에서 시간대별 탑승 및 하차 인원수를 정리한 자료이다. 이에 대한 설명으로 옳은 것은?

〈K시 지하철 3개 주요 역사 시간대별 탑승 및 하차 인원수〉

(단위 : 명)

구분	역삼역		시청역		구로디지털단지역	
	탑승	하차	탑승	하차	탑승	하차
07:00 ~ 09:00 (출근시간)	1,150	350	620	870	2,300	400
12:00 ~ 14:00 (점심시간)	480	520	530	500	900	950
17:00 ~ 19:00 (퇴근시간)	390	1,250	420	1,480	280	2,150

① 역삼역은 모든 시간대에서 탑승 인원이 하차 인원보다 많다.
② 시청역은 점심시간대보다 퇴근시간대에 탑승 인원이 더 많다.
③ 역삼역은 전 시간대를 통틀어 탑승보다 하차 인원이 많은 유일한 역이다.
④ 시청역은 출근시간대 대비 퇴근시간대 하차 인원의 증가 폭이 역삼역보다 크다.
⑤ 구로디지털단지역은 퇴근시간대 하차 인원이 출근시간대 하차 인원의 5배 이상이다.

09 다음 사례에서 나타나는 창의적 사고 개발방법으로 가장 적절한 것은?

3개의 노선이 교차하는 환승역인 K역은 복잡한 역사 구조로 인해 승객들이 길을 헤매는 문제가 있다. A주임은 이러한 문제를 창의적으로 해결하기 위해 지하철역과 비슷하게 사람이 많고 구조가 복잡한 쇼핑센터의 사례를 탐색하였다. 탐색 결과 쇼핑센터에서 입점 가게 위치를 스마트폰 증강현실 지도로 보여주는 기술이 있음을 확인하고, 이를 바탕으로 K역에 적용하여 QR코드를 찍고, 환승구역이나 나가는 곳을 입력하면, 그 위치를 스마트폰 증강현실을 통해 안내하는 서비스를 기획하였다.

① NM법
② Synectics
③ 체크리스트
④ SCAMPER
⑤ 브레인스토밍

10 다음 사례에서 나타나는 A씨의 논리적 오류로 가장 적절한 것은?

매일 지하철을 이용하여 출퇴근하는 A씨는 혼잡해진 지하철 상황에 불만을 가지고 있다. 어느 날 혼잡한 출근 시간에 지하철이 흔들려 어떤 학생이 A씨와 부딪히게 되었다. 부딪힌 학생은 즉시 A씨에게 사과하였지만, A씨는 화를 내며 요즘 젊은이들은 전부 조심성도 없고 남을 배려하지도 않는다고 학생을 비난하였다.

① 무지의 오류
② 결합의 오류
③ 애매성의 오류
④ 과대 해석의 오류
⑤ 성급한 일반화의 오류

11 다음은 철도사업을 수행하는 K공사에 대한 SWOT 분석 결과이다. 기회(Opportunity)요인에 해당하는 사례를 〈보기〉에서 모두 고르면?

보기

ㄱ. 신재생 관련 법안 개정으로 인한 철도 이용객 수 증가
ㄴ. 높은 국내 철도망 운영 노하우
ㄷ. 도시철도에 대한 민간투자의 확대
ㄹ. 정부의 교통요금 동결 정책 지속
ㅁ. 직원 수 부족으로 인해 저조한 고객 만족도
ㅂ. 글로벌 공동 철도 프로젝트 참여

① ㄱ, ㄴ, ㅁ
② ㄱ, ㄷ, ㅂ
③ ㄴ, ㄷ, ㄹ
④ ㄴ, ㅁ, ㅂ
⑤ ㄷ, ㅁ, ㅂ

12 다음은 K철도공사의 문제해결 사례이다. 〈보기〉의 사례와 문제해결 방법을 바르게 연결한 것은?

보기

ㄱ. K철도공사는 65세 이상의 노인을 위한 복지 정책으로 노인 무임승차제도를 실시하고 있다. 그러나 K철도공사의 재정문제와 더불어 이용자 세대별 형평성 문제로 인해 무임승차 혜택에 대해 이용자들의 갈등이 첨예해졌다. 이 문제를 해결하기 위해 A차장은 노인 이용자 대표를 K철도공사에 초청하여 노인 무임승차제도 혜택 축소를 목적으로 합의점을 찾기 위한 토론회를 개최하였다.

ㄴ. 최근 K철도공사의 고객센터에는 노인들이 매표 키오스크를 사용하기 불편하다는 불만이 자주 들어오고 있다. A센터장은 직원들에게 이 사실을 알리고, 노인 이용자가 편하게 키오스크를 사용할 수 있는 방법을 모색하기 위해 노인 역할극 및 브레인스토밍을 통해 아이디어를 모으도록 유도하였다. 그 결과 직원들의 아이디어를 결합하여 키오스크를 조작하는 동안 잠시 기대어 앉을 수 있는 간이 의자와 주요 기능을 크게 강조하는 방안이 채택되어 노인 이용자들이 편하게 이용할 수 있게 되었다.

ㄷ. 신입사원 B는 철도회사 업무에 익숙하지 않아 발생하는 실수로 팀 내부에서 갈등을 일으키고 있다. 이를 해결하기 위해 A팀장은 B사원에게 철도업무에서 실수가 있을 때, 어떤 상황이 일어날 수 있는지 넌지시 이야기하며 헷갈리는 일이 있을 때는 팀원들의 도움을 받는 것이 좋다고 조언하였고, 다른 팀원들에게는 신입사원 시절에는 모두가 실수가 많았다며 B사원이 업무에 빨리 적응할 수 있도록 도와달라고 격려하였다. 이후 B사원과 다른 팀원들의 노력으로 B사원은 빠르게 업무에 적응하게 되었다.

	ㄱ	ㄴ	ㄷ
①	소프트 어프로치	하드 어프로치	퍼실리테이션
②	소프트 어프로치	퍼실리테이션	하드 어프로치
③	하드 어프로치	소프트 어프로치	퍼실리테이션
④	하드 어프로치	퍼실리테이션	소프트 어프로치
⑤	퍼실리테이션	소프트 어프로치	하드 어프로치

| 한국전력공사 / 의사소통능력

13 다음 중 제시된 단어와 가장 비슷한 어휘는?

된서리

① 타계(他界)
② 타격(打擊)
③ 타점(打點)
④ 타락(墮落)
⑤ 타산(打算)

| 한국전력공사 / 의사소통능력

14 다음 중 빈칸에 들어갈 단어로 가장 적절한 것은?

정조는 애민주의를 ______하며 백성들을 위한 정책을 펼쳤다.

① 표징(表徵)
② 표집(標集)
③ 표방(標榜)
④ 표류(漂流)
⑤ 표리(表裏)

※ 다음 글의 주제로 가장 적절한 것을 고르시오. [15~16]

| 한국전력공사 / 의사소통능력

15

온실가스를 적게 배출하면서도 높은 경제성을 가진 원자력 발전소는 원전에서 나오는 방사성 물질의 차단이나, 외부 오염물질의 유입을 방지하기 위한 강력한 공기조화시스템(공조시스템)이 필요하다. 특히 공기 중으로 떠다닐 수 있는 에어로졸 형태의 방사성 물질 크기는 1 ~ 10㎛ 정도의 아주 작은 물질이지만, 높은 밀도의 방사성 기체는 인체에 치명적일 수 있으며, 환경 오염문제 또한 발생할 수 있다. 따라서 원자력 발전소의 공조시스템에는 이러한 미립자를 걸러내기 위하여 헤파필터(HEPA Filter)를 사용하고 있다.

헤파필터는 'High Efficiency Particulate Air Filter'의 약자로, 공기 중의 아주 미세한 입자까지 효과적으로 걸러내는 고성능 필터이다. 일상 생활에서는 주로 공기청정기, 진공청소기, 에어컨 등에 사용되며, 0.3㎛ 크기의 입자(MPPS; Most Penetrating Particle Size)를 99.97% 이상 포획할 수 있는 고성능 필터이다. 헤파필터는 주로 유리섬유나 폴리프로필렌 같은 합성섬유로 만들어지는데, 0.5 ~ 2.0㎛의 섬유가 불규칙하게 얽혀 있는 거미줄 구조로 구성되어 있다. 오염물질이 포함된 공기가 헤파필터를 통과할 때, 헤파필터의 간격보다 큰 오염물질은 걸러지고 그보다 작은 오염물질은 공기 흐름을 따라 진행하다 섬유에 닿아 달라붙게 된다. 헤파필터는 등급에 따라 E10(85%), E11(95%), E12(99.5%), H13(99.75%), H14(99.975%) 등으로 나뉘며, 등급이 높을수록 더 작은 입자까지 더 많이 걸러낼 수 있다. 특히 H13 이상을 트루 헤파필터라고 부르며 원자력 발전소의 경우 H13 이상의 트루 헤파필터를 사용하는 등 일반적인 산업용 필터보다 더욱 엄격한 기준을 충족해야 한다.

이처럼 헤파필터는 원자력 발전소의 안전을 지키는 핵심 장치로 방사성 입자와 미세먼지, 바이러스까지도 효과적으로 제거하는 중요한 역할을 한다. 특히 헤파필터의 정화 성능을 보장하기 위하여 ASME AG-1이나 KEPIC-MH 등 국내외에서 기술기준을 정해 시설, 유지, 보수 등 관리법의 기준을 제시하고 있으며, 엄격한 안전관리가 필요한 원자력 발전소 특성상 없어서는 안 될 중요한 안전설비이다.

① 헤파필터의 여과 원리
② 헤파필터의 등급별 성능
③ 방사성 물질의 위험과 대처 방법
④ 원자력 발전소에서의 헤파필터의 역할
⑤ 원자력 발전소의 발전 효율과 미래 전망

16

결핵은 기원전 7,000년경 석기 시대의 화석에서도 흔적이 발견될 만큼 인류와 오랜 시간을 함께 해온 질병이다. 결핵균(Mycobacterium Tuberculosis)에 의해 발병하는 결핵은 치료법이 없던 시기에는 수많은 사람들의 생명을 앗아가 백색 페스트라고 불릴 정도로 전염성과 치명률이 높은 질병이다.
그러나 결핵균에 감염된다 하더라도 모든 사람이 즉시 결핵이 발병하지는 않는다. 상당수의 감염자는 결핵균에 노출된 후에도 바로 증상을 보이지 않는데, 이를 잠복결핵감염(LTBI; Latent TuBerculosis Infection)이라 한다. 잠복결핵감염은 결핵균에 감염되어 있지만, 몸속에 들어온 결핵균이 활동하지 않아 결핵 증상이 없고, 몸 밖으로 균이 배출되지 않아 전염성 또한 없는 상태이다. 증상과 전염성이 없어 잠복결핵감염은 별것 아닌 것 같아 보이지만, 이는 면역체계가 결핵균을 억제하고 있기 때문이며, 면역력이 약해지는 경우 언제든지 결핵으로 이어질 가능성이 있음을 의미한다. 잠복결핵감염이 결핵으로 악화되는 경우는 약 5 ~ 10% 수준으로 특히 고령자, 당뇨병 환자, 면역억제 치료를 받는 환자 등 면역력이 저하된 사람들에게서 더욱 빈번하게 발생한다. 잠복결핵감염이 활동성 결핵으로 진행된 경우 이미 다른 요인에 의해 면역력이 떨어진 상황이므로 독성이 더욱 강력하며, 본인은 물론 주변 사람들에게도 광범위하게 결핵을 전파할 수 있어 공중보건상의 심각한 문제를 야기한다.
잠복결핵감염은 증상이 없기 때문에 본인이 감염 사실을 인지하지 못하는 경우가 많다. 따라서 결핵 발생률이 높은 국가에서는 결핵 환자와 밀접하게 접촉한 사람, 면역 저하자, 의료업계 종사자 등 고위험군을 대상으로 잠복결핵감염 검사를 권고하고 있다. 대표적인 검사 방법으로는 투베르쿨린 피부반응 검사(TST)와 인터페론 감마 분비 검사(IGRA)가 있다. 만일 잠복결핵감염에 양성 반응이 있을 경우 3 ~ 9개월 동안 꾸준한 투약 치료가 필요하며, 적절한 치료를 받을 경우 결핵 발병 확률을 60 ~ 90%까지 예방할 수 있다.
잠복결핵감염의 위험성은 단순히 개인의 건강 문제를 넘어 사회 전체의 공중보건과 직결되는 문제이므로 무증상이라고 방치할 것이 아니라, 적극적인 검사와 예방적 치료를 통해 결핵의 확산을 차단하는 노력이 필요하다. 특히 우리나라의 경우 보건소나 가까운 의료 기관에서 잠복결핵감염 치료를 전액 무료로 치료받을 수 있으므로 평소에 잠복결핵감염에 관심을 가지고, 미연에 예방하는 것이 가장 중요할 것이다.

① 잠복결핵감염의 위험성
② 잠복결핵감염의 치료 과정
③ 잠복결핵의 증상과 전염성
④ 효과적인 결핵의 억제 방법
⑤ 잠복결핵감염이 활동성 결핵으로 이어지는 과정

17 다음은 K식당의 메뉴에 따른 판매가격과 재료비 및 고정비용에 대한 정보이다. 손익분기점을 넘기위해 필요한 판매량이 가장 많은 메뉴는?

〈K식당 메뉴의 판매가격 · 재료비 · 고정비용〉

(단위 : 원)

구분	판매가격	재료비	고정비용
제육볶음	10,000	2,000	2,800,000
오징어볶음	12,000	2,000	3,300,000
돈가스	9,000	1,500	2,600,000
라면	6,000	800	1,800,000
고등어구이	11,000	2,000	3,100,000

※ 판매가격과 재료비는 1인분당 비용임

※ 손익분기점을 넘기기 위해서는 순이익(판매가격−재료비)이 고정비용을 초과해야 함

① 제육볶음
② 오징어볶음
③ 돈가스
④ 라면
⑤ 고등어구이

18 **K주임이 다음 〈조건〉에 따라 출장을 갈 때, K주임이 C지점에 도착한 시각과 A지점에서 C지점까지 이동할 때의 평균 속력이 바르게 연결된 것은?(단, 평균 속력에는 B지점에서의 업무 시간을 포함하지 않으며, 가속 · 정차 등 제시된 조건 이외의 사항은 고려하지 않는다)**

조건

- K주임은 A지점에서 정오에 회사 차량을 이용하여 출장을 간다.
- K주임의 이동 경로는 A지점 → B지점 → C지점 순서이다.
- A지점에서 B지점까지 시속 100km로 이동하였다.
- B지점에서 C까지는 시속 80km로 이동하였다.
- A지점에서 C지점까지의 거리는 190km이다.
- A지점에서 B지점까지의 거리는 B지점에서 C지점까지의 거리보다 110km 길다.
- K사원은 B에 도착하여 1시간 업무를 수행하였다.

	도착 시각	평균 속력
①	오후 2시	90km/h
②	오후 2시	92km/h
③	오후 2시	95km/h
④	오후 3시	90km/h
⑤	오후 3시	95km/h

| 한국전력공사 / 문제해결능력

19 다음 중 J공사 직원들이 본회의를 시작할 수 있는 가장 빠른 시각은?

J공사의 직원들은 공사 프로젝트 회의를 1시간 동안 진행하려고 한다. 회의 시작 30분 전에는 반드시 회의실에서 회의 준비를 해야 하며, 본회의 이후 30분 동안 회의록을 작성해야 한다. 회의 준비, 본회의, 회의록 작성은 다음 조건에 따라 연속적으로 이루어져야 한다.

- 회의실은 오전 9시부터 오후 6시 사이에 사용할 수 있다.
- J공사의 점심시간은 12:00 ~ 13:00로 이 시간에는 회의 및 준비, 회의록 작성이 불가능하다.
- 참석자 중 1명은 15:00 ~ 16:00에 외부 미팅이 있어 이 시간에는 회의 및 준비, 회의록 작성이 불가능하다.
- 현재 회의실은 10:00 ~ 10:30, 14:00 ~ 14:30에 이미 예약되어 사용할 수 없다.

① 오전 9시 30분 ② 오전 11시
③ 오후 1시 ④ 오후 4시
⑤ 오후 4시 30분

| 한국전력공사 / 자원관리능력

20 다음은 제20회 J국가자격 필기시험 결과이다. 이를 토대로 할 때 합격한 사람은 모두 몇 명인가?

〈제20회 J국가자격 필기시험 결과〉

(단위 : 점)

구분	필기시험				가점
	객관식 1과목	객관식 2과목	논술형	약술형	
A	85	52	61	57	6
B	75	71	67	81	-
C	67	81	72	54	2
D	87	72	57	48	5
E	66	82	58	78	-

※ 한 과목이라도 50점 이하 득점 시 과락 처리
※ 전체 평균 점수에 가점을 합하여 70점 이상 득점 시 합격

① 1명 ② 2명
③ 3명 ④ 4명
⑤ 5명

ㅣ한국전력공사 / 정보능력

21 다음 중 SSD와 비교했을 때 HDD의 특징으로 옳은 것은?

① 무게가 가볍다.
② 전력 소모가 적다.
③ 가격이 저렴하다.
④ 데이터 접근 속도가 빠르다.
⑤ 외부 충격에 대한 내구력이 높다.

ㅣ한국전력공사 / 정보능력

22 다음 중 점수(참조 대상)가 90점 이상이면 '합격'을, 그렇지 않으면 '불합격'을 출력하는 엑셀 함수식으로 옳은 것은?

① =IF(참조 대상>90, "합격", "불합격")
② =IF(참조 대상>=90, "불합격", "합격")
③ =IF(참조 대상>=90, "합격", "불합격")
④ =CHOOSE(참조 대상<=90, "불합격", "합격")
⑤ =CHOOSE(참조 대상>=90, "합격", "불합격")

23 다음 글의 주제로 가장 적절한 것은?

일생에 한 번쯤 누구나 경험할 수 있는 건강 문제인 허리 통증은 다양한 원인으로 인해 발생한다. 허리 통증은 나이 증가에 따른 허리 근력 약화, 허리에 무리를 주는 취미생활, 임신과 출산을 경험한 여성 등 개인적 요인으로 인해 발생할 수 있지만, 가장 큰 원인은 바로 직업적 요인이다.
첫 번째 직업적 요인은 중량물 취급이다. 중량물을 한 번만 들어도 급성 요통이나 추간판탈출증이 발생할 수 있으며, 이러한 작업을 반복하면 허리 통증의 위험이 더욱 높아질 뿐 아니라 척추와 추간판의 퇴행성 변화가 촉진되어 추간판탈출증과 척추협착증의 위험도 증가한다. 특히 10kg 이상의 물건을 들어야 할 때는 허리를 구부려 드는 것이 아니라, 물건을 몸에 밀착시키고 다리의 힘으로 들어 올려야 한다는 점에 유의해야 한다.
두 번째 직업적 요인은 허리의 자세이다. 허리를 앞으로 혹은 옆으로 구부리거나 비트는 동작은 허리가 구부러지는 각도가 커질수록 추간판에 가해지는 압력이 증가해 허리 부상의 위험이 높아진다. 특히 구부린 자세로 장시간 작업할 경우 허리 통증과 추간판탈출증이 유발될 수 있다. 실제로 건설 노동자나 조선업 노동자처럼 허리 구부림이 많은 업종에서 타 업종보다 허리 통증 관련 산재 신청률과 승인율이 높은 것으로 알려져 있다.
마지막 직업적 요인은 전신 진동이다. 전신 진동은 몸 전체가 상하로 흔들리는 상태로, 주로 버스, 트럭, 건설용 차량 운전자가 경험한다. 이러한 진동은 척추와 추간판에 자극을 가해 퇴행성 변화를 일으키고, 결국 추간판탈출증과 척추협착증의 위험을 높인다. 최근 도로 노면이 개선되고 버스 운전석 의자에 진동 흡수 기능이 도입되면서 위험성이 줄었으나, 트럭이나 건설장비 운전자는 여전히 허리 질환에 노출되어 있다.

① 허리 통증의 직업적 요인
② 허리 질환별 통증 관리 방법
③ 직업에 따라 다르게 유발되는 허리 질환
④ 직업 환경에 따라 다른 허리 통증 관련 산재 신청 빈도

24 다음은 보건의료 빅데이터 심포지엄의 발표 순서이다. 이를 참고할 때, 각 발표자의 자료 준비로 적절하지 않은 것은?

〈2024년 보건의료 빅데이터 활용 성과공유 심포지엄〉

1부 : 빅데이터·AI 기반 건강보험 서비스 혁신

1. 인공지능(AI) 기술을 통해 공단이 어떻게 데이터 기반의 가입자 맞춤형 서비스를 제공하고, 보험자의 역할을 보다 강화할 수 있을지에 대한 비전
   – ○○대병원 A교수
2. 'sLLM(소형 언어 모델)을 활용한 건강보험 내·외부 서비스 향상'을 주제로 인공지능(AI) 기술을 통한 고객 서비스와 업무 효율성 증대 사례
   – ○○대 B교수
3. 공단이 보유한 방대한 건강보험 데이터를 어떻게 인공지능(AI)을 통해 분석하고 활용할 수 있는지에 대한 방안
   – 공단 C실장(빅데이터연구개발실)

2부 : 건강보험 빅데이터를 활용한 우수 연구 성과

1. 야간 인공조명이 인간의 건강에 미치는 영향에 대한 분석 결과
   – ○○대 D교수
2. 결핵 빅데이터인 국가결핵통합자료원(K–TB–N Cohort) 구축을 통해 국가 결핵 관리 정책·사업의 효과를 평가, 정책을 수립·보완할 근거를 생산
   – ○○청 E과장
3. 병원 내에서 발생하는 폐렴 데이터의 분석을 통해, 이를 예방하기 위한 실효성 있는 병원 내 감염관리 체계 마련 필요성 제시
   – 공단 F팀장(빅데이터연구개발실)

① A교수 : 사람과의 직접 대면이 아닌 인공지능 기술로 대체할 수 있는 공단의 서비스에 대한 자료가 필요하겠군.

② B교수 : 인공지능 기술을 활용해 건강보험 서비스를 이용한 고객과 공단 근로자에게 편리성 및 효율성에 대한 설문조사를 진행해야겠군.

③ D교수 : 자연광에만 주로 노출된 사람과 자연광과 더불어 인공조명에 많이 노출된 사람의 건강 상태를 비교할 수 있는 자료가 필요하겠군.

④ F팀장 : 병원 내 병동별 폐렴 발생 현황과 주로 발병하는 연령대에 대한 조사가 필요하겠군.

25 다음 글을 읽고 추론한 내용으로 적절하지 않은 것은?

> 만성질환이란 증상이 극심하지는 않지만 오래 지속되는 질환인 탓에 삶의 질을 저하시키고, 관리를 소홀히 할 경우 합병증의 발생으로 사망까지 이를 수 있어, 운동이나 식이 등 꾸준한 관리가 필요한 질환을 말한다.
> 만성질환에는 당뇨 · 천식 · 심장병 · 허리통증 등이 있으며, 만성질환이라 하더라도 모든 운동이 좋은 것은 아니며, 질환별로 또 환자의 상태에 따라 맞는 운동 방법과 강도는 천차만별이다.
> 당뇨병의 경우 인슐린 분비량이 없거나 또는 적어 인슐린이 혈당을 낮추는 기능을 정상적으로 수행할 수 없는 상태를 말한다. 따라서 혈당 조절에 효과적인 유산소 운동을 통해 인슐린이 더 효율적으로 사용되도록 하여 혈당 수치를 낮출 수 있다. 또한 규칙적인 유산소 운동은 심혈관계를 향상시켜 심장 건강을 개선시킬 수 있다.
> 운동 중 또는 운동 후에 호흡곤란과 반복적이고 발작적인 기침이 나타날 수 있는 천식의 경우 운동 시 각별히 주의하여야 한다. 특히 건조하거나 찬 공기가 있는 환경에서 운동하거나, 갑작스레 격렬한 운동을 할 경우 천식 발작이 일어날 수 있다. 따라서 수영과 같이 건조하지 않고, 심장 박동이나 호흡수가 급격히 증가하지 않는 환경에서 운동하는 것이 도움이 될 수 있다.
> 허리통증의 경우는 유산소 운동보다는 코어 운동이 도움이 된다. 코어 운동을 통해 척추 주위의 근육이 강화되면서 척추를 지지하는 힘이 늘어나 허리 통증이 감소되는 것이다.

① 당뇨 환자는 달리기나 등산, 수영과 같은 운동을 하는 것이 혈당 개선에 도움이 된다.

② 규칙적인 걷기 운동은 당뇨 환자와 심장병 환자의 질환을 개선시킬 수 있다.

③ 천식 환자는 심장박동 및 호흡수를 증가시키는 달리기나 줄넘기보다는 등산이 좋다.

④ 허리 통증을 가진 환자에게는 허리의 중심 부위를 강화시키는 플랭크나 브릿지와 같은 운동이 좋다.

26 다음 문단을 논리적 순서대로 바르게 나열한 것은?

> 국민건강보험공단은 담배 소송 제12차 변론에서 직접 손해배상 청구권을 포함해 지금까지의 주요 쟁점에 관련한 전반적 입장을 적극적으로 표명했다.
>
> (가) 또한 흡연과 암 발생의 인과관계를 과학적 근거에 따라 분명히 하기 위해 대상 암종을 소세포암과 편평세포암으로 흡연 기간이 30년 이상이고, 하루 한 갑의 담배를 20년 이상 흡연한 대상자로 구분하였기에 이번 변론에서는 흡연과 암 발생의 인과관계를 의학적으로 또 국민 상식에 부합하도록 인정하여야 한다고 강조했다.
>
> (나) 공단은 담배 회사들이 담배라는 제품에 대한 중독성과 건강 위해성을 인지하고 있음에도 수십 년 동안 이를 소비자에게 정확히 알리지 않고 막대한 이득을 취한 것은 소비자를 기만한 것이자 기업의 사회적 책임을 다하지 않은 중대한 문제임을 지적하며, 특히 담배 회사가 흡연 중독 피해를 개인의 선택으로 치부한 것은 소비자를 두 번 기만한 것이라며 비판했다.
>
> (다) 마지막으로 공단은 이번 변론을 준비하면서 국민들의 보험료가 주요 재원인 건강보험 재정이 담배로 인해 발생되는 질병으로 재산상 손해가 발생한 점에 대해 당연히 담배 회사에 법적으로 책임을 물어야 한다고 주장하며, 이에 대한 국민들의 관심과 지지가 필요하다고 호소했다.
>
> (라) 아울러 공단은 이 주장을 입증하기 위한 뒷받침 자료로 대한폐암학회와 호흡기내과 전문의 의견서, 담배 중독에 대한 한국중독정신의학회와 정신건강의학과 전문의 의견서, 대한금연학회에서 실시한 담배 중독 감정서와 이들 중 일부에 대한 흡연 경험 심층 사례 분석 결과, 공단 내부 연구 결과 등을 추가 증거로 제출하였다.

① (가) – (나) – (라) – (다)　　② (가) – (라) – (나) – (다)

③ (나) – (가) – (라) – (다)　　④ (나) – (라) – (가) – (다)

※ 다음은 K국의 지역별 및 5대 업종별 기업 현황이다. 이어지는 질문에 답하시오. **[27~28]**

〈K국의 조사 지역별 기업 현황〉

(단위 : 개소)

구분	대기업	중소기업	5인 미만	법인			기타	합계
					사단법인	재단법인		
수도권	5,000	10,000	200,000	60,000	50,000	( )	5,000	( )
강원권	500	2,000	10,000	1,000	500	( )	500	( )
충청권	2,000	3,000	30,000	2,500	( )	800	500	( )
호남권	3,000	5,000	30,000	3,000	( )	1,000	1,000	( )
영남권	3,000	5,000	20,000	2,500	1,500	( )	500	( )
전체	13,500	25,000	290,000	69,000	55,700	13,300	7,500	405,000

※ 조사 기업 종류는 대기업, 중소기업, 5인 미만, 법인, 기타만 존재함

※ 조사 지역은 수도권, 강원권, 충청권, 호남권, 영남권으로만 구성함

〈K국의 5대 업종별 기업 현황〉

(단위 : 개소)

구분	대기업	중소기업	5인 미만	법인			기타
					사단법인	재단법인	
IT업	6,000	5,000	30,000	3,000	2,000	1,000	500
건설업	2,000	5,000	70,000	4,000	3,000	1,000	300
운송업	1,000	9,000	100,000	7,000	5,000	2,000	200
마케팅업	1,000	1,000	30,000	7,000	5,000	2,000	500
제조업	1,000	2,000	5,000	8,000	5,000	3,000	500
합계	11,000	22,000	235,000	29,000	20,000	9,000	2,000

27 다음 중 위 자료에 대한 설명으로 옳지 않은 것은?

① 조사 지역별 법인 기업에서 사단법인이 차지하는 비율이 세 번째로 높은 지역은 영남권이다.
② 5대 업종의 대기업 중 IT업에 속하지 않는 기업의 수는 수도권 지역 기타 기업의 수와 같다.
③ 조사 지역에서 대기업이 20% 증가하고, 중소기업이 10% 감소한다면 전체 기업 수는 증가한다.
④ 조사 지역의 재단법인 중 강원권 재단법인이 차지하는 비율은 조사 지역의 대기업 중 강원권 대기업이 차지하는 비율보다 크다.

28 다음은 위 자료를 근거로 작성한 보고서이다. 이에 대한 내용으로 옳지 않은 것은?

〈기업 현황 보고서〉

① 조사 지역의 전체 기업 중 5인 미만인 기업은 70% 이상을 차지하고 있으며, 이는 중소기업 수의 10배 이상이다. 특히, 5인 미만인 기업은 수도권에 밀집되어 있는데 ② 조사 지역의 5인 미만 기업 중 수도권이 차지하는 비율 또한 60% 이상이다.
모든 지역에 걸쳐 대기업보단 중소기업이, 중소기업보단 5인 미만 기업의 수가 많았는데, 5인 미만 기업 수 대비 대기업의 수는 영남권이 가장 높았다. 5대 업종만을 분석했을 때 역시 대기업보단 중소기업이, 중소기업보단 5인 미만 기업이 많았으며, 사단법인이 재단법인보다 많았다. ③ 이에 따라 조사 지역의 전체 기업 중 5대 업종에 해당하지 않는 기업도 앞선 순서와 동일하였다. 또한 ④ 조사 지역의 전체 기업 중 운송업에 해당하는 기업의 비율은 5인 미만 기업이 중소기업보다 높았다.

※ 다음은 K국의 연도별 7대 주요 범죄 발생 현황과 교도소별 복역자 현황에 대한 자료이다. 이어지는 질문에 답하시오. **[29~30]**

〈K국의 연도별 7대 주요 범죄 발생 현황〉

(단위 : 건)

구분	살인	사기	폭행	강도	절도	성범죄	방화
1989년	500	2,000	5,000	4,000	25,000	3,000	500
1990년	600	2,500	7,000	8,000	20,000	2,500	600
1991년	700	3,000	10,000	5,000	23,000	2,000	800
1992년	800	2,000	15,000	8,000	18,000	2,500	700
1993년	900	3,000	10,000	10,000	20,000	3,000	1,000
1994년	1,000	2,000	20,000	10,000	27,000	5,000	900
1995년	1,100	3,500	17,000	9,000	34,000	2,000	1,100

※ 현 시점은 2025년임

〈K국 교도소의 잔여 형량별 복역자 수〉

(단위 : 명)

구분	A교도소	B교도소	C교도소	D교도소	E교도소	F교도소
1년 미만	3,000	4,000	5,000	6,000	7,000	8,000
1년 이상 3년 미만	1,500	1,000	2,000	3,000	2,000	2,500
3년 이상 5년 미만	400	400	500	600	800	1,000
5년 이상 10년 미만	350	250	250	300	400	50
10년 이상 20년 미만	30	35	40	60	55	35
20년 이상	20	15	10	40	45	15
합계	5,300	5,700	7,800	10,000	10,300	11,600

※ K국의 교도소는 A ~ F 6개 존재함

| 국민건강보험공단 / 수리능력

29 **다음 중 위 자료에 대한 설명으로 옳지 않은 것은?**

① 살인이 가장 많이 발생한 해에는 절도 역시 가장 많이 발생하였다.
② 모든 교도소에서 잔여 형량이 많을수록 복역자 수는 감소한다.
③ 범죄가 가장 많이 발생한 해는 폭행도 가장 많이 발생하였다.
④ 잔여 형량이 1년 미만인 경우가 가장 많은 교도소는 전체 복역자 수가 가장 많다.

| 국민건강보험공단 / 수리능력

30 **다음 중 위 자료를 계산하여 해석한 내용으로 옳지 않은 것은?**

① 1990년부터 1995년까지 전년 대비 살인 사건 발생 변화율은 매년 감소한다.
② K국 전체 교도소 복역자 수 중 D교도소 복역자 수의 비율은 20% 이하이다.
③ 1993년부터 1995년까지 7대 주요 발생 범죄 중 절도가 차지하는 비율은 45% 이하이다.
④ 교도소별 잔여 형량이 1년 미만인 복역자 수 대비 3년 이상 5년 미만인 복역자 수의 비율은 F교도소가 가장 높다.

※ 다음은 2025년 2월 10일 기준 국내 월평균 식재료 가격이다. 이어지는 질문에 답하시오. **[31~32]**

〈월평균 식재료 가격(2025.02.10 기준)〉

구분	세부항목	2024년						2025년
		7월	8월	9월	10월	11월	12월	1월
곡류	쌀(원/kg)	1,992	1,083	1,970	1,895	1,850	1,809	1,805
채소류	양파(원/kg)	1,385	1,409	1,437	1,476	1,504	1,548	1,759
	배추(원/포기)	2,967	4,556	7,401	4,793	3,108	3,546	3,634
	무(원/개)	1,653	1,829	2,761	3,166	2,245	2,474	2,543
수산물	물오징어(원/마리)	2,286	2,207	2,267	2,375	2,678	2,784	2,796
	건멸치(원/kg)	23,760	23,760	24,100	24,140	24,870	25,320	25,200
축산물	계란(원/30개)	5,272	5,332	5,590	5,581	5,545	6,621	9,096
	닭(원/kg)	5,436	5,337	5,582	5,716	5,579	5,266	5,062
	돼지(원/kg)	16,200	15,485	15,695	15,260	15,105	15,090	15,025
	소_국산(원/kg)	52,004	52,220	52,608	52,396	51,918	51,632	51,668
	소_미국산(원/kg)	21,828	22,500	23,216	21,726	23,747	22,697	21,432
	소_호주산(원/kg)	23,760	23,777	24,122	23,570	23,047	23,815	24,227

※ 주요 식재료 소매가격(물오징어는 냉동과 생물의 평균 가격, 계란은 특란의 평균 가격, 돼지는 국내 냉장과 수입 냉동의 평균 가격, 국산 소고기는 갈비, 등심, 불고기의 평균 가격, 미국산 소고기는 갈비, 갈빗살, 불고기의 평균 가격, 호주산 소고기는 갈비, 등심, 불고기의 평균 가격임)

※ 표시 가격은 주요 재료의 월평균 가격이며, 조사 주기는 일별로 조사함

❙ 국민건강보험공단 / 문제해결능력

31 다음 중 위 자료를 이해한 내용으로 옳지 않은 것은?

① 2024년 8월 대비 9월 쌀 가격의 증가율은 2024년 11월 대비 12월 무 가격의 증가율보다 크다.
② 소의 가격은 국산, 미국산, 호주산 모두 2024년 7월부터 9월까지 증가하다가 10월에 감소한다.
③ 계란 가격은 2024년 7월부터 2025년 1월까지 꾸준히 증가하고 있다.
④ 쌀 가격은 2024년 8월에 감소했다가 9월에 증가한 후 그 후로 계속 감소하고 있다.

❙ 국민건강보험공단 / 문제해결능력

32 K식품회사에 재직 중인 A사원은 국내 농수산물의 동향과 관련한 보고서를 쓰기 위해 위 자료를 토대로 2024년 12월 대비 2025년 1월 식재료별 가격의 증감률을 구하고 있으며, 다음은 A사원이 작성한 보고서의 일부이다. 다음 중 증감률이 가장 큰 재료는?(단, 소수점 셋째 자리에서 버림한다)

〈국내 농수산물 가격 동향에 따른 보고서〉

식품개발팀 A사원

저희 개발팀에서 올해 기획하고 있는 신제품 출시를 위하여 국내 농수산물 가격 동향을 조사하였습니다. 하단에 월평균 식재료 증감률을 첨부하였으니 신제품 개발 일정을 수립하는 데 참고하시면 될 것 같습니다. 자세한 사항은 식품개발팀 B과장님께 문의하십시오.

〈월평균 식재료 증감률(2025.02.10 기준)〉

구분	세부항목	2024년 12월	2025년 1월	증감률(%)
곡류	쌀(원/kg)	1,809	1,805	
채소류	양파(원/kg)	1,548	1,759	
	무(원/개)	2,474	2,543	
수산물	건멸치(원/kg)	25,320	25,200	

… 생략 …

① 쌀　　② 양파
③ 무　　④ 건멸치

33 다음은 K사의 신입사원 선발 조건이다. 〈보기〉의 지원자 중 최고득점자와 최저득점자를 바르게 연결한 것은?

〈K사 신입사원 선발 조건〉

• 다음과 같은 항목에 따른 점수를 합산하여 최종점수(100점 만점)을 산정하여 점수가 가장 높은 지원자 2명을 신입사원으로 선발한다.

– 학위점수(30점 만점)

학위	학사	석사	박사
점수(점)	18	25	30

– 어학능력점수(20점 만점)

어학시험점수 (300점 만점)	0점 이상 50점 미만	50점 이상 150점 미만	150점 이상 220점 미만	220점 이상
점수(점)	8	14	17	20

– 면접점수(20점 만점)

총 인턴근무 기간	미흡	보통	우수
점수(점)	18	24	30

– 실무경험점수(20점 만점)

총 인턴근무 기간	4개월 미만	4개월 이상 8개월 미만	8개월 이상 12개월 미만	12개월 이상
점수(점)	12	16	18	20

보기

구분	학위점수	어학시험점수	면접점수	총 인턴근무 기간
A	학사	228	우수	8개월
B	석사	204	보통	11개월
C	학사	198	보통	9개월
D	박사	124	미흡	3개월

	최고득점자	최저득점자
①	A	B
②	A	D
③	B	C
④	C	D

| 한국중부발전 / 의사소통능력

34 다음 글과 가장 관련 있는 한자성어는?

> A씨는 대학 졸업 후 창업에 도전하기로 결심했다. 그는 자신의 아이디어에 확신을 가지고 작은 카페를 열었지만, 예상치 못한 문제들이 끊임없이 발생했다. 위치 선정이 잘못되었고, 경쟁이 치열했으며, 운영 경험 부족으로 인해 손님을 끌어들이지 못했다. 결국 1년 만에 카페는 문을 닫아야 했고, A씨는 큰 빚과 좌절감 속에서 실패를 받아들여야 했다.
> 하지만 A씨는 실패를 통해 얻은 교훈을 놓치지 않았다. 그는 자신이 부족했던 점들을 분석하며 경영과 마케팅에 대해 더 깊이 공부하기 시작했다. 또한 카페를 운영하며 쌓은 고객 관리 경험과 식음료 산업에 대한 이해를 바탕으로 새로운 방향을 모색했다. 그러던 중, 그는 소규모 카페 운영자들이 겪는 어려움 해소를 돕기 위해 전문 컨설팅 서비스를 제공하는 사업 아이디어를 떠올렸다.
> A씨는 이전의 실패를 발판 삼아 철저히 준비한 끝에 컨설팅 회사를 설립했다. 그의 서비스는 소규모 카페 운영자들에게 실질적인 도움을 제공하며 빠르게 입소문을 탔고, 사업은 성공적으로 성장했다.

① 전화위복(轉禍爲福)
② 사필귀정(事必歸正)
③ 일취월장(日就月將)
④ 우공이산(愚公移山)

| 한국중부발전 / 의사소통능력

35 다음 중 밑줄 친 단어의 의미가 다른 것은?

① 인간은 네 번째 <u>차원</u>인 시간을 인식하며 살아간다.
② 그의 능력은 취미의 <u>차원</u>을 넘어 예술의 경지로 나아갔다.
③ 과도한 사탕발림이 예의의 <u>차원</u>을 넘어 불편하게 다가왔다.
④ 독창적인 아이디어가 한 <u>차원</u> 높은 수준의 품질을 이끌어 내었다.

36 다음 글에 대한 설명으로 적절하지 않은 것은?

큐비트(Qubit)는 양자 컴퓨터에서 정보를 저장하고 처리하는 기본 단위다. 기존의 컴퓨터가 정보를 0과 1로 이루어진 비트(Bit)로 표현하는 것과 달리, 큐비트는 양자역학의 특성을 활용해 더 복잡하고 강력한 방식으로 정보를 다룬다.
큐비트는 0과 1의 상태를 동시에 가질 수 있는 양자 중첩 특성을 가지고 있다. 양자 중첩이란 빛이 입자와 파동 2가지 상태를 가진 것과 마찬가지로 미시적 세계에서 여러 양자 상태가 동시에 존재할 수 있는 현상을 뜻하며, 측정하기 전까지는 양자 상태를 정확히 파악할 수 없고 관측과 동시에 상태가 결정되는 것을 의미한다. 이처럼 큐비트 또한 측정하기 전까지 0과 1의 상태를 동시에 가진 중첩 상태가 유지되며 측정 시에는 0 또는 1 중 하나의 값으로 확정된다. 이를 통해 큐비트는 병렬 계산을 가능하게 만들어 복잡한 문제를 빠르게 해결할 수 있다.
또한 두 개 이상의 큐비트가 양자 얽힘 상태에 있으면, 한 큐비트의 상태가 다른 큐비트의 상태와 즉각적으로 연결된다. 이에 따라 한 큐비트가 측정되면 얽혀 있는 다른 큐비트의 상태 또한 자동으로 결정되므로 큐비트 간의 빠른 정보 전달과 협력 계산을 가능하게 한다.
양자 컴퓨터에 사용되는 큐비트는 다양한 방식으로 개발되고 있으며 대표적인 방식은 초전도 회로, 이온 트랩, 광자, 스핀 등이 있다. 초전도 회로는 전기적 초전도체를 활용해 양자 상태를 생성하고, 이온 트랩은 전기장으로 이온을 가두고 조작한다. 광자는 빛 입자를 이용한 정보 저장 및 전송에 사용되며, 스핀은 전자의 스핀 상태를 활용한다.
큐비트는 기존 컴퓨터보다 훨씬 더 많은 정보를 처리할 수 있다. 예를 들어, 20개의 큐비트를 활용하면 2^{20}, 즉 약 100만 개의 상태를 동시에 표현할 수 있다. 이는 암호 해독이나 복잡한 시뮬레이션 같은 문제에서 기존 컴퓨터보다 월등히 빠른 성능을 발휘한다. 하지만 현재 기술로는 큐비트를 안정적으로 유지하고 제어하는 데 한계가 있다. 환경적 요인으로 인해 양자 상태가 쉽게 붕괴되기 때문에 이를 극복하기 위한 연구가 활발히 진행 중이다.
큐비트는 양자역학의 원리를 기반으로 기존 컴퓨터와는 완전히 다른 방식으로 정보를 처리한다. 중첩과 얽힘 같은 특성 덕분에 복잡한 계산 문제를 해결하는 데 강력한 도구가 될 수 있지만, 기술적 도전 과제도 많다. 앞으로 양자 컴퓨팅 기술이 발전하면 큐비트를 활용한 혁신적인 응용이 더욱 확대될 것으로 기대된다.

① 큐비트의 값은 측정과 동시에 정해진다.
② 큐비트는 정보를 0와 1의 2진수로 나타내는 것이다.
③ 큐비트는 측정하기 전까지는 양자 중첩 상태로 존재한다.
④ 4개의 큐비트를 활용하면 16번의 상태를 동시에 표현할 수 있다.

37 다음 글에 대한 설명으로 가장 적절한 것은?

> 소형 모듈 원전(SMR; Small Modular Reactor)은 기존 대형 원자로와는 다른 설계와 운영 방식을 가진 차세대 원자력 발전 기술이다. SMR은 전기 출력이 300MWe 이하로 소형화된 원자로를 의미하며, 크기가 작고 유연한 설계 덕분에 다양한 환경에서 활용 가능하다. 주요 특징 중 하나는 모듈화된 설계로, 주요 기기를 모듈화하여 공장에서 제작한 뒤 현장으로 운송해 조립한다. 이로 인해 건설 기간이 단축되고 초기 투자 비용을 줄일 수 있다.
> SMR은 기존 원전에 비해 안정성 또한 높다. 자연 순환 냉각 방식을 채택해 전력 공급 없이도 중력과 밀도 차, 자연 대류를 활용해 원자로를 냉각할 수 있다. 이는 사고 발생 시 노심 용융 가능성을 낮추며, 방사성 물질의 저장 및 관리 측면에서도 유리하다. 또한 다양한 입지 조건에서 설치가 가능하여 전력망이 없는 지역이나 해상에서도 활용할 수 있다. 이는 탄소 배출이 적은 에너지원으로서 기후 변화 대응에도 기여할 수 있다.
> SMR의 경제성도 강점이다. 공장에서 미리 제작된 모듈을 현장에서 조립하는 방식은 전통적인 대형 원전보다 건설 비용과 기간을 줄인다. 그러나 단위 출력당 건설 비용이 높아질 수 있어 대량 생산과 표준화를 통해 비용을 절감해야 한다. 기술적 검증도 중요한 과제로, 안전성과 경제성을 동시에 만족시켜야 한다. 기후 변화에 따른 환경적 취약성도 고려해야 하며, 이를 극복하기 위해 각국 정부와 민간 기업들은 협력하여 연구 개발에 투자하고 있다.
> SMR은 탄소 중립 시대를 맞아 중요한 에너지원으로 주목받고 있으며, 다양한 분야에서 활용 가능성이 높다. 한국을 포함한 여러 국가가 SMR 개발에 적극적으로 나서고 있으며, 이를 통해 글로벌 에너지 시장에서 새로운 패러다임을 제시할 것으로 보인다. SMR은 단순히 기존 원전을 대체하는 것을 넘어 안전하고 지속 가능한 에너지 시스템 구축에 기여할 핵심 기술로 자리 잡아가고 있다.

① SMR은 방사성 폐기물이 발생하지 않는다.

② SMR은 기존의 원전보다 다양한 환경에서 건설이 가능하다.

③ SMR은 원전 부지에서 모듈을 생산하여 조립하는 방식으로 건설된다.

④ 선진국에서는 기존 원전 대부분이 SMR로 전환되어 탄소 중립을 실천하고 있다.

| 한국중부발전 / 문제해결능력

38 다음은 J공사의 컴퓨터 비밀번호 규칙에 대한 글이다. 〈보기〉 중 J공사 비밀번호 규칙에 맞지 않는 것은 모두 몇 개인가?

> J공사의 직원들은 업무를 시작하기 위해 컴퓨터에 직원별 비밀번호를 입력해야 한다. 직원들의 비밀번호는 9자리의 숫자와 문자로 구성되어 있다. 첫 번째 자리는 직원 종류별 코드로 정직원은 1, 계약직은 2, 파견직은 3이 부여된다. 두 번째 자리부터는 직원별 입사일이 YYMMDD 방식으로 부여된다. 이후 데이터의 진위 여부를 확인하기 위해 체크데이터로 앞의 숫자를 모두 더한 뒤, 2를 뺀 값에 해당하는 알파벳이 대문자로 부여된다. 마지막으로 비밀번호 식별의 용이성을 위해 첫 번째 자리의 숫자와 동일한 숫자가 부여된다.

보기

- 3011210F3
- 1942131S1
- 2981111U2
- 1840624W1
- 3051231M3
- 1211014H1
- 1241215N2
- 2210830P2
- 4200817T4
- 2191229Z2

① 2개 ② 3개
③ 4개 ④ 5개

| 한국중부발전 / 문제해결능력

39 다음 사례에서 나타나는 논리적 오류로 가장 적절한 것은?

> A씨는 오랜만에 고향 친구를 만났다. 약속 장소에서 A씨는 고향 친구가 말끔한 정장을 입고 나온 것을 보고, 그가 부자일 확률보다 부자이면서 좋은 차를 끌고 다닐 확률이 높다고 생각하였다.

① 결합의 오류
② 무지의 오류
③ 연역법의 오류
④ 과대해석의 오류

※ 다음은 J기업의 본사와 부속 공장 간의 도로에 대한 자료이다. 이어지는 질문에 답하시오. **[40~41]**

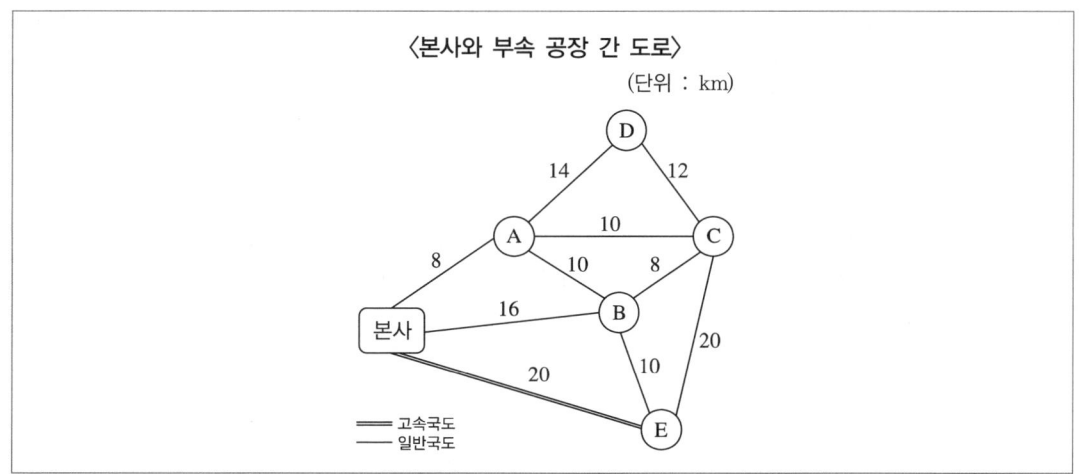

〈본사와 부속 공장 간 도로〉

(단위 : km)

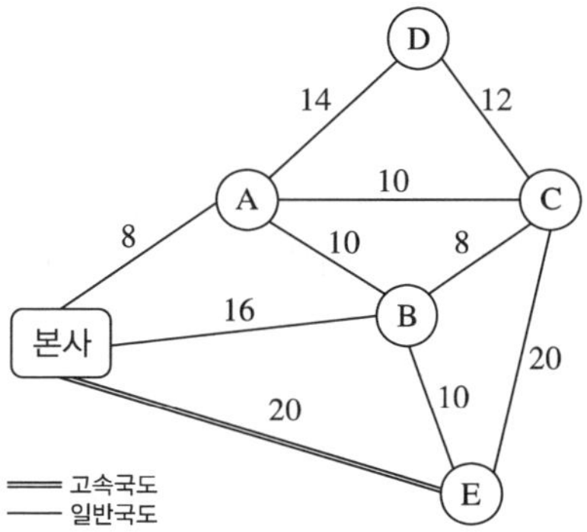

| 한국중부발전 / 자원관리능력

40

S대리는 본사에서 출발하여 모든 부속 공장을 방문한 뒤, 본사로 복귀하려고 한다. S대리가 일반국도만을 이용한다면, 최단거리는 몇 km인가?

① 72km ② 76km

③ 80km ④ 84km

| 한국중부발전 / 자원관리능력

41

S대리는 회사로부터 교통비를 지원받아 고속국도를 이용할 수 있게 되었다. S대리가 고속국도를 이용하여 모든 부속 공장을 방문한 뒤, 본사로 복귀할 때의 최단거리는 고속국도를 이용하지 않을 때의 최단거리와 몇 km 차이가 나는가?

① 6km ② 8km

③ 10km ④ 12km

| 한국중부발전 / 기술능력

42 다음은 K기업 종합관리시스템의 발전 단계를 나타낸 글이다. 기술시스템의 발전 단계에 따라 (가) ~ (라) 문단을 순서대로 나열한 것은?

> (가) 종합관리시스템 납품 경쟁에서 승리한 K기업의 종합관리시스템은 정부기관에서도 사용하게 되었으며, 기술표준으로 확립되어 여러 산업 기술들이 K기업의 종합관리시스템에 맞춰져 개발되기에 이르렀다.
> (나) K기업이 개발한 종합관리시스템은 탄소배출권 거래에서 실무적 안정성을 인정받아 K기업 내 다른 부서뿐만 아니라 다른 분야의 회사에서도 차용하기 시작하였다.
> (다) 정부의 탄소중립 정책 강화로 인해 탄소배출권 거래에 대한 국책 사업이 활발해졌고, 국가적 관리시스템이 필요해지자, K기업을 비롯한 여러 탄소배출권 거래 기업이 자사의 종합관리시스템을 납품하기 위해 경쟁하였다.
> (라) 탄소배출권을 거래하는 K기업은 거래 내역을 일괄적으로 관리하는 종합관리시스템을 자체 개발하여 사용하였고, 실무적 여건에 따라 유연하게 발전시켰다.

① (다) – (가) – (나) – (라)
② (다) – (라) – (나) – (가)
③ (라) – (나) – (다) – (가)
④ (라) – (다) – (나) – (가)

| 한국중부발전 / 정보능력

43 다음은 A주임의 상사가 평소 엑셀을 능숙하게 다루는 A주임에게 요청한 내용이다. A주임이 상사의 요청을 수행하면서 사용한 엑셀 단축키가 아닌 것은?

> A주임 지금 회사 거래 내역이 담긴 엑셀 파일을 수정해야 하는데, 제 컴퓨터의 마우스가 고장이 나서 단축키로만 작업을 해야 합니다. A주임이 엑셀을 능숙하게 쓴다고 들어서 도와주셨으면 합니다. [F12] 셀에서 왼쪽에 있는 값을 모두 선택하여 차트를 만들고, [F13] 셀에는 오늘 날짜를 입력해 주세요.

① 〈Ctrl〉+〈1〉
② 〈Ctrl〉+〈;〉
③ 〈Alt〉+〈F1〉
④ 〈Shift〉+〈Home〉

| K-water 한국수자원공사 / 의사소통능력

44 다음 중 단어의 뜻이 나머지와 가장 다른 것은?

① 호도(糊塗) ② 맹아(萌芽)
③ 무마(撫摩) ④ 은폐(隱蔽)

| K-water 한국수자원공사 / 의사소통능력

45 다음 중 밑줄 친 어휘가 나머지와 다른 의미로 사용된 것은?

① 건조한 환경으로 인해 쉽게 <u>불이 붙었다</u>.
② 새로운 소재로 <u>불이 붙는</u> 것을 방지하였다.
③ 토론은 양측이 첨예하게 대립해 <u>불이 붙었다</u>.
④ 들판에 <u>불이 붙자</u> 걷잡을 수 없이 퍼져 나갔다.

| K-water 한국수자원공사 / 수리능력

46 K고등학교의 운동장은 윗변이 20m, 밑변이 50m, 높이가 20m인 등변 사다리꼴 형태이다. 운동장의 가장자리에 2m 마다 의자를 놓고 학생을 앉힐 때, 의자에 앉을 수 있는 학생의 수로 옳은 것은?

① 59명 ② 60명
③ 61명 ④ 62명

47 다음 중 제시된 자료를 그래프로 바르게 변환한 것은?

〈K-water 한강유역 대수력 발전소 연간 발전량〉

(단위 : GWh)

구분	2019년	2020년	2021년	2022년	2023년	2024년
소양강댐	347	551	314	600	430	490
충주댐	484	769	574	680	706	759

①
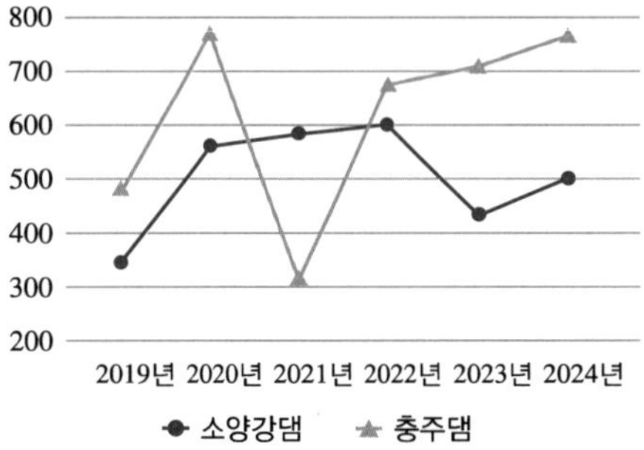

②
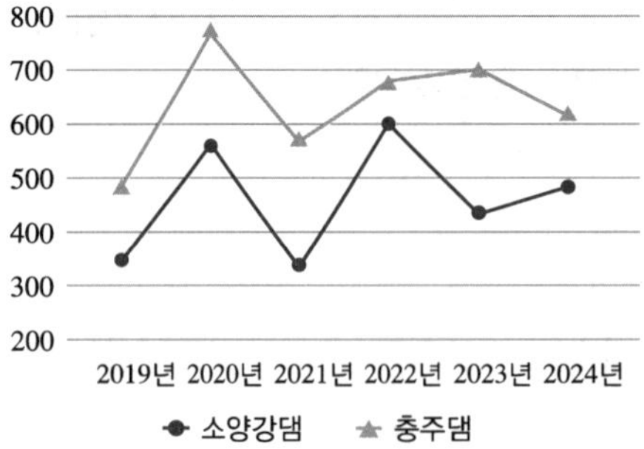

③
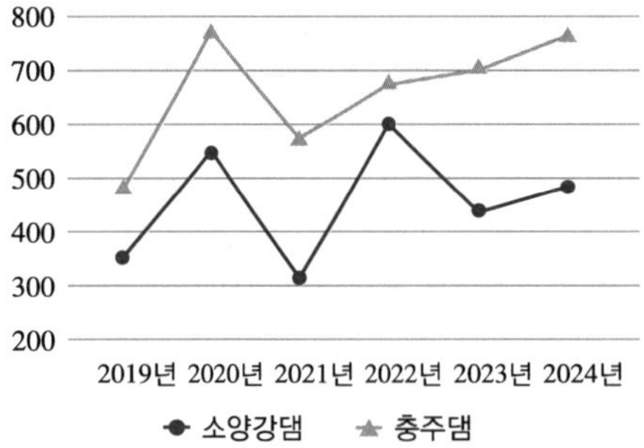

④
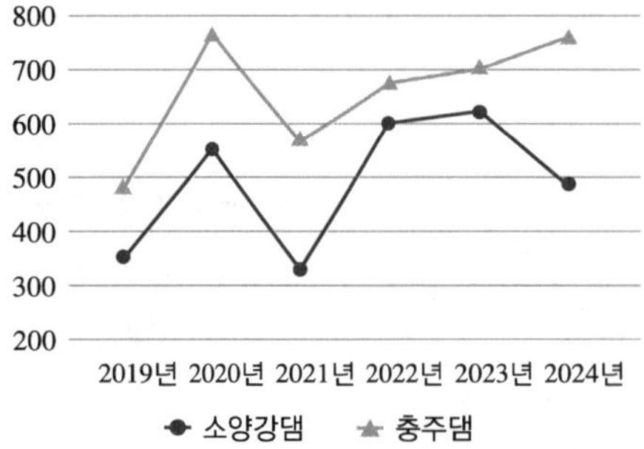

| K-water 한국수자원공사 / 자원관리능력

48 다음 중 효과적인 시간관리를 통하여 빠르고 효율적인 생산으로 작업 소요 시간을 단축시켰을 때, 기업의 입장에서 나타나는 효과로 옳지 않은 것은?

① 가격 인상
② 위험 감소
③ 정확한 예산 분배
④ 시장 점유율 증가

| K-water 한국수자원공사 / 자원관리능력

49 효율적이고 합리적인 인사관리 원칙 중 해당 직무 수행에 가장 적합한 인재를 배치해야 한다는 원칙으로 옳은 것은?

① 단결의 원칙
② 공정 인사의 원칙
③ 종업원 안정의 원칙
④ 적재적소 배치의 원칙

| K-water 한국수자원공사 / 자원관리능력

50 다음 사례에서 나타나는 물적자원관리의 원칙으로 옳은 것은?

> 편의점 점장인 A씨는 상품의 판매량과 입고량을 파악하여 많이 팔리고, 많이 들어오는 상품은 출입구에 가깝게 위치시켰으며, 적게 팔려서 주문할 양이 적은 상품은 매장 안쪽에 배치하여 상품의 입·출하가 원활하게 이루어지도록 하였다.

① 동일성의 원칙
② 유사성의 원칙
③ 회전대응의 원칙
④ 기호화의 원칙

CHAPTER

02 2025 ~ 2024년 전공 기출복원문제

정답 및 해설 p.015

01 경영학

| 25상 / 코레일 한국철도공사

01 다음 중 주식회사에 대한 설명으로 옳은 것을 〈보기〉에서 모두 고르면?

보기

ㄱ. 주식회사의 최고 의사결정기구는 이사회가 담당한다.
ㄴ. 주식회사를 설립할 때 정관 작성은 발기인이 한다.
ㄷ. 주식회사의 채무가 과다할 경우 주주가 회사의 채권자에게 변제할 의무가 발생한다.
ㄹ. 우리나라에서 주식회사에 대한 사무업무는 금융감독원과 한국예탁결제원에서 맡고 있다.

① ㄱ, ㄴ
② ㄱ, ㄷ
③ ㄱ, ㄹ
④ ㄴ, ㄷ
⑤ ㄴ, ㄹ

| 25상 / 코레일 한국철도공사

02 다음 경영관리 순환 과정에 대한 설명으로 옳지 않은 것은?

① 계획 : 미래에 기업에 발생할 문제를 사전에 예측하여 해결 방안을 결정하는 과정이다.
② 조직 : 수립된 계획을 실천하는 데 필요한 자원들을 필요에 맞게 배분하는 과정이다.
③ 지휘 : 구체적인 업무 수행을 위해 지시하는 과정이다.
④ 조정 : 지휘가 잘 이뤄질 수 있도록 업무, 조직 등을 수정하는 과정이다.
⑤ 통제 : 계획과 결과를 비교하여 발생한 차이를 수정하고 다음 계획에 반영하는 과정이다.

❙ 25상 / 코레일 한국철도공사

03 다음 중 고객 페르소나에 대한 설명으로 옳지 않은 것은?

① 기업의 제품 또는 서비스를 구매할 가능성이 높은 고객을 가상의 인물로 설정한다.
② 유사한 특징을 가진 고객을 그룹으로 분류한다.
③ 인구 통계, 행동 패턴, 라이프스타일 등 다양한 데이터로 전략을 수립한다.
④ 설문조사, 인터뷰 등을 통해 고객 정보를 파악한다.
⑤ 설정된 고객 페르소나와 실제 고객이 얼마나 일치하는지 검증이 필요하다.

❙ 25상 / 코레일 한국철도공사

04 다음 중 매슬로의 욕구 단계 중 관계 욕구 이하에 해당하는 것은?

① 자아실현 욕구, 존경 욕구
② 자아실현 욕구, 안전 욕구
③ 자아실현 욕구, 생리적 욕구
④ 생리적 욕구, 존경 욕구
⑤ 생리적 욕구, 안전 욕구

❙ 25상 / 코레일 한국철도공사

05 다음 중 명목집단법에 대한 설명으로 옳지 않은 것은?

① 참여자들이 서로 문제나 이슈 등을 분석하고 순위를 정하는 가중서열화 방법이다.
② 참여자 간 대화를 통한 의사소통을 금지하고 서면으로 아이디어를 작성한다.
③ 참여자의 다양한 생각을 제약조건 없이 짧은 시간에 이끌어 낼 수 있다.
④ 최종 아이디어 선정은 투표를 통하여 결정한다.
⑤ 자유분방하게 다양한 아이디어를 비판 없이 제시하는 자유연상법이다.

❙ 24상 /코레일 한국철도공사

06 다음 중 테일러의 과학적 관리법과 관계가 없는 것은?

① 시간연구
② 동작연구
③ 동등 성과급제
④ 과업관리
⑤ 표준 작업조건

| 24상 / 코레일 한국철도공사

07 다음 중 근로자가 직무능력 평가를 위해 개인능력평가표를 활용하는 제도는 무엇인가?

① 자기신고제도
② 직능자격제도
③ 평가센터제도
④ 직무순환제도
⑤ 기능목록제도

| 24상 / 코레일 한국철도공사

08 다음 중 데이터베이스 마케팅에 대한 설명으로 옳지 않은 것은?

① 기업 규모와 관계없이 모든 기업에서 활용이 가능하다.
② 기존 고객의 재구매를 유도하며, 장기적인 마케팅 전략 수립이 가능하다.
③ 인구통계, 심리적 특성, 지리적 특성 등을 파악하여 고객별 맞춤 서비스가 가능하다.
④ 단방향 의사소통으로 고객과 1 : 1 관계를 구축하여 즉각적으로 반응을 확인할 수 있다.
⑤ 고객 자료를 바탕으로 고객 및 매출 증대에 대한 마케팅 전략을 실행하는 데 목적이 있다.

| 24상 / 코레일 한국철도공사

09 다음 중 공정성 이론에서 절차적 공정성에 해당하지 않는 것은?

① 접근성
② 반응속도
③ 형평성
④ 유연성
⑤ 적정성

| 24상 / 코레일 한국철도공사

10 다음 중 e-비즈니스 기업의 장점으로 옳지 않은 것은?

① 빠른 의사결정을 진행할 수 있다.
② 양질의 고객서비스를 제공할 수 있다.
③ 배송, 물류비 등 각종 비용을 절감할 수 있다.
④ 소비자에게 더 많은 선택권을 부여할 수 있다.
⑤ 기업이 더 높은 가격으로 제품을 판매할 수 있다.

| 25상 / K-water 한국수자원공사

11 다음 설명에 해당하는 의사결정 방법은?

> • 사회자만 주제를 알고 나머지 참가자들은 토론 주제를 알지 못한다.
> • 고정관념이나 습관적인 사고에서 벗어나 창의적인 아이디어가 제시될 수 있다.
> • 다양한 아이디어를 토론 주제와 연결시켜야 하기 때문에 사회자의 능력이 중요하다.

① 고든법
② 롤스토밍법
③ 직관상기법
④ 집단토론법

| 25상 / K-water 한국수자원공사

12 다음 중 전방통합에 대한 설명으로 옳지 않은 것은?

① 소비자의 접근성을 높이고, 시장지배력을 강화하기 위한 목적을 갖는다.
② 소비자 방향으로 기업통합을 시도하는 것이다.
③ 자동차 생산업체가 철강공장을 구입하는 사례가 해당된다.
④ 제품 판매 및 유통 부문에 대한 소유권을 확보하는 전략이다.

| 25상 / K-water 한국수자원공사

13 다음 설명에 해당하는 민츠버그의 조직 유형은?

> • 전문화된 명확한 역할을 토대로 정해진 절차를 준수하는 것을 중요시한다.
> • 사회적 변화, 상품 변화 등 외부 환경요인에 대한 적응력이 떨어질 수 있다.
> • 의사결정 프로세스가 간소화되어 효율성이 높으나, 수평적인 의사결정은 제한적이다.

① 단순 구조
② 사업부제 구조
③ 임시조직 구조
④ 기계적 관료제 구조

❙ 25상 / K-water 한국수자원공사

14 다음 설명에 해당하는 면접법은?

- 면접관마다 각각 다른 평가요소를 중심으로 질문 및 평가를 한다.
- 다수의 면접관이 한 명이나 소수의 지원자를 면접한다.
- 한 명의 면접관에게 질문을 받아도 답변은 전체 면접관에게 하듯이 하는 것이 좋다.

① 집단 면접 ② 스트레스 면접
③ 상황 면접 ④ 패널 면접

❙ 25상 / K-water 한국수자원공사

15 다음 중 귀인오류에 해당하지 않는 것은?

① 근본적 귀인오류 ② 외부요인 귀인
③ 자존적 편견 ④ 행위자－관찰자 편견

❙ 25상 / K-water 한국수자원공사

16 다음 설명에 해당하는 노동조합 숍 제도는?

- 노동조합 가입을 고용의 조건으로 삼아 모든 노동자를 노동조합에 가입시킨다.
- 노사 간 단체협약 조항으로 노동조합 측에 가장 유리한 제도이다.
- 기업별 노동조합을 단위로 하는 우리나라에서는 활성화되어 있지 않은 제도이다.

① 에이전시 숍 ② 유니언 숍
③ 오픈 숍 ④ 클로즈드 숍

❙ 25상 / K-water 한국수자원공사

17 다음 중 ISO 26000에 대한 설명으로 옳지 않은 것은?

① 국제표준화기구(ISO)에서 개발한 기업의 사회적 책임의 국제표준이다.
② 2010년에 제정 및 발표되었다.
③ 책임성, 투명성, 윤리적 행동 등 총 7개의 기본원칙으로 구성된다.
④ 기업의 사회적 책임을 위한 기존 방법이나 계획을 대체하는 역할을 한다.

| 25상 / K-water 한국수자원공사

18 다음 중 진입장벽이 높은 경우가 아닌 것은?

① 초기 투자가 많이 필요한 경우
② 제품 차별화가 낮은 경우
③ 법적 규제가 있는 경우
④ 기존 경쟁업체가 많은 경우

| 25상 / K-water 한국수자원공사

19 다음 중 포터의 가치사슬에서 지원적 활동에 해당하는 것은?

① 인적자원관리
② 생산운영
③ 마케팅
④ 외부물류

| 25상 / K-water 한국수자원공사

20 다음 중 카르텔에 대한 설명으로 옳지 않은 것은?

① 기업들이 서로 협력하여 경쟁을 제한하거나 시장을 조작하는 형태의 비합법적인 협력을 일컫는다.
② 카르텔로 인해 구성원들의 위험은 더욱 커지게 된다.
③ 경쟁기업과 소비자 모두에게 불이익을 초래할 수 있다.
④ OPEC의 경우 석유생산국가 간 공식적인 카르텔로 볼 수 있다.

| 24하 / K-water 한국수자원공사

21 다음 중 BCG 매트릭스에 대한 설명으로 옳지 않은 것은?

① X축은 상대적 시장 점유율, Y축은 성장률을 의미한다.
② 1970년대 미국 보스턴컨설팅그룹에 의해 개발된 경영전략 분석 기법이다.
③ 수익이 많고 안정적이어서 현상을 유지하는 것이 필요한 사업은 스타(Star)이다.
④ 물음표(Question), 스타(Star), 현금젖소(Cash Cow), 개(Dog)의 4개 영역으로 구성된다.

| 24하 / K-water 한국수자원공사

22 다음 중 변혁적 리더십의 특성으로 옳지 않은 것은?

① 구성원들은 리더가 이상적이며 높은 수준의 기준과 능력을 지니고 있다고 생각한다.
② 리더는 구성원 모두가 공감할 수 있는 바람직한 목표를 설정하고, 그들이 이를 이해하도록 한다.
③ 리더는 구성원들의 생각, 가치, 신념 등을 발전시키고, 그들이 창의적으로 행동하도록 이끈다.
④ 구성원들을 리더로 얼마나 육성했는지보다 구성원의 성과 측정을 통해 객관성을 가질 수 있다는 효과가 있다.

| 24하 / K-water 한국수자원공사

23 다음 중 변혁적 리더십의 구성요소에 해당하지 않는 것은?

① 감정적 치유
② 카리스마
③ 영감적 동기화
④ 지적 자극

| 24하 / K-water 한국수자원공사

24 다음 중 매트릭스 조직의 단점으로 옳지 않은 것은?

① 책임, 목표, 평가 등에 대한 갈등이 유발되어 혼란을 줄 수 있다.
② 관리자 및 구성원 모두에게 역할 등에 대한 스트레스를 유발할 수 있다.
③ 힘의 균형을 유지하기 어려워 경영자의 개입이 빈번하게 일어날 수 있다.
④ 구성원의 창의력을 저해하고, 문제해결에 필요한 전문지식이 부족할 수 있다.

| 24하 / K-water 한국수자원공사

25 다음 중 가치사슬 분석을 통해 얻을 수 있는 효과로 옳지 않은 것은?

① 프로세스 혁신
② 원가 절감
③ 매출 확대
④ 품질 향상

02 경제학

ㅣ 25상 / K-water 한국수자원공사

01 다음 중 소비자 물가지수에 대한 설명으로 옳지 않은 것은?

① 한 국가의 소비자가 구입하는 재화 및 용역의 평균가격을 측정한 지수이다.
② 명목 GDP를 실질 GDP로 나눈 값에 100을 곱하여 계산할 수 있다.
③ 소비자 물가지수의 변동률로 인플레이션을 측정할 수 있다.
④ 통계청에서 작성한다.

ㅣ 25상 / K-water 한국수자원공사

02 다음 중 테일러 준칙에 대한 설명으로 옳지 않은 것은?

① 중앙은행이 금리를 결정할 때 경제성장률과 물가상승률을 고려한다는 원칙이다.
② 실제 인플레이션율이 목표치보다 높은 경우 금리를 인상한다.
③ 실제 성장률이 잠재 성장률보다 낮은 경우 금리를 인하한다.
④ 인플레이션율이 1% 상승한 경우 중앙은행은 실질이자율을 1% 이상 상승시켜야 한다.

ㅣ 25상 / K-water 한국수자원공사

03 다음 중 IS-LM 모형에 대한 설명으로 옳지 않은 것은?

① 거시경제에서 이자율과 국민소득 간의 관계를 나타내는 모형이다.
② IS곡선의 IS는 투자와 화폐공급을 의미한다.
③ IS곡선과 LM곡선이 만나는 교차점에서는 모든 시장이 균형이 된다.
④ 유동성 선호이론은 LM곡선의 이론적 기반이라 할 수 있다.

❙ 25상 / K-water 한국수자원공사

04 **다음 중 GDP를 구하는 공식으로 옳은 것은?**

① (소비)+(투자)+(수출)+(수입)
② (소비)−(투자)+(수출)+(수입)
③ (소비)+(투자)−(수출)−(수입)
④ (소비)+(투자)+(수출)−(수입)

❙ 24하 / 한국자산관리공사

05 **다음 중 독점적 경쟁시장의 특징에 대한 설명으로 옳지 않은 것은?**

① 독점시장과 완전경쟁시장의 성격이 혼합된 시장이다.
② 독점적 경쟁시장의 수요곡선은 우하향한다.
③ 기업마다 판매하는 재화의 속성을 차별화하여 다른 기업들과 경쟁하는 시장이다.
④ 시장에 새로 진출하는 신규 기업을 차단하는 진입장벽이 낮다.
⑤ 독점적 경쟁시장에서 기업은 완전한 시장 지배력을 가질 수 있다.

❙ 24하 / 한국자산관리공사

06 **다음 중 종량세에 대한 설명으로 옳지 않은 것은?**

① 종량세는 과세단위 기준을 금액에 둔다.
② 종량세를 생산자에게 부과할 경우 공급곡선은 왼쪽으로 이동한다.
③ 종량세를 부과할 경우 수요공급곡선은 평행이동하게 된다.
④ 세액산정이 비교적 간편하여 행정능률을 높일 수 있는 장점이 있다.
⑤ 현재 우리나라 주류 과세체계는 종가세 방식을 채택하고 있다.

| 24하 / 한국자산관리공사

07 다음 중 유위험 이자율 평가설에 기본 가정으로 옳지 않은 것은?

① 비대칭 정보가 존재하지 않는다.
② 국가 간 자산이 완전대체재 성격을 갖는다.
③ 거래비용이 없다.
④ 자본이동에 대한 제약사항이 없다.
⑤ 투자자가 위험회피 성향을 갖는다.

| 24하 / 한국자산관리공사

08 다음 중 먼델 – 플레밍 모형의 기본 가정으로 옳지 않은 것은?

① 현물 환율과 선물 환율은 동일하다.
② 국내 물가 수준이 일정하게 유지되고, 국내 생산량의 공급은 탄력적이다.
③ 소득에 따라 세금과 저축이 증가한다.
④ 국가 규모가 매우 작아 해외 국가소득이나 국제 이자율 수준에 영향을 미칠 수 없다.
⑤ 화폐에 대한 수요는 이자율에 의존하며, 투자는 소득과 이자율에 의존한다.

| 24하 / 근로복지공단

09 다음 중 보완재의 관계로 볼 수 있는 것은?

① 천연가스 – 석탄
② 소고기 – 돼지고기
③ 빵 – 잼
④ 보리 – 쌀
⑤ 기차 – 버스

| 24하 / 근로복지공단

10 다음 중 실업의 종류에 해당하지 않는 것은?

① 경기적 실업
② 마찰적 실업
③ 구조적 실업
④ 계절적 실업
⑤ 생산적 실업

| 24하 / 근로복지공단

11 다음 중 과점시장의 특징으로 옳지 않은 것은?

① 시장 내 기업 간 밀접한 의존관계를 갖는다.
② 비가격경쟁을 통해 가격의 경직성이 나타난다.
③ 시장에서 판매되는 제품의 차별화가 나타난다.
④ 담합 등과 같은 비경쟁행위가 나타난다.
⑤ 독점시장보다는 약하지만 비교적 높은 진입장벽을 갖는다.

| 24상 / 건강보험심사평가원

12 다음 중 수요공급의 가격탄력성에 대한 설명으로 옳지 않은 것은?

① 수요가 탄력적일수록 수요의 가격탄력성은 1보다 커진다.
② 수요곡선이 비탄력적일수록 기울기는 더 가파르게 된다.
③ 대체재가 존재하는 경우 수요의 가격탄력성이 커지게 된다.
④ 장기공급의 가격탄력성이 단기공급의 가격탄력성보다 작다.

| 24상 / 건강보험심사평가원

13 다음 중 국내 총수요를 계산하는 산식으로 옳은 것은?

① (소비)+(투자)−(정부지출)−(수출)−(수입)
② (소비)+(투자)−(정부지출)−(수출)+(수입)
③ (소비)+(투자)+(정부지출)+(수출)+(수입)
④ (소비)+(투자)+(정부지출)+(수출)−(수입)

| 24상 / 건강보험심사평가원

14 다음 〈조건〉을 참고하여 최적생산량을 구하면 얼마인가?

조건

- 총비용 : $50+Q^2$
- 총수입 : $60Q-Q^2$

① 10 ② 15
③ 20 ④ 25

| 24상 / 건강보험심사평가원

15 다음 중 장기적인 경제성장을 위해 필요한 전략으로 옳지 않은 것은?

① 장기적 성장을 위해서는 자본투자와 생산가능인구 확대를 통해 잠재성장률을 끌어올려야 한다.
② 노동, 자본 등의 양적 생산요소 및 기술, 지식 등의 질적 생산요소의 경쟁력을 강화하여야 한다.
③ 제조업 제품뿐만 아니라 고부가 서비스제품의 수출 확대를 통해 글로벌 산업구조에 대응하여야 한다.
④ 경제의 외부충격에 대비하기 위해 내수시장을 집중하여 키우고, 이후 수출주도 경제성장 전략을 도입하여야 한다.

03 행정학

| 25상 / 서울교통공사

01 **다음 중 정부실패의 원인으로 옳지 않은 것은?**

① 파생적 외부효과
② 정부조직의 내부성
③ 비용과 편익의 괴리
④ 점증적 정책결정의 불확실성
⑤ 권력으로 인한 분배적 불공정성

| 25상 / 건강보험심사평가원

02 **다음 중 엽관주의에 대한 설명으로 옳은 것은?**

① 관료제 조직 내의 민주화에 기여한다.
② 실적주의에 비해 부정부패 방지에 유리하다.
③ 직업공무원제에 비해 대의민주주의의 가치 실현에 적절하다.
④ 관료조직이 전문성을 바탕으로 정치세력화가 이루어지기 쉽다.

| 24하 / 건강보험심사평가원

03 **추가경정예산을 통한 재정의 방만한 운영 가능성을 줄이기 위해 국가재정법 제89조에서는 추가경정예산안을 편성할 수 있는 경우를 제한하고 있다. 다음 중 위 법 조항에 명시된 추가경정예산안을 편성할 수 있는 경우가 아닌 것은?**

① 부동산 경기 등 경기부양을 위하여 기획재정부장관이 필요하다고 판단하는 경우
② 전쟁이나 대규모 자연재해가 발생한 경우
③ 경기침체, 대량실업, 남북관계의 변화, 경제협력 같은 대내·외 여건에 중대한 변화가 발생하였거나 발생할 우려가 있는 경우
④ 법령에 따라 국가가 지급하여야 하는 지출이 발생하거나 증가하는 경우

| 25상 / K-water 한국수자원공사

04 **다음은 동기부여 이론가들과 그 주장에 바탕을 둔 관리 방식을 연결한 것이다. 이들 중 동기부여 효과가 가장 낮다고 판단되는 것은?**

① 매슬로(Maslow) – 근로자의 자아실현 욕구를 일깨워 준다.

② 허즈버그(Herzberg) – 근로 환경 가운데 위생요인을 제거해 준다.

③ 맥그리거(McGregor)의 Y 이론 – 근로자들은 작업을 놀이처럼 즐기고 스스로 통제할 줄 아는 존재이므로 자율성을 부여한다.

④ 앨더퍼(Alderfer) – 개인의 능력개발과 창의적 성취감을 북돋운다.

| 24하 / K-water 한국수자원공사

05 **다음 중 계획예산제도(PPBS)에 대한 설명으로 옳지 않은 것은?**

① PPBS는 집권화를 강화시킨다.

② 계량적인 기법인 체제분석, 비용편익분석 등을 사용한다.

③ 품목별 예산은 하향식 예산 과정을 수반하나, PPBS는 상향식 접근이 원칙이다.

④ 품목별 예산과는 달리 부서별로 예산을 배정하지 않고 정책별로 예산을 배분한다.

시대에듀

M E M O

PART 1

직업기초능력평가

CHAPTER 01
의사소통능력

합격 CHEAT KEY

의사소통능력은 평가하지 않는 공사 · 공단이 없을 만큼 필기시험에서 중요도가 높은 영역으로, 세부 유형은 문서 이해, 문서 작성, 의사 표현, 경청, 기초 외국어로 나눌 수 있다. 문서 이해 · 문서 작성과 같은 지문에 대한 주제 찾기, 내용 일치 문제의 출제 비중이 높으며, 문서의 특성을 파악하는 문제도 출제되고 있다.

01 문제에서 요구하는 바를 먼저 파악하라!

의사소통능력에서 가장 중요한 것은 제한된 시간 안에 빠르고 정확하게 답을 찾아내는 것이다. 의사소통능력에서는 지문이 아니라 문제가 주인공이므로 지문을 보기 전에 문제를 먼저 파악해야 하며, 문제에 따라 전략적으로 빠르게 풀어내는 연습을 해야 한다.

02 잠재되어 있는 언어 능력을 발휘하라!

세상에 글은 많고 우리가 학습할 수 있는 시간은 한정적이다. 이를 극복할 수 있는 방법은 다양한 글을 접하는 것이다. 실제 시험장에서 어떤 내용의 지문이 나올지 아무도 예측할 수 없으므로 평소에 신문, 소설, 보고서 등 여러 글을 접하는 것이 필요하다.

03 상황을 가정하라!

업무 수행에 있어 상황에 따른 언어 표현은 중요하다. 같은 말이라도 상황에 따라 다르게 해석될 수 있기 때문이다. 그런 의미에서 자신의 의견을 효과적으로 전달할 수 있는 능력을 평가하는 것이다. 업무를 수행하면서 발생할 수 있는 여러 상황을 가정하고 그에 따른 올바른 언어표현을 정리하는 것이 필요하다.

04 말하는 이의 입장에서 생각하라!

잘 듣는 것 또한 하나의 능력이다. 상대방의 이야기에 귀 기울이고 공감하는 태도는 업무를 수행하는 관계 속에서 필요한 요소이다. 그런 의미에서 다양한 상황에서 듣는 능력을 평가하는 것이다. 말하는 이가 요구하는 듣는 이의 태도를 파악하고, 이에 따른 판단을 할 수 있도록 언제나 말하는 사람의 입장이 되는 연습이 필요하다.

대표기출유형

01 문서 내용 이해

| 유형분석 |

- 주어진 지문을 읽고 선택지를 고르는 전형적인 독해 문제이다.
- 지문은 주로 신문기사(보도자료 등)나 업무 보고서, 시사 등이 제시된다.
- 공사·공단에 따라 자사와 관련된 내용의 기사나 법조문, 보고서 등이 출제되기도 한다.

다음 글의 내용으로 가장 적절한 것은?

사회 진화론은 다윈의 생물 진화론을 개인과 집단에 적용시킨 사회 이론이다. 사회 진화론의 중심 개념은 19세기에 등장한 생존경쟁과 적자생존인데, 이 두 개념의 적용 범위가 개인인가 집단인가에 따라 자유방임주의와 결합하기도 하고 민족주의나 제국주의와 결합하기도 하였다. 1860년대 대표적인 사회 진화론자인 스펜서는 인간 사회의 생활은 개인 간의 '생존경쟁'이며, 그 경쟁은 적자생존에 의해 지배된다고 주장하였다. 19세기 말 키드, 피어슨 등은 인종이나 민족, 국가 등의 집단 단위로 생존경쟁과 적자생존을 적용하여 우월한 집단이 열등한 집단을 지배하는 것은 자연법칙이라고 주장함으로써 인종 차별이나 제국주의를 정당화하였다. 일본에서는 19세기 말 문명 개화론자들이 사회 진화론을 수용하였다. 이들은 생존경쟁과 적자생존을 국가와 민족 단위에 적용하여 약육강식·우승열패의 논리를 바탕으로 서구식 근대 문명국가 건설과 군국주의를 역설하였다.

① 문명개화론자들은 생물 진화론을 수용하였다.
② 사회 진화론은 19세기 이전에는 존재하지 않았다.
③ 사회 진화론은 생물 진화론을 바탕으로 개인에게만 적용시킨 사회 이론이다.
④ 생존경쟁과 적자생존의 개념이 개인의 범위에 적용되면 민족주의와 결합한다.
⑤ 키드, 피어슨 등의 주장은 사회 진화론의 개념을 집단 단위에 적용한 결과이다.

정답 ⑤

키드, 피어슨 등은 인종이나 민족, 국가 등의 집단 단위로 생존경쟁과 적자생존을 적용하여 우월한 집단이 열등한 집단을 지배하는 것을 주장하였는데, 이는 사회 진화론의 개념을 집단 단위에 적용시킨 것이다.

풀이 전략!

주어진 선택지에서 키워드를 체크한 후, 지문의 내용과 비교해 가면서 내용의 일치 여부를 빠르게 판단한다.

01 다음 글의 내용으로 가장 적절한 것은?

일반적으로 동식물에서 종(種)이란 '같은 개체끼리 교배하여 자손을 남길 수 있는' 또는 '외양으로 구분이 가능한' 집단을 뜻한다. 그렇다면 세균처럼 한 개체가 둘로 분열하여 번식하며 외양의 특징도 많지 않은 미생물에서는 종을 어떤 기준으로 구분할까?
미생물의 종 구분에는 외양과 생리적 특성을 이용한 방법이 사용되기도 한다. 하지만 이러한 특성들은 미생물이 어떻게 배양되는지에 따라 변할 수 있으며, 모든 미생물에 적용될 만한 공통적 요소가 되기도 어렵다. 이런 문제를 극복하기 위해 오늘날 미생물 종의 구분에는 주로 유전적 특성을 이용하고 있다.
미생물의 유전체는 DNA로 이루어진 많은 유전자로 구성되는데, 특정 유전자를 비교함으로써 미생물들 간의 유전적 관계를 알 수 있다. 종의 구분에는 서로 간의 차이를 잘 나타내 주는 유전자를 이용한다. 유전자 비교를 통해 미생물들이 유전적으로 얼마나 가깝고 먼지를 확인할 수 있는데, 이를 '유전거리'라 한다. 유전거리가 가까울수록 같은 종으로 묶일 가능성이 커진다.
하지만 유전자 비교로 확인한 유전거리만으로는 두 미생물이 같은 종에 속하는지를 명확히 판별하기 어렵다. 특정 유전자가 해당 미생물의 전체적인 유전적 특성을 대변하지는 못하기 때문이다. 이러한 문제를 보완하기 위한 것이 미생물들 간의 유전체 유사도를 측정하는 방법이다. 유전체 유사도를 정확히 측정하기 위해서는 모든 유전자를 대상으로 유전적 관계를 살펴야 하지만, 수많은 유전자를 모두 비교하는 것은 현실적으로 어렵다. 따라서 유전체의 특성을 화학적으로 비교하는 방법이 주로 사용되고 있다. 이렇게 얻어진 유전체 유사도는 종의 경계를 확정하는 데 유용한 기준을 제공한다.

① 외양과 생리적 특성을 이용한 종 구분 방법은 미생물의 종 구분 시 일절 사용하지 않는다.
② 유전체 유사도를 이용한 방법은 비교 대상이 되는 유전자를 모두 비교해야만 가능하다.
③ 유전거리보다는 유전체의 비교가 종을 구분하는 데 더 명확한 기준을 제시한다.
④ 유전체의 특성을 물리적으로 비교하는 방법이 널리 사용되고 있다.
⑤ 미생물의 유전체는 동식물의 유전자보다 구조가 단순하여 종 구분이 용이하다.

02 다음 글의 내용으로 적절하지 않은 것을 〈보기〉에서 모두 고르면?

2024년 10월 기준 러시아의 자동차 시장에서 국내의 K자동차 기업이 자국 업체와 유명 해외 기업들을 제치고 23.7%의 점유율로 시장 1위를 차지했다. K기업이 뒤늦게 뛰어든 러시아 시장에서 선두에 오를 수 있었던 비결로는 무엇보다 뚝심 있는 현지화 전략이 꼽힌다.

2017년 294만 대에 달했던 러시아의 자동차 시장은 2019년 우크라이나 사태로 인한 경제제재 등을 겪으며 2021년 시장 규모가 143만 대로 주저앉았다. 시장이 반토막 나자 미국의 B기업은 2020년에, 독일의 C기업은 2024년 6월에 공장을 폐업했다. 일본의 D기업은 물론 러시아의 자국 업체도 대대적인 인원 감축에 들어갔다. 그러나 K기업은 오히려 2019년 2,204명이었던 직원을 2023년 2,309명으로 늘리는 등 러시아 시장에 대한 변함없는 신뢰를 보여줬다.

러시아의 추운 기후와 소비자 특성 등 시장의 여건을 면밀히 분석해 최적화된 현지전략 모델을 투입·생산한 점도 판매 1위 비결이다. K기업의 한 관계자는 "러시아 직원이 '도난이 많아 차량 구매가 망설여진다.'라고 말할 정도로 인기"라며, "다른 모델은 언제 나오느냐는 문의도 자주 받는다."라고 말했다.

러시아에서 가파른 성장세를 보이는 K기업은 오는 2025년 10월 양산을 목표로 연간 24만 대 규모의 엔진공장도 설립할 계획이다. K기업 측은 엔진공장 건설을 통해 현재 평균 46% 수준인 부품의 현지화율이 높아질 경우 수익성도 크게 상승할 것으로 기대하고 있다.

보기

㉠ K기업은 다른 해외 기업들보다 먼저 러시아 시장에 진출하였다.
㉡ 2024년 러시아의 자동차 시장은 2014년에 비해 150만 대가량 규모가 축소되었다.
㉢ K기업은 2020년부터 2023년까지 100명 이상의 직원을 더 채용하였다.
㉣ K기업은 2024년 10월 엔진공장을 설립하여 부품의 현지화율을 평균 46%까지 높였다.

① ㉠, ㉡
② ㉡, ㉢
③ ㉢, ㉣
④ ㉠, ㉡, ㉣
⑤ ㉠, ㉢, ㉣

03 다음은 인천국제공항 캡슐호텔을 설명하는 홍보기사이다. 이를 정리한 내용으로 적절하지 않은 것은?

> 인천국제공항 제1여객터미널 교통센터의 1층에는 상주 직원을 위한 다양한 휴식처가 있다. 그중 공항 가족이 이용하는 가장 보편적인 장소는 상주 직원 쉼터일 것이다. 그러나 오늘 하루쯤은 개별 공간에서 고급스러운 휴식을 즐기고 싶다거나, 방해받지 않는 수면을 청하고 싶다면 캡슐호텔 다락휴가 딱이다!
> 지난 1월 오픈 이후 상주 직원과 공항 이용 고객에게 인천국제공항에서 느끼는 최상의 편안함을 제공하는 다락휴는 더 좋은 서비스와 혜택 마련을 위해 노력을 아끼지 않고 있다. 상주 직원에게는 특별히 이벤트도 진행 중이다. 1인이 간편하게 이용하는 싱글 샤워 룸(Single Shower Room)이나 더욱 널찍하게 사용하는 더블 샤워 룸(Double Shower Room)을 3시간 요금으로 6시간 동안 이용할 수 있다. 이용 방법은 간단하다. 체크인할 때 직원을 증명하는 사원증과 패스를 내밀면 된다. Day Use(낮 이용) 시간대인 오전 8시부터 저녁 8시까지는 기본 3시간으로 23,100 ~ 36,000원이며, Over Night(숙박)는 기본 12시간으로 56,000 ~ 77,000원이다. 이때 가격은 객실 종류에 따라 상이하다. 객실은 1인이 이용하기 좋은 싱글 베드 룸(Single Bed Room)과 싱글 샤워 룸(Single Shower Room), 2인이 사용하거나 더욱 넓게 이용하려는 이들을 위한 더블 룸(Double Room), 더블 샤워 룸(Double Shower Room)의 4가지 종류로 이뤄져 있다. 베드 룸과 샤워 룸의 차이는 객실 내부 샤워시설의 유무인데, 베드 룸도 개별적으로 분리된 공용 샤워실을 이용할 수 있다.
> 이용 전 객실의 내부가 궁금하다면 프런트와 스케줄을 조정해야 한다. 다락휴는 일반인을 포함한 모든 고객에게 방을 보여주며, 다른 호텔과는 다르게 이용하지 않더라도 객실 구경이 가능하다. 늘 깨끗한 침구류와 방음시설, 음악을 즐길 수 있는 최고급 블루투스 스피커 설치 등으로 공항 내 또 다른 내 집처럼 이용할 수 있는 다락휴는 늘 열려 있다. 면세구역에 위치한 스파온에어까지 들어가긴 복잡하고 혼자만의 시간을 갖고 싶을 때 저렴한 가격과 고급 서비스를 즐길 수 있는 제1터미널 캡슐호텔을 찾아보자. 예약 및 안내는 다락휴 공식 홈페이지에서 확인할 수 있다. 현재 카드사 할인 및 주간 요금 한정 무료 투숙과 인스타그램 해시 태그 이벤트를 진행하고 있으며, 상주 직원만을 위한 3+3 프로모션도 함께 진행하고 있다.

〈제1여객터미널 캡슐호텔 다락휴〉

위치 : 인천국제공항 제1여객터미널 교통센터 1층 캡슐호텔 다락휴 … ①
예약 및 안내 : 다락휴 공식 홈페이지
객실 이용료 및 시간
– Day Use : 기본 3시간, 23,100 ~ 36,000원(객실 타입에 따라 상이)
– Over Night : 기본 12시간, 56,000 ~ 77,000원(객실 타입에 따라 상이) … ②
객실 종류
– 싱글 베드 룸(Single Bed Room) / 싱글 샤워 룸(Single Shower Room) … ③
　※ 베드 룸은 샤워시설 이용 불가능 … ④
– 더블 룸(Double Room) / 더블 샤워 룸(Double Shower Room)
Tip
– 카드사 할인 및 주간 요금 한정 무료 투숙
– 인스타그램 해시 태그 이벤트
– 상주 직원만을 위한 3+3 프로모션! … ⑤

02 글의 주제 · 제목

| 유형분석 |

- 주어진 지문을 파악하여 전달하고자 하는 핵심 주제를 고르는 문제이다.
- 정보를 종합하고 중요한 내용을 구별하는 능력이 필요하다.
- 설명문부터 주장, 반박문까지 다양한 성격의 지문이 제시되므로 글의 성격별 특징을 알아두는 것이 좋다.

다음 글의 제목으로 가장 적절한 것은?

> 사회 보장 제도는 사회 구성원에게 생활의 위험이 발생했을 때 사회적으로 보호하는 대응 체계를 가리키는 포괄적 용어로, 크게 사회 보험, 공공 부조, 사회 서비스가 있다. 예를 들면 실직자들이 구직 활동을 포기하고 다시 노숙자가 되지 않도록 지원하는 것 등이 있다.
> 사회 보험은 보험의 기전을 이용하여 일반 주민들을 질병, 상해, 폐질, 실업, 분만 등으로 인한 생활의 위협으로부터 보호하기 위하여 국가가 법에 의하여 보험 가입을 의무화하는 제도로, 개인적 필요에 따라 가입하는 민간 보험과 차이가 있다.
> 공공 부조는 극빈자, 불구자, 실업자 또는 저소득계층과 같이 스스로 생계를 영위할 수 없는 계층의 생활을 그들이 자립할 수 있을 때까지 국가가 재정 기금으로 보호하여 주는 일종의 구빈 제도이다.
> 사회 서비스는 복지 사회를 건설할 목적으로 법률이 정하는 바에 의하여 특정인에게 사회 보장 급여를 국가 재정 부담으로 실시하는 제도로, 군경, 전상자, 배우자 사후, 고아, 지적 장애아 등과 같은 특별한 사유가 있는 자나 노령자 등이 해당된다.

① 사회 보장 제도의 의의
② 사회 보장 제도의 대상자
③ 우리나라의 사회 보장 제도
④ 사회 보장 제도와 소득 보장의 차이점
⑤ 사회 보험 제도와 민간 보험 제도의 차이

정답 ①
제시문은 사회 보장 제도가 무엇인지 정의하고 있으므로, 제목으로는 '사회 보장 제도의 의의'가 가장 적절하다.

풀이 전략!

'결국, 즉, 그런데, 그러나, 그러므로' 등의 접속어 뒤에 주제가 드러나는 경우가 많다는 것에 주의하면서 지문을 읽는다.

대표기출유형 02 기출응용문제

01 다음 글의 제목으로 가장 적절한 것은?

인천국제공항공사는 국내 최초로 행정안전부의 행정정보 공동이용센터와의 연동을 통해 주차장 이용요금을 자동으로 할인하는 'e-하나로 감면서비스'를 제2여객터미널 주차장에 도입한다고 밝혔다. 이에 따라 인천국제공항 제2여객터미널의 단기・장기 주차장을 이용하는 경차, 친환경(저공해) 차량, 국가유공자 차량 등의 주차요금 감면차량은 별도의 서류 제출 없이 요금할인을 받을 수 있게 된다.
기존에는 주차요금 감면을 받기 위해서 친환경(저공해) 차량, 국가유공자 차량 등은 별도의 서류를 제출해야 했는데, 인천국제공항공사는 이러한 절차를 간소화하여 국민 편익을 도모하고자 행정안전부와의 협업을 통해 'e-하나로 감면서비스'를 도입하게 되었다.
이번 감면서비스 도입으로 전국의 차량정보가 등록되어 있는 행정안전부의 데이터베이스와 인천국제공항 주차시스템이 연동되어, 차량번호 인식만으로 감면차량 여부를 판별해 자동으로 할인을 적용시킬 수 있게 되었다.
'e-하나로 감면서비스'가 시행되는 제2여객터미널 주차장을 이용하는 경차와 친환경(저공해) 차량은 별도의 증빙 없이 자동으로 요금할인이 가능하며, 국가유공자 차량은 출구에서 증빙카드만 제시하면 할인을 받을 수 있다. 미성년자 자녀가 3명 이상인 다자녀 가구도 주차요금 감면이 가능한데, 이 경우에는 미리 인천국제공항 정기권 홈페이지에서 사전 등록절차를 거쳐야 한다.
이번에 개시되는 'e-하나로 감면서비스'는 인천국제공항 제2여객터미널 주차장에 우선적으로 적용되며, 올 연말까지 제1여객터미널 주차장으로 확대 시행될 계획이다. 인천국제공항공사는 앞으로도 ICT 기술을 접목시켜 이용객 편의를 개선할 수 있는 방안을 지속적으로 발굴해 나갈 것이며, 이번 'e-하나로 감면서비스' 개시를 통해 공항 이용이 한층 더 빠르고 편리해질 것으로 기대한다.

① 인천공항, 행정안전부와 협업체계 구축
② 알고 가면 편리한 인천공항의 다양한 서비스
③ 인천공항, 주차요금 자동 할인 서비스 실시
④ 인천공항과 함께하는 지역 인재양성의 축제
⑤ 인천공항, 사회 취약계층과 교통약자를 위한 맞춤형 서비스 실시

02 다음 글의 제목으로 적절하지 않은 것은?

인천국제공항공사는 취약계층의 일자리 창출을 위해 제2여객터미널 1층에 장애인 직원들이 근무하는 '스윗에어 카페'를 열었다. 인천국제공항 식음매장 역사상 최초로 장애인 바리스타가 운영하는 카페가 제2여객터미널에 문을 연 것이다.
'스윗에어 카페'는 지난 10월 31일 인천국제공항공사가 P기업, F재단과 체결한 '장애인 일자리 지원 사업을 위한 공동협력 협약'에 따라 운영되는 매장으로, 인천 거주 장애인을 고용하여 취약계층 자립 지원과 지역사회 상생·발전이라는 두 마리 토끼를 잡았다.
해당 매장에서는 정규직으로 고용된 장애인 직원들이 음료 제조와 판매를 직접 담당하고 있으며, 쿠키 등 간단한 베이커리와 커피 외에도 떡과 전통차 등 다양한 메뉴를 합리적인 가격에 제공한다. 또한 365일 연중 무휴로 오전 9시부터 오후 6시까지 운영될 예정이다.
'스윗에어 카페'에서 근무를 시작하게 된 장애인 바리스타 L씨는 '다양한 여행객들에게 서비스를 할 수 있는 공항에서 일을 하게 되어 기쁘다.'며 '맛있는 커피를 만들어 손님들에게 행복을 선물하고 싶다.'고 부푼 마음으로 말했다.
이번 카페 오픈을 통해 인천국제공항공사는 장애인들의 경제적 자립과 고용 창출에 힘을 보태고, 앞으로도 취약계층에게 꿈과 희망을 줄 수 있는 사업을 적극적으로 추진하여 사회적 가치 실현에 기여하겠다고 밝혔다.

① 장애인 친구들의 달콤한 일터 '스윗에어 카페'
② 장애인 직원들이 운영하는 '스윗에어 카페' 오픈
③ 365일 연중 무휴, 합리적 가격의 '스위에어 카페' 오픈
④ 출국 전, 장애인 바리스타가 만든 따뜻한 커피 한 잔 어떠세요?
⑤ 인천공항 역사상 최초로 장애인 바리스타가 운영하는 카페 오픈

03 다음 (가) ~ (마) 문단의 핵심 주제로 적절하지 않은 것은?

(가) 한 아이가 길을 가다가 골목에서 갑자기 튀어나온 큰 개에게 발목을 물렸다. 아이는 이 일을 겪은 뒤 개에 대한 극심한 불안에 시달렸다. 멀리 있는 강아지만 봐도 몸이 경직되고 호흡 곤란을 느꼈으며 심한 경우 응급실을 찾기도 하였다. 이것은 한 번의 부정적인 경험이 공포증으로 이어진 경우라고 할 수 있다.

(나) '공포증'이란 위의 경우에서 보듯이 특정 대상에 대한 과도한 두려움으로 그 대상을 계속해서 피하게 되는 증세를 말한다. 특정한 동물, 높은 곳, 비행기나 엘리베이터 등이 공포증을 유발하는 대상이 될 수 있다. 물론 일반적인 사람들도 이런 대상을 접하여 부정적인 경험을 할 수 있지만 공포증으로까지 이어지는 경우는 드물다.

(다) 심리학자 와이너는 부정적인 경험을 한 상황을 어떻게 해석하느냐에 따라 이러한 공포증이 생길 수도 있고 그렇지 않을 수도 있으며, 공포증이 지속될 수도 있고 극복될 수도 있다고 했다. 그는 상황을 해석하는 방식을 설명하기 위해 상황의 원인을 어디에서 찾느냐, 상황의 변화 가능성에 대해 어떻게 인식하느냐의 두 가지 기준을 제시했다. 상황의 원인을 자신에게서 찾으면 '내부적'으로 해석한 것이고, 자신이 아닌 다른 것에서 찾으면 '외부적'으로 해석한 것이다. 또 상황이 바뀔 가능성이 전혀 없다고 생각하면 '고정적'으로 인식한 것이고, 상황이 충분히 바뀔 수 있다고 생각하면 '가변적'으로 인식한 것이다.

(라) 와이너에 의하면, 큰 개에게 물렸지만 공포증에 시달리지 않는 사람들은 개에게 물린 상황에 대해 '내 대처 방식이 잘못되었어.'라며 내부적이고 가변적으로 해석한다. 이것은 나의 대처 방식에 따라 상황이 충분히 바뀔 수 있다고 생각하는 것이므로 이들은 개와 마주치는 상황을 굳이 피하지 않는다. 그 후 개에게 물리지 않는 상황이 반복되면 '나도 어떤 경우라도 개를 감당할 수 있어.'라며 내부적이고 고정적으로 해석하는 단계로 나아가게 된다.

(마) 반면에 공포증을 겪는 사람들은 개에 물린 상황에 대해 '나는 약해서 개를 감당하지 못해.'라며 내부적이고 고정적으로 해석하거나 '개는 위험한 동물이야.'라며 외부적이고 고정적으로 해석한다. 자신의 힘이 개보다 약하다고 생각하거나 개를 맹수로 여기는 것이므로 이들은 자신이 개에게 물린 것을 당연한 일로 받아들인다. 하지만 공포증에 시달리지 않는 사람들처럼 상황을 해석하고 개를 피하지 않는 노력을 기울이면 공포증에서 벗어날 수 있다.

① (가) : 공포증이 생긴 구체적 상황
② (나) : 공포증의 개념과 공포증을 유발하는 대상
③ (다) : 와이너가 제시한 상황 해석의 기준
④ (라) : 공포증을 겪지 않는 사람들의 상황 해석 방식
⑤ (마) : 공포증을 겪는 사람들의 행동 유형

03 문단 나열

| 유형분석 |

- 각 문단의 내용을 파악하고 논리적 순서에 맞게 나열하는 복합적인 문제이다.
- 전체적인 글의 흐름을 이해하는 것이 중요하며, 각 문장의 지시어나 접속어에 주의한다.

다음 문단을 논리적 순서대로 바르게 나열한 것은?

(가) 여기에 반해 동양에서는 보름달에 좋은 이미지를 부여한다. 예를 들어, 우리나라의 처녀귀신이나 도깨비는 달빛이 흐린 그믐 무렵에나 활동하는 것이다. 그런데 최근에는 동서양의 개념이 마구 뒤섞여 보름달을 배경으로 악마의 상징인 늑대가 우는 광경이 동양의 영화에 나오기도 한다.

(나) 동양에서 달은 '음(陰)'의 기운을, 해는 '양(陽)'의 기운을 상징한다는 통념이 자리를 잡았다. 그래서 달을 '태음', 해를 '태양'이라고 불렀다. 동양에서는 해와 달의 크기가 같은 덕에 음과 양도 동등한 자격을 갖춘다. 즉, 음과 양은 어느 하나가 좋고 다른 하나는 나쁜 것이 아니라 서로 보완하는 관계를 이루는 것이다.

(다) 옛날부터 형성된 이러한 동서양 간의 차이는 오늘날까지 영향을 끼치고 있다. 동양에서는 달이 밝으면 달맞이를 하는데, 서양에서는 달맞이를 자살 행위처럼 여기고 있다. 특히 보름달은 서양인들에게 거의 공포의 상징과 같은 존재이다. 예를 들어, 13일의 금요일에 보름달이 뜨게 되면 사람들이 외출조차 꺼린다.

(라) 하지만 서양의 경우는 다르다. 서양에서 낮은 신이, 밤은 악마가 지배한다는 통념이 자리를 잡았다. 따라서 밤의 상징인 달에 좋지 않은 이미지를 부여하게 되었다. 이는 해와 달의 명칭을 보면 알 수 있다. 라틴어로 해를 'Sol', 달을 'Luna'라고 하는데 정신병을 뜻하는 단어 'Lunacy'의 어원이 바로 'Luna'이다.

① (가) – (나) – (라) – (다)
② (나) – (라) – (가) – (다)
③ (나) – (라) – (다) – (가)
④ (다) – (가) – (나) – (라)
⑤ (다) – (나) – (라) – (가)

정답 ③

제시문은 동양과 서양에서 서로 다른 의미를 부여하고 있는 달에 대해 설명하고 있는 글이다. 따라서 (나) 동양에서 나타나는 해와 달의 의미 → (라) 동양과 상반되는 서양에서의 해와 달의 의미 → (다) 최근까지 지속되고 있는 달에 대한 서양의 부정적 의미 → (가) 동양에서의 변화된 달의 이미지의 순서대로 나열하는 것이 적절하다.

풀이 전략!

상대적으로 시간이 부족하다고 느낄 때는 선택지를 참고하여 문장의 순서를 생각해 본다.

대표기출유형 03 기출응용문제

01 다음 제시된 문단을 읽고, 이어질 문단을 논리적 순서대로 바르게 나열한 것은?

휘슬블로어란 호루라기를 뜻하는 휘슬(Whistle)과 부는 사람을 뜻하는 블로어(Blower)가 합쳐진 말이다. 즉, 호루라기를 부는 사람이라는 뜻으로 자신이 속해 있거나 속해 있었던 집단의 부정부패를 고발하는 사람을 뜻하며, 흔히 '내부 고발자'라고도 불린다. 부정부패는 고발당해야 마땅한 것인데 이렇게 '휘슬블로어'라는 용어가 따로 있는 것은 그만큼 자신이 속한 집단의 부정부패를 고발하는 것이 쉽지 않다는 뜻일 것이다.

(가) 또한 법의 울타리 밖에서 행해지는 것에 대해서도 휘슬블로어는 보호받지 못한다. 일단 기업이나 조직 속에서 배신자가 되었다는 낙인과 상급자들로부터 괘씸죄로 인해 받게 되는 업무 스트레스, 집단 따돌림 등으로 인해 고립되게 되기 때문이다. 이뿐만 아니라 익명성이 철저히 보장되어야 하지만 조직에서는 휘슬블로어를 찾기 위해 혈안이 된 상급자의 집요한 색출로 인해 밝혀지는 경우가 많다. 그렇게 될 경우 휘슬블로어들은 권고사직을 통해 해고를 당하거나 괴롭힘을 당한 채 일할 수밖에 없다.

(나) 실제로 휘슬블로어의 절반은 제보 후 1년간 자살충동 등 정신 및 신체적 질환으로 고통을 받는다고 한다. 또한 73%에 해당되는 상당수의 휘슬블로어들은 동료로부터 집단적으로 따돌림을 당하거나 가정에서도 불화를 겪는다고 한다. 우리는 이들이 공정한 사회와 개인의 양심에 손을 얹고 중대한 결정을 한 사람이라는 것을 외면할 수 없으며, 이러한 휘슬블로어들을 법적으로 보호할 필요가 있다.

(다) 내부 고발이 어려운 큰 이유는 내부 고발을 한 후에 맞게 되는 후폭풍 때문이다. 내부 고발은 곧 기업의 이미지가 떨어지는 것부터 시작해 영업 정지와 같은 실질적 징벌로 이어지는 경우가 많기 때문에 내부 고발자들은 배신자로 취급되는 경우가 많다. 실제 양심에 따라 내부 고발을 한 이후 닥쳐오는 후폭풍에 못 이겨 자신의 발로 회사를 나오는 경우도 많으며, 또한 기업과 동료로부터 배신자로 취급되거나 보복성 업무, 인사이동 등으로 불이익을 받는 경우도 많다.

(라) 현재 이러한 휘슬블로어를 보호하기 위한 법으로는 2011년 9월부터 시행되어 오고 있는 공익신고자 보호법이 있다. 하지만 이러한 법 제도만으로는 휘슬블로어들을 보호하는 데에 무리가 있다. 공익신고자 보호법은 181개 법률 위반행위에 대해서만 공익신고로 보호하고 있는데, 만일 공익신고자 보호법에서 규정하고 있는 법률 위반행위가 아닌 경우에는 보호를 받지 못하고 있는 것이다.

① (다) – (가) – (라) – (나)
② (다) – (나) – (가) – (라)
③ (다) – (나) – (라) – (가)
④ (라) – (가) – (다) – (나)
⑤ (라) – (다) – (가) – (나)

※ 다음 문단을 논리적 순서대로 바르게 나열한 것을 고르시오. [2~4]

02

(가) 결국 이를 다시 생각하면, 과거와 현재의 문화 체계와 당시 사람들의 의식 구조, 생활상 등을 역추적할 수 있다는 말이 된다. 즉, 동물의 상징적 의미가 문화를 푸는 또 하나의 열쇠이자 암호가 되는 것이다. 그리고 동물의 상징적 의미를 통해 인류의 총체인 문화의 실타래를 푸는 것은 우리는 어떤 존재인가라는 정체성에 대한 답을 하는 과정이 될 수 있다.

(나) 인류는 선사시대부터 생존을 위한 원초적 본능에서 동굴이나 바위에 그림을 그리는 일종의 신앙 미술을 창조했다. 신앙 미술은 동물에게 여러 의미를 부여하기 시작했고, 동물의 상징적 의미는 현재까지도 이어지고 있다. 1억 원 이상 복권 당첨자의 23%가 돼지꿈을 꿨다거나, 황금돼지해에 태어난 아이는 만복을 타고난다는 속설 때문에 결혼과 출산이 줄을 이었고, 대통령 선거에서 후보들은 '두 돼지가 나타나 두 뱀을 잡아 먹는다.'라는 식으로 홍보를 하기도 했다. 이렇게 동물의 상징적 의미는 우리 시대에도 여전히 유효한 관념으로 남아 있다.

(다) 동물의 상징적 의미는 시대나 나라에 따라 변하고 새로운 역사성을 담기도 했다. 예를 들면, 뱀은 다산의 상징이자 불사의 존재이기도 했지만, 사악하고 차가운 간사한 동물로 여겨지기도 했다. 하지만 그리스에서 뱀은 지혜의 신이자 아테네의 상징물이었고, 논리학의 상징이었다. 그리고 과거에 용은 숭배의 대상이었으나 상상의 동물일 뿐이라는 현대의 과학적 사고는 지금의 용에 대한 믿음을 약화시키고 있다.

(라) 동물의 상징적 의미가 이렇게 다양하게 변하는 것은 문화가 살아 움직이기 때문이다. 문화는 인류의 지식·신념·행위의 총체로, 동물의 상징적 의미 또한 문화에 속한다. 문화는 항상 현재진행형이기 때문에 현재의 생활이 바로 문화이며, 이것은 미래의 문화로 전이된다. 문화는 과거, 현재, 미래가 따로 떨어진 게 아니라 뫼비우스의 띠처럼 연결되어 있는 것이다. 다시 말하면 그 속에 포함된 동물의 상징적 의미 또한 거미줄처럼 얽히고설켜 형성된 것으로, 그 시대의 관념과 종교, 사회·정치적 상황에 따라 의미가 달라질 수밖에 없다.

① (가) – (다) – (라) – (나)
② (나) – (다) – (라) – (가)
③ (나) – (라) – (다) – (가)
④ (다) – (나) – (라) – (가)
⑤ (다) – (라) – (가) – (나)

03

(가) 닭 한 마리가 없어져서 뒷집 식구들이 모두 나서서 찾았다. 그런데 앞집 부엌에서 고기 삶는 냄새가 났다. 왜 우리 닭을 잡아먹었느냐고 따지자 주인은 아니라고 잡아뗐다. 부엌에서 나는 고기 냄새는 무어냐고 물었더니, 냄새가 날 리 없다고, 아마도 네가 오랫동안 고기 맛을 보지 못해서 환장했을 거라고 면박을 줬다. 너희 집 두엄 더미에 버려진 닭 털은 어찌된 거냐고 들이대자 오리 발을 들고 나와 그것은 네 집 닭 털이 아니라 우리 집 오리털이라고 변명한다. 네 집 닭을 훔쳐 먹은 것이 아니라 우리 집 오리를 내가 잡은 것인데, 그게 무슨 죄가 되냐고 오히려 큰소리쳤다.

(나) 남의 닭을 훔쳐다 잡아먹고서 부인할 수는 있다. 그러나 뭐 뀐 놈이 성내는 것도 분수가 있지, 피해자를 가해자로 몰아 처벌하게 하는 것은 말문이 막힐 수밖에 없는 일이 아닌가. 적반하장(賊反荷杖)도 유분수(有分數)지, 도둑이 주인을 도둑으로 처벌해 달라고 고소하는 일은 별로 흔하지 않을 것이다.

(다) 뒷집 사람은 원님에게 불려 가게 되었다. 뒷집에서 우리 닭을 훔쳐다 잡아먹었으니 처벌해 달라고 앞집 사람이 고소했던 것이다. 이번에는 증거물이 있었다. 바로 앞집 사람이 잡아먹고 남은 닭발이었는데, 그것을 뒷집 두엄 더미에 넣어 두었던 것이다. 뒷집 사람은 앞집에서는 증조부 때 이후로 닭을 기른 적이 없다고 항변했지만 그것을 입증해 줄 만한 사람은 없었다. 뒷집 사람은 어쩔 수 없이 앞집에 닭 한 마리 값을 물어 주었다.

(라) '닭 잡아먹고 오리 발 내민다.'라는 속담이 있다. 제가 저지른 나쁜 일이 드러나게 되니 어떤 수단을 써서 남을 속이려 한다는 뜻이다. 남을 속임으로써 난감한 처지에서 벗어나고자 하는 약삭빠른 사람의 행위를 이렇게 비유해서 말하는 것이다.

① (나) – (가) – (라) – (다)
② (나) – (라) – (다) – (가)
③ (라) – (가) – (다) – (나)
④ (라) – (나) – (다) – (가)
⑤ (라) – (다) – (나) – (가)

PART 1

04

> 우리는 살아가면서 얼마나 많은 것들을 알고 배우는가? 우리는 주로 우리가 '아는 것'들에 초점을 맞추지만, 사실상 살아가면서 알고 있고, 알 수 있는 것보다는 알지 못하는 것들이 훨씬 더 많다. 그러나 대부분의 사람들이 평소에 자신이 얼마나 많은 것들을 모르고 있는지에 대해서는 그다지 의식하지 못한 채 살아가고 있다. 일상생활에서는 자신의 주변과 관련하여 아는 바와 이미 습득한 지식에 대해서 의심하는 일은 거의 없을 뿐더러, 그 지식 체계에 변화를 주어야 할 계기도 거의 주어지지 않기 때문이다.
>
> (가) 그러므로 어떤 지식을 안다는 것은 어떤 지식을 알지 못하는 것에서 출발하는 것이며, 때로는 '어떤 부분에 대하여 잘 알지 못한다는 것을 앎' 자체가 하나의 지식이 될 수 있다. 『논어』 위정편에서 공자는 "아는 것을 아는 것이라 하고, 알지 못하는 것을 알지 못하는 것이라고 하는 것이 곧 안다는 것이다(知之爲知之 不知爲不知 是知也)."라고 하였다. 비슷한 시기에 서양의 소크라테스는 무지(無知)를 아는 것이 신으로부터 받은 가장 큰 지혜라고 주장하였다. '무지에 대한 지'의 중요성을 인식한 것은 동서양의 학문이 크게 다르지 않았던 것이다.
>
> (나) 우리는 더 발전된 미래로 나아가는 힘은 '무지에 대한 지'에 있음을 자각해야 한다. 무엇을 잘못 알고 있지는 않은지, 더 알아야 할 것은 무엇인지, 끊임없이 우리 자신의 지식에 대하여 질문하고 도전해야 한다. 아는 것과 모르는 것을 구분하고, '무지에 대한 지'를 통해 얻은 것들을 단순히 지식으로 아는 데 그치지 않고 아는 것들을 실천하는 것, 그것이 성공하는 사람이 되고 성공하는 사회로 나아가는 길일 것이다.
>
> (다) 이러한 학문적 소견과 달리 역사는 때때로 '무지에 대한 지'를 철저히 배제하는 방향으로 흘러가기도 했다. 그리하여 제대로 검증되지도 않은 어떤 신념이나 원칙을 맹목적으로 좇은 결과, 불특정 다수의 사람들이나 특정 집단을 희생시키고 발전을 저해한 사례들은 역사 가운데 수도 없이 많다. 가까운 과거에는 독재와 전체주의가 그랬고, 학문과 예술 분야에서 암흑의 시기였던 중세 시대가 그랬다.
>
> (라) 그러나 예상치 못했던 일이 발생하거나 낯선 곳에 가는 등 일상적이지 않은 상황에 놓이게 되면, 이전에는 궁금하지 않았던 것들에 대하여 알고자 하는 욕구가 커진다. 또한 공부를 하거나 독서를 하는 경우, 자신이 몰랐던 많은 것들을 알게 되고 이를 해결하기 위해 치열하게 몰입한다. 이 과정에서 자신이 잘못 알고 있던 것들을 깨닫기도 함은 물론이다.
>
> (마) 오늘날이라고 해서 크게 다르지는 않다. 정보의 홍수라고 할 만큼 사람들은 과거에 비하여 어떤 정보에 대해 접근하기가 쉬워졌지만, 쉽게 얻을 수 있는 만큼 깊게 알려고 하지 않는다. 그러면서도 사람들은 보거나 들은 것을 마치 자신이 알고 있는 것으로 생각하는 경향이 크다.

① (가) – (다) – (라) – (나) – (마)
② (가) – (다) – (마) – (라) – (나)
③ (라) – (가) – (다) – (마) – (나)
④ (라) – (마) – (가) – (나) – (다)
⑤ (라) – (마) – (가) – (다) – (나)

05 〈보기〉는 탄소배출을 줄이기 위한 철도 연구 논문의 목차이다. 이를 참고할 때, (가) ~ (마) 문단을 논리적 순서대로 바르게 나열한 것은?

(가) 도로와 철도의 수송 시스템은 크게 차량, 노선, 정류장, 운영, 연료 사용으로 구분되며, 수송 부문의 환경 영향을 저감시키는 방법으로는 전체 수송 요구량을 줄이는 '회피', 전체 수송량은 유지하되 저탄소 수송 모드로 수송 수단을 전환시키는 '전환', 수송 수단과 시스템의 환경성을 개선하는 '개선'으로 나눌 수 있다.

(나) 2010년 OECD 통계에 따르면 우리나라의 온실가스 배출량은 10위, 증가율은 1위이다. 특히 우리나라의 수송 부문의 이산화탄소 배출량은 도로 부문에서 51%, 철도 부문에서 5%, 수상 및 항공 부문에서 22%를 차지하고 있어 도로 부문에서의 온실가스 저감 노력이 필요할 것으로 판단된다. 이에 본 연구에서는 도로에서 철도로의 교통 수요 전환에 따른 온실가스 저감 효과를 수송 시스템의 제작부터 폐기까지 모든 단계를 고려하여 예측하고자 한다.

(다) 이에 본 연구에서는 Modal Shift의 효과를 예측하기 위해 단계별로 나누어 연구를 진행하였으며, 특히 운행 단계에서 온실가스 저감량을 분석해 본 결과 철도로의 승객이 증가하자 온실가스 저감 효과가 나타나는 것이 확인되었고, 제작 단계, 건설 단계, 폐기 단계의 각 과정에서도 모두 온실가스 저감 효과가 확인되었다.

(라) 이때, 각 수송 시스템의 단계별 온실가스 배출 기여도를 살펴보면, 두 시스템 모두 초기 건설 단계에서 가장 높았고, 운영 및 유지·보수 단계, 해체·폐기 단계 순으로 높았다. 또한 실제 배출량은 여객 수송(1인/km당)에서는 도로가 105.6gCO_2e로 철도의 배출량인 29.8gCO_2e보다 약 3.5배 높았고, 화물 수송(톤/km당)에서는 도로가 299.6gCO_2e로 철도의 35.9gCO_2e보다 약 8배 높았다.

(마) 이에 여객 또는 화물의 장거리 운송에 있어 도로에서 철도로의 수송 모드 전환인 Modal Shift가 환경적인 측면에서 부각되고 있다. 하지만 낮은 접근성과 이동성 등 비효율적인 요소가 많아 쉽지 않은 상황이다. 이에 교통 시설을 체계적으로 구축하고 신규 노선 및 신규 차량을 도입하는 등의 전략적 추진 방안이 필요할 것으로 보인다.

보기

〈목차〉

1. 서론
   ⓐ 연구 배경
   ⓑ 연구 목표

2. 수송 시스템
   ⓐ 도로와 철도의 수송 시스템 구성
   ⓑ 수송 부문 온실가스 저감 전략
   ⓒ 수송 시스템 온실가스 배출 경향

3. Modal Shift(전환 교통)
   ⓐ Modal Shift의 정의 및 활성화 방안

4. 사례 연구
   ⓐ 분석 방법 및 분석 대상
   ⓑ 단계별 분석
   ⓒ 전 과정 통합 분석

5. 결론 및 향후 연구 방향

① (가) – (나) – (다) – (라) – (마)
② (가) – (나) – (라) – (마) – (다)
③ (나) – (가) – (다) – (라) – (마)
④ (나) – (가) – (라) – (마) – (다)
⑤ (나) – (다) – (가) – (라) – (마)

대표기출유형

04 내용 추론

| 유형분석 |

- 주어진 지문을 바탕으로 도출할 수 있는 내용을 찾는 문제이다.
- 선택지의 내용을 정확하게 확인하고 지문의 정보와 비교하여 추론하는 능력이 필요하다.

다음 글을 읽고 추론한 내용으로 가장 적절한 것은?

'쓰는 문화'가 책의 문화에서 가장 우선이다. 쓰는 이가 없이는 책이 나올 수가 없다. 그러나 지혜를 많이 갖고 있다는 것과 그것을 글로 옮길 줄 아는 것은 별개의 문제이다. 엄격하게 이야기해서 지혜는 어떤 한 가지 일에 지속적으로 매달린 사람이라면 누구나 머릿속에 쌓아두고 있는 것이다. 하지만 그것을 글로 옮기기 위해서는 특별하고도 고통스러운 훈련이 필요하다. 생각을 명료하게 정리하고, 글 맥을 이어갈 줄 알아야 하며, 그리고 줄기찬 노력을 바칠 준비가 되어 있어야 한다. 모든 국민이 책 한 권을 남길 수 있을 만큼 쓰는 문화가 발달한 사회가 도래하면, 그때에는 지혜의 르네상스가 가능할 것이다.
'읽는 문화'의 실종, 그것이 바로 현대의 특징이다. 신문의 판매 부수가 날로 떨어져 가는 반면에 텔레비전의 시청률은 날로 증가하고 있다. 깨알 같은 글로 구성된 200쪽 이상의 책보다 그림과 여백이 압도적으로 많이 들어간 만화책 같은 것이 늘어나고 있다. '보는 문화'가 읽는 문화를 대체해 가고 있다. 읽는 일에는 피로가 동반되지만 보는 놀이에는 휴식이 따라온다. 일을 저버리고 놀이만 좇는 문화가 범람하고 있지 않는가. 보는 놀이가 머리를 비게 하는 것은 너무나 당연하다. 읽는 일이 장려되지 않는 한 생각 없는 사회로 치달을 수밖에 없다. 책의 문화는 바로 읽는 일과 직결되며, 생각하는 사회를 만드는 지름길이다.

① 고통스러운 훈련을 견뎌야 지혜로운 사람이 될 수 있다.
② 사람들이 텔레비전을 많이 볼수록 생각하는 시간이 적어진다.
③ 만화책은 내용과 관계없이 그림의 수준이 높을수록 더 많이 판매된다.
④ 지혜로운 사람이 그렇지 않은 사람보다 더 논리적으로 글을 쓸 수 있다.
⑤ 텔레비전을 많이 보는 사람은 그렇지 않은 사람보다 신문을 적게 읽는다.

정답 ②

현대에는 텔레비전이나 만화책을 보는 문화가 신문이나 두꺼운 책을 읽는 문화를 대체하고 있다. 이처럼 휴식이 따라오는 보는 놀이는 사람들의 머리를 비게 하여 생각 없는 사회로 치닫게 한다. 따라서 사람들은 텔레비전을 보는 동안 휴식을 취하며 생각을 하지 않으므로 텔레비전을 많이 볼수록 생각하는 시간이 적어짐을 추론할 수 있다.

풀이 전략!

주어진 지문이 어떠한 내용을 다루고 있는지 파악한 후 선택지의 키워드를 확실하게 체크하고, 지문의 정보에서 도출할 수 있는 내용을 찾는다.

01 다음 중 밑줄 친 ㉠의 주장으로 가장 적절한 것은?

> 문화가 발전하려면 저작자의 권리 보호와 저작물의 공정 이용이 균형을 이루어야 한다. 저작물의 공정 이용이란 저작권자의 권리를 일부 제한하여 저작권자의 허락이 없어도 저작물을 자유롭게 이용하는 것을 말한다. 비영리적인 사적 복제를 허용하는 것이 그 예이다. 우리나라의 저작권법에서는 오래전부터 공정 이용으로 볼 수 있는 저작권 제한 규정을 두었다.
> 그런데 디지털 환경에서 저작물의 공정 이용은 여러 장애에 부딪혔다. 디지털 환경에서는 저작물을 원본과 동일하게 복제할 수 있고 용이하게 개작할 수 있다. 따라서 저작물이 개작되더라도 그것이 원래 창작물인지 2차적 저작물인지 알기 어렵다. 그 결과 디지털화된 저작물의 이용 행위가 공정 이용의 범주에 드는 것인지 가늠하기가 더 어려워졌고 그에 따른 처벌 위험도 커졌다.
> 이러한 문제를 해소하기 위한 시도의 하나로 포괄적으로 적용할 수 있는 '저작물의 공정한 이용' 규정이 저작권법에 별도로 신설되었다. 그리하여 저작권자의 동의가 없어도 저작물을 공정하게 이용할 수 있는 영역이 확장되었다. 그러나 공정 이용 여부에 대한 시비가 자율적으로 해소되지 않으면 예나 지금이나 법적인 절차를 밟아 갈등을 해소해야 한다.
> 저작물 이용자들이 처벌에 대한 불안감을 여전히 느낀다는 점에서 저작물의 자유 이용 허락 제도와 같은 '저작물의 공유' 캠페인이 주목을 받고 있다. 이 캠페인은 저작권자들이 자신의 저작물에 일정한 이용 허락 조건을 표시해서 이용자들에게 무료로 개방하는 것을 말한다. 캠페인 참여자들은 저작권자와 이용자들의 자발적인 참여를 통해 자유롭게 활용할 수 있는 저작물의 양과 범위를 확대하려고 노력한다. 이들은 저작물의 공유가 확산되면 디지털 저작물의 이용이 활성화되고, 그 결과 인터넷이 더욱 창의적이고 풍성한 정보 교류의 장이 될 것이라고 본다. 그러나 캠페인에 참여한 저작물을 이용할 때 허용된 범위를 벗어난 경우 법적 책임을 질 수 있다.
> 한편 ㉠ <u>다른 시각을 가진 사람들</u>도 있다. 이들은 저작물의 공유 캠페인이 확산되면 저작물을 창조하려는 사람들의 동기가 크게 감소할 것이라고 우려한다. 이들은 결과적으로 활용 가능한 저작물이 줄어들게 되어 이용자들도 피해를 당하게 된다고 주장한다. 또한 디지털 환경에서는 사용료 지불 절차 등이 간단해져서 '저작물의 공정한 이용' 규정을 별도로 신설할 필요가 없었다고 본다. 이들은 저작물의 공유 캠페인과 신설된 공정 이용 규정으로 인해 저작권자들의 정당한 권리가 침해받고 있으므로 이를 시정하는 것이 오히려 공익에 더 도움이 된다고 말한다.

① 이용 허락 조건을 저작물에 표시하면 창작 활동이 더욱 활성화된다.
② 저작권자의 정당한 권리 보호를 위해 저작물의 공유 캠페인이 확산되어야 한다.
③ 비영리적인 경우 저작권자의 동의가 없어도 복제가 허용되는 영역을 확대해야 한다.
④ 저작권자가 자신들의 노력에 상응하는 대가를 정당하게 받을수록 창작 의욕이 더 커진다.
⑤ 자신의 저작물을 자유롭게 이용하도록 양보하는 것은 다른 저작권자의 저작권 개방을 유도하여 공익을 확장시킨다.

02 다음은 I공사의 글로벌 항공 정보 종합 관리망(SWIM) 전용 시험장 구축 계획에 대한 자료이다. 이에 대해 추론한 내용으로 옳지 않은 것은?

> **I공사, 글로벌 항공 정보 종합 관리망(SWIM) 전용 시험장 연내 구축**
> ▷ 항공 정보, 항공 기상 정보, 비행 계획 및 실시간 항적 자료 등 항공 정보 통합
> ▷ ICAO 미래 항공 시스템 전환 계획 및 정부 차세대 항공 교통 시스템 구축 계획 일환 추진
>
> I공사는 국토교통부와 '글로벌 항공 정보 종합 관리망(SWIM; System Wide Information Management)' 기반 기술 확보로 전용 시험장(테스트베드) 구축을 완료하고, 2026년부터 한국·중국·일본 국제 테스트를 진행할 예정이다. 'SWIM'은 현재 항공기관이나 항공사에서 개별적으로 운영 중인 항공 정보, 항공 기상 정보, 비행 계획 및 항적 자료 등 다양한 정보를 통합 관리할 수 있는 종합 관리망으로, 관제사·조종사 등 항공 관련 종사자들이 SWIM을 활용하면 전 세계 각종 항공 정보를 한 번에 쉽고 빠르게 이용할 수 있다.
> I공사는 국제민간항공기구(ICAO)의 '미래 항공 시스템 전환 계획(ASBU; Aviation System Block Upgrades)'과 한국 정부의 '차세대 항공 교통 시스템 구축 계획(NARAE; National ATM Reformation Enhancement)'의 일환으로 2023년부터 SWIM 기술 개발을 추진해왔고, 2024년 ICAO 아시아·태평양 지역 SWIM 태스크포스(Task Force)에 주도적으로 참여하여 가장 핵심 부문인 기술 기준 제정, 정보 교환 모델 개발 및 애플리케이션 개발 검증 등의 임무를 성공적으로 수행하고 있다.
> I공사는 2025년 안으로 SWIM 테스트베드를 김포공항에 구축하여 우리나라 전 공역의 항로 관제 레이더, 인천·김포·제주·김해공항 지상 레이더, 전자 항공 정보, 기상 자료 등을 통합·구현하고, 2026년부터는 한국·중국·일본 3국 간 국제 접속 및 호환 테스트를 진행하여 2028년까지 3국 간 차세대 항공 통신망을 통한 국제 정보 교환 시험 운영을 마무리할 계획이다.
> 국토교통부와 I공사 관계자는 "SWIM의 궁극적인 목표는 전 세계 모든 국가의 항공 통신망을 IP 기반의 인터넷으로 연결하여 모든 항공 정보를 공유하려는 것이며, 이를 통해 항공기 안전 운항과 효율성이 크게 높아지는 것은 물론 핵심 기술의 해외 항행 시장 진출에도 기여할 것으로 기대한다."고 밝혔다.

① SWIM 도입을 통해 국제 항공기 운항의 안전성이 제고될 것이다.
② SWIM 기술 개발은 우리나라 정부뿐만 아니라 국제기구에서도 추진하는 사업이다.
③ SWIM 기술은 전용 시험장을 구축한 후, 여러 국가에 의해 테스트가 시행될 예정이다.
④ SWIM은 인근 국가의 항공 통신망을 연결하여 항공 정보를 공유하는 것을 목표로 한다.
⑤ I공사는 2025년 현재 ICAO의 아시아·태평양 지역 SWIM 태스크포스에 참여한 지 2년 차가 된다.

03 다음 글을 바탕으로 할 때, 〈보기〉의 밑줄 친 '정책'의 방향에 대한 추론으로 가장 적절한 것은?

동일한 환경에서 야구공과 고무공을 튕겨 보면, 고무공이 훨씬 민감하게 튀어 오르는 것을 볼 수 있다. 즉, 고무공은 야구공보다 탄력이 좋다. 일정한 가격에서 사람들이 사고자 하는 물건의 양인 수요량에도 탄력성의 개념이 적용될 수 있다. 재화의 가격이 변화할 때 수요량도 변화하게 되는 것이다. 이때 경제학에서는 가격 변화에 대한 수요량 변화의 민감도를 측정하는 표준화된 방법을 수요 탄력성이라고 한다.

수요 탄력성은 수요량의 변화 비율을 가격의 변화 비율로 나눈 값이다. 일반적으로 가격과 수요량은 반비례하므로 수요 탄력성은 음(−)의 값을 가진다. 그러나 통상적으로 음의 부호를 생략하고 절댓값만 표시한다.

가격에 따른 수요량 변화율에 따라 상품의 수요는 '단위 탄력적', '탄력적', '완전 탄력적', '비탄력적', '완전 비탄력적'으로 나눌 수 있다. 수요 탄력성이 1인 경우 수요는 '단위 탄력적'이라고 불린다. 또한 수요 탄력성이 1보다 큰 경우 수요는 '탄력적'이라고 불린다. 한편 영(0)에 가까운 아주 작은 가격 변화에도 수요량이 매우 크게 변화하면 수요 탄력성은 무한대가 된다. 이 경우의 수요는 '완전 탄력적'이라고 불린다. 소비하지 않아도 생활에 지장이 없는 사치품이 이에 해당한다. 반면, 수요 탄력성이 1보다 작다면 수요는 '비탄력적'이라고 불린다. 만일 가격이 아무리 변해도 수요량에 어떠한 변화도 나타나지 않는다면 수요 탄력성은 영(0)이 된다. 이 경우 수요는 '완전 비탄력적'이라고 불린다. 생필품이 이에 해당한다.

수요 탄력성의 크기는 상품의 가격이 변할 때 이 상품에 대한 소비자의 지출이 어떻게 변하는지를 알려 준다. 상품에 대한 소비자의 지출액은 가격에 수요량을 곱한 것이다. 먼저 상품의 수요가 탄력적인 경우를 따져 보자. 이 경우에는 수요 탄력성이 1보다 크기 때문에 가격이 오른 정도에 비해 수요량이 많이 감소한다. 이에 따라 가격이 상승하면 소비자의 지출액은 가격이 오르기 전보다 감소한다. 반면에 가격이 내릴 때는 가격이 내린 정도에 비해 수요량이 많아지므로 소비자의 지출액은 증가한다. 물론 수요가 비탄력적이면 위와 반대되는 현상이 일어난다. 즉, 가격이 상승하면 소비자의 지출액은 증가하며, 가격이 하락하면 소비자의 지출액은 감소하게 된다.

보기

A국가의 정부는 경제 안정화를 위해 개별 소비자들이 지출액을 줄이도록 유도하는 정책을 시행하기로 하였다.

① 생필품의 가격은 높이고 사치품의 가격은 유지하려 하겠군.
② 생필품의 가격은 낮추고 사치품의 가격은 높이려 하겠군.
③ 생필품의 가격은 유지하고 사치품의 가격은 낮추려 하겠군.
④ 생필품과 사치품의 가격을 모두 유지하려 하겠군.
⑤ 생필품과 사치품의 가격을 모두 낮추려 하겠군.

대표기출유형

05 맞춤법 · 어휘

| 유형분석 |

- 맞춤법에 맞는 단어를 찾거나 주어진 지문의 내용에 어울리는 단어를 찾는 문제가 주로 출제된다.
- 단어 사이의 관계에 대한 문제가 출제되므로 뜻이 비슷하거나 반대되는 단어를 함께 학습하는 것이 좋다.
- 자주 출제되는 단어나 헷갈리는 단어에 대한 학습을 꾸준히 하는 것이 좋다.

다음 밑줄 친 ㉠～㉤ 중 맞춤법이 옳지 않은 것을 모두 고르면?

재정 ㉠ 추계는 국민연금 재정 수지 상태를 점검하고 제도의 발전 방향을 논의하기 위하여 5년마다 실시하는 법정 제도로서, 1998년 도입되어 ㉡ 그 동안 2023년까지 ㉢ 5차례 수행되어 왔다. 재정 추계를 수행하기 위해서는 보험료 수입과 지출의 흐름이 ㉣ 전제되어야 한다. 이를 산출하기 위해서는 투입되는 주요 변수에 대한 가정이 필요하다. 대표적인 가정 변수로는 인구 가정, 임금, 금리 등과 같은 거시경제 변수와 기금 운용 ㉤ 수익율 그리고 제도 변수가 있다.

① ㉠, ㉡　　② ㉠, ㉢
③ ㉡, ㉤　　④ ㉢, ㉣
⑤ ㉣, ㉤

정답 ③

㉡ '앞에서 이미 이야기한 만큼의 시간적 길이, 또는 다시 만나거나 연락하기 이전의 일정한 기간 동안'이라는 의미의 한 단어이므로 '그동안'으로 붙여 써야 한다.
㉤ 한글 맞춤법 제11항에 따르면 '률(率)'은 모음이나 'ㄴ' 받침 뒤에서는 '이자율, 회전율'처럼 '율'로 적고, 그 이외의 받침 뒤에서는 '능률, 합격률'처럼 '률'로 적는다. 따라서 '수익률'이 바른 표기이다.

오답분석

㉠ 추계(推計) : '일부를 가지고 전체를 미루어 계산함'을 뜻하는 단어로, 재정 추계는 국가 또는 지방 자치 단체가 정책을 시행하기 위해 필요한 자금을 추정하여 계산하는 일을 말한다.
㉢ 5차례 : 단위를 나타내는 명사는 띄어 쓴다. 다만, 순서를 나타내는 경우나 숫자와 어울리어 쓰이는 경우에는 붙여 쓸 수 있다(한글 맞춤법 제43항).
㉣ 전제(前提) : '어떠한 사물이나 현상을 이루기 위하여 먼저 내세우는 것'의 의미를 지닌 단어로 바른 표기이다.

풀이 전략!

문제에서 물어보는 단어를 정확히 확인해야 하고, 문제에서 다루고 있는 단어의 앞뒤 내용을 읽고 글의 전체적 흐름을 생각하며 문제에 접근해야 한다.

01 다음 중 밑줄 친 부분의 맞춤법이 옳은 것은?

① 그는 손가락으로 북쪽을 가르켰다.
② 열심히 하는 것은 좋은데 촛점이 틀렸다.
③ 뚝배기에 담겨 나와서 시간이 지나도 식지 않았다.
④ 세영이는 몸이 너무 약해서 보약을 다려 먹어야겠다.
⑤ 벽을 가득 덮고 있는 덩쿨 덕에 여름 분위기가 난다.

02 다음 중 빈칸 ㉠～㉢에 들어갈 단어를 바르게 연결한 것은?

> • A씨는 작년에 이어 올해에도 사장직을 ___㉠___하였다.
> • 수입품에 대해 고율의 관세를 ___㉡___할 방침이다.
> • 은행 돈을 빌려 사무실을 ___㉢___하였다.

	㉠	㉡	㉢
①	역임	부여	임대
②	역임	부과	임차
③	연임	부과	임차
④	역임	부여	임대
⑤	연임	부과	임대

03 다음 중 고칠 부분이 없는 문장은?

① 단편 소설은 길이가 짧은 대신, 장편 소설이 제공할 수 없는 강한 인상이다.
② 모든 청소년은 자연을 사랑하고 그 속에서 심신을 수련해야 한다.
③ 신문은 우리 주변의 모든 일이 기사 대상이다.
④ 거칠은 솜씨로 정교한 작품을 만들기는 어렵다.
⑤ 이번에 아주 비싼 대가를 치루었다.

CHAPTER 02
수리능력

합격 CHEAT KEY

수리능력은 사칙 연산·통계·확률의 의미를 정확하게 이해하고 이를 업무에 적용하는 능력으로, 기초 연산과 기초 통계, 도표 분석 및 작성의 문제 유형으로 출제된다. 수리능력 역시 채택하지 않는 공사·공단이 거의 없을 만큼 필기시험에서 중요도가 높은 영역이다.

특히, 난도가 높은 공사·공단의 시험에서는 도표 분석, 즉 자료 해석 유형의 문제가 많이 출제되고 있고, 응용 수리 역시 꾸준히 출제하는 공사·공단이 많기 때문에 기초 연산과 기초 통계에 대한 공식의 암기와 자료 해석 능력을 기를 수 있는 꾸준한 연습이 필요하다.

01 응용 수리의 공식은 반드시 암기하라!

응용 수리는 공사·공단마다 출제되는 문제는 다르지만, 사용되는 공식은 비슷한 경우가 많으므로 자주 출제되는 공식을 반드시 암기하여야 한다. 문제에서 묻는 것을 정확하게 파악하여 그에 맞는 공식을 적절하게 적용하는 꾸준한 노력과 공식을 암기하는 연습이 필요하다.

02 자료의 해석은 자료에서 즉시 확인할 수 있는 지문부터 확인하라!

수리능력 중 도표 분석, 즉 자료 해석 능력은 많은 시간을 필요로 하는 문제가 출제되므로, 증가·감소 추이와 같이 눈으로 확인이 가능한 지문을 먼저 확인한 후 복잡한 계산이 필요한 지문을 확인하는 방법으로 문제를 풀이한다면 시간을 조금이라도 아낄 수 있다. 또한 여러 가지 보기가 주어진 문제 역시 지문을 잘 확인하고 문제를 풀이한다면 불필요한 계산을 생략할 수 있으므로 항상 지문부터 확인하는 습관을 들여야 한다.

03 도표 작성에서 지문에 작성된 도표의 제목을 반드시 확인하라!

도표 작성은 하나의 자료 혹은 보고서와 같은 수치가 표현된 자료를 도표로 작성하는 형식으로 출제되는데, 대체로 표보다는 그래프를 작성하는 형태로 많이 출제된다. 지문을 살펴보면 각 지문에서 주어진 도표에도 소제목이 있는 경우가 대부분이다. 이때, 자료의 수치와 도표의 제목이 일치하지 않는 경우 함정이 존재하는 문제일 가능성이 높으므로 도표의 제목을 반드시 확인하는 것이 중요하다.

대표기출유형

01 응용 수리

| 유형분석 |

- 문제에서 제공하는 정보를 파악한 뒤, 사칙연산을 활용하여 계산하는 전형적인 수리문제이다.
- 문제를 풀기 위한 정보가 산재되어 있는 경우가 많으므로 주어진 조건 등을 꼼꼼히 확인해야 한다.

종욱이는 25,000원짜리 피자 두 판과 8,000원짜리 샐러드 세 개를 주문했다. 통신사 멤버십 혜택으로 피자는 15%, 샐러드는 25%를 할인받았고, 이벤트로 총금액의 10%를 추가 할인받았다고 한다. 종욱이가 할인받은 금액은 얼마인가?

① 12,150원
② 13,500원
③ 15,700원
④ 18,600원
⑤ 19,550원

정답 ⑤

할인받기 전 종욱이가 내야 할 금액은 25,000×2+8,000×3=74,000원이다.
통신사 할인과 이벤트 할인을 적용한 금액은 (25,000×2×0.85+8,000×3×0.75)×0.9=54,450원이다.
따라서 종욱이가 할인받은 금액은 74,000−54,450=19,550원이다.

풀이 전략!

문제에서 묻는 바를 정확하게 확인한 후, 필요한 조건 또는 정보를 구분하여 신속하게 풀어 나간다. 단, 계산에 착오가 생기지 않도록 유의한다.

대표기출유형 01 기출응용문제

01 어머니와 아버지를 포함한 6명의 가족이 원형 식탁에 둘러앉아 식사를 할 때, 어머니와 아버지가 서로 마주 보고 앉는 경우의 수는?

① 21가지
② 22가지
③ 23가지
④ 24가지
⑤ 25가지

02 I공사 총무팀은 A산으로 등산을 가기로 하였다. A산 안내 책자를 살펴보니 총 3개의 지점이 있고 등산로 입구에서 각 지점까지의 거리는 다음과 같다. 총무팀이 산을 오를 때는 시속 3km, 내려올 때는 시속 4km로 이동한다고 할 때 2~3시간 사이에 왕복할 수 있는 지점을 모두 고르면?

구분	P지점	Q지점	R지점
거리	3.2km	4.1km	5.0km

① P지점
② Q지점
③ R지점
④ P, Q지점
⑤ Q, R지점

03 A～D기업이 다음 〈조건〉에 따라 인턴과 정규직을 동시에 채용하고자 할 때, A～D기업의 인턴과 정규직 채용의 전체 인원은?

조건
- 전체 정규직 채용 인원수와 인턴 채용 인원수의 비는 3 : 2이다.
- A기업과 D기업의 채용 인원수는 각각 전체 채용 인원수의 20%이다.
- B기업과 C기업의 인턴 채용 인원수는 전체 채용 인원수의 10%이다.
- B기업은 인턴만 채용한다.
- C기업의 정규직 채용 인원수는 200명이다.

① 450명
② 500명
③ 550명
④ 600명
⑤ 650명

04

I마트에서는 A사 음료수를 12일마다 납품받고 B사 과자를 14일마다 납품받으며, 각 납품 당일에는 재고 소진을 위해 할인행사를 진행한다고 한다. 4월 9일에 A사 음료수와 B사 과자의 할인행사를 동시에 진행했을 때, 할인행사가 다시 동시에 진행되는 날은 며칠 후인가?(단, 재고 소진 목적 외 할인행사는 진행하지 않는다)

① 6월 30일
② 7월 1일
③ 7월 2일
④ 7월 3일
⑤ 7월 4일

05

현수는 배를 타고 10km/h의 속력으로 흐르는 강을 총 7km 이동했다. 배로 강을 거슬러 올라갈 때는 20km/h의 속력으로, 내려갈 때는 5km/h의 속력으로 이동했더니 총 40분이 걸렸다. 이때 현수가 배를 타고 거슬러 올라간 거리는 얼마인가?

① 1km
② 3km
③ 4km
④ 6km
⑤ 8km

06

I기업의 사우회에서 참석자들에게 과자를 1인당 8개씩 나누어 주려고 한다. 10개씩 들어 있는 과자를 17상자 준비하였더니 과자가 남았고, 남은 과자를 1인당 1개씩 더 나누어 주려고 하니 부족했다. 만약 지금보다 9명이 더 참석한다면 과자 6상자를 추가해야 참석자 모두에게 1인당 8개 이상씩 나누어 줄 수 있다. 이때 사우회의 처음 참석자 수는 몇 명인가?

① 18명
② 19명
③ 20명
④ 21명
⑤ 22명

07

A지역 유권자의 $\frac{3}{5}$과 B지역 유권자의 $\frac{1}{2}$이 헌법 개정에 찬성하였다. A지역 유권자가 B지역 유권자의 4배일 때, A와 B 두 지역 유권자의 헌법 개정 찬성률은 얼마인가?

① 54%
② 56%
③ 58%
④ 60%
⑤ 64%

08

농도 5%의 설탕물 600g을 1분 동안 가열하면 10g의 물이 증발한다. 이 설탕물을 10분 동안 가열한 후, 다시 설탕물 200g을 더 넣었더니 10%의 설탕물 700g이 되었다. 이때 더 넣은 설탕물 200g의 농도는 얼마인가?(단, 용액의 농도와 관계없이 가열하는 시간과 증발하는 물의 양은 비례한다)

① 5%
② 15%
③ 20%
④ 25%
⑤ 30%

09

비누를 생산할 수 있는 두 종류의 기계 A, B가 있다. A기계 1대와 B기계 4대를 동시에 5분 동안 가동하면 100개의 비누를 생산할 수 있고, A기계 2대와 B기계 3대를 동시에 4분 동안 가동하면 100개의 비누를 생산할 수 있다. 이때 A기계 3대와 B기계 2대를 동시에 가동하여 비누 100개를 생산하는 데 걸리는 시간은?

① $\frac{10}{3}$시간
② $\frac{10}{7}$시간
③ $\frac{11}{3}$시간
④ $\frac{11}{5}$시간
⑤ $\frac{11}{7}$시간

02 자료 계산

| 유형분석 |

- 제시된 자료를 통해 문제에서 주어진 특정한 값을 계산하거나 자료의 변동량을 구할 수 있는지 평가하는 유형이다.
- 자료상에 주어진 공식을 활용하는 계산문제와 증감률, 비율, 합, 차 등을 활용한 문제가 출제된다.
- 출제 비중은 낮지만, 숫자가 큰 경우가 많으므로 제시된 수치와 조건을 꼼꼼히 확인하여 정확하게 계산하는 것이 중요하다.

다음은 농구 경기에서 A ~ D 4개 팀의 월별 득점에 대한 자료이다. 빈칸 ㉠에 들어갈 수치로 옳은 것은? (단, 각 수치는 매월 일정한 규칙으로 변화한다)

〈월별 득점 현황〉

(단위 : 점)

구분	1월	2월	3월	4월	5월	6월	7월	8월	9월	10월
A	1,024	1,266	1,156	1,245	1,410	1,545	1,205	1,365	1,875	2,012
B	1,352	1,702	2,000	1,655	1,320	1,307	1,232	1,786	1,745	2,100
C	1,078	1,423	㉠에	1,298	1,188	1,241	1,357	1,693	2,041	1,988
D	1,298	1,545	1,658	1,602	1,542	1,611	1,080	1,458	1,579	2,124

① 1,358
② 1,397
③ 1,450
④ 1,498
⑤ 1,522

정답 ④

매월 A팀, B팀의 총득점과 C팀, D팀의 총득점이 같다. 따라서 빈칸 ㉠에 들어갈 수치는 1,156+2,000−1,658=1,498이다.

풀이 전략!

계산을 위해 필요한 정보를 도표에서 확인하도록 하며, 복잡한 계산을 하기 전에 조건을 꼼꼼하게 확인하여 실수를 줄일 수 있도록 한다.

대표기출유형 02 기출응용문제

01 다음은 연령대별 경제활동 인구에 대한 자료이다. 경제활동 참가율이 가장 높은 연령대와 가장 낮은 연령대의 차이는 얼마인가?(단, 경제활동 참가율은 소수점 둘째 자리에서 반올림한다)

〈연령대별 경제활동 인구〉

(단위 : 천 명)

구분	전체 인구	경제활동 인구	취업자	실업자	비경제활동 인구	실업률(%)
15 ~ 19세	2,944	265	242	23	2,679	8.7
20 ~ 29세	6,435	4,066	3,724	342	2,369	8.3
30 ~ 39세	7,519	5,831	5,655	176	1,688	3
40 ~ 49세	8,351	6,749	6,619	130	1,602	1.9
50 ~ 59세	8,220	6,238	6,124	114	1,982	1.8
60세 이상	10,093	3,885	3,804	81	6,208	2.1
합계	43,562	27,034	26,168	866	16,528	25.8

※ [경제활동 참가율(%)]$=\frac{\text{(경제활동 인구)}}{\text{(전체 인구)}}\times 100$

① 54.2%p
② 66.9%p
③ 68.6%p
④ 71.8%p
⑤ 80.8%p

02 출장을 가는 K사원은 오후 2시에 출발하는 KTX를 타기 위해 오후 12시 30분에 역에 도착하였다. K사원은 남은 시간을 이용하여 음식을 포장해 오려고 한다. 역에서 음식점까지의 거리는 다음과 같으며, 음식을 포장하는 데 15분이 걸린다고 한다. K사원이 시속 3km로 걸어서 갔다 올 때, 구입할 수 있는 음식의 종류는?

음식점	G김밥	P빵집	N버거	M만두	B도시락
거리	2km	1.9km	1.8km	1.95km	1.7km

① 도시락
② 도시락, 햄버거
③ 도시락, 햄버거, 빵
④ 도시락, 햄버거, 빵, 만두
⑤ 도시락, 햄버거, 빵, 만두, 김밥

03 다음은 2024년 방송산업 종사자 수를 나타낸 자료이다. 2024년 추세에 언급되지 않은 분야의 인원은 고정되어 있었다고 할 때, 2023년 방송산업 종사자 수는 모두 몇 명인가?

〈2024년 방송산업 종사자 수〉

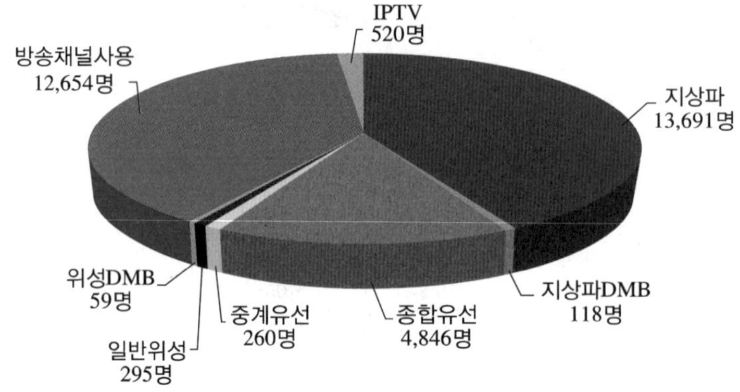

〈2024년 추세〉

지상파 방송사(지상파DMB 포함)는 전년보다 301명(2.2%p)이 증가한 것으로 나타났다. 직종별로 방송직에서는 PD(1.4%p 감소)와 아나운서(1.1%p 감소), 성우, 작가, 리포터, 제작지원 등의 기타 방송직(5%p 감소)이 감소했으나, 카메라, 음향, 조명, 미술, 편집 등의 제작관련직(4.8%p 증가)과 기자(0.5%p 증가)는 증가하였다. 그리고 영업홍보직(13.5%p 감소), 기술직(6.1%p 감소), 임원(0.7%p 감소)은 감소했으나, 연구직(11.7%p 증가)과 관리행정직(5.8%p 증가)은 증가했다.

① 20,081명 ② 24,550명
③ 32,142명 ④ 32,443명
⑤ 34,420명

04 다음은 우리나라의 LPCD(Liter Per Capita Day)에 대한 자료이다. 1인 1일 사용량에서 영업용 사용량이 차지하는 비중과 1인 1일 가정용 사용량 중 하위 두 항목이 차지하는 비중을 순서대로 바르게 나열한 것은?(단, 소수점 셋째 자리에서 반올림한다)

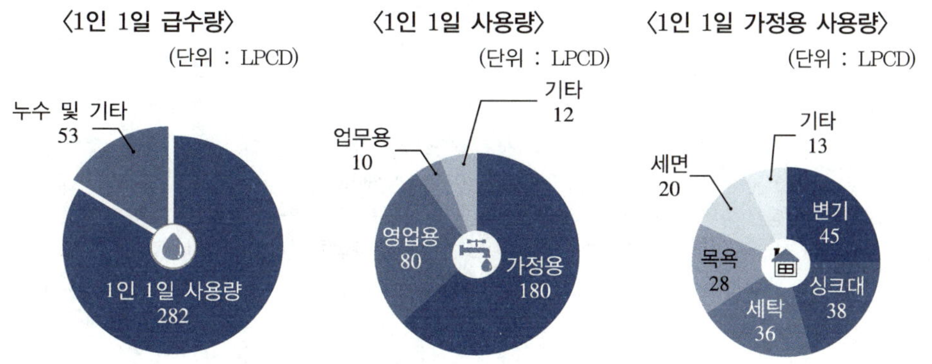

※ LPCD(Liter Per Capita Day) : 1인 1일 물사용량으로 지역·국가 간 물 사용량을 비교할 수 있게 하고, 수자원을 효율적으로 활용할 수 있게 하는 지표

① 27.57%, 16.25%
② 27.57%, 19.24%
③ 28.37%, 18.33%
④ 28.37%, 19.24%
⑤ 30.56%, 20.78%

03 자료 이해

| 유형분석 |

- 제시된 자료를 분석하여 선택지의 정답 유무를 판단하는 문제이다.
- 자료의 수치 등을 통해 변화량이나 증감률, 비중 등을 비교하여 판단하는 문제가 자주 출제된다.
- 지원하고자 하는 기업이나 산업과 관련된 자료 등이 문제의 자료로 많이 다뤄진다.

다음은 I공장에서 근무하는 근로자들의 임금 수준 분포를 나타낸 자료이다. 근로자 전체에게 지급된 월 급여의 총액이 2억 원일 때, 〈보기〉 중 옳은 것을 모두 고르면?

〈I공장 근로자의 임금 수준 분포〉

임금 수준(만 원)	근로자 수(명)
월 300 이상	4
월 270 이상 300 미만	8
월 240 이상 270 미만	12
월 210 이상 240 미만	26
월 180 이상 210 미만	30
월 150 이상 180 미만	6
월 150 미만	4
합계	90

보기

㉠ 근로자당 월평균 급여액은 230만 원 이하이다.
㉡ 절반 이상의 근로자들이 월 210만 원 이상의 급여를 받고 있다.
㉢ 월 180만 원 미만의 급여를 받는 근로자의 비율은 약 14%이다.
㉣ 적어도 15명 이상의 근로자가 월 250만 원 이상의 급여를 받고 있다.

① ㉠
② ㉠, ㉡
③ ㉠, ㉢
④ ㉡, ㉣
⑤ ㉡, ㉢, ㉣

정답 ②

㉠ 근로자가 총 90명이고 전체에게 지급된 임금의 총액이 2억 원이므로 근로자당 평균 월 급여액은 $\frac{2억\ 원}{90명}$≒222만 원이다.
따라서 월평균 급여액은 230만 원 이하이다.

㉡ 월 210만 원 이상 급여를 받는 근로자 수는 26+12+8+4=50명이다. 따라서 총 90명의 절반인 45명보다 많으므로 옳은 설명이다.

오답분석

㉢ 월 180만 원 미만의 급여를 받는 근로자 수는 6+4=10명이다. 따라서 전체에서 $\frac{10}{90}$≒11%의 비율을 차지하고 있으므로 옳지 않은 설명이다.

㉣ '월 240만 원 이상 월 270만 원 미만'의 구간에서 월 250만 원 이상 받는 근로자의 수는 제시된 자료만으로는 확인할 수 없다.

풀이 전략!

평소 변화량이나 증감률, 비중 등을 구하는 공식을 알아두고 있어야 하며, 지원하는 기업이나 산업에 관한 자료 등을 확인하여 비교하는 연습 등을 해야 한다.

01 다음은 선박 종류별 기름 유출사고 발생 현황을 나타낸 자료이다. 이에 대한 설명으로 옳은 것은?

〈선박 종류별 기름 유출사고 발생 현황〉

(단위 : 건, kL)

구분		유조선	화물선	어선	기타	합계
2020년	사고 건수	37	53	151	96	337
	유출량	956	584	53	127	1,720
2021년	사고 건수	28	68	245	120	461
	유출량	21	51	147	151	370
2022년	사고 건수	27	61	272	123	483
	유출량	3	187	181	212	583
2023년	사고 건수	32	33	217	102	384
	유출량	38	23	105	244	410
2024년	사고 건수	60	65	150	205	480
	유출량	1,223	66	30	143	1,462

① 2024년 총 사고 건수는 전년 대비 20% 미만으로 증가하였다.
② 연도별 총 사고 건수에 대한 유조선 사고 건수 비율은 매년 감소하고 있다.
③ 2021 ~ 2024년 동안 연도별 총 사고 건수와 총 유출량의 전년 대비 증감 추이는 같다.
④ 기타를 제외하고 2020 ~ 2024년 동안 전체 유출량이 두 번째로 많은 선박 종류는 어선이다.
⑤ 총 유출량이 가장 적은 연도에서 기타를 제외하고 사고 건수 대비 유출량이 가장 적은 선박 종류는 어선이다.

02 다음은 I공장이 보유 중인 기계 100대의 업그레이드 전·후 성능지수에 대한 자료이다. 이에 대한 설명으로 옳은 것은?

〈업그레이드 전·후 성능지수별 대수〉

(단위 : 대)

구분 \ 성능지수	65	79	85	100
업그레이드 전	80	5	0	15
업그레이드 후	0	60	5	35

※ 성능지수는 네 가지 값(65, 79, 85, 100)만 존재하고, 그 값이 클수록 성능지수가 향상됨을 의미함

〈성능지수 향상 폭 분포〉

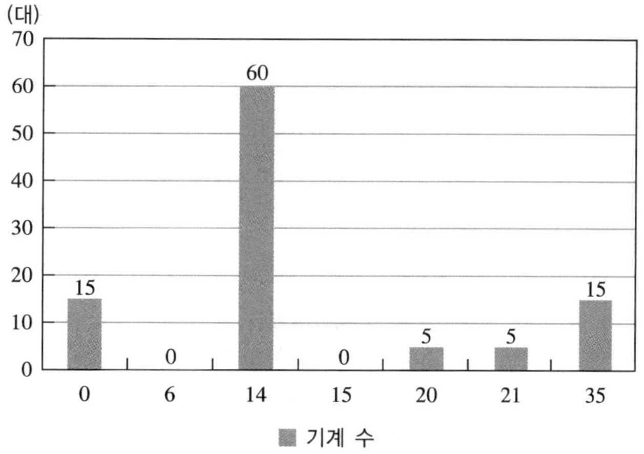

※ 업그레이드를 통한 성능 감소는 없음

※ (성능지수 향상 폭)=(업그레이드 후 성능지수)−(업그레이드 전 성능지수)

① 업그레이드 후 1대당 성능지수는 20 이상 향상되었다.

② 업그레이드 전 성능지수가 65였던 기계의 15%가 업그레이드 후 성능지수 100이 되었다.

③ 업그레이드 전 성능지수가 79였던 모든 기계가 업그레이드 후 성능지수 100이 된 것은 아니다.

④ 업그레이드 전 성능지수가 100이 아니었던 기계 중 업그레이드를 통한 성능지수 향상 폭이 0인 기계가 있다.

⑤ 업그레이드를 통한 성능지수 향상 폭이 35인 기계 대수는 업그레이드 전 성능지수가 100이었던 기계 대수와 같다.

03 다음은 주요 국가의 연도별 이산화탄소 배출에 대한 자료이다. 이에 대한 설명으로 옳은 것을 〈보기〉에서 모두 고르면?(단, 주요 국가는 2024년 이산화탄소 배출량 상위 10개국을 말한다)

〈주요 국가의 연도별 이산화탄소 배출량〉

(단위 : 백만 TC)

국가 \ 연도	2018년	2019년	2020년	2021년	2022년	2023년	2024년
중국	2,244.1	3,022.1	3,077.2	5,103.1	6,071.8	6,549.0	6,877.2
미국	4,868.7	5,138.7	5,698.1	5,771.7	5,762.7	5,586.8	5,195.0
인도	582.3	776.6	972.5	1,160.4	1,357.2	1,431.3	1,585.8
러시아	2,178.8	1,574.5	1,505.5	1,516.2	1,578.5	1,593.4	1,532.6
일본	1,064.4	1,147.9	1,184.0	1,220.7	1,242.3	1,152.6	1,092.9
독일	950.4	869.4	827.1	811.8	800.1	804.1	750.2
이란	179.6	252.3	316.7	426.8	500.8	522.7	533.2
캐나다	432.3	465.2	532.8	558.8	568.0	551.1	520.7
한국	229.3	358.6	437.7	467.9	490.3	501.7	515.5
영국	549.3	516.6	523.8	533.1	521.5	512.1	465.8
전체	20,966.3	21,791.6	23,492.9	27,188.3	29,047.9	29,454.0	28,999.4

보기

ㄱ. 전체 이산화탄소 배출량은 매년 증가하였다.

ㄴ. 2024년에 이산화탄소 배출량이 가장 많은 국가는 중국이며, 2024년 중국의 이산화탄소 배출량은 전체 이산화탄소 배출량의 20% 이상이다.

ㄷ. 러시아의 2018년과 2024년 이산화탄소 배출량 차이는 이란의 2018년과 2024년 이산화탄소 배출량 차이보다 크다.

ㄹ. 2024년 한국 이산화탄소 배출량의 2018년 대비 증가율은 100% 이상이다.

① ㄱ, ㄴ
② ㄴ, ㄷ
③ ㄷ, ㄹ
④ ㄱ, ㄴ, ㄹ
⑤ ㄴ, ㄷ, ㄹ

04 다음은 지역별 마약류 단속에 대한 자료이다. 이에 대한 설명으로 옳은 것은?

〈지역별 마약류 단속 건수〉

(단위 : 건, %)

구분	대마	마약	향정신성 의약품	합계	
					비중
서울	49	18	323	390	22.1
인천·경기	55	24	552	631	35.8
부산	6	6	166	178	10.1
울산·경남	13	4	129	146	8.3
대구·경북	8	1	138	147	8.3
대전·충남	20	4	101	125	7.1
강원	13	0	35	48	2.7
전북	1	4	25	30	1.7
광주·전남	2	4	38	44	2.5
충북	0	0	21	21	1.2
제주	0	0	4	4	0.2
전체	167	65	1,532	1,764	100.0

※ 수도권은 서울과 인천·경기를 합한 지역임

※ 마약류는 대마, 마약, 향정신성의약품으로만 구성됨

① 대마 단속 전체 건수는 마약 단속 전체 건수의 3배 이상이다.

② 수도권의 마약류 단속 건수는 마약류 단속 전체 건수의 50% 이상이다.

③ 마약 단속 건수가 없는 지역은 5곳이다.

④ 향정신성의약품 단속 건수는 대구·경북 지역이 광주·전남 지역의 4배 이상이다.

⑤ 강원 지역은 향정신성의약품 단속 건수가 대마 단속 건수의 3배 이상이다.

PART 1

대 표 기 출 유 형

04 자료 변환

| 유형분석 |

- 문제에 주어진 자료를 도표로 변환하는 문제이다.
- 주로 자료에 있는 수치와 그래프 또는 표에 있는 수치가 서로 일치하는지의 여부를 판단한다.

다음은 2020년부터 2024년까지 I기업의 매출액과 원가 및 판관비에 대한 자료이다. 이를 나타낸 그래프로 옳은 것은?(단, 영업이익률은 소수점 둘째 자리에서 반올림한다)

〈I기업 매출액과 원가·판관비〉

(단위 : 억 원)

구분	2020년	2021년	2022년	2023년	2024년
매출액	1,485	1,630	1,410	1,860	2,055
매출원가	1,360	1,515	1,280	1,675	1,810
판관비	30	34	41	62	38

※ (영업이익)=(매출액)−[(매출원가)+(판관비)]

※ (영업이익률)=(영업이익)÷(매출액)×100

① 2020 ~ 2024년 영업이익

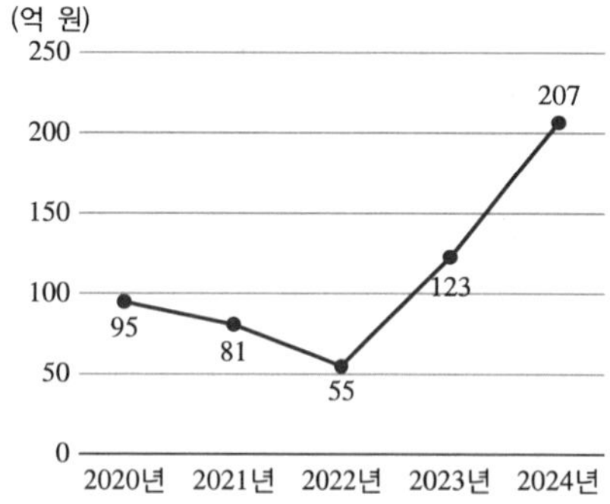

② 2020 ~ 2024년 영업이익

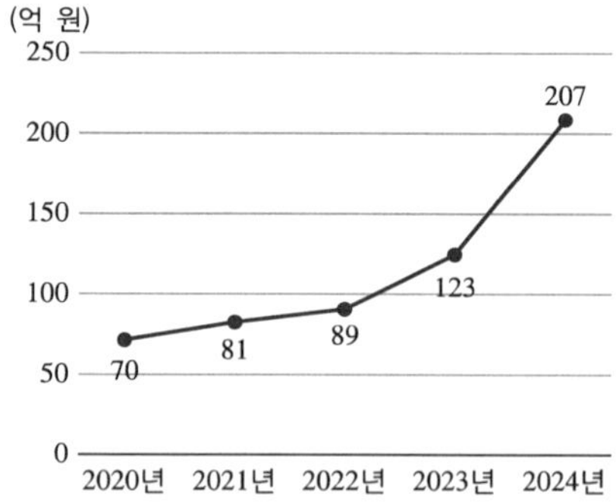

③ 2020 ~ 2024년 영업이익률

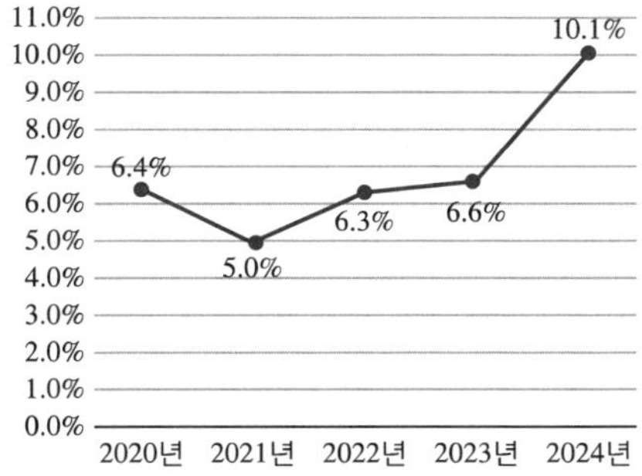

④ 2020 ~ 2024년 영업이익률

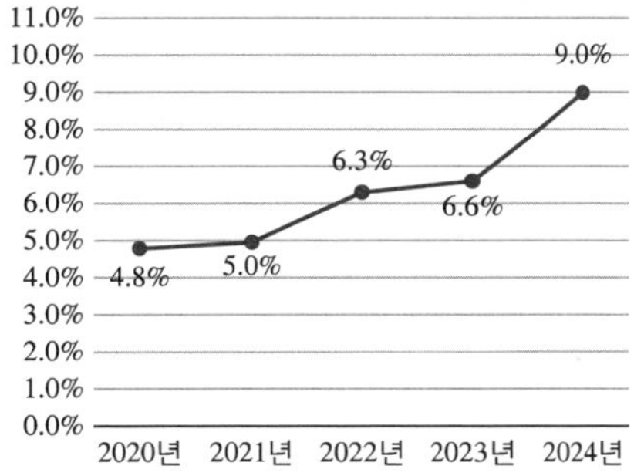

⑤ 2020 ~ 2024년 영업이익률

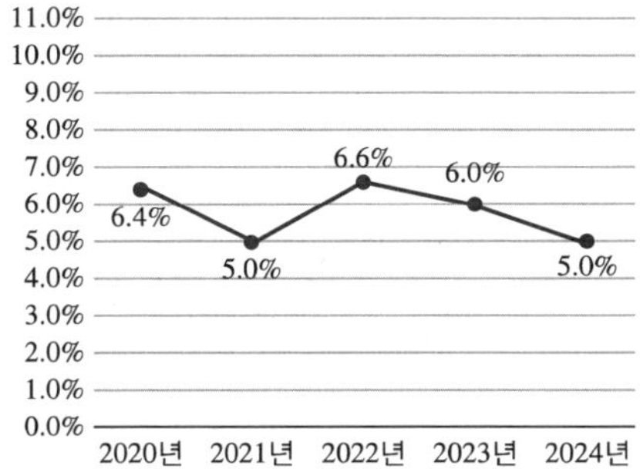

정답 ③

연도별 영업이익과 영업이익률은 다음과 같다.

구분	2020년	2021년	2022년	2023년	2024년
매출액	1,485억 원	1,630억 원	1,410억 원	1,860억 원	2,055억 원
매출원가	1,360억 원	1,515억 원	1,280억 원	1,675억 원	1,810억 원
판관비	30억 원	34억 원	41억 원	62억 원	38억 원
영업이익	95억 원	81억 원	89억 원	123억 원	207억 원
영업이익률	6.4%	5.0%	6.3%	6.6%	10.1%

따라서 주어진 자료를 나타낸 그래프로 옳은 것은 ③이다.

풀이 전략!

각 선택지에 있는 도표의 제목을 먼저 확인한다. 그다음 제목에서 어떠한 정보가 필요한지 확인한 후, 문제에서 주어진 자료를 빠르게 확인하여 일치 여부를 판단한다.

대표기출유형 04 기출응용문제

01 다음은 가계 금융자산을 나타낸 자료이다. 이를 나타낸 그래프로 옳지 않은 것은?

〈각국의 연도별 가계 금융자산 비율〉

구분	2019년	2020년	2021년	2022년	2023년	2024년
A국가	0.24	0.22	0.21	0.19	0.17	0.16
B국가	0.44	0.45	0.48	0.41	0.40	0.45
C국가	0.39	0.36	0.34	0.29	0.28	0.25
D국가	0.25	0.28	0.26	0.25	0.22	0.21

※ 가계 총자산은 가계 금융자산과 가계 비금융자산으로 이루어지며, 가계 금융자산 비율은 가계 총자산 대비 가계 금융자산이 차지하는 비율임

〈2024년 각국의 가계 금융자산 구성비〉

구분	예금	보험	채권	주식	투자 신탁	기타
A국가	0.62	0.18	0.10	0.07	0.02	0.01
B국가	0.15	0.30	0.10	0.31	0.12	0.02
C국가	0.35	0.27	0.11	0.09	0.14	0.04
D국가	0.56	0.29	0.03	0.06	0.02	0.04

① 연도별 B국가와 C국가의 가계 비금융자산 비율

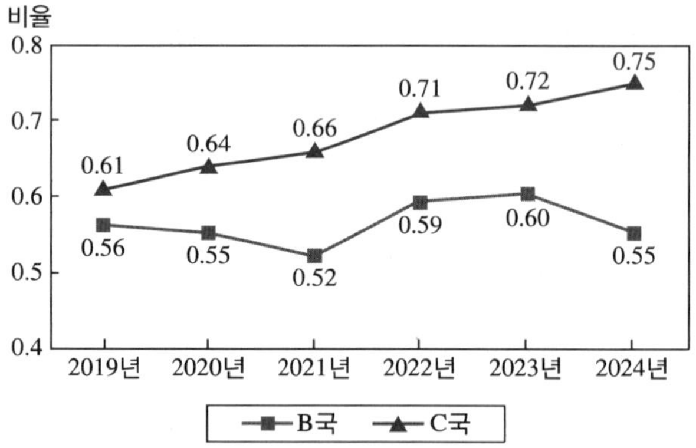

② 2021년 각국의 가계 총자산 구성비

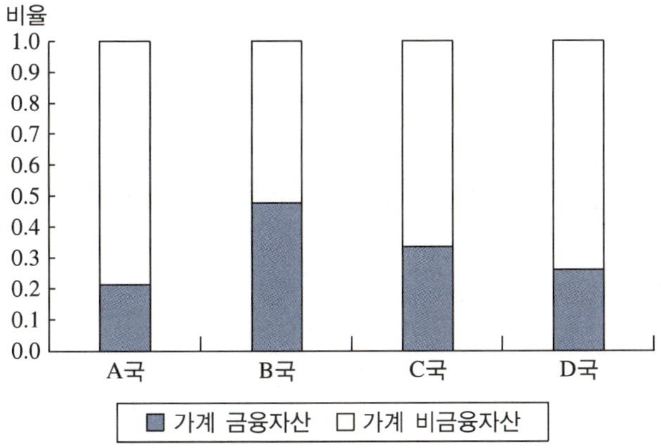

③ 2024년 C국가의 가계 금융자산 구성비

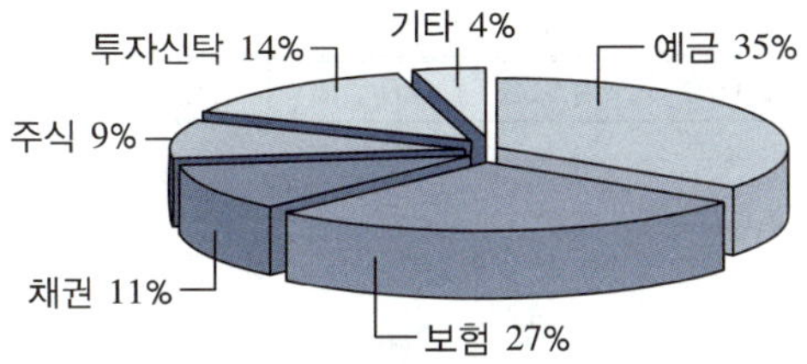

④ 2024년 A국가와 D국가의 가계 금융자산 대비 보험, 채권, 주식 구성비

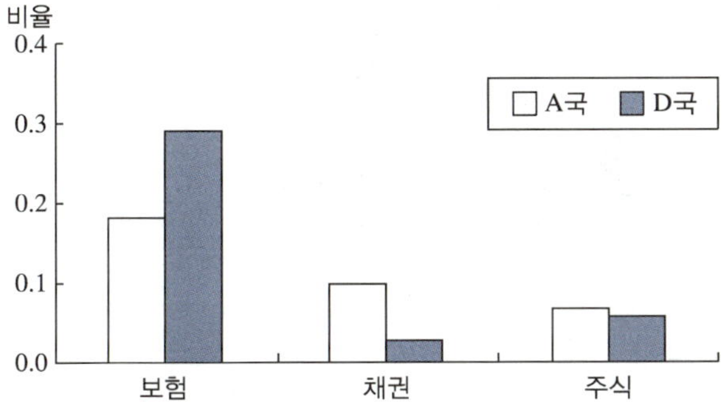

⑤ 2024년 각국의 가계 총자산 대비 예금 구성비

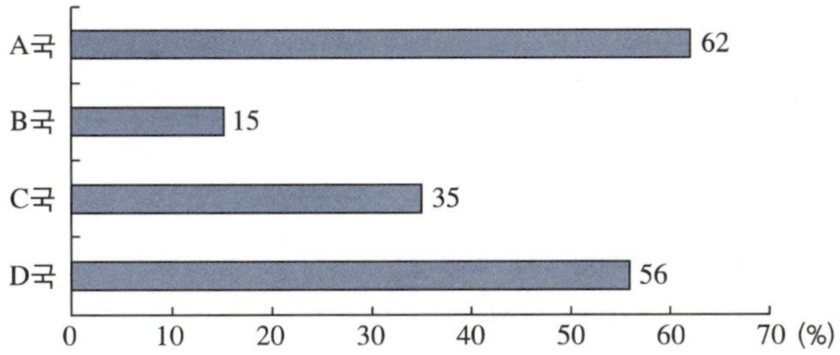

02 다음은 2024년도 신재생에너지 산업통계에 대한 자료이다. 이를 토대로 작성한 그래프로 옳지 않은 것은?

〈신재생에너지원별 산업 현황〉

(단위 : 억 원)

구분	기업체 수(개)	고용인원(명)	매출액	내수	수출액	해외공장매출	투자액
태양광	127	8,698	75,637	22,975	33,892	18,770	5,324
태양열	21	228	290	290	0	0	1
풍력	37	2,369	14,571	5,123	5,639	3,809	583
연료전지	15	802	2,837	2,143	693	0	47
지열	26	541	1,430	1,430	0	0	251
수열	3	46	29	29	0	0	0
수력	4	83	129	116	13	0	0
바이오	128	1,511	12,390	11,884	506	0	221
폐기물	132	1,899	5,763	5,763	0	0	1,539
합계	493	16,177	113,076	49,753	40,743	22,579	7,966

① 신재생에너지원별 기업체 수(단위 : 개)

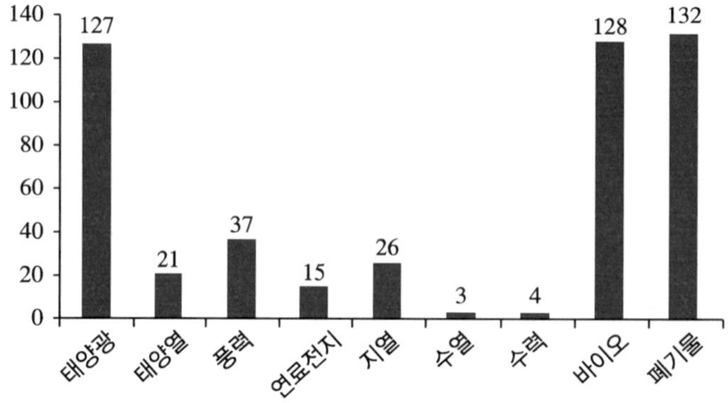

② 신재생에너지원별 고용인원(단위 : 명)

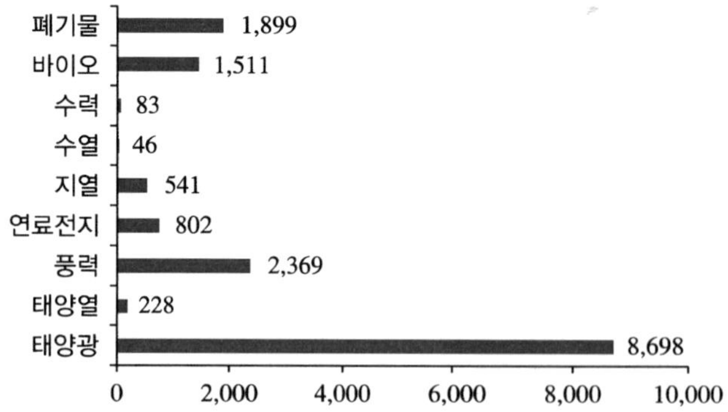

③ 신재생에너지원별 고용인원 비율

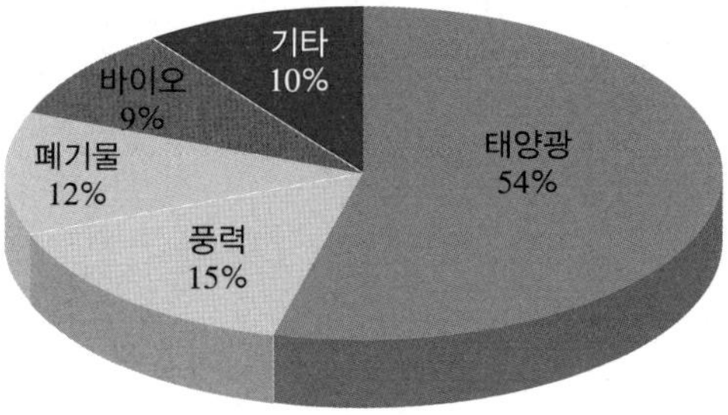

④ 신재생에너지원별 내수 현황(단위 : 억 원)

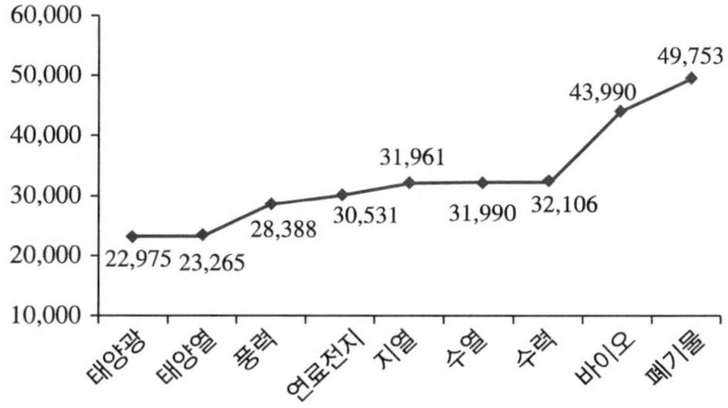

⑤ 신재생에너지원별 해외공장매출 비율

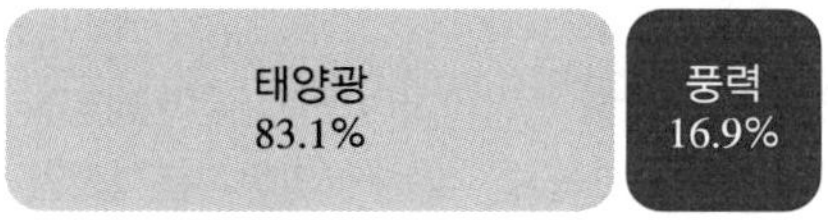

CHAPTER 03

문제해결능력

합격 CHEAT KEY

문제해결능력은 업무를 수행하면서 여러 가지 문제 상황이 발생하였을 때, 창의적이고 논리적인 사고를 통하여 이를 올바르게 인식하고 적절히 해결하는 능력으로, 하위 능력에는 사고력과 문제처리능력이 있다.

문제해결능력은 NCS 기반 채용을 진행하는 대다수의 공사·공단에서 채택하고 있으며, 다양한 자료와 함께 출제되는 경우가 많아 어렵게 느껴질 수 있다. 특히, 난이도가 높은 문제로 자주 출제되기 때문에 다른 영역보다 더 많은 노력이 필요할 수는 있지만 그렇기에 차별화를 할 수 있는 득점 영역이므로 포기하지 말고 꾸준하게 노력해야 한다.

01 질문의 의도를 정확하게 파악하라!

문제해결능력은 문제에서 무엇을 묻고 있는지 정확하게 파악하여 먼저 풀이 방향을 설정하는 것이 가장 효율적인 방법이다. 특히, 조건이 주어지고 답을 찾는 창의적·분석적인 문제가 주로 출제되고 있기 때문에 처음에 정확한 풀이 방향이 설정되지 않는다면 문제를 제대로 풀지 못하게 되므로 첫 번째로 출제 의도 파악에 집중해야 한다.

02 중요한 정보는 반드시 표시하라!

출제 의도를 정확히 파악하기 위해서는 문제의 중요한 정보를 반드시 표시하거나 메모하여 하나의 조건, 단서도 잊고 넘어가는 일이 없도록 해야 한다. 실제 시험에서는 시간의 압박과 긴장감으로 정보를 잘못 적용하거나 잊어버리는 실수가 많이 발생하므로 사전에 충분한 연습이 필요하다.

03 반복 풀이를 통해 취약 유형을 파악하라!

문제해결능력은 특히 시간관리가 중요한 영역이다. 따라서 정해진 시간 안에 고득점을 할 수 있는 효율적인 문제 풀이 방법을 찾아야 한다. 이때, 반복적인 문제 풀이를 통해 자신이 취약한 유형을 파악하는 것이 중요하다. 정확하게 풀 수 있는 문제부터 빠르게 풀고 취약한 유형은 나중에 푸는 효율적인 문제 풀이를 통해 최대한 고득점을 맞는 것이 중요하다.

01 명제 추론

| 유형분석 |

- 주어진 문장을 토대로 논리적으로 추론하여 참 또는 거짓을 구분하는 문제이다.
- 대체로 연역추론을 활용한 명제 문제가 출제된다.
- 자료를 제시하고 새로운 결과나 자료에 주어지지 않은 내용을 추론해 가는 형식의 문제가 출제된다.

다음 〈조건〉에 근거하여 판단할 때, 항상 옳은 것은?

조건

- 기획팀 사람인데 컴퓨터 자격증이 없는 사람은 기혼자이다.
- 영업팀 사람은 컴퓨터 자격증이 있고 귤을 좋아한다.
- 경상도 출신인 사람은 컴퓨터 자격증이 없다.
- 경기도에 사는 사람은 지하철을 이용한다.
- 통근버스를 이용하는 사람은 기획팀 사람이 아니다.

① 영업팀 사람 중 경상도 출신이 있다.
② 경기도에 사는 사람은 기획팀 사람이다.
③ 경상도 출신인 사람이 기획팀에 소속되어 있다면 기혼자이다.
④ 기획팀 사람 중 통근버스를 이용하는 사람이 있다.
⑤ 기획팀 사람 중 미혼자는 귤을 좋아한다.

정답 ③

경상도 출신인 사람은 컴퓨터 자격증이 없고, 기획팀 사람인데 컴퓨터 자격증이 없는 사람은 기혼자이다. 따라서 경상도 출신인 사람이 기획팀에 소속되어 있다면 기혼자이다.

오답분석

① 세 번째 조건의 대우는 '컴퓨터 자격증이 있으면 경상도 출신이 아니다.'이다. 따라서 영업팀 사람은 컴퓨터 자격증이 있으므로 경상도 출신은 없다.
② 다섯 번째 조건의 대우는 '기획팀 사람은 통근버스를 이용하지 않는다.'이다. 경기도에 사는 사람은 지하철을 이용하지만 교통수단이 통근버스와 지하철만 있는 것은 아니므로 항상 옳은지 알 수 없다.
④ 다섯 번째 조건의 대우는 '기획팀 사람은 통근버스를 이용하지 않는다.'이다. 따라서 기획팀 사람 중 통근버스를 이용하는 사람은 한 명도 없다.
⑤ 영업팀 사람은 컴퓨터 자격증이 있고 귤을 좋아하지만, 기획팀 사람이 컴퓨터 자격증이 있다고 귤을 좋아하는지는 알 수 없다.

풀이 전략!

명제와 관련한 기본적인 논법에 대해서는 미리 학습해 두며, 이를 바탕으로 각 문장에 있는 핵심단어 또는 문구를 기호화하여 정리한 후, 선택지와 비교하여 참 또는 거짓을 판단한다.

대표기출유형 01 기출응용문제

01 갑, 을, 병 3명이 다트게임을 하고 있다. 다트 과녁은 색깔에 따라 다음과 같이 점수가 나눠진다고 할 때, 〈조건〉에 맞는 3명의 점수 결과가 될 수 있는 경우의 수는?

〈다트 과녁 점수〉

(단위 : 점)

구분	빨강	노랑	파랑	검정
점수	10	8	5	0

조건

- 모든 다트는 네 가지 색깔 중 한 가지를 맞힌다.
- 각자 다트를 5번씩 던진다.
- 점수가 높은 순서는 '을 – 갑 – 병'이다.
- 병의 점수는 5점 이상 10점 이하이고, 갑의 점수는 36점이다.
- 검정을 제외한 똑같은 색깔은 3번 이상 맞힌 적이 없다.

① 4가지
② 5가지
③ 6가지
④ 8가지
⑤ 9가지

02 오늘 K씨는 종합병원에 방문하여 A ~ C과 진료를 모두 받아야 한다. 〈조건〉이 다음과 같을 때, 가장 빠르게 진료를 받을 수 있는 방문 순서는?(단, 제시된 조건 외에는 고려하지 않는다)

조건

- 모든 과의 진료와 예약은 오전 9시 시작이다.
- 모든 과의 점심시간은 오후 12시 30분부터 1시 30분이다.
- A과와 C과는 본관에 있고 B과는 별관동에 있다. 본관과 별관동 이동에는 셔틀로 약 30분이 소요되며, 점심시간에는 셔틀이 운행하지 않는다.
- A과는 오전 10시부터 오후 3시까지만 진료를 한다.
- B과는 점심시간 후에 사람이 몰려 약 1시간의 대기시간이 필요하다.
- A과 진료는 단순 진료로 30분 정도 소요될 예정이다.
- B과 진료는 치료가 필요하여 1시간 정도 소요될 예정이다.
- C과 진료는 정밀 검사가 필요하여 2시간 정도 소요될 예정이다.

① A – B – C
② B – A – C
③ B – C – A
④ C – A – B
⑤ C – B – A

02 규칙 적용

| 유형분석 |

- 주어진 상황과 규칙을 종합적으로 활용하여 풀어 가는 문제이다.
- 일정, 비용, 순서 등 다양한 내용을 다루고 있어 유형을 한 가지로 단일화하기 어렵다.

I기업은 생산된 제품의 품번을 다음과 같은 규칙에 따라 정한다고 한다. 제품에 설정된 임의의 영단어가 'abroad'일 경우, 이 제품의 품번으로 옳은 것은?

〈규칙〉

- 1단계 : 알파벳 A ~ Z를 숫자 1, 2, 3, …으로 변환하여 계산한다.
- 2단계 : 제품에 설정된 임의의 영단어를 숫자로 변환한 값의 합을 구한다.
- 3단계 : 임의의 단어 속 모음의 합의 제곱 값을 모음의 개수로 나눈다.
- 4단계 : 3단계의 값이 정수가 아닐 경우, 소수점 첫째 자리에서 버림한다.
- 5단계 : 2단계의 값과 4단계의 값을 더한다.

① 110
② 137
③ 311
④ 330
⑤ 450

정답 ②

알파벳 순서에 따라 숫자로 변환하면 다음과 같다.

a	b	c	d	e	f	g	h	i	j	k	l	m
1	2	3	4	5	6	7	8	9	10	11	12	13
n	o	p	q	r	s	t	u	v	w	x	y	z
14	15	16	17	18	19	20	21	22	23	24	25	26

'abroad'의 품번을 규칙에 따라 계산하면 다음과 같다.

- 1단계 : 1(a), 2(b), 18(r), 15(o), 1(a), 4(d)
- 2단계 : $1+2+18+15+1+4=41$
- 3단계 : $1+15+1=17 \rightarrow 17^2=289 \rightarrow 289 \div 3 \fallingdotseq 96.3$
- 4단계 : 96.3을 소수점 첫째 자리에서 버림하면 96이다.
- 5단계 : $41+96=137$

따라서 제품의 품번은 '137'이다.

풀이 전략!

문제에 제시된 조건이나 규칙을 정확히 파악한 후, 선택지나 상황에 적용하여 문제를 풀어 나간다.

대표기출유형 02 기출응용문제

01 철수는 장미에게 "43 41 54" 메시지를 전송하였다. 메시지를 본 장미는 문자에 대응하는 아스키 코드 수를 16진법으로 표현한 것을 알아냈고 다음 아스키 코드표를 이용하여 해독하고자 한다. 철수가 장미에게 보낸 문자는 무엇인가?

〈아스키 코드표〉

문자	아스키	문자	아스키	문자	아스키	문자	아스키
A	65	H	72	O	79	V	86
B	66	I	73	P	80	W	87
C	67	J	74	Q	81	X	88
D	68	K	75	R	82	Y	89
E	69	L	76	S	83	Z	90
F	70	M	77	T	84	–	–
G	71	N	78	U	85	–	–

① BEE
② CAM
③ CAT
④ CUP
⑤ SIX

02 A팀과 B팀은 보안등급이 상급에 해당하는 문서를 나누어 보관하고 있다. 이때 두 팀은 보안을 위해 아래와 같은 규칙에 따라 각 팀의 비밀번호를 지정하였다. 다음 중 A팀과 B팀에 들어갈 수 있는 암호배열은?

〈규칙〉

- 1 ~ 9까지의 숫자로 (한 자리 수)×(두 자리 수)=(세 자리 수)=(두 자리 수)×(한 자리 수) 형식의 비밀번호로 구성한다.
- 가운데에 들어갈 세 자리 수의 숫자는 156이며 숫자는 중복 사용할 수 없다. 즉, 각 팀의 비밀번호에 1, 5, 6이란 숫자가 들어가지 않는다.

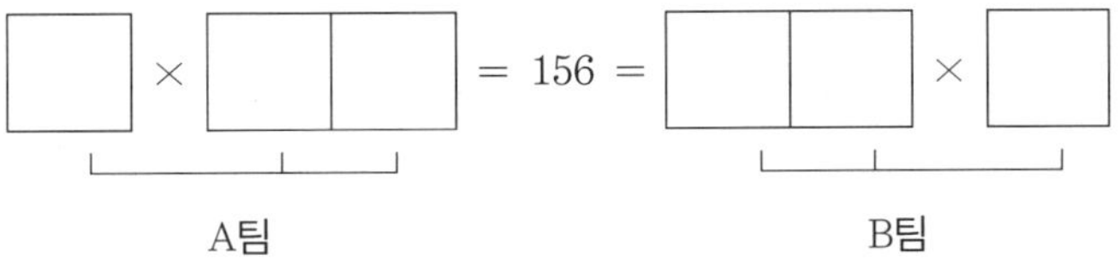

① 23
② 27
③ 29
④ 37
⑤ 39

03 자료 해석

| 유형분석 |

- 주어진 자료를 해석하고 활용하여 풀어가는 문제이다.
- 꼼꼼하고 분석적인 접근이 필요한 다양한 자료들이 출제된다.

A고객은 3일 후 떠날 3주간의 제주도 여행에 대비하여 가족 모두 여행자 보험에 가입하기 위해 I은행을 방문하였다. B사원이 A고객에게 여행자 보험 상품을 추천하고자 할 때, B사원의 설명으로 옳지 않은 것은?(단, A고객 가족의 나이는 만 14세, 17세, 45세, 51세, 75세이다)

〈I은행 여행자 보험〉

- 가입연령 : 만 1 ~ 79세(인터넷 가입은 만 19 ~ 70세에 한함)
- 납입방법 : 일시납
- 납입기간 : 일시납
- 보험기간 : 2일 ~ 최대 1개월
- 보장내용

보장의 종류	보험금 지급사유	지급금액
상해사망 및 후유장해	여행 중 사고로 상해를 입고 그 직접적인 결과로 사망하거나 후유장해상태가 되었을 때	- 사망 시 가입금액 전액 지급 - 후유장해 시 장해 정도에 따라 가입금액의 30 ~ 100% 지급
질병사망	여행 중 발생한 질병으로 사망 또는 장해지급률 80% 이상의 후유장해가 남았을 경우	가입금액 전액 지급
휴대품 손해	여행 중 우연한 사고로 휴대품이 도난 또는 파손되어 손해를 입은 경우	가입금액 한도 내에서 보상하되 휴대품 1개 또는 1쌍에 대하여 20만 원 한도로 보상(단, 자기부담금 1만 원 공제)

- 유의사항
  - 보험계약 체결일 기준 만 15세 미만자의 경우 사망은 보장하지 않음
  - 보장금액과 상해, 질병 의료실비에 관한 보장 내용은 홈페이지 참조

① 고객님, 가족 모두 가입하시려면 반드시 I은행을 방문해 주셔야 합니다.

② 고객님, 만 14세 자녀의 경우 본 상품에 가입하셔도 사망보험금은 지급되지 않습니다.

③ 고객님, 보험가입 시 보험금은 한 번만 납입하시면 됩니다.

④ 고객님, 후유장해 시 보험금은 장해 정도에 따라 차등 지급됩니다.

⑤ 고객님, 여행 도중 휴대폰을 분실하실 경우 분실 수량과 관계없이 최대 20만 원까지 보상해 드립니다.

정답 ⑤

휴대품 손해로 인한 보상 시 휴대품 1개 또는 1쌍에 대해서만 20만 원 한도로 보상한다. 따라서 휴대폰을 분실할 경우 분실 수량과 관계없이 보상한다는 것은 옳지 않은 설명이다.

오답분석

① 인터넷 가입이 가능한 연령대는 만 19 ~ 70세이므로 A고객의 가족 중 만 14세와 만 17세, 만 75세에 해당하는 사람은 I은행을 방문해야 한다. 따라서 A고객의 가족이 모두 가입하려면 반드시 I은행을 방문해야 한다.

② 유의사항에 따르면 보험계약 체결일 기준 만 15세 미만자의 경우 사망을 보장하지 않으므로 만 14세 자녀는 사망보험금이 지급되지 않는다.

③ 보험금 납입방법 및 납입기간이 일시납이므로 보험금은 한 번만 납입하면 된다.

④ 후유장애 시 지급금액의 경우 장해 정도에 따라 가입금액의 30 ~ 100%를 지급한다고 하였으므로 장해 정도에 따라 차등 지급됨을 알 수 있다.

PART 1

풀이 전략!

문제 해결을 위해 필요한 정보가 무엇인지 먼저 파악한 후, 제시된 자료를 분석적으로 읽고 해석한다.

01 I공사에 근무하는 S사원은 부서 워크숍을 진행하기 위하여 다음과 같이 워크숍 장소 후보를 추렸다. 〈조건〉을 참고할 때, 워크숍 장소로 가장 적절한 곳은?

〈I공사 워크숍 장소 후보〉

구분	거리(공사 기준)	수용 가능 인원	대관료	이동 시간(편도)
A호텔	40km	100명	40만 원/일	1시간 30분
B연수원	40km	80명	50만 원/일	2시간
C세미나	20km	40명	30만 원/일	1시간
D리조트	60km	80명	80만 원/일	2시간 30분
E호텔	100km	120명	100만 원/일	3시간 30분

조건

- 워크숍은 1박 2일로 진행한다.
- S사원이 속한 부서의 직원은 모두 80명이며 전원 참석한다.
- 거리는 공사 기준 60km 이하인 곳으로 선정한다.
- 대관료는 100만 원 이하인 곳으로 선정한다.
- 이동 시간은 왕복으로 3시간 이하인 곳으로 선정한다.

① A호텔
② B연수원
③ C세미나
④ D리조트
⑤ E호텔

02 귀하는 점심식사 중 식당에 있는 TV에서 정부의 정책에 대한 뉴스가 나오는 것을 보았다. 다음 중 함께 점심을 먹는 동료들과 뉴스를 보고 나눈 대화의 내용으로 적절하지 않은 것은?

〈뉴스〉

앵커 : 저소득층에게 법률서비스를 제공하는 정책을 구상 중입니다. 정부는 무료로 법률자문을 하겠다고 자원하는 변호사를 활용하는 자원봉사제도, 정부에서 법률구조공단 등의 기관을 신설하고 변호사를 유급으로 고용하여 법률서비스를 제공하는 유급법률구조제도, 정부가 법률서비스의 비용을 대신 지불하는 법률보호제도 등의 세 가지 정책대안 중 하나를 선택할 계획입니다.

이 정책대안을 비교하는 데 고려해야 할 정책목표는 비용저렴성, 접근용이성, 정치적 실현가능성, 법률서비스의 전문성입니다. 정책대안과 정책목표의 상관관계는 화면으로 보여드립니다. 각 대안이 정책목표를 달성하는 데 유리한 경우는 (+)로, 불리한 경우는 (−)로 표시하였으며, 유・불리 정도는 같습니다. 정책목표에 대한 가중치의 경우, '0'은 해당 정책목표를 무시하는 것을, '1'은 해당 정책목표를 고려하는 것을 의미합니다.

〈정책대안과 정책목표의 상관관계〉

정책목표	가중치		정책대안		
	A안	B안	자원봉사제도	유급법률구조제도	법률보호제도
비용저렴성	0	0	+	−	−
접근용이성	1	0	−	+	−
정치적 실현가능성	0	0	+	−	+
전문성	1	1	−	+	−

① 비용저렴성을 달성하기에 가장 유리한 정책대안은 자원봉사제도로군.

② A안에 가중치를 적용할 경우 유급법률구조제도가 가장 적절한 정책대안으로 평가받게 되지 않을까?

③ 반대로 B안에 가중치를 적용할 경우 자원봉사제도가 가장 적절한 정책대안으로 평가받게 될 것 같아.

④ 아마도 전문성 면에서는 유급법률구조제도가 자원봉사제도보다 더 좋은 정책 대안으로 평가받게 되겠군.

⑤ A안과 B안 중 어떤 것을 적용하더라도 정책대안 비교의 결과는 달라지지 않을 것으로 보여.

PART 1

※ B씨는 다음 자료를 참고하여 휴가를 다녀오려고 한다. 이어지는 질문에 답하시오. **[3~4]**

〈여행경로 선정 조건〉

- 항공편 왕복 예산은 80만 원이다.
- 휴가지 후보는 태국, 싱가포르, 베트남이다.
- 중국을 경유하면 총 비행금액의 20%가 할인된다.
- 제시된 항공편만 이용 가능하다.

〈항공편 정보〉

비행편		출발 시각	도착 시각	금액(원)
갈 때	인천 – 베트남	09:10	14:30	341,000
	인천 – 싱가포르	10:20	15:10	580,000
	인천 – 중국	10:30	14:10	210,000
	중국 – 베트남	13:40	16:40	310,000
	인천 – 태국	10:20	15:20	298,000
	중국 – 싱가포르	14:10	17:50	405,000
올 때	태국 – 인천	18:10	21:20	203,000
	중국 – 인천	18:50	22:10	222,000
	베트남 – 인천	19:00	21:50	195,000
	싱가포르 – 인천	19:30	22:30	304,000
	베트남 – 중국	19:10	21:40	211,000
	싱가포르 – 중국	20:10	23:20	174,000

※ 항공편은 한국 시간 기준임

03 다음 〈보기〉에서 옳은 것을 모두 고르면?

보기

ㄱ. 인천에서 중국을 경유해서 베트남으로 갈 경우 싱가포르로 직항해서 가는 것보다 편도 비용이 15만 원 이상 저렴하다.

ㄴ. 직항 항공편만을 선택할 때, 왕복 항공편 비용이 가장 적게 드는 여행지로 여행을 간다면 베트남으로 여행을 갈 것이다.

ㄷ. 베트남으로 여행을 다녀오는 경우 왕복 항공편 최소 비용은 60만 원 미만이다.

① ㄱ
② ㄱ, ㄴ
③ ㄱ, ㄷ
④ ㄴ, ㄷ
⑤ ㄱ, ㄴ, ㄷ

04 B씨는 여행지 선정 기준을 바꾸어 태국, 싱가포르, 베트남 중 왕복 소요 시간이 가장 짧은 곳을 여행지로 선정하고자 한다. 다음 중 B씨가 여행지로 선정할 국가와 그 국가에 대한 왕복 소요 시간이 바르게 연결된 것은?

	여행지	왕복 소요 시간
①	태국	8시간 20분
②	싱가포르	7시간 50분
③	싱가포르	8시간 10분
④	베트남	7시간 50분
⑤	베트남	9시간 40분

05 올해 리모델링하는 I호텔에서 근무하는 귀하는 호텔 비품 구매를 담당하게 되었다. 제조사별 소파 특징을 알아본 귀하는 이탈리아제의 천, 쿠션재에 패더를 사용한 소파를 구매하기로 하였다. 쿠션재는 패더와 우레탄뿐이며 이 소파는 침대 겸용은 아니지만 리클라이닝이 가능하고 '조립'이라고 표시되어 있었으며, 커버는 교환할 수 없다. 귀하가 구매하려는 소파의 제조사는?

〈제조사별 소파 특징〉

구분	특징
A사	• 쿠션재에 스프링을 사용하지 않는 경우에는 이탈리아제의 천을 사용하지 않는다. • 국내산 천을 사용하는 경우에는 커버를 교환 가능하게 하지 않는다.
B사	• 쿠션재에 우레탄을 사용하는 경우에는 국내산 천을 사용한다. • 리클라이닝이 가능하지 않으면 이탈리아제 천을 사용하지 않는다.
C사	• 쿠션재에 패더를 사용하지 않는 경우에는 국내산 천을 사용한다. • 침대 겸용 소파의 경우에는 쿠션재에 패더를 사용하지 않는다.
D사	• 쿠션재에 패더를 사용하는 경우에는 이탈리아제의 천을 사용한다. • 조립이라고 표시된 소파의 경우에는 쿠션재에 우레탄을 사용한다.

① A사 또는 B사　② A사 또는 C사
③ B사 또는 C사　④ B사 또는 D사
⑤ C사 또는 D사

06 I공사 홍보실에 근무하는 A사원은 12일부터 15일까지 워크숍을 가게 되었다. 워크숍을 떠나기 직전 A사원은 스마트폰의 날씨예보 애플리케이션을 통해 워크숍 장소인 춘천의 날씨를 확인해 보았다. 다음 중 A사원이 확인한 날씨예보의 내용으로 가장 적절한 것은?

① 워크숍 기간 중 오늘이 일교차가 가장 크므로 감기에 유의해야 한다.
② 내일 춘천지역의 미세먼지가 심하므로 주의해야 한다.
③ 워크숍 기간 중 비를 동반한 낙뢰가 예보된 날이 있다.
④ 내일모레 춘천지역의 최고·최저기온이 모두 영하이므로 야외활동 시 옷을 잘 챙겨 입어야 한다.
⑤ 글피엔 비가 내리지 않지만 최저기온이 영하이다.

07 I기업은 창립 10주년을 맞이하여 전 직원 단합대회를 준비하고 있다. 이를 위해 사장인 B씨는 여행상품 중 한 가지를 선정하려 하는데, 직원 투표 결과를 통해 결정하려고 한다. 직원 투표 결과와 여행지별 1인당 경비는 다음과 같고, 부서별 고려사항을 참고하여 선택하려고 할 때, 〈보기〉 중 옳은 것을 모두 고르면?

〈직원 투표 결과〉

상품내용		투표 결과(표)					
여행상품	1인당 비용(원)	총무팀	영업팀	개발팀	홍보팀	공장1	공장2
A	500,000	2	1	2	0	15	6
B	750,000	1	2	1	1	20	5
C	600,000	3	1	0	1	10	4
D	1,000,000	3	4	2	1	30	10
E	850,000	1	2	0	2	5	5

〈여행상품별 혜택 정리〉

상품	날짜	장소	식사제공	차량지원	편의시설	체험시설
A	5/10 ~ 5/11	해변	○	○	×	×
B	5/10 ~ 5/11	해변	○	○	○	×
C	6/7 ~ 6/8	호수	○	○	○	×
D	6/15 ~ 6/17	도심	○	×	○	○
E	7/10 ~ 7/13	해변	○	○	○	×

〈부서별 고려사항〉

- 총무팀 : 행사 시 차량 지원이 가능함
- 영업팀 : 6월 초순에 해외 바이어와 가격 협상 회의 일정이 있음
- 공장1 : 3일 연속 공장 비가동 시 제품의 품질 저하가 예상됨
- 공장2 : 7월 중순 공장 이전 계획이 있음

보기

㉠ 필요한 여행상품 비용은 총 1억 500만 원이다.
㉡ 투표 결과 가장 인기가 좋은 여행상품은 B이다.
㉢ 공장1의 A, B 투표 결과가 바뀐다면 여행상품 선택은 변경된다.

① ㉠
② ㉠, ㉡
③ ㉠, ㉢
④ ㉡, ㉢
④ ㉠, ㉡, ㉢

CHAPTER 04
자원관리능력

합격 CHEAT KEY

자원관리능력은 현재 NCS 기반 채용을 진행하는 많은 공사·공단에서 핵심영역으로 자리 잡아, 일부를 제외한 대부분의 시험에서 출제되고 있다.

세부 유형은 비용 계산, 해외파견 지원금 계산, 주문 제작 단가 계산, 일정 조율, 일정 선정, 행사 대여 장소 선정, 최단거리 구하기, 시차 계산, 소요시간 구하기, 해외파견 근무 기준에 부합하는 또는 부합하지 않는 직원 고르기 등으로 나눌 수 있다.

01 시차를 먼저 계산하라!

시간 자원 관리의 대표유형 중 시차를 계산하여 일정에 맞는 항공권을 구입하거나 회의시간을 구하는 문제에서는 각각의 나라 시간을 한국 시간으로 전부 바꾸어 계산하는 것이 편리하다. 조건에 맞는 나라들의 시간을 전부 한국 시간으로 바꾸고 한국 시간과의 시차만 더하거나 빼면 시간을 단축하여 풀 수 있다.

02 선택지를 잘 활용하라!

계산을 해서 값을 요구하는 문제 유형에서는 선택지를 먼저 본 후 자리 수가 몇 단위로 끝나는지 확인해야 한다. 예를 들어 412,300원, 426,700원, 434,100원인 선택지가 있다고 할 때, 제시된 조건에서 100원 단위로 나올 수 있는 항목을 찾아 그 항목만 계산하는 방법이 있다. 또한 일일이 계산하는 문제가 많다. 예를 들어 640,000원, 720,000원, 810,000원 등의 수를 이용해 푸는 문제가 있다고 할 때, 만 원 단위를 절사하고 계산하여 64, 72, 81처럼 요약하는 방법이 있다.

03 최적의 값을 구하는 문제인지 파악하라!

물적 자원 관리의 대표유형에서는 제한된 자원 내에서 최대의 만족 또는 이익을 얻을 수 있는 방법을 강구하는 문제가 출제된다. 이때, 구하고자 하는 값을 x, y로 정하고 연립방정식을 이용해 x, y 값을 구한다. 최소 비용으로 목표생산량을 달성하기 위한 업무 및 인력 할당, 정해진 시간 내에 최대 이윤을 낼 수 있는 업체 선정, 정해진 인력으로 효율적 업무 배치 등을 구하는 문제에서 사용되는 방법이다.

04 각 평가항목을 비교하라!

인적 자원 관리의 대표유형에서는 각 평가항목을 비교하여 기준에 적합한 인물을 고르거나, 저렴한 업체를 선정하거나, 총점이 높은 업체를 선정하는 문제가 출제된다. 이런 유형은 평가항목에서 가격이나 점수 차이에 영향을 많이 미치는 항목을 찾아 1 ~ 2개의 선택지를 삭제하고, 남은 3 ~ 4개의 선택지만 계산하여 시간을 단축할 수 있다.

대표기출유형

01 시간 계획

| 유형분석 |

- 시간 자원과 관련된 다양한 정보를 활용하여 풀어가는 문제이다.
- 대체로 교통편 정보나 국가별 시차 정보가 제공되며, 이를 근거로 '현지 도착시간 또는 약속된 시간 내에 도착하기 위한 방안'을 고르는 문제가 출제된다.

I공사의 청원경찰은 6층 회사 건물을 층마다 모두 순찰해야 한다. 다음 〈조건〉에 따라 1층에서 출발하여 순찰을 완료하고 1층으로 돌아오기까지 소요되는 최소 시간은?(단, 〈조건〉 외의 다른 요인은 고려하지 않는다)

조건

- 층간 이동은 엘리베이터로만 해야 하며 엘리베이터가 1개 층을 이동하는 데는 1분이 소요된다.
- 엘리베이터는 한 번에 최대 3개 층(예 1층 → 4층)을 이동할 수 있다.
- 엘리베이터는 한 번 위로 올라갔으면, 그다음에는 아래 방향으로 내려오고, 그다음에는 다시 위 방향으로 올라가야 한다.
- 하나의 층을 순찰하는 데는 10분이 소요된다.

① 1시간　　② 1시간 10분
③ 1시간 16분　　④ 1시간 22분
⑤ 1시간 28분

정답 ③

엘리베이터는 한 번에 최대 3개 층을 이동할 수 있으며, 올라간 다음에는 반드시 내려와야 한다는 조건에 따라 청원경찰이 최소 시간으로 6층을 순찰하고, 1층으로 돌아올 수 있는 방법은 다음과 같다.

- 1층 → 3층 → 2층 → 5층 → 4층 → 6층 → 3층 → 4층 → 1층

이때, 이동에만 소요되는 시간은 총 2+1+3+1+2+3+1+3=16분이다.
따라서 청원경찰이 6층을 모두 순찰하고 1층으로 돌아오기까지 소요되는 시간은 총 60(10분×6층)+16=76분=1시간 16분이다.

풀이 전략!

문제에서 묻는 것을 정확히 파악한다. 특히 제한사항에 대해서는 빠짐없이 확인해 두어야 한다. 이후 제시된 정보(시차 등)에서 필요한 것을 선별하여 문제를 풀어간다.

대표기출유형 01 기출응용문제

01 다음은 I제품의 생산계획을 나타낸 자료이다. 〈조건〉에 따라 공정이 진행될 때, 첫 번째 완제품이 생산되기 위해서 소요되는 최소 시간은?

〈I제품 생산계획〉

구분	선행공정	소요 시간(h)
A공정	없음	3
B공정	A	1
C공정	B, E	3
D공정	없음	2
E공정	D	1
F공정	C	2

조건

- 공정별로 1명의 작업 담당자가 공정을 수행한다.
- A공정과 D공정의 작업 시점은 같다.
- 공정 간 제품의 이동 시간은 무시한다.

① 6시간
② 7시간
③ 8시간
④ 9시간
⑤ 10시간

※ I공사 전략개발부는 A ~ B 2개 조로 나누어 필리핀 연수를 갈 계획이다. B조의 조장인 K부장은 다음 자료를 토대로 세부 연수일정을 짜려고 한다. 이어지는 질문에 답하시오. **[2~3]**

프로그램	소요 시간(h)	비고
세미나	2	–
토론	5	첫날만 이수 가능
팀워크	4	–
리더십 교육	5	비상대응역량 교육 이수 후 참여 가능
비상대응역량 교육	2	–
어학	1	–
원전수출 대상국 현지 전문가 과정 1	3	–
원전수출 대상국 현지 전문가 과정 2	3	원전과정 1 이수 후 참여 가능
원전수출 대상국 현지 전문가 과정 3	3	원전과정 2 이수 후 참여 가능
특강	1	–

02 A조와 B조는 같은 날 같은 비행기를 타고 출국할 예정이다. 첫째 날은 오전에 필리핀 공항에 도착하므로 오후부터 프로그램을 이수할 수 있다. A조의 연수 일정이 다음과 같을 때, B조는 〈조건〉을 토대로 A조와 연수 프로그램이 겹치지 않도록 최대한 빨리 일정을 끝내려고 한다. B조의 총 연수기간은?

〈A조 연수 일정〉

구분		첫째 날		둘째 날		셋째 날	
		오전	오후	오전	오후	오전	오후
A조	프로그램	공항 도착	토론	원전과정 1	팀워크	비상대응 역량 교육	리더십 교육
	시간	×	5	3	4	2	5

조건

- 연수 프로그램 운영시간은 9:00 ~ 18:00이며, 점심시간(12 ~ 13시)을 기준으로 오전과 오후를 나눈다.
- 오전, 오후에 각각 한 개의 프로그램만 이수할 수 있다.
- 마지막 날에는 프로그램이 오후에 끝나도 그날 귀국한다.
- 연수 프로그램은 최소 18시간을 이수해야 한다.
- B조는 어학 프로그램을 반드시 이수해야 한다.
- 연수기간은 최대 5일까지 가능하다.

① 1박 2일　　② 2박 3일
③ 3박 4일　　④ 4박 5일
⑤ A조의 일정을 바꾸어야 5일 안에 가능

03 다음은 B조가 연수를 다녀와야 할 달의 달력이다. 02번 문제에서 구한 연수기간과 비행기 시간표를 참고할 때, 출국일과 귀국일이 바르게 연결된 것은?

일요일	월요일	화요일	수요일	목요일	금요일	토요일
	1	2	3	4	5	6
7	8	9	10	11	12	13
14	15	16	17	18	19	20
21	22	23	24	25	26	27
28	29	30				

※ 연수 일정은 주말도 포함함

※ 귀국 다음 날 연수 과정을 정리하여 상사에게 보고해야 함(주 5일, 토·일요일 휴무)

※ 연수원은 공항에서 1시간 거리에 있음

※ 5일, 9일은 회사 행사로 연수가 불가능함

〈비행기 시간표(출발지 시간 기준)〉

한국 → 필리핀	4일	6일	9일	16일	20일	22일
오전 출발	07:00	07:00	08:00	06:00	07:00	07:00
오후 출발	–	–	–	–	–	–

필리핀 → 한국	8일	11일	19일	23일	25일	26일
오전 출발	10:00	09:00	11:00	10:00	11:00	12:00
오후 출발	17:00	15:00	13:00	–	14:00	14:00

※ 한국 시각은 필리핀 시각보다 1시간 빠름

※ 한국 – 필리핀 간 비행시간은 4시간임

	출국일	귀국일
①	6일	8일
②	9일	11일
③	16일	19일
④	20일	23일
⑤	22일	25일

PART 1

대표기출유형

02 비용 계산

| 유형분석 |

- 예산 자원과 관련된 다양한 정보를 활용하여 풀어가는 문제이다.
- 대체로 한정된 예산 내에서 수행할 수 있는 업무 및 예산 가격을 묻는 문제가 출제된다.

연봉 실수령액을 구하는 식이 다음과 같을 때, 연봉이 3,480만 원인 A씨의 연봉 실수령액은?(단, 원 단위는 절사한다)

- (연봉 실수령액)=(월 실수령액)×12
- (월 실수령액)=(월 급여)−[(국민연금)+(건강보험료)+(고용보험료)+(장기요양보험료)+(소득세)+(지방세)]
- (국민연금)=(월 급여)×4.5%
- (건강보험료)=(월 급여)×3.12%
- (고용보험료)=(월 급여)×0.65%
- (장기요양보험료)=(건강보험료)×7.38%
- (소득세)=68,000원
- (지방세)=(소득세)×10%

① 30,944,400원
② 31,078,000원
③ 31,203,200원
④ 32,150,800원
⑤ 32,497,600원

정답 ①

A씨의 월 급여는 3,480만÷12=290만 원이다.
국민연금, 건강보험료, 고용보험료를 제외한 금액을 계산하면 다음과 같다.
290만−[290만×(0.045+0.0312+0.0065)]
→ 290만−(290만×0.0827)
→ 290만−239,830=2,660,170원
- 장기요양보험료 : (290만×0.0312)×0.0738≒6,670원(∵ 원 단위 이하 절사)
- 지방세 : 68,000×0.1=6,800원

따라서 A씨의 월 실수령액은 2,660,170−(6,670+68,000+6,800)=2,578,700원이고, 연봉 실수령액은 2,578,700×12=30,944,400원이다.

풀이 전략!

제한사항인 예산을 고려하여 문제에서 묻는 것을 정확히 파악한 후, 제시된 정보에서 필요한 것을 선별하여 문제를 풀어간다.

대표기출유형 02 기출응용문제

01 수인이는 베트남 여행을 위해 I국제공항에서 환전하기로 하였다. 다음은 A환전소의 당일 환율 및 수수료를 나타낸 자료이다. 수인이가 한국 돈으로 베트남 현금 1,670만 동을 환전한다고 할 때, 수수료까지 포함하여 필요한 돈은 얼마인가?(단, 모든 계산 과정에서 구한 값은 일의 자리에서 버림한다)

〈A환전소 환율 및 수수료〉

- 베트남 환율 : 483원/만 동
- 수수료 : 0.5%
- 우대사항 : 50만 원 이상 환전 시 70만 원까지 수수료 0.4%로 인하 적용
  100만 원 이상 환전 시 총금액 수수료 0.4%로 인하 적용

① 808,840원 ② 808,940원
③ 809,840원 ④ 809,940원
⑤ 810,040원

02 I기업은 창고업체를 통해 A ~ C 세 제품군을 보관하고 있다. 각 제품군에 대한 정보와 〈조건〉을 참고할 때 I기업이 보관료로 지급해야 할 총금액은 얼마인가?

〈제품군별 보관 정보〉

제품군	매출액(억 원)	용량	
		용적(CUBIC)	무게(톤)
A	300	3,000	200
B	200	2,000	300
C	100	5,000	500

조건

- A제품군은 매출액의 1%를 보관료로 지급한다.
- B제품군은 1CUBIC당 20,000원의 보관료를 지급한다.
- C제품군은 1톤당 80,000원의 보관료를 지급한다.

① 3억 2천만 원 ② 3억 4천만 원
③ 3억 6천만 원 ④ 3억 8천만 원
⑤ 4억 원

03 다음은 이번 달 I사원의 초과 근무 기록이다. I사원의 연봉은 3,600만 원이고, 시급 산정 시 월평균 근무시간은 200시간이다. 이때 I사원이 받는 야근·특근 근무 수당은 얼마인가?(단, 소득세는 고려하지 않는다)

〈이번 달 초과 근무 기록〉

일요일	월요일	화요일	수요일	목요일	금요일	토요일
			1	2 18:00 ~ 19:00	3	4
5 09:00 ~ 11:00	6	7 19:00 ~ 21:00	8	9	10	11
12	13	14	15 18:00 ~ 22:00	16	17	18 13:00 ~ 16:00
19	20 19:00 ~ 20:00	21	22	23	24	25
26	27	28	29 19:00 ~ 23:00	30 18:00 ~ 21:00	31	

〈초과 근무 수당 규정〉

- 평일 야근 수당은 시급의 1.2배이다.
- 주말 특근 수당은 시급의 1.5배이다.
- 식대는 10,000원을 지급하며(야근·특근 수당에 포함되지 않는다), 평일 야근 시 20시 이상 근무할 경우에 지급한다(주말 특근에는 지급하지 않는다).
- 야근시간은 오후 7 ~ 10시이다(초과시간 수당 미지급).

① 265,500원
② 285,500원
③ 300,000원
④ 310,500원
⑤ 315,000원

04 서울에 사는 A씨는 결혼기념일을 맞이하여 가족과 함께 KTX를 타고 부산으로 여행을 다녀왔다. A씨의 가족이 이번 여행에서 지불한 교통비는 모두 얼마인가?

- A씨 부부에게는 만 6세인 아들과 만 3세인 딸이 있다.
- 갈 때는 딸을 무릎에 앉혀 갔고, 돌아올 때는 좌석을 구입했다.
- A씨의 가족은 일반석을 이용하였다.

〈KTX 좌석별 요금〉

구분	일반석	특실
가격	59,800원	87,500원

※ 만 4세 이상 13세 미만 어린이는 운임의 50%를 할인함
※ 만 4세 미만의 유아는 보호자 1명당 2명까지 운임의 75%를 할인함
(단, 유아의 좌석을 지정하지 않을 시 보호자 1명당 유아 1명의 운임을 받지 않음)

① 299,000원
② 301,050원
③ 307,000원
④ 313,850원
⑤ 313,950원

05 K씨는 개인사유로 인해 5년간 재직했던 회사를 그만두게 되었다. K씨에게 지급된 퇴직금이 1,900만 원일 때, K씨의 평균 연봉은 얼마인가?[단, 평균 연봉은 (1일 평균임금)×365이고, 천의 자리에서 올림한다]

〈퇴직금 산정 방법〉

▶ 고용주는 퇴직하는 근로자에게 계속근로기간 1년에 대해 30일분 이상의 평균임금을 퇴직금으로 지급해야 합니다.
- "평균임금"이란 이를 산정해야 할 사유가 발생한 날 이전 3개월 동안에 해당 근로자에게 지급된 임금의 총액을 그 기간의 총일수로 나눈 금액을 말합니다.
- 평균임금이 근로자의 통상임금보다 적으면 그 통상임금을 평균임금으로 합니다.

▶ 퇴직금 산정 공식
(퇴직금)=[(1일 평균임금)×30일×(총 계속근로기간)]÷365

① 4,110만 원
② 4,452만 원
③ 4,650만 원
④ 4,745만 원
⑤ 4,800만 원

대표기출유형

03 품목 확정

| 유형분석 |

- 물적 자원과 관련된 다양한 정보를 활용하여 풀어가는 문제이다.
- 주로 공정도·제품·시설 등에 대한 가격·특징·시간 정보가 제시되며, 이를 종합적으로 고려하는 문제가 출제된다.

I사진관은 올해 찍은 사진을 모두 모아서 한 개의 USB에 저장하려고 한다. 사진의 용량 및 찍은 사진 수가 다음과 같고 USB 한 개에 모든 사진을 저장하려 한다면 최소 몇 GB의 USB가 필요한가?(단, 1MB=1,000KB, 1GB=1,000MB이며, USB 용량은 소수점 자리는 버림한다)

구분	크기(cm)	용량	개수
반명함	3×4	150KB	8,000개
신분증	3.5×4.5	180KB	6,000개
여권	5×5	200KB	7,500개
단체사진	10×10	250KB	5,000개

① 3GB
② 4GB
③ 5GB
④ 6GB
⑤ 7GB

정답 ③

사진별로 개수에 따른 총용량을 구하면 다음과 같다.

- 반명함 : 150×8,000=1,200,000KB(1,200MB)
- 신분증 : 180×6,000=1,080,000KB(1,080MB)
- 여권 : 200×7,500=1,500,000KB(1,500MB)
- 단체사진 : 250×5,000=1,250,000KB(1,250MB)

모든 사진의 총용량을 더하면 1,200+1,080+1,500+1,250=5,030MB이다.
따라서 5,030MB는 5.030GB이므로, 필요한 USB 최소 용량은 5GB이다.

풀이 전략!

문제에서 묻고자 하는 바를 정확히 파악하는 것이 중요하다. 문제에서 제시한 물적 자원의 정보를 문제의 의도에 맞게 선별하면서 풀어간다.

01 I기업에서는 영업용 차량을 구매하고자 한다. 차량을 영업용으로 사용할 경우 연평균 주행거리는 30,000km이고 향후 5년간 사용할 계획이다. 현재 고려하고 있는 차량은 A～E자동차이다. 다음 중 경비가 가장 적게 들어가는 차량을 구매한다면 어떤 차량이 가장 적절한가?

〈자동차 리스트〉

구분	사용연료	연비(km/L)	연료탱크 용량(L)	신차구매가(만 원)
A자동차	휘발유	12	60	2,000
B자동차	LPG	8	60	2,200
C자동차	경유	15	50	2,700
D자동차	경유	20	60	3,300
E자동차	휘발유	15	80	2,600

〈연료 종류별 가격〉

종류	리터당 가격(원/L)
휘발유	1,400
LPG	900
경유	1,150

※ (경비)=(신차구매가)+(연료비)
※ 신차구매 결제는 일시불로 함
※ 향후 5년간 연료 가격은 변동이 없는 것으로 가정함

① A자동차 ② B자동차
③ C자동차 ④ D자동차
⑤ E자동차

02 I기업 마케팅 팀장은 단합대회를 위해 팀복을 구매하려고 한다. 다음은 업체별 품목 가격과 팀원들의 품목 선호도를 나타낸 자료이다. 〈조건〉에 따라 팀장이 구매할 물품과 업체를 순서대로 바르게 나열한 것은?

〈업체별 품목 가격〉

(단위 : 원)

구분		한 벌당 가격
A업체	티셔츠	6,000
	카라 티셔츠	8,000
B업체	티셔츠	7,000
	후드 집업	10,000
	맨투맨	9,000

〈팀원 품목 선호도〉

순위	품목
1	카라 티셔츠
2	티셔츠
3	후드 집업
4	맨투맨

조건

- 팀원의 선호도를 우선으로 품목을 선택한다.
- 총구매금액이 30만 원 이상이면 총금액에서 5%를 할인해 준다.
- 차순위 품목이 1순위 품목보다 총금액이 20% 이상 저렴하면 차순위를 선택한다.

① 티셔츠 – A업체
② 카라 티셔츠 – A업체
③ 티셔츠 – B업체
④ 후드 집업 – B업체
⑤ 맨투맨 – B업체

03 I공사 인재개발원에 근무하고 있는 A대리는 신입사원 교육을 위한 스크린을 구매하려고 한다. 다음 〈조건〉을 토대로 할 때 가장 적절한 제품은?

조건

- 조명도는 5,000lx 이상이어야 한다.
- 예산은 150만 원이다.
- 제품에 이상이 생겼을 때 A/S가 신속해야 한다.
- 위 조건을 모두 충족할 시 가격이 저렴한 제품을 가장 우선으로 선정한다.

※ lux(럭스) : 조명이 밝은 정도를 말하는 조명도에 대한 실용단위로, 기호는 lx이다.

	제품	가격(만 원)	조명도(lx)	특이사항
①	A	180	8,000	2년 무상 A/S 가능
②	B	120	6,000	해외직구(해외 A/S)
③	C	100	3,500	미사용 전시 제품
④	D	150	5,000	미사용 전시 제품
⑤	E	130	7,000	2년 무상 A/S 가능

04 I공사는 직원용 컴퓨터를 교체하려고 한다. 다음 〈조건〉을 만족하는 컴퓨터로 옳은 것은?

〈컴퓨터별 가격 현황〉

구분	A컴퓨터	B컴퓨터	C컴퓨터	D컴퓨터	E컴퓨터
모니터	20만 원	23만 원	20만 원	19만 원	18만 원
본체	70만 원	64만 원	60만 원	54만 원	52만 원
세트	80만 원	75만 원	70만 원	66만 원	65만 원
성능평가	중	상	중	중	하
할인혜택	–	세트로 15대 이상 구매 시 총금액에서 100만 원 할인	모니터 10대 초과 구매 시 초과 대수 15% 할인	–	–

조건

- 예산은 1,000만 원이다.
- 교체할 직원용 컴퓨터는 모니터와 본체 각각 15대이다.
- 성능평가에서 '중' 이상을 받은 컴퓨터로 교체한다.
- 컴퓨터 구매는 세트 또는 모니터와 본체 따로 구매할 수 있다.

① A컴퓨터
② B컴퓨터
③ C컴퓨터
④ D컴퓨터
⑤ E컴퓨터

대표기출유형

04 인원 선발

| 유형분석 |

- 인적 자원과 관련된 다양한 정보를 활용하여 풀어가는 문제이다.
- 주로 근무명단, 휴무일, 업무할당 등의 주제로 다양한 정보를 활용하여 종합적으로 풀어가는 문제가 출제된다.

I버스회사에서 A시에서 B시를 연결하는 버스 노선을 개통하기 위해 새로운 버스를 구매하려고 한다. 다음 〈조건〉과 같이 노선을 운행하려고 할 때, 최소 몇 대의 버스를 구매해야 하며 이때 필요한 운전사는 최소 몇 명인가?

조건

- 새 노선의 왕복 시간 평균은 2시간이다(승하차 시간을 포함).
- 배차시간은 15분 간격이다.
- 운전사의 휴식시간은 매 왕복 후 30분씩이다.
- 첫차는 05시 정각에, 막차는 23시에 A시를 출발한다.
- 모든 차는 A시에 도착하자마자 B시로 곧바로 출발하는 것을 원칙으로 한다. 즉, A시에 도착하는 시간이 바로 B시로 출발하는 시간이다.
- 모든 차는 A시에서 출발해서 A시로 복귀한다.

	버스	운전사
①	6대	8명
②	8대	10명
③	10대	12명
④	12대	14명
⑤	14대	16명

정답 ②

왕복 시간이 2시간, 배차 간격이 15분이라면 첫차가 재투입되는 데 필요한 앞차의 수는 첫차를 포함해서 8대이다(∵ 15분×8대=2시간이므로 8대 버스가 운행된 이후 9번째에 첫차' 재투입 가능).

운전사는 왕복 후 30분의 휴식을 취해야 하므로 첫차를 운전했던 운전사는 2시간 30분 뒤에 운전을 시작할 수 있다. 따라서 8대의 버스로 운행하더라도 운전자는 150분 동안 운행되는 버스 150÷15=10대를 운전하기 위해서는 10명의 운전사가 필요하다.

풀이 전략!

문제에서 신입사원 채용이나 인력배치 등의 주제가 출제될 경우에는 주어진 규정 혹은 규칙을 꼼꼼히 확인하여야 한다. 이를 근거로 각 선택지가 어긋나지 않는지 검토하여 문제를 풀어간다.

01 I공사에서 승진 대상자 후보 중 2명을 승진시키려고 한다. 승진의 조건은 동료 평가에서 '하'를 받지 않고 합산점수가 높은 순이고, 합산점수는 100점 만점의 점수로 환산한 승진시험 성적, 영어 성적, 성과 평가의 수치를 합산하여 구한다. 승진시험의 만점은 100점, 영어 성적의 만점은 500점, 성과 평가의 만점은 200점이라고 할 때, 승진 대상자 2명은 누구인가?

〈I공사 승진 대상자 후보 평가 현황〉

(단위 : 점)

구분	승진시험 성적	영어 성적	동료 평가	성과 평가
A	80	400	중	120
B	80	350	상	150
C	65	500	상	120
D	70	400	중	100
E	95	450	하	185
F	75	400	중	160
G	80	350	중	190
H	70	300	상	180
I	100	400	하	160
J	75	400	상	140
K	90	250	중	180

① A, C

② B, K

③ E, I

④ F, G

⑤ H, D

02 I기업에서는 9월 셋째 주에 연속 이틀에 걸쳐 본사에 있는 A강당에서 인문학 특강을 진행하려고 한다. 강당을 이용할 수 있는 날과 강사의 스케줄을 고려할 때 섭외 가능한 강사는?

〈B강당 이용 가능 날짜〉

구분	월요일	화요일	수요일	목요일	금요일
오전(9 ~ 12시)	×	○	×	○	○
오후(13 ~ 14시)	×	×	○	○	×

※ 가능 : ○, 불가능 : ×

〈섭외 강사 후보 스케줄〉

A강사	매주 수 ~ 목요일 10 ~ 14시 문화센터 강의
B강사	첫째 주, 셋째 주 화요일, 목요일 10 ~ 14시 대학교 강의
C강사	매월 첫째 ~ 셋째 주 월요일, 수요일 12 ~ 14시 면접 강의
D강사	매주 수요일 13 ~ 16시, 금요일 9 ~ 12시 도서관 강좌
E강사	매월 첫째 주, 셋째 주 화 ~ 목요일 9 ~ 11시 강의

※ I기업 본사까지의 이동거리와 시간은 고려하지 않음

※ 강의는 연속 이틀로 진행되며 강사는 동일해야 함

① A, B강사
② B, C강사
③ C, D강사
④ C, E강사
⑤ D, E강사

03 I기업에서는 신입사원 2명을 채용하기 위하여 서류와 필기 전형을 통과한 갑 ~ 정 4명의 최종 면접을 실시하려고 한다. 네 개 부서의 팀장이 각각 4명을 모두 면접하여 채용 우선순위를 결정하였다. 다음 〈보기〉 중 옳은 것을 모두 고르면?

〈면접 결과〉

면접관 / 순위	인사팀장	경영관리팀장	영업팀장	회계팀장
1순위	을	갑	을	병
2순위	정	을	병	정
3순위	갑	정	정	갑
4순위	병	병	갑	을

※ 우선순위가 높은 사람 순으로 2명을 채용함
※ 동점자는 인사, 경영관리, 영업, 회계팀장 순서의 고순위자로 결정함
※ 각 팀장이 매긴 순위에 대한 가중치는 모두 동일함

보기

㉠ 을 또는 정 중 한 명이 입사를 포기하면 갑이 채용된다.
㉡ 인사팀장이 을과 정의 순위를 바꿨다면 갑이 채용된다.
㉢ 경영관리팀장이 갑과 병의 순위를 바꿨다면 정은 채용되지 못한다.

① ㉠
② ㉠, ㉡
③ ㉠, ㉢
④ ㉡, ㉢
⑤ ㉠, ㉡, ㉢

PART 1

CHAPTER 05

정보능력

합격 CHEAT KEY

정보능력은 업무를 수행함에 있어 기본적인 컴퓨터를 활용하여 필요한 정보를 수집・분석・활용하는 능력으로, 업무와 관련된 정보를 수집하고, 이를 분석하여 의미 있는 정보를 얻는 능력을 의미한다. 세부 유형은 컴퓨터 활용, 정보 처리로 나눌 수 있다.

01 평소에 컴퓨터 활용 스킬을 틈틈이 익히라!

윈도우(OS)에서 어떠한 설정을 할 수 있는지, 응용프로그램(엑셀 등)에서 어떠한 기능을 활용할 수 있는지를 평소에 직접 사용해 본다면 문제를 보다 수월하게 해결할 수 있다. 여건이 된다면 컴퓨터 활용 능력에 관련된 자격증 공부를 하는 것도 이론과 실무를 익히는 데 도움이 될 것이다.

02 문제의 규칙을 찾는 연습을 하라!

일반적으로 코드체계나 시스템 논리체계를 제공하고 이를 분석하여 문제를 해결하는 유형이 출제된다. 이러한 문제는 문제해결능력과 같은 맥락으로 규칙을 파악하여 접근하는 방식으로 연습이 필요하다.

03 현재 보고 있는 그 문제에 집중하라!

정보능력의 모든 것을 공부하려고 한다면 양이 너무나 방대하다. 그렇기 때문에 수험서에서 본인이 현재 보고 있는 문제들을 집중적으로 공부하고 기억하려고 해야 한다. 그러나 엑셀의 함수 수식, 연산자 등 암기를 필요로 하는 부분들은 필수적으로 암기를 해서 출제가 되었을 때 오답률을 낮출 수 있도록 한다.

04 사진 · 그림을 기억하라!

컴퓨터 활용 능력을 파악하는 영역이다 보니 컴퓨터 속 옵션, 기능, 설정 등의 사진 · 그림이 문제에 같이 나오는 경우들이 있다. 그런 부분들은 직접 컴퓨터를 통해서 하나하나 확인을 하면서 공부한다면 더 기억에 잘 남게 된다. 조금 귀찮더라도 한 번씩 클릭하면서 확인해 보도록 한다.

대표기출유형

01 정보 이해

| 유형분석 |

- 정보능력 전반에 대한 이해를 확인하는 문제이다.
- 정보능력 이론이나 새로운 정보 기술에 대한 문제가 자주 출제된다.

다음은 기획안을 제출하기 위한 정보수집 전에 어떠한 정보를 어떻게 수집할지에 대한 '정보의 전략적 기획'의 사례이다. S사원이 필요한 정보로 적절하지 않은 것은?

I전자의 S사원은 상사로부터 세탁기 신상품에 대한 기획안을 제출하라는 업무 지시를 받았다. 먼저 S사원은 기획안을 작성하기 위해 자신에게 어떠한 정보가 필요한지를 생각해 보았다. 개발하려는 세탁기 신상품의 콘셉트는 중년층을 대상으로 한 실용적이고 경제적이며 조작하기 쉬운 것을 대표적인 특징으로 삼고 있다.

① 기존에 세탁기를 구매한 고객들의 데이터베이스로부터 정보가 필요할 수도 있다.
② 현재 세탁기를 사용하면서 불편한 점은 무엇인지에 대한 정보가 필요하다.
③ 데이터베이스로부터 성별로 세탁기 선호 디자인에 대한 정보가 필요하다.
④ 고객들의 세탁기에 대한 부담 가능한 금액은 얼마인지에 대한 정보도 필요할 것이다.
⑤ 데이터베이스를 통해 중년층이 선호하는 디자인이나 색은 무엇인지에 대한 정보도 있으면 좋을 것이다.

정답 ③

세탁기 신상품의 콘셉트가 중년층을 대상으로 하기 때문에 성별이 아니라 연령에 따라 자료를 분류하여 중년층의 세탁기 선호 디자인에 대한 정보가 필요함을 알 수 있다.

풀이 전략!

자주 출제되는 정보능력 이론을 확인하고, 확실하게 암기해야 한다. 특히 새로운 정보 기술이나 컴퓨터 전반에 대해 관심을 가지는 것이 좋다.

대표기출유형 01 기출응용문제

01 다음 빈칸에 들어갈 용어로 옳은 것은?

> 마이크로프로세서의 명령어 실행을 위한 명령어 인출 사이클(Instruction Fetch Cycle)은 제어장치 관리하에 있는 프로그램 카운터(PC)에 저장된 기억장치 위치 주소로부터 명령어를 인출하여, ＿＿＿＿＿＿(으)로 전송된다.

① MBR
② RAM
③ MAR
④ ROM
⑤ CDR

02 다음은 데이터베이스에 대한 설명이다. 데이터베이스의 특징으로 적절하지 않은 것은?

> 데이터베이스란 대량의 자료를 관리하고 내용을 구조화하여 검색이나 자료 관리 작업을 효과적으로 실행하는 프로그램으로, 삽입·삭제·수정·갱신 등을 통하여 항상 최신의 데이터를 유동적으로 유지할 수 있으며, 이와 같은 다량의 데이터는 사용자의 질의에 대한 신속한 응답 처리를 가능하게 한다. 또한 이러한 데이터를 여러 명의 사용자가 동시에 공유할 수 있고, 각 데이터를 참조할 때는 사용자가 요구하는 내용에 따라 참조가 가능함은 물론 응용프로그램과 데이터베이스를 독립시킴으로써 데이터를 변경시키더라도 응용프로그램은 변경되지 않는다.

① 실시간 접근성
② 계속적인 진화
③ 동시 공유
④ 내용에 의한 참조
⑤ 데이터의 논리적 의존성

03 귀하는 거래처의 컴퓨터를 빌려서 쓰게 되었는데, 해당 컴퓨터를 부팅하고 바탕화면에 저장된 엑셀 파일을 열자 어디에 사용될지 모르는 고객의 상세한 신상 정보가 담겨 있었다. 다음 중 귀하가 취해야 할 태도로 가장 적절한 것은?

① 고객 신상 정보를 즉시 지우고 빌린 컴퓨터를 사용한다.
② 고객 신상 정보의 훼손을 방지하고자 자신의 USB에 백업해두고 보관해준다.
③ 고객 신상 정보를 저장장치에 복사해서 빌린 거래처 담당자에게 되돌려준다.
④ 거래처에 고객 신상 정보 삭제를 요청한다.
⑤ 고객 신상 정보에 나와 있는 고객에게 연락하여 알려준다.

02 엑셀 함수

| 유형분석 |

- 컴퓨터 활용과 관련된 상황에서 문제를 해결하기 위한 행동이 무엇인지 묻는 문제이다.
- 주로 업무수행 중에 많이 활용되는 대표적인 엑셀 함수(COUNTIF, ROUND, MAX, SUM, COUNT, AVERAGE, …)가 출제된다.
- 종종 엑셀시트를 제시하여 각 셀에 들어갈 함수식이 무엇인지 고르는 문제가 출제되기도 한다.

다음 시트와 같이 월～금요일까지는 '업무'로, 토요일과 일요일에는 '휴무'로 표시하고자 할 때 [B2] 셀에 입력해야 할 함수식으로 옳지 않은 것은?

	A	B
1	일자	휴무, 업무
2	2025-01-07	업무
3	2025-01-08	업무
4	2025-01-09	업무
5	2025-01-10	업무
6	2025-01-11	휴무
7	2025-01-12	휴무
8	2025-01-13	업무

① =IF(OR(WEEKDAY(A2,0)=0,WEEKDAY(A2,0)=6),"휴무","업무")

② =IF(OR(WEEKDAY(A2,1)=1,WEEKDAY(A2,1)=7),"휴무","업무")

③ =IF(OR(WEEKDAY(A2,2)=6, WEEKDAY(A2,2)=7),"휴무","업무")

④ =IF(WEEKDAY(A2,2)>=6,"휴무","업무")

⑤ =IF(WEEKDAY(A2,3)>=5,"휴무","업무")

정답 ①

WEEKDAY 함수는 일정 날짜의 요일을 나타내는 1에서 7까지의 수를 구하는 함수다. WEEKDAY 함수의 두 번째 인수에 '1'을 입력하면 '일요일(1)~토요일(7)'숫자로 표시되고 '2'를 넣으면 '월요일(1)~일요일(7)'로 표시되며 '3'을 입력하면 '월요일(0)~일요일(6)'로 표시된다. 따라서 '0'은 날짜에 대응하는 수를 지시하지 않으므로 ①은 옳지 않다.

풀이 전략!

제시된 상황에서 사용할 엑셀 함수가 무엇인지 파악한 후, 선택지에서 적절한 함수식을 골라 식을 만들어야 한다. 평소 대표적으로 문제에 자주 출제되는 몇몇 엑셀 함수를 익혀두면 풀이시간을 단축할 수 있다.

01 I공사는 2025년 1월에 정년퇴임식을 할 예정이다. T사원은 퇴직자 명단을 엑셀로 정리하고 〈조건〉에 따라 행사 물품을 준비하려고 한다. 〈보기〉 중 옳은 것을 모두 고르면?

	A	B	C	D	E
1	퇴직자	소속부서	팀원 수	팀장인원	입사연도
2	A씨	회계	8	1	2006년
3	B씨	기획	12	2	1998년
4	C씨	인사	11	1	2004년
5	D씨	사무	15	2	2008년
6	E씨	영업	30	5	2006년
7	F씨	관리	21	4	2002년
8	G씨	생산	54	7	2009년
9	H씨	품질관리	6	1	2016년
10	I씨	연구	5	1	2001년
11	J씨	제조	34	6	2009년

조건

- 행사에는 퇴직자가 속한 부서의 팀원들만 참석한다.
- 퇴직하는 직원이 소속된 부서당 화분 1개가 필요하다.
- 퇴직자를 포함하여 근속연수 20년 이상인 직원에게 감사패를 준다.
- 볼펜은 행사에 참석한 직원 1인당 1개씩 지급한다.
- 팀원에는 팀장도 포함되어 있다.

보기

㉠ 화분은 총 9개가 필요하다.
㉡ 감사패는 4개 필요하다.
㉢ 볼펜은 [C2:C11]의 합계만큼 필요하다.

① ㉠
② ㉡
③ ㉢
④ ㉠, ㉢
⑤ ㉡, ㉢

※ I공사에 근무 중인 S사원은 체육대회를 준비하고 있다. S사원은 체육대회에 사용될 물품 구입비를 다음과 같이 엑셀로 정리하였다. 이어지는 질문에 답하시오. **[2~3]**

	A	B	C	D	E
1	구분	물품	개수	단가(원)	비용(원)
2	의류	A팀 체육복	15	20,000	300,000
3	식품류	과자	40	1,000	40,000
4	식품류	이온음료수	50	2,000	100,000
5	의류	B팀 체육복	13	23,000	299,000
6	상품	수건	20	4,000	80,000
7	상품	USB	10	10,000	100,000
8	의류	C팀 체육복	14	18,000	252,000
9	식품류	김밥	30	3,000	90,000

02 S사원은 표에서 단가가 두 번째로 높은 물품의 금액을 알고자 한다. 다음 중 S사원이 입력해야 할 함수로 옳은 것은?

① =MAX(D2:D9,2)
② =MIN(D2:D9,2)
③ =MID(D2:D9,2)
④ =LARGE(D2:D9,2)
⑤ =INDEX(D2:D9,2)

03 S사원은 구입 물품 중 의류의 총 개수를 파악하고자 한다. 다음 중 S사원이 입력해야 할 함수로 옳은 것은?

① =SUMIF(A2:A9,A2,C2:C9)
② =COUNTIF(C2:C9,C2)
③ =VLOOKUP(A2,A2:A9,1,0)
④ =HLOOKUP(A2,A2:A9,1,0)
⑤ =AVERAGEIF(A2:A9,A2,C2:C9)

04 다음 시트에서 [E10] 셀에 수식 「=INDEX(E2:E9,MATCH(0,D2:D9,0))」를 입력했을 때, [E10] 셀에 표시되는 결괏값으로 옳은 것은?

	A	B	C	D	E
1	부서	직위	사원명	근무연수	근무월수
2	재무팀	사원	이수연	2	11
3	교육사업팀	과장	조민정	3	5
4	신사업팀	사원	최지혁	1	3
5	교육컨텐츠팀	사원	김다연	0	2
6	교육사업팀	부장	민경희	8	10
7	기구설계팀	대리	김형준	2	1
8	교육사업팀	부장	문윤식	7	3
9	재무팀	대리	한영혜	3	0
10					

① 0
② 1
③ 2
④ 3
⑤ 4

대표기출유형

03 프로그램 언어(코딩)

| 유형분석 |

- 프로그램의 실행 결과를 코딩을 통해 파악하여 이를 풀이하는 문제이다.
- 대체로 문제에서 규칙을 제공하고 있으며, 해당 규칙을 적용하여 새로운 코드번호를 만들거나 혹은 만들어진 코드번호를 해석하는 등의 문제가 출제된다.

다음 C언어 프로그램을 실행하였을 때 출력되는 값은?

```
#include <stdio.h>
int power(int x, int y);
int main(void)
{    int a, b;
     a=6;
     b=4;
     printf("%d",power(a,b));
     return 0;
}int power(int x, int y)
{    if(y==0)
     return 1;
     return x*power(x,y-1);
}
```

① 24
② 64
③ 1,296
④ 6,543
⑤ 6,666

정답 ③

power 함수는 거듭제곱에 대한 함수로 power(a,b)=a^b이다. 따라서 주어진 프로그램은 6^4를 계산하여 출력하는 프로그램이므로 6^4=1,296이며, 6^4를 출력하려면 printf("%d^%d", a, b)를 입력해야 한다.

풀이 전략!

문제에서 실행 프로그램 내용이 주어지면 핵심 키워드를 확인한다. 코딩 프로그램을 통해 요구되는 내용을 알아맞혀 정답 유무를 판단한다.

대표기출유형 03 기출응용문제

※ 다음 프로그램의 실행 결과로 옳은 것을 고르시오. **[1~2]**

01

```
#include <stdio.h>
void main() {
  char arr[]=“hello world”;
  printf(“%d₩n”,strlen(arr));
}
```

① 11　　② 12
③ 13　　④ 14
⑤ 15

02

```
#include <stdio.h>
void main() {
  int i, tot=0;
  int a[10]={10, 37, 23, 4, 8, 71, 23, 9, 52, 41};
  for (i=0; i<10; i++) {
    tot+= a[i];
    if (tot>=100) {
        break;
    }
  }
  printf(“%d₩n”, tot);
}
```

① 82　　② 100
③ 143　　④ 153
⑤ 176

CHAPTER 06

조직이해능력

합격 CHEAT KEY

조직이해능력은 업무를 원활하게 수행하기 위해 조직의 체제와 경영을 이해하고 국제적인 추세를 이해하는 능력이다. 현재 많은 공사·공단에서 출제 비중을 높이고 있는 영역이기 때문에 미리 대비하는 것이 중요하다. 실제 업무 능력에서 조직이해능력을 요구하기 때문에 중요도는 점점 높아 질 것이다.

세부 유형은 조직 체제 이해, 경영 이해, 업무 이해, 국제 감각으로 나눌 수 있다. 조직도를 제시하는 문제가 출제되거나 조직의 체계를 파악해 경영의 방향성을 예측하고, 업무의 우선순위를 파악하는 문제가 출제된다.

01 문제 속에 정답이 있다!

경력이 없는 경우 조직에 대한 이해가 낮을 수밖에 없다. 그러나 문제 자체가 실무적인 내용을 담고 있어도 문제 안에는 해결의 단서가 주어진다. 부담을 갖지 않고 접근하는 것이 중요하다.

02 경영·경제학원론 정도의 수준은 갖추도록 하라!

지원한 직군마다 차이는 있을 수 있으나, 경영·경제이론을 접목시킨 문제가 꾸준히 출제되고 있다. 따라서 기본적인 경영·경제이론은 익혀둘 필요가 있다.

03 지원하는 공사 · 공단의 조직도를 파악하라!

출제되는 문제는 각 공사 · 공단의 세부내용일 경우가 많기 때문에 지원하는 공사 · 공단의 조직도를 파악해 두어야 한다. 조직이 운영되는 방법과 전략을 이해하고, 조직을 구성하는 체제를 파악하고 간다면 조직이해능력에서 조직도가 나올 때 단기간에 문제를 풀 수 있을 것이다.

04 실제 업무에서도 요구되므로 이론을 익혀라!

각 공사 · 공단의 직무 특성상 일부 영역에 중요도가 가중되는 경우가 있어서 많은 취업준비생들이 일부 영역에만 집중하지만, 실제 업무 능력에서 직업기초능력 10개 영역이 골고루 요구되는 경우가 많고, 현재는 필기시험에서도 조직이해능력을 출제하는 기관의 비중이 늘어나고 있기 때문에 미리 이론을 익혀 둔다면 모듈형 문제에서 고득점을 노릴 수 있다.

01 경영 전략

| 유형분석 |

- 경영 전략에서 대표적으로 출제되는 문제는 마이클 포터(Michael Porter)의 본원적 경쟁전략이다.
- 경쟁전략의 기본적인 이해와 구조를 물어보는 문제가 자주 출제되므로 전략별 특징 및 개념에 대한 이론 학습이 요구된다.

다음은 경영 전략의 추진 과정에 대한 자료이다. (가)에 대한 사례 중 그 성격이 다른 것은?

〈경영 전략의 추진 과정〉

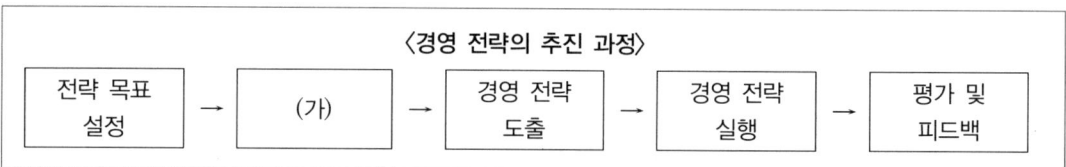

전략 목표 설정	→	(가)	→	경영 전략 도출	→	경영 전략 실행	→	평가 및 피드백

① 우리가 공급받고 있는 원재료들의 원가를 확인해 보자.
② 신제품 출시를 위해 경쟁사들의 동향을 파악해 봐야겠어.
③ 제품 개발을 위해 우리가 가진 예산의 현황을 파악해야 해.
④ 우리 제품의 시장 개척을 위해 법적으로 문제가 없는지 확인해 봐야겠군.
⑤ 이번에 발표된 정부의 정책으로 우리 제품이 어떠한 영향을 받을 수 있는지 확인해 볼 필요가 있어.

정답 ③

(가)는 경영 전략의 추진 과정 중 환경 분석이며, 이는 외부 환경 분석과 내부 환경 분석으로 구분된다. 외부 환경으로는 기업을 둘러싸고 있는 경쟁자, 공급자, 소비자, 법과 규제, 정치적 환경, 경제적 환경 등을 들 수 있으며, 내부 환경은 기업구조, 기업문화, 기업자원 등이 해당된다. 이때 예산은 기업자원으로서 내부 환경 분석의 성격을 가지며, 다른 사례들은 모두 외부 환경 분석의 성격을 가짐을 알 수 있다. 따라서 주어진 사례 중 성격이 다른 것은 ③이다.

풀이 전략!

대부분의 기업들은 마이클 포터의 본원적 경쟁전략을 사용하고 있다. 각 전략에 해당하는 대표적인 기업을 연결하고, 그들의 경영 전략을 상기하며 문제를 풀어보도록 한다.

01 다음 중 경영의 대표적 구성요소인 4요소로 옳은 것은?

① 경영목적, 인적자원, 자금, 마케팅
② 자금, 전략, 마케팅, 회계
③ 인적자원, 마케팅, 회계, 자금
④ 경영목적, 인적자원, 자금, 전략
⑤ 마케팅, 인적자원, 자금, 전략

02 A는 취업스터디에서 마이클 포터의 본원적 경쟁전략을 토대로 기업의 경영전략을 정리하고자 한다. 다음 중 〈보기〉의 내용이 바르게 분류된 것은?

- 차별화 전략 : 가격 이상의 가치로 브랜드 충성심을 이끌어 내는 전략
- 원가우위 전략 : 업계에서 가장 낮은 원가로 우위를 확보하는 전략
- 집중화 전략 : 특정 세분시장만 집중공략하는 전략

보기

㉠ I기업은 S/W에 집중하기 위해 H/W의 한글 전용 PC 분야를 한국계 기업과 전략적으로 제휴하고 회사를 설립해 조직체에 위양하였으며, 이후 고유 분야였던 S/W에 자원을 집중하였다.
㉡ B마트는 재고 네트워크를 전산화하여 원가를 절감하고 양질의 제품을 최저가격에 판매하고 있다.
㉢ A호텔은 5성급 호텔로 하루 숙박비용이 상당히 비싸지만, 환상적인 풍경과 더불어 친절한 서비스를 제공하고 객실 내 제품이 모두 최고급으로 비치되어 있어 이용객들에게 높은 만족도를 준다.

	차별화 전략	원가우위 전략	집중화 전략
①	㉠	㉡	㉢
②	㉠	㉢	㉡
③	㉡	㉠	㉢
④	㉢	㉠	㉡
⑤	㉢	㉡	㉠

대표기출유형

02 조직 구조

| 유형분석 |

- 조직 구조 유형에 대한 특징을 물어보는 문제가 자주 출제된다.
- 기계적 조직과 유기적 조직의 차이점과 사례 등을 숙지하고 있어야 한다.
- 조직 구조 형태에 따라 기능적 조직, 사업별 조직으로 구분하여 출제되기도 한다.

다음 〈보기〉 중 비영리조직으로 적절한 것을 모두 고르면?

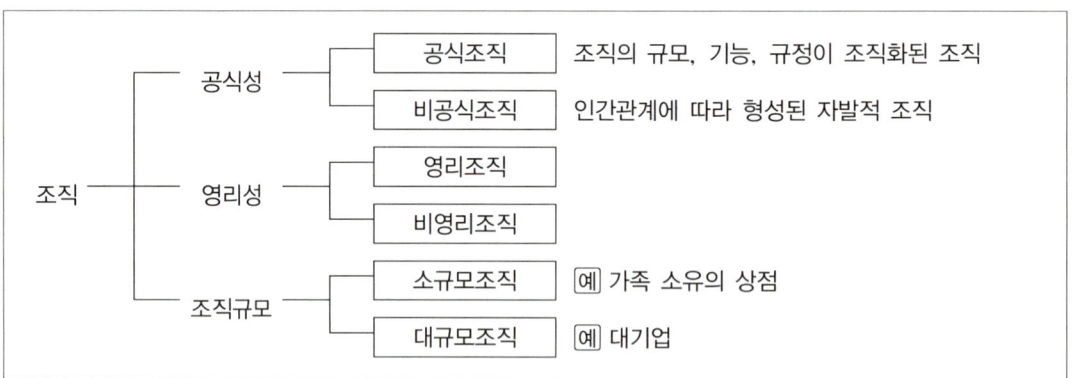

- 조직
  - 공식성
    - 공식조직: 조직의 규모, 기능, 규정이 조직화된 조직
    - 비공식조직: 인간관계에 따라 형성된 자발적 조직
  - 영리성
    - 영리조직
    - 비영리조직
  - 조직규모
    - 소규모조직: 예 가족 소유의 상점
    - 대규모조직: 예 대기업

보기

㉠ 사기업　　㉡ 정부조직
㉢ 병원　　㉣ 대학
㉤ 시민단체

① ㉠, ㉢　　② ㉡, ㉤
③ ㉠, ㉢, ㉣　　④ ㉡, ㉣, ㉤
⑤ ㉡, ㉢, ㉣, ㉤

정답 ⑤

영리조직의 사례로는 이윤 추구를 목적으로 하는 다양한 사기업을 들 수 있으며, 비영리조직으로는 정부조직·병원·대학·시민단체·종교단체 등을 들 수 있다.

풀이 전략!

조직 구조는 유형에 따라 기계적 조직과 유기적 조직으로 나눌 수 있다. 기계적 조직과 유기적 조직은 서로 상반된 특징을 가지고 있으며, 기계적 조직이 관료제의 특징과 비슷함을 파악하고 있다면, 이와 상반된 유기적 조직의 특징도 수월하게 파악할 수 있다.

대표기출유형 02 기출응용문제

01 **다음 중 조직목표의 기능에 대한 설명으로 옳지 않은 것은?**

① 조직이 나아갈 방향을 제시해 주는 기능을 한다.
② 조직 구성원의 의사결정 기준의 기능을 한다.
③ 조직 구성원의 행동에 동기를 유발시키는 기능을 한다.
④ 조직을 운영하는 데 융통성을 제공하는 기능을 한다.
⑤ 조직 구조나 운영 과정과 같이 조직 체제를 구체화할 수 있는 기준이 된다.

02 **다음 중 조직 문화의 특징으로 옳지 않은 것은?**

① 구성 요소에는 리더십 스타일, 제도 및 절차, 구성원, 구조 등이 있다.
② 조직 구성원들에게 일체감과 정체성을 준다.
③ 조직의 안정성을 유지하는 데 기여한다.
④ 조직 몰입도를 향상시킨다.
⑤ 구성원들 개개인의 다양성을 강화해 준다.

03 **다음 중 조직 구조의 결정요인에 대한 설명으로 옳지 않은 것은?**

① 급변하는 환경에서는 유기적 조직보다 원칙이 확립된 기계적 조직이 더 적합하다.
② 대규모 조직은 소규모 조직에 비해 업무의 전문화 정도가 높다.
③ 조직 구조를 결정하는 주요 요인은 4가지로 전략, 규모, 기술, 환경이다.
④ 조직 활동의 결과에 대한 만족은 조직의 문화적 특성에 따라 상이하다.
⑤ 일반적으로 소량생산 기술을 가진 조직은 유기적 조직구 조를, 대량생산 기술을 가진 조직은 기계적 조직 구조를 가진다.

※ 다음은 I공사의 조직도이다. 이어지는 질문에 답하시오. [4~6]

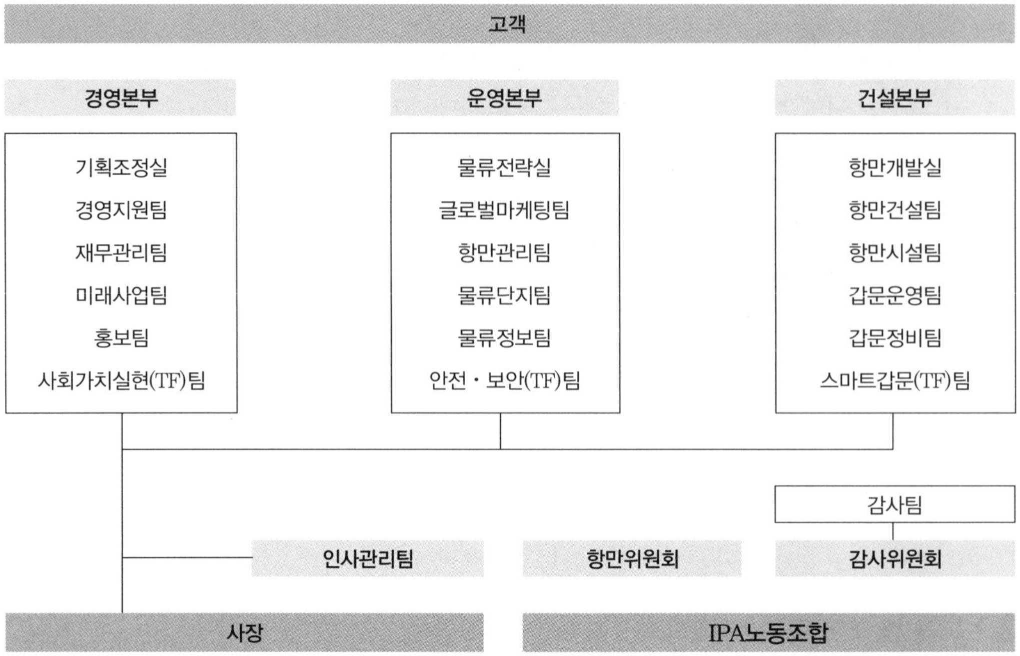

조직 개편 방향 및 기준

□ 기능중심의 조직 개편
- 건설본부의 갑문운영팀과 갑문정비팀을 갑문운영팀으로 통합한다.
- 인사관리팀을 경영본부로 이동한다.
- 마케팅본부를 신설하여 글로벌마케팅팀을 이동한 후 글로벌마케팅 1・2팀으로 분리한다.
- 국내마케팅팀을 신설하여 마케팅본부에 추가한다.
- 경영본부의 홍보팀을 마케팅본부로 이동한다.
- 조직위원회를 신설하여 항만위원회, 감사위원회와 함께 독립적인 팀으로 개편한다.

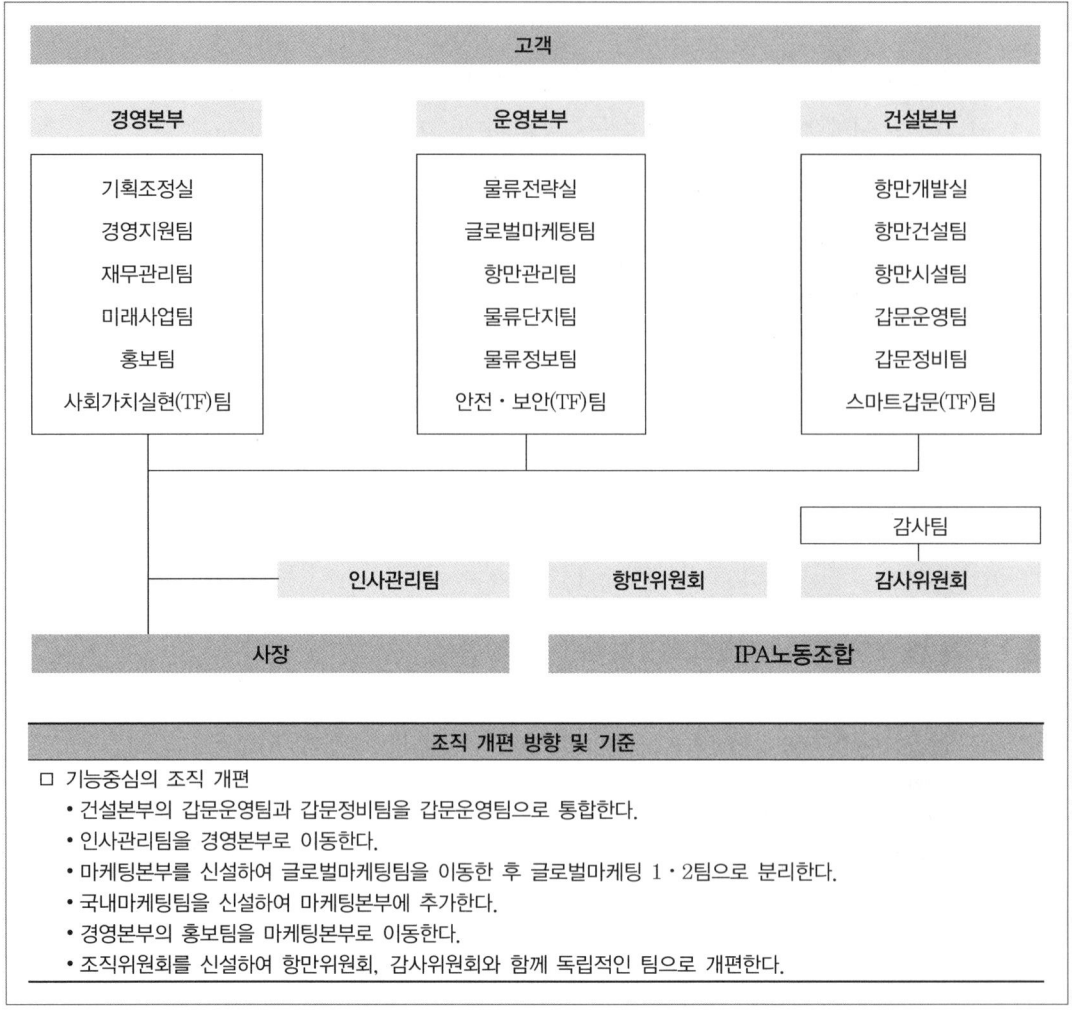

04 I공사는 조직 개편 방향에 따라 조직을 개편하였다. 다음 중 새롭게 신설되는 본부로 가장 적절한 것은?

① 마케팅본부
② 행정본부
③ 갑문운영본부
④ 물류본부
⑤ 영업본부

05 다음 중 조직 개편 후 경영, 운영, 건설본부에 속하는 팀의 개수를 바르게 연결한 것은?

	경영본부	운영본부	건설본부
①	5개	5개	5개
②	6개	5개	5개
③	6개	6개	6개
④	7개	5개	5개
⑤	7개	6개	6개

06 다음 중 마케팅본부에 속하는 팀으로 적절하지 않은 것은?

① 글로벌마케팅 1팀
② 글로벌마케팅 2팀
③ 글로벌홍보팀
④ 국내마케팅팀
⑤ 홍보팀

07 직업인은 조직의 구성원으로서 조직 체제의 구성 요소를 이해하는 체제이해능력이 요구된다. 조직 체제의 구성 요소가 다음과 같을 때, 이에 대한 설명으로 적절하지 않은 것은?

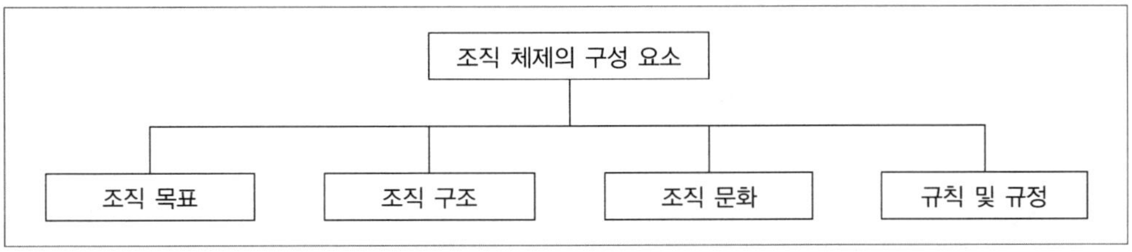

① 조직의 규칙과 규정은 조직 구성원들의 자유로운 활동 범위를 보장하는 기능을 가진다.
② 조직 구조에서는 의사결정권이 하부 구성원들에게 많이 위임되는 유기적 조직도 볼 수 있다.
③ 조직의 목표는 조직이 달성하려는 장래의 상태로, 조직이 존재하는 정당성과 합법성을 제공한다.
④ 조직 문화는 조직 구성원들의 사고와 행동에 영향을 미치며, 일체감과 정체성을 부여한다.
⑤ 조직 구조는 의사결정권의 집중 정도, 명령 계통, 최고경영자의 통제 등에 따라 달라진다.

대표기출유형

03 업무 종류

| 유형분석 |

- 부서별 주요 업무에 대해 묻는 문제이다.
- 부서별 특징과 담당 업무에 대한 이해가 필요하다.

다음은 I기업 직무전결표의 일부분이다. 이에 따라 문서를 처리하였을 경우 옳지 않은 것은?

〈직무전결표〉

직무내용	대표이사	위임 전결권자		
		전무	이사	부서장
정기 월례 보고				○
각 부서장급 인수인계		○		
3천만 원 초과 예산 집행	○			
3천만 원 이하 예산 집행		○		
각종 위원회 위원 위촉	○			
해외 출장			○	

① 인사부장의 인수인계에 대하여 전무에게 결재받은 후 시행하였다.
② 인사징계위원회 위원을 위촉하기 위하여 대표이사 부재중에 전무가 전결하였다.
③ 영업팀장의 해외 출장을 위하여 이사에게 사인을 받았다.
④ 3천만 원에 해당하는 물품 구매를 위하여 전무 전결로 처리하였다.
⑤ 정기 월례 보고서를 작성한 후 부서장의 결재를 받았다.

정답 ②

각종 위원회 위원 위촉에 대한 전결규정은 없으므로 ②는 옳지 않다. 단, 대표이사의 부재중에 부득이하게 위촉을 해야 하는 경우가 발생했다면 차하위자(전무)가 대결을 할 수는 있다.

풀이 전략!

조직은 목적의 달성을 위해 업무를 효과적으로 분배하고 처리할 수 있는 구조를 확립해야 한다. 조직의 목적이나 규모에 따라 업무의 종류는 다양하지만, 대부분의 조직에서는 총무, 인사, 기획, 회계, 영업으로 부서를 나누어 업무를 담당하고 있다. 따라서 5가지 업무 종류에 대해서는 미리 숙지해야 한다.

대표기출유형 03 기출응용문제

※ 다음은 I공사 조직도의 일부이다. 이어지는 질문에 답하시오. **[1~2]**

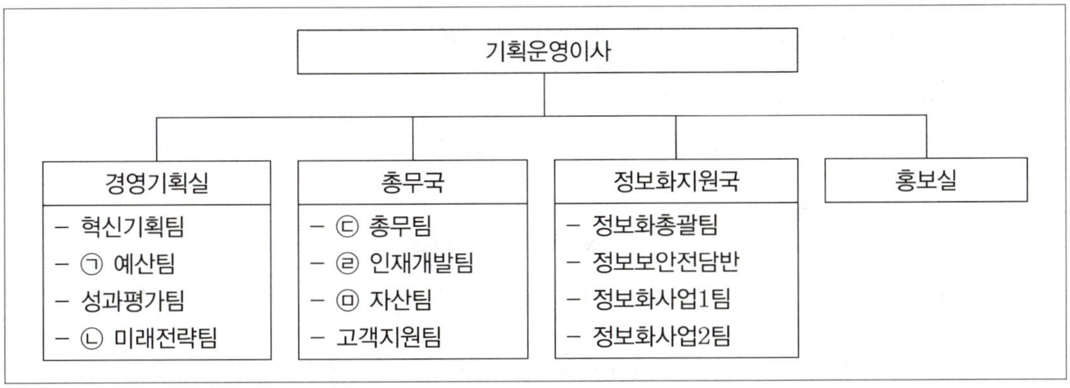

01 **다음 중 I공사의 각 부서와 업무가 바르게 연결되지 않은 것은?**

① ㉠ : 수입·지출 예산 편성 및 배정 관리
② ㉡ : I공사 사업 관련 연구 과제 개발 및 추진
③ ㉢ : 복무관리 및 보건·복리 후생
④ ㉣ : 임직원 인사, 상훈, 징계
⑤ ㉤ : 예산집행 조정, 통제 및 결산 총괄

02 **다음 중 정보보안전담반의 업무로 적절하지 않은 것은?**

① 정보보안기본지침 및 개인정보보호지침 제·개정 관리
② 직원 개인정보보호 의식 향상 교육
③ 개인정보종합관리시스템 구축·운영
④ 전문자격 시험 출제정보시스템 구축·운영
⑤ 정보보안 및 개인정보보호 계획 수립

03 I기업 총무부에서 근무하는 P대리는 다음 업무를 처리해야 한다. 각 업무의 기한과 P대리의 업무처리 정보가 다음과 같을 때, P대리가 업무들에 착수할 순서로 가장 적절한 것은?

〈업무처리 정보〉

- P대리는 동시에 최대 두 가지 업무를 수행할 수 있다.
- P대리는 중요한 일보다 긴급한 일에 먼저 착수하고자 한다.
- 현재는 2월 17일이다.
- 같은 날에 하는 업무라도 업무 착수 순서는 구별한다.

〈처리필요 업무 리스트〉

- 본부에서 이번 분기에 가장 중요한 사업으로 지정한 A사업안의 계획안을 2월 24일까지 검토하여야 하며, 검토에는 6일이 소요된다.
- 총무부 내 업무분장 갱신안 B를 2월 19일까지 제출하여야 하며, 갱신안 구상에는 3일이 소요된다.
- B대리는 개인적 부탁 C를 2월 22일까지 해줄 것을 부탁하였으며, 일 완료에는 3일이 소요된다.
- 총무부 내 비품을 2월 19일까지 파악하여 보고서 D를 작성하여야 하며, 비품 파악에 1일, 이후 보고서 작성에 1일이 소요된다.

① A－B－D－C
② B－A－C－D
③ B－D－A－C
④ C－A－D－B
⑤ C－D－A－B

04 현재 시각은 오전 11시이다. 오늘 중으로 마쳐야 하는 다음 네 가지의 업무가 있을 때, 업무의 우선순위를 순서대로 바르게 나열한 것은?(단, 업무시간은 오전 9시부터 오후 6시까지이며, 점심시간은 12시부터 1시간이다)

업무 내용	처리 시간
ㄱ. 기한이 오늘까지인 비품 신청	1시간
ㄴ. 오늘 내에 보고해야 하는 보고서 초안을 작성해 달라는 부서장의 지시	2시간
ㄷ. 가능한 빨리 보내 달라는 인접 부서의 협조 요청	1시간
ㄹ. 오전 중으로 고객에게 보내기로 한 자료 작성	1시간

① ㄱ－ㄴ－ㄷ－ㄹ
② ㄴ－ㄱ－ㄷ－ㄹ
③ ㄴ－ㄷ－ㄹ－ㄱ
④ ㄷ－ㄴ－ㄹ－ㄱ
⑤ ㄹ－ㄴ－ㄷ－ㄱ

05 직무 전결 규정상 전무이사가 전결인 '과장의 국내출장 건'의 결재를 시행하고자 한다. 박기수 전무이사가 해외출장으로 인해 부재중이어서 직무대행자인 최수영 상무이사가 결재하였다. 다음 〈보기〉 중 이에 대한 설명으로 적절하지 않은 것을 모두 고르면?

보기

ㄱ. 최수영 상무이사가 결재한 것은 전결이다.
ㄴ. 공문의 결재표 상에는 '과장 최경옥, 부장 김석호, 상무이사 전결, 전무이사 최수영'이라고 표시되어 있다.
ㄷ. 박기수 전무이사가 출장에서 돌아와서 해당 공문을 검토하는 것은 후결이다.
ㄹ. 위임 전결받은 사항에 대해서는 원결재자인 대표이사에게 후결을 받는 것이 원칙이다.

① ㄱ, ㄴ
② ㄱ, ㄹ
③ ㄱ, ㄴ, ㄹ
④ ㄴ, ㄷ, ㄹ
⑤ ㄱ, ㄴ, ㄷ, ㄹ

CHAPTER 07

기술능력

합격 CHEAT KEY

기술능력은 업무를 수행함에 있어 도구, 장치 등을 포함하여 필요한 기술에 어떠한 것들이 있는지 이해하고, 실제 업무를 수행함에 있어 적절한 기술을 선택하여 적용하는 능력이다.

세부 유형은 기술 이해 · 기술 선택 · 기술 적용으로 나눌 수 있다. 제품설명서나 상황별 매뉴얼을 제시하는 문제 또는 명령어를 제시하고 규칙을 대입할 수 있는지 묻는 문제가 출제되기 때문에 이런 유형들을 공략할 수 있는 전략을 세워야 한다.

01 긴 지문이 출제될 때는 선택지의 내용을 미리 보라!

기술능력에서 자주 출제되는 제품설명서나 상황별 매뉴얼을 제시하는 문제에서는 기술을 이해하고, 상황에 알맞은 원인 및 해결방안을 고르는 문제가 출제된다. 실제 시험장에서 문제를 풀 때는 시간적 여유가 없기 때문에 보기를 먼저 읽고, 그 다음 긴 지문을 보면서 동시에 보기와 일치하는 내용이 나오면 확인해 가면서 푸는 것이 좋다.

02 모듈형에도 대비하라!

모듈형 문제의 비중이 늘어나는 추세이므로 공기업을 준비하는 취업준비생이라면 모듈형 문제에 대비해야 한다. 기술능력의 모듈형 이론 부분을 학습하고 모듈형 문제를 풀어보고 여러 번 읽으며 이론을 확실히 익혀두면 실제 시험장에서 이론을 묻는 문제가 나왔을 때 단번에 답을 고를 수 있다.

03 전공 이론도 익혀 두라!

지원하는 직렬의 전공 이론이 기술능력으로 출제되는 경우가 많기 때문에 전공 이론을 익혀두는 것이 좋다. 깊이 있는 지식을 묻는 문제가 아니더라도 출제되는 문제의 소재가 전공과 관련된 내용일 가능성이 크기 때문에 최소한 지원하는 직렬의 전공 용어는 확실히 익혀 두어야 한다.

04 쉽게 포기하지 말라!

직업기초능력에서 주요 영역이 아니면 소홀한 경우가 많다. 시험장에서 기술능력을 읽어보지도 않고 포기하는 경우가 많은데 차근차근 읽어보면 지문만 잘 읽어도 풀 수 있는 문제들이 출제되는 경우가 있다. 이론을 모르더라도 풀 수 있는 문제인지 파악해보자.

대표기출유형

01 기술 이해

| 유형분석 |

- 업무수행에 필요한 기술의 개념 및 원리, 관련 용어에 대한 문제가 자주 출제된다.
- 기술 시스템의 개념과 발전 단계에 대한 문제가 출제되므로 각 단계의 순서와 그에 따른 특징을 숙지하여야 하며, 단계별로 요구되는 핵심 역할이 다름에 유의한다.

다음은 벤치마킹을 수행 방식에 따라 분류한 자료이다. (A) ~ (E)에 들어갈 내용으로 옳지 않은 것은?

〈벤치마킹의 수행 방식에 따른 분류〉

구분	직접적 벤치마킹	간접적 벤치마킹
정의	• 벤치마킹 대상을 직접 방문하여 조사·분석하는 방법	• 벤치마킹 대상을 인터넷 및 문서 형태의 자료 등을 통해서 간접적으로 조사·분석하는 방법
장점	• 필요로 하는 정확한 자료의 입수 및 조사가 가능하다. • (A)	• 벤치마킹 대상의 수에 제한이 없고 다양하다. • (C)
단점	• 벤치마킹의 수행과 관련된 비용 및 시간이 많이 소요된다. • (B)	• (D) • (E)

① (A) : 벤치마킹 이후에도 계속적으로 자료의 입수 및 조사가 가능하다.
② (B) : 벤치마킹 결과가 피상적일 수 있다.
③ (C) : 비용과 시간을 상대적으로 많이 절감할 수 있다.
④ (D) : 핵심 자료의 수집이 상대적으로 어렵다.
⑤ (E) : 정확한 자료 확보가 어렵다.

정답 ②

②는 간접적 벤치마킹의 단점이다. 간접적 벤치마킹은 인터넷, 문서 자료 등 간접적인 형태로 조사·분석하게 됨으로써 대상의 본질보다는 겉으로 드러나 보이는 현상에 가까운 결과를 얻을 수 있는 단점을 가진다.

풀이 전략!

문제에 제시된 내용만으로는 풀이가 어려울 수 있으므로, 사전에 관련 기술 이론을 숙지하고 있어야 한다. 자주 출제되는 개념을 확실하게 암기하여 빠르게 문제를 풀 수 있도록 하는 것이 좋다.

대표기출유형 01 기출응용문제

01 다음 글의 빈칸 ㉠～㉢에 들어갈 용어를 순서대로 바르게 나열한 것은?

> 4차 산업 혁명이란 인공지능, 클라우드 컴퓨터 등의 고도화된 정보통신 기술이 사회, 산업 등 다양한 분야에 융합되어 기존과는 다른 혁신적인 변화를 이뤄 낸 21세기 산업 혁명을 말한다.
> 무인항공기로도 불리는 ___㉠___은 원격 조종을 통해 기기를 제어하며 지정된 경로를 자율적으로 비행하거나 반자동으로 비행하곤 한다. 군사용으로 사용된 이것은 점차 민간 분야로 확대되어 농업, 수송 등 다양한 분야에서 쓰이고 있다. ___㉡___은 기기에 인터넷을 적용하여 사용자와의 커뮤니케이션은 물론 센서를 통해 환경 등을 감지하여 물체가 물체를 자동으로 제어하는 등 다양한 방식으로 적용되고 있다. ___㉢___는 이름 그대로 방대한 데이터이다. 크기(Volume), 속도(Velocity), 다양성(Variety)을 3대 중요 요소로 꼽는다. 하지만 단순 방대한 데이터 자체만으로는 의미가 없고 이 방대한 데이터를 분석하여 원하는 정보를 추출하고 가공하여 결론을 도출하는 과정에서 의미가 있다.

	㉠	㉡	㉢
①	인공위성	광케이블	빅데이터
②	드론	광케이블	데이터베이스
③	인공위성	사물인터넷	데이터베이스
④	드론	사물인터넷	빅데이터
⑤	인공위성	사물인터넷	빅데이터

02 다음 글에서 설명하고 있는 것은?

> 농부는 농기계와 화학비료를 써서 밀을 재배하고 수확한다. 이렇게 생산된 밀은 보관업자, 운송업자, 제분회사, 제빵 공장을 거쳐 시장으로 판매된다. 보다 높은 생산성을 위해 화학비료를 연구하고, 공장을 가동하기 위해 공작기계와 전기를 생산한다. 보다 빠른 운송을 위해서 트럭이나 기차, 배가 개발되었고, 보다 효과적인 운송수단과 농기계를 운용하기 위해 증기기관에서 석유에너지로 발전하였다. 이렇듯 우리의 식탁에 올라오는 빵은 여러 기술이 네트워크로 결합하여 시너지를 내고 있는 결과물이다.

① 기술시스템
② 기술혁신
③ 기술경영
④ 기술이전
⑤ 기술경쟁

02 기술 적용

| 유형분석 |

- 주어진 자료를 해석하고 기술을 적용하여 풀어가는 문제이다.
- 자료 등을 읽고 제시된 문제 상황에 적절한 해결 방법을 찾는 문제가 자주 출제된다.
- 지문의 길이가 길고 복잡하므로, 문제에서 요구하는 정보를 놓치지 않도록 주의해야 한다.

I기업은 유무선 공유기 HI-804A를 사내에 설치하고자 한다. 정보보안팀 H사원은 HI-804A를 설치하기 위해 몇 가지 사항들을 점검하였다. 다음 중 H사원이 점검한 내용으로 적절하지 않은 것은?

■ 공유기 설치 전 확인사항
- 현재 사용 중인 공유기가 있다면 HI-804A의 IP주소와 충돌을 일으킬 수 있으므로 현재 사용 중인 공유기가 있는지 확인해 주세요.
- HI-804A 공유기의 IP주소는 http://190.275.2.3입니다.
- 사용 중인 공유기의 IP주소가 http://190.275.2.3인 경우 사용 중인 공유기의 IP주소를 변경한 후 설치를 시작합니다.
- 사용자 이름은 admin이며, 비밀번호는 0000입니다.
- 기존에 사용 중인 공유기가 없다면 바로 설치를 진행합니다.

■ 공유기 설치 시작
1) HI-804A, 외장형 모뎀, PC의 전원을 모두 끕니다.
2) 현재 인터넷이 되는 PC에 연결된 외장형 모뎀을 분리합니다.
3) 분리한 외장형 모뎀에서 인터넷케이블로 HI-804A의 INTERNET포트에 연결합니다.
4) PC와 LAN포트를 LAN케이블로 연결합니다.
5) 외장형 모뎀을 켜서 1분 정도 기다립니다.
6) HI-804A 전원을 켜서 1분 정도 기다립니다.
7) PC 전원을 켜서 부팅을 합니다.

■ 공유기 설정 및 무선 설정
1) 스마트폰에서 'HI-NETWORK' 앱을 설치합니다.
2) 앱을 실행한 후 '기본 설정 마법사'를 실행합니다.
3) 자동으로 검색된 HI-804A를 터치합니다.
4) 장치의 비밀번호는 기본 세팅이 되어 있는데, 변경을 원하면 비밀번호 터치 후 새로 입력한 뒤 '저장'을 터치하세요.
5) 동작 방식을 [Router 방식], 연결 방식을 [유동 IP방식]으로 설정합니다.
6) 와이파이의 이름과 비밀번호가 자동 세팅이 되는데, 변경을 원하면 새로 입력한 뒤 '저장'을 터치하세요.
7) 설정이 완료되면 '확인' 버튼을 터치하세요.

① 현재 사내에서 사용 중인 다른 공유기가 있는지 확인하였다.

② HI-804A의 IP주소를 확인하였다.

③ 현재 사용 중인 공유기의 IP주소를 확인하였다.

④ IP주소가 충돌하여 HI-804A의 IP주소를 변경하였다.

⑤ HI-804A의 사용자 이름과 비밀번호를 확인하였다.

정답 ④

사용 중인 공유기의 IP주소가 http://190.275.2.3으로 HI-804A의 IP주소와 동일할 경우 HI-804A 공유기가 아닌 사용 중인 공유기의 IP주소를 다른 IP주소로 변경하여야 한다.

풀이 전략!

문제에 제시된 자료 중 필요한 정보를 빠르게 파악하는 것이 중요하다. 질문을 먼저 읽고 문제 상황을 파악한 뒤 제시된 선택지를 하나씩 소거하며 문제를 푸는 것이 좋다.

※ 기획전략팀에서는 사무실을 간편히 청소할 수 있는 새로운 청소기를 구매하였다. 기획전략팀의 B대리는 새 청소기를 사용하기 전에 다음 사용 설명서를 참고하였다. 이어지는 질문에 답하시오. **[1~3]**

〈사용 설명서〉

■ 충전

- 충전 시 작동 스위치 2곳을 반드시 꺼 주십시오.
- 타 제품의 충전기를 사용할 경우 고장의 원인이 되오니 반드시 전용 충전기를 사용하십시오.
- 충전 시 충전기에 열이 느껴지는 것은 고장이 아닙니다.
- 본 제품에는 배터리 보호를 위하여 과충전 보호회로가 내장되어 있어 적정 충전시간을 초과하여도 배터리는 심한 손상이 없습니다.
- 충전기의 줄을 잡고 뽑을 경우 감전, 쇼트, 발화 및 고장의 원인이 됩니다.
- 충전하지 않을 때는 전원 콘센트에서 충전기를 뽑아 주십시오. 절연 열화에 따른 화재, 감전 및 고장의 원인이 됩니다.

■ 이상 발생 시 점검 방법

증상	확인 사항	해결 방법
스위치를 켜도 청소기가 작동하지 않는다.	• 청소기가 충전잭에 꽂혀 있는지 확인하세요. • 충전이 되어 있는지 확인하세요. • 본체에 핸디 청소기가 정확히 결합되었는지 확인하세요. • 접점부(핸디, 본체)를 부드러운 면으로 깨끗이 닦아 주세요.	• 청소기에서 충전잭을 뽑아 주세요.
사용 중 갑자기 흡입력이 떨어진다.	• 흡입구를 커다란 이물질이 막고 있는지 확인하세요. • 먼지 필터가 막혀 있는지 확인하세요. • 먼지통 내에 오물이 가득 차 있는지 확인하세요.	• 이물질을 없애고 다시 사용하세요.
청소기가 멈추지 않는다.	• 스틱 손잡이 / 핸디 손잡이 스위치 2곳 모두 꺼져 있는지 확인하세요. • 청소기 본체에서 핸디 청소기를 분리하세요.	–
사용시간이 짧다고 느껴진다.	• 10시간 이상 충전하신 후 사용하세요.	–
라이트 불이 켜지지 않는다.	• 청소기 작동 스위치를 ON으로 하셨는지 확인하세요. • 라이트 스위치를 ON으로 하셨는지 확인하세요.	–
파워브러시가 작동하지 않는다.	• 머리카락이나 실 등 이물질이 감겨있는지 확인하세요.	• 청소기 전원을 끄고 이물질 제거 후 전원을 켜면 파워브러시가 재작동하며, 평상시에도 파워브러시가 멈추었을 때는 전원 스위치를 껐다 켜면 브러시가 재작동합니다.

01 **다음 중 배터리 충전 시 고장이 발생한 경우, 그 원인으로 옳지 않은 것은?**

① 충전 시 작동 스위치 2곳을 모두 끄지 않은 경우
② 충전기를 뽑을 때 줄을 잡고 뽑은 경우
③ 충전하지 않을 때 충전기를 계속 꽂아 둔 경우
④ 적정 충전시간을 초과하여 충전한 경우
⑤ 타 제품의 충전기를 사용한 경우

02 **B대리는 청소기의 전원을 껐다 켬으로써 청소기의 작동 불량을 해결하였다. 다음 중 어떤 작동 불량이 발생하였는가?**

① 청소기가 멈추지 않았다.
② 사용시간이 짧게 느껴졌다.
③ 파워브러시가 작동하지 않았다.
④ 사용 중 흡입력이 떨어졌다.
⑤ 라이트 불이 켜지지 않았다.

03 **다음 중 청소기에 이물질이 많이 들어있을 때 나타날 수 있는 증상은?**

① 사용시간이 짧아진다.
② 라이트 불이 켜지지 않는다.
③ 스위치를 켜도 청소기가 작동하지 않는다.
④ 충전 시 충전기에서 열이 난다.
⑤ 사용 중 갑자기 흡입력이 떨어진다.

시대에듀

M E M O

PART 2

직무수행능력평가

CHAPTER 01 경영학(사무직)

CHAPTER 02 경제학(사무직)

CHAPTER 03 행정학(사무직)

적중예상문제

정답 및 해설 p.050

01 다음은 보스턴컨설팅그룹에서 개발한 BCG 매트릭스로, 상대적 시장점유율과 시장성장률을 기준으로 사업의 성격을 유형화하여 사업 포트폴리오를 분석하는 모형이다. 다음 중 빈칸 (가)에 들어갈 말로 옳은 것은?

〈BCG 매트릭스 모형〉

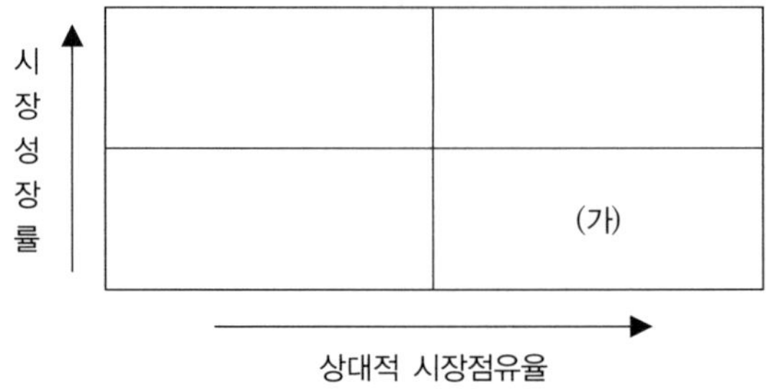

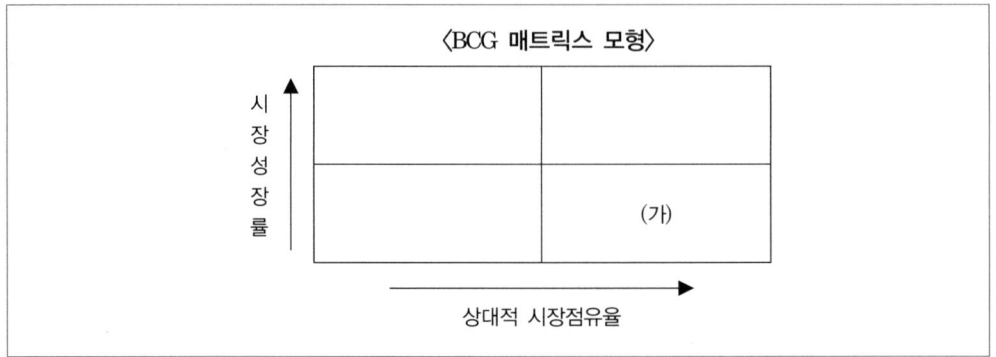

① Star
② Question Mark
③ Cash Cow
④ Dog
⑤ Problem Child

02 다음 중 주식회사의 특징으로 옳지 않은 것은?

① 주주의 무한책임제도
② 소유와 경영의 분리제도
③ 강제법규성
④ 공시주의 국가적 감독성
⑤ 지분의 자유양도성

03 다음 중 국제회계기준(IFRS)에 대한 설명으로 옳은 것을 〈보기〉에서 모두 고르면?

보기

㉠ IFRS는 국제회계기준위원회가 공표하는 회계기준으로 유럽 국가들이 사용한다.
㉡ IFRS의 기본 재무제표는 개별 재무제표이다.
㉢ 취득원가 등 역사적 원가에서 공정가치로 회계기준을 전환하였다.
㉣ 우리나라의 경우 상장사, 금융기업 등에 대해 2012년부터 의무 도입하였다.

① ㉠, ㉢
② ㉡, ㉣
③ ㉢, ㉣
④ ㉠, ㉡, ㉢
⑤ ㉠, ㉡, ㉣

04 다음 중 품질경영 혁신기법인 6시그마(Six Sigma)의 품질 수준인 3.4PPM이 뜻하는 것은?

① 1만 개의 제품 중 발생하는 불량품이 평균 3.4개
② 10만 개의 제품 중 발생하는 불량품이 평균 3.4개
③ 100만 개의 제품 중 발생하는 불량품이 평균 3.4개
④ 1,000만 개의 제품 중 발생하는 불량품이 평균 3.4개
⑤ 1억 개의 제품 중 발생하는 불량품이 평균 3.4개

05 (가) ~ (다)와 같은 생산 합리화 원칙이 적용된 사례를 〈보기〉에서 골라 바르게 짝지은 것은?

(가) 공정과 제품의 특성에 따라 작업을 분업화한다.
(나) 불필요한 요소를 제거하여 작업 절차를 간소화한다.
(다) 제품의 크기, 형태에 대해 기준을 설정하여 규격화한다.

보기

ㄱ. 휴대전화와 충전 장치의 연결 방식을 같은 형식으로 만들었다.
ㄴ. 음료수의 생산 과정을 일곱 단계에서 다섯 단계의 과정으로 줄여 작업하였다.
ㄷ. 한 사람이 하던 자동차 바퀴의 나사 조립과 전기 장치 조립을 각각 두 사람이 하도록 하였다.

	(가)	(나)	(다)
①	ㄱ	ㄴ	ㄷ
②	ㄴ	ㄱ	ㄷ
③	ㄴ	ㄷ	ㄱ
④	ㄷ	ㄱ	ㄴ
⑤	ㄷ	ㄴ	ㄱ

06 **다음 중 프로젝트 조직의 설명으로 옳지 않은 것은?**

① 환경의 변화로 인한 불확실성을 감소시키기 위해 등장한 기술적 의사결정 구조이다.
② 신규・혁신적・비상례적 문제 달성을 위해 형성된 정태적 조직이다.
③ 계층적 구조라는 성격보다 직무설계의 체계라는 성격이 더 강하다.
④ 특정 목표의 달성을 위한 일시적 조직이다.
⑤ 혁신적・비일상적인 과제의 해결을 위해 형성되는 동태적 조직이다.

07 **다음 중 기업성과를 높이기 위해 정보통신 기술을 적극적으로 활용하여 업무 과정을 근본적으로 재설계하는 경영 기법은?**

① 컨커런트 엔지니어링
② 비즈니스 리엔지니어링
③ 조직 리스트럭처링
④ 다운사이징
⑤ 벤치마킹

08 **맥그리거(D. McGregor)의 X－Y이론은 인간에 대한 기본 가정에 따라 동기부여 방식이 달라진다는 것이다. 다음 중 Y이론에 해당하는 가정 또는 동기부여 방식이 아닌 것은?**

① 문제해결을 위한 창조적 능력 보유
② 직무수행에 대한 분명한 지시
③ 조직목표 달성을 위한 자기 통제
④ 성취감과 자아실현 추구
⑤ 노동에 대한 자연스러운 수용

09 신제품의 개발 과정은 다음과 같은 단계로 이루어진다. (가) ~ (다)에 들어갈 단계가 바르게 연결된 것은?

신제품 아이디어 창출	→	아이디어 선별 및 평가	→	(가)	→	(나)	→	(다)	→	상업화

	(가)	(나)	(다)
①	사업타당성 분석	제품 개발	시험마케팅
②	사업타당성 분석	시험마케팅	제품 개발
③	시험마케팅	사업타당성 분석	제품 개발
④	시험마케팅	제품 개발	사업타당성 분석
⑤	제품 개발	사업타당성 분석	시험마케팅

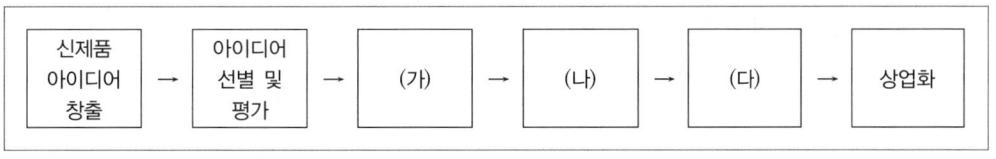

10 다음 자료에서 설명하는 제도는 무엇인가?

- 기업이 주어진 인건비로 평시보다 더 많은 부가가치를 창출하였을 경우, 이 초과된 부가가치를 노사 협동의 산물로 보고 기업과 종업원 간에 배분하는 제도이다.
- 노무비 외 원재료비 및 기타 비용의 절감액도 인센티브 산정에 반영된다.

① 연봉제
② 개인성과급제
③ 임금피크제
④ 럭커 플랜
⑤ 스캔런 플랜

11 다음 자료에서 설명하는 소비재는 무엇인가?

- 특정 브랜드에 대한 고객 충성도가 높다.
- 제품마다 고유한 특성을 지니고 있다.
- 브랜드마다 차이가 크다.
- 구매 시 많은 시간과 노력을 필요로 한다.

① 편의품
② 선매품
③ 전문품
④ 자본재
⑤ 원자재

12 다음 중 신제품 가격결정 방법에서 초기고가전략(Skimming Pricing)을 채택하기 어려운 경우는?

① 수요의 가격탄력성이 높은 경우
② 생산 및 마케팅 비용이 높은 경우
③ 경쟁자의 시장 진입이 어려운 경우
④ 제품의 혁신성이 큰 경우
⑤ 독보적인 기술이 있는 경우

13 I기업은 금년도 말 주당 1,100원의 배당을 지급할 것으로 추정되며, 이후 배당금은 매년 15%씩 증가할 것으로 예상된다. I주식에 대한 요구수익률이 20%일 때, 고든(Gordon)의 항상성장 모형에 의한 I주식의 현재가치는?

① 5,500원
② 7,333원
③ 11,000원
④ 22,000원
⑤ 23,000원

14 다음 중 촉진믹스(Promotion Mix) 활동에 해당하지 않는 것은?

① 옥외광고
② 방문 판매
③ 홍보
④ 가격 할인
⑤ 개방적 유통

15 I기업은 액면가액이 10,000원이고 만기가 2년, 액면이자율은 연 3%인 채권을 발행하였다. 시장이자율이 연 2%라면, 이 채권의 이론가격은 얼마인가?(단, 가격은 소수점 첫째 자리에서 반올림한다)

① 9,194원
② 9,594원
③ 10,194원
④ 10,594원
⑤ 10,994원

16 **다음 중 사업부제 조직에 대한 설명으로 옳지 않은 것은?**

① 인원・신제품・신시장의 추가 및 삭감이 신속하고 신축적이다.
② 사업부제 조직의 형태로는 제품별 사업부제, 지역별 사업부제, 고객별 사업부제 등이 있다.
③ 사업부는 기능조직과 같은 형태를 취하고 있으며, 회사 내의 회사라고 볼 수 있다.
④ 기능조직이 점차 대규모화됨에 따라 제품이나 지역, 고객 등을 대상으로 해서 조직을 분할하고 이를 독립채산제로 운영하는 방법이다.
⑤ 사업부 간 과당경쟁으로 조직 전체의 목표달성 저해를 가져올 수 있는 단점이 있다.

PART 2

17 **I기업은 2024년 1월 1일에 150만 원을 투자하여 2024년 12월 31일과 2025년 12월 31일에 각각 100만 원을 회수하는 투자안을 고려하고 있다. I기업의 요구수익률이 연 10%일 때, 이 투자안의 순현재가치(NPV)는 약 얼마인가?(단, 연 10% 기간이자율에 대한 2기간 단일현가계수와 연금현가계수는 각각 0.8264, 1.7355이다)**

① 90,910원
② 173,550원
③ 182,640원
④ 235,500원
⑤ 256,190원

18 **다음 중 최종품목 또는 완제품의 주생산일정계획(Master Production Schedule)을 기반으로 제품 생산에 필요한 각종 원자재, 부품, 중간조립품의 주문량과 주문시기를 결정하는 재고관리 방법은?**

① 자재소요계획(MRP)
② 적시생산시스템(JIT)
③ 린(Lean) 생산
④ 공급사슬관리(SCM)
⑤ 칸반(Kanban) 시스템

19 채권이나 주식과 같이 전통적인 투자 상품 대신 부동산, 인프라스트럭처, 사모펀드 등에 투자하는 방식은?

① 순투자
② 재고투자
③ 민간투자
④ 대체투자
⑤ 공동투자

20 다음 중 경제적 자립권과 독립성을 둘 다 포기하고 시장독점의 단일한 목적 아래 여러 기업이 뭉쳐서 이룬 하나의 통일체를 의미하는 조직은?

① 카르텔(Kartell)
② 신디케이트(Syndicate)
③ 트러스트(Trust)
④ 콘체른(Konzern)
⑤ 컨글로머리트(Conglomerate)

경제학(사무직) 적중예상문제

정답 및 해설 p.054

01 다음은 재화 (가), (나), (다)가 있는 시장에서 (가)의 수요량이 증가했을 때 (나), (다)의 결과이다. 이를 이해한 내용으로 옳지 않은 것은?

구분	(나)	(다)
수요	감소	증가
가격	하락	상승

① 지훈 : (가)의 가격은 감소했을 거야.
② 소미 : (나)는 (가)의 대체재, (다)는 (가)의 보완재에 해당돼.
③ 형섭 : (다)의 거래량은 증가했을 거야.
④ 세정 : (가)와 (나)의 관계에서 수요의 교차탄력성은 0보다 작아.
⑤ 성우 : (가)와 (다)의 관계를 한마디로 말하면 '바늘 가는 데 실 간다.'이겠군.

02 다음 〈보기〉 중 펀더멘털(Fundamental)에 해당하는 것을 모두 고르면?

보기
ㄱ. 금융기관 매출액
ㄴ. 경제성장률
ㄷ. 물가상승률
ㄹ. 경상수지

① ㄱ, ㄴ
② ㄴ, ㄷ
③ ㄷ, ㄹ
④ ㄱ, ㄴ, ㄷ
⑤ ㄴ, ㄷ, ㄹ

03 다음 빈칸 ㉠에 들어갈 용어로 옳은 것은?

> (㉠)은(는) 한 나라에서 통용되는 모든 지폐나 동전에 대해 실질가치는 그대로 두고 액면을 동일한 비율의 낮은 숫자로 변경하는 조치를 말한다. 즉, 화폐 단위를 100대 1, 또는 1,000대 1 등으로 하향 조정하는 것이다.

① 테이퍼링
② 체리피킹
③ 테뉴어보팅
④ 리디노미네이션
⑤ 오퍼레이션 트위스트

04 서킷브레이커(Circuit Breakers)는 주식시장에서 주가가 급등 또는 급락하는 경우 주식 매매를 일시 정지하는 제도를 의미한다. 다음 중 서킷브레이커에 대한 설명으로 옳지 않은 것은?

① 서킷브레이커는 각 단계별로 하루에 한 번만 발동할 수 있다.
② 현물 서킷브레이커는 현물 주가가 폭락하는 경우에만 발동한다.
③ 선물 서킷브레이크는 선물 가격이 급등하거나 급락할 때 모두 발동된다.
④ 미국에서 발생한 주가 대폭락 사태인 블랙먼데이 이후 도입된 제도이다.
⑤ 서킷브레이커 1단계는 종합주가지수가 전일에 비해 15% 이상 하락한 경우 발동된다.

05 장기 총공급곡선이 수직이고, 단기 총공급곡선이 수평일 때, 통화공급의 증가가 미치는 효과에 대한 설명으로 옳은 것은?

	단기	장기
①	물가 상승	소득 증가
②	소득 증가	물가 상승
③	물가 / 소득 증가	물가 상승
④	물가 / 소득 증가	물가 / 소득 불변
⑤	물가 / 소득 불변	물가 / 소득 증가

06 다음 밑줄 친 ㉠~㉤에 대한 설명으로 옳지 않은 것은?

우리가 오늘날의 물질적 번영을 누릴 수 있게 된 것은 ㉠ 시장경제 체제가 시장의 잠재력을 최대한으로 활용할 수 있게 만들었기 때문이다. 시장경제 체제가 거둔 눈부신 성과의 배경에는 ㉡ 가격 기구가 있다. 가격은 ㉢ 신호를 전달하고 ㉣ 유인을 제공하며 ㉤ 소득을 분배하는 세 가지 기능을 수행한다.

① ㉠과 대비되는 경제체제는 계획경제체제이다.
② ㉡을 활용하는 데에는 많은 비용이 소요된다.
③ ㉢은 수요와 공급의 변화 상황을 각 경제주체에게 알려주는 기능이다.
④ ㉣은 각 경제주체가 소비나 생산 활동에 대한 참여 여부를 판단하게 해주는 기능이다.
⑤ ㉤은 각 경제주체가 가진 자원의 규모와 시장 가격에 의해 소득을 얻게 하는 기능이다.

PART 2

07 다음 중 수요와 공급의 가격탄력성에 대한 설명으로 옳은 것을 〈보기〉에서 모두 고르면?

보기

ㄱ. 어떤 재화에 대한 소비자의 수요가 비탄력적이라면, 가격이 상승할 경우 그 재화에 대한 지출액은 증가한다.
ㄴ. 수요와 공급의 가격탄력성이 클수록 단위당 일정한 생산보조금 지급에 따른 자중손실(Dead-weight Loss)은 커진다.
ㄷ. 독점력이 강한 기업일수록 공급의 가격탄력성이 작아진다.
ㄹ. 최저임금이 인상되었을 때, 최저임금이 적용되는 노동자들의 총임금은 노동의 수요보다는 공급의 가격탄력성에 따라 결정된다.

① ㄱ, ㄴ
② ㄱ, ㄷ
③ ㄴ, ㄹ
④ ㄱ, ㄴ, ㄷ
⑤ ㄱ, ㄴ, ㄷ, ㄹ

08 다음 중 현시선호 이론에 대한 설명으로 옳은 것을 〈보기〉에서 모두 고르면?

> **보기**
>
> ㄱ. 소비자의 선호 체계에 이행성이 있다는 것을 전제로 한다.
>
> ㄴ. 어떤 소비자의 선택행위가 현시선호 이론의 공리를 만족시킨다면, 이 소비자의 무차별곡선은 우하향하게 된다.
>
> ㄷ. $P_0Q_0 \geq P_0Q_1$일 때 상품묶음 Q_0가 선택되었다면, Q_0가 Q_1보다 현시선호되었다고 말한다(단, P_0는 가격벡터를 나타낸다).
>
> ㄹ. 강공리가 만족된다면 언제나 약공리는 만족된다.

① ㄱ, ㄴ
② ㄴ, ㄷ
③ ㄴ, ㄹ
④ ㄱ, ㄴ, ㄷ
⑤ ㄴ, ㄷ, ㄹ

09 다음 중 최저임금이 오를 때 실업이 가장 많이 증가하는 노동자 유형은?

① 노동에 대한 수요가 탄력적인 비숙련노동자
② 노동에 대한 수요가 탄력적인 숙련노동자
③ 노동에 대한 수요가 비탄력적인 비숙련노동자
④ 노동에 대한 수요가 비탄력적인 숙련노동자
⑤ 노동에 대한 수요가 탄력적인 비숙련노동자와 숙련노동자

10 다음은 임금 상승에 따른 노동과 여가의 변화에 대한 설명이다. 빈칸 ㉠~㉣에 들어갈 단어를 바르게 연결한 것은?

> 임금률이 상승하여 소득이 증가함에 따라 여가가 감소하고 노동공급이 증가한다고 한다. 이 경우 여가는 __㉠__이면서 __㉡__이거나 __㉢__가 __㉣__를 능가할 경우 발생한다. 또한 노동시간이 늘어나면 그 자체로는 효용이 감소하므로 노동은 비재화로 볼 수 있다.

① ㉠ : 열등재, ㉡ : 정상재, ㉢ : 대체 효과, ㉣ : 소득 효과
② ㉠ : 열등재, ㉡ : 대체재, ㉢ : 소득 효과, ㉣ : 대체 효과
③ ㉠ : 정상재, ㉡ : 열등재, ㉢ : 소득 효과, ㉣ : 대체 효과
④ ㉠ : 정상재, ㉡ : 열등재, ㉢ : 대체 효과, ㉣ : 소득 효과
⑤ ㉠ : 정상재, ㉡ : 대체재, ㉢ : 대체 효과, ㉣ : 소득 효과

11 **다음 중 어떤 산업이 자연독점화되는 이유로 옳은 것은?**

① 고정비용의 크기가 작은 경우
② 최소효율규모의 수준이 매우 큰 경우
③ 다른 산업에 비해 규모의 경제가 작게 나타나는 경우
④ 생산량이 증가함에 따라 평균비용이 계속 늘어나는 경우
⑤ 기업 수가 증가할수록 산업의 평균 생산비용이 감소하는 경우

PART 2

12 **어떤 경제를 다음과 같은 필립스(Phillips) 모형으로 표현할 수 있다고 할 때, 이에 대한 설명으로 옳은 것은?**

> • $\pi_t = \pi_t^6 - \alpha(u_t - \overline{u})$
> • $\pi_t^6 = 0.7\pi_{t-1} + 0.2\pi_{t-2} + 0.1\pi_{t-3}$
> (단, π_t는 t기의 인플레이션율, π_t^6는 t기의 기대 인플레이션율, α는 양의 상수, u_t는 t기의 실업률, $\overline{u}$는 자연실업률이다)

① 기대 형성에 있어서 체계적 오류 가능성은 없다.
② 경제주체들은 기대를 형성하면서 모든 이용 가능한 정보를 활용한다.
③ 가격이 신축적일수록 α값이 커진다.
④ α값이 클수록 희생률(Sacrifice Ratio)이 커진다.
⑤ t기의 실업률이 높아질수록 t기의 기대 인플레이션율이 낮아진다.

13 **어떤 국가의 인구가 매년 1%씩 증가하고 있고, 국민들의 연평균 저축률은 20%로 유지되고 있으며, 자본의 감가상각률은 10%로 일정할 때, 다음 중 솔로우(Solow) 모형에 따른 이 경제의 장기균형의 변화에 대한 설명으로 옳은 것은?**

① 기술이 매년 진보하는 상황에서 이 국가의 1인당 자본량은 일정하게 유지된다.
② 이 국가의 기술이 매년 2%씩 진보한다면, 이 국가의 전체 자본량은 매년 2%씩 증가한다.
③ 인구증가율의 상승은 1인당 산출량의 증가율에 영향을 미치지 못한다.
④ 저축률이 높아지면 1인당 자본량의 증가율이 상승한다.
⑤ 감가상각률이 높아지면 1인당 자본량의 증가율이 상승한다.

14 어떤 기업의 비용함수는 $C(Q)=100+2Q^2$이다. 이 기업은 완전경쟁시장에서 제품을 판매하며, 시장가격은 20일 때, 다음 중 이에 대한 설명으로 옳지 않은 것은?(단, Q는 생산량이다)

① 이 기업이 직면하는 수요곡선은 수평선이다.

② 이 기업의 고정비용은 100이다.

③ 이윤극대화 또는 손실최소화를 위한 최적산출량은 5이다.

④ 이 기업의 최적산출량 수준에서 $P \geq AVC$를 만족한다(단, P는 시장가격이고, AVC는 평균가변비용이다).

⑤ 최적산출량 수준에서 이 기업의 손실은 100이다.

15 재산이 900만 원인 지혜는 500만 원의 손실을 볼 확률이 $\frac{3}{10}$이고, 손실을 보지 않을 확률이 $\frac{7}{10}$이다. 보험회사는 지혜가 일정 금액을 보험료로 지불하면 손실 발생 시 손실 전액을 보전해주는 상품을 판매하고 있다. 지혜의 효용함수가 $U(X)=\sqrt{X}$이고 기대효용을 극대화한다고 할 때, 지혜가 보험료로 지불할 용의가 있는 최대금액은 얼마인가?

① 21만 원
② 27만 원
③ 171만 원
④ 729만 원
⑤ 750만 원

16 다음 중 균형경기변동 이론(Equilibrium Business Cycle Theory)에 대한 설명으로 옳은 것을 <보기>에서 모두 고르면?

보기

ㄱ. 흉작이나 획기적 발명품의 개발은 영구적 기술충격이다.
ㄴ. 기술충격이 일시적일 때 소비의 기간 간 대체효과는 크다.
ㄷ. 기술충격이 일시적일 때 실질이자율은 경기순행적이다.
ㄹ. 실질임금은 경기역행적이다.
ㅁ. 노동생산성은 경기와 무관하다.

① ㄱ, ㄴ
② ㄱ, ㄹ
③ ㄴ, ㄷ
④ ㄷ, ㄹ
⑤ ㄹ, ㅁ

17 다음은 국내 통화의 실질절하(Real Depreciation)가 t_0에 발생한 이후의 무역수지 추이를 나타내는 그림이다. 이에 대한 설명으로 옳지 않은 것은?(단, 초기 무역수지는 균형으로 0이다)

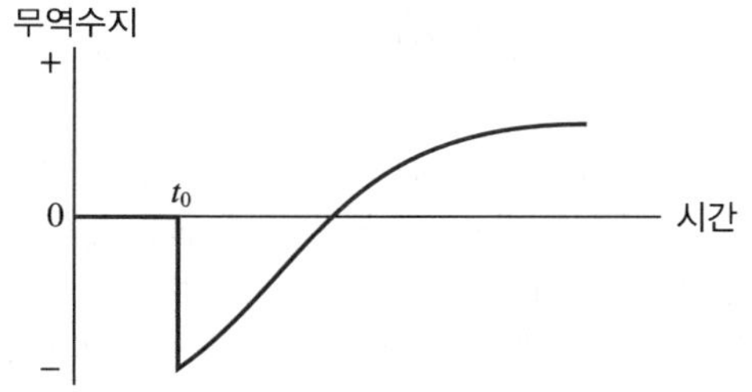

① 그림과 같은 무역수지의 조정 과정을 J – 곡선(J – curve)이라 한다.
② 실질절하 초기에 수출과 수입이 모두 즉각 변화하지 않아 무역수지가 악화된다.
③ 실질절하 후 시간이 흐름에 따라 수출과 수입이 모두 변화하므로 무역수지가 개선된다.
④ 수출수요탄력성과 수입수요탄력성의 합이 1보다 작다면 장기적으로 실질절하는 무역수지를 개선한다.
⑤ 마셜 – 러너 조건(Marshall – Lerner Condition)이 만족되면 장기적으로 실질절하는 무역수지를 개선한다.

18 다음 사례들은 시장에서 기업들이 행하는 마케팅이다. 이에 대한 설명으로 옳지 않은 것은?

- A백화점은 휴대폰으로 백화점 앱을 설치하면 구매 금액의 5%를 할인해 주는 정책을 시행하고 있다.
- B교육업체는 일찍 강의를 수강 신청하고 결제하면 강의료의 10% 할인해 주는 얼리버드 마케팅을 진행하고 있다.
- C전자회사는 해외에서 자사 제품을 국내보다 더 낮은 가격으로 판매하고 있다.

① 소비자후생이 감소하여 사회후생이 줄어든다.
② 기업은 이윤을 증대시키는 것이 목적이다.
③ 기업이 소비자를 지급 용의에 따라 분리할 수 있어야 한다.
④ 소비자들 간에 차익거래가 이뤄지지 않도록 하는 것이 중요하다.
⑤ 일정 수준의 시장지배력이 있어야 이런 행위가 가능하다.

19 **다음 중 완전경쟁시장에서 물품세가 부과될 때 시장에서 나타나는 현상들에 대한 설명으로 옳은 것을 〈보기〉에서 모두 고르면?**

보기

ㄱ. 소비자에게 종가세가 부과되면 시장수요곡선은 아래로 평행이동한다.
ㄴ. 수요곡선이 수평선으로 주어져 있는 경우 물품세의 조세 부담은 모두 공급자에게 귀착된다.
ㄷ. 소비자에게 귀착되는 물품세 부담의 크기는 공급의 가격탄력성이 클수록 증가한다.
ㄹ. 소비자와 공급자에게 귀착되는 물품세의 부담은 물품세가 소비자와 공급자 중 누구에게 부과되는가와 상관없이 결정된다.
ㅁ. 물품세 부과에 따라 감소하는 사회후생의 크기는 세율에 비례하여 증가한다.

① ㄴ, ㄷ
② ㄱ, ㄴ, ㄹ
③ ㄱ, ㄷ, ㅁ
④ ㄴ, ㄷ, ㄹ
⑤ ㄷ, ㄹ, ㅁ

20 **다음 중 절약의 역설(Paradox of Thrift)에 대한 설명으로 옳은 것을 〈보기〉에서 모두 고르면?**

보기

ㄱ. 경기침체가 심한 상황에서는 절약의 역설이 발생하지 않는다.
ㄴ. 투자가 이자율 변동의 영향을 적게 받을수록 절약의 역설이 발생할 가능성이 크다.
ㄷ. 고전학파 경제학에서 주장하는 내용이다.
ㄹ. 임금이 경직적이면 절약의 역설이 발생하지 않는다.

① ㄱ
② ㄴ
③ ㄱ, ㄷ
④ ㄴ, ㄹ
⑤ ㄴ, ㄷ, ㄹ

적중예상문제

정답 및 해설 p.058

01 **다음 중 대중에 대한 억압과 통제를 통해 엘리트들에게 유리한 이슈만 정책의제로 설정하는 것을 나타내는 이론은?**

① 체제 이론

② 다원주의론

③ 무의사결정론

④ 공공선택론

⑤ 사이먼(H. Simon)의 의사결정론

02 **다음 중 강화일정(Schedules of Reinforcement)에 대한 설명으로 옳지 않은 것은?**

① 연속적 강화는 행동이 일어날 때마다 강화 요인을 제공하는 것이다.

② 변동비율 강화는 불규칙한 횟수의 행동이 나타났을 때 강화 요인을 제공하는 것이다.

③ 고정비율 강화는 성과급제와 같이 행동의 일정비율에 의해 강화 요인을 제공하는 것이다.

④ 변동간격 강화는 일정한 간격을 두지 않고 변동적인 간격으로 강화 요인을 제공하는 것이다.

⑤ 고정간격 강화는 부하의 행동이 발생하는 빈도에 따라 일정한 간격으로 강화 요인을 제공하는 것이다.

03 **신뢰보호의 원칙은 신뢰의 대상이라 할 수 있는 선행 조치가 있어야 한다. 이에 대한 설명으로 옳지 않은 것은?**

① 선행 조치는 법령, 행정계획 등을 포함한다.

② 신뢰보호는 무효인 행정행위에도 적용이 된다.

③ 공익에 반하는 경우에는 신회보호의 제한을 받는다.

④ 선행 조치에 대한 입증은 신회이익을 주장하는 개인이 책임을 진다.

⑤ 행정지도 등 비권력적 행위와 사실행위 등도 신뢰보호의 대상이 된다.

04 **다음 중 행정의 특성에 대한 설명으로 옳지 않은 것은?**

① 행정은 합리적 기준과 절차에 따라 이루어져야 한다.

② 행정은 특정 집단의 사익이 아닌 공공의 이익을 추구해야 한다.

③ 행정은 국민의 요구와 필요를 충족시키기 위한 고객 지향적 성격을 지닌다.

④ 행정은 공익의 목적을 위하여 개개인의 의사와 상관없이 획일적으로 규율한다.

⑤ 윌슨의 정치행정이원론에 따르면 행정은 법과 규제에 기반을 두어야 한다는 점에서 비정치성을 갖는다.

05 **다음 중 행정개혁의 접근 방법에 대한 설명으로 옳지 않은 것은?**

① 과정적 접근 방법은 행정체제의 과정 또는 일의 흐름을 개선하려는 접근 방법이다.

② 구조적 접근 방법에는 기능 중복의 제거, 기구・직제・계층의 간소화 등의 원리 전략이 있다.

③ 행태적 접근 방법은 조직의 목표에 개인의 성장 의욕을 결부시킴으로써 조직을 개혁하려는 접근 방법이다.

④ 사업 중심적 접근 방법은 행정 활동의 목표를 개선하고 서비스의 양과 질을 개선하려는 접근 방법으로, 분권화의 확대, 권한 재조정, 명령계통 수정 등에 관심을 갖는다.

⑤ 종합적 접근 방법은 개혁 대상의 구성 요소들을 보다 포괄적으로 관찰하고, 여러 가지 분화된 접근 방법을 통합하여 해결 방안을 탐색한다.

06 **다음 중 우리나라의 재정정책과 관련된 예산 제도에 대한 설명으로 옳은 것은?**

① 조세지출예산 제도는 국회 차원에서 조세감면의 내역을 통제하고 정책효과를 판단하기 위한 제도이다.
② 지출통제예산은 구체적인 항목별 지출에 대한 집행부의 재량 행위를 통제하기 위한 예산 제도이다.
③ 우리나라의 통합재정수지에서는 융자 지출을 재정수지의 흑자 요인으로 간주한다.
④ 계획예산 제도는 상향적 예산 제도로, 구성원의 참여가 활발하다.
⑤ 우리나라의 통합재정수지에 지방정부예산은 포함되지 않는다.

07 **다음 정책결정 모형 중 드로(Y. Dror)의 최적 모형에 대한 설명으로 옳지 않은 것은?**

① 합리적 정책결정 모형 이론이 과도하게 계량적 분석에 의존해 현실 적합성이 떨어지는 한계를 보완하기 위해 제시되었다.
② 정책결정자의 직관적 판단도 중요한 요소로 간주한다.
③ 경제적 합리성의 추구를 기본 원리로 삼는다.
④ 느슨하게 연결되어 있는 조직의 결정을 다룬다.
⑤ 양적 분석과 함께 질적 분석 결과도 중요한 고려 요인으로 인정한다.

08 **다음 중 킹던(Kingdon)의 정책창 모형과 관련된 내용으로 옳은 것을 〈보기〉에서 모두 고르면?**

보기	
ㄱ. 방법론적 개인주의	ㄴ. 쓰레기통 모형
ㄷ. 정치의 흐름	ㄹ. 점화 장치
ㅁ. 표준 운영절차	

① ㄱ, ㄴ, ㄷ
② ㄱ, ㄴ, ㄹ
③ ㄱ, ㄹ, ㅁ
④ ㄴ, ㄷ, ㄹ
⑤ ㄴ, ㄷ, ㅁ

09 **다음 중 헨리(N. Henry)의 정책결정 모형 유형론에 대한 설명으로 옳은 것은?**

① 점증주의적 패러다임은 지식·정보의 완전성과 미래 예측의 확실성을 전제한다.
② 체제 모형, 제도 모형, 집단 모형은 합리주의적 패러다임의 범주에 포함되는 정책결정 모형의 예이다.
③ 신제도 모형은 정책유형과 조직 내외의 상황적 조건을 결부시켜 정부개입의 성격을 규명하려 한다.
④ 기술평가·예측 모형은 전략적 계획 패러다임의 범주에 포함된다.
⑤ 합리주의적 패러다임은 정책결정을 전략적 계획의 틀에 맞추어 이해한다.

10 **다음 중 행정가치에 대한 설명으로 옳은 것은?**

① 공익에 대한 실체설에서는 공익을 현실에 실체로 존재하는 사익들의 총합으로 이해한다.
② 행정의 민주성이란 정부가 국민의사를 존중하고 수렴하는 책임행정의 구현을 의미하며 행정조직 내부 관리 및 운영과는 관계없는 개념이다.
③ 수익자 부담 원칙은 수평적 형평성, 대표관료제는 수직적 형평성과 각각 관계가 깊다.
④ 장애인들에게 특별한 세금 감면 혜택을 부여하는 것은 모든 국민이 동등한 서비스를 제공받아야 한다는 사회적 형평성에 어긋나는 제도이다.
⑤ 가외성의 장치로는 법원의 3심제도, 권력분립, 만장일치, 계층제 등이 있다.

11 **다음 글의 빈칸 ㉠과 ㉡에 들어갈 용어가 바르게 연결된 것은?**

> ＿＿㉠＿＿은/는 지출이 직접 수입을 수반하는 경비로서 기획재정부장관이 지정하는 것을 의미하며, 전통적 예산원칙 중 ＿＿㉡＿＿의 예외에 해당한다.

	㉠	㉡
①	수입금마련경비	통일성의 원칙
②	수입대체경비	통일성의 원칙
③	수입금마련지출	한정성의 원칙
④	수입대체경비	한정성의 원칙
⑤	수입금마련지출	통일성의 원칙

12 **다음 중 정책집행의 하향식 접근과 상향식 접근에 대한 설명으로 옳지 않은 것은?**

① 상향식 접근은 정책문제를 둘러싸고 있는 행위자들의 동기, 전략, 행동, 상호작용 등에 주목하며 일선공무원들의 전문지식과 문제해결능력을 중시한다.

② 상향식 접근은 집행이 일어나는 현장에 초점을 맞추고 그 현장을 미시적이고 현실적이며, 상호작용적인 차원에서 관찰한다.

③ 하향식 접근은 하나의 정책에만 초점을 맞추므로 여러 정책이 동시에 집행되는 경우를 설명하기 곤란하다.

④ 전방향접근법(Forward Mapping)은 대표적인 하향직 접근으로, 이는 집행에서 시작하여 상위계급이나 조직 또는 결정단계로 거슬러 올라가는 방식이다.

⑤ 하향식 접근은 정책집행보다 정책결정을 선행하고, 이를 상위의 기능으로 간주한다.

PART 2

13 **다음 중 미래 예측 기법에 대한 설명으로 옳지 않은 것은?**

① 비용·편익 분석은 정책의 능률성 내지 경제성에 초점을 맞춘 정책 분석의 접근 방법이다.

② 판단적 미래 예측에서는 경험적 자료나 이론이 중심적인 역할을 한다.

③ 추세연장적 미래 예측 기법들 중 하나인 검은 줄 기법(Black Thread Technique)은 시계열적 변동의 굴곡을 직선으로 표시하는 기법이다.

④ 교차영향 분석은 연관 사건의 발생 여부에 따라 대상사건이 발생할 가능성에 관한 주관적 판단을 구하고 그 관계를 분석하는 기법이다.

⑤ 이론적 미래 예측은 인과관계 분석이라고도 하며 선형계획, 투입·산출 분석, 회귀 분석 등을 예로 들 수 있다.

14 **다음 중 신공공관리(NPM; New Public Management)와 뉴거버넌스의 특징에 대한 설명으로 옳지 않은 것은?**

① NPM이 정부 내부 관리의 문제를 다루는 반면, 뉴거버넌스는 시장 및 시민사회와의 관계에서 정부의 역할과 기능을 다룬다.

② 뉴거버넌스는 NPM에 비해 자원이나 프로그램 관리의 효율성보다 국가 차원에서의 민주적 대응성과 책임성을 강조한다.

③ NPM과 뉴거버넌스는 모두 방향 잡기(Steering) 역할을 중요시하며 NPM에서는 기업을, 뉴거버넌스에서는 정부를 방향 잡기의 중심에 놓는다.

④ 뉴거버넌스는 정부 영역과 민간 영역을 상호 배타적이고 경쟁적인 관계로 보지 않는다.

⑤ NPM은 경쟁과 계약을 강조하는 반면에 뉴거버넌스는 네트워크나 파트너십을 강조하고 신뢰를 바탕으로 한 상호존중을 중시한다.

15 **다음 중 조직 진단의 대상과 범위에 있어서 종합적 조직 진단에 포함되지 않는 것은?**

① 관리 부문 진단
② 서비스와 프로세스 진단
③ 조직문화와 행태 진단
④ 재정 진단
⑤ 인력 진단

16 **다음 중 갈등의 조성 전략에 대한 설명으로 옳지 않은 것은?**

① 표면화된 공식적 및 비공식적 정보 전달 통로를 의식적으로 변경시킨다.
② 갈등을 일으킨 당사자들에게 공동으로 추구해야 할 상위 목표를 제시한다.
③ 상황에 따라 정보 전달을 억제하거나 지나치게 과장된 정보를 전달한다.
④ 조직의 수직적·수평적 분화를 통해 조직구조를 변경한다.
⑤ 단위부서들 간에 경쟁 상황을 조성한다.

17 **다음 중 예산 분류 방식의 특징에 대한 설명으로 옳은 것은?**

① 기능별 분류는 시민을 위한 분류라고도 하며, 행정수반의 사업계획 수립에 도움이 되지 않는다.
② 조직별 분류는 부처 예산의 전모를 파악할 수 있어 지출의 목적이나 예산의 성과 파악이 용이하다.
③ 품목별 분류는 사업의 지출 성과와 결과에 대한 측정이 곤란하다.
④ 경제 성질별 분류는 국민소득, 자본 형성 등에 관한 정부 활동의 효과를 파악하는 데 한계가 있다.
⑤ 품목별 분류는 예산집행기관의 재량을 확대하는 데 유용하다.

18 다음 중 미국 행정학의 특징을 시대적 순서대로 바르게 나열한 것은?

ㄱ. 가치 중립적인 관리론보다는 민주적 가치 규범에 입각한 정책 연구를 지향한다.
ㄴ. 행정학은 이론과 법칙을 정립하는 데 목적을 두어야 하며, 사실 판단의 문제를 연구 대상으로 삼아야 한다.
ㄷ. 과업별로 가장 효율적인 표준시간과 동작을 정해서 수행할 필요가 있다.
ㄹ. 정부는 공공재의 생산·공급자이며 국민을 만족시킬 수 있는 최선의 제도적 장치를 설계해야 한다.
ㅁ. 조직구성원의 생산성은 조직의 관리 통제보다는 조직구성원 간의 관계에 더 많은 영향을 받는다.

① ㄴ－ㄷ－ㄱ－ㄹ－ㅁ
② ㄴ－ㄷ－ㅁ－ㄱ－ㄹ
③ ㄷ－ㅁ－ㄱ－ㄹ－ㄴ
④ ㄷ－ㅁ－ㄴ－ㄱ－ㄹ
⑤ ㄷ－ㅁ－ㄴ－ㄹ－ㄱ

PART 2

19 다음 중 조직구성원의 동기유발 이론에 대한 설명으로 옳지 않은 것은?

① 허즈버그(F. Herzberg)의 이론은 실제의 동기유발과 만족 자체에 중점을 두고 있기 때문에 하위 욕구를 추구하는 계층에 적용하기가 용이하다.
② 앨더퍼(C. Alderfer)의 이론은 두 가지 이상의 욕구가 동시에 작용되기도 한다는 복합연결형의 욕구 단계를 설명한다.
③ 브룸(V. Vroom)의 이론은 동기부여의 방안을 구체적으로 제시하지 못한다는 한계가 있다.
④ 맥그리거(D. McGregor)의 이론에서 X이론은 하위 욕구를, Y이론은 상위 욕구를 중시한다.
⑤ 머슬로(A. Maslow)의 이론은 인간의 동기가 생리적 욕구, 안전의 욕구, 소속의 욕구, 존경의 욕구, 자아실현의 욕구라는 순서에 따라 순차적으로 유발된다고 본다.

20 다음 중 분배정책과 재분배정책에 대한 설명으로 옳은 것을 〈보기〉에서 모두 고르면?

보기

ㄱ. 분배정책에서는 로그롤링(Log Rolling)이나 포크 배럴(Pork Barrel)과 같은 정치적 현상이 나타나기도 한다.
ㄴ. 분배정책은 사회계급적인 접근을 기반으로 이루어지기 때문에 규제정책보다 갈등이 더 가시적이다.
ㄷ. 재분배정책에는 누진소득세, 임대주택 건설사업 등이 포함된다.
ㄹ. 재분배정책에서는 자원 배분에 있어서 이해당사자들 간의 연합이 분배정책에 비하여 안정적으로 이루어진다.

① ㄱ, ㄴ
② ㄱ, ㄷ
③ ㄴ, ㄷ
④ ㄷ, ㄹ
⑤ ㄱ, ㄹ

시대에듀

M E M O

PART 3

최종점검 모의고사

제1회

최종점검 모의고사

※ 인천국제공항공사 최종점검 모의고사는 채용공고를 기준으로 구성한 것으로 실제 시험과 다를 수 있습니다.

※ 응시 직렬에 필요한 영역을 선택하여 학습하기 바랍니다.

※ 모바일 OMR 답안채점 / 성적분석 서비스

사무직

기술직

■ 취약영역 분석

번호	O/×	영역	번호	O/×	영역	번호	O/×	영역
01		의사소통능력	26		문제해결능력	51		조직이해능력 / 기술능력
02			27			52		
03			28		자원관리능력	53		
04		수리능력	29			54		
05			30			55		
06			31		의사소통능력	56		
07		정보능력	32			57		
08		자원관리능력	33		정보능력	58		
09			34			59		
10		정보능력	35		자원관리능력	60		
11		문제해결능력	36		수리능력			
12			37		문제해결능력			
13			38					
14		정보능력	39		정보능력			
15			40					
16		의사소통능력	41		수리능력			
17		자원관리능력	42					
18		정보능력	43		문제해결능력			
19			44					
20		수리능력	45		의사소통능력			
21			46					
22			47		수리능력			
23		의사소통능력	48		자원관리능력			
24			49					
25		문제해결능력	50					

평가문항	60문항	평가시간	70분
시작시간	:	종료시간	:
취약영역			

제1회 최종점검 모의고사

문항 수 : 60문항　응시시간 : 70분

정답 및 해설 p.064

01 공통

01 다음은 인천국제공항공사의 야생동물 위험관리계획의 일부 내용이다. 다음 중 야생동물 위험관리계획의 내용으로 적절하지 않은 것은?

> **5. 조류 충돌 분석 및 야생동물 위험 평가**
>
> 5－1 **개요**
>
> ㉠ 조류 충돌이 발생하였을 경우 항공기에 남아 있는 충돌 조류의 잔해를 수거했을 때에는 동일 사고의 재발을 방지하기 위한 대책 마련 등에 활용할 수 있도록 충돌 조류의 종류를 확인해야 한다.
>
> ㉡ 인천공항 부지 내외 지역의 야생동물의 서식 현황, 분포 및 서식지 이용 실태를 파악하고 항공기 운항에 대한 야생동물의 상대적인 위험 정도를 구분해 현장 점검 시 활용한다.
>
> 5－2 **충돌 조류의 확인**
>
> ㉠ 조류 충돌 발생 상황을 인지하고 해당 항공기에 남은 조류 잔해(깃털, 혈흔 등)를 수거했을 경우에는 자체적으로 종류를 식별한다.
>
> ㉡ 자체 분석이 불가능한 경우에는 수거 잔해의 종류에 따라 관련 전문기관에 분석을 의뢰한다.
>
> ㉢ 활주로 점검 중 발견된 조류 충돌 흔적으로 의심되는 조류의 사체, 잔해 등은 점검일지에 일시, 세부 위치, 종류(가능한 경우), 개체 수를 기록한다.
>
> 5－3 **야생동물 위험 평가**
>
> ㉠ 야생동물 위험 평가는 '조류 및 야생동물 충돌 위험 감소에 관한 기준' 제10조에서 정한 자격을 충족하는 인원이 수행한다.
>
> ㉡ 야생동물 위험 평가는 다음 ⓐ～ⓒ에 해당되는 경우 시행한다.
>
> ⓐ 항공기의 조류 충돌 또는 조류에 의한 엔진 손상이 발생한 때
>
> ⓑ 항공기가 야생동물과 충돌하여 기체에 손상을 입은 때
>
> ⓒ 항공기 또는 그 인접 지역에서 항공기 운항 안전에 위험 요소로 작용할 수 있는 조류 등 야생동물이 지속적으로 발견되거나 발견되었다는 보고가 접수된 때
>
> ㉢ 위험 평가
>
> ⓐ 야생동물 통제 활동 또는 각종 점검 결과를 이용하여 위험 평가를 시행한다.
>
> ⓑ 야생동물의 종류, 개체 수, 무게, 조류 충돌 기록 등을 고려하여 항공기에 대한 상대적인 위험 정도를 구분한다.
>
> ⓒ 야생동물의 상대적인 위험 정도는 정량화하여 수치로 표현한다.

5 – 4 **충돌 조류 분석 및 위험 평가 결과의 활용**

㉠ 조류 충돌을 일으킨 조류를 확인하였을 경우에는 해당 조류의 서식 시기와 분포, 위험 평가 결과 등을 종합하여 우선 관리 대상으로 분류하여 현장 통제 활동을 시행한다.

㉡ 충돌 잔해의 분석 불가능 또는 잔해가 수거되지 않을 경우에는 위험 평가 결과를 염두에 두어 통제 대상의 우선순위를 결정한다.

㉢ 조류 충돌 잔해 분석 결과와 활주로에서 수거한 조류 충돌 흔적에 대하여는 해당 조류의 일반 생태, 인천공항에서의 서식 시기와 분포, 개체 수 등에 대한 정보를 데이터베이스로 구축하여 관리한다.

5 – 5 **보고**

야생동물 위험 평가는 수시 또는 정기적으로 분석하여 현장 야생동물 통제 활동에 반영하여 적절한 관리를 시행하고 야생동물 위험 평가 분석 결과는 관할 지방항공청에 보고한다.

① 항공기의 조류 충돌 또는 조류에 의한 엔진 손상이 발생하였을 경우 야생동물 위험 평가를 시행한다.

② 인천공항 부지 내부에만 서식하는 야생동물의 서식 현황과 분포 및 서식지 이용 실태를 파악하여야 한다.

③ 항공기에 대한 야생동물의 위험 정도는 야생동물의 종류, 개체 수, 무게, 조류 충돌 기록 등을 고려해 구분한다.

④ 야생동물 위험 평가는 수시 또는 정기적으로 분석하여 현장 야생동물 통제 활동에 반영하여 적절한 관리를 시행한다.

⑤ 조류 충돌이 발생하였을 경우 자체적으로 종류를 식별하되 자체 분석이 불가능할 경우 전문기관에 분석을 의뢰한다.

02 다음 문단을 논리적 순서대로 바르게 나열한 것은?

(가) 나무를 가꾸기 위해서는 처음부터 여러 가지를 고려해 보아야 한다. 심을 나무의 생육 조건, 나무의 형태, 성목이 되었을 때의 크기, 꽃과 단풍의 색, 식재 지역의 기후와 토양 등을 종합적으로 생각하고 심어야 한다. 나무의 생육 조건은 저마다 다르기 때문에 지역의 환경 조건에 적합한 나무를 선별하여 환경에 적응하도록 해야 한다. 동백나무와 석류, 홍가시나무는 남부 지방에 키우기 적합한 나무로 알려져 있지만 지구온난화로 남부 수종의 생육 한계선이 많이 북상하여 중부 지방에서도 재배가 가능한 나무도 있다. 부산의 도로 중앙분리대에서 보았던 잎의 붉은 홍가시나무는 여주의 시골집 마당 양지바른 곳에서 3년째 잘 적응하고 있다.

(나) 더불어 나무의 특성을 외면하고 주관적인 해석에 따라 심었다가는 훗날 낭패를 보기 쉽다. 물을 좋아하는 수국 곁에 물을 싫어하는 소나무를 심었다면 둘 중 하나는 살기 어려운 환경이 조성된다. 나무를 심고 가꾸기 위해서는 전체적인 밑그림을 그려보고 생태적 특징을 살펴본 후에 심는 것이 바람직하다.

(다) 나무들이 밀집해 있으면 나무들끼리의 경쟁은 물론 바람길과 햇빛의 방해로 성장은 고사하고 병충해에 시달리기 쉽다. 또한 나무들은 성장 속도가 다르기 때문에 항상 다 자란 나무의 모습을 상상하며 나무들 사이의 공간 확보를 염두에 두어야 한다. 그러나 묘목을 심고 보니 듬성듬성한 공간을 메꾸기 위하여 자꾸 나무를 심게 되는 실수가 종종 일어나고는 한다.

(라) 식재 계획의 시작은 장기적인 안목으로 적재적소의 원칙을 염두에 두고 나무를 선정해야 한다. 식물은 햇빛, 물, 바람의 조화를 이루면 잘 산다고 하지 않는가. 그래서 나무의 특성 중에서 햇볕을 좋아하는지, 그늘을 좋아하는지, 물을 좋아하는지 여부를 살펴보는 것이 중요하다. 어린 묘목을 심을 경우 실수하는 것은 나무가 자랐을 때의 생육 공간을 생각하지 않고 촘촘하게 심는 것이다.

① (가) – (다) – (라) – (나)
② (가) – (라) – (다) – (나)
③ (다) – (가) – (라) – (나)
④ (다) – (나) – (가) – (라)
⑤ (라) – (나) – (다) – (가)

03 다음은 플라세보 소비에 대한 글이다. 이에 대한 사례로 적절하지 않은 것은?

'플라세보(Placebo) 소비'란 속임약을 뜻하는 '플라세보'와 '소비'가 결합된 말로, 가격 대비 마음의 만족이란 의미의 '가심비(價心比)'를 추구하는 소비를 뜻한다. 플라세보 소비에서의 '플라세보'란 실제로는 생리 작용이 없는 물질로 만든 약을 말한다. 젖당・녹말・우유 따위로 만들어지며, 어떤 약물의 효과를 시험하거나 환자를 일시적으로 안심시키기 위한 목적으로 투여한다. 환자가 이 속임약을 진짜로 믿게 되면 실제로 좋은 반응이 생기기도 하는데, 이를 '플라세보 효과'라고 한다. 즉, 가심비를 추구하는 소비에서는 소비자가 해당 제품을 통해서 심리적으로 안심이 되고 제품에 대한 믿음을 갖게 되면, 플라세보 효과처럼 객관적인 제품의 성능과는 상관없이 긍정적인 효과를 얻게 된다. 이러한 효과는 소비자가 해당 제품을 사랑하는 대상에 지출할 때, 제품을 통해 안전에 대한 심리적 불안감과 스트레스를 해소할 때일수록 강해진다. 따라서 상품의 가격과 성능이라는 객관적인 수치에 초점을 두었던 기존의 가성비(價性比)에 따른 소비에서는 소비자들이 '싸고 품질 좋은 제품'만을 구매했다면, 가심비에 따른 소비에서는 다소 비싸더라도 '나에게 만족감을 주는 제품'을 구매하게 된다.

① A는 딸을 위해 비싸지만 천연 소재의 원단으로 제작된 유치원복을 구매했다.
② B는 무엇인가 만드는 것을 좋아해 자수틀과 실, 바늘 등의 도구를 산다.
③ C는 동전 컬렉션을 완성하기 위해 옛날 동전을 비싸게 구매했다.
④ D는 평소 좋아하는 캐릭터의 피규어를 비싸게 구매하였다.
⑤ E는 계절이 바뀔 때면 브랜드 세일 기간을 공략해 꼭 필요한 옷을 구입한다.

04 I공장에서 A제품을 생산하여 팔면 600원의 이익이 남고, 불량품이 발생할 경우 2,400원의 손해를 본다. A제품을 생산하여 팔 때, 손해를 보지 않으려면 이 제품의 불량률은 몇 % 이하가 되어야 하는가?

① 10%　② 15%
③ 20%　④ 25%
⑤ 30%

05 I통신사 대리점에서 근무하는 귀하는 판매율을 높이기 위해 핸드폰을 구매한 고객에게 사은품을 나누어 주는 이벤트를 실시하고자 한다. 본사로부터 할당받은 예산은 총 5백만 원이며, 예산 내에서 고객 1명당 2개의 상품을 증정하고자 한다. 고객 만족도 대비 비용이 낮은 순으로 상품을 확보하였을 때, 최대 몇 명의 고객에게 사은품을 나누어 줄 수 있는가?

상품명	개당 구매비용(원)	확보 가능한 최대물량(개)	상품에 대한 고객 만족도(점)
차량용 방향제	7,000	300	5
식용유 세트	10,000	80	4
유리용기 세트	6,000	200	6
32GB USB	5,000	180	4
머그컵 세트	10,000	80	5
육아 관련 도서	8,800	120	4
핸드폰 충전기	7,500	150	3

① 360명　② 370명
③ 380명　④ 390명
⑤ 400명

06 다음은 2025년 1분기 품목별 주요 수출 애로요인이다. 〈보기〉 중 이에 대해 옳은 설명을 한 사람을 모두 고르면?(단, 구성비는 업종별 기업들이 여러 애로요인들 중 가장 개선이 시급한 애로사항으로 응답한 비율이며, 기타 사유는 없다)

〈2025년 1분기 품목별 주요 수출 애로요인〉

(단위 : %)

업종	1위		2위	
	사유	구성비	사유	구성비
농수산물	원화환율 변동성 확대	17.5	원재료 가격상승	14.2
철강 및 비철금속 제품	원재료 가격상승	16.0	수출 대상국의 경기부진	12.7
가전제품	원재료 가격상승	19.4	물류비용 상승	13.9
기계류	수출 대상국의 경기부진	15.7	바이어의 가격인하 요구	13.9
반도체	원재료 가격상승	18.7	바이어의 가격인하 요구	12.0
전기·전자제품	원재료 가격상승	16.4	수출 대상국의 경기부진	14.0
생활용품	수출 대상국의 경기부진	14.2	원재료 가격상승	13.8

보기

김대리 : 기계류와 반도체를 모두 생산하는 I기업은 주요 수출 애로요인 1순위로 원재료 가격상승을 뽑았을 거야.

유주임 : 반도체 업종의 기업 중 주요 수출 애로요인으로 수출 대상국의 경기부진을 꼽은 기업의 구성비는 전기·전자제품에 비해 낮아.

최사원 : 생활용품에 비해 농수산물이 환율 변화에 크게 영향을 받는 업종이네.

박과장 : 조사에 참여한 모든 기업들 중 가장 많은 기업들이 애로요인으로 뽑은 항목은 원재료 가격상승일 거야.

① 김대리, 유주임　　② 김대리, 최사원

③ 유주임, 최사원　　④ 유주임, 김과장

⑤ 최사원, 김과장

07 다음 설명에 해당하는 컴퓨터 시스템을 구성하는 요소는?

- Main Memory이다.
- CPU 가까이에 위치하며 반도체 기억장치 칩들로 고속 액세스 가능을 담당한다.
- 가격이 높고 면적을 많이 차지한다.
- 저장 능력이 없으므로 프로그램 실행 중 일시적으로 사용된다.

① 주기억장치
② 중앙처리장치
③ 보조저장장치
④ 입출력장치
⑤ LAN

08 A고객은 P기기를 사용 중 고장으로 인해 A/S 서비스를 이용했다. 제품 A/S 안내문과 서비스 이용 내역이 다음과 같을 때, A고객이 지불한 A/S 서비스 비용은 얼마인가?

〈제품 A/S 안내문〉

1. 제품의 품질보증기간은 구입일로부터 1년입니다. 품질보증기간 중 A/S 서비스를 받는 경우 무료 A/S를 제공합니다. 품질보증기간 경과 후 A/S 서비스 비용은 소비자가 부담해야 합니다.
2. A/S 서비스 제공 시 수리비가 발생합니다(수리비 : 2만 원).
3. 부품 교체 시에는 수리비 외에도 부품비가 추가 발생합니다.
4. A/S 센터는 주중 오전 9시부터 오후 6시까지 운영하며, 토요일에는 오전 9시부터 오후 1시까지 운영합니다. 일요일 및 공휴일에는 A/S 서비스를 제공하지 않습니다.
5. 출장 A/S 서비스를 이용하는 경우 출장비가 별도로 발생합니다. A/S 센터 운영시간 내 출장 시 출장비 2만 원, 운영시간 외 출장 시 출장비 3만 원을 별도로 부과합니다.

〈A/S 서비스 이용 내역〉

- 고객명 : A
- 제품명 : P기기
- 제품 구입일자 : 2024년 6월 4일 화요일
- A/S 서비스 제공 일시 : 2025년 6월 9일 월요일 오후 3시
- 서비스 내용 : P기기 전면부 파손으로 부품 일부 교체(부품비 : 5만 원), 출장 서비스 이용

① 무료
② 5만 원
③ 10만 원
④ 15만 원
⑤ 17만 원

09 I공사는 현재 신입사원을 채용하고 있다. 서류전형과 면접전형을 통해 다음의 평가지표 결과를 얻었다. 평가지표별 가중치를 이용하여 각 지원자의 최종 점수를 계산하고, 점수가 가장 높은 두 지원자를 채용하려고 할 때, I공사가 채용할 두 지원자는?

〈지원자별 평가지표 결과〉

(단위 : 점)

구분	면접 점수	영어 실력	팀내 친화력	직무 적합도	발전 가능성	비고
A지원자	3	3	5	4	4	군필자
B지원자	5	5	2	3	4	군필자
C지원자	5	3	3	3	5	–
D지원자	4	3	3	5	4	군필자
E지원자	4	4	2	5	5	군 면제자

※ 군필자(만기제대)에게는 5점의 가산점을 부여함

〈평가지표별 가중치〉

구분	면접 점수	영어 실력	팀내 친화력	직무 적합도	발전 가능성
가중치	3	3	5	4	5

※ 가중치는 해당 평가지표 결과 점수에 곱함

① A, D
② B, C
③ B, E
④ C, D
⑤ D, E

10 다음 중 컴퓨터 바이러스에 대한 설명으로 적절하지 않은 것은?

① 사용자가 인지하지 못한 사이 자가 복제를 통해 다른 정상적인 프로그램을 감염시켜 해당 프로그램이나 다른 데이터 파일 등을 파괴한다.
② 보통 소프트웨어 형태로 감염되나 메일이나 첨부파일을 통해 감염될 확률은 매우 낮다.
③ 인터넷의 공개 자료실에 있는 파일을 다운로드하여 설치할 때 감염될 수 있다.
④ 온라인 채팅이나 인스턴트 메신저 프로그램을 통해서 전파되기도 한다.
⑤ 소프트웨어뿐만 아니라 하드웨어의 성능에도 영향을 미칠 수 있다.

11 다음 〈조건〉을 토대로 〈보기〉를 판단한 내용으로 옳은 것은?

조건

- 영업을 잘하면 기획을 못한다.
- 편집을 잘하면 영업을 잘한다.
- 디자인을 잘하면 편집을 잘한다.

보기

A : 디자인을 잘하면 기획을 못한다.
B : 편집을 잘하면 기획을 잘한다.

① A만 옳다.
② B만 옳다.
③ A, B 모두 옳다.
④ A, B 모두 틀리다.
⑤ A, B 모두 옳은지 틀린지 판단할 수 없다.

12 A, B 두 여행팀이 다음 정보에 따라 자신의 효용을 극대화하는 방향으로 관광지 이동을 결정한다고 할 때, 각 여행팀은 어떤 결정을 할 것이며, 그때 두 여행팀의 총효용은 얼마인가?

〈여행팀의 효용 정보〉

- A여행팀과 B여행팀이 동시에 오면 각각 10, 15의 효용을 얻는다.
- A여행팀은 왔으나, B여행팀이 안 온다면 각각 15, 10의 효용을 얻는다.
- A여행팀은 안 오고, B여행팀만 왔을 땐 각각 25, 20의 효용을 얻는다.
- A, B여행팀이 모두 오지 않았을 때는 각각 35, 15의 효용을 얻는다.

〈결정 방법〉

A, B여행팀 모두 결정할 때 효용의 총합은 신경 쓰지 않는다. 상대방이 어떤 선택을 했는지는 알 수 없고 서로 상의하지 않는다. 각 팀은 자신의 선택에 따른 다른 팀의 효용이 얼마인지는 알 수 있다. 이때 다른 팀의 선택을 예상해서 자신의 효용을 극대화하는 선택을 한다.

	A여행팀	B여행팀	총효용
①	관광지에 간다	관광지에 간다	25
②	관광지에 가지 않는다	관광지에 간다	45
③	관광지에 간다	관광지에 가지 않는다	25
④	관광지에 가지 않는다	관광지에 가지 않는다	50
⑤	관광지에 간다	관광지에 간다	50

13 경영기획실에서 근무하는 A씨는 매년 부서별 사업계획을 정리하는 업무를 맡고 있다. 부서별 사업계획을 간략하게 정리한 보고서를 보고 A씨가 할 수 있는 생각으로 가장 적절한 것은?

〈사업별 기간 및 소요예산〉

- A사업 : 총사업기간은 2년으로, 첫해에는 1조 원, 둘째 해에는 4조 원의 예산이 필요하다.
- B사업 : 총사업기간은 3년으로, 첫해에는 15조 원, 둘째 해에는 18조 원, 셋째 해에는 21조 원의 예산이 필요하다.
- C사업 : 총사업기간은 1년으로, 총소요예산은 15조 원이다.
- D사업 : 총사업기간은 2년으로, 첫해에는 15조 원, 둘째 해에는 8조 원의 예산이 필요하다.
- E사업 : 총사업기간은 3년으로, 첫해에는 6조 원, 둘째 해에는 12조 원, 셋째 해에는 24조 원의 예산이 필요하다.

올해를 포함한 향후 5년간 위의 5개 사업에 투자할 수 있는 예산은 아래와 같다.

〈연도별 가용예산〉

(단위 : 조 원)

1차 연도(올해)	2차 연도	3차 연도	4차 연도	5차 연도
20	24	28.8	34.5	41.5

〈규정〉

- 모든 사업은 한번 시작하면 완료될 때까지 중단할 수 없다.
- 예산은 당해 사업연도에 남아도 상관없다.
- 각 사업연도의 예산은 이월될 수 없다.
- 모든 사업을 향후 5년 이내에 반드시 완료한다.

① B사업을 세 번째 해에 시작하고 C사업을 최종연도에 시행한다.

② A사업과 D사업을 첫해에 동시에 시작한다.

③ 첫해에는 E사업만 시작한다.

④ D사업을 첫해에 시작한다.

⑤ 첫해에 E사업과 A사업을 같이 시작한다.

14 다음 프로그램의 실행 결과가 33이 되기 위해 빈칸에 들어가야 하는 값은?

```
#include <stdio.h>

int main()
{
int num1;
int num2=3;

num1=14-num2;
num1*=________;

printf("%d₩n", num1);

return 0;
}
```

① 1
② 2
③ 3
④ 4
⑤ 5

15 다음 시트에서 [D2:D7]처럼 생년월일만 따로 구하려고 할 때 [D2] 셀에 들어갈 수식으로 옳은 것은?

	A	B	C	D
1	순번	이름	주민등록번호	생년월일
2	1	김현진	880821-2949324	880821
3	2	이혜지	900214-2928342	900214
4	3	김지언	880104-2124321	880104
5	4	이유미	921011-2152345	921011
6	5	박슬기	911218-2123423	911218
7	6	김혜원	920324-2143426	920324

① =RIGHT(A2,6)
② =RIGHT(A2,C2)
③ =LEFT(C2,6)
④ =LEFT(C2,2)
⑤ =MID(C2,5,2)

16 다음 글의 제목으로 가장 적절한 것은?

시장경제는 국민 모두가 잘살기 위한 목적을 달성하기 위한 수단으로서 선택한 나라 살림의 운영 방식이다. 그러나 최근에 재계, 정계, 그리고 경제 관료 사이에 벌어지고 있는 시장경제에 대한 논쟁은 마치 시장경제 그 자체가 목적인 것처럼 왜곡되고 있다. 국민들이 잘살기 위해서는 경제가 성장해야 한다. 그러나 경제가 성장했는데도 다수의 국민들이 잘사는 결과를 가져오지 못하고 경제적 강자들의 기득권을 확대 생산하는 결과만을 가져온다면 국민들은 시장경제를 버리고 대안적 경제체제를 찾을 것이다. 그렇기에 시장경제를 유지하기 위해서는 성장과 분배의 균형이 중요하다.
시장경제는 경쟁을 통해서 효율성을 높이고 성장을 달성한다. 경쟁의 동기는 사적인 이익을 추구하는 인간의 이기적 속성에 기인한다. 국민 각자는 모두가 함께 잘살기 위해서가 아니라 내가 잘살기 위해서 경쟁을 한다. 모두가 함께 잘살기 위한 공동의 목적을 달성하기 위한 수단으로 시장경제를 선택한 것이지만, 개개인은 이기적인 동기로 시장에 참여하는 것이다. 이와 같이 시장경제는 개인과 공동의 목적이 서로 상반되는 모순을 갖는 것이 그 본질이다. 그래서 시장경제가 제대로 운영되기 위해서는 국가의 소임이 중요하다.
시장경제에서 국가가 할 일은 크게 세 가지로 나누어 볼 수 있다. 첫째는 경쟁을 유도하는 시장 체제를 만드는 것이고, 둘째는 공정한 경쟁이 이루어지도록 시장 질서를 세우는 것이며, 셋째는 경쟁의 결과로 얻은 성과가 모두에게 공평하게 분배되도록 조정하는 것이다. 최근에 벌어지고 있는 시장경제의 논쟁은 국가의 세 가지 역할 중에서 논쟁의 주체들이 자신의 이해관계에 따라 선택적으로 시장경제를 왜곡하고 있다. 경쟁에서 강자의 위치를 확보한 재벌들은 경쟁 촉진을 주장하면서 공정 경쟁이나 분배를 말하는 것은 반시장적이라고 매도한다. 정치권은 인기 영합의 수단으로, 일부 노동계는 이기적 동기로 분배를 주장하면서 분배의 전제가 되는 성장을 위해서 필요한 경쟁을 훼손하는 모순된 주장을 한다. 경제 관료들은 자신의 권력을 강화하기 위한 부처의 이기적인 관점에서 경쟁촉진과 공정 경쟁 사이에서 줄타기 곡예를 하며 분배에 대해서 말하는 것은 금기시한다. 모두가 자신들의 기득권을 위해서 선택적으로 왜곡하고 있는 것이다.
경쟁은 원천적으로 공정성을 보장하지 못한다. 서로 다른 능력이 주어진 천부적인 차이는 물론이고, 물려받는 재산과 환경의 차이로 인하여 출발선에서부터 불공정한 경쟁이 시작된다. 그럼에도 불구하고 경쟁은 창의력을 가지고 노력하는 사람에게 성공을 가져다주는 체제이다. 그래서 출발점이 다를지라도 노력과 능력에 따라 성공의 기회가 제공되도록 보장하기 위해서 공정 경쟁이 중요하다. 또한 경쟁은 분배의 공평성을 보장하지 못한다. 경쟁의 결과는 경쟁에 참여한 모든 사람들의 노력의 결과로 이루어진 것이지, 승자만의 노력으로 이루어진 것은 아니다. 경쟁의 결과가 승자에 의해서 독점된다면 국민들은 경쟁으로의 참여를 거부할 수밖에 없다. 그래서 경쟁에 참여한 모두에게 공평한 분배가 이루어지는 것이 중요하다.

① 시장경제에서의 개인과 경쟁의 상호 관계
② 시장경제에서의 국가의 역할
③ 시장경제에서의 개인 상호 간의 경쟁
④ 시장경제에서의 경쟁의 양면성과 그 한계
⑤ 시장경제에서의 경쟁을 통한 개개인의 관계

17 I기업은 상수원의 여과기 정비 업체를 새로 선정하려고 한다. 입찰 업체 5곳의 1년 계약금 및 수질 개선 효과는 다음과 같다. 수질개선 점수 산출 방식에 따라 점수가 가장 큰 업체 두 곳을 선정한다고 할 때, 선정될 업체는?(단, 모든 계산 시 소수점 첫째 자리에서 버림한다)

〈업체별 계약금 및 수질개선 효과〉

(단위 : 점)

입찰 업체	1년 계약금 (만 원)	정비 1회당 수질개선 효과		
		장비 수명 개선	여과 효율 개선	관리 효율 개선
A	3,950	75	65	80
B	4,200	79	68	84
C	4,800	74	62	84
D	4,070	80	55	90
E	5,100	83	70	86

※ 항목별 개선 효과는 여과업체선정위원회에서 심사위원들이 업체별로 1 ~ 100점을 부과한 점수의 평균값임

〈수질개선 점수 산출 방식〉

- (수질개선 점수)=(정비 1회당 수질개선 효과)×(분기별 정비 횟수)÷100
- (정비 1회당 수질개선 효과)=(장비 수명 개선)+(여과 효율 개선)+(관리 효율 개선)
- (분기별 정비 횟수)=$\frac{\text{[1년 정비 비용(만 원)]}}{30}$
- (1년 정비 비용)=6,000만 원−(1년 계약금)

① A업체, B업체
② A업체, D업체
③ B업체, C업체
④ C업체, E업체
⑤ D업체, E업체

18 다음 중 Windows에서 바로가기 아이콘에 대한 설명으로 옳은 것은?

① 아이콘을 실행하면 연결된 프로그램이 실행되며, 바로가기의 확장자는 'raw'이다.
② 바로가기 아이콘의 [속성] – [일반] 탭에서 바로가기 아이콘의 위치, 크기를 확인할 수 있다.
③ 바로가기 아이콘은 [탐색기] 창에서 실행 파일을 〈Ctrl〉+〈Alt〉를 누른 상태로 바탕 화면에 드래그 앤 드롭하면 만들 수 있다.
④ 바로가기 아이콘을 삭제하면 연결된 프로그램도 함께 삭제된다.
⑤ 원본 파일이 있는 위치와 다른 위치에 만들 수 없다.

19 다음은 사내 동호회 활동 현황에 대해 정리한 자료이다. 사원번호 중에서 오른쪽 숫자 네 자리만 추출하려고 할 때, [F13] 셀에 입력해야 할 함수식으로 옳은 것은?

	A	B	C	D	E	F
1	사내 동호회 활동 현황					
2	사원번호	사원명	부서	구내번호	직책	
3	AC1234	고상현	영업부	1457	부장	
4	AS4251	정지훈	기획부	2356	사원	
5	DE2341	김수호	홍보부	9546	사원	
6	TE2316	박보영	기획부	2358	대리	
7	PP0293	김지원	홍보부	9823	사원	
8	BE0192	이성경	총무부	3545	과장	
9	GS1423	이민아	영업부	1458	대리	
10	HS9201	장준하	총무부	3645	부장	
11						
12						사원번호
13						1234
14						4251
15						2341
16						2316
17						0293
18						0192
19						1423
20						9201

① =CHOOSE(2, A3, A4, A5, A6)

② =LEFT(A3, 3)

③ =RIGHT(A3, 4)

④ =MID(A3, 1, 2)

⑤ =LEFT(A3, 3, 4)

20 다음은 전자인증서 인증수단 방법의 선호도를 조사한 자료이다. 이에 대한 설명으로 옳지 않은 것은?(단, 평균점수는 소수점 첫째 자리에서 반올림한다)

〈전자인증서 인증수단별 선호도 현황〉

(단위 : 점)

구분	실용성	보안성	간편성	유효기간
공인인증서 방식	16	( )	14	1년
ID / PW 방식	18	10	16	없음
OTP 방식	15	18	14	1년 6개월
이메일 및 SNS 방식	18	8	10	없음
생체인증 방식	20	19	18	없음
I-pin 방식	16	17	15	2년

※ 선호도는 실용성, 보안성, 간편성 점수를 합한 값임

※ 유효기간이 1년 이하인 방식은 보안성 점수에 3점을 가산함

① 생체인증 방식의 선호도는 OTP 방식과 I-pin 방식의 합보다 38점 낮다.

② 실용성 전체 평균점수보다 높은 방식은 총 4가지이다.

③ 유효기간이 '없음'인 인증수단 방식의 간편성 평균점수는 15점이다.

④ 공인인증서 방식의 선호도가 51점일 때, 보안성 점수는 18점이다.

⑤ 유효기간이 '없음'인 인증수단 방식의 실용성 점수는 모두 18점 이상이다.

21 다음은 2024년 하반기 8개국 수출수지에 대한 국제통계 자료이다. 이에 대한 설명으로 옳지 않은 것은?(단, 소수점 첫째 자리에서 반올림한다)

〈2024년 하반기 8개국 수출수지〉

(단위 : 백만 USD)

구분	한국	그리스	노르웨이	뉴질랜드	대만	독일	러시아	미국
7월	40,882	2,490	7,040	2,825	24,092	106,308	22,462	125,208
8월	40,125	2,145	7,109	2,445	24,629	107,910	23,196	116,218
9월	40,846	2,656	7,067	2,534	22,553	118,736	25,432	122,933
10월	41,983	2,596	8,005	2,809	26,736	111,981	24,904	125,142
11월	45,309	2,409	8,257	2,754	25,330	116,569	26,648	128,722
12월	45,069	2,426	8,472	3,088	25,696	102,742	31,128	123,557

① 한국의 수출수지 중 전월 대비 수출수지 증가량이 가장 많았던 달은 11월이다.

② 뉴질랜드의 수출수지는 8월 이후 지속해서 증가하였다.

③ 그리스의 12월 수출수지의 전월 대비 증가율은 약 0.7%p이다.

④ 10월부터 12월 사이 한국의 수출수지 변화 추이와 같은 양상을 보이는 나라는 2개국이다.

⑤ 7월 대비 12월의 수출수지가 감소한 나라는 그리스, 독일, 미국이다.

22 다음은 I기업 직원 250명을 대상으로 조사한 자료이다. 이에 대한 설명으로 옳은 것은?(단, 소수점 첫째 자리에서 버림한다)

〈2024년 독감 예방접종 여부〉

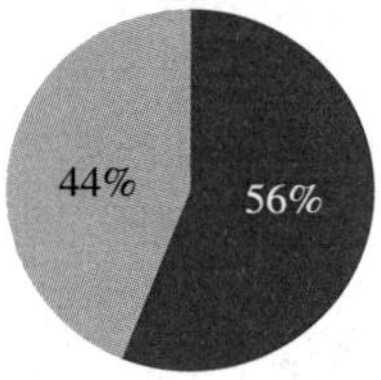

〈2023년 독감 예방접종 여부〉

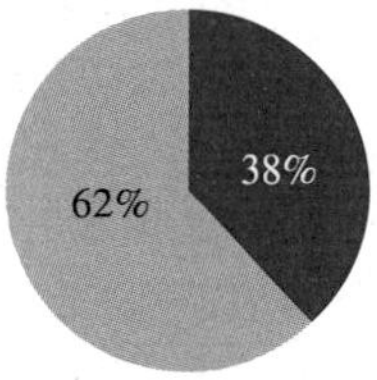

〈부서별 직원 현황〉

구분	총무부서	회계부서	영업부서	제조부서	합계
비율	16%	12%	28%	44%	100%

※ 제시된 것 외의 부서는 없음

※ 2023년과 2024년 부서별 직원 현황은 변동이 없음

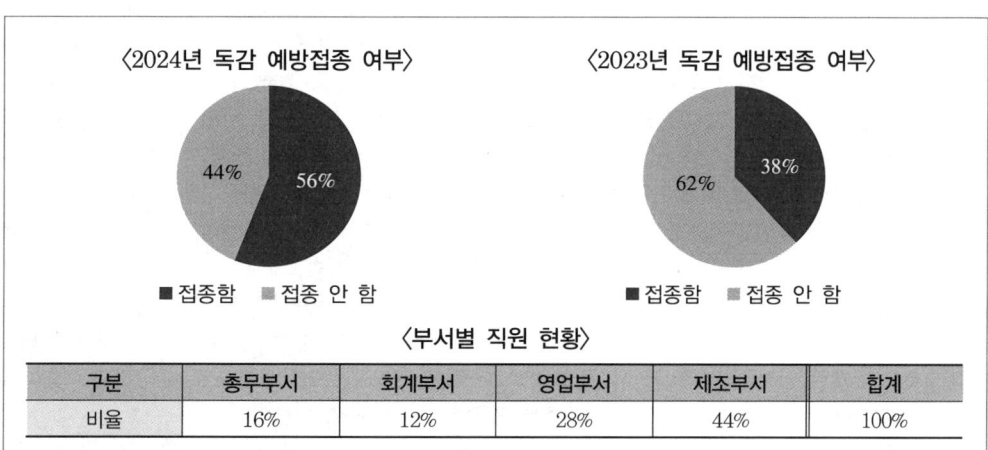

① 2023년의 독감 예방접종자가 2024년에도 모두 예방접종을 했다면, 2023년에는 예방접종을 하지 않았지만 2024년에 예방접종을 한 직원은 총 54명이다.

② 2023년 대비 2024년에 예방접종을 한 직원의 수는 49%p 이상 증가했다.

③ 2023년에 예방접종을 하지 않은 직원들을 대상으로 2024년의 독감 예방접종 여부를 조사한 자료라고 한다면, 2023년과 2024년 모두 예방접종을 하지 않은 직원은 총 65명이다.

④ 2023년과 2024년의 독감 예방접종 여부가 총무부서에 대한 자료라고 할 때, 총무부서 직원 중 예방접종을 한 직원은 2023년 대비 2024년에 약 7명 증가했다.

⑤ 제조부서를 제외한 모든 부서 직원들이 2024년에 예방접종을 했다고 할 때, 제조부서 중 예방접종을 한 직원의 비율은 2%이다.

PART 3

※ 다음 글을 읽고 이어지는 질문에 답하시오. [23~24]

지난 2002년 프랑스의 보케 교수는 물수제비 횟수는 돌의 속도가 빠를수록 증가하며, 최소 한 번 이상 튀게 하려면 시속 1km는 돼야 한다는 실험 결과를 발표하면서 수평으로 걸어준 회전 역시 중요한 변수라고 지적했다. 즉, 팽이가 쓰러지지 않고 균형을 잡는 것처럼 돌에 회전을 걸어주면 돌이 수평을 유지하여 평평한 쪽이 수면과 부딪칠 수 있다. 그러면 돌은 물의 표면장력을 효율적으로 이용해 위로 튕겨 나간다는 것이다.

물수제비 현상에서는 또 다른 물리적 원리를 생각할 수 있다. 단면(斷面)이 원형인 물체를 공기 중에 회전시켜 던지면 물체 표면 주변의 공기가 물체에 끌려 물체와 동일한 방향으로 회전하게 된다. 또한 물체 외부의 공기는 물체의 진행 방향과는 반대 방향으로 흐르게 된다. 이때 베르누이의 원리에 따르면, 물체 표면의 회전하는 공기가 물체 진행 방향과 반대편으로 흐르는 쪽은 공기의 속도가 빨라져 압력이 작아지지만 물체 진행 방향과 동일한 방향으로 흐르는 쪽의 공기는 속도가 느려 압력이 커지게 되고, 결국 회전하는 물체는 압력이 낮은 쪽으로 휘어 날아가게 된다. 이를 '마그누스 효과'라고 하는데, 돌을 회전시켜 던지면 바로 이런 마그누스 효과로 인해 물수제비가 더 잘 일어날 수 있는 것이다. 또한 보케 교수는 공기의 저항을 줄이기 위해 돌에 구멍을 내는 것도 물수제비 발생에 도움이 될 것이라고 말했다.

최근 프랑스 물리학자 클라네 박사와 보케 교수가 밝혀낸 바에 따르면 물수제비의 핵심은 돌이 수면을 치는 각도에 있었다. 이들은 알루미늄 원반을 자동 발사하는 장치를 만들고 1백 분의 1초 이하의 순간도 잡아내는 고속 비디오카메라로 원반이 수면에 부딪치는 순간을 촬영했다. 그 결과 알루미늄 원반이 물에 빠지지 않고 최대한 많이 수면을 튕겨 가게 하려면 원반과 수면의 각도를 20°에 맞춰야 한다는 사실을 알아냈다. 클라네 박사의 실험에서 20°보다 낮은 각도로 던져진 돌은 수면에서 튕겨 나가기는 하지만 그 다음엔 수면에 맞붙어 밀려가면서 운동에너지를 모두 잃어버리고 물에 빠져 버렸다. 반면에 돌이 수면과 부딪치는 각도가 45°보다 크게 되면 곧바로 물에 빠져 들어가 버렸다.

물수제비를 실제로 활용한 예도 있다. 2차 대전이 한창이던 1943년, 영국군은 독일 루르 지방의 수력 발전용 댐을 폭파해 군수 산업에 치명타를 가했다. 고공 폭격으로는 댐을 정확하게 맞추기 어렵고, 저공으로 날아가 폭격을 하자니 폭격기마저 폭발할 위험이 있었다. 그래서 영국 공군은 4t 무게의 맥주통 모양 폭탄을 제작하여 18m의 높이로 저공비행을 하다가 댐 약 800m 앞에서 폭탄을 분당 500회 정도의 역회전을 시켜 투하했다. 폭탄은 수면을 몇 번 튕겨 나간 다음 의도한 대로 정확히 댐 바로 밑에서 폭발했다.

이러한 물수제비 원리가 응용된 것이 성층권 비행기 연구다. 즉, 이륙 후 약 40km 상공의 성층권까지 비행기가 올라가서 엔진을 끄면 아래로 떨어지다가 밀도가 높은 대기층을 만나 물수제비처럼 튕겨 오르게 된다. 이때 엔진을 다시 점화해 성층권까지 올라갔다가 또 다시 아래로 떨어지면서 대기층을 튕겨 가는 방식을 되풀이한다. 과학자들은 비행기가 이런 식으로 18번의 물수제비를 뜨면 시카고에서 로마까지 72분에 갈 수 있을 것으로 기대하고 있다. 과학자들은 ㉠ 우리 주변에서 흔히 보는 물수제비를 바탕으로 초고속 비행기까지 생각해 냈다. 그 통찰력이 참으로 놀랍다.

23 다음 중 윗글의 내용으로 가장 적절한 것은?

① 돌이 무거울수록 물수제비 현상은 더 잘 일어난다.
② 돌의 표면이 거칠수록 물의 표면장력은 더 커진다.
③ 돌을 회전시켜 던지면 공기 저항을 최소화할 수 있다.
④ 돌의 중력이 크면 클수록 물수제비 현상이 잘 일어난다.
⑤ 수면에 부딪친 돌의 운동에너지가 유지되어야 물수제비가 일어난다.

PART 3

24 다음 중 밑줄 친 ㉠과 유사한 사례로 볼 수 없는 것은?

① 프리즘을 통해 빛이 분리되는 것을 알고 무지개 색을 규명해냈다.
② 새가 날아갈 때 날개에 양력이 생김을 알고 비행기를 발명하게 되었다.
③ 푸른곰팡이에 세균을 죽이는 성분이 있음을 알고 페니실린을 만들어냈다.
④ 물이 넘치는 것을 통해 부력이 존재함을 알고 거대한 유조선을 바다에 띄웠다.
⑤ 수증기가 올라가는 현상을 통해 공기가 데워지면 상승한다는 것을 알고 열기구를 만들었다.

※ I공사에서 일하는 A씨는 해외 출장을 앞두고 출장지의 항공사 초과수하물 규정을 찾아보았다. 다음 자료를 보고 이어지는 질문에 답하시오. **[25~26]**

〈미주 출발 · 도착 초과수하물 규정〉

- 무료 허용량
  - 기내수하물 : 12kg(초과 불가능)
  - 위탁수하물 : 각 20kg, 최대 2개

구분	위탁 수하물 1개 초과 시	21 ~ 34kg	35 ~ 45kg	45kg 초과
초과요금	개당 20만 원	15만 원	20만 원	불가능

〈유럽 출발 · 도착 초과수하물 규정〉

- 무료 허용량
  - 기내수하물 : 8kg(초과 불가능)
  - 위탁수하물 : 23kg, 최대 1개

구분	위탁 수하물 1개 초과 시	24 ~ 34kg	35 ~ 45kg	45kg 초과
초과요금	개당 15만 원	15만 원	23만 원	불가능

25 A씨의 출장지가 미국에서 유럽으로 바뀌었다. 수하물의 총무게와 가방 무게가 변함이 없다고 한다면 유럽으로 보내는 수하물 요금과 미국으로 보내는 수하물 요금의 차이는 얼마인가?(단, 둘 다 최저요금으로 산정한다)

① 10만 원
② 13만 원
③ 15만 원
④ 18만 원
⑤ 20만 원

26 미국 출장을 가는 A씨의 가방 무게는 기내용 1kg과 위탁용 각각 3kg, 4kg이고, 가방 무게를 제외한 짐의 총무게는 60kg이다. 다음 중 가장 저렴한 가격으로 짐을 나누어 보내는 방법이 바르게 연결된 것은?(단, 짐은 1kg 단위로 나누며, 가방의 용량은 고려하지 않는다)

	기내용 1kg	위탁용 3kg	위탁용 4kg
①	10kg	33kg	17kg
②	10kg	18kg	32kg
③	11kg	29kg	20kg
④	11kg	33kg	16kg
⑤	11kg	20kg	29kg

27 다음 〈조건〉을 참고할 때, 옳은 것은?

조건

- 분야별 인원 구성
  - A분야 : a(남자), b(남자), c(여자)
  - B분야 : 가(남자), 나(여자)
  - C분야 : 갑(남자), 을(여자), 병(여자)
- 4명씩 나누어 총 2팀(1팀, 2팀)으로 구성한다.
- 같은 분야의 같은 성별인 사람은 한 팀에 들어갈 수 없다.
- 각 팀에는 분야별로 적어도 한 명 이상이 들어가야 한다.
- 한 분야의 모든 사람이 한 팀에 들어갈 수 없다.

① 갑과 을이 한 팀이 된다면 가와 나도 한 팀이 될 수 있다.
② 4명으로 나뉜 두 팀에는 남녀가 각각 2명씩 들어간다.
③ a가 1팀으로 간다면 c는 2팀으로 가야 한다.
④ 가와 나는 한 팀이 될 수 없다.
⑤ C와 갑은 한 팀이 될 수 있다.

PART 3

28 I기업에서는 냉방 효율을 위하여 층별 에어컨 수와 종류를 조정하고자 한다. 판매하는 구형 에어컨과 구입하는 신형 에어컨의 수를 최소화하려고 할 때, 에어컨을 사고팔 때 드는 비용은 얼마인가?

〈냉방 효율 조정 방안〉

구분	조건	미충족 시 조정 방안
1	층별 전기료 월 75만 원 미만	구형 에어컨을 판매해 조건 충족
2	층별 구형 에어컨 대비 신형 에어컨 비율 $\frac{1}{2}$ 이상 유지	신형 에어컨을 구입해 조건 충족

※ 구형 에어컨 1대 전기료는 월 5만 원이고, 신형 에어컨 1대 전기료는 월 3만 원임
※ 구형 에어컨 1대 중고 판매가는 10만 원이고, 신형 에어컨 1대 가격은 50만 원임
※ 조건과 조정 방안은 1번부터 적용함

〈층별 냉방시설 현황〉

(단위 : 대)

구분	1층	2층	3층	4층	5층
구형	10	13	15	11	12
신형	4	5	7	6	5

① 50만 원
② 55만 원
③ 60만 원
④ 70만 원
⑤ 80만 원

29 I기업의 5명의 직원들(과장 1명, 대리 2명, 사원 2명)이 10월 중에 연차를 쓰려고 한다. 다음 〈조건〉을 참고하여 직원들이 나눈 대화 중 옳지 않은 말을 한 사람을 모두 고르면?

> A과장 : 난 9일에 시골로 내려가야 해서 10일에 쓰려고 하네. 나머지 사람들은 그날 제외하고 서로 조율해서 신청하면 좋겠네.
> A대리 : 저는 18 ~ 19일에 교육받으러 갈 예정입니다. 그리고 그 다음 주 수요일 날 연차 쓰겠습니다. 그럼 저 교육받는 주에 다른 사람 2명이 신청 가능할 것 같은데요.
> A사원 : 오, 그럼 제가 15일에 쓰겠습니다.
> B대리 : 저는 연이어서 16일에 신청할 수 없으니까 17일에 쓰고, 교육은 11 ~ 12일에 받겠습니다.
> B사원 : 저만 정하면 끝나네요. 2일로 하겠습니다.

조건

- 연차는 하루이다.
- 10월 1일은 월요일이며, 3일과 9일은 공휴일이다.
- 대리는 교육을 신청한 주에 연차를 신청할 수 없다.
- 같은 주에 3명 이상 교육 및 연차를 신청하면 안 된다.
- 워크숍은 5주차 월요일, 화요일이다.
- 연차는 연이어 쓸 수 없다.
- 대리급 교육은 매주 이틀 동안 목 ~ 금요일에 있으며, 교육은 한 번만 받으면 된다.
- 연차와 교육 신청 순서는 대화 내용에서 말한 차례대로 적용한다.

① A과장, A대리　　② A대리, B대리
③ B대리, A사원　　④ A사원, B사원
⑤ B사원, B대리

30 김과장은 9월 3일 일요일부터 2주 동안 미얀마, 베트남, 캄보디아의 해외지사를 방문한다. 원래는 모든 일정이 끝난 9월 14일에 입국 예정이었으나, 현지 사정에 따라 일정이 변경되어 9월 15일 23시에 모든 일정이 마무리된다는 것을 출국 3주 전인 오늘 알게 되었다. 이에 따라 다음 자료를 바탕으로 가장 효율적인 항공편을 다시 예약하려고 한다. 어떤 항공편을 이용해야 하며, 취소 수수료를 포함하여 드는 총비용은 얼마인가?(단, 늦어도 9월 16일 자정까지는 입국해야 하며, 비용에 상관없이 비행시간이 적게 걸릴수록 효율적이다)

◆ 해외지점 방문 일정

대한민국 인천 → 미얀마 양곤(M지사) → 베트남 하노이(V지사) → 베트남 하노이(H지사) → 캄보디아 프놈펜(P지사) → 대한민국 인천

※ 마지막 날에는 프놈펜 ◇◇호텔에서 지사장과의 만찬이 있음

◆ 항공권 취소 수수료

구분	출발 전 50일 ~ 31일	출발 전 30일 ~ 21일	출발 전 20일 ~ 당일 출발	당일 출발 이후 (No – Show)
일반운임	13,000원	18,000원	23,000원	123,000원

◆ 항공편 일정

• 서울과 프놈펜의 시차는 2시간이며, 서울이 더 빠르다.

• 숙박하고 있는 프놈펜 ◇◇호텔은 공항에서 30분 거리에 위치하고 있다.

항공편	출발	도착	비용	경유 여부
	PNH, 프놈펜 (현지 시각 기준)	ICN, 서울 (현지 시각 기준)		
103	9/16 11:10	9/17 07:10	262,500원	1회 쿠알라룸푸르
150	9/16 18:35	9/17 07:10	262,500원	1회 쿠알라룸푸르
300	9/16 06:55	9/16 16:25	582,900원	1회 호치민
503	9/16 23:55	9/17 07:05	504,400원	직항
402	9/16 14:30	9/17 13:55	518,100원	1회 광저우
701	9/16 08:00	9/16 22:10	570,700원	2회 베이징 경유, 광저우 체류

① 503 항공편, 522,400원

② 300 항공편, 600,900원

③ 503 항공편, 527,400원

④ 300 항공편, 605,900원

⑤ 503 항공편, 600,900원

31 다음 글을 읽고 알 수 있는 내용으로 적절하지 않은 것은?

지금 인류문명에 새로운 시대가 다가오고 있다. 인공지능, 사물인터넷(IoT), 증강현실(AR) 등 그간 경험하지 않은 신기술이 출현하고 있다. 인간의 역할과 삶의 방식, 사회경제시스템, 산업구조 등을 근본적으로 바꿀 기술이다. 4차 산업혁명은 먼 미래가 아니라 이미 현실화되고 있다. 2016년 겪었던 '알파고 쇼크'는 4차 산업혁명이 가져올 변화의 위력을 보여준 사례이다.
교통 부문도 4차 산업혁명과 무관하지 않다. 교통수단・서비스・운영 등을 혁신할 신 교통기술이 출현하고 있다. 자율주행자동차와 같이 상상이 현실이 되고 있고, 하이퍼루프(Hyperloop)처럼 항공기보다 월등히 빠른 초고속 교통수단이 개발 중이다. 신 교통기술의 등장으로 교통체계, 이동행태, 운수산업, 교통안전 등은 급속한 변화가 예상된다.
4차 산업혁명과 신 교통기술이 가진 산업적 의미와 국가 발전에 미치는 영향에 관해 연구할 것이다. 1차 산업혁명의 진행 과정에서 교통 부문이 중요한 변화를 이끌었다. 증기・가솔린 자동차, 증기기관차, 동력비행기 등 이전 시기에 없던 신 교통기술이 등장했기 때문이다. 신 교통기술은 산업 측면에서 중요한 의미가 있다. 자동차・철도・항공기산업 등 이전 시기에 없던 신산업이 등장하는 계기가 됐다는 것이다. 그 후 신산업은 20세기를 대표하는 주류산업으로 발전했다. 신 교통기술이 교통 부문의 혁신에 한정되지 않고 산업구조 변화와 신산업 발전에 중요한 역할을 한 것이다.
현재 4차 산업혁명의 진행 상황은 1차 산업혁명과 유사하다. 4차 산업혁명을 대표하는 주요 신기술인 자율주행 자동차, 드론, 하이퍼루프 등이 교통 부문과 관련이 있다. 1차 산업혁명 때 증기・가솔린 자동차, 증기기관차, 동력비행기 등 교통 부문에서 신기술이 개발된 것과 같다. 더욱이 신 교통기술이 도로・철도・항공 부문을 중심으로 등장한다는 점도 1차 산업혁명과 마찬가지다.
1차 산업혁명의 진행 과정에 비추어 볼 때, 4차 산업혁명에서도 신산업이 출현할 것으로 예상된다. 드론, 자율주행 자동차, 하이퍼루프 등은 기존에 없던 신 교통기술이기 때문이다. 신산업으로 발전할 수 있고 21세기 주류산업으로 성장할 가능성이 크다. 그래서 자동차・철도 등과 전혀 관련이 없던 업체들이 신 교통기술 사업에 진출하여 개발을 주도하고 있다. 그만큼 신 교통기술이 가진 산업적 가치와 파급력을 주목하고 있다는 것이다. 따라서 신 교통기술의 산업적 의미와 국가 발전에 미치는 영향에 관한 연구가 필요하고 중요하다.
이처럼 파급력이 크고 폭넓기 때문에 신 교통기술이 가져올 변화에 대한 검토가 필요하다. 4차 산업혁명의 진행과 신 교통기술의 출현에 대비하는 전략으로 마련한 것이 바로 '국가 미래교통 전략 2050' 보고서다. 국가 차원의 미래전략을 수립하는 목적은 4차 산업혁명의 진행과 신 교통기술의 출현을 도전의 기회로 삼고, 4차 교통혁명 시대를 선도하기 위함이다. 이를 위해 한국뿐 아니라 글로벌 차원에서 사회경제・교통물류 부문의 메가트렌드를 분석할 것이며, 미래의 교통물류 미래상을 구상하고 그 영향에 관해 제시할 것이다. 또한 미래변화에 대비한 정책 방향, 추진과제, 관련 법・제도 정비 그리고 추진계획도 포함한다.

① 국가 차원의 미래전략 수립의 목적
② 신 교통기술에 대비하기 위한 세부전략
③ 1차 산업혁명과 4차 산업혁명의 유사점
④ 4차 산업혁명으로 인한 위력적인 변화 사례
⑤ '국가 미래교통 전략 2050' 보고서 작성 방향

32 다음은 신문 기사의 일부분이다. 이 기사에서 틀린 글자는 몇 개인가?

◆ **농업계 염원 외면한 정부**

농축산물은 법 적용에서 제외하거나 적용 기준을 완화해주길 바랐던 농축산물 유통업계는 실망감을 감추지 못했다.

특히 올 추석 경기는 김영란법 시행 이후 전개될 업계판도를 가능해볼 수 있는 축소판이라고 입을 모은다. 법 시행 이전임에도 농축산물 소비가 크게 위축된 만큼 본격적으로 법이 시행되면 농축산업계 피해는 더욱 커질 것이라는 전망을 내놓고 있다.

서울 가락동 농수산물도매시장의 한 중도매인은 "최근 5년 동안 올해만큼 과일 선물 세트 판매가 힘들기는 처음인 것 같다."며 "김영란법 시행을 앞두고 수년 전부터 꾸준히 거래했던 기업의 발주 물량이 크게 줄었다."고 분위기를 전하며 망연자실한 표정이다.

N기업 마케팅본부장은 시행령 상한액 기준을 전했다.

농업계는 특히 김영란법이 고품질 농축산물 소비를 위축시키고, 농축산물 판매 가격 상승폭을 제한하는 가이드라인으로 작용할 가능성이 크다고 우려한다. 선물 기준 가액이 5만 원으로 정해진 만큼 비교적 고가로 판매되는 친환경 농산물이나 농산물 우수 관리(GAP) 인증 농산물의 판매 위축은 물론 5만 원 이하 맞춤형 저가 상품 판매 확대에 따른 가격 상승폭 제한은 불가피하다는 것이다.

◆ **사면초가에 빠진 인삼 · 화훼업계**

김영란법 시행의 최대 피해 품목으로 꼽히는 인삼 · 화훼업계는 "5만 원 이하의 저가 제품 구성을 늘릴 수밖에 없다."며 "저가 제품은 인삼 함유량이 10% 이하에 불과해 인삼 소비에 악영향을 미칠 것"이라고 우려했다.

화훼 유통업계는 경조사용 소비의 비중이 80% 이상을 차지해 타격이 더욱 클 것이란 전망이다. 화훼의 경우 시행령에서 경조사용 화환은 경조사비(10만 원), 승진 축하용 난은 선물(5만 원)에 해당한다. 화훼 유통업체인 F기업 대표는 "화환은 부주금을 포함하면 10만 원이 넘기 때문에 사실상 거래가 어렵다."며 "난도 저가의 품종은 5만 원 정도이지만 선물용으로서의 가치가 떨어진다."고 말했다. 그러면서 "법이 시행되면 꽃 선물이 금기시되면서 화훼업이 붕괴될 것"이라고 한숨을 내쉬었다.

① 1개　　② 2개
③ 3개　　④ 4개
⑤ 5개

PART 3

※ 다음 프로그램을 보고 이어지는 질문에 답하시오. **[33~34]**

```
#include <stdio.h>

void main()
{
  while (i>0)
    i++;
  printf("%d", i);
}
```

33 다음 중 위 프로그램에서 정상적으로 출력하기 위해 변수 i를 정의한 식으로 옳은 것은?

① int i=1;
② int i++=1;
③ int i=0;
④ int i++=0;
⑤ int i−=0;

34 다음 중 변수 i를 33번과 같이 정의하고 프로그램을 실행하였을 때 출력되는 값으로 옳은 것은?

① −1
② 1
③ 0
④ 2
⑤ −2

35 I공사는 우리나라 사람들의 해외취업을 돕기 위해 박람회를 열고자 한다. 〈조건〉이 다음과 같을 때, I공사가 박람회 장소로 선택할 나라는?

조건

1. I공사의 해외 EPS센터가 있는 나라여야 한다.
   - 해외 EPS센터(15개국) : 필리핀, 태국, 인도네시아, 베트남, 스리랑카, 몽골, 우즈베키스탄, 파키스탄, 캄보디아, 중국, 방글라데시, 키르기스스탄, 네팔, 미얀마, 동티모르
2. 100개 이상의 한국 기업이 진출해 있어야 한다.

〈국가별 상황〉

국가	경쟁력	비고
인도네시아	한국 기업이 100개 이상 진출해 있으며, 안정적인 정치 및 경제 구조를 가지고 있다.	두 번의 박람회를 열었으나 실제 취업까지 연결되는 성과가 미미하였다.
아랍에미리트	UAE 자유무역지역에 다양한 다국적 기업이 진출해 있다.	석유가스산업, 금융산업에는 외국 기업의 진출이 불가하다.
중국	한국 기업이 170개 이상 진출해 있으며, 현지 기업의 80% 이상이 우리나라 사람의 고용을 원한다.	중국 청년의 실업률이 높아 사회문제가 되고 있다.
미얀마	약 2,500명의 한인이 거주 중이며, 한류 열풍이 거세게 불고 있다.	내전으로 우리나라 사람들의 치안이 보장되지 않는다.
베트남	여성의 사회 진출률이 높고, 정치·경제·사회 등 각 분야에서 많은 여성이 활약 중이다.	한국 기업 진출을 위한 인프라 구축이 잘 되어 있다.

① 인도네시아
② 아랍에미리트
③ 중국
④ 미얀마
⑤ 베트남

PART 3

36 다음은 미국이 환율조작국을 지정하기 위해 만든 요건별 판단기준과 A ~ K국의 2024년 자료이다. 이에 대한 설명으로 옳은 것을 〈보기〉에서 모두 고르면?

〈요건별 판단기준〉

요건	X	Y	Z
	현저한 대미무역수지 흑자	상당한 경상수지 흑자	지속적 환율시장 개입
판단기준	대미무역수지 200억 달러 초과	GDP 대비 경상수지 비중 3% 초과	GDP 대비 외화자산순매수액 비중 2% 초과

※ 요건 중 세 가지를 모두 충족하면 환율조작국으로 지정됨

※ 요건 중 두 가지만을 충족하면 관찰대상국으로 지정됨

〈2024년 환율조작국 지정 관련 자료〉

(단위 : 10억 달러, %)

구분	대미무역수지	GDP 대비 경상수지 비중	GDP 대비 외화자산순매수액 비중
A국	365.7	3.1	−3.9
B국	74.2	8.5	0.0
C국	68.6	3.3	2.1
D국	58.4	−2.8	−1.8
E국	28.3	7.7	0.2
F국	27.8	2.2	1.1
G국	23.2	−1.1	1.8
H국	17.6	−0.2	0.2
I국	14.9	−3.3	0.0
J국	14.9	14.6	2.4
K국	−4.3	−3.3	0.1

보기

㉠ 환율조작국으로 지정되는 국가는 없다.

㉡ B국은 X요건과 Y요건을 충족한다.

㉢ 관찰대상국으로 지정되는 국가는 모두 4개이다.

㉣ X요건의 판단기준을 '대미무역수지 200억 달러 초과'에서 '대미무역수지 150억 달러 초과'로 변경하여도 관찰대상국 및 환율조작국으로 지정되는 국가들은 동일하다.

① ㉠, ㉡　　② ㉠, ㉢

③ ㉡, ㉣　　④ ㉠, ㉢, ㉣

⑤ ㉡, ㉢, ㉣

37 다음은 도서코드(ISBN)에 대한 자료이다. 이를 참고할 때, 주문한 도서에 대한 설명으로 옳은 것은?

〈[예시] 도서코드(ISBN)〉

국제표준도서번호					부가기호		
접두부	국가번호	발행자번호	서명식별번호	체크기호	독자대상	발행형태	내용분류
123	12	1234567		1	1	1	123

※ 국제표준도서번호는 5개의 군으로 나누어지고 각 군마다 '–'로 구분함

〈도서코드(ISBN) 세부사항〉

접두부	국가번호	발행자번호	서명식별번호	체크기호
978 또는 979	한국 89 미국 05 중국 72 일본 40 프랑스 22	발행자번호 – 서명식별번호 7자리 숫자 예 8491 – 208 : 발행자번호가 8491번인 출판사에서 208번째 발행한 책		0 ~ 9

독자대상	발행형태	내용분류
0 교양	0 문고본	030 백과사전
1 실용	1 사전	100 철학
2 여성	2 신서판	170 심리학
3 (예비)	3 단행본	200 종교
4 청소년	4 전집	360 법학
5 중고등 학습참고서	5 (예비)	470 생명과학
6 초등 학습참고서	6 도감	680 연극
7 아동	7 그림책, 만화	710 한국어
8 (예비)	8 혼합자료, 점자자료, 전자책, 마이크로자료	770 스페인어
9 전문	9 (예비)	740 영미문학
		720 유럽사

〈주문도서〉

978 – 05 – 441 – 1011 – 3　14710

① 한국에서 출판한 도서이다.

② 441번째 발행된 도서이다.

③ 발행자번호는 총 7자리이다.

④ 한 권으로만 출판되지는 않았다.

⑤ 한국어로 되어 있다.

PART 3

38 애플리케이션을 개발 중인 I기업은 올해 새로 개발 중인 애플리케이션에 대한 영향도를 평가하고자 한다. 다음 애플리케이션 영향도 판단 기준을 참고할 때, 〈보기〉의 애플리케이션에 대한 판단 (A), (B)의 영향도 값이 바르게 연결된 것은?

〈애플리케이션 영향도 판단 기준〉

보정요소		판단기준	영향도
분산처리	애플리케이션이 구성요소 간에 데이터를 전송하는 정도	분산처리에 대한 요구사항이 명시되지 않음	0
		클라이언트 / 서버 및 웹 기반 애플리케이션과 같이 분산처리와 자료 전송이 온라인으로 수행됨	1
		애플리케이션상의 처리기능이 여러 개의 서버 또는 프로세서상에서 동적으로 상호수행됨	2
성능	응답시간 또는 처리율에 대한 사용자 요구 수준	성능에 대한 특별한 요구사항이나 활동이 명시되지 않으며, 기본적인 성능이 제공됨	0
		응답시간 또는 처리율이 피크타임 또는 모든 업무시간에 중요하고, 연동 시스템의 처리 마감시간에 대한 제한이 있음	1
		성능 요구사항을 만족하기 위해 설계 단계에서부터 성능 분석이 요구되거나, 설계·개발·구현 단계에서 성능 분석도구가 사용됨	2
신뢰성	장애 시 미치는 영향의 정도	신뢰성에 대한 요구사항이 명시되지 않으며, 기본적인 신뢰성이 제공됨	0
		고장 시 쉽게 복구가능한 수준의 약간 불편한 손실이 발생함	1
		고장 시 복구가 어려우며, 재정적 손실이 많이 발생하거나, 인명피해 위험이 있음	2
다중 사이트	상이한 하드웨어와 소프트웨어 환경을 지원하도록 개발되는 정도	설계 단계에서 하나의 설치 사이트에 대한 요구사항만 고려되며, 애플리케이션이 동일한 하드웨어 또는 소프트웨어 환경하에서만 운영되도록 설계됨	0
		설계 단계에서 하나 이상의 설치 사이트에 대한 요구사항만 고려되며, 애플리케이션이 유사한 하드웨어 또는 소프트웨어 환경하에서만 운영되도록 설계됨	1
		설계 단계에서 하나 이상의 설치 사이트에 대한 요구사항만 고려되며, 애플리케이션이 상이한 하드웨어 또는 소프트웨어 환경하에서만 운영되도록 설계됨	2

보기

(A) 애플리케이션의 응답시간에 대한 사용자 요구 수준을 볼 때, 기본적인 성능이 잘 제공되는 것으로 판단된다. 그러나 고장 시 불편한 손실이 발생되며, 다행히 쉽게 복구는 가능하다. 설계 단계에서 하나 이상의 설치 사이트에 대한 요구사항이 고려되고, 유사한 하드웨어나 소프트웨어 환경하에서만 운영되도록 설계되었다. 그리고 데이터를 전송하는 정도를 보면 분산처리에 대한 요구사항이 명시되지 않은 것으로 판단된다.

(B) 애플리케이션에서 발생할 수 있는 장애에 있어서는 기본적인 신뢰성이 제공된다. 응답시간 또는 처리율이 피크타임에 중요하며, 애플리케이션의 처리기능은 여러 개의 서버상에서 동적으로 상호수행된다. 그리고 이 애플리케이션은 동일한 소프트웨어 환경하에서만 운영되도록 설계되었다.

	(A)의 영향도	(B)의 영향도
①	2	1
②	3	2
③	2	3
④	3	4
⑤	2	5

39 **다음 시트에서 근속연수가 4년 초과인 사람은 승진에 해당하고 이하인 경우 비해당일 때, [F2] 셀에 입력해야 할 수식으로 옳은 것은?**

	A	B	C	D	E	F
1	이름	나이	성별	직함	근속연수	승진
2	이병규	36	남	과장	5	해당
3	오지은	31	여	대리	3	비해당
4	박연수	28	여	주임	5	해당
5	정성환	26	남	사원	3	비해당
6	박지윤	28	여	주임	2	비해당
7	유지원	49	여	차장	6	해당
8	김응수	51	남	부장	7	해당
9	문선윤	39	남	과장	8	해당

① =COUNTIF(E2:E9,“>4”,“해당”,“비해당”)

② =IF(A1:39>4,“해당”)

③ =SUMIF(E2>4,“해당”,“비해당”)

④ =IF(E2>4,“해당”,“비해당”)

⑤ =COUNTIF(E2:E9,“>4”,“해당”,“비해당”)

40 다음 중 왼쪽 워크시트 [A1:C8] 영역에 오른쪽과 같이 규칙의 조건부 서식을 적용할 때, 지정된 서식이 적용되는 셀의 개수는?(단, 조건부 서식 규칙에서 규칙 유형 선택을 '고유 또는 중복 값만 서식 지정'으로 설정한다)

	A	B	C
1	성명	워드1급	컴활1급
2	김홍인	합격	불합격
3	최석우	불합격	불합격
4	김지혜	불합격	합격
5	홍윤진	합격	불합격
6	전민경	합격	합격
7	이애리	합격	합격
8	한미리	불합격	불합격

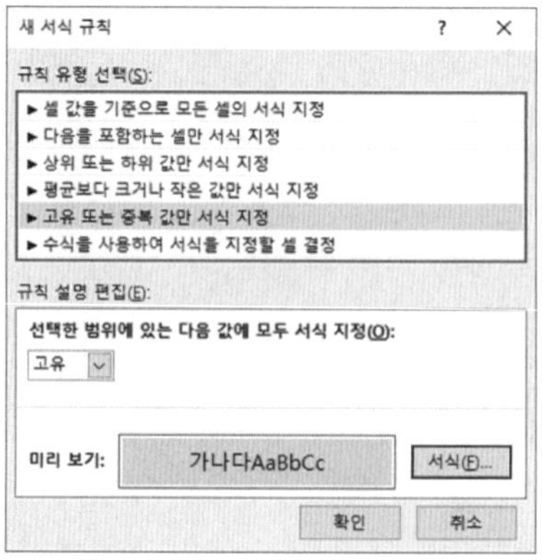

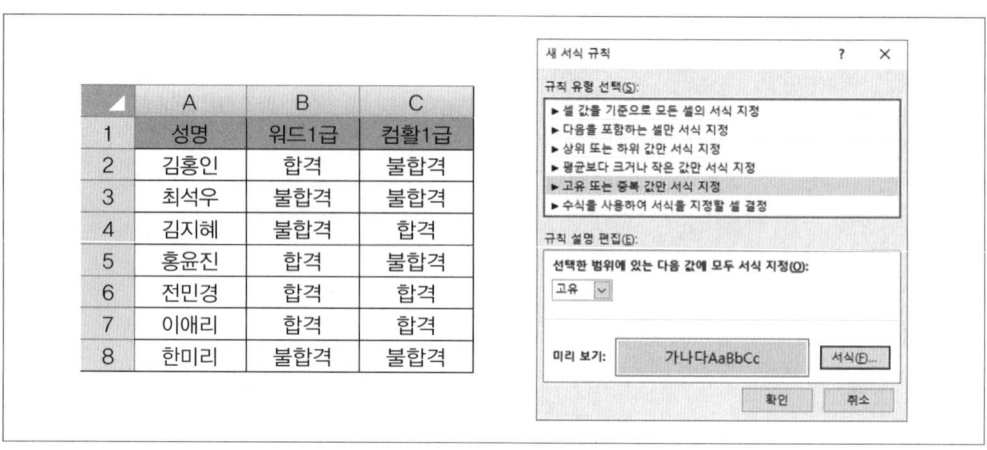

① 2개
② 7개
③ 10개
④ 12개
⑤ 24개

41 다음은 우편 매출액에 대한 자료이다. 이에 대한 설명으로 옳지 않은 것은?

〈우편 매출액〉

(단위 : 만 원)

구분	2020년	2021년	2022년	2023년	2024년				
					소계	1분기	2분기	3분기	4분기
일반통상	11,373	11,152	10,793	11,107	10,899	2,665	2,581	2,641	3,012
특수통상	5,418	5,766	6,081	6,023	5,946	1,406	1,556	1,461	1,523
소포우편	3,390	3,869	4,254	4,592	5,017	1,283	1,070	1,292	1,372
합계	20,181	20,787	21,128	21,722	21,862	5,354	5,207	5,394	5,907

① 매년 매출액이 가장 높은 분야는 일반통상 분야이다.
② 1년 집계를 기준으로 매년 매출액이 꾸준히 증가하고 있는 분야는 소포우편 분야뿐이다.
③ 2024년 1분기 특수통상 분야의 매출액이 차지하고 있는 비율은 20% 이상이다.
④ 2024년 소포우편 분야의 2020년 대비 매출액 증가율은 70%p 이상이다.
⑤ 2023년에는 일반통상 분야의 매출액이 전체의 50% 이상을 차지하고 있다.

42 다음은 인천국제공항의 연도별 세관물품 신고 수에 대한 자료이다. 〈조건〉을 토대로 A ~ D에 들어갈 물품을 바르게 연결한 것은?

〈연도별 세관물품 신고 수〉

(단위 : 만 건)

구분	2020년	2021년	2022년	2023년	2024년
A	3,245	3,547	4,225	4,388	5,026
B	2,157	2,548	3,233	3,216	3,546
C	3,029	3,753	4,036	4,037	4,522
D	1,886	1,756	2,013	2,002	2,135

조건

㉠ 담배류와 주류의 세관물품 신고 수는 2021 ~ 2024년에 전년 대비 매년 증가하였다.
㉡ 가전류는 2020 ~ 2024년 세관물품 중 신고 수가 가장 적었다.
㉢ 주류는 전년 대비 2021년 세관물품 신고 수 증가율이 가장 높았다.
㉣ 잡화류의 전년 대비 2021 ~ 2024년 신고 수는 한 번 감소하였다.

	A	B	C	D
①	담배류	주류	잡화류	가전류
②	주류	잡화류	가전류	담배류
③	잡화류	가전류	담배류	주류
④	주류	잡화류	담배류	가전류
⑤	담배류	잡화류	주류	가전류

※ 다음은 국민임대 분양가이드의 일부를 발췌한 자료이다. 이어지는 질문에 답하시오. [43~44]

■ 입주자 선정 순서 : 순위 → 배점 → 추첨

■ 입주자 선정 순위

구분	선정 기준
전용면적 50m² 미만	• 제1순위 : 해당 주택이 건설되는 시 · 군 · 자치구에 거주하는 자 • 제2순위 : 해당 주택이 건설되는 시 · 군 · 자치구의 연접 시 · 군 · 자치구 중 사업 주체가 지정하는 시 · 군 · 자치구에 거주하는 자 • 제3순위 : 제1, 2순위 이외의 자 ※ 최초 입주자 모집 시에는 가구원 수별 가구당 월평균소득의 50% 이하인 세대에게 먼저 공급, 남은 주택이 있을 경우 가구원 수별 가구당 월평균소득의 50% 초과 70% 이하인 세대에게 공급
전용면적 50m² 이상 60m² 이하	• 제1순위 : 청약저축에 가입하여 24회 이상 납입한 자 • 제2순위 : 청약저축에 가입하여 6회 이상 납입한 자 • 제3순위 : 제1, 2순위 이외의 자 ※ 동일 순위에서는 해당 주택이 건설되는 시 · 군 · 자치구 거주자에게 우선 공급 가능
신혼부부	• 제1순위 : 혼인기간 3년 이내 • 제2순위 : 혼인기간 3년 초과 5년 이내 ※ 1, 2순위 내 경쟁 시 아래 순서대로 입주자 선정 ① 해당 주택건설지역의 거주자 ② 자녀 수가 많은 자(재혼 시 공급 신청자의 전혼 자녀 포함) ③ 자녀 수도 동일한 경우 추첨으로 입주자 선정 ※ 전용면적 50m² 이상 주택의 경우 청약저축(또는 주택청약종합저축)에 가입하여 6개월이 경과되고 매월 약정납입일에 월납입금을 6회 이상 납부한 자만 신청 가능

■ 동일 순위 경쟁 시 배점 기준

구분	배점 기준
① 세대주(신청인) 나이	• 50세 이상(3점) • 40세 이상(2점) • 30세 이상(1점)
② 부양가족 수(공급 신청자 제외, 태아 포함)	• 3인 이상(3점) • 2인(2점) • 1인(1점)
③ 해당 주택건설지역 거주기간	• 5년 이상(3점) • 3년 이상 5년 미만(2점) • 1년 이상 3년 미만(1점)
④ 만 65세 이상 직계존속(배우자의 직계존속 포함) 1년 이상 부양자	• 3점
⑤ 미성년 자녀 수(태아를 포함한 만 19세 미만 자녀의 수)	• 3자녀 이상(3점) • 2자녀(2점)
⑥ 청약저축 납입 횟수	• 60회 이상(3점) • 48회 이상 60회 미만(2점) • 36회 이상 48회 미만(1점)

43 다음 중 자료에 대한 설명으로 옳지 않은 것은?

① 전용면적 50m^2 이상인 경우 동일 순위일 시 해당 주택건설지역에 거주하는 자는 우선순위로 선정된다.

② 월평균소득이 낮을수록, 청약저축 납입회차가 많을수록 선정될 확률이 높다.

③ 동일 면적을 신청한 혼인기간이 5년 이내인 신혼부부들은 신청일이 빠를수록 선정될 확률이 높다.

④ 전용면적이 가장 작은 곳의 경우, 최초 입주자 모집 시 경제적으로 어려운 사람일수록 선정될 확률이 높다.

⑤ 재혼을 한 신혼부부의 경우 동순위 경쟁 시 전혼 관계의 자녀 수도 고려된다.

44 입주자 선정 기준을 근거로 할 때, 다음 중 우선순위로 선정될 사람은?(단, 모두 전용면적 50m^2 이상 60m^2 이하의 주택에 입주 신청을 한다)

① 어려서부터 해당 지역에 거주했으며, 청약을 50회 납입하였고 처음 내 집 마련을 하려는 29세의 미혼인 A씨

② 청약 납입 횟수가 38회이며 65세 이상 노부모(1년 이상 부양)와 두 성인 자녀, 전업주부 배우자를 둔 외지 출신 49세 B씨

③ 해당 지역 거주 20년차이며, 청약저축 가입 기간이 3년, 납입 30회인 70세 이상의 노부부

④ 청약 가입 기간 5년 차이며, 납입 23회인 지방에서 거주하다 해당 지역에 입주 신청을 한 3명의 초등학생을 둔 40세 C씨

⑤ 배점 기준 ③, ⑥의 최고점자이며, 배우자와 성인 아들을 부양하는 53세 D씨

PART 3

45 다음 글의 빈칸에 들어갈 말로 가장 적절한 것은?

몰랐지만 넘겨짚어 시험의 정답을 맞힌 경우와 제대로 알고 시험의 정답을 맞힌 경우를 구별할 수 있을까? 또 무작정 외워서 쓴 경우와 제대로 이해하고 쓴 경우는 어떤가? 전자와 후자는 서로 다르게 평가받아야 할까, 아니면 동등한 평가를 받아야 할까?

선택형 시험의 평가는 오로지 답안지에 표기된 선택지가 정답과 일치하는가의 여부에만 달려 있다. 이는 위의 첫 번째 물음이 항상 긍정으로 대답되지는 않으리라는 사실을 말해준다. 그러나 만일 시험관에게 답안지를 놓고 응시자와 면담할 기회가 주어진다면, 시험관은 응시자에게 정답지를 선택한 근거를 물음으로써 그가 문제에 관해 올바른 정보와 추론 능력을 가지고 있는지 검사할 수 있을 것이다. 예를 들어 한 응시자가 '대한민국의 수도가 어디냐?'는 물음에 대해 '서울'이라고 답했다고 하자. 그렇게 답한 이유가 단지 '부모님이 사시는 도시라 이름이 익숙해서'였을 뿐, 정작 대한민국의 지리나 행정에 관해서는 아는 바 없다는 사실이 면접을 통해 드러났다. 이 경우에 시험관은 이 응시자가 대한민국의 수도에 관한 올바른 정보를 갖고 있다고 인정하기 어려울 것이다. 이 예는 응시자가 올바른 답을 제시하는 데 필요한 정보가 부족한 경우이다.

그렇다면 어떤 사람이 문제의 올바른 답을 추론해내는 데 필요한 모든 정보를 갖고 있었고 실제로도 정답을 제시했다고 해서, 그가 문제에 대한 올바른 추론 능력을 가지고 있다고 할 수 있는가? 어느 도난사건을 함께 조사한 홈즈와 왓슨이 사건의 모든 구체적인 세부사항, 예컨대 범행 현장에서 발견된 흙발자국의 토양 성분뿐 아니라 올바른 결론을 내리는 데 필요한 모든 일반적 정보, 예컨대 영국의 지역별 토양의 성분에 관한 정보 등을 똑같이 갖고 있었고, 실제로 동일한 용의자를 범인으로 지목했다고 하자. 이 경우 두 사람의 추론을 동등하게 평가해야 하는가? 그렇지 않다.

만약 왓슨이 모든 정보를 완비하고 있었음에도 불구하고, 이름에 들어가는 모음의 수가 가장 적다는 엉터리 이유로 범인을 지목했다고 하자. 이런 경우에도 우리는 왓슨의 추론에 박수를 보낼 수 있을까? 아니다. 왜냐하면 ______________________

① 왓슨은 일반적으로 타당한 개인적 경험을 토대로 추론했기 때문이다.

② 왓슨은 올바른 추론의 방법을 알고 있음에도 불구하고 요행을 우선시했기 때문이다.

③ 왓슨은 추론에 필요한 전문적인 훈련을 받지 못해서 범인을 잘못 골랐기 때문이다.

④ 왓슨은 올바른 추론에 필요한 정보를 가지고 있긴 했지만 그 정보와 무관하게 범인을 지목했기 때문이다.

⑤ 왓슨은 올바른 추론에 필요한 논리적 능력은 갖추고 있음에도 불구하고 범인을 추론하는 데 필요한 관련 정보가 부족했기 때문이다.

46 다음 글에서 ㉠～㉤의 수정 방안으로 적절하지 않은 것은?

> '오투오(O2O; Online to Off-line) 서비스'는 모바일 기기를 통해 소비자와 사업자를 유기적으로 이어주는 서비스를 말한다. 어디에서든 실시간으로 서비스가 가능하다는 편리함 때문에 최근 오투오 서비스의 이용자가 증가하고 있다. 스마트폰에 설치된 앱으로 택시를 부르거나 배달 음식을 주문하는 것 등이 대표적인 예이다.
>
> 오투오 서비스 운영 업체는 스마트폰에 설치된 앱을 매개로 소비자와 사업자에게 필요한 서비스를 ㉠ 제공받고 있다. 이를 통해 소비자는 시간이나 비용을 절약할 수 있게 되었고, 사업자는 홍보 및 유통 비용을 줄일 수 있게 되었다. 이처럼 소비자와 사업자 모두에게 경제적으로 유리한 환경이 조성되어 서비스 이용자가 ㉡ 증가함으로써, 오투오 서비스 운영 업체도 많은 수익을 낼 수 있게 되었다.
>
> ㉢ 게다가 오투오 서비스 시장이 성장하면서 여러 문제들이 발생하고 있다. ㉣ 또한 오투오 서비스 운영 업체의 경우에는 오프라인으로 유사한 서비스를 제공하는 기존 업체와의 갈등이 발생하고 있다. 소비자의 경우 신뢰성이 떨어지는 정보나 기대에 부응하지 못하는 서비스를 제공받는 사례가 늘어나고 있고, 사업자의 경우 관련 법규가 미비하여 수수료 문제로 오투오 서비스 운영 업체와 마찰이 생기는 사례도 증가하고 있다.
>
> 이를 해결하기 위해 소비자는 오투오 서비스에서 제공한 정보가 믿을 만한 것인지를 ㉤ 꼼꼼이 따져 합리적으로 소비하는 태도가 필요하고, 사업자는 수수료와 관련된 오투오 서비스 운영 업체와의 마찰을 해결하기 위한 다양한 방법을 강구해야 한다. 오투오 서비스 운영 업체 역시 기존 업체들과의 갈등을 조정하기 위한 구체적인 노력들이 필요하다.
>
> 스마트폰 사용자가 늘어나고 있는 추세를 고려할 때, 오투오 서비스 산업의 성장을 저해하는 문제점들을 해결해 나가면 앞으로 오투오 서비스 시장 규모는 더 커질 것으로 예상된다.

① ㉠ : 문맥을 고려하여 '제공하고'로 고친다.
② ㉡ : 격조사의 쓰임이 적절하지 않으므로 '증가함으로서'로 고친다.
③ ㉢ : 앞 문단과의 내용을 고려하여 '하지만'으로 고친다.
④ ㉣ : 글의 흐름을 고려하여 뒤의 문장과 위치를 바꾼다.
⑤ ㉤ : 맞춤법에 어긋나므로 '꼼꼼히'로 고친다.

47 I수건공장은 판매하고 남은 재고로 선물세트를 만들기 위해 포장을 하기로 하였다. 이때 4개씩 포장하면 1개가 남고, 5개씩 포장하면 4개가 남고, 7개씩 포장하면 1개가 남고, 8개씩 포장하면 1개가 남는다고 한다. 다음 중 가능한 재고량의 최솟값은?

① 166개
② 167개
③ 168개
④ 169개
⑤ 170개

※ 다음은 경조사 지원 규정에 따라 이번 달에 지원을 받을 임직원들의 경조사 목록이다. 자료를 토대로 이어지는 질문에 답하시오. [48~49]

〈임직원 경조사 지원 규정〉

- I기업은 임직원 경조사에 사안별로 다양한 지원을 제공한다.
- 경조사의 범위는 결혼식, 돌잔치, 장례식, 회갑, 결혼기념일, 입학 및 졸업으로 한정한다.

1. 본인의 결혼식, 자녀의 돌잔치, 부모님 회갑에는 현금과 함께 화환을 제공한다.
2. 부모의 장례식, 배우자의 장례식에는 현금과 함께 화환을 제공한다.
3. 위의 1 ~ 2항에 언급하지 않은 사안에는 화환 또는 꽃다발만 제공하는 것으로 한다.

※ I기업에 재직 중인 2인 이상이 경조사 범위(1 ~ 2항)에 관련된 경우 한 명에게는 화환이나 꽃다발을, 다른 한 명에게는 현금을 제공함

〈이번 달 임직원 경조사 목록〉

구분	경조사	비고
황지원 대리	부친 장례식	이수현 과장 배우자
최진혁 사원	조모 장례식	−
이수현 과장	장인어른 장례식	황지원 대리 배우자
김성용 부장	본인 결혼식	−
조현우 차장	자녀 돌잔치	−
이강재 대리	배우자 졸업식	최영서 사원 배우자
정우영 대리	결혼기념일	−
이미연 과장	모친 회갑	−
최영서 사원	본인 졸업식	이강재 대리 배우자

48 이번 달 임직원 경조사 목록을 참고할 때, 현금과 화환을 모두 받을 수 있는 사람은 몇 명인가?

① 1명　② 2명
③ 3명　④ 4명
⑤ 5명

49 다음 I기업 내 경조사 지원에 따른 화환 구매 규정을 토대로 화환을 받는 임직원과 화환 가격이 올바르게 묶인 것은?

〈경조사 지원에 따른 화환 구매 규정〉

- 경조사의 범위는 결혼식, 돌잔치, 장례식, 회갑, 결혼기념일, 입학 및 졸업으로 한정하며 해당 경조사에 따라 화환이나 꽃다발을 제공한다.
- 축하화환과 근조화환을 구분하여 제공하되, 경조사에 따라 아래 표에 맞는 금액의 화환 혹은 꽃다발을 제공한다.

※ I기업에 재직 중인 2인 이상이 같은 경조사 범위에 관련된 경우 화환이나 꽃다발은 1회만 제공함

〈화환 가격표〉

경조사	종류	가격
결혼식	축하화환	82,000원
장례식	근조화환	95,000원
돌잔치	축하화환	73,000원
회갑	축하화환	80,000원
결혼기념일	축하화환	79,000원
입학 및 졸업	축하화환	56,000원

① 김성용 부장 – 82,000원
② 정우영 대리 – 80,000원
③ 이미연 과장 – 95,000원
④ 최영서 사원 – 79,000원
⑤ 황지원 대리 – 56,000원

50 I공사는 한국 현지 시각 기준으로 오후 4시부터 5시까지 외국 지사와 화상 회의를 진행하려고 한다. 모든 지사는 각국 현지 시각으로 오전 8시부터 오후 6시까지 근무한다고 할 때, 다음 중 회의에 참석할 수 없는 지사는?(단, 서머타임을 시행하는 국가는 +1:00을 반영한다)

국가	시차	국가	시차
파키스탄	−4:00	불가리아	−6:00
호주	+1:00	영국	−9:00
싱가포르	−1:00	–	–

※ 오후 12시부터 1시까지는 점심시간이므로 회의를 진행하지 않음
※ 서머타임 시행 국가 : 영국

① 파키스탄 지사
② 호주 지사
③ 싱가포르 지사
④ 불가리아 지사
⑤ 영국 지사

PART 3

51 다음은 K기관에서 공지한 교육 홍보물의 내용 중 일부를 발췌한 내용이다. A사원은 상사로부터 교육 사업을 발전시키기 위해 세울 수 있는 목표와 그에 해당하는 과제를 발표하라는 과업을 받았다. 다음 중 교육 사업과 직접적인 관련이 가장 낮은 발언은?

▶ 신청 자격 : 중소기업 재직자, 중소기업 관련 협회·단체 재직자
- 성공적인 기술 연구개발을 통해 기술 경쟁력을 강화하고자 하는 중소기업
- 정부의 중소기업 지원 정책을 파악하고 국가 연구개발 사업에 신청하고자 하는 중소기업

▶ 교육비용 : 100% 무료교육(교재 및 중식 제공)

▶ 교육일자 : 모든 교육과정은 2일 16시간 과정, 선착순 60명 마감

과정명	교육내용	교육일자	교육장소	접수마감
정규(일반)	연구개발의 성공을 보장하는 R&D 기획서 작성	5.19(목) ~ 20(금)	B대학교	5.18(수)
정규(종합)	R&D 기획서 작성 및 사업화 연계	5.28(토) ~ 29(일)	○○센터	5.23(월)

※ 선착순 모집으로 접수마감일 전 정원 초과 시 조기 마감될 수 있음

▶ 본 교육과 관련하여 보다 자세한 정보를 원하시면 A사원(☎ 123-○○○○)에게 문의해 주시기 바랍니다.

① 중소기업의 지속적인 발전을 위한 성장 동력 강화를 목표로 잡고, 혁신과 성장을 도울 수 있는 우리 조직의 역량을 강화해야 합니다. 또한 사회적 책임을 항상 생각하고 고객에게는 신뢰를 주는 조직이 될 수 있도록 소통과 협업을 통해 창조적인 조직문화를 구축해야 합니다.

② 중소기업의 기술사업화 성과를 높이자는 목표를 바탕으로 중소기업들이 보유하고 있는 창의적 아이디어를 꾸준히 발굴해야 합니다. 또한 시장지향적인 R&D 지원 확대를 통해 중소기업이 자체적인 R&D에서 끝나지 않고 사업화에 연계할 수 있도록 하여 중소기업의 직접적인 성장을 도와야 합니다.

③ 중소기업의 혁신 수준별 기술경쟁력을 강화하자는 목표를 바탕으로 R&D를 기획하고 개발하는 역량을 강화할 수 있도록 돕고, 지속적으로 성과를 창출할 수 있는 능력을 향상시켜주어야 합니다. 또한 국내뿐만이 아닌 국외로도 진출할 수 있는 글로벌 기술혁신 역량을 제고할 수 있도록 지원해야 합니다.

④ 중소기업의 기술 혁신을 위한 교육 지원 체계를 혁신화하기 위해 중소기업 R&D와 관련 있는 정책연구를 강화하고, 중소기업을 위한 맞춤형 평가체계도 구축해야 할 것입니다. 또한 기술 혁신을 필요로 하는 대상을 중심으로 하는 기술 혁신 지원 서비스의 강화도 필요할 것입니다.

⑤ 중소기업이 R&D를 효과적으로 하기 위한 성공사례와 이에 대한 보상 등을 조사하고 체계화하여 중소기업의 동기를 강화하고 단발성이 아닌 지속적 연구가 이루어지기 위한 지원과 정보를 제공해야 합니다.

52 다음은 I공사의 보안업무취급 규칙에 따른 보안업무 책임자 및 담당자와 이들의 임무에 대한 자료이다. 이에 대한 설명으로 적절하지 않은 것은?

〈보안업무 책임자 및 담당자〉

구분	이사장	총무국장	비서실장	팀장
보안책임관	○			
보안담당관		○		
비밀보관책임자				○
시설방호책임자	○			
시설방호부책임자		○		
보호구역관리책임자			○ (이사장실)	○ (지정보호구역)

〈보안업무 책임자 및 담당자의 임무〉

구분	수행임무
보안책임관	• 공단의 보안업무 전반에 대한 지휘, 감독 총괄
보안담당관	• 자체 보안업무 수행에 대한 계획, 조정 및 감독 • 보안교육 및 비밀관리, 서약서 집행 • 통신보안에 관한 사항 • 비밀의 복제, 복사 및 발간에 대한 통제 및 승인 • 기타 보안업무 수행에 필요하다고 인정하는 사항 • 비밀취급인가
비밀보관책임자	• 비밀의 보관 및 안전관리 • 비밀관계부철의 기록 유지
시설방호책임자	• 자체 시설 방호계획 수립 및 안전관리 • 자위소방대 편성, 운영 • 시설방호 부책임자에 대한 지휘, 감독
시설방호부책임자	• 시설방호책임자의 보좌 • 자체 시설 방호계획 및 안전관리에 대한 실무처리 • 자위소방대 편성, 운영
보호구역관리책임자	• 지정된 보호구역의 시설안전관리 및 보안 유지 • 보호구역내의 출입자 통제

① 비밀문서를 복제하고자 할 때에는 총무국장의 승인을 받아야 한다.
② 비밀관리기록부를 갱신할 때에는 담당부서 팀장의 확인을 받아야 한다.
③ 비서실장은 이사장실을 수시로 관리하고, 외부인의 출입을 통제해야 한다.
④ 이사장과 총무국장은 화재 예방을 위해 자위소방대를 편성·운영해야 한다.
⑤ 비밀취급인가를 신청할 때 필요한 서약서는 이사장에게 제출해야 한다.

53 다음은 I기업 영업부에서 근무하는 S사원의 일일업무일지이다. 업무일지에 적힌 내용 중 영업부의 주요 업무로 적절하지 않은 것은 모두 몇 가지인가?

〈S사원의 일일업무일지〉

부서명	영업부	작성일자	2025년 6월 30일
작성자	S		
금일 업무 내용		명일 업무 내용	
• 시장 조사 계획 수립		• 신규 거래처 견적 작성 및 제출	
• 시장 조사 진행(출장)		• 전사 소모품 관리	
• 신규 거래처 개척		• 발주서 작성 및 발주	
• 판매 방침 및 계획 회의		• 사원 급여 정산	
• 전사 공채 진행		• 매입마감	

① 2가지
② 3가지
③ 4가지
④ 5가지
⑤ 6가지

54 다음 〈보기〉 중 경영의 4요소로 적절한 것을 모두 고르면?

보기

ㄱ. 조직의 목적을 달성하기 위해 경영자가 수립하는 것으로, 더욱 구체적인 방법과 과정이 담겨 있다.
ㄴ. 조직에서 일하는 구성원으로, 경영은 이들의 직무수행에 기초하여 이루어지기 때문에 이것의 배치 및 활용이 중요하다.
ㄷ. 생산자가 상품 또는 서비스를 소비자에게 유통하는 데 관련된 모든 체계적 경영 활동이다.
ㄹ. 특정의 경제적 실체에 관하여 이해관계를 이루는 사람들에게 합리적인 경제적 의사결정을 하는 데 유용한 재무적 정보를 제공하기 위한 일련의 과정 또는 체계이다.
ㅁ. 경영하는 데 사용할 수 있는 돈으로, 이것이 충분히 확보되는 정도에 따라 경영의 방향과 범위가 정해지게 된다.
ㅂ. 조직이 변화하는 환경에 적응하기 위하여 경영활동을 체계화하는 것으로, 목표달성을 위한 수단이다.

① ㄱ, ㄴ, ㄷ, ㄹ
② ㄱ, ㄴ, ㄷ, ㅁ
③ ㄱ, ㄴ, ㅁ, ㅂ
④ ㄷ, ㄹ, ㅁ, ㅂ
⑤ ㄴ, ㄷ, ㅁ, ㅂ

55 다음은 개인화 마케팅에 대한 설명이다. 개인화 마케팅의 사례로 적절하지 않은 것은?

> 소비자들의 요구가 점차 다양해지고 복잡해짐에 따라 개인별로 맞춤형 제품과 서비스를 제공하며 '개인화 마케팅'을 펼치는 기업이 늘어나고 있다. 개인화 마케팅이란 각 소비자의 이름, 관심사, 구매이력 등의 데이터를 기반으로 특정 고객에 대한 개인화 서비스를 제공하는 활동을 의미한다. 이러한 개인화 마케팅은 개별적 커뮤니케이션 실현을 통한 효율성 증대 및 기업 이윤 창출을 목적으로 하고 있다.
> 개인화 마케팅은 기업들의 지속적인 투자를 통해 다양한 방식으로 계속되고 있다. 빠르게 변화하고 있는 마케팅 시장에서 개인화된 서비스 제공을 통해 소비자 만족도를 끌어낼 수 있다는 점은 충분히 매력적일 수 있기 때문이다.

① 고객들의 사연을 받아 지하철역 에스컬레이터 벽면에 광고판을 만든 A배달업체는 고객들로 하여금 자신의 사연이 뽑히지 않았는지 관심을 두게 함으로써 광고 효과를 톡톡히 보고 있다.

② 최근 B전시관은 시각적인 시원한 민트색 벽지와 그에 어울리는 시원한 음향, 상쾌한 민트 향기, 민트맛 사탕을 나눠주며 민트에 대한 다섯 가지 감각을 이용한 미술관 전시로 화제가 되었다.

③ C위생용품회사는 자사의 인기 상품에 대한 단종으로 사과의 뜻을 담은 뮤직비디오를 제작했다. 고객들은 뮤직비디오를 보기 전에 자신의 이름을 입력하면, 뮤직비디오에 자신의 이름이 노출되어 자신이 직접 사과를 받는 듯한 효과를 느낄 수 있다.

④ 참치캔을 생산하는 D사는 최근 소외계층에게 힘이 되는 응원 메시지를 댓글로 받아 77명을 추첨하여 댓글 작성자의 이름으로 소외계층에게 참치캔을 전달하는 이벤트를 진행하였다.

⑤ 커피전문점 E사는 고객이 자사 홈페이지에서 회원 가입 후 이름을 등록한 경우, 음료 주문 시 "○○○ 고객님, 주문하신 아메리카노 나왔습니다."와 같이 고객의 이름을 불러주는 서비스를 제공하고 있다.

56 다음 대화를 읽고 조직목표의 기능과 특징으로 적절하지 않은 것은?

> 이대리 : 박부장님께서 우리 회사의 목표가 무엇인지 생각해 본 적 있냐고 하셨을 때 당황했어. 평소에 딱히 생각하고 지내지 않았던 것 같아.
> 김대리 : 응, 그러기 쉽지. 개인에게 목표가 있어야 그것을 위해서 무언가를 하는 것처럼 당연히 조직에도 목표가 있어야 하는데 조직에 속해 있으면 당연히 알아두어야 한다고 생각해.

① 조직이 존재하는 정당성을 제공한다.

② 의사결정을 할 때뿐만 아니라 하고 나서의 기준으로도 작용한다.

③ 공식적 목표와 실제적 목표는 다를 수 있다.

④ 동시에 여러 개를 추구하는 것보다 하나씩 순차적으로 처리해야 한다.

⑤ 목표 간에는 위계 관계와 상호 관계가 공존한다.

※ 다음은 I공항공사 운항시설처의 업무분장표이다. 이어지는 질문에 답하시오. [57~58]

〈운항시설처 업무분장표〉

구분		업무분장
운항시설처	운항안전팀	• 이동지역 안전관리 및 지상안전사고 예방 안전 활동 • 항공기 이착륙시설 및 계류장 안전점검, 정치장 배정 및 관리 • 이동지역 차량 / 장비 등록, 말소 및 계류장 사용료 산정 • 야생동물 위험관리(용역관리 포함) • 공항안전관리시스템(SMS) 운영계획 수립·시행 및 자체검사 시행·관리
	항공등화팀	• 항공등화시설 운영계획 수립 및 시행 • 항공등화시스템(A-SMGCS) 운영 및 유지관리 • 시각주기안내시스템(VDGS) 운영 및 유지관리 • 계류장조명등 및 외곽보안등 시설 운영 및 유지관리 • 에어사이드지역 전력시설 운영 및 유지관리 • 항공등화시설 개량계획 수립 및 시행
	기반시설팀	• 활주로 등 운항기반시설 유지관리 • 지하구조물(지하차도, 공동구, 터널, 배수시설) 유지관리 • 운항기반시설 녹지 및 계측관리 • 운항기반시설 제설작업 및 장비관리 • 운항기반시설 공항운영증명 기준관리 • 전시목표(활주로 긴급 복구) 및 보안시설 관리

57 운항시설처의 업무를 참고하여 I공사와 관련된 보도 자료의 제목을 쓰려고 할 때, 다음 중 적절하지 않은 것은?

① I공항, 관계기관 합동 종합제설훈련 실시
② I공항, 전시대비 활주로 긴급 복구훈련 실시
③ I공항공사, 항공등화 핵심장비 국산화 성공
④ 골든타임을 사수하라! I공항 항공기 화재진압훈련 실시
⑤ I공항공사, 관계기관 합동 'OO 통제관리 협의회' 발족

58 **I공항공사의 운항안전팀에서는 안전회보를 발간한다. 다음 달에 발간하는 안전회보 제작을 맡게 된 A사원은 회보에 실을 내용을 고민하고 있다. 다음 중 안전회보에 실릴 내용으로 적절하지 않은 것은?**

① I공항 항공안전 캠페인 시행 : 이동지역 안전문화를 효과적으로 정착시키기 위한 분기별 캠페인 및 합동 점검 실시
② 안전관리시스템 위원회 개최 : 이동지역 안전 증진을 위해 매년 안전관리시스템 위원회 개최
③ 우수 운항안전 지킴이 선정 현황 : 이동지역 내 사고 예방에 공로가 큰 안전 신고/제안자 선정 및 포상
④ 이동지역 운전교육용 시뮬레이터 운영 개시 : 이동지역 지형·지물에 대한 가상체험 공간 제공으로 운전교육 효과 극대화
⑤ 대테러 종합훈련 실시 : 여객터미널 출국장에서 폭발물 연쇄테러를 가정하여 이에 대응하는 훈련 진행

PART 3

59 **다음 〈보기〉 중 대화의 빈칸에 들어갈 대답으로 가장 적절한 것은?**

I기업 : 안녕하세요. 다름이 아니라 현재 단가로는 더 이상 귀사에 납품하는 것이 어려울 것 같아 자재의 단가를 조금 올리고 싶어서요. 이에 대해 어떻게 생각하시나요?
대답 : ______________________

보기

A : 지난 달 자재의 불량률이 너무 높은데 단가를 더 낮춰야 할 것 같습니다.
B : 저희도 이정도 가격은 꼭 받아야 해서요. 단가를 지금 이상 드리는 것은 불가능합니다.
C : 불량률을 3% 아래로 낮춰서 납품해 주시면 단가를 조금 올리도록 하겠습니다.
D : 단가를 올리면 저희 쪽에서 주문하는 수량이 줄어들 텐데, 귀사에서 괜찮을까요?
E : 단가에 대한 협상은 귀사의 사장님과 해 봐야 할 것 같네요.

① A　② B
③ C　④ D
⑤ E

60 다음 밑줄 친 '롱테일(Long Tail) 법칙'에 해당하는 사례로 가장 적절한 것은?

> 돈이 되는 20%의 고객이나 상품만 있으면 80%의 수익이 보장된다는 파레토 법칙이 그간 진리로 여겨졌다. 그런데 최근 롱테일(Long Tail) 법칙이라는 새로운 개념이 자리를 잡고 있다. 이는 하위 80%가 상위 20%보다 더 많은 수익을 낸다는 법칙이다. 한마디로 '티끌 모아 태산'이 가능하다는 것이다.

① A은행은 VIP전용 창구를 확대하였다.
② B기업은 생산량을 늘려 단위당 생산비를 낮추었다.
③ C인터넷 서점은 극소량만 팔리는 책이라도 진열한다.
④ D극장은 주말 요금을 평일 요금보다 20% 인상하였다.
⑤ E학원은 인기가 없는 과목은 더는 강의를 열지 않도록 했다.

51 B사원은 최근 I기업의 빔프로젝터를 구입하였으며, 빔프로젝터 고장 신고 전 확인사항을 확인하였다. 다음 중 빔프로젝터의 증상과 그에 따른 확인 및 조치사항으로 옳은 것은?

〈빔프로젝터 고장 신고 전 확인사항〉

분류	증상	확인 및 조치사항
설치 및 연결	전원이 들어오지 않음	• 제품 배터리의 충전 상태를 확인하세요. • 만약 그래도 제품이 전혀 동작하지 않는다면 제품 옆면의 'Reset' 버튼을 1초간 누르시기 바랍니다.
	전원이 자동으로 꺼짐	• 본 제품은 약 20시간 지속 사용 시 제품의 시스템 보호를 위해 전원이 자동 차단될 수 있습니다.
	외부기기가 선택되지 않음	• 외부기기 연결선이 신호 단자에 맞게 연결되었는지 확인하고, 연결 상태를 점검해 주시기 바랍니다.
메뉴 및 리모컨	리모컨이 동작하지 않음	• 리모컨의 건전지 상태 및 건전지가 권장 사이즈에 부합하는지 확인해 주세요. • 리모컨 각도와 거리가(10m 이하) 적당한지, 제품과 리모컨 사이에 장애물이 없는지 확인해 주세요.
	메뉴가 선택되지 않음	• 메뉴의 글자가 회색으로 나와 있지 않은지 확인해 주세요. 회색의 글자 메뉴는 선택되지 않습니다.
화면 및 소리	영상이 희미함	• 리모컨 메뉴창의 초점 조절 기능을 이용하여 초점을 조절해 주세요. • 투사거리가 초점에서 너무 가깝거나 멀리 떨어져 있지 않은지 확인해 주세요(권장거리 1 ~ 3m).
	제품에서 이상한 소리가 남	• 이상한 소리가 계속해서 발생할 경우 사용을 중지하고 서비스 센터로 문의해 주시기 바랍니다.
	화면이 안 나옴	• 제품 배터리의 충전 상태를 확인해 주세요. • 본체의 발열이 심할 경우 화면이 나오지 않을 수 있습니다.
	화면에 줄, 잔상, 경계선 등이 나타남	• 일정시간 정지된 영상을 지속적으로 표시하면 부분적으로 잔상이 발생합니다. • 영상의 상・하・좌・우의 경계선이 고정되어 있거나 빛의 투과량이 서로 상이한 영상을 장시간 시청 시 경계선에 자국이 발생할 수 있습니다.

① 영화를 보는 중에 갑자기 전원이 꺼진 것은 본체의 발열이 심해서 그런 것이므로 약 20시간 동안 사용을 중지하였다.
② 메뉴가 선택되지 않아 외부기기와 연결선이 제대로 연결되었는지 확인하였다.
③ 일주일째 이상한 소리가 나 제품 배터리가 충분히 충전된 상태인지 살펴보았다.
④ 언젠가부터 화면에 잔상이 나타나 제품과 리모콘 배터리의 충전 상태를 확인하였다.
⑤ 영상이 너무 희미해 초점과 투사거리를 확인하여 조절하였다.

※ I호텔에서는 편의시설로 코인세탁실을 설치하고자 한다. 이어지는 질문에 답하시오. [52~53]

〈코인세탁기 설명서〉

■ 설치 시 주의사항

- 전원은 교류 220V / 60Hz 콘센트를 제품 단독으로 사용하세요.
- 전원코드를 임의로 연장하지 마세요.
- 열에 약한 물건 근처나 습기, 기름, 직사광선 및 물이 닿는 곳이나 가스가 샐 가능성이 있는 곳에 설치하지 마세요.
- 안전을 위해서 반드시 접지하도록 하며 가스관, 플라스틱 수도관, 전화선 등에는 접지하지 마세요.
- 제품을 설치할 때는 전원코드를 빼기 쉬운 곳에 설치하세요.
- 바닥이 튼튼하고 수평인 곳에 설치해야 하며, 세탁기는 벽면에서 10cm 이상 거리를 두어야 합니다.
- 물이 새는 곳이 있으면 설치하지 마세요.
- 온수 단독으로 연결하지 마세요. 냉수와 온수 호스의 연결이 바뀌지 않도록 주의하세요.

■ 문제해결방법

증상	확인	해결
동작이 되지 않아요.	세탁기의 전원이 꺼져 있는 것은 아닌가요?	세탁기의 전원버튼을 눌러 주세요.
	문이 열려있는 건 아닌가요?	문을 닫고 〈동작〉 버튼을 눌러 주세요.
	물을 받고 있는 중은 아닌가요?	물이 설정된 높이까지 채워질 때까지 기다려 주세요.
	수도꼭지가 잠겨 있는 것은 아닌가요?	수도꼭지를 열어 주세요.
세탁 중 멈추고 급수를 해요.	옷감의 종류에 따라 물을 흡수하는 세탁물이 있어 물의 양을 보충하기 위해 급수하는 것입니다.	이상이 없으니 별도의 조치가 필요 없어요.
	거품이 많이 발생하는 세제를 권장량보다 과다 투입 시 거품 제거를 위해 배수 후 재급수하는 것입니다.	이상이 없으니 별도의 조치가 필요 없어요.
세제 넣는 곳 앞으로 물이 흘러 넘쳐요.	세제를 너무 많이 사용한 것은 아닌가요?	적정량의 세제를 넣어 주세요.
	물이 지나치게 뜨거운 것은 아닌가요?	50°C 이상의 온수를 단독으로 사용하면 세제 투입 시 거품이 발생하여 넘칠 수 있습니다.
	세제 넣는 곳이 더럽거나 열려 있는 것은 아닌가요?	세제 넣는 곳을 청소해 주세요.
겨울에 진동이 심해요.	세탁기가 언 것은 아닌가요?	세제 넣는 곳이나 세탁조에 60°C 정도의 뜨거운 물 10L 정도 넣어 세탁기를 녹여 주세요.
급수가 안 돼요.	거름망에 이물질이 끼어 있는 것은 아닌가요?	급수호수 연결부에 있는 거름망을 청소해 주세요.
탈수 시 세탁기가 흔들리거나 움직여요.	세탁기를 앞뒤 또는 옆으로 흔들었을 때 흔들리나요?	세탁기 또는 받침대를 다시 설치해 주세요.
	세탁기를 나무나 고무판 위에 설치하셨나요?	바닥이 평평한 곳에 설치하세요.
문이 열리지 않아요.	세탁기 내부온도가 높나요?	세탁기 내부온도가 70°C 이상이거나 물 온도가 50°C 이상인 경우 문이 열리지 않습니다. 내부온도가 내려갈 때까지 잠시 기다리세요.
	세탁조에 물이 남아 있나요?	탈수를 선택하여 물을 배수하세요.

52 **세탁기가 배송되어 적절한 장소에 설치하고자 한다. 다음 중 장소 선정 시 고려해야 할 사항으로 적절하지 않은 것은?**

① 바닥이 튼튼하고 수평인지 확인한다.
② 220V / 60Hz 콘센트인지 확인한다.
③ 물이 새는 곳이 있는지 확인한다.
④ 세탁기와 수도꼭지와의 거리를 확인한다.
⑤ 세탁기와 벽면 사이의 여유 공간을 확인한다.

PART 3

53 **I호텔 투숙객이 세탁기 이용 도중 세탁기 문이 열리지 않는다며 불편사항을 접수하였다. 다음 중 투숙객의 불편사항에 대한 해결방법으로 가장 적절한 것은?**

① 세탁조에 물이 남아 있는 것을 확인하고 급수를 선택하여 물을 급수하도록 안내한다.
② 세탁기 내부온도가 높으므로 세탁조에 차가운 물을 넣도록 안내한다.
③ 세탁기의 받침대를 다시 설치하여 세탁기의 흔들림을 최소화시켜야 한다.
④ 세탁조에 물이 남아있는 것을 확인하고 세탁기의 전원을 껐다 켜도록 안내한다.
⑤ 세탁기 내부온도가 높으므로 내부온도가 내려갈 때까지 기다려 달라고 안내한다.

※ 실내 공기 관리에 대한 필요성을 느낀 I공사는 사무실에 공기청정기를 구비하기로 결정하였다. 이어지는 질문에 답하시오. **[54~56]**

〈제품설명서〉

■ 설치 확인하기

- 직사광선이 닿지 않는 실내공간에 두십시오(제품 오작동 및 고장의 원인이 될 수 있습니다).
- TV, 라디오, 전자제품 등과 간격을 두고 설치하십시오(전자파 장애로 오작동의 원인이 됩니다).
- 단단하고 평평한 바닥에 두십시오(약하고 기울어진 바닥에 설치하면 이상 소음 및 진동이 생길 수 있습니다).
- 벽면과 10cm 이상 간격을 두고 설치하십시오(공기청정 기능을 위해 벽면과 간격을 두고 설치하는 것이 좋습니다).
- 습기가 적고 통풍이 잘되는 장소에 두십시오(감전되거나 제품에 녹이 발생할 수 있고, 제품 성능이 저하될 수 있습니다).

■ 필터 교체하기

종류	표시등	청소주기	교체주기
프리필터	-	2회/월	반영구
탈취필터	필터 교체 표시등 켜짐	-	6개월 ~ 1년
헤파필터			

- 실내의 청정한 공기 관리를 위해 교체주기에 맞게 필터를 교체해 주세요.
- 필터 교체주기는 사용 환경에 따라 차이가 날 수 있습니다.
- 냄새가 심하게 날 경우, 탈취필터를 확인 및 교체해 주세요.

■ 스마트에어 서비스 등록하기

1) 앱스토어에서 '스마트에어'를 검색하여 앱을 설치합니다(안드로이드 8.0 오레오 이상 / iOS 9.0 이상의 사양에 최적화되어 있으며, 사용자의 스마트폰에 따라 일부 기능은 지원하지 않을 수 있습니다).
2) 스마트에어 서비스 앱을 실행하여 회원가입 완료 후 로그인합니다.
3) 새 기기 추가 선택 후 제품을 선택합니다.
4) 공기청정기 기기의 페어링 모드를 작동시켜 주세요(기기의 Wi-Fi 버튼과 수면모드 버튼을 동시에 눌러주세요).
5) 기기명이 나타나면 기기를 선택해 주세요.
6) 완료 버튼을 눌러 기기등록을 완료합니다.

- 지원가능 Wi-Fi 무선공유기 사양(802.11b/f/n 2.4GHz)을 확인하세요.
- 자동 Wi-Fi 연결상태 관리 모드를 해제해 주세요.
- 스마트폰의 Wi-Fi 고급설정 모드에서 '신호 약한 Wi-Fi 끊기 항목'과 관련된 기능이 있다면 해제해 주세요.
- 스마트폰의 Wi-Fi 고급설정 모드에서 '신호 세기'와 관련된 기능이 있다면 '전체'를 체크해 주세요.
- Wi-Fi가 듀얼 밴드 공유기인 경우 〈Wi-Fi 5GHz〉가 아닌 일반 〈Wi-Fi〉를 선택해 주세요.

■ 스마트에어 서비스 이용하기

스마트에어 서비스는 스마트기기를 통해 공기청정기를 페어링하여 언제 어디서나 원하는 대로 공기를 정화할 수 있는 똑똑한 서비스입니다.

54 다음 중 필터 교체와 관련하여 숙지해야 할 사항으로 가장 적절한 것은?

① 프리필터는 1개월에 2회 이상 청소해야 한다.
② 탈취필터는 6개월 주기로 교체해야 한다.
③ 헤파필터는 6개월 주기로 교체해야 한다.
④ 프리필터는 1년 주기로 교체해야 한다.
⑤ 냄새가 심하게 날 경우 탈취필터를 청소해야 한다.

PART 3

55 제품설명서를 참고하여 공기청정기를 적절한 장소에 설치하고자 한다. 다음 중 공기청정기 설치 장소로 적절하지 않은 곳은?

① 직사광선이 닿지 않는 실내
② 부드러운 매트 위
③ 벽면과 10cm 이상 간격을 확보할 수 있는 곳
④ 습기가 적고 통풍이 잘되는 곳
⑤ 사내방송용 TV와 거리가 먼 곳

56 A씨는 외근이나 퇴근 후에도 공기청정기를 사용할 수 있도록 스마트폰을 통해 스마트에어 서비스 등록을 시도하였으나, 기기 등록에 계속 실패하였다. 다음 중 기기등록을 위해 확인해야 할 사항으로 적절하지 않은 것은?

① 스마트폰이 지원 가능한 사양인지 OS 버전을 확인한다.
② 공기청정기에서 페어링 모드가 작동하고 있는지 확인한다.
③ 무선공유기가 지원 가능한 사양인지 확인한다.
④ 스마트폰의 자동 Wi-Fi 연결상태 관리 모드를 확인한다.
⑤ 스마트폰의 Wi-Fi 고급설정 모드에서 '개방형 Wi-Fi' 관련 항목을 확인한다.

57 다음 중 A기업과 B기업이 활용한 벤치마킹의 종류가 바르게 연결된 것은?

> A기업은 기존 신용카드사가 시도하지 않았던 새로운 분야를 개척하며 성장했다. A기업만의 독특한 문화와 경영 방식 중 상당 부분은 기업 외부에서 얻었다. 이런 작업의 기폭제가 바로 'Insight Tour'이다. A기업 직원들은 업종을 불문하고 새로운 마케팅으로 주목받는 곳을 방문한다. 심지어 혁신적인 미술관이나 자동차 회사까지 찾아간다. 금융회사는 가급적 가지 않는다. 카드사는 고객이 결제하는 카드만 취급하는 것이 아니라 기업의 고객 라이프스타일까지 디자인하는 곳이라는 게 A기업의 시각이다. A기업의 브랜드실장은 "카드사는 생활과 밀접한 분야에서 통찰을 얻어야 한다. 'Insight Tour'는 고객의 삶을 업그레이드시키는 데 역점을 둔다."고 강조했다.
> B기업의 첫 벤치마킹 대상은 선반이 높은 창고형 매장을 운영한 미국의 W마트였다. 하지만 한국 문화에 맞지 않았다. 3년 후 일본 할인점인 I기업으로 벤치마킹 대상을 바꿨다. 신선식품에 주력하고 시식 행사도 마련하였고, 결과는 성공이었다. 또한 자체브랜드(PL; Private Label) 전략도 벤치마킹을 통해 가다듬었다. 기존 B기업의 PL은 저가 이미지가 강했지만, 이를 극복하기 위해 B기업은 'PL 종주국' 유럽을 벤치마킹했다. 유럽의 기업인 T기업은 PL 브랜드를 세분화해서 'T 파이니스트 – T 노멀 – T 벨류'란 브랜드를 달았다. 이와 유사하게 B기업도 '베스트 – 벨류 – 세이브' 등의 브랜드로 개편했다.

	A기업	B기업
①	경쟁적 벤치마킹	비경쟁적 벤치마킹
②	간접적 벤치마킹	글로벌 벤치마킹
③	비경쟁적 벤치마킹	글로벌 벤치마킹
④	직접적 벤치마킹	경쟁적 벤치마킹
⑤	비경쟁적 벤치마킹	경쟁적 벤치마킹

58 다음 중 기술경영자의 능력이 아닌 것은?

① 기술을 기업의 전반적인 전략 목표에 통합시키는 능력
② 빠르고 효과적으로 새로운 기술을 습득하고 기존의 기술에서 탈피하는 능력
③ 기술을 효과적으로 평가할 수 있는 능력
④ 조직 밖의 기술 이용을 수행할 수 있는 능력
⑤ 기술 이전을 효과적으로 할 수 있는 능력

59 다음 글을 읽고 노와이(Know – why)의 사례로 가장 적절한 것은?

> 기술은 노하우(Know – how)와 노와이(Know – why)로 구분할 수 있다. 노하우는 특허권을 수반하지 않는 과학자・엔지니어 등이 가지고 있는 체화된 기술을 의미하며, 노와이는 어떻게 기술이 성립하고 작용하는가에 관한 원리적 측면에 중심을 둔 개념이다.
> 이 두 가지는 획득과 전수 방법에 차이가 있다. 노하우는 경험적이고 반복적인 행위에 의해 얻게 되는 것이며, 이러한 성격의 지식을 흔히 Technique, 혹은 Art라고 부른다. 반면, 노와이는 이론적인 지식으로서 과학적인 탐구에 의해 얻게 된다.
> 오늘날 모든 기술과 경험이 공유되는 시대에서 노하우는 점점 경쟁력을 잃어가고 있으며, 노와이가 점차 각광받고 있다. 즉, 노하우가 구성하고 있는 환경, 행동, 능력을 벗어나 신념과 정체성, 영성 부분도 관심받기 시작한 것이다. 과거에는 기술에 대한 공급이 부족하고 공유가 잘 되지 않았기 때문에 노하우가 주목받았지만, 현재는 기술에 대한 원인과 결과에 대한 관계를 파악하고, 그것을 통해 목적과 동기를 새로 설정하는 노와이의 가치가 높아졌다. 노와이가 말하고자 하는 핵심은 왜 이 기술이 필요한지를 알아야 기술의 가치가 무너지지 않는다는 것이다.

① 요식업에 종사 중인 S씨는 영업시간 후 자신의 초밥 만드는 비법을 아들인 B군에게 전수하고 있다.
② 자판기 사업을 운영하고 있는 K씨는 이용자들의 화상을 염려하여 화상 방지 시스템을 개발하였다.
③ S사에 근무 중인 C씨는 은퇴 후 중장비학원에서 중장비 운영 기술을 열심히 공부하고 있다.
④ Z병원에서 근무 중인 의사인 G씨는 방글라데시의 의료진에게 자신이 가지고 있는 선진 의술을 전수하기 위해 다음 주에 출국할 예정이다.
⑤ D사는 최근에 제조 관련 분야에서 최소 20년 이상 근무해 제조 기술에 있어 장인 수준의 숙련도를 가진 직원 4명을 D사 명장으로 선정하여 수상하였다.

60 다음 중 기술능력이 뛰어난 사람의 특징에 대한 설명으로 옳지 않은 것은?

① 인식된 문제를 위한 다양한 해결책을 개발하고 평가한다.
② 지식이나 기타 자원을 선택하고 최적화시키며 적용한다.
③ 불가능한 부분의 해결을 필요로 하는 문제를 인식한다.
④ 주어진 한계 속에서 제한된 자원을 사용한다.
⑤ 여러 상황 속에서 기술의 체계와 도구를 사용하고 습득한다.

제2회

최종점검 모의고사

※ 인천국제공항공사 최종점검 모의고사는 채용공고를 기준으로 구성한 것으로 실제 시험과 다를 수 있습니다.

※ 응시 직렬에 필요한 영역을 선택하여 학습하기 바랍니다.

※ 모바일 OMR 답안채점 / 성적분석 서비스

경영학(사무직) 경제학(사무직) 행정학(사무직) 기술직(NCS)

■ 취약영역 분석

| NCS | 직업기초능력평가

번호	O/×	영역	번호	O/×	영역	번호	O/×	영역
01		문제해결능력	26		자원관리능력	51		조직이해능력 / 기술능력
02		수리능력	27			52		
03		자원관리능력	28		정보능력	53		
04		수리능력	29		수리능력	54		
05		문제해결능력	30		문제해결능력	55		
06		정보능력	31		의사소통능력	56		
07		의사소통능력	32		정보능력	57		
08		자원관리능력	33			58		
09		문제해결능력	34		수리능력	59		
10		정보능력	35		자원관리능력	60		
11		의사소통능력	36		의사소통능력			
12		정보능력	37					
13		자원관리능력	38		수리능력			
14			39		문제해결능력			
15		수리능력	40					
16			41					
17			42		수리능력			
18		문제해결능력	43		자원관리능력			
19		의사소통능력	44		의사소통능력			
20			45					
21		자원관리능력	46		정보능력			
22		수리능력	47		자원관리능력			
23		문제해결능력	48		정보능력			
24			49					
25		의사소통능력	50					

| 전공 | 직업기초능력평가

경영학 / 경제학 / 행정학

평가문항	110문항	평가시간	130분
시작시간	:	종료시간	:
취약영역			

제2회 최종점검 모의고사

문항 수 : 110문항　응시시간 : 130분

정답 및 해설 p.079

01 직업기초능력평가

| 01 | 공통

01 악기 제조사인 I기업은 기타를 만들 때마다 다음과 같은 규칙을 적용하여 시리얼 번호를 부여하고 있다. 창고에 보관 중인 기타 재고의 시리얼 넘버를 정리한 자료가 〈보기〉와 같다. 그런데 〈보기〉의 시리얼 번호 중 생산연도와 월이 잘못 기입된 번호가 있다고 한다. 잘못 기입된 시리얼 번호는 총 몇 개인가?

MZ09042589	M	생산한 공장을 의미한다. (M=멕시코)
	Z	생산한 시대를 의미한다. (Z=2000년대)
	0904	생산연도와 월을 의미한다. (09=2009년, 04=4월)
	2589	생산된 순서를 의미한다. (2589번)

생산한 공장	
미국	U
중국	C
베트남	V
멕시코	M
필리핀	P
인도네시아	I

생산한 시대	
1960년대	V
1970년대	W
1980년대	X
1990년대	Y
2000년대	Z
2010년대	A

보기

CZ09111213	VA27126459	IA12025512	VZ09080523	MX95025124	PA15114581	VY94085214	IZ04081286
PY93122569	MZ06077856	MY03123268	VZ03033231	CZ05166237	VA13072658	CZ01120328	IZ08112384
MX89124587	PY96064568	CZ11128465	PY91038475	VZ09122135	IZ03081657	CA12092581	CY12056487
VZ08203215	MZ05111032	CZ05041249	IA12159561	MX83041235	PX85124982	IA11129612	PZ04212359
CY87068506	IA10052348	VY97089548	MY91084652	VA07107459	CZ09063216	MZ01124523	PZ05123458

① 10개　② 11개
③ 12개　④ 13개
⑤ 14개

02 I기업은 전 직원을 대상으로 유연근무제에 대한 찬반 투표를 진행하였다. 그 결과 전체 직원의 80%가 찬성하였고, 20%는 반대하였다. 전 직원의 40%는 여성 직원이고, 유연근무제에 찬성한 직원의 70%는 남성 직원이었다. 여성 직원 한 명을 뽑았을 때, 이 직원이 유연근무제에 찬성했을 확률은?(단, 모든 직원은 찬성이나 반대의 의사 표시를 하였다)

① $\frac{1}{5}$
② $\frac{2}{5}$
③ $\frac{3}{5}$
④ $\frac{4}{6}$
⑤ $\frac{5}{6}$

PART 3

03 다음 주 당직 근무에 대한 일정표를 작성하고 있는데, 작성하고 봤더니 잘못된 점이 보여 수정을 하려 한다. 한 사람만 옮겨 일정표를 완성하려고 할 때, 일정을 변경해야 하는 사람은?

〈당직 근무 규칙〉

- 주간에 2명, 야간에 2명은 항상 당직을 서야 하고, 더 많은 사람이 당직을 설 수도 있다.
- 주간과 야간을 합하여 하루에 최대 6명까지 당직을 설 수 있다.
- 같은 날에 주간과 야간 당직 근무는 함께 설 수 없다.
- 주간과 야간 당직을 합하여 주에 세 번 이상 다섯 번 미만으로 당직을 서야 한다.
- 월요일부터 일요일까지 모두 당직을 선다.

〈당직 근무 일정〉

직원	주간	야간	직원	주간	야간
가	월요일	수요일, 목요일	바	금요일, 일요일	화요일, 수요일
나	월요일, 화요일	수요일, 금요일	사	토요일	수요일, 목요일
다	화요일, 수요일	금요일, 일요일	아	목요일	화요일, 금요일
라	토요일	월요일, 수요일	자	목요일, 금요일	화요일, 토요일
마	월요일, 수요일	화요일, 토요일	차	토요일	목요일, 일요일

① 나
② 라
③ 마
④ 바
⑤ 사

04 A기업와 B기업의 제품 생산량의 비율은 3 : 7이고, 각각의 불량률은 2%, 3%이다. 신제품 생산을 위해서 부품을 선정했더니 불량품이 나왔을 때, 그 불량품이 B기업의 불량품일 확률은 얼마인가?

① $\frac{13}{21}$
② $\frac{7}{8}$
③ $\frac{7}{9}$
④ $\frac{13}{15}$
⑤ $\frac{15}{17}$

05 A ~ D 네 명은 구두를 사기 위해 신발가게에 갔다. 신발가게에서 세일을 하는 품목은 빨간색, 주황색, 노란색, 초록색, 파란색, 남색, 보라색 구두이며, 각각 한 켤레씩 남았다. 다음 〈조건〉을 만족할 때, A는 주황색 구두를 제외하고 어떤 색의 구두를 샀는가?(단, 빨간색 – 초록색, 주황색 – 파랑색, 노랑색 – 남색은 보색 관계이며, 네 사람은 세일 품목을 모두 구매하였다)

조건

- A는 주황색을 포함하여 두 켤레를 샀다.
- C는 빨간색 구두를 샀다.
- B, D는 파란색을 좋아하지 않는다.
- C, D는 같은 수의 구두를 샀다.
- B는 C가 산 구두와 보색 관계인 구두를 샀다.
- D는 B가 산 구두와 보색 관계인 구두를 샀다.
- 모두 한 켤레 이상씩 샀으며, 네 사람은 세일품목을 모두 샀다.

① 파란색
② 초록색
③ 노란색
④ 남색
⑤ 보라색

06 I기업의 영업부에 근무 중인 C사원은 영업부 사원들의 월별 매출을 다음과 같이 함수를 이용해 만 단위로 나타내려고 한다. 다음 중 [B9] 셀에 입력된 함수로 가장 적절한 것은?

	A	B	C	D	E	F
1	구분	1월	2월	3월	5월	6월
2	A대리	1,252,340	1,345,620	1,568,670	1,321,670	1,563,850
3	B주임	1,689,320	1,859,460	1,546,210	1,689,250	1,123,960
4	C사원	1,432,670	1,965,230	1,532,460	1,326,030	1,659,210
5	D주임	1,235,640	1,635,420	1,236,950	1,468,210	1,246,180
6	E사원	1,743,560	1,325,470	1,125,350	1,856,920	1,216,530
7						
8	구분	1월	2월	3월	5월	6월
9	A대리	1,260,000	1,350,000	1,570,000	1,330,000	1,570,000
10	B주임	1,690,000	1,860,000	1,550,000	1,690,000	1,130,000
11	C사원	1,440,000	1,970,000	1,540,000	1,330,000	1,660,000
12	D주임	1,240,000	1,640,000	1,240,000	1,470,000	1,250,000
13	E사원	1,750,000	1,330,000	1,130,000	1,860,000	1,220,000

① =ROUND(B2, −3)

② =ROUND(B2, −4)

③ =ROUNDUP(B2, −3)

④ =ROUNDUP(B2, −4)

⑤ =ROUNDDOWN(B2, −4)

07 다음 제시된 문단을 읽고, 이어질 문단을 논리적 순서대로 바르게 나열한 것은?

연금 제도의 금융 논리와 관련하여 결정적으로 중요한 원리는 중세에서 비롯된 신탁 원리다. 12세기 영국에서는 미성년 유족(遺族)에게 토지에 대한 권리를 합법적으로 이전할 수 없었다. 그럼에도 불구하고 영국인들은 유언을 통해 자식에게 토지 재산을 물려주고 싶어 했다.

(가) 이런 상황에서 귀족들이 자신의 재산을 미성년 유족이 아닌, 친구나 지인 등 제3자에게 맡기기 시작하면서 신탁 제도가 형성되기 시작했다. 여기서 재산을 맡긴 성인 귀족, 재산을 물려받은 미성년 유족, 그리고 미성년 유족을 대신해 그 재산을 관리・운용하는 제3자로 구성되는 관계, 즉 위탁자, 수익자, 그리고 수탁자로 구성되는 관계가 등장했다.

(나) 연금 제도가 이 신탁 원리에 기초해 있는 이상, 연금 가입자는 연기금 재산의 운용에 대해 영향력을 행사하기 어렵게 된다. 왜냐하면 신탁의 본질상 공・사 연금을 막론하고 신탁 원리에 기반을 둔 연금 제도에서는 수익자인 연금 가입자의 적극적인 권리 행사가 허용되지 않기 때문이다.

(다) 이 관계에서 주목해야 할 것은 미성년 유족은 성인이 될 때까지 재산권을 온전히 인정받지는 못했다는 점이다. 즉 신탁 원리 하에서 수익자는 재산에 대한 운용 권리를 모두 수탁자인 제3자에게 맡기도록 되어 있었기 때문에 수익자의 지위는 불안정했다.

(라) 결국 신탁 원리는 수익자의 연금 운용 권리를 현저히 약화시키는 것을 기본으로 한다. 그 대신 연금 운용을 수탁자에게 맡기면서 '수탁자 책임'이라는, 논란이 분분하고 불분명한 책임이 부과된다. 수탁자 책임 이행의 적절성을 어떻게 판단할 수 있는가에 대해 많은 논의가 있었지만, 수탁자 책임의 내용에 대해서 실질적인 합의가 이루어지지는 못했다.

① (가) – (다) – (나) – (라)
② (가) – (다) – (라) – (나)
③ (나) – (가) – (다) – (라)
④ (나) – (라) – (가) – (다)
⑤ (다) – (가) – (나) – (라)

08 I기업은 9월 중에 신입사원 면접을 계획하고 있다. 면접에는 마케팅팀과 인사팀 차장, 인사팀 부장과 과장, 총무팀 주임이 한 명씩 참여한다. 8～9월에 계획된 휴가를 팀별로 나누어 간다고 할 때, 다음 중 면접이 가능한 날짜는?

휴가 규정	팀별 휴가 시작일
• 차장급 이상 : 4박 5일 • 대리～과장 : 3박 4일 • 사원～주임 : 2박 3일	• 마케팅팀 : 8월 29일 • 인사팀 : 9월 6일 • 총무팀 : 9월 1일

① 9월 1일
② 9월 3일
③ 9월 5일
④ 9월 7일
⑤ 9월 8일

09 김사원은 부처에 필요한 사무용품을 I문구사에서 구입하려고 한다. I문구사에서는 품목별로 다음과 같은 사무용품 할인행사를 진행한다. 사무용품 구입 예산이 20,000원일 때, 효용의 합이 가장 높은 사무용품의 조합은?

〈사무용품 품목별 가격 및 효용〉

품목	결재판	스테이플러	볼펜 세트	멀티탭	A4용지(박스)
가격	5,000	1,200	2,500	8,200	5,500
효용	40	20	35	70	50

〈I문구사의 사무용품 할인행사 내용〉

할인 요건	할인 내용
결재판 3개 이상 구매	결재판 1개 추가 증정
스테이플러 4개 이상 구매	멀티탭 1개 추가 증정
볼펜 세트 3개 이상 구매	볼펜 세트 1개 추가 증정
총 상품가격 18,000원 초과	총 결제금액에서 10% 할인

※ 각 할인은 서로 다른 할인요건에 대하여 중복적용이 가능함

① 결재판 2개, 볼펜 세트 1개, 멀티탭 1개
② 스테이플러 6개, 볼펜 세트 2개, A4 용지 2박스
③ 결재판 3개, 스테이플러 1개, 볼펜세트 1개, A4용지 1박스
④ 결재판 1개, 스테이플러 2개, 볼펜세트 4개
⑤ 스테이플러 3개, 멀티탭 2개, A4용지 1박스

PART 3

10 다음 시트에서 [A7] 셀에 수식 「=$A$1+$A2」를 입력한 후 [A7] 셀을 복사하여 [C8] 셀에 붙여넣기 했을 때, [C8] 셀에 표시되는 결과로 옳은 것은?

	A	B	C
1	1	2	3
2	2	4	6
3	3	6	9
4	4	8	12
5	5	10	15
6			
7			
8			

① 3
② 4
③ 7
④ 10
⑤ 15

11 다음 글의 내용으로 적절하지 않은 것은?

인천국제공항공사는 쿠웨이트의 관문 공항인 쿠웨이트국제공항 제4터미널(T4)의 위탁운영사업을 수주했다. 본 사업은 1,400억 원 규모(12,760만 달러)로, 사업 기간인 향후 5년간 안정적인 해외수익을 창출하는 것은 물론, 공항 운영 핵심 분야에 국내기업의 동반진출도 가능할 것으로 기대된다.
인천국제공항공사는 앞으로 3개월에 걸쳐 시험운영을 포함해 쿠웨이트국제공항 제4터미널의 개장 준비를 완료하고, 올해 8월부터 향후 5년간 제4터미널 운영 및 유지보수를 전담하게 된다. 쿠웨이트국제공항은 쿠웨이트 정부 지분 100%의 국영공항으로, 지난해 1,200만 명의 여객을 처리한 중동 지역 대표 공항 중 하나이다. 인천국제공항공사가 운영하게 될 제4터미널은 터키의 CENGIZ 사와 쿠웨이트의 FKTC 사가 올해 완공 예정인 연간 여객 450만 명 규모의 국제선 터미널로, 국적 항공사인 쿠웨이트항공이 전담해서 사용하게 된다.
쿠웨이트 정부는 올해 하반기로 계획된 제4터미널의 개장을 앞두고 위탁운영사업자를 선정하기 위해 인천국제공항공사, 프랑스 ADP, 독일 Fraport, 터키 TAV, 아일랜드 더블린 공항공사 등 세계 유수의 선진 공항운영사들을 대상으로 지명경쟁입찰을 발주했다.
인천국제공항공사는 치열한 경쟁 끝에 쿠웨이트 정부로부터 운영사업자로 최종 선정되었다. 쿠웨이트 정부는 제4터미널의 개장을 염두에 두고, 인천국제공항 제2여객터미널의 개장과 동북아시아 허브 도약에 성공한 인천국제공항공사의 운영 노하우를 높이 평가한 것으로 알려졌다.
쿠웨이트는 중동 지역 최고의 지정학적 위치와 막대한 자본력(쿠웨이트 국부펀드 5,920억 달러 규모 자산 보유), 안정된 정치 · 사회체제를 바탕으로 높은 경제성장이 기대되는 곳이다. 지난해 쿠웨이트 전체 항공수요는 1,200만 명으로, 쿠웨이트 전체 인구(434만 명)의 2.76배에 달하며, 최근 5년간 여객 증가율은 연평균 6.7%를 웃돈다.
또한 쿠웨이트 정부는 중동의 물류와 금융 중심 국가로 도약하기 위해 "New Kuwait 2035" 프로젝트를 추진하고 있어 향후 항만, 도로, 공항 등 교통 인프라에 대한 투자가 꾸준히 증가할 것으로 기대된다. 쿠웨이트공항 역시 1천3백만 명 규모의 제2터미널 공사를 진행하고 있으며, 인천국제공항공사는 이번 성과를 바탕으로 향후 제2터미널 운영사업자 선정에서도 유리한 고지를 선점하겠다는 계획이다.
인천국제공항공사는 지난 2009년 이라크 아르빌신공항 사업을 수주하면서 해외공항 사업에 처음 진출한 이후, 불과 9년 만에 해외 선진공항들을 제치고 1억 달러 이상의 대규모 공항운영 사업을 따내는 쾌거를 달성했다.
2012년 미얀마 한따와디 신공항 개발사업, 2016년 인도 고아 신공항 운영사업, 2017년 세르비아 베오그라드공항 운영사업 등 주요 국제입찰에서 번번이 고배를 마셨던 인천국제공항은 7전 8기 끝에 글로벌 공항기업들과의 진검승부에서 승리했다.
인천국제공항공사는 이번 입찰 준비 과정에서 국토교통부 및 기획재정부를 비롯해 주 쿠웨이트 대사관의 적극적인 협조가 사업 수주의 밑받침이 되었다며, 관계기관들에게 깊은 감사의 뜻을 표했다.
인천국제공항공사 사장은 "이번 쿠웨이트국제공항 제4터미널 위탁운영사업은 인천국제공항공사의 해외사업 누적 수주액 9,344만 달러를 뛰어넘는 단일사업 최대 규모의 해외공항사업이라는 의미가 있다."며 "향후 쿠웨이트를 교두보로 사우디아라비아, 필리핀, 인도네시아 등 해외사업을 지속적으로 확장해 세계 속에 제2, 제3의 인천공항을 만들어가겠다."고 밝혔다.

국토교통부 관계자는 "쿠웨이트는 압둘라 스마트 도시 개발, 세계 최장 규모의 자베르 코즈웨이 해상연륙교 건설 등 우리 기업의 진출이 활발한 국가로, 교통협력 MOU 체결 등 정부 차원에서도 깊은 우호 관계를 유지하고 있다."고 밝히며, "이번 수주를 계기로 공항 개발·운영 분야의 해외 진출을 적극 모색하고, 향후 쿠웨이트공항 제2터미널 사업에서도 우리 기업이 참여할 수 있도록 정부 차원에서 적극 지원할 것"이라고 말했다.

① 인천국제공항공사는 쿠웨이트국제공항 제4터미널을 향후 5년간 위탁운영한다.

② 운영사업자 최종 선정 시 인천국제공항 제2여객터미널의 개장이 일정 부분 영향을 미쳤다.

③ 쿠웨이트는 제2터미널 공사를 진행하고 있다.

④ 인천국제공항공사는 해외공항 사업에 진출한 첫해에 1억 달러 이상의 대규모 공항운영 사업을 따냈다.

⑤ 제4터미널은 국제선 터미널로, 국적 항공사인 쿠웨이트항공이 전담해서 사용한다.

12 **다음 시트에서 [B1] 셀에 〈보기〉의 (가) ~ (마) 함수를 입력하였을 때, 표시되는 결괏값이 다른 것은?**

	A	B
1	333	
2	합격	
3	불합격	
4	12	
5	7	

보기

(가) 「=ISNUMBER(A1)」

(나) 「=ISNONTEXT(A2)」

(다) 「=ISTEXT(A3)」

(라) 「=ISEVEN(A4)」

(마) 「=ISODD(A5)」

① (가)

② (나)

③ (다)

④ (라)

⑤ (마)

13 다음은 연차휴가에 대한 자료이다. A대리는 2021년 1월 1일에 입사하였고 매년 80% 이상 출근하였다. 오늘이 2024년 1월 26일이라면 2024년에 A대리에게 부여된 연차휴가는 며칠인가?

> **연차휴가(제29조)**
> - 직전 연도에 연간 8할 이상 출근한 직원에게는 15일의 연차유급휴가를 준다.
> - 3년 이상 근속한 직원에 대하여는 최초 1년을 초과하는 근속 매 2년마다 연차유급휴가에 1일을 가산한 휴가를 준다. 이때 소수점 단위는 절사하고, 가산휴가를 포함한 총 휴가일수는 25일을 한도로 한다.
> - 연차휴가는 직원의 자유의사에 따라 분할하여 사용할 수 있다. 반일단위(09 ~ 14시, 14 ~ 18시)로 분할하여 사용할 수 있으며 반일 연차휴가 2회는 연차휴가 1일로 계산한다.
> - 연차휴가를 줄 수 없을 때에는 연봉 및 복리후생 관리 규정에 정하는 바에 따라 보상금을 지급한다.

① 15일
② 16일
③ 17일
④ 18일
⑤ 19일

14 회사의 업무상 중국 베이징에서 회의에 참석한 김대리는 회사에서 급한 연락을 받아 자사 공장에 시찰을 다녀오려고 한다. 김대리가 선택할 수 있는 교통수단이 다음과 같을 때, 어떤 교통편을 선택하겠는가?(단, 김대리는 기준을 통해 계산한 결과가 가장 낮은 것을 선택한다)

교통편명	교통수단	시간(h)	요금(원)
CZ3650	비행기	2	500,000
MU2744	비행기	3	200,000
G820	고속열차	5	120,000
D42	고속열차	8	70,000

※ (김대리의 기준)=[시간(h)]×1,000,000×0.6+[요금(원)]×0.8

① CZ3650
② MU2744
③ G820
④ D42
⑤ 선택할 수 없음

15 다음은 권장 소비자 가격과 판매 가격 차이를 조사한 자료이다. 〈조건〉을 적용했을 때, 할인가 판매 시 괴리율이 가장 높은 품목은?(단, 괴리율은 소수점 둘째 자리에서 버림한다)

〈권장 소비자 가격과 판매 가격 차이〉

(단위 : 원, %)

구분	판매 가격		권장 소비자 가격과의 괴리율	
	정상가	할인가	권장 소비자 가격	정상가 판매 시 괴리율
세탁기	600,000	580,000	640,000	6.6
무선전화기	175,000	170,000	181,000	3.3
오디오세트	470,000	448,000	493,000	4.6
골프채	750,000	720,000	786,000	5
운동복	195,000	180,000	212,500	9.7

조건

- [권장 소비자 가격과의 괴리율(%)]$=\frac{[(\text{권장 소비자 가격})-(\text{판매 가격})]}{(\text{권장 소비자 가격})}\times 100$
- 정상가 : 할인 판매를 하지 않는 상품의 판매 가격
- 할인가 : 할인 판매를 하는 상품의 판매 가격

① 세탁기
② 무선전화기
③ 오디오세트
④ 골프채
⑤ 운동복

16 사고 난 차를 견인하기 위해 A와 B견인업체에서 견인차를 보내려고 한다. 사고지점은 B업체보다 A업체와 40km 더 가깝고, A업체의 견인차가 시속 63km의 일정한 속력으로 달리면 40분 만에 사고지점에 도착한다. B업체에서 보낸 견인차가 A업체의 견인차보다 늦게 도착하지 않으려면 B업체의 견인차가 내야 하는 최소 속력은 얼마인가?

① 119km/h
② 120km/h
③ 121km/h
④ 122km/h
⑤ 123km/h

17 다음은 어느 국가의 2014년부터 2024년까지 주식시장의 현황을 나타낸 자료이다. 종목당 평균 주식 수를 바르게 작성한 그래프는?

〈주식시장 현황〉

구분	2014년	2015년	2016년	2017년	2018년	2019년	2020년	2021년	2022년	2023년	2024년
종목 수 (종목)	958	925	916	902	884	861	856	844	858	885	906
주식 수 (억 주)	90	114	193	196	196	265	237	234	232	250	282

※ (종목당 평균 주식 수)=$\frac{\text{(주식 수)}}{\text{(종목 수)}}$

①
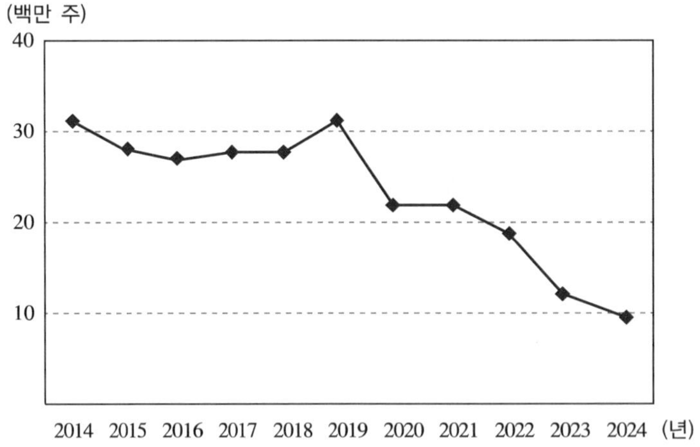

②
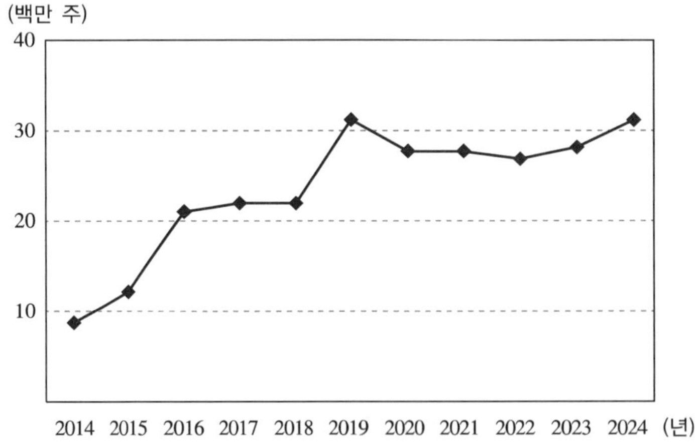

③ (백만 주)

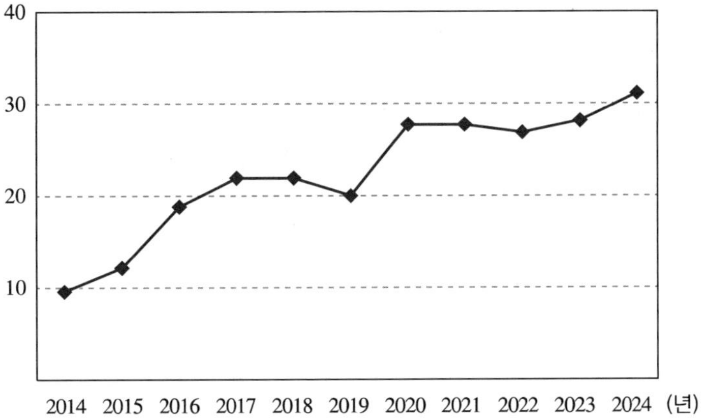

④ (백만 주)

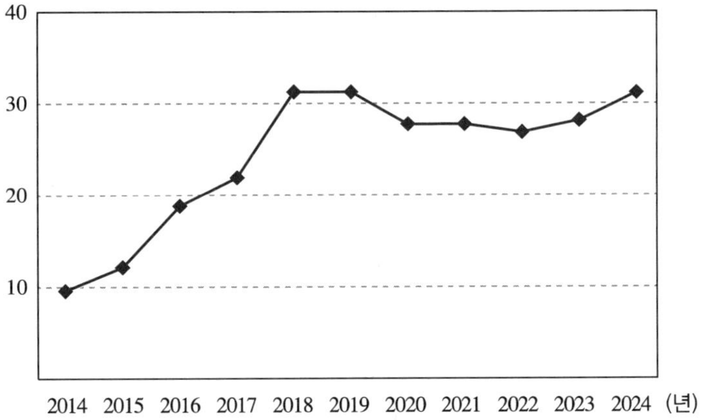

⑤ (백만 주)

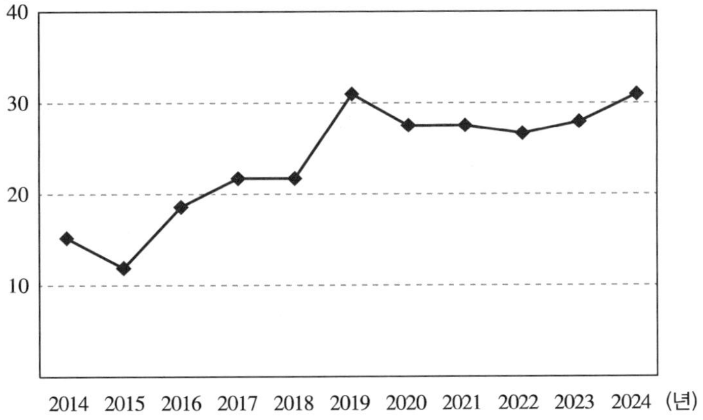

PART 3

18 부산에 사는 고객이 서울 종합 버스터미널에서 근무하는 A씨에게 버스 정보에 대해 문의를 했다. 다음 〈보기〉의 대화 중 A씨가 고객에게 바르게 안내한 것을 모두 고르면?

〈부산 터미널〉

도착지	서울 종합 버스터미널
출발 시간	매일 15분 간격(06:00 ~ 23:00)
소요 시간	4시간 30분 소요
운행 요금	우등 29,000원 / 일반 18,000원

〈부산 동부 터미널〉

도착지	서울 종합 버스터미널
출발 시간	06:30, 08:15, 13:30, 17:15, 19:30
소요 시간	4시간 30분 소요
운행 요금	우등 30,000원 / 일반 18,000원

※ 도로 교통 상황에 따라 소요 시간에 차이가 있을 수 있음

보기

고객 : 안녕하세요. 제가 부산에 살고 있고 서울에 볼일이 있어서 버스를 타고 가려고 하는데요. 어떻게 하면 되나요?

(가) : 네, 고객님. 부산에서 서울로 출발하는 버스 터미널은 부산 터미널과 부산 동부 터미널이 있는데요. 고객님 댁에서 어느 터미널이 더 가깝나요?

고객 : 부산 동부 터미널이 더 가까운 것 같아요.

(나) : 부산 동부보다 부산 터미널에 더 많은 버스들이 배차되고 있거든요. 새벽 6시부터 밤 11시까지 15분 간격으로 운행되고 있으니 부산 터미널을 이용하시는 것이 좋을 것 같습니다.

고객 : 그럼 서울에 1시까지는 도착해야 하는데 몇 시 버스를 이용하는 것이 좋을까요?

(다) : 부산에서 서울까지 4시간 30분 정도 소요되므로 1시 이전에 여유 있게 도착하시려면 오전 8시 또는 8시 15분 출발 버스를 이용하시면 될 것 같습니다.

고객 : 4시간 30분보다 더 소요되는 경우도 있나요?

(라) : 네, 도로 교통 상황에 따라 소요 시간에 차이가 있을 수 있습니다.

고객 : 그럼 운행 요금은 어떻게 되나요?

(마) : 부산 터미널 출발 서울 종합 버스터미널 도착 운행요금은 29,000원입니다.

① (가), (나)
② (가), (다)
③ (가), (다), (라)
④ (다), (라), (마)
⑤ (나), (다), (라), (마)

19 **A씨는 새롭게 전세계약을 하고 이사를 하루 앞두고 있다. 이사 시 유의사항을 찾아보다가 전기사용자가 바뀌면 명의변경 신청을 해야 한다는 사실을 알게 되어 구비서류에 대해 알아보았다. 계약전력이 3kW일 때, 다음 중 A씨가 가져가야 할 구비서류를 〈보기〉에서 모두 고르면?**

매매 등으로 전기사용자가 변경되는 경우 신고객과 구고객은 그 변경내용을 발생 후 14일 이내에 I전력에 통지하여야 합니다. 매매, 임대차 등에 의해서 고객이 변동되고 신고객이 명의변경에 따른 사용자별 요금 구분청구를 신청할 경우에는 변동일을 기준으로 신·구고객별로 각각 계산하여 청구하게 되므로 구고객의 전기요금을 신고객이 납부하실 필요가 없습니다. 명의변경 신청은 구고객의 이사일 하루 전 I전력 근무시간까지 아래의 구비서류를 갖추시어 관할 I전력에 직접 내방 또는 우편이나 FAX로 신청하시면 됩니다(단, 1주택 수가구 및 종합계약아파트 고객은 신청불가).

〈구비서류〉

가. 계약전력 5kW 이하 고객(전화신청 가능)
- 소유자로 변동된 경우
  - 전기사용변경신청서(I전력 양식)
  - 고객변동일을 입증할 수 있는 서류 : 매매계약서 또는 건물(토지)등기부 등본 등
- 사용자로 변동된 경우
  - 전기사용변경신청서(I전력 양식)
  - 고객변동일을 입증할 수 있는 서류 : 임대차계약서(법원 확정필인 날인) 또는 사업자등록증 사본(전기사용장소와 동일주소지 사업장)

나. 계약전력 6kW 이상 고객
- 소유자로 변동된 경우
  - 전기사용변경신청서(I전력 양식)
  - 매매계약서 또는 건물(토지)등기부 등본 등
- 사용자로 변경된 경우
  - 전기사용변경신청서(I전력 양식) : 소유주 동의 날인
  - 사용자 주민등록등본(또는 법인 등기부등본)
  - 고객변동을 확인할 수 있는 서류 : 임대차계약서, 건축물대장
  - 계약전력 20kW 초과 고객의 경우 전기요금 보증서류(현금 원칙, 고객희망 시 이행보증보험, 지급보증 및 연대보증으로 가능)
  - 소유주 주민등록증 사본(또는 법인 인감증명원) – 사업자등록증 사본(필요시)

다. '나'의 경우 저압으로 공급받는 고객은 소유주 동의 날인과 소유주 관련 서류는 생략 가능

※ 변동일 이후에 사용자별 요금 구분청구를 신청할 경우에는 미납요금에 한하여 신·구고객별로 각각 계산하여 청구함(변동일이 속한 월의 신·구고객별 사용전력량은 고객과 I전력이 협의 결정함)

보기

㉠ 전기사용변경신청서	㉡ 건축물대장
㉢ 임대차계약서	㉣ 주민등록증 사본
㉤ 전기요금 보증서류	㉥ 매매계약서

① ㉠, ㉤
② ㉠, ㉢
③ ㉠, ㉥
④ ㉡, ㉣
⑤ ㉢, ㉤

20 다음 글의 제목으로 가장 적절한 것은?

> 영양분이 과도하게 많은 물에서는 오히려 물고기의 생존이 어렵다. 농업용 비료나 하수 등에서 배출되는 질소와 인 등으로 영양분이 많아진 하천의 수온이 상승하면 식물성 플랑크톤이 대량으로 증식하게 된다. 녹색을 띠는 플랑크톤이 수면을 뒤덮으면 물속으로 햇빛이 닿지 못하고 결국 물속의 산소가 고갈되어 물고기는 숨을 쉬기 어려워진다. 즉, 물속의 과도한 영양분이 오히려 물고기의 생존을 위협하는 것이다.
> 이처럼 부영양화된 물에서의 플랑크톤 증식으로 인한 녹조 현상은 경제발전과 각종 오염물질 배출량의 증가로 인해 심각한 사회문제가 되고 있다. 녹조는 냄새를 유발하는 물질과 함께 독소를 생성하여 수돗물의 수질을 저하시킨다. 특히 독성물질을 배출하는 녹조를 유해 녹조로 지정하여 관리하고 있는 현실을 고려하면 이제 녹조는 생태계뿐만 아니라 먹는 물의 안전까지도 위협한다.
> 하천의 생태계를 보호하고 우리가 먹는 물을 보호하기 위해서는 녹조의 발생 원인을 사전에 제거해야 한다. 이를 위해서는 무엇보다 생활 속에서의 작은 실천이 중요하다. 질소나 인이 첨가되지 않은 세제를 사용하고, 농가에서는 화학 비료 사용을 최소화하며 하천에 오염된 물이 흘러 들어가지 않도록 철저히 관리하는 노력을 기울여야 한다.

① 물고기의 생존을 위협하는 하천의 수질 오염
② 녹조를 가속화하는 이상 기온 현상
③ 물고기와 인간의 안전을 위협하는 하천의 부영양화
④ 녹조 예방을 위한 정부의 철저한 관리의 필요성
⑤ 수돗물 수질 향상을 위한 기술 개발의 필요성

21 대구에서 광주까지 편도운송을 하는 I기업은 다음과 같이 화물차량을 운용한다. 수송비 절감을 통해 경영에 필요한 예산을 확보하기 위하여 적재효율을 기존 1,000상자에서 1,200상자로 높여 운행 횟수를 줄인다면, I기업이 얻을 수 있는 월 수송비 절감액은?

> 〈I기업의 화물차량 운용 정보〉
> • 차량 운행대수 : 4대
> • 1대당 1일 운행횟수 : 3회
> • 1대당 1회 수송비 : 100,000원
> • 월 운행일수 : 20일

① 3,500,000원
② 4,000,000원
③ 4,500,000원
④ 5,000,000원
⑤ 5,500,000원

22 다음은 연도별 국내 출생아 및 혼인 건수에 대한 자료이다. 이를 토대로 빈칸 ㉠ ~ ㉢에 들어갈 수를 바르게 나열한 것은?

〈연도별 출생아 및 혼인 현황〉

(단위 : 명)

구분	2016년	2017년	2018년	2019년	2020년	2021년	2022년	2023년	2024년
출생아수	471,265	484,550	436,455	435,435	438,420	406,243	357,771	326,822	(㉢)
합계출산율	(㉠)	1.297	1.187	1.205	1.239	1.172	1.052	0.977	0.918
출생성비	105.7	105.7	105.3	105.3	(㉡)	105.0	106.3	105.4	105.5
혼인 건수(건)	329,087	327,073	322,807	305,507	302,828	281,635	264,455	257,622	239,159

※ 합계출산율은 한 여자가 가임기간(15 ~ 49세)에 낳을 것으로 기대되는 평균 출생아수임

※ 출생성비$\left(=\frac{(\text{남자 출생아})}{(\text{여자 출생아})}\times 100\right)$는 여자 출생아 100명당 남자 출생아수임

〈정보〉

- 출생아수는 2021 ~ 2024년 동안 전년 대비 감소하는 추세이며, 그 중 2024년 전년 대비 감소한 출생아수가 가장 적다.
- 2016 ~ 2024년까지 연도별 합계출산율에서 2016년 합계출산율은 두 번째로 많다.
- 2018년부터 3년 동안 출생성비는 동일하다.

	㉠	㉡	㉢
①	1.204	105.0	295,610
②	1.237	105.0	295,610
③	1.244	105.3	302,676
④	1.237	105.3	302,676
⑤	1.251	105.3	295,873

PART 3

23 다음은 I기업의 연도별 임직원 현황에 대한 자료이다. 이에 대한 설명으로 옳은 것을 〈보기〉에서 모두 고르면?

〈I기업의 연도별 임직원 현황〉

(단위 : 명)

구분		2022년	2023년	2024년
국적	한국	9,566	10,197	9,070
	중국	2,636	3,748	4,853
	일본	1,615	2,353	2,749
	대만	1,333	1,585	2,032
	기타	97	115	153
고용형태	정규직	14,173	16,007	17,341
	비정규직	1,074	1,991	1,516
연령	20대 이하	8,914	8,933	10,947
	30대	5,181	7,113	6,210
	40대 이상	1,152	1,952	1,700
직급	사원	12,365	14,800	15,504
	간부	2,801	3,109	3,255
	임원	81	89	98

보기

㉠ 매년 일본, 대만 및 기타 국적 임직원 수의 합은 중국 국적 임직원 수보다 많다.
㉡ 매년 전체 임직원 중 20대 이하 임직원이 차지하는 비중은 50% 이상이다.
㉢ 2023년과 2024년에 전년 대비 임직원 수가 가장 많이 증가한 국적은 중국이다.
㉣ 2023년 대비 2024년의 임직원 수의 감소율이 가장 큰 연령대는 30대이다.

① ㉠, ㉡
② ㉠, ㉢
③ ㉡, ㉣
④ ㉠, ㉢, ㉣
⑤ ㉠, ㉡, ㉢, ㉣

24 다음은 공공기관 청렴도 평가 현황이다. 내부청렴도가 가장 높은 해와 낮은 해가 바르게 연결된 것은?

〈공공기관 청렴도 평가 현황〉

(단위 : 점)

구분	2021년	2022년	2023년	2024년
종합청렴도	6.23	6.21	6.16	6.8
외부청렴도	8.0	8.0	8.0	8.1
내부청렴도				
정책고객평가	6.9	7.1	7.2	7.3
금품제공률	0.7	0.7	0.7	0.5
향응제공률	0.7	0.8	0.8	0.4
편의제공률	0.2	0.2	0.2	0.2

※ 종합청렴도, 외부청렴도, 내부청렴도, 정책고객평가는 10점 만점으로, 10점에 가까울수록 청렴도가 높다는 의미임

※ (종합청렴도)=[(외부청렴도)×0.6+(내부청렴도)×0.3+(정책고객평가)×0.1]−(감점요인)

※ 금품제공률, 향응제공률, 편의제공률은 감점요인임

	가장 높은 해	가장 낮은 해
①	2021년	2023년
②	2022년	2023년
③	2022년	2024년
④	2023년	2022년
⑤	2023년	2024년

PART 3

25 다음 중 밑줄 친 ㉠~㉤을 고친 것으로 적절하지 않은 것은?

업무상 자살에 대한 산재 승인율이 2024년부터 급감한 것으로 나타났다. A공단이 산재심사를 하면서 ㉠ 느슨한 기준을 제시한 탓에 피해노동자와 그 가족을 보호하지 못하고 있다는 지적이 나오고 있다.
국회 환경노동위원회에 따르면 2022년 65.3%, 2023년 70.1%로 증가하던 업무상 자살에 대한 산재 승인율이 2024년 55.7%로 15%p가량 급감했고, 2025년은 6월까지 54.3%를 기록해 2024년과 비슷한 수준을 보였다.
승인율이 낮아진 이유로는 A공단의 정신질환 산재 조사·판정의 부적절성을 꼽을 수 있다. A공단은 서울업무상질병판정위원회에서 ㉡ 일괄적으로 처리했던 정신질환 사건을 2022년 하반기부터 다른 지역의 질병판정위원회로 ㉢ 결집했고, 이로 인해 질병판정위 별로 승인 여부가 제각각이 된 것이다. 또한 대법원을 포함한 사법부는 자살에 이를 정도의 업무상 사유에 대한 판단 기준을 재해자 기준에 맞추고 있는 것과 달리, A공단은 일반인·평균인 관점에서 판단하는 점도 문제로 제기되고 있다.
A공단과 사법부의 판단이 엇갈리는 상황에서 불승인 받은 유족들은 재판부의 문을 두드리고 있어, A공단의 산재불승인에 불복해 행정소송을 제기한 업무상 자살 건수는 매년 ㉣ 감소하고 있다. 특히 2025년 법원에 확정된 사건은 모두 7건인데 이 중 A공단이 패소한 경우는 4건(패소율 57.1%)에 다다라 A공단의 판단 기준에 대한 문제가 절실히 드러나고 있다.
이는 A공단이 대법원보다 소극적인 방식으로 업무상 사망 ㉤ 상관관계 잣대를 적용하는 탓에 자살 산재 승인율이 낮아진 것으로 보인다. 따라서 A공단은 신속하고 공정하게 보상한다는 산업재해보상보험법 목적에 맞게 제도를 운용하도록 대법원이 제시한 원칙에 맞게 까다로운 승인 기준을 재정비해야 할 것으로 보인다.

① ㉠ : 느슨한 → 까다로운
② ㉡ : 일괄적으로 → 개별적으로
③ ㉢ : 결집했고 → 분산했고
④ ㉣ : 감소 → 증가
⑤ ㉤ : 상관관계 → 인과관계

26 한국의 A기업, 오스트레일리아의 B기업, 아랍에미레이트의 C기업, 러시아의 D기업은 상호 협력프로젝트를 추진하고자 화상회의를 하려고 한다. 한국 시간을 기준으로 할 때, 화상회의 가능 시각은 언제인가?

〈국가별 시간〉

국가(도시)	현지 시각
오스트레일리아(시드니)	2023. 09. 15 AM 10:00
대한민국(서울)	2023. 09. 15 AM 08:00
UAE(두바이)	2023. 09. 15 AM 03:00
러시아(모스크바)	2023. 09. 15 AM 02:00

※ 각 회사의 위치는 위 자료에 있는 도시에 있음
※ 모든 회사의 근무시간은 현지 시각으로 오전 9시 ~ 오후 6시임
※ A, B, D사의 식사시간은 현지 시각으로 오후 12시 ~ 오후 1시임
※ C사의 식사시간은 오전 11시 30분 ~ 오후 12시 30분이고 오후 12시 30분부터 오후 1시까지 전 직원이 기도를 함
※ 화상회의 소요 시간은 1시간임

① 오후 1 ~ 2시
② 오후 2 ~ 3시
③ 오후 3 ~ 4시
④ 오후 4 ~ 5시
⑤ 오후 5 ~ 6시

27 해외영업부 A대리는 B부장과 함께 샌프란시스코에 출장을 가게 되었다. 샌프란시스코는 한국보다 16시간이 느리고, 비행 시간은 10시간 25분이다. 샌프란시스코 현지 시간으로 9월 17일 오전 10시 35분에 도착하는 비행기를 타려고 할 때, 인천공항에 몇 시까지 도착해야 하는가?

구분	날짜	출발 시간	비행 시간	날짜	도착 시각
인천 → 샌프란시스코	9월 17일		10시간 25분	9월 17일	10:35
샌프란시스코 → 인천	9월 21일	17:30	12시간 55분	9월 22일	22:25

※ 단, 비행기 출발 1시간 전에 공항에 도착해 티케팅을 해야 함

① 12:10
② 13:10
③ 14:10
④ 15:10
⑤ 16:10

28 **다음 중 바이오스(Basic Input Output System)에 대한 설명으로 옳은 것은?**

① 한번 기록한 데이터를 빠른 속도로 읽을 수 있지만, 다시 기록할 수 없는 메모리이다.

② 컴퓨터에서 전원을 켜면 맨 처음 컴퓨터의 제어를 맡아 가장 기본적인 기능을 처리해 주는 프로그램이다.

③ 기억된 정보를 읽어내기도 하고, 다른 정보를 기억시킬 수도 있는 메모리이다.

④ 주변 장치와 컴퓨터 처리 장치 간에 데이터를 전송할 때 처리 지연을 단축하기 위해 보조 기억장치를 완충 기억 장치로 사용하는 것이다.

⑤ 운영 체제와 응용 프로그램 중간에 위치하는 소프트웨어이다.

29 **다음은 2012 ~ 2024년 축산물 수입 추이를 나타낸 그래프이다. 이에 대한 설명으로 옳지 않은 것은?**

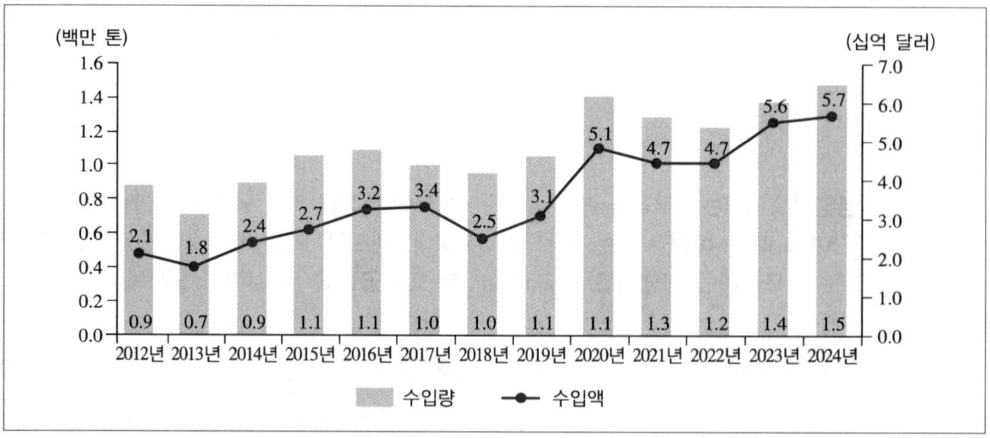

① 2024년 축산물 수입량은 2014년 대비 약 67% 증가하였다.

② 처음으로 2012년 축산물 수입액의 두 배 이상 수입한 해는 2020년이다.

③ 전년 대비 축산물 수입액의 증가율이 가장 높았던 해는 2020년이다.

④ 축산물 수입량과 수입액의 변화 추세는 동일하다.

⑤ 2014년부터 2017년까지 축산물 수입액은 전년 대비 증가했다.

30 다음은 I공사가 공개한 부패공직자 사건 및 징계 현황이다. 이에 대한 설명으로 옳지 않은 것을 〈보기〉에서 모두 고르면?

〈부패공직자 사건 및 징계 현황〉

구분	부패행위 유형	부패금액	징계종류	처분일	고발 여부
1	이권개입 및 직위의 사적사용	23만 원	감봉 1월	2017.06.19.	미고발
2	직무관련자로부터 금품 및 향응 수수	75만 원	해임	2018.05.20.	미고발
3	직무관련자로푸터 향응 수수	6만 원	견책	2019.12.22.	미고발
4	직무관련자로부터 금품 및 향응 수수	11만 원	감봉 1개월	2020.02.04.	미고발
5	직무관련자로부터 금품 수수	40만 원 가량	경고 (무혐의 처분, 징계시효 말소)	2021.03.06.	미고발
6	직권남용(직위의 사적 이용)	–	해임	2021.05.24.	고 발
7	직무관련자로부터 금품 수수	526만 원	해임	2021.09.17.	고 발
8	직무관련자로부터 금품 수수 등	300만 원	해임	2022.05.18.	고 발

보기

ㄱ. I공사에서 해당 사건의 부패금액이 일정 수준 이상인 경우에만 고발한 것으로 해석할 수 있다.
ㄴ. 해임당한 공직자들은 모두 고발되었다.
ㄷ. 직무관련자로부터 금품을 수수한 사건은 총 5건 있었다.
ㄹ. 동일한 부패행위 유형에 해당하더라도 다른 징계처분을 받을 수 있다.

① ㄱ, ㄴ
② ㄱ, ㄷ
③ ㄴ, ㄷ
④ ㄴ, ㄹ
⑤ ㄷ, ㄹ

31 다음 문단을 논리적 순서대로 바르게 나열한 것은?

(가) 교통약자와 사회적 기여자 등을 위한 전용 출국장인 '패스트트랙'도 마련되었다. 유·소아는 만 7세 미만, 고령자는 만 70세 이상이 대상이다. 기존 문형금속탐지기 대신 최신형 원형보안 검색기를 설치함으로써 보안 검색 속도를 높였다. 짐을 가지고 터널을 통과하면 보안 검색이 이뤄지는 '터널형 보안 검색'은 국토부와의 협업 연구를 통해 5년 내에 이루어질 기술이다. 지금처럼 신체와 소지품 검색이 별도로 이뤄지는 것이 아니라 터널을 통과하면서 한 번에 자연스럽게 실시되어 이용객의 불편은 줄이되, 공항 보안은 강화할 수 있을 것으로 예상된다.

(나) 그밖에 올해 상반기에 SNS 메신저를 활용한 챗봇과 3D 프린팅, 4D VR 체험 및 조류퇴치, 외곽경비 드론을 도입할 예정이며, 하반기에는 위치 기반의 푸쉬 알림 서비스, 자율주행 차량 서비스, 원스톱으로 출국이 가능한 스마트패스를 선보인다. 또한 생체인식 기법을 활용한 BT 기반 출입과 AI 기반 수하물 검색이 시범 운영에 들어간다. 이어서 빅데이터 및 IoT 기반 첨단 서비스와 자율주행 셔틀버스를 도입할 계획이다. 이로써 스마트한 서비스 창출 및 지능형 공항 운영의 두 마리 토끼를 모두 잡을 수 있을 것으로 보인다.

(다) 제2여객터미널에 들어서면 먼저 출국장 중앙의 '스마트체크인 존'이 눈길을 끈다. 여기에 무인 탑승수속기기 키오스크(KIOSK)와 자동 수하물 위탁 기기(Self Bag Drop)가 일렬로 나란히 배치되어 있다. 직접 출국 수속을 밟을 수 있는 자동화 기기로, 출국 절차에 드는 시간을 단축해준다.

(라) 인천국제공항은 지난 1월 오픈한 제2여객터미널에 지능형 안내 로봇과 청소 로봇을 도입하면서 '스마트 에어포트' 기술 분야에서 세계를 선도하는 공항이 되겠다는 의지를 드러낸 바 있다. 이는 정부과제 '스마트공항 종합계획' 및 인천국제공항의 4단계 건설 기한까지의 중장기 계획의 일환에 따른 것으로, 그 첫 신호탄이 되었다.

① (다) – (가) – (나) – (라)
② (다) – (라) – (가) – (나)
③ (라) – (가) – (나) – (다)
④ (라) – (나) – (다) – (가)
⑤ (라) – (다) – (가) – (나)

32 다음 중 워드프로세서 영역의 지정에 대한 설명으로 옳은 것은?

① 해당 단어 안에 마우스 포인터를 놓고 한 번 클릭하면 한 단어 영역 지정이 가능하다.
② 해당 줄의 왼쪽 끝으로 마우스 포인터를 이동하여 포인터가 화살표로 바뀌고 나서 두 번 클릭하면 한 줄 영역 지정이 가능하다.
③ 해당 문단의 임의의 위치에 마우스 포인터를 놓고 세 번 클릭하면 문단 전체 영역 지정이 가능하다.
④ 문서 내의 임의의 위치에서 〈Ctrl〉+〈E〉를 누르면 문서 전체 영역 지정이 가능하다.
⑤ 문서 내의 한 행 왼쪽 끝에서 마우스 포인터가 화살표로 바뀌고 나서 두 번 클릭하면 문서 전체 영역 지정이 가능하다.

33 다음 명령을 수행했을 때 출력되는 결괏값으로 옳은 것은?

```
#include <stdio.h>

int main(void)
{
  int ary[3];
  int i;
  ary[0]=1; ary[1]=2; ary[2]=3;
  for (i=0; i<3; i++)
    printf("%d번째 주사위 번호 :%d ₩n", i+1, ary[i]);
  return 0;
}
```

① 1번째 주사위 번호 : 1
2번째 주사위 번호 : 2
3번째 주사위 번호 : 3

② 0번째 주사위 번호 : 1
1번째 주사위 번호 : 2
2번째 주사위 번호 : 3

③ 0번째 주사위 번호 : 2
1번째 주사위 번호 : 3
2번째 주사위 번호 : 4

④ 1번째 주사위 번호 : 3
2번째 주사위 번호 : 3
3번째 주사위 번호 : 3

⑤ 실행되지 않는다.

34 다음은 I기업의 재화 생산량에 따른 총 생산비용의 변화를 나타낸 자료이다. 이에 대한 설명으로 옳은 것을 <보기>에서 모두 고르면?(단, 재화 1개당 가격은 7만 원이다)

생산량(개)	0	1	2	3	4	5
총 생산비용(만 원)	5	9	12	17	24	33

보기

ㄱ. 2개와 5개를 생산할 때의 이윤은 동일하다.
ㄴ. 이윤을 극대화할 수 있는 최대 생산량은 4개이다.
ㄷ. 생산량을 4개에서 5개로 증가시킬 때 이윤은 증가한다.
ㄹ. 1개를 생산하는 것보다 생산을 하지 않는 것이 손해가 적다.

① ㄱ, ㄴ
② ㄱ, ㄷ
③ ㄴ, ㄷ
④ ㄷ, ㄹ
⑤ ㄱ, ㄴ, ㄷ

35 최대리는 노트북을 사고자 I전자제품 홈페이지에 방문하였다. 노트북 5개를 최종 후보로 선정 후 〈조건〉에 따라 점수를 부여하여 점수가 가장 높은 제품을 고를 때, 최대리가 고를 노트북은?

〈노트북 최종 후보〉

구분	A	B	C	D	E
저장용량 / 저장매체	512GB / HDD	128GB / SSD	1,024GB / HDD	128GB / SSD	256GB / SSD
배터리 지속시간	최장 10시간	최장 14시간	최장 8시간	최장 13시간	최장 12시간
무게	2kg	1.2kg	2.3kg	1.5kg	1.8kg
가격	120만 원	70만 원	135만 원	90만 원	85만 원

조건

- 항목별로 순위를 정하여 5점 ~ 1점을 순차적으로 부여한다(단, 동일한 성능일 경우 동일한 점수를 부여한다).
- 저장용량은 클수록, 배터리 지속시간은 길수록, 무게는 가벼울수록, 가격은 저렴할수록 높은 점수를 부여한다.
- 저장매체가 SSD일 경우 3점을 추가로 부여한다.

① A　　② B
③ C　　④ D
⑤ E

36 다음 글을 읽고 빈칸에 들어갈 속담으로 가장 적절한 것은?

> 스트레스는 만병의 근원이란 말이 나돌고 있다. 스트레스는 의학적인 만병의 근원으로, 우리에게 신체적 해가 되는 일 자체보다도 이를 극복해 나가는 고통스런 과정이 더 문제인 것 같다. 하지만 살아가면서 아무리 큰 스트레스를 겪더라도 시간이 경과함에 따라 점차 망각의 세계로 흘려보내게 되는 것은 천만다행인 일이 아닐 수 없다. 개인적 차이는 있겠지만 고독한 개별 존재로 살아가면서 겪는 삶의 갈등에서 '세월이 약이다.'라는 우리 속담의 역할은 우리에게 참으로 큰 위안을 준다. 과거 기억의 집착에서 빨리 벗어나는 것은 진정으로 필요한 일이며, 이러한 자각의 과정이야말로 결국 혼자인 자신을 성찰할 좋은 기회가 된다. 그러니 이런 의미의 건망증은 하느님이 우리에게 주신 좋은 선물 가운데 하나가 아니겠는가.
>
> 이와 같은 공리적인 건망증과는 달리, 우리 속담에 '______________________'는 말과 같이 순간적인 건망증은 우리 생활에 웃음을 주는 활력소가 된다. 주부가 손에 고무장갑을 끼고 장갑을 찾는다든가 안경을 쓴 채 안경을 찾으러 이리저리 다니는 일은 주변에서 흔히 목격할 수 있는 일이다. 영국의 명재상이면서 끽연가인 처칠이 파이프를 물고 파이프를 찾았다든가, 혹은 18세기 영국의 문명 비평가였던 사무엘 존슨이 자신의 결혼식 날을 잊고 그 시간에 서재에서 집필하고 있었다는 일화도 우리를 웃음 짓게 하는 유쾌한 건망증이다.
>
> 의학적으로 대충 50대를 전후하여 기억 세포의 사멸로 기억력이 점차로 쇠퇴하여지기 시작한다고 한다. 이제 이순(耳順)의 나이를 넘어서다 보니, 주변 친구들을 만나면 늙는다는 타령과 함께 건망증을 소재로 한담(閑談)의 공간을 채우는 경우가 많아지게 되었다. 한 번은 건망증을 화제로 한자리에서 지우(知友)가 하도 잊어버리는 일이 많아 잊지 않으려 적어 놓은 메모까지도 잊어 못 찾게 되었노라고 한숨을 짓는 것을 보고 나는 빙그레 웃어 주었다. 그리고 이 말을 해주었다. 그 자체가 바로 자연이고 순리인 것이라고. 잊지 않으려고 억지로 노력하는 일도 하나의 집착인 것이라고.

① 우물에 가 숭늉 찾는다.
② 장님 코끼리 말하듯 한다.
③ 업은 아이 삼 년을 찾는다.
④ 소문 난 잔치에 먹을 것 없다.
⑤ 소경이 개천 나무란다.

PART 3

37 다음 중 그린캡 도우미에 대한 설명으로 적절하지 않은 것은?

> 인천국제공항의 제1여객터미널과 제2여객터미널을 넘나들며 활약하는 인천국제공항 세관 그린캡 도우미를 한마디로 표현한다면 '언어 스위치'가 아닐까. 톡하고 누르기만 해도 절로 언어가 튀어 나오는 스위치처럼 외국어와 한국어를 능수능란하게 구사하는 그들은 우리 사회에서 다문화가정을 이루며 살아가고 있는 이주자 출신이다. 다년간의 한국생활을 통해 유창한 언어 실력을 쌓았지만, 정작 충분히 발휘할 기회를 찾지 못하다가 그린캡의 일원이 되면서 비로소 그 재능을 값지게 활용하고 있다. 지난 2010년 처음 선보인 그린캡은 세관과 인천국제공항의 호감도를 상승시킨 일등공신이다. 우선 친절한 통·번역을 통해 외국인들이 맞닥뜨릴 수 있는 언어적 불편을 해소하면서 우리나라 대표 관문으로서의 자부심을 드높였다. 자신이 가진 능력을 십분 활용해 당당히 자립한 도우미들의 자신감 상승 역시 긍정적인 효과라고 할 수 있을 것이다. 더불어 영어·중국어·일본어와 같이 국내에서 보편적으로 자주 쓰이는 외국어 외에 몽골, 필리핀, 베트남, 러시아, 카자흐스탄, 키르기스스탄 등 다양한 언어 서비스도 가능해졌다.
> 인천국제공항의 자부심이자 다문화가정의 안정적 정착을 성공으로 이끄는 공적 모델인 그린캡 도우미로 활동하는 인원은 총 40명으로, 앞서 소개한 바와 같이 외국인 여행자와의 의사소통을 돕고 있다. 또한 인프라업무상 문제점 개선을 위한 글로벌 여행자통관지원서비스를 제공하고, 유치물품의 보관과 인계를 담당한다.
> 이미 지난 2010년 창의 실용 제도개선 우수사례에서 국무총리상을 받은 그린캡은 친절하면서도 고도화된 서비스로 좋은 평가를 받으며, 인천국제공항의 세계공항서비스평가(ASQ) 12년 연속 1위 달성에 기여하기도 했다. 더불어 이주자를 위한 맞춤형 일자리 창출, 다문화 가정의 안정적인 국내 정착 유도 등을 성공적으로 해낸 공적 모델로 인정받아 지속해서 운영하고 있다.

① 그린캡 도우미는 창의 실용 제도개선 우수사례로 인정받아 다른 공사에도 적용되었다.

② 그린캡 도우미는 이주자 출신으로 구성되어 있다.

③ 보편적으로 자주 쓰는 외국어 외에도 카자흐스탄, 키르기스스탄어 등 다양한 언어 서비스를 제공한다.

④ 언어서비스뿐만 아니라 글로벌 여행통관지원서비스 및 유치물품의 보관과 인계도 담당한다.

⑤ 그린캡 도우미를 통해 이주자를 위한 맞춤형 일자리 창출과 다문화 가정의 안정적인 국내 정착 유도를 이끌어 낼 수 있다.

38 다음은 I국가의 주택용 태양광 발전시스템 도입량 예측에 대한 자료이다. 이에 대한 설명으로 옳은 것을 〈보기〉에서 모두 고르면?(단, 소수점 셋째 자리에서 반올림한다)

〈I국가의 주택용 태양광 발전시스템 도입량 예측〉

(단위 : 천 건, MW)

구분		2019년		2024년			
				현재 성장을 유지할 경우		도입을 촉진할 경우	
		건수	도입량	건수	도입량	건수	도입량
기존주택	10kW 미만	94.1	454	145.4	778	165	884
	10kW 이상	23.3	245	4.6	47	5	51
신축주택	10kW 미만	86.1	407	165.3	1,057	185.2	1,281
	10kW 이상	9.2	98	4.7	48	4.2	49
합계		212.7	1,204	320	1,930	359.4	2,265

보기

가. 2024년에 10kW 이상의 설비를 사용하는 신축주택은 도입을 촉진할 경우 유지할 경우보다 건수당 도입량이 커질 것이다.

나. 2019년 기존주택의 건수당 도입량은 10kWh 이상이 10kWh 미만보다 더 적다.

다. 2024년에 태양광 설비 도입을 촉진할 경우, 총 신축주택에서의 10kW 이상 신축주택의 비중은 유지했을 경우보다 0.5%p 이상이 하락한다.

라. 2024년에 태양광 설비 도입을 촉진하게 되면 10kW 미만 기존주택의 도입 건수는 현재 성장 유지할 경우보다 15%p 이상 높다.

① 가, 나　　② 가, 다

③ 가, 라　　④ 나, 다

⑤ 가, 다, 라

※ 귀하는 I업체의 서비스 상담직원으로 근무하고 있으며, 다음의 A/S 규정을 토대로 고객들의 문의를 응대하는 업무를 맡고 있다. 이어지는 질문에 답하시오. **[39~41]**

〈A/S 규정〉

■ 제품 보증기간

- 제품의 보증기간은 제품 구매일을 기준으로 하며, 구매일을 증명할 수 있는 자료(구매영수증, 제품보증서 등)가 없을 경우에는 제품 생산일을 기준으로 산정한다.
- 단, 보증기간(1년 이내) 중 소비자 취급주의, 부적절한 설치, 자가 수리 또는 개조로 인한 고장 발생 및 천재지변(화재 및 수해 낙뢰 등)으로 인한 손상 또는 파손된 경우에는 보증기간 기준을 제외한다.

■ A/S 처리기준

- 제품보증기간 1년 이내 무상A/S를 실시한다.
- 초기불량 및 파손의 경우를 제외한 사용 이후의 불량은 각 제품의 제조사 또는 판매자가 처리함을 원칙으로 한다.
- 당사는 제품의 미개봉 판매를 원칙으로 하며, 모든 사후처리는 당사의 A/S 규정과 원칙에 준한다.

■ 교환·환불 배송 정책

- A/S에 관련된 운송비는 제품 초기불량일 경우에만 당사에서 부담한다.
- 당사의 교환 및 환불 정책은 수령한 날짜로부터 7일 이내 상품이 초기불량 및 파손일 경우에 한하며, 그 외의 경우에는 복구비용을 소비자가 부담하여야 한다.
- 당사에서 판매한 제품의 환불은 소비자법 시행령 제12조에 준한 사후처리를 원칙으로 한다.
- 제품의 온전한 상태를 기준으로 하며, 수령 후 제품을 사용하였을 경우에는 환불이 불가능하다.

■ 서비스 처리 비용

<table>
<tr><th>구성</th><th colspan="2">수리조치 사항</th><th>고객부담금</th><th>비고</th></tr>
<tr><td rowspan="5">DVR
녹화기 관련</td><td colspan="2">모델별 펌웨어 업그레이드 설치</td><td>20,000원</td><td>회당</td></tr>
<tr><td colspan="2">하드 디스크 초기화 및 기능 점검</td><td>10,000원</td><td>회당</td></tr>
<tr><td colspan="2">이전 설치로 인한 네트워크 관련 작업</td><td>20,000원</td><td>–</td></tr>
<tr><td colspan="2">PC장착 카드형 DVR CD-Key</td><td>10,000원</td><td>개당</td></tr>
<tr><td colspan="2">DVR 메인보드 파손</td><td>수리 시 50,000원
교체 시 100,000원</td><td>–</td></tr>
<tr><td rowspan="8">CCTV
카메라 관련</td><td colspan="2">각종 카메라 이전 설치</td><td>건물 내 30,000원
건물 외 50,000원</td><td>–</td></tr>
<tr><td colspan="2">각종 카메라 추가 설치</td><td>건물 내 10,000원
건물 외 20,000원</td><td>제품 구매비 별도</td></tr>
<tr><td rowspan="3">영상 관련 불량</td><td>1) 기본 27만 화소 모듈</td><td>15,000원</td><td>개당</td></tr>
<tr><td>2) 27만 화소 IR 모듈</td><td>20,000원</td><td>개당</td></tr>
<tr><td>3) 41만 화소 IR 모듈</td><td>30,000원</td><td>개당</td></tr>
<tr><td colspan="2">각종 카메라 전면 유리 파손 교체</td><td>3,000원</td><td>개당</td></tr>
<tr><td colspan="2">카메라 전원·영상 배선 교체</td><td>8,000원</td><td>–</td></tr>
<tr><td colspan="2">소비자 과실로 인한 내부 파손</td><td>수리 시 50,000원
교체 시 100,000원</td><td>–</td></tr>
</table>

39 다음은 제품을 구매한 고객이 문의한 사항이다. 귀하의 답변으로 적절하지 않은 것은?

고객 : 안녕하세요? 3일 전에 CCTV 제품을 구매해 설치하였습니다. 항상 켜두는 제품이라 고장이 쉽게 날 것 같은데, A/S 규정이 어떻게 되는지 안내해 주실 수 있나요? 귀하 : 안녕하세요? 고객님. 저희 업체의 제품을 이용해 주셔서 감사합니다. 문의하신 A/S 규정에 대해서 간략하게 안내해 드리겠습니다.

① 고객님께서 구매하신 CCTV 제품은 구입일로부터 1년간 무상A/S가 제공됩니다. 다만, 영수증이나 제품보증서를 분실했을 경우에는 제품 생산일을 기준으로 산정된다는 점을 유의하여 주시길 바랍니다.

② 보증기간 1년 이내에 발생하는 고장에 대해서는 무상으로 수리를 해드리고 있으나, 고객님의 취급주의나 부적절한 설치, 자가 수리 또는 개조로 인하여 고장이 발생하였을 경우에는 무상A/S를 받으실 수 없습니다.

③ 당사는 제품을 미개봉한 상태에서 판매하는 것을 원칙으로 하고 있습니다. 온전한 제품을 수령한 후 사용하였을 때에는 환불이 불가합니다.

④ 다만, 제품을 수령한 날로부터 7일 이내에 초기불량 및 파손이 있을 경우에는 당사에서 교환 또는 환불해 드리고 있으니 언제든지 연락주시길 바랍니다.

⑤ 운송비를 제외한 복구 시 발생되는 모든 비용에 대해서는 고객님께서 부담하셔야 합니다.

40 다음 고객의 문의사항을 읽고 귀하가 고객에게 안내해야 할 수리비용은 얼마인가?

고객 : 안녕하세요? 재작년에 I사 DVR 녹화기를 구매했었는데요. 사용 중에 문제가 생겨서 연락드렸습니다. 며칠 전에 CCTV와 DVR을 다른 장소로 옮겨 설치했는데 네트워크 설정이 필요하다고 뜨면서 제대로 작동하지 않네요. 혹시 제가 제품을 구매한 후로 펌웨어 업그레이드를 한 번도 안 했었는데, 그것 때문일까요? 어찌 되었든 저에게 방문하는 수리기사에게 업그레이드뿐만 아니라 하드 디스크도 함께 점검해 달라고 요청해 주세요. 그럼 수리비용은 얼마나 나올까요?

① 20,000원　② 30,000원

③ 40,000원　④ 50,000원

⑤ 60,000원

41 다음은 수리기사가 보내온 A/S 점검 결과이다. 이를 토대로 고객에게 청구해야 할 비용은 얼마인가?

〈A/S 점검표〉

점검일자 : 2025년 7월 4일(금)

대상제품		MD-RO439 CCTV 카메라 1대
제품위치		건물 내부
점검항목		점검내용
외부	전면 헤드	전면 유리 파손 교체
	후면 고정대	이상 무
	본체	이상 무
내부	메인보드	이상 무, 클리너 사용(비용 ×)
	전원부	전원 배선 교체
	출력부	41만 화소 IR 교체
기타사항		로비 CCTV 1대 추가 설치(제품비 80,000원)

① 41,000원
② 51,000원
③ 101,000원
④ 121,000원
⑤ 131,000원

42 I기업에서는 매년 다량의 반도체 부품을 가공하고 있다. 가공 과정은 각 부품에서 P공정을 거치고 양품에 한해 D공정을 거치게 된다. 2023년까지의 가공 현황을 통해 구한 공정별 수율(Yield)이 다음과 같을 때, 2024년에 1,000만 개의 부품 중 두 공정을 거친 뒤 얻을 수 있는 양품 수의 기댓값은?

구분	P공정	D공정
수율(Yield)	97%	95%

※ (수율)=(양품 수)÷(전체 수)

① 9,210,000개
② 9,211,000개
③ 9,212,000개
④ 9,214,000개
⑤ 9,215,000개

43 새롭게 비품관리를 담당하게 된 A사원은 기존에 거래하던 H문구와 다른 업체들과의 가격 비교를 위해 I문구와 J문구에 견적서를 요청하였다. 비품의 성능 차이는 거의 없으므로 비교 후 가격이 저렴한 곳과 거래할 예정이다. 다음 세 업체의 견적서를 토대로 최종적으로 거래할 업체와 그 업체의 견적금액을 바르게 연결한 것은?(단, 제시된 모든 구매 혜택을 적용하고, 배송료는 총주문금액 계산 이후 더하며, 백 원 미만은 절사한다)

H문구			
품명	수량	단가	공급가액
MLT-D209S[호환]	1	32,000원	32,000원
A4 복사용지 80G(2박스 묶음)	1	31,900원	31,900원
친환경 진행 문서 파일	1	2,500원	2,500원

※ 총주문금액에서 20% 할인 쿠폰 사용 가능

※ 배송료 : 4,000원(10만 원 이상 구매 시 무료 배송)

I문구			
품명	수량	단가	공급가액
PGI-909-PINK[호환]	1	25,000원	25,000원
더블비 A4 복사용지 80G(2박스 묶음)	1	22,800원	22,800원
친환경 진행 문서 파일	1	1,800원	1,800원

※ 회원가 구매 시 판매가의 7% 할인

※ 배송료 : 2,500원(7만 원 이상 구매 시 무료 배송)

J문구			
품명	수량	단가	공급가액
MST-D128S	1	24,100원	24,100원
A4 복사용지 75G(2박스 묶음)	1	28,000원	28,000원
문서 파일	1	3,600원	3,600원

※ 첫 구매 적립금 4,000 포인트 사용 가능

※ 50,000원 이상 구매 시 문서 파일 1개 무료 증정

※ 배송료 : 4,500원(6만 원 이상 구매 시 무료 배송)

① H문구 – 49,000원
② I문구 – 46,100원
③ J문구 – 48,200원
④ I문구 – 48,600원
⑤ J문구 – 51,700원

※ 다음 기사를 읽고 이어지는 질문에 답하시오. [44~45]

인천국제공항공사는 공항행 철도 운행중지 등 비상상황이 발생했을 때 여객들이 비행기를 놓치는 일이 발생하지 않도록 하기 위해 (주)공항철도, 한국철도공사(코레일), (주)신공항하이웨이와 원활한 여객수송을 위한 업무협약을 체결했다고 밝혔다. 이날 오전 인천공항공사에서 체결된 이번 업무협약은 항공운송과 철도, 도로를 담당하는 네 기관이 유기적인 협력을 바탕으로 공동 비상수송 체계를 마련하고 이를 효과적으로 실행하기 위해 추진되었다. (가) 이번에 체결된 업무협약에 따라 공항철도는 만약 공항행 열차가 장시간 지연되거나 선로 중간에 정차하는 운행 장애가 발생하면 인천공항과 신공항하이웨이에 즉시 상황을 알리고 탑승이 임박한 여객들에게 우선적으로 택시 등의 대체교통수단을 제공한다. (나) 운행 장애 열차를 인접 역으로 이동시키기 어려울 경우 인천공항공사는 공항 내 상시 대기 중인 택시(점보택시 20대 포함 일평균 300대)를 장애발생 지점에 보낸다. 열차 운행장애 현장에서는 공항철도와 신공항하이웨이가 고속도로순찰대를 급파하여 대체수송수단이 신속하게 현장으로 접근할 수 있도록 가드레일 제거, 회차선 확보 등의 조치를 취하고, 승객들이 대체교통수단으로 안전하게 옮겨 탈 수 있도록 정차위치를 확보하고 추돌방지 등의 안전조치를 취한 후 탑승시간이 임박한 승객부터 공항으로 수송한다. (다) 만약 지방발 인천공항행 KTX 열차가 장시간 지연될 경우에는 코레일이 신속하게 대체수송버스를 투입하여 탑승시간이 임박한 승객들을 수송할 예정이다. 승객들이 대체교통수단을 이용해 인천공항에 도착하면 공항에서는 하차지점에 안내 요원이 대기하여 탑승수속 절차를 안내하고, 평소 교통 약자 등의 전용 출국장인 패스트 트랙(Fast Track)의 이용권을 배부하여 신속히 출국수속을 밟을 수 있도록 지원함으로써 비행기를 놓치는 여객이 없게끔 대비하기로 했다. (라) 특히, 4개 기관은 각 기관 상황실 간 비상연락체계 구축은 물론이고 철도와 도로의 그리드맵을 상세하게 작성하여 승객을 태울 위치정보를 공유함으로써 대체수송수단이 신속하고 정확하게 투입될 수 있도록 했다. (마) 나아가 폭설 같은 자연재해로 항공기가 지연되는 경우에도 심야시간 임시열차 운행을 지원하기로 하는 등 폭넓은 협업체계를 갖추게 되었다. 인천공항공사 여객서비스본부장은 "이번 협약을 통해 공항철도나 KTX 운행중단 등 비상상황에도 인천공항 이용객들에게 피해가 없도록 네 기관이 긴밀한 협업체계를 구축했다."고 밝혔다. 공항철도 영업본부장은 "여객이 공항으로 가는 과정에 불편을 겪지 않도록 유관기관들과 힘을 합쳐 세심한 부분까지 개선해나가도록 노력할 것이다."라고 말했다.

44 다음 중 윗글의 내용으로 적절하지 않은 것은?

① 이번 업무협약은 네 기관의 유기적인 협력 관계로 이루어졌다.
② 공항행 열차의 운행 장애가 발생하면 택시 등 대체교통수단을 제공한다.
③ 열차 운행장애 현장에서는 대체수송수단이 신속하게 현장으로 접근할 수 있도록 한다.
④ 지방발 인천공항행 KTX 열차가 장시간 지연될 경우에는 코레일 측에서 대체수송버스를 투입하여 탑승시간이 임박한 승객들을 수송해 왔다.
⑤ 자연재해로 항공기가 지연되는 경우에도 심야시간 임시열차 운행을 지원하므로 이용객의 편의가 증대될 것이다.

45 다음 중 윗글에서 〈보기〉의 내용이 들어갈 위치로 가장 적절한 곳은?

> **보기**
>
> 그동안 각 기관은 철도나 도로에서 비상상황이 발생했을 때 대체교통수단을 통해 여객을 신속하게 공항으로 수송하기 위한 처리절차와 매뉴얼을 갖추고 있었으나, 공항행 철도와 도로의 관리운영 주체가 각각 달라 실제 비상상황에 신속히 대응하기 위해서는 각 기관의 역할을 보다 명확하고 체계적으로 규정하여 협력할 필요가 있었다.

① (가)　　② (나)
③ (다)　　④ (라)
⑤ (마)

46 다음은 창고 물품 내역에 대해 작성한 재고량 조사표이다. 이에 대한 수정 사항으로 적절한 것을 〈보기〉에서 모두 고르면?

〈창고 물품 내역〉

- A열 : LCD 모니터 3대, 스캐너 2대, 마우스 2대
- B열 : 스피커 5대, USB 메모리 15개, 키보드 10대
- C열 : 레이저 프린터 3대, 광디스크 4개

〈재고량 조사표〉

구분	입력 장치	출력 장치	저장 장치
수량(개)	14	15	19

> **보기**
>
> ㄱ. 입력 장치의 수량을 12개로 한다.
> ㄴ. 출력 장치의 수량을 11개로 한다.
> ㄷ. 저장 장치의 수량을 16개로 한다.

① ㄱ　　② ㄴ
③ ㄱ, ㄷ　　④ ㄴ, ㄷ
⑤ ㄱ, ㄴ, ㄷ

47 다음은 I기업의 여비규정이다. B과장의 지출내역을 토대로 여비를 정산했을 때, B과장이 받을 수 있는 여비는 얼마인가?

여비의 종류(제1조)

여비는 운임 · 숙박비 · 식비 · 일비 등으로 구분한다.

1. 운임 : 여행 목적지로 이동하기 위해 교통수단을 이용함에 있어 소요되는 비용을 충당하기 위한 여비
2. 숙박비 : 여행 중 숙박에 소요되는 비용을 충당하기 위한 여비
3. 식비 : 여행 중 식사에 소요되는 비용을 충당하기 위한 여비
4. 일비 : 여행 중 출장지에서 소요되는 교통비 등 각종 비용을 충당하기 위한 여비

운임의 지급(제2조)

1. 운임은 철도운임 · 선박운임 · 항공운임으로 구분한다.
2. 국내 운임은 [별표 1]에 따라 지급한다.

일비 · 숙박비 · 식비의 지급(제3조)

1. 국내 여행자의 일비 · 숙박비 · 식비는 [별표 1]에 따라 지급한다.
2. 일비는 여행일수에 따라 지급한다.
3. 숙박비는 숙박하는 밤의 수에 따라 지급한다. 다만, 출장 기간이 2일 이상인 경우에 지급액은 출장기간 전체의 총액 한도 내 실비로 계산한다.
4. 식비는 여행일수에 따라 지급한다.

[별표 1] 국내 여비 지급표

철도운임	선박운임	항공운임	일비(1인당)	숙박비(1박당)	식비(1일당)
실비 (일반실)	실비 (2등급)	실비	20,000원	실비 (상한액 40,000원)	20,000원

〈B과장의 지출내역〉

(단위 : 원)

항목	1일 차	2일 차	3일 차	4일 차
KTX운임(일반실)	43,000	–	–	43,000
대구 시내 버스요금	5,000	4,000	–	2,000
대구 시내 택시요금	–	–	10,000	6,000
식비	15,000	45,000	35,000	15,000
숙박비	45,000	30,000	35,000	–

① 286,000원　② 304,000원

③ 328,000원　④ 356,000원

⑤ 366,000원

48 다음 대화를 보고 빈칸에 들어갈 용어로 가장 적절한 것은?

수인 : 요즘은 금융기업이 아닌데도 I페이 형식으로 결제서비스를 제공하는 곳이 많더라.
희재 : 맞아! 나도 얼마 전에 온라인 구매를 위해 결제창으로 넘어갔는데, 페이에 가입해서 결제하면 혜택을 제공한다고 하여 가입해서 페이를 통해 결제했어.
수인 : 이렇게 모바일 기술이나 IT에 결제, 송금과 같은 금융서비스를 결합된 새로운 서비스를 ________라고 부른대. 들어본 적 있니?

① P2P
② O2O
③ 핀테크
④ IoT
⑤ 클라우드

49 I기업에 근무하는 D사원은 다음 시트와 같이 [D2:D7] 영역에 사원들의 업무지역별 코드번호를 입력하였다. D사원이 [D2] 셀에 입력한 수식으로 옳은 것은?

	A	B	C	D	E	F	G
1	성명	부서	업무지역	코드번호		업무지역별	코드번호
2	김수로	총무부	서울	1		서울	1
3	이경제	인사부	부산	4		경기	2
4	박선하	영업부	대구	5		인천	3
5	이지현	인사부	광주	8		부산	4
6	김일수	총무부	울산	6		대구	5
7	서주완	기획부	인천	3		울산	6
8						대전	7
9						광주	8

① =VLOOKUP(C2,$F$2:$G$9,1,0)
② =VLOOKUP(C2,$F$2:$G$9,2,0)
③ =HLOOKUP(C2,$F$2:$G$9,1,0)
④ =HLOOKUP(C2,$F$2:$G$9,2,0)
⑤ =INDEX($F$2:$G$9,2,1)

50 다음 중 워크시트의 데이터 입력에 대한 설명으로 옳은 것은?

① 숫자와 문자가 혼합된 데이터가 입력되면 문자열로 입력된다.
② 문자 데이터는 기본적으로 오른쪽으로 정렬된다.
③ 날짜 데이터는 자동으로 셀의 왼쪽으로 정렬된다.
④ 수치 데이터는 셀의 왼쪽으로 정렬된다.
⑤ 시간 데이터는 세미콜론(;)을 이용하여 시, 분, 초를 구분한다.

| 02 | 조직이해능력(사무직)

51 다음 〈보기〉의 맥킨지 7S 모델을 소프트웨어적 요소와 하드웨어적 요소로 바르게 구분한 것은?

보기

㉠ 스타일(Style)
㉡ 구성원(Staff)
㉢ 전략(Strategy)
㉣ 스킬(Skills)
㉤ 구조(Structure)
㉥ 공유가치(Shared Values)
㉦ 시스템(Systems)

	소프트웨어	하드웨어
①	㉠, ㉡, ㉢, ㉥	㉣, ㉤, ㉦
②	㉠, ㉡, ㉣, ㉥	㉢, ㉤, ㉦
③	㉡, ㉢, ㉥, ㉦	㉠, ㉣, ㉤
④	㉡, ㉣, ㉤, ㉦	㉠, ㉢, ㉥
⑤	㉢, ㉤, ㉥, ㉦	㉠, ㉡, ㉣

52 조직문화는 조직구성원들에게 일체감과 정체성을 부여하고 조직구성원들의 행동지침을 제공하는 등의 기능을 가지고 있다. 다음 중 조직문화의 구성요소에 대한 설명으로 적절하지 않은 것은?

① 공유가치는 가치관과 이념, 조직관, 전통가치, 기본목적 등을 포함한다.
② 조직구성원은 인력구성뿐만 아니라 그들의 가치관과 신념, 동기, 태도 등을 포함한다.
③ 관리기술은 조직경영에 적용되는 목표관리, 예산관리, 갈등관리 등을 포함한다.
④ 관리시스템으로는 리더와 부하 간 상호관계를 볼 수 있다.
⑤ 조직의 전략은 조직운영에 필요한 장기적인 틀을 제공한다.

53 **다음은 조직의 의사결정 단계를 보여주는 사례이다. 〈보기〉 중 개발 단계에 해당하는 것을 모두 고르면?**

> L씨는 I전자회사의 부품 조립라인에 근무하는 근로자이다. 최근 부품에서 계속 불량품이 발생하여 L씨와 그의 동료들은 이에 대한 해결책을 마련하기 위하여 회의를 개최하였다. 먼저 그들은 조직 내에서 그동안 부품 불량 문제가 발생할 경우 어떻게 해결을 해왔는지 관련 자료를 살펴보았다. 그러나 그는 뚜렷한 해결책을 발견하지 못하였고, 문제 해결을 위해 가능한 대안들을 모두 도출하고 관련 자료를 찾아보고 토의하는 과정을 통해 이들의 장단점을 분석하였다. 결론적으로 대안별 장단점을 비교해 보았더니 부품 불량 문제가 발생하는 원인을 좀 더 과학적으로 분석할 필요가 있다고 판단되었다.

보기

ㄱ. 부품 조립 작업 시 계속적인 불량품 발생 인식
ㄴ. 기존 부품 불량 문제 발생 시 해결 방법 찾기
ㄷ. 문제 해결을 위한 새로운 대안 도출
ㄹ. 추려진 대안들의 장단점을 분석하고 해결안 도출
ㅁ. 관련 자료를 찾아 부품 조립라인 근로자 간 토의

① ㄱ, ㄴ
② ㄴ, ㄷ
③ ㄱ, ㄹ, ㅁ
④ ㄴ, ㄷ, ㅁ
⑤ ㄴ, ㄷ, ㄹ

PART 3

54 다음 P씨의 하루에 제시된 조직 중 비영리조직을 모두 고르면?

〈P씨의 하루〉

P씨는 오늘 아침에 일어나서 부리나케 준비를 하고 회사에 출근하였다. 오전 10시쯤 총무과로부터 호적등본이 필요하니 동사무소에 가서 발급해오라는 연락을 받았다. P씨는 동사무소에 들러 호적등본을 발급받고, 은행에 들러 관련 업무를 처리하였다.
오후시간이 되자 배가 살살 아파왔다. 아마 점심시간에 이것저것 처리하기 위해 밥을 빨리 먹은 것이 원인인 것 같았다. P씨는 배가 아픈 걸 참다가 도저히 못 참을 것 같아서 근처 병원에 가서 진료를 받았다. 스트레스성 위궤양이 있으니 조심하라면서 의사가 처방을 해주었다.
하루의 업무를 마친 P씨는 체형 교정을 위해 등록한 필라테스 수업을 들으러 갔다. 필라테스가 끝난 후에는 같은 층에 있는 중국어 학원으로 향했다. 항상 열심히 공부하는 수강생들을 보고 피곤하지만 마음을 다잡고 수업을 열심히 들었다. 중국어 수업을 마치고 저녁 9시쯤 P씨는 편의점에 들러 다음 날 아침에 먹을 사과와 요거트를 구입해서 집으로 향했다.

① 동사무소
② 동사무소, 병원
③ 병원, 은행
④ 병원, 은행, 편의점
⑤ 은행, 회사, 필라테스, 학원, 편의점

55 다음 〈보기〉 중 경영활동을 수행하고 있다고 볼 수 없는 것은?

보기

(가) 다음 시즌 우승을 목표로 해외 전지훈련에 참여하여 열심히 구슬땀을 흘리고 있는 선수단과 이를 운영하는 구단 직원들
(나) 자발적인 참여로 뜻을 같이한 동료들과 함께 매주 어려운 이웃을 찾아다니며 봉사활동을 펼치고 있는 S씨
(다) 교육지원대 대장으로서 사병들의 교육이 원활히 진행될 수 있도록 훈련장 관리와 유지에 최선을 다하고 있는 W대령과 참모진
(라) 영화 촬영을 앞두고 시나리오와 제작 콘셉트를 회의하기 위해 모인 감독 및 스태프와 출연 배우들
(마) 대기업을 그만두고 가족들과 함께 조그만 무역회사를 차려 손수 제작한 밀짚 가방을 동남아로 수출하고 있는 B씨

① (가)
② (나)
③ (다)
④ (라)
⑤ (마)

56 다음 조직문화에 대한 기사를 읽고 나눈 대화로 적절하지 않은 것은?

> **기업문화 분석=올해 5개 조직문화 과제 발표 … '일상에서의 혁신' 꾀한다**
>
> "I기업 조직문화 혁신의 지향점은 핵심 업무에 집중할 수 있는 효율적 근무환경 마련과 일과 가정의 양립에 있다. 조직문화 5대 과제를 적극 실천해 1등 기업문화를 구축하고 이를 토대로 비전을 반드시 달성하겠다."
>
> I기업 부회장은 올해 신년사에서 조직문화 혁신을 발표한 만큼 이에 관심이 많다. 가장 먼저 수평적 호칭 체계로 상호 소통을 증진시켰다. 수평적 조직문화를 통해 업무 효율성을 높이고 창의적 아이디어를 발굴하겠다는 의도이다.
>
> 직원들의 생산성 향상을 위해 원페이지(1Page) 보고도 실시 중이다. 보고서 분량을 한 쪽으로 제한하고 모양・글꼴・색상 등 외적인 형식을 모두 없앴다. 핵심 내용만 명확히 함으로써 '서술 형태(Narrative)'로만 작성한다. 양식과 절차에 들어가는 시간과 노력을 최소화하며 누구나 설명 없이 이해할 수 있도록 하는 것이 목적이다.
>
> 아울러 I기업은 월・수・금요일 회식 자리를 없애고, 구성원들이 하루 한 명에게 1회 감사 메시지를 보내는 '111 감사 플러스(1일・1회・1감사)' 캠페인으로 일상생활 속 긍정문화 확산에도 주력한다.

① 수평적 조직문화는 유연한 분위기를 만들어 업무 효율성을 높일 수 있어.
② 1Page 보고 시 정형화된 형식에 맞춰서 글을 쓰니 일체감을 느낄 수 있겠어.
③ 이러한 조직문화 혁신은 조직몰입을 향상시켜주는 역할을 할 거야.
④ 서로에게 감사 메시지를 보내는 캠페인은 조직 내 긍정문화를 야기할 수 있어.
⑤ 월・수・금요일 회식 자리를 없애면 저녁이 있는 삶을 가질 수 있어 일과 가정의 양립에 도움이 되겠어.

57 다음은 대부분의 조직에서 활용하고 있는 부서명과 담당 업무를 나타낸 도표이다. 이를 근거로 할 때, 부서명과 담당 업무의 내용이 적절하지 않은 것은?

부서	업무 내용
총무부	주주총회 및 이사회개최 관련 업무, 의전 및 비서업무, 집기비품 및 소모품의 구매와 관리, 사무실 임차 및 관리, 차량 및 통신시설의 운영, 국내외 출장 업무 협조, 복리후생 업무, 법률자문과 소송관리, 사내외 홍보 광고업무
인사부	조직기구의 개편 및 조정, 업무분담 및 조정, 인력수급계획 및 관리, 직무 및 정원의 조정 종합, 노사관리, 평가관리, 상벌관리, 인사발령, 교육체계 수립 및 관리, 임금제도, 복리후생제도 및 지원업무, 복무관리, 퇴직관리
기획부	경영계획 및 전략 수립, 전사기획업무 종합 및 조정, 중장기 사업계획의 종합 및 조정, 경영정보 조사 및 기획보고, 경영진단업무, 종합예산수립 및 실적관리, 단기사업계획 종합 및 조정, 사업계획, 손익추정, 실적관리 및 분석
회계부	회계제도의 유지 및 관리, 재무상태 및 경영실적 보고, 결산 관련 업무, 재무제표 분석 및 보고, 법인세, 부가가치세, 국세 지방세 업무자문 및 지원, 보험가입 및 보상업무, 고정자산 관련 업무
영업부	판매 계획, 판매예산의 편성, 시장조사, 광고 선전, 견적 및 계약, 제조지시서의 발행, 외상매출금의 청구 및 회수, 제품의 재고 조절, 거래처로부터의 불만처리, 제품의 사후관리, 판매원가 및 판매가격의 조사 검토

① 지난달 퇴직자의 퇴직급여 수령액에 문제가 있어 인사부 직원은 회사 퇴직급여 규정을 찾아보고 정정 사항을 바로잡았다.

② 작년 판매분 중 일부 제품에 하자가 발생하여 고객의 클레임을 접수하고 하자보수 등의 처리를 담당하는 것은 영업부의 주도적인 역할이다.

③ 회사의 지속가능경영보고서 상에 수록되어 주주들에게 배포될 경영실적 관련 자료를 준비하느라 회계부 직원들은 연일 야근 중이다.

④ 사무실 이전 계획에 따라 새로운 사무실의 층간 배치와 해당 위치별 공용 사무용기 분배 관련 작업은 총무부에서 실시한다.

⑤ 사옥 이전에 따르는 이전 비용 산출과 신사옥 입주를 대내외에 홍보해야 할 업무는 기획부 소관 업무이다.

58 다음 상황에서 I기업이 해외 시장 개척을 앞두고 기존의 조직구조를 개편할 경우, 추가해야 할 조직으로 적절하지 않은 것은?

> I기업은 몇 년 전부터 자체 기술로 개발한 제품의 판매 호조로 인해 기대 이상의 수익을 창출하게 되었다. 경쟁 업체들이 모방할 수 없는 독보적인 기술력을 앞세워 국내 시장을 공략한 결과, 이미 더 이상의 국내 시장 경쟁자들은 없다고 할 만큼 탄탄한 시장 점유율을 확보하였다. 이러한 I기업의 민 사장은 올 초부터 해외 시장 진출의 꿈을 갖고 필요한 자료를 수집하기 시작하였다. 충분한 자금력을 확보한 I기업은 우선 해외 부품 공장을 인수한 후 현지에 생산 기지를 건설하여 국내에서 생산되는 물량의 절반 정도를 현지로 이전 생산하고, 이를 통한 물류비 절감으로 주변국들부터 시장을 넓혀가겠다는 야심찬 계획을 가지고 있었다. 한국 본사에서는 내년까지 4 ~ 5곳의 해외 거래처를 더 확보하여 지속적인 해외 시장 개척에 매진한다는 중장기 목표를 대내외에 천명해 둔 상태이다.

① 해외관리팀
② 기업회계팀
③ 외환업무팀
④ 국제법무팀
⑤ 물류팀

59 다음 사례를 읽고 A씨에게 피드백을 주려고 할 때, 가장 적절한 것은?

> A씨는 2년 차 직장인이다. 그러나 같은 날 입사했던 동료들과 비교하면 좋은 평가를 받지 못하고 있다. 요청받은 업무를 진행하는 데 있어 마감일을 늦추는 일이 허다하고, 주기적인 업무도 누락하는 경우가 많기 때문이다. 그 이유는 자신이 앞으로 해야 할 일에 대해서 계획을 수립하지 않고 즉흥적으로 처리하거나 혹은 주변에서 급하다고 요청이 오면 그제서야 하기 때문이다. 그로 인해 본인의 업무뿐만 아니라 주변 사람들의 업무도 늦어지거나 과중되는 결과를 낳아 업무의 효율성이 떨어지게 되었다.

① 업무를 진행할 때 계획적으로 접근한다면 좋은 평가를 받을 수 있을 거야.
② 너무 편한 방향으로 업무를 처리하면 불필요한 낭비가 발생할 수 있어.
③ 시간도 중요한 자원 중의 하나라는 인식이 필요해.
④ 자원관리에 대한 노하우를 쌓는다면 충분히 극복할 수 있어.
⑤ 업무와 관련하여 다른 사람들과 원활한 소통을 한다면 낭비를 줄일 수 있어.

60 다음 지시사항을 읽고 C사원이 해야 할 업무를 〈보기〉에서 찾아 순서대로 바르게 나열한 것은?

> 상사 : 벌써 2시 50분이네. 3시에 팀장회의가 있어서 지금 업무지시를 할게요. 업무보고는 내일 9시 30분에 받을게요. 업무보고 전 아침에 회의실과 마이크 체크를 한 내용을 업무보고에 반영해 주세요. 내일 3시에 있을 팀장회의도 차질 없이 준비해야 합니다. 아, 그리고 오늘 P사원이 아파서 조퇴했으니 P사원 업무도 부탁할게요. 간단한 겁니다. 사업 브로슈어에 사장님의 개회사를 추가하는 건데, 브로슈어 인쇄는 2시간밖에 걸리지 않지만 인쇄소가 오전 10시부터 6시까지 하니 비서실에 방문해 파일을 미리 받아 늦지 않게 인쇄소에 넘겨 주세요. 비서실은 본관 15층에 있으니 가는 데 15분 정도 걸릴 거예요. 브로슈어는 다음날 오전 10시까지 준비되어야 하는 거 알죠? 팀장회의에 사용할 케이터링 서비스는 매번 시키는 I기업으로 예약해 주세요. 24시간 전에는 예약해야 하니 서둘러 주세요.

보기

(가) 비서실 방문 (나) 회의실, 마이크 체크
(다) 케이터링 서비스 예약 (라) 인쇄소 방문
(마) 업무보고

① (가) – (다) – (라) – (나) – (마)
② (나) – (가) – (라) – (마) – (다)
③ (나) – (다) – (라) – (가) – (마)
④ (다) – (가) – (라) – (나) – (마)
⑤ (다) – (나) – (가) – (라) – (마)

| 03 | 기술능력(기술직)

51 다음 글의 산업재해에 대한 원인으로 가장 적절한 것은?

> 원유저장탱크에서 탱크 동체 하부에 설치된 믹서 임펠러의 날개깃이 파손됨에 따라 과진동(과하중)이 발생하여 믹서의 지지부분(볼트)이 파손되어 축이 이탈되면서 생긴 구멍으로 탱크 내부의 원유가 대량으로 유출되었다. 분석에 따르면 임펠러 날개깃의 파손이 피로 현상에 의해 발생되어 표면에 응력집중을 일으킬 수 있는 결함이 존재하였을 가능성이 높다고 한다.

① 작업 관리상 원인
② 기술적 원인
③ 교육적 원인
④ 불안전한 행동
⑤ 고의적인 악행

PART 3

52 다음 중 산업재해의 예방대책단계를 순서대로 바르게 나열한 것은?

① 사실의 발견 → 전 관리 조직 → 원인 분석 → 시정책 선정 → 시정책 적용 및 뒤처리
② 사실의 발견 → 원인 분석 → 시정책 선정 → 안전 관리 조직 → 시정책 적용 및 뒤처리
③ 안전 관리 조직 → 원인 분석 → 사실의 발견 → 시정책 선정 → 시정책 적용 및 뒤처리
④ 안전 관리 조직 → 사실의 발견 → 원인 분석 → 시정책 선정 → 시정책 적용 및 뒤처리
⑤ 안전 관리 조직 → 원인 분석 → 시정책 선정 → 사실의 발견 → 시정책 적용 및 뒤처리

※ **I병원에서는 환자들의 휴식 시간을 위해 병실마다 벽걸이 TV를 설치하고자 한다. 이어지는 질문에 답하시오. [53~54]**

■ 설치 시 주의사항

- 반드시 제공하는 구성품 및 부품을 사용해 주세요.
- 수직 벽면 이외의 장소에는 설치하지 마세요.
- 진동이나 충격이 가해질 염려가 있는 곳은 제품이 떨어질 수 있으므로 피하세요.
- 제품의 열을 감지하고 스프링클러가 작동할 수 있으므로 스프링클러 감지기 옆에는 설치하지 마세요.
- 고압 케이블의 간섭을 받아 화면이 제대로 나오지 않을 수 있으므로 고압 케이블 근처에는 설치하지 마세요.
- 난방기기 주변은 과열되어 고장의 염려가 있으므로 피하십시오.
- 벽면의 안정성을 확인하세요.
- 설치한 후 벽면과 제품 사이의 거리는 최소 15mm 이상 유지하세요.
- 제품 주변으로 10cm 이상의 공간을 두어 통풍이 잘되도록 하세요. 제품 내부 온도의 상승은 화재 및 제품 고장의 원인이 될 수 있습니다.

■ 문제해결

고장	해결
전원이 켜지지 않아요.	• 전원코드가 잘 연결되어 있는지 확인하세요. • 안테나 케이블 연결이 제대로 되어 있는지 확인하세요. • 케이블 방송 수신기의 연결이 제대로 되어 있는지 확인하세요.
전원이 갑자기 꺼져요.	• 에너지 절약을 위한 '취침예약'이 설정되어 있는지 확인하세요. • 에너지 절약을 위한 '자동전원끄기' 기능이 설정되어 있는지 확인하세요.
제품에서 뚝뚝 소리가 나요.	• TV외관의 기구적 수축이나 팽창 때문에 나타날 수 있는 현상이므로 안심하고 사용하세요.
제품이 뜨거워요.	• 제품 특성상 장시간 시청 시 패널에서 열이 발생하므로 열이 발생하는 것은 결함이나 동작 사용상의 문제가 되는 것이 아니므로 안심하고 사용하세요.
리모컨 동작이 안 돼요.	• 새 건전지로 교체해보세요.

53 **다음 중 벽걸이 TV를 설치하기 위한 장소 선정 시 고려해야 할 사항으로 적절하지 않은 것은?**

① 전동안마기가 비치되어 있는 병실을 확인한다.
② 스프링클러 감지기가 설치되어 있는 곳을 확인한다.
③ 냉방기가 설치되어 있는 곳을 확인한다.
④ 도면으로 고압 케이블이 설치되어 있는 위치를 확인한다.
⑤ 벽면 강도가 약한 경우 벽면을 보강할 수 있는지 확인한다.

54 **TV가 제대로 작동되지 않아 A/S를 요청하기 전 간단하게 문제를 해결해 보고자 한다. 다음 중 문제를 해결하기 위한 방법으로 가장 적절한 것은?**

① 전원이 켜지지 않아 전원코드 및 안테나 케이블, 위성 리시버가 잘 연결되어 있는지 확인했다.
② 전원이 갑자기 꺼져 전력 소모를 줄일 수 있는 기능들이 설정되어 있는지 확인했다.
③ 제품에서 뚝뚝 소리가 나서 TV의 전원을 끄고 다시 켰다.
④ 제품이 뜨거워서 분무기로 물을 뿌리고, 마른 천으로 물기를 깨끗이 닦았다.
⑤ 리모컨이 작동하지 않아 분해 후 녹이 슬어 있는 곳이 있는지 확인했다.

※ I공사는 6월 농번기를 앞두고 5월 한 달 동안 ◇◇군 농민들을 대상으로 트랙터 안전 사용법 및 주의사항에 대한 교육을 실시할 예정일 때 이어지는 질문에 답하시오. **[55~56]**

〈5월 트랙터 안전 사용법 및 주의사항 교육〉

◆ 사용 방법

① 시동 전에 윤활유, 연료, 냉각수량을 필히 점검하고 트랙터에 승차한다.

② 주차브레이크와 변속레버의 중립을 먼저 확인한다. 그 후 클러치 페달을 완전히 밟은 채로 시동키를 돌린다(클러치 페달을 완전히 밟지 않은 경우 시동모터 작동이 되지 않음).

③ 추운 날씨에는 시동키를 왼쪽으로 돌려 30～40초 정도 예열시킨 후 시동한다.

④ 작업기 연결에 앞서 작업기와 상부링크, 링크볼의 일치 여부, 체크체인을 점검한다.

⑤ 트랙터 후진 후 하부링크를 내리고 작업기와 트랙터가 수직이 되도록 트랙터를 정지하고 시동을 끈다(주차브레이크는 이때 풀어둔다).

⑥ 뒷바퀴를 움직여가며 하부링크를 들어올려 왼쪽 – 오른쪽 순서로 작업기의 마운팅 핀에 끼운다.

⑦ 유니버셜조인트를 연결하고 반드시 커버를 씌운다.

⑧ 상부링크 연결 후 작업기의 전후・좌우 수평을 조절한다.

◆ 주의사항

① 운전자 외에는 절대 탑승하지 않는다(별도의 좌석이 있는 경우는 제외).

② 시동이 걸린 상태에서는 절대 하차해서는 안 된다.

③ 경사지에 주차할 때는 반드시 시동을 끄고 주차브레이크를 채운 후 받침목을 한다.

④ 포장에 드나들 때는 트랙터를 똑바로 진입시킨다.

◆ 오작동 시 확인 사항 및 조치 방법

현상	원인	조치 방법
트랙터 엔진이 시동되지 않음	① 연료가 없음 ② 연료계통에 공기가 들어 있음 ③ 연료필터 막힘 ④ 에어클리너 엘리먼트 막힘 ⑤ 예열플러그의 단선	① 경유를 보충함 ② 연료탱크에서 분사펌프까지 연료파이프 점검 ③ 연료필터 세척 및 교환 ④ 에어클리너 엘리먼트 청소 및 교환 ⑤ 예열플러그 교환
트랙터 시동모터가 회전하지 않음	① 배터리 방전 ② 안전스위치 조정 불량 ③ 시동모터 불량 ④ 키 스위치 불량	① 배터리 충전 ② 안전스위치 조정 ③ 시동모터 수리 또는 교환 ④ 배선 점검・수리 후 새로운 퓨즈링 교환
트랙터 소음기에서 흰 연기가 나옴	① 엔진 오일량의 과다 ② 엔진 오일 점도가 낮음	① 엔진 오일을 규정량까지 뺌 ② 점도가 높은 오일로 교환
충전경고등이 소등되지 않음	① 퓨즈가 끊어짐 ② 팬벨트의 늘어남 ③ 팬벨트 끊어짐	① 배선 점검・수리 후 새 퓨즈로 교환 ② 장력을 조정 ③ 교환
소음기에서 검은 연기가 나옴	① 에어클리너 엘리먼트 막힘 ② 과부하 운전을 함 ③ 경유 이외의 연료를 사용	① 세척 또는 교환 ② 부하를 가볍게 함 ③ 경유로 교환

※ 안내한 조치 방법으로 해결되지 않을 경우 담당자에게 연락하시기 바람

55 **귀하는 트랙터 안전 사용법 및 주의사항 교육의 담당자이다. 교육을 마친 후의 질문 및 답변 시간에 답변한 내용으로 옳지 않은 것은?**

① Q : 추운 날씨에는 트랙터 시동을 어떻게 해야 하나요?
A : 추운 날씨에는 시동키를 왼쪽으로 돌려 30 ~ 40초 정도 예열시킨 후, 시동하면 됩니다.

② Q : 저번에 주차브레이크와 변속레버의 중립을 확인한 후 클러치 페달을 밟은 채로 시동키를 돌렸는데도 시동이 켜지지 않던데 그건 왜 그런가요?
A : 클러치 페달을 완전히 밟지 않았기 때문입니다. 반드시 클러치 페달을 완전히 밟아야지 시동이 켜집니다.

③ Q : 트랙터 후진 후 하부링크를 내릴 때, 트랙터가 수직이 되도록 트랙터를 정지하고 시동을 끌 때 특별히 주의해야 할 사항들이 있나요?
A : 주차 브레이크는 반드시 풀어주셔야 합니다.

④ Q : 트랙터에 승차하기 전 확인해야 할 사항들은 무엇이 있나요?
A : 반드시 상부링크, 체크체인 확인, 그리고 링크볼의 일치 여부를 점검한 후 승차해야 합니다.

⑤ Q : 이번 주에 손자들이 놀러 와서 제 옆에 앉힌 후 트랙터를 운전하게 하고 싶은데 특별한 주의사항이 있을까요?
A : 트랙터는 별도의 좌석이 있는 경우를 제외하고는 운전자 외에는 절대 탑승해서는 안 됩니다.

56 **교육을 받고 돌아온 농업인 P씨는 트랙터 엔진이 시동되지 않는 원인을 파악한 후 조치를 취하고자 한다. 다음 중 문제의 원인을 파악하기 위해 반드시 확인해야 할 사항과 그에 따른 조치 방법으로 적절하지 않은 것은?**

① 연료의 유무를 확인한 후, 연료가 없다면 경유를 보충한다.
② 연료 계통에 공기가 들어있는지 확인하고, 만일 공기가 들어있다면 연료탱크에서 분사펌프까지 연료파이프를 점검한다.
③ 배터리의 방전 유무를 확인한 후, 배터리를 충전한다.
④ 연료필터가 막혔는지 확인한 후, 연료필터를 세척하거나 교환한다.
⑤ 예열플러그의 단선일 경우 예열플러그를 교환한다.

※ I호텔은 최근 새로운 TV를 구매하였으며, 다음은 TV 제품설명서의 일부이다. 자료를 읽고 이어지는 질문에 답하시오. [57~58]

〈제품설명서〉

■ 설치 관련 주의사항

- 제품을 들어 운반할 때는 화면 표시부를 만지지 말고 2명 이상이 안전하게 운반하세요. 제품이 떨어지면 다치거나 고장이 날 수 있습니다.
- 전원코드는 다른 제품을 사용하지 말고 정품만 사용하세요. 감전 및 화재의 원인이 될 수 있습니다.
- 스탠드는 반드시 평평한 바닥 위에 설치하세요. 울퉁불퉁한 장소는 제품이 떨어져 고장이 나거나 상해를 입을 수 있습니다.
- 제품 설치 시 벽과 일정 거리를 두어 통풍이 잘되게 하세요. 내부 온도 상승으로 인한 화재의 원인이 될 수 있습니다.
- 고온다습한 곳이나 제품의 무게를 견디지 못하는 벽에는 설치하지 마세요. 제품이 고장이 나거나 떨어질 수 있습니다.
- 벽걸이 부착 공사는 전문업체에 맡기세요. 비전문가에 의한 공사로 상해를 입을 수 있습니다.
- 책장이나 벽장 등 통풍이 안 되는 좁은 공간에 설치하지 마세요. 내부 온도 상승으로 인한 화재의 원인이 될 수 있습니다.
- 불을 사용하거나 열이 발생하는 제품 및 장소와 가까운 곳에 설치하지 마세요. 화재의 위험이 있습니다.
- 장식장 또는 선반 위에 설치 시 제품 밑면이 밖으로 나오지 않게 하세요. 제품이 떨어져 고장이 나거나 상해를 입을 수 있습니다.
- 직사광선에 장기간 노출되지 않도록 주의해 주세요. 패널 표면의 변색이 발생할 수 있습니다.
- 테이블보나 커튼 등으로 통풍구가 막히지 않도록 하세요. 내부 온도 상승으로 인한 화재의 원인이 될 수 있습니다.

■ **문제해결**

다음과 같은 증상 및 원인 이외에 다른 문제가 있다면 즉시 서비스센터에 문의하여 주시길 바랍니다. 또한 절대 임의로 수리하지 마시기 바랍니다.

증상	원인	조치사항
화면이 전혀 나오지 않아요.	전원 콘센트의 스위치가 꺼져 있음	TV 전면의 전원 램프에 불이 들어와 있는지 확인하고, 꺼져 있다면 전원 스위치를 켜 주세요.
	전원 코드가 빠져 있음	전원 코드를 연결해 주세요.
	TV가 외부입력 모드로 선택되어 있음	[TV/외부입력] 버튼을 누르고 TV를 선택하세요.
	안테나 케이블의 연결 상태가 불량함	안테나 케이블 커넥터가 TV의 안테나 입력 단자에 바르게 삽입되어 있는지 확인해 주세요.
외부 기기와 연결하였는데 화면이 나오지 않아요.	TV가 외부입력 모드로 변환되지 않았거나 설정이 잘못됨	[TV/외부입력] 버튼을 누르고 해당 외부 기기가 연결된 단자를 선택하세요.
	TV와 해당 기기의 연결 상태가 불량함	TV와 해당 기기의 연결 상태를 확인해 주세요.
리모컨 동작이 안 돼요.	건전지의 수명이 다하여 동작이 안 됨	새 건전지로 교환해 주세요.
	리모컨 수신부를 향하지 않았거나 정상적인 수신 각도에서 벗어나 조작함	
제품에서 뚝뚝 소리가 나요.	TV 외관의 기구적 수축, 팽창 때문에 발생함	'뚝뚝' 소리는 열에 의해 기구물이 수축·팽창하면서 나타나는 증상으로, 제품의 고장이 아니니 안심하고 사용하세요.
제품이 뜨거워요.	장시간 시청 시 패널에서 열이 발생함	장시간 사용 시 제품 상단이 뜨거워질 수 있습니다. 제품의 결함이나 동작 사용상의 문제가 되는 것이 아니므로 안심하고 사용하세요.
제품에서 계속 소리가 나요.	화면 밝기의 변화에 따라 소음의 변화가 있으며, 일정 수준의 소음이 발생함	일정 수준의 소음은 TV 자체의 특성이며 교환 및 환불의 대상이 아님을 양지하여 주시기 바랍니다.

57 **귀하는 새롭게 구매한 TV로 I호텔 광고를 할 계획을 하고 있다. 그래서 많은 고객에게 노출될 수 있는 적절한 장소를 찾다가 로비 중앙에 TV를 설치하는 것이 가장 좋다고 판단하였다. 다음과 같은 가구를 구매하여 TV를 설치했을 때의 문제점으로 옳은 것은?**

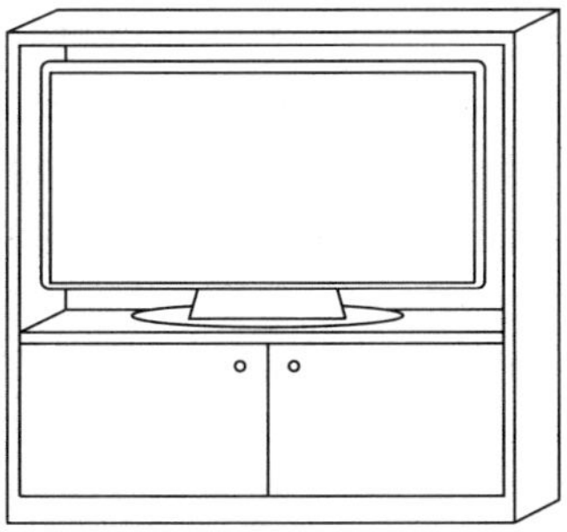

① 화재가 발생할 가능성이 있다.
② 패널 표면이 변색할 가능성이 있다.
③ 바닥이 울퉁불퉁하여 TV가 떨어져 고장이 날 위험이 있다.
④ 제품 밑면이 밖으로 나와 TV가 떨어질 위험이 있다.
⑤ 아무런 문제가 없다.

58 **I호텔은 많은 사람이 이용하는 장소인 만큼 화재 예방을 철저히 해야 한다. 귀하는 TV를 설치하기 전 화재와 관련된 주의사항을 점검하고자 한다. 다음 중 화재 위험과 관련성이 가장 적은 것은?**

① 전원코드는 반드시 생산업체의 정품 제품만을 사용한다.
② TV를 벽면으로부터 일정 거리를 두어 통풍이 잘되도록 한다.
③ 햇빛에 장시간 노출되는 장소는 피하도록 한다.
④ 테이블보나 커튼 등으로 통풍구가 막히지 않도록 한다.
⑤ 난로나 화로와 같은 열이 발생하는 제품 주변에 TV를 설치하지 않는다.

59 **다음 〈보기〉에서 산업재해의 예방대책의 단계를 순서대로 바르게 나열한 것은?**

보기

ㄱ. 시정책 적응 및 뒤처리
ㄴ. 사실의 발견
ㄷ. 원인 분석
ㄹ. 시정책의 선정
ㅁ. 안전 관리 조직

① ㄱ－ㄴ－ㄷ－ㅁ－ㄹ
② ㄱ－ㄹ－ㄷ－ㄴ－ㅁ
③ ㄹ－ㄱ－ㅁ－ㄷ－ㄴ
④ ㅁ－ㄴ－ㄷ－ㄹ－ㄱ
⑤ ㅁ－ㄹ－ㄷ－ㄴ－ㄱ

60 **다음 글에 제시된 벤치마킹의 종류에 대한 설명으로 가장 적절한 것은?**

N기업은 가정용 커피머신 시장의 선두주자이다. 이러한 성장 배경에는 기존의 산업 카테고리를 벗어나 L기업, Y기업 등 고급 화장품 업계의 채널 전략을 벤치마킹했다. 고급 화장품 업체들은 독립 매장에서 고객들에게 화장품을 직접 체험할 수 있는 기회를 제공하고, 이를 적극적으로 수요와 연계하고 있었다. N기업은 이를 통해 신규 수요를 창출하기 위해서는 커피머신의 기능을 강조하는 것이 아니라, 즉석에서 추출한 커피의 신선한 맛을 고객에게 체험하게 하는 것이 중요하다는 인사이트를 도출했다. 이후 전 세계 유명 백화점에 오프라인 단독 매장들을 개설해 고객에게 커피를 시음할 수 있는 기회를 제공했다. 이를 통해 N기업의 수요는 급속도로 늘어나 매출 부문에서 30 ~ 40%의 고속성장을 거두게 됐고 전 세계로 확장되며 여전히 높은 성장세를 이어가고 있다.

① 자료 수집이 쉬우며 효과가 크지만 편중된 내부 시각에 대한 우려가 있다는 단점이 있다.
② 비용 또는 시간적 측면에서 상대적으로 많이 절감할 수 있다는 장점이 있다.
③ 문화 및 제도적인 차이에 대한 검토가 부족하면 잘못된 결과가 나올 수 있다.
④ 경영 성과와 관련된 정보 입수가 가능하나 윤리적인 문제가 발생할 소지가 있다.
⑤ 새로운 아이디어가 나올 가능성이 높지만 가공하지 않고 사용한다면 실패할 수 있다.

| 01 | 경영학(사무직)

61 다음 중 테일러(F. Taylor)의 과학적 관리법에서 빈칸 ㉠에 들어갈 개념으로 옳은 것은?

> 테일러(F. Taylor)의 (㉠)의 목표는 '높은 임금, 낮은 노무비의 원리'로 집약된다. 테일러는 작업에 관련된 시간과 동작을 과학적으로 분석해 가장 생산성을 높일 수 있는 방법을 찾고자 하였다.

① 조직관리
② 시간관리
③ 비용관리
④ 동작관리
⑤ 과업관리

62 다음 설명과 관련 있는 마케팅 기법은?

> • 남성 전용 미용실 '블루○○'
> • 모유, 우유 등에 알레르기를 보이는 유아용 분유
> • 왼손잡이용 가위

① 니치 마케팅
② 스텔스 마케팅
③ 앰부시 마케팅
④ 매스 마케팅
⑤ 넛지 마케팅

63 다음 중 공식적 커뮤니케이션의 장점으로 옳지 않은 것은?

① 의사나 정보가 정확하다.
② 실질적인 의사소통으로 설득력이 강하다.
③ 의사소통에 대한 책임소재가 명확하다.
④ 의사결정에의 활용이 용이하다.
⑤ 권위관계를 유지·향상시킬 수 있다.

64 다음에서 설명하고 있는 용어는 무엇인가?

> 기업들이 과거의 부실 요소를 한 회계연도에 모두 반영하여 손실이나 이익 규모를 있는 그대로 회계 장부에 드러내는 것으로, 과오를 과거의 CEO에게 모두 돌리고 앞으로의 실적 향상과 같은 긍정적인 요소는 자기의 공으로 돌릴 수 있기 때문에 기업의 CEO가 교체될 때 종종 행해진다.

① 윈도 드레싱
② 빅 배스
③ 분식회계
④ 숏 커버링
⑤ 펀더멘털

65 다음 중 조직화에 대한 설명으로 옳지 않은 것은?

① 조직화란 조직구성원들이 기업의 목표를 달성하기 위하여 가장 효과적으로 협력할 수 있도록 수행하여야 할 업무를 명확하게 편성하고 또 그 직무수행에 관한 권한과 책임을 명확하게 함과 아울러 이것을 위양하여 상호관계를 설정하는 과정을 말한다.
② 조직화의 요소로서 직무는 조직의 구성원들에게 각각 분할된 업무의 기술적 단위 또는 업무의 총체를 말한다.
③ 조직화의 요소로서 권한은 일정한 직무를 스스로 수행하거나 또는 타인으로 하여금 수행하도록 하는 데 필요한 공식적인 힘 또는 권리를 말한다.
④ 조직화가 잘 이루어지기 위해서는 인간적 요인, 기술적 요인, 정치적 요인 등의 조화가 잘 이루어져야 한다.
⑤ 조직화의 요소로서 책임은 일정한 직무와 권한을 일정한 기준에 따라 수행하여야 할 의무로서 직무와 책임은 적절히 하위자에게 위양될 수 있다.

66 다음 빈칸 ㉠에 들어갈 용어로 옳은 것은?

> 예를 들면 한 편의점의 판매 데이터를 분석하여 '토요일 오전에는 어떤 상품들이 잘 팔리는가, 그리고 팔리는 상품들 간에는 어떤 상관관계가 있는가.' 등을 발견하고, 이를 마케팅에 반영하는 것이다. 따라서 (㉠)의 필수 요소는 신뢰도가 높은 충분한 자료이다. 신뢰도 높은 충분한 자료가 정확한 예견을 가능하게 하기 때문이다.

① 데이터베이스(Database)
② 데이터 웨어하우스(Data Warehouse)
③ 데이터 마이닝(Data Mining)
④ 데이터 마트(Data Mart)
⑤ 메타데이터(Metadata)

67 **다음 중 마이클 포터의 경쟁우위 전략에 대한 설명으로 옳지 않은 것은?**

① 원가우위 전략은 경쟁기업보다 낮은 비용에 생산하여 저렴하게 판매하는 것을 의미한다.

② 차별화 전략은 경쟁사들이 모방하기 힘든 독특한 제품을 판매하는 것을 의미한다.

③ 집중화 전략은 원가우위에 토대를 두거나 차별화우위에 토대를 둘 수 있다.

④ 원가우위 전략과 차별화 전략은 일반적으로 대기업에서 많이 수행된다.

⑤ 마이클 포터는 기업이 성공하기 위해서는 한 제품을 통하여 원가우위 전략과 차별화 전략 두 가지 전략을 동시에 추구해야 한다고 보았다.

PART 3

68 **일명 '구글세'라고 불리는 '국가 간 소득 이전을 통한 세원 잠식(BEPS) 방지 프로젝트'가 본격적으로 시행될 경우 국가 간 과세권 경합으로 분쟁이 발생할 수 있기 때문에 신중하게 제도를 도입하여야 한다. 다음 중 BEPS 방지 프로젝트에 대한 설명으로 옳지 않은 것은?**

① BEPS 방지 프로젝트는 주요 20개국(G20)과 경제협력개발기구(OECD) 등이 국제 조세제도의 허점이나 국가 간 세법 차이 등을 이용하여 조세를 회피하는 다국적 기업 등을 규제하기 위해 만든 것이다.

② BEPS 방지 프로젝트는 세부 과제로 나눠 국가 간 조세협약이나 국가별 세법 개정을 통해 집행되므로 과제별로 한국의 장점과 단점을 꼼꼼히 따져 대응하여야 한다.

③ 국가별로 과세 여부가 일치하지 않는 혼성불일치 효과 제거, 고정사업장 지위의 인위적 회피 방지 등의 과제는 한국의 과세 기반 확대에 불리하게 작용할 것이다.

④ 다국적 기업이 이자 비용 등을 과도하게 지급해 원천지(소득이 발생하는 지역) 세금을 회피하는 것을 막는 이자공제 및 기타금융비용을 통한 세원잠식 방지 과제는 한국에 큰 영향을 줄 수 있기 때문에 도입을 신중히 해야 한다.

⑤ BEPS 방지 프로젝트는 과세당국 입장에선 다국적 기업의 정보를 받을 수 있는 장점이 있지만 해외 진출이 많은 국내기업 입장에선 부담이 될 수 있다.

69 **다음 중 기업의 사회적 책임(CSR; Corporate Social Responsibility)에 대한 설명으로 옳지 않은 것은?**

① 기업의 유지 및 발전에 대한 책임
② 기업의 후계자 육성에 대한 책임
③ 기업 주주의 부(Wealth)의 극대화에 대한 책임
④ 기업의 다양한 이해 조정에 대한 책임
⑤ 정부에 대한 책임

70 **다음 중 인사고과에 대한 설명으로 옳지 않은 것은?**

① 인사고과란 종업원의 능력과 업적을 평가하여 그가 보유하고 있는 현재적 및 잠재적 유용성을 조직적으로 파악하는 방법이다.
② 인사고과의 수용성은 종업원이 인사고과 결과가 정당하다고 느끼는 정도이다.
③ 인사고과의 타당성은 고과 내용이 고과 목적을 얼마나 잘 반영하고 있느냐에 관한 것이다.
④ 후광효과(Halo Effect)는 피고과자의 어느 한 면을 기준으로 다른 것까지 함께 평가하는 경향을 말한다.
⑤ 대비오류(Contrast Error)는 피고과자의 능력을 실제보다 높게 평가하는 경향을 말한다.

71 **다음 중 경영정보시스템 관련 용어에 대한 설명으로 옳은 것은?**

① 데이터베이스 관리시스템은 비즈니스 수행에 필요한 일상적인 거래를 처리하는 정보시스템이다.
② 전문가시스템은 일반적인 업무를 지원하는 정보시스템이다.
③ 전사적 자원관리시스템은 공급자와 공급기업을 연계하여 활용하는 정보시스템이다.
④ 의사결정지원시스템은 데이터를 저장하고 관리하는 정보시스템이다.
⑤ 중역정보시스템은 최고경영자층이 전략적인 의사결정을 하도록 도와주는 정보시스템이다.

72 다음 중 조직에서 권력을 강화하기 위한 전술로 옳지 않은 것은?

① 목표관리
② 불확실한 영역에 진입
③ 의존성 창출
④ 희소자원 제공
⑤ 전략적 상황요인 충족

73 다음 글에서 설명하는 이론은 무엇인가?

- 매슬로의 욕구단계설이 직면한 문제점들을 극복하고자 실증적인 연구에 기반하여 제시한 수정이론이다.
- 앨더퍼(Alderfer)가 제시하였으며 인간의 욕구를 생존욕구, 대인관계욕구, 성장욕구로 구분한다.

① 호감득실 이론
② 사회교환 이론
③ ERG 이론
④ 기대 – 불일치 이론
⑤ 인지불협화 이론

74 다음 중 페이올(Fayol)이 주장한 경영활동과 내용을 바르게 연결한 것은?

① 기술적 활동 : 생산, 제조, 가공
② 상업적 활동 : 계획, 조직, 지휘, 조정, 통제
③ 회계적 활동 : 구매, 판매, 교환
④ 관리적 활동 : 재화 및 종업원 보호
⑤ 재무적 활동 : 원가관리, 예산통제

75 **다음 중 식스 시그마(Six – Sigma)에 대한 설명으로 옳지 않은 것은?**

① 프로세스에서 불량과 변동성을 최소화하면서 기업의 성과를 최대화하려는 종합적이고 유연한 시스템이다.
② 프로그램의 최고 단계 훈련을 마치고, 프로젝트 팀 지도를 전담하는 직원은 마스터 블랙벨트이다.
③ 통계적 프로세스 관리에 크게 의존하며, '정의 – 측정 – 분석 – 개선 – 통제(DMAIC)'의 단계를 걸쳐 추진된다.
④ 제조프로세스에서 기원하였지만 판매, 인적자원, 고객서비스, 재무서비스 부문으로 확대되고 있다.
⑤ 사무부분을 포함한 모든 프로세스의 질을 높이고 업무 비용을 획기적으로 절감하여 경쟁력을 향상시키는 것을 목표로 한다.

76 **다음은 MOT의 중요성에 대한 설명이다. 빈칸에 들어갈 말로 옳은 것은?**

진실의 순간은 서비스 전체에서 어느 한순간만은 아니며, 고객과 만나는 직간접의 순간순간들이 진실의 순간이 될 수 있으며, 어느 한순간만 나빠도 고객을 잃게 되는 __________이 적용된다.

① 덧셈의 법칙
② 뺄셈의 법칙
③ 곱셈의 법칙
④ 나눗셈의 법칙
⑤ 제로섬의 원칙

77 **다음 중 성과급제에 대한 설명으로 옳은 것은?**

① 노동자의 지급요청에 따라 합의하여 결정한 임금제도이다.
② 노동자가 실시한 작업량에 따라 지급하는 임금제도이다.
③ 업무의 성격에 따라 지급하는 임금제도이다.
④ 노동조합에서 결정한 임금제도이다.
⑤ 관리자의 권한에 의해 결정한 임금제도이다.

78 **다음 중 생산합리화의 3S로 옳은 것은?**

① 표준화(Standardization) – 단순화(Simplification) – 전문화(Specialization)
② 규격화(Specification) – 세분화(Segmentation) – 전문화(Specialization)
③ 단순화(Simplification) – 규격화(Specification) – 세분화(Segmentation)
④ 세분화(Segmentation) – 표준화(Standardization) – 단순화(Simplification)
⑤ 규격화(Specification) – 전문화(Specialization) – 표준화(Standardization)

79 **다음 중 단위당 소요되는 표준 작업시간과 실제 작업시간을 비교하여 절약된 작업시간에 대한 생산성 이득을 노사가 각각 50 : 50의 비율로 배분하는 임금제도는?**

① 임프로쉐어 플랜
② 스캔런 플랜
③ 러커 플랜
④ 메리크식 복률성과급
⑤ 테일러식 차별성과급

80 **다음 글에서 설명하는 마케팅 기법으로 옳은 것은?**

> 교묘히 규제를 피해가는 마케팅 기법이다. 보통 행사 중계방송의 텔레비전 광고를 구입하거나 공식 스폰서인 것처럼 속이기 위해 개별 선수나 팀의 스폰서가 되는 방법을 사용한다. 규정상 올림픽 마크나 올림픽 단어, 국가대표 선수단 등과 같은 용어는 IOC(International Olympic Committee : 국제올림픽위원회)나 KOC(Korea Olympic Committee : 대한올림픽위원회) 등과 공식 후원계약을 맺은 업체들만 사용할 수 있다.

① 니치 마케팅
② 앰부시 마케팅
③ 버즈 마케팅
④ 플래그십 마케팅
⑤ 바이럴 마케팅

81 **다음 중 직무평가에 있어서 미리 규정된 등급 또는 어떠한 부류에 대해 평가하려는 직무를 배정함으로써 직무를 평가하는 방법은?**

① 서열법
② 분류법
③ 점수법
④ 요소비교법
⑤ 순위법

82 **다음 중 숍 제도에서 기업에 대한 노동조합의 통제력이 강한 순서대로 바르게 나열한 것은?**

① 오픈 숍 – 클로즈드 숍 – 유니언 숍
② 클로즈드 숍 – 오픈 숍 – 유니언 숍
③ 유니언 숍 – 오픈 숍 – 클로즈드 숍
④ 클로즈드 숍 – 유니언 숍 – 오픈 숍
⑤ 유니언 숍 – 클로즈드 숍 – 오픈 숍

83 **다음 중 재무상태표에서 비유동자산에 해당하는 계정과목은?**

① 영업권
② 매입채무
③ 매출채권
④ 자기주식
⑤ 법정적립금

84 **다음 중 주식의 발행시장과 유통시장에 대한 설명으로 옳지 않은 것은?**

① 발행시장은 발행주체가 유가증권을 발행하고, 중간 중개업자가 인수하여 최종 자금 출자자에게 배분하는 시장이다.
② 유통시장은 투자자 간의 수평적인 이전기능을 담당하는 시장으로, 채권의 매매가 이루어지는 시장이다.
③ 자사주 매입은 발행시장에서 이루어진다.
④ 50명 이하의 소수투자자와 사적으로 교섭하여 채권을 매각하는 방법을 사모라고 한다.
⑤ 유통시장은 채권의 공정한 가격을 형성하게 하는 기능이 있다.

85 다음 중 조직 설계에 대한 설명으로 옳지 않은 것은?

① 조직의 과업다양성이 높을수록 조직의 전반적인 구조는 더욱 유기적인 것이 바람직하다.
② 집권화의 수준은 유기적 조직에 비해 기계적 조직의 경우가 높다.
③ 조직의 규모가 커지고 더 많은 부서가 생겨남에 따라 조직구조의 복잡성은 증가한다.
④ 조직의 공식화 정도가 높을수록 직무담당자의 재량권은 줄어든다.
⑤ 전문화 수준이 높아질수록 수평적 분화의 정도는 낮아진다.

86 다음 〈보기〉에서 JIT시스템의 주요 요소를 모두 고르면?

보기

㉠ 부품의 표준화
㉡ 저품질
㉢ 가동준비 시간의 감소
㉣ 소규모 로트 사이즈
㉤ 사후관리

① ㉠, ㉡, ㉣
② ㉠, ㉢, ㉣
③ ㉡, ㉢, ㉣
④ ㉡, ㉣, ㉤
⑤ ㉢, ㉣, ㉤

87 다음 중 연구에 대한 구체적인 목적을 공식화하여 조사를 수행하기 위한 순서와 책임을 구체화시키는 마케팅 조사의 과정은?

① 조사문제의 제기
② 마케팅 조사의 설계
③ 자료의 수집과 분석
④ 보고서 작성
⑤ 조사목적의 결정

88 다음 중 상품매출원가를 산정하는 산식으로 옳은 것은?

① (기초상품재고액) + (당기상품매출액) − (기말상품재고액)
② (당기상품매입액) + (기말상품재고액) − (기초상품재고액)
③ (기말상품재고액) + (기초상품재고액) − (당기상품매입액)
④ (기초상품재고액) + (당기상품매입액) − (기말상품매입액)
⑤ (당기상품재고액) + (기초상품매입액) − (기말상품매입액)

89 다음 글에서 설명하는 용어는 무엇인가?

이 전략의 대표적인 예로는 전기, 전화, 수도 등의 공공요금 및 택시요금, 놀이공원 등이 있다.

① 2부제 가격 전략
② 부산품 전략
③ 묶음가격
④ 가격계열화
⑤ 심리적가격

90 다음 중 다른 기업에게 수수료를 받는 대신 자사의 기술이나 상품 사양을 제공하고 그 결과로 생산과 판매를 허용하는 것은?

① 아웃소싱(Outsourcing)
② 합작투자(Joint Venture)
③ 라이선싱(Licensing)
④ 턴키프로젝트(Turn − key Project)
⑤ 그린필드투자(Green Field Investment)

91 다음 중 특정 작업계획으로 여러 부품들을 생산하기 위해 컴퓨터에 의해 제어 및 조절되며 자재취급 시스템에 의해 연결되는 작업장들의 조합은?

① 유연생산시스템
② 컴퓨터통합생산시스템
③ 적시생산시스템
④ 셀 제조시스템
⑤ 지능형생산시스템

92 다음 두 가지 투자프로젝트에 대한 NPV와 IRR을 참고하여 두 프로젝트를 동시에 투자할 때, NPV와 IRR의 계산이 바르게 연결된 것은?

구분	NPV	IRR
A프로젝트	24억 원	35%
B프로젝트	18억 원	15%

	NPV	IRR
①	21억 원	25%
②	21억 원	알 수 없음
③	42억 원	알 수 없음
④	42억 원	25%
⑤	알 수 없음	알 수 없음

93 다음 중 기업이 적정한 시간과 장소에서 알맞은 양의 제품과 서비스를 생산하기 위해 필요한 부품이나 자재를 확보할 수 있도록 보장해 주기 위해 설계된 기법은?

① MBO
② MPS
③ MRP
④ EOQ
⑤ JIT

94 다음 중 마케팅 믹스의 4P에 해당하지 않는 것은?

① Picture
② Price
③ Promotion
④ Place
⑤ Product

95 다음 중 마케팅의 기본 요소로 옳지 않은 것은?

① 교환
② 제품
③ 생산자
④ 필요 및 욕구
⑤ 시장

96 I기업은 단일품목을 생산하여 판매하고 있다. 변동비는 판매가의 60%이고 고정비가 600,000원일 때, 다음 중 손익분기점(BEP)에 해당하는 매출액은?

① 1,000,000원
② 1,250,000원
③ 1,500,000원
④ 1,800,000원
⑤ 2,000,000원

97 다음 글에서 설명하는 시장세분화의 요건은 무엇인가?

> 장애인들은 버튼 조작만으로 운전할 수 있는 승용차를 원하고 있지만, 그러한 시장의 규모가 경제성을 보증하지 못한다면 세분시장의 가치가 적은 것이다.

① 측정 가능성
② 유지 가능성
③ 접근 가능성
④ 실행 가능성
⑤ 기대 가능성

98 다음 중 마케팅 전략 수립 단계를 순서대로 바르게 나열한 것은?

① 시장세분화 → 표적시장 선정 → 포지셔닝
② 표적시장 선정 → 포지셔닝 → 시장세분화
③ 포지셔닝 → 시장세분화 → 표적시장 선정
④ 시장세분화 → 포지셔닝 → 표적시장 선정
⑤ 표적시장 선정 → 시장세분화 → 포지셔닝

99 다음은 (주)I기업의 2024년도 회계정보이다. 2024년 중 유상증자로 500억 원이 들어오고 배당으로 300억 원의 주식이 주주들에게 지급되었다고 할 때, (주)I기업의 당기순이익은?

구분	자산	자본
2024년 초	1,000억 원	800억 원
2024년 말	2,500억 원	1,500억 원

① 0원
② 100억 원
③ 200억 원
④ 500억 원
⑤ 700억 원

100 **다음 중 포장의 목적에 해당하지 않는 것은?**

① 제품의 소멸성
② 제품의 보호성
③ 제품의 편의성
④ 제품의 촉진성
⑤ 제품의 환경보호성

101 **다음은 유통경로의 설계전략에 대한 설명이다. 빈칸 ㉠~㉢에 들어갈 말을 바르게 연결한 것은?**

> • ㉠ 유통은 가능한 많은 중간상들에게 자사의 제품을 취급하도록 하는 것으로, 과자, 저가 소비재 등과 같이 소비자들이 구매의 편의성을 중시하는 품목에서 채택하는 방식이다.
> • ㉡ 유통은 제품의 이미지를 유지하고 중간상들의 협조를 얻기 위해 일정 지역 내에서의 독점 판매권을 중간상에게 부여하는 방식이다.
> • ㉢ 유통은 앞의 두 유통대안의 중간 형태로, 지역별로 복수의 중간상에게 자사의 제품을 취급할 수 있도록 하는 방식이다.

	㉠	㉡	㉢
①	전속적	집약적	선택적
②	집약적	전속적	선택적
③	선택적	집약적	전속적
④	전속적	선택적	집약적
⑤	집약적	선택적	전속적

102 **다음 중 무점포 소매상에 속하지 않는 것은?**

① 텔레마케팅
② 다이렉트 메일 마케팅
③ TV홈쇼핑
④ 백화점
⑤ 카탈로그 마케팅

103 **다음 중 편의품에서 많이 사용되는 유통경로 전략은?**

① 집약적 유통
② 전속적 유통
③ 선택적 유통
④ 통합적 유통
⑤ 수직적 유통

104 **다음 중 시계열분석 기법의 시계열 구성요소에 해당하지 않는 것은?**

① 추세(Trend)
② 회귀적 요인(Regressional Element)
③ 계절적 변동(Seasonal Variation)
④ 불규칙 변동(Irregular Variation)
⑤ 임의 변동(Random Variation)

105 **다음 중 동일한 목표를 달성하고 새로운 가치창출을 위해 공급업체들과 자원 및 정보를 협력하여 하나의 기업처럼 움직이는 생산시스템은?**

① 공급사슬관리(SCM)
② 적시생산시스템(JIT)
③ 유연제조시스템(FMS)
④ 컴퓨터통합생산(CIM)
⑤ 전사적품질경영(TQM)

106 **다음 중 경영관리 과정을 순서대로 바르게 나열한 것은?**

① 조직화 → 지휘 → 통제 → 계획 수립
② 지휘 → 통제 → 계획 수립 → 조직화
③ 계획 수립 → 조직화 → 지휘 → 통제
④ 계획 수립 → 통제 → 조직화 → 지휘
⑤ 통제 → 조직화 → 지휘 → 계획 수립

107 **다음 중 리더십의 상황적합 이론에서 특히 하급자의 성숙도를 강조하는 리더십의 상황 모형을 제시하는 이론은?**

① 피들러의 상황적합 이론
② 브롬과 예튼의 규범 이론
③ 하우스의 경로 – 목표 이론
④ 허시와 블랜차드의 3차원적 유효성 이론
⑤ 베르탈란피의 시스템 이론

108 **다음 중 소수의 응답자들을 대상으로 한 장소에서 주어진 주제에 대하여 자유롭게 토론을 하여 자료를 수집하는 방법은?**

① 델파이법
② 표적집단면접법
③ 사례조사
④ 기술조사
⑤ 회귀분석법

109 **다음 글에서 설명하는 가격정책은 무엇인가?**

유표품(Branded Goods)의 제조업자가 도매상 및 소매상과의 계약에 의하여 자제품의 도소매 가격을 사전에 설정해 놓고 이 가격으로 자사 제품을 판매하는 전략으로, 유표품이 도・소매상의 손실유인상품(Loss Leader)으로 이용되는 것을 방지하여 가격 안정과 명성 유지를 도모하고자 하는 정책이다.

① 상대적 저가격전략
② 상대적 고가격전략
③ 상층흡수가격정책
④ 재판매가격 유지정책
⑤ 침투가격정책

110 **다음 중 스키밍(Skimming) 가격전략의 시기와 책정 가격을 바르게 연결한 것은?**

① 도입기 – 고가격
② 도입기 – 저가격
③ 성장기 – 고가격
④ 성숙기 – 저가격
⑤ 성숙기 – 고가격

| 02 | 경제학(사무직)

61 **다음 〈보기〉는 도덕적 해이와 역선택에 대한 사례이다. 역선택의 사례에 해당하는 것을 모두 고르면?**

> **보기**
>
> ㉠ A사장으로부터 능력을 인정받아 대리인으로 고용된 B씨는 A사장이 운영에 대해 세밀히 보고를 받지 않는다는 것을 알게 되었고, 이후 보고서에 올려야 하는 중요한 사업만 신경을 쓰고 나머지 회사 업무는 신경을 쓰지 않았다.
>
> ㉡ C기업은 모든 사원에게 평균적으로 책정한 임금을 지급하기로 결정하자, 회사의 임금 정책에 만족하지 못한 우수 사원들이 퇴사하게 되었다. 결국 능력이 뛰어나지 않은 사람들만 C기업에 지원하게 되었고, 실제로 고용된 사원들은 우수 사원이 될 가능성이 낮았다.
>
> ㉢ 중고차를 구입하는 D기업은 판매되는 중고차의 상태를 확신할 수 없다고 판단하여 획일화된 가격으로 차를 구입하기로 하였다. 그러자 상태가 좋은 중고차를 가진 사람은 D기업에 차를 팔지 않게 되었고, 결국 D기업은 상태가 좋지 않은 중고차만 구입하게 되었다.
>
> ㉣ 공동생산체제의 E농장에서는 여러 명의 대리인이 함께 일하고, 그 성과를 나누어 갖는다. E농장의 주인은 최종 결과물에만 관심을 갖고, 대리인 개개인이 얼마나 노력하였는지는 관심을 갖지 않았다. 시간이 지나자 열심히 일하지 않는 대리인이 나타났고, 그는 최종 성과물의 분배에만 참여하기 시작하였다.

① ㉠
② ㉡
③ ㉠, ㉣
④ ㉡, ㉢
⑤ ㉢, ㉣

62 **다음 중 생산자비용 및 생산자선택이론에 대한 설명으로 옳은 것은?**

① 생산량 증가 시 한계비용이 평균비용보다 크면 평균비용은 하락한다.
② 장기에 생산량이 증가함에 따라 평균비용이 감소하는 것을 범위의 경제라 한다.
③ 총비용곡선이 직선인 경우에는 기업의 이윤극대화 산출량은 0이나 무한대가 될 수 없다.
④ 매몰비용은 경제적 의사결정을 하는 데 있어서 고려되어서는 안 된다.
⑤ 평균비용이 증가할 때 한계비용은 평균비용보다 작다.

63 원자재 가격 상승으로 물가 수준이 상승하여 중앙은행이 기준금리를 인상하기로 결정하였다. 다음 〈보기〉 중 원자재 가격 상승과 기준금리 인상의 경제적 효과를 단기 총수요-총공급 모형을 이용하여 분석한 내용으로 옳은 것을 모두 고르면?

> **보기**
> ㉠ 총수요곡선은 왼쪽으로 이동한다.
> ㉡ 총공급곡선은 왼쪽으로 이동한다.
> ㉢ 총생산량은 크게 감소한다.
> ㉣ 물가는 크게 감소한다.

① ㉠, ㉡
② ㉡, ㉣
③ ㉠, ㉡, ㉢
④ ㉠, ㉢, ㉣
⑤ ㉡, ㉢, ㉣

64 다음 중 취업 기회가 주어지지 않아 원하는 직종 대신 다른 일을 하는 상태를 일컫는 말은?

① 구조적 실업
② 마찰적 실업
③ 자발적 실업
④ 잠재적 실업
⑤ 계절적 실업

65 다음 설명과 가장 관련이 있는 인물은 누구인가?

> • 부유한 사회가 소비를 줄이고 저축을 더 하려는 경향으로 인해 도리어 더 빈곤해질 수 있다.
> • 유효수요의 부족으로 생산설비를 완전 가동하지 못함으로써 잠재적으로 실현 가능한 국민생산을 달성하지 못할 때, 그로 인한 빈곤이 생긴다.

① 프리드먼(Milton Friedman)
② 스티글러(George Joseph Stigler)
③ 케인스(John Maynard Keynes)
④ 하이에크(Friderich August von Hayek)
⑤ 피케티(Thomas Piketty)

66 달러 대비 원화 환율이 상승했을 때, 빈칸 ㉠~㉢에 들어갈 단어를 순서대로 나열한 것은?

> • 부모님이 미국에 유학 중인 아들에게 송금하는 것은 (㉠)하다.
> • 외국인이 한국에 여행 오는 것은 (㉡)하다.
> • 한국의 원화 가치는 (㉢)한다.

	㉠	㉡	㉢
①	불리	유리	상승
②	불리	유리	하락
③	불리	불리	상승
④	유리	유리	하락
⑤	유리	불리	상승

PART 3

67 다음 글을 읽고 공통적으로 추론할 수 있는 경제 현상은?

> • 채무자가 채권자보다 유리하다.
> • 실물자산 보유자가 금융자산 보유자보다 유리하다.
> • 현재 현금 10만 원은 다음 달에 받게 될 현금 10만 원보다 훨씬 가치가 있다.

① 높은 실업률
② 환율의 급속한 하락
③ 물가의 급속한 상승
④ 통화량의 급속한 감소
⑤ 이자율의 급속한 상승

68 다음 중 필립스곡선 및 자연실업률 가설에 대한 설명으로 옳은 것은?

① 필립스곡선은 명목임금상승률과 실업률 간의 관계를 나타내는 우상향의 곡선이다.
② 필립스곡선은 단기총공급곡선을 나타내며 기대인플레이션율이 상승하면 아래쪽으로 이동한다.
③ 자연실업률가설에 따르면 정부가 총수요확대정책을 실시한 경우에 단기적으로 기업과 노동자가 이를 정확하게 인식하지 못하기 때문에 실업률을 낮출 수 있다.
④ 자연실업률 가설에 따르면 장기적으로 필립스곡선은 수직이며, 이 경우 총수요확대정책은 자연실업률보다 낮은 실업률을 달성한다.
⑤ 단기필립스곡선에서 재화와 서비스에 대한 총수요가 증가하면 물가수준은 하락하고 총산출량은 증가하는데, 이때 산출량이 많을수록 기업의 노동자 고용은 늘어난다.

69 **다음 중 물적자본의 축적을 통한 경제성장을 설명하는 솔로우(R. Solow) 모형에서 수렴 현상이 발생하는 원인은?**

① 자본의 한계생산체감
② 경제성장과 환경오염
③ 내생적 기술 진보
④ 기업가 정신
⑤ 인적자본

70 **다음 중 총수요와 총공급 모형에서 총수요곡선을 이동시키는 요인으로 옳지 않은 것은?**

① 주요 원자재 가격의 하락
② 신용카드사기 증가로 인한 현금 사용의 증가
③ 가계의 신용카드 사용액에 대한 소득공제 축소
④ 가계의 미래소득에 대한 낙관적인 전망
⑤ 유럽의 재정위기로 인한 유로 지역 수출 감소

71 **다음 국제거래 중 우리나라의 경상수지 흑자를 증가시키는 것은?**

① 외국인이 우리나라 기업의 주식을 매입하였다.
② 우리나라 학생의 해외유학이 증가하였다.
③ 미국 기업은 우리나라에 자동차 공장을 건설하였다.
④ 우리나라 기업이 중국 기업으로부터 특허료를 지급받았다.
⑤ 우리나라 기업이 외국인에게 주식투자에 대한 배당금을 지급하였다.

72 밀턴 프리드먼은 '공짜 점심은 없다.'라는 말을 자주 했다고 한다. 다음 중 이 말을 설명할 수 있는 경제 원리는?

① 규모의 경제
② 긍정적 외부성
③ 기회비용
④ 수요공급의 원리
⑤ 한계효용 체감의 법칙

73 다음 〈보기〉 중 기혼여성의 경제활동참가율을 결정하는 요인이 될 수 있는 것을 모두 고르면?

> **보기**
> ㄱ. 배우자의 실질임금
> ㄴ. 취학 이전 자녀의 수
> ㄷ. 기혼여성의 교육수준

① ㄱ
② ㄴ
③ ㄱ, ㄷ
④ ㄴ, ㄷ
⑤ ㄱ, ㄴ, ㄷ

74 두 재화 X와 Y를 소비하여 효용을 극대화하는 소비자 A의 효용함수는 $U = X + 2Y$이고, X재 가격이 2, Y재 가격이 1이다. 다음 중 X재 가격이 1로 하락할 때 소비량의 변화는?

① X재, Y재 소비량 모두 불변
② X재, Y재 소비량 모두 증가
③ X재 소비량 감소, Y재 소비량 증가
④ X재 소비량 증가, Y재 소비량 감소
⑤ X재 소비량 증가, Y재 소비량 불변

75 다음 중 세계 경제블록에 해당하지 않는 것은?

① WTO
② ASEAN
③ EU
④ APEC
⑤ NAFTA

76 **물가상승률을 연 6%로 예상했으나 실제로는 7%에 달했다. 다음 중 이와 같은 상황에서 이득을 얻는 경제주체를 〈보기〉에서 모두 고르면?**

보기	
가. 채권자	나. 채무자
다. 국채를 발행한 정부	라. 국채를 구매한 개인
마. 장기 임금 계약을 맺은 회사	바. 은행 정기적금에 가입한 주부

① 가, 다, 마
② 가, 라, 바
③ 나, 다, 마
④ 나, 라, 바
⑤ 다, 마, 바

77 **다음 자유무역협정(FTA)의 종류 중 관세동맹(Customs Union)과 공동시장(Common Market)의 가장 큰 차이점은?**

① 가맹국에 대한 관세 부과 방식
② 비가맹국의 수입품에 대한 관세 부과 방식
③ 가맹국들 사이 상품의 자유로운 이동 정도
④ 가맹국들 사이 자본의 자유로운 이동 정도
⑤ 가맹국의 비가맹국에서 생산된 상품에 대한 수입 방식

78 **다음 중 루카스 총공급곡선이 우상향하는 이유는?**

① 재화시장 가격의 경직성
② 기술 진보
③ 실질임금의 경직성
④ 재화가격에 대한 불완전정보
⑤ 완전신축적인 가격 결정

79 **다음 글의 빈칸 ㉠～㉢에 들어갈 말을 바르게 연결한 것은?**

> ___㉠___의 정리에 따르면 각국은 자국에 상대적으로 풍부한 부존요소를 집약적으로 사용하는 재화를 생산하여 수출한다. 또한 ___㉡___의 정리에 의하면 자유무역이 이루어지면 각국에서 풍부한 생산요소의 실질소득은 증가하나 희소한 생산요소의 실질소득은 감소한다. 그러나 1947년에 ___㉢___은/는 미국의 수출입 자료를 이용하여 실증 분석을 해본 결과 자본풍부국으로 여겨지는 미국이 오히려 자본집약재를 수입하고 노동집약재를 수출하는 현상을 발견하였다.

	㉠	㉡	㉢
①	헥셔 – 오린	립진스키	레온티에프
②	립진스키	티에프	스톨퍼 – 사무엘슨
③	스톨퍼 – 사무엘슨	헥셔 – 오린	립진스키
④	헥셔 – 오린	스톨퍼 – 사무엘슨	티에프
⑤	립진스키	헥셔 – 오린	스톨퍼 – 사무엘슨

80 **임금이 경직적이지 않음에도 불구하고 노동자들이 새로운 직장을 탐색하는 과정에서 겪는 실업만으로 이루어진 실업률을 자연실업률이라고 한다. 다음 중 자연실업률의 변화 방향이 다른 경우는?**

① 취업정보 비공개
② 경제 불확실성의 증가
③ 실업보험, 최저임금제 등 정부의 사회보장 확대
④ 정부가 구직 사이트 등을 운영해 취업정보 제공
⑤ 정부가 쇠퇴하는 산업의 종사자에게 지급하던 보조금 삭감

81 **다음 중 수요견인 인플레이션(Demand – pull Inflation)이 발생하는 경우로 옳은 것은?**

① 가계의 소비 증가
② 수입 자본재 가격의 상승
③ 임금의 삭감
④ 환경오염의 감소
⑤ 국제 원자재 가격의 상승

82 **다음 중 조세 부과에 대한 설명으로 옳지 않은 것은?(단, 수요곡선은 우하향하며, 공급곡선은 우상향한다)**

① 공급자에게 조세 납부의 책임이 있는 경우 소비자에게는 조세 부담이 전혀 없다.
② 조세 부과로 인해 시장 가격은 상승한다.
③ 조세 부과로 인해 사회적 후생이 감소한다.
④ 가격탄력성에 따라 조세 부담의 정도가 달라진다.
⑤ 우리나라 국세 중 비중이 가장 높은 세금은 부가가치세이다.

83 **다음 중 정부실패(Government Failure)의 원인으로 옳지 않은 것은?**

① 이익집단의 개입
② 정책당국의 제한된 정보
③ 정책당국의 인지시차 존재
④ 민간 부문의 통제 불가능성
⑤ 정책 실행시차의 부재

84 **다음 〈조건〉에서 어떤 투자자가 두 주식 A 또는 B에 투자하거나, A와 B에 각각 50%씩 분산투자하는 포트폴리오 C에 투자할 계획을 갖고 있을 때, A, B, C의 기대수익률을 비교한 결과로 옳은 것은?**

조건

- 올해가 좋은 해일 확률은 80%이고, 나쁜 해일 확률은 20%이다.
- 주식 A의 수익률은 좋은 해와 나쁜 해에 각각 30% 및 −10%이다.
- 주식 B의 수익률은 좋은 해와 나쁜 해에 각각 20% 및 −5%이다.

① A>B>C
② A>C>B
③ B>A>C
④ C>B>A
⑤ A=B=C

85 **다음 중 정부지출 증가의 효과가 가장 크게 나타나게 되는 상황은?**

① 한계저축성향이 낮은 경우
② 한계소비성향이 낮은 경우
③ 정부지출의 증가로 물가가 상승한 경우
④ 정부지출의 증가로 이자율이 상승한 경우
⑤ 정부지출의 증가로 인해 구축효과가 나타난 경우

86 **다음 중 케인스의 절약의 역설에 대한 설명으로 옳은 것은?**

① 케인스의 거시모형에서 소비는 미덕이므로 저축할 필요가 없으며, 결국은 예금은행의 설립을 불허해야 하는 상황이 된다는 것이다.
② 모든 개인이 저축을 줄이는 경우 늘어난 소비로 국민소득이 감소하고, 결국은 개인의 저축을 더 늘릴 수 없는 상황이 된다는 것이다.
③ 모든 개인이 저축을 늘리는 경우 총수요의 감소로 국민소득이 줄어들고, 결국은 개인의 저축을 더 늘릴 수 없는 상황이 된다는 것이다.
④ 모든 개인이 저축을 늘리는 경우 늘어난 저축이 투자로 이어져 국민소득이 증가하고, 결국은 개인의 저축을 더 늘릴 수 있는 상황이 된다는 것이다.
⑤ 모든 개인이 저축을 늘리는 경우 늘어난 저축이 소비와 국민소득의 증가를 가져오고, 결국은 개인의 저축을 더 늘릴 수 있는 상황이 된다는 것이다.

87 **조세법이 대부자금(Loanable Funds)의 공급을 증가시키는 방향으로 개정되었다고 할 때, 다음 중 이러한 법 개정이 대부자금 균형거래량 수준에 가장 큰 영향을 미칠 수 있는 상황은?**

① 대부자금 수요곡선이 매우 탄력적이며, 대부자금 공급곡선은 매우 비탄력적인 경우
② 대부자금 수요곡선이 매우 비탄력적이며, 대부자금 공급곡선은 매우 탄력적인 경우
③ 대부자금 수요곡선과 공급곡선 모두 매우 탄력적인 경우
④ 대부자금 수요곡선과 공급곡선 모두 매우 비탄력적인 경우
⑤ 알 수 없음

88 **GDP는 특정 기간 동안 국가 내에서 생산된 최종재의 총합을 의미한다. 다음 〈보기〉에서 GDP 측정 시 포함되지 않는 것을 모두 고르면?**

보기

가. 예금 지급에 따른 이자
나. 법률자문 서비스를 받으면서 지불한 금액
다. 떡볶이를 만들어 팔기 위해 분식점에 판매된 고추장
라. 콘서트 티켓을 구입하기 위해 지불한 금액
마. 도로 신설에 따라 주변 토지의 가격이 상승하여 나타나는 자본이득

① 가, 다
② 나, 라
③ 나, 마
④ 다, 라
⑤ 다, 마

89 다음 〈보기〉에서 사회보험제도의 이점과 관련 있는 것을 모두 고르면?

보기

ㄱ. 도덕적 해이 완화
ㄴ. 역선택 완화
ㄷ. 주인 – 대리인 문제 완화
ㄹ. 규모의 경제 실현

① ㄱ
② ㄴ
③ ㄱ, ㄴ
④ ㄴ, ㄹ
⑤ ㄴ, ㄷ, ㄹ

90 다음 중 주인 – 대리인 문제를 적용하기에 옳지 않은 것은?

① 교사와 학생
② 주주와 경영인
③ 보험회사와 가입자
④ 스포츠 구단주와 선수
⑤ 의뢰인과 변호사

91 다음 글의 빈칸에 들어갈 용어를 순서대로 바르게 나열한 것은?

기업들에 대한 투자세액공제가 확대되면, 대부자금에 대한 수요가 ______한다. 이렇게 되면 실질이자율이 ______하고 저축이 늘어난다. 그 결과, 대부자금의 균형거래량은 ______한다(단, 실질이자율에 대하여 대부자금 수요곡선은 우하향하고, 대부자금 공급곡선은 우상향한다).

① 증가, 상승, 증가
② 증가, 하락, 증가
③ 증가, 상승, 감소
④ 감소, 하락, 증가
⑤ 감소, 하락, 감소

92 다음 〈보기〉의 사례 중 사적 경제활동이 사회적 최적 수준보다 과다하게 이루어질 가능성이 높은 것을 모두 고르면?

보기

가. 과수원에 인접한 양봉업자의 벌꿀 생산량
나. 흡연으로 인한 질병과 길거리 청결 유지를 위해 드는 비용
다. 도심 교통체증과 공장 매연으로 인한 대기오염의 양
라. 폐수를 방류하는 강 상류 지역 제철공장의 철강 생산량
마. 인근 주민들도 이용 가능한 사업단지 내의 편의시설 규모

① 가, 마
② 나, 다
③ 나, 라
④ 가, 다, 마
⑤ 나, 다, 라

PART 3

93 다음 빈칸에 들어갈 용어로 옳은 것은?

____________(이)란 물건에 소유권이 분명하게 설정되고 그 소유권 거래에서 비용이 들지 않는다면, 그 권리를 누가 가지든 효율적 배분에는 영향을 받지 않는다는 것을 보여주는 이론이다.

① 코즈의 정리
② 헥셔 – 올린 정리
③ 리카도의 대등 정리
④ 토빈의 이론
⑤ 불가능성 정리

94 다음 중 정부가 시장에 간섭할 근거로 옳지 않은 것은?

① 일시적인 초과수요
② 외부효과
③ 정보의 부족
④ 공공재의 부족
⑤ 독과점 기업의 증장

95 **다음 중 빈칸 (가) ~ (라)에 들어갈 경제 개념이 바르게 연결된 것은?**

> 재화의 유형은 소비의 배제성(사람들이 재화를 소비하는 것을 막는 것)과 경합성(한 사람이 재화를 소비하면 다른 사람이 이 재화를 소비하는 데 제한되는 것)에 따라 구분할 수 있다. 공유자원은 재화를 소비함에 있어 ___(가)___ 은 있지만 ___(나)___ 은 없는 재화를 의미한다. 예를 들어 차량이 이용하는 도로의 경우 막히는 ___(다)___ 는 공유자원으로 구분할 수 있으며, ___(라)___ 현상이 나타나기 쉽다.

	(가)	(나)	(다)	(라)
①	경합성	배제성	무료도로	공유지의 비극
②	배제성	경합성	무료도로	공유지의 비극
③	경합성	배제성	유료도로	공유지의 비극
④	배제성	경합성	유료도로	무임승차
⑤	경합성	배제성	무료도로	무임승차

96 **다음 중 시장실패(Market Failure)의 원인이라고 볼 수 없는 것은?**

① 독과점의 존재
② 소비의 경합성
③ 외부경제의 존재
④ 비대칭 정보의 존재
⑤ 공유자원의 존재

97 **다음 중 역선택 문제를 완화하기 위해 고안된 장치와 거리가 먼 것은?**

① 중고차 판매 시 책임수리 제공
② 민간의료보험 가입 시 신체검사
③ 보험가입 의무화
④ 사고에 따른 자동차 보험료 할증
⑤ 은행의 대출 심사

98 한 경제의 취업자 수는 120만 명이라고 한다. 이 경제의 실업률은 20%이고, 노동가능인구(생산가능인구)는 200만 명이라고 한다. 이 경제의 경제활동참가율은?

① 33.3%
② 50%
③ 66.7%
④ 75%
⑤ 85%

PART 3

99 다음 중 소득격차를 나타내는 지표가 아닌 것은?

① 10분위 분배율
② 로렌츠 곡선
③ 지니계수
④ 엥겔지수
⑤ 앳킨슨지수

100 다음 사례에서 설명하는 임금결정 이론은 무엇인가?

I기업이 직원 채용 시 월 300만 원을 지급하여 10명을 채용할 경우 B등급의 인재가 100명 지원하고 A등급의 인재는 5명 지원한다고 가정해 보자. 합리적인 면접을 통하더라도 A등급 인재를 최대 5명밖에 수용하지 못할 것이다. 그러나 만약 급여를 월 400만 원으로 인상하여 지원자 수가 B등급 200명, A등급 50명으로 증가한다고 가정하면 A등급 50명 중에서 채용인원 10명을 모두 수용할 수 있다.

① 한계생산성 이론
② 효율성임금 이론
③ 보상적 임금격차 이론
④ 임금생존비 이론
⑤ 노동가치 이론

101 다음 중 기업의 존재 목적으로 옳은 것은?

① 이윤극대화 가설
② 장기이윤극대화 가설
③ 제약된 이윤극대화 가설
④ 수입극대화 가설
⑤ 만족이윤 가설

102 다음 〈보기〉에서 돼지고기 값 급등의 요인으로 옳은 것을 모두 고르면?

보기	
가. 돼지 사육두수 점차 감소 추세	나. 소고기나 닭고기 소비의 급증
다. 수입 돼지고기 관세 크게 인하	라. 정부 예상보다 강한 경기 회복세

① 가, 나
② 가, 라
③ 나, 다
④ 나, 라
⑤ 다, 라

103 A국과 B국은 각각 고구마와 휴대폰을 생산한다. A국은 고구마 1kg 생산에 200명이, 휴대폰 한 대 생산에 300명이 투입된다. B국은 고구마 1kg 생산에 150명이, 휴대폰 한 대를 생산에 200명이 투입된다. 두 나라에 각각 6천 명의 투입 가능한 인력이 있다고 할 때, 비교우위에 의한 생산을 바르게 연결한 것은?

① A국 : 휴대폰 20대, B국 : 고구마 30kg
② A국 : 휴대폰 20대, B국 : 고구마 40kg
③ A국 : 고구마 30kg, B국 : 휴대폰 30대
④ A국 : 고구마 30kg, B국 : 휴대폰 40대
⑤ A국 : 고구마 40kg, B국 : 휴대폰 30대

104 다음 중 변동환율제도 하에서 환율(원/달러 환율)을 하락시키는 요인이 아닌 것은?

① 미국 달러 자본의 국내 투자 확대
② 미국산 제품의 국내 수입 증가
③ 미국 달러 자본의 국내 부동산 매입
④ 국내산 제품의 수출 증가
⑤ 미국 달러 자본의 국내 주식 매입

105 다음 〈보기〉에서 시장경제의 특징에 해당하지 않는 것을 모두 고르면?

보기
가. 자유로운 경쟁
나. 정부의 직접적인 서비스 공급
다. 가격기구 작동을 통한 신호 전달
라. 1인 1표
마. 계약의 자유와 자기 책임의 원칙

① 가, 나
② 가, 다
③ 나, 라
④ 다, 마
⑤ 라, 마

106 X재와 Y재에 대한 효용함수가 $U = \min(X, Y)$인 소비자가 있다. 소득이 100이고 Y재의 가격(P_Y)이 10일 때, 이 소비자가 효용극대화를 추구한다면 X재의 수요함수는?(단, P_X는 X재의 가격이다)

① $X = \frac{10+100}{P_X}$
② $X = \frac{100}{P_X+10}$
③ $X = \frac{100}{P_X}$
④ $X = \frac{50}{P_X+10}$
⑤ $X = \frac{10}{P_X}$

107 다음 중 국민경제 전체의 물가압력을 측정하는 지수로 사용되며, 통화량 목표설정에 있어서도 기준 물가상승률로 사용되는 것은?

① 소비자물가지수(CPI)
② 생산자물가지수(PPI)
③ 기업경기실사지수(BSI)
④ GDP 디플레이터(Deflator)
⑤ 구매력평가지수(PPP)

108 다음 중 빈칸 ㉠~㉢에 들어갈 말이 바르게 연결된 것은?

> 농산물은 ___㉠___이므로 수요의 가격탄력성이 '비탄력적'이다. 이 경우 농산물의 공급이 증가하면 가격이 상대적으로 ___㉡___ 폭으로 하락할 뿐 아니라 가격 하락에도 불구하고 수요가 크게 늘지 않기 때문에 전체적으로 ___㉢___한다.

	㉠	㉡	㉢
①	사치재	큰	수입이 감소
②	필수재	큰	비용이 증가
③	사치재	작은	수입이 감소
④	필수재	큰	수입이 감소
⑤	사치재	작은	비용이 증가

109 다음 중 국제 원자재 가격이 상승할 때, 우리나라 경상수지, 경제성장, 실업에 미치는 영향을 바르게 연결한 것은?

	경상수지	경제성장	실업
①	개선	촉진	증가
②	개선	촉진	감소
③	악화	촉진	증가
④	악화	둔화	증가
⑤	악화	둔화	감소

110 다음 중 경기침체기에 경기를 부양하기 위해 취하였던 통화 공급과 감세 등과 같은 완화정책, 과도하게 풀린 자금을 경제회복의 조짐이 있는 상황에서 도로 거두어들이는 경제정책은?

① 출구전략
② 통화 스와프
③ 입구전략
④ 긴축재정정책
⑤ 확대재정정책

| 03 | 행정학(사무직)

61 **다음 글의 빈칸 ㉠에 들어갈 내용으로 옳은 것은?**

(㉠)은 재정권을 독점한 정부에서 정치가나 관료들이 독점적 권력을 국민에게 남용하여 재정 규모를 과도하게 팽창시키는 행위를 의미한다는 내용을 담고 있다.

① 지대추구 이론
② 리바이어던(Leviathan) 가설
③ 파킨슨(Cyril N. Parkinson)의 법칙
④ 니스카넨(William Niskanen)의 예산극대화 가설
⑤ 로머와 로젠탈(Tomas Romer & Howard Rosenthal)의 회복 수준 이론

PART 3

62 **다음 중 정보통신 기술을 잘 활용하여 최소의 비용으로 최고의 서비스를 생산하는 효율적인 정부를 일컫는 전자정부의 장점이 아닌 것은?**

① 조직 및 절차가 간소화되고 신속한 업무처리가 가능하게 됨으로써 생산성을 크게 높일 수 있다.
② 민원을 신청하면 정부 내 여러 부처를 연결해서 알아서 처리해주는 '원스톱' 서비스가 가능해진다.
③ 공무원의 부정부패가 사라지는 등 행정업무가 투명해지고 책임소재도 분명해진다.
④ 행정사무의 자동화와 대민 서비스를 신속히 그리고 적시에 수행할 수 있게 된다.
⑤ 국민들의 개인정보가 내부인의 도덕적 해이나 외부 해커의 공격으로 인해 유출될 가능성이 없어진다.

63 **다음 중 예산총계주의에 대한 설명으로 옳은 것을 〈보기〉에서 모두 고르면?**

보기

ㄱ. 예산총계주의는 수입과 지출 내역, 용도를 명확히 하고 예산을 합리적으로 분류하여 명료하게 관리해야 한다는 원칙이다.
ㄴ. 한 회계연도의 모든 수입을 세입으로 하고, 모든 지출은 세출로 한다.
ㄷ. 지방자치단체가 현물로 출자하는 경우는 예외사항에 해당된다.

① ㄱ
② ㄴ
③ ㄱ, ㄷ
④ ㄴ, ㄷ
⑤ ㄱ, ㄴ, ㄷ

64 **다음 중 점증주의에 대한 설명으로 옳지 않은 것은?**

① 정책을 결정할 때 현존의 정책에서 약간만 변화시킨 대안을 고려한다.
② 고려하는 정책대안이 가져올 결과를 모두 분석하지 않고 제한적으로 비교·분석하는 방법을 사용한다.
③ 경제적 합리성보다는 정치적 합리성을 추구하여 타협과 조정을 중요시한다.
④ 일단 불완전한 예측을 전제로 하여 정책대안을 실시하고 그때 나타나는 결과가 잘못된 점이 있으면 그 부분만 다시 수정·보완하는 방식을 택하기도 한다.
⑤ 수단과 목표가 명확히 구분되지 않으므로 흔히 목표－수단의 분석이 부적절하거나 제한되는 경우가 많으며, 정책목표 달성을 극대화하는 정책을 최선의 정책으로 평가한다.

65 **다음 중 부패의 접근 방법에 대한 설명으로 옳지 않은 것은?**

① 권력문화적 접근법은 공직자들의 잘못된 의식구조를 공무원 부패의 원인으로 본다.
② 사회문화적 접근법은 특정한 지배적 관습이나 경험적 습성 등이 부패와 밀접한 관련이 있다고 본다.
③ 제도적 접근법은 행정통제 장치의 미비를 대표적인 부패의 원인으로 본다.
④ 체제론적 접근법은 문화적 특성, 제도상 결함, 구조상 모순, 행태 등 다양한 요인들에 의해 복합적으로 부패가 나타난다고 본다.
⑤ 도덕적 접근법은 개인의 성격 및 습성과 윤리 문제가 부패와 밀접한 관련이 있다고 본다.

66 **다음 〈보기〉 중 조직 유형에 대한 설명으로 옳은 것은 모두 몇 개인가?**

보기

ㄱ. 민츠버그(Mintzberg)의 전문적 관료제는 낮은 공식화와 집권을 특성으로 가진다.
ㄴ. 콕스(Cox. Jr)의 다문화적 조직은 다른 문화적 입장을 가진 사람들을 포용하지만 집단간 갈등 수준은 상당히 높다.
ㄷ. 애드호크라시는 복잡성, 공식성, 집권성이 낮은 조직 구조 형태를 띠고 있다.
ㄹ. 정보화사회에서는 삼엽조직이나 공동화조직이 확대되고 기획 및 조정기능의 위임과 위탁을 통해 업무가 간소화되기도 한다.
ㅁ. 사업구조는 부서 내 기능간 조정은 용이하나 부서간 조정이 곤란하여 사업영역 간 갈등이 발생한다.

① 1개
② 2개
③ 3개
④ 4개
⑤ 5개

67 **다음 중 우리나라의 지방자치제도에 대한 설명으로 옳지 않은 것은?**

① 지방의회는 매년 1회 그 지방자치단체의 사무에 대하여 시・도에서는 14일의 범위에서, 시・군 및 자치구에서는 9일의 범위에서 감사를 실시한다.

② 지방의회 의장 또는 부의장에 대한 불신임의결은 재적의원 3분의 1 이상의 발의와 재적의원 과반수의 찬성으로 행한다.

③ 지방자치단체장은 주민투표의 전부 또는 일부 무효의 판결이 확정된 때에는 그 날부터 20일 이내에 무효로 된 투표구의 재투표를 실시하여야 한다.

④ 주민투표의 투표일은 주민투표 발의일로부터 23일 이후 첫 번째 수요일로 한다.

⑤ 지방자치단체의 조례는 지방자치단체장이 공포해야 효력을 가진다.

68 **다음 중 지방자치법 및 주민소환에 관한 법률상 주민소환제도에 대한 설명으로 옳지 않은 것은?**

① 시・도지사의 소환청구 요건은 주민투표권자 총수의 100분의 10 이상이다.

② 비례대표의원은 주민소환의 대상이 아니다.

③ 주민소환투표권자의 연령은 주민소환투표일 현재를 기준으로 계산한다.

④ 주민소환투표권자의 4분의 1 이상이 투표에 참여해야 한다.

⑤ 주민소환이 확정된 때에는 주민소환투표대상자는 그 결과가 공표된 시점부터 그 직을 상실한다.

69 **다음 중 국회의 승인이나 의결을 얻지 않아도 되는 것은?**

① 명시이월
② 예비비 사용
③ 예산의 이용
④ 계속비
⑤ 예산의 이체

70 **다음 중 균형성과표(Balanced Score Card)에서 강조하는 네 가지 관점으로 옳지 않은 것은?**

① 재무적 관점
② 프로그램적 관점
③ 고객 관점
④ 내부 프로세스 관점
⑤ 학습과 성장 관점

71 **다음 중 피터스(Peters)가 제시한 뉴거버넌스 정부개혁 모형별 문제의 진단 기준과 해결 방안으로 옳지 않은 것은?**

① 전통적 정부 모형의 문제 진단 기준은 전근대적인 권위에 있으며, 구조 개혁 방안으로 계층제를 제안한다.

② 탈내부규제 정부 모형의 문제 진단 기준은 내부규제에 있으며, 관리 개혁 방안으로 관리 재량권 확대를 제안한다.

③ 시장적 정부 모형의 문제 진단 기준은 공공서비스에 대한 정부의 독점적 공급에 있으며, 구조 개혁 방안으로 분권화를 제안한다.

④ 참여적 정부 모형의 문제 진단 기준은 관료적 계층제에 있으며, 구조 개혁 방안으로 가상조직을 제안한다.

⑤ 신축적 정부 모형의 문제 진단 기준은 영속성에 있으며, 관리 개혁 방안으로 가변적 인사관리를 제안한다.

72 **다음 〈보기〉 중 옳은 것을 모두 고르면?**

보기

ㄱ. 인간관계론에서 조직 참여자의 생산성은 육체적 능력보다 사회적 규범에 의해 좌우된다.
ㄴ. 과학적 관리론은 과학적 분석을 통해 업무수행에 적용할 유일 최선의 방법을 발견할 수 있다고 전제한다.
ㄷ. 체제론은 비계서적 관점을 중시한다.
ㄹ. 발전행정론은 정치, 사회, 경제의 균형성장에 크게 기여하였다.

① ㄱ, ㄴ
② ㄱ, ㄹ
③ ㄴ, ㄷ
④ ㄴ, ㄹ
⑤ ㄷ, ㄹ

73 **다음 중 베버(Weber)가 제시한 이념형 관료제에 대한 설명으로 옳지 않은 것은?**

① 관료의 충원 및 승진은 전문적인 자격과 능력을 기준으로 이루어진다.
② 조직 내의 모든 결정행위나 작동은 공식적으로 확립된 법규체제에 따른다.
③ 하급자는 상급자의 지시나 명령에 복종하는 계층제의 원리에 따라 조직이 운영된다.
④ 민원인의 만족 극대화를 위해 업무처리 시 관료와 민원인과의 긴밀한 감정교류가 중시된다.
⑤ 조직 내의 모든 업무는 문서로 처리하는 것이 원칙이다.

74 다음 중 정책결정과 관련된 이론에 대한 설명으로 옳지 않은 것은?

① 쿠바 미사일 사태에 대한 사례 분석인 앨리슨(Allison) 모형은 정부의 정책결정 과정은 합리 모형보다는 조직과정 모형과 정치 모형으로 설명하는 것이 더 바람직하다고 주장한다.

② 드로(Dror)가 주장한 최적 모형은 기존의 합리적 결정 방식이 지나치게 수리적 완벽성을 추구해 현실성을 잃었다는 점을 지적하고 합리적 분석뿐만 아니라 결정자의 직관적 판단도 중요한 요소로 간주한다.

③ 쓰레기통 모형은 문제, 해결책, 선택 기회, 참여자의 네 요소가 독자적으로 흘러 다니다가 어떤 계기로 만나게 될 때 결정이 이루어진다고 설명한다.

④ 에치오니(Etzioni)의 혼합탐사 모형에 의하면 결정은 근본적 결정과 세부적 결정으로 나누어질 수 있으며, 합리적 의사결정 모형과 점진적 의사결정 모형을 보완적으로 사용할 수 있다.

⑤ 사이먼(Simon)의 만족 모형에 의하면 정책담당자들은 경제인과 달리 최선의 합리성을 추구하기보다는 시간과 공간, 재정적 측면에서의 여러 요인을 고려해 만족할 만한 수준에서 정책을 결정하게 된다.

75 다음 중 탈신공공관리론(Post - NPM)에서 강조하는 행정개혁 전략으로 옳지 않은 것은?

① 분권화와 집권화의 조화

② 민간 - 공공부문 간 파트너십 강조

③ 규제 완화

④ 인사관리의 공공책임성 중시

⑤ 정치적 통제 강조

76 다음 중 밑줄 친 ㉠에 들어갈 내용으로 가장 적절한 것은?

> 각 중앙관서의 장은 중기사업계획서를 매년 1월 31일까지 기획재정부장관에게 제출하여야 하며, 기획재정부장관은 국무회의 심의를 거쳐 대통령의 승인을 얻은 다음 연도의 ___㉠___ 을/를 매년 3월 31일까지 각 중앙관서의 장에게 통보하여야 한다.

① 국가재정 운용계획

② 예산 및 기금운용계획 집행지침

③ 예산안편성지침

④ 총사업비 관리지침

⑤ 예산요구서

77 **다음 중 근무성적평정제도에서 다면평가제도의 장점으로 옳지 않은 것은?**

① 직무수행 동기 유발
② 원활한 커뮤니케이션
③ 자기역량 강화
④ 미래 행동에 대한 잠재력 측정
⑤ 평가의 수용성 확보 가능

78 **다음 중 시험이 특정한 직위의 의무와 책임에 직결되는 요소들을 어느 정도 측정할 수 있느냐에 대한 타당성은?**

① 내용타당성
② 구성타당성
③ 개념타당성
④ 예측적 기준타당성
⑤ 동시적 기준타당성

79 **다음 중 재분배정책에 대한 설명으로 옳은 것은?**

① 정책 과정에서 이해당사자들 상호 간 이익이 되는 방향으로 협력하는 로그롤링(Log Rolling) 현상이 나타난다.
② 계층 간 갈등이 심하고 저항이 발생할 수 있어 국민적 공감대를 형성할 때 정책의 변화를 가져오게 된다.
③ 체제 내부를 정비하는 정책으로, 대외적 가치 배분에는 큰 영향이 없으나 대내적으로는 게임의 법칙이 발생한다.
④ 대체로 국민 다수에게 돌아가지만 사회간접시설과 같이 특정 지역에 보다 직접적인 편익이 돌아가는 경우도 많다.
⑤ 법령에서 제시하는 광범위한 기준을 근거로 국민들에게 강제적으로 특정한 부담을 지우는 것이다.

80 **다음 중 제도화된 부패의 특징으로 옳지 않은 것은?**

① 부패저항자에 대한 보복
② 비현실적 반부패 행동규범의 대외적 발표
③ 부패행위자에 대한 보호
④ 공식적 행동규범의 준수
⑤ 부패의 타성화

81 **다음 조직이론 중 동기부여 이론에 대한 설명으로 옳지 않은 것은?**

① 앨더퍼(Alderfer)의 ERG 이론 : 상위 욕구가 만족되지 않거나 좌절될 때 하위 욕구를 더욱 충족시키고자 한다는 좌절 – 퇴행 접근법을 주장한다.

② 애덤스(Adams)의 형평성 이론 : 자신의 노력과 그 결과로 얻게 되는 보상과의 관계를 다른 사람의 것과 비교해 상대적으로 느끼는 공평한 정도가 행동 동기에 영향을 준다고 주장한다.

③ 맥클리랜드(McClelland)의 성취동기 이론 : 동기는 학습보다는 개인의 본능적 특성이 중요하게 작용하며 사회문화와 상호작용하는 과정에서 취득되는 것으로, 친교욕구 · 성취욕구 · 성장욕구가 있다고 보았다.

④ 브룸(Vroom)의 기대 이론 : 동기부여의 정도는 사람들이 선호하는 결과를 가져올 때, 자신의 특정한 행동이 그 결과를 가져오는 수단이 된다고 믿는 정도에 따라 달라진다고 본다.

⑤ 로크(Locke)의 목표설정 이론 : 구체적이고 어려운 목표의 설정과 목표성취도에 대한 환류의 제공이 업무담당자의 동기를 유발하고 업무성취를 향상시킨다고 본다.

82 **다음 근무성적평정의 오류 중 강제배분법으로 방지할 수 있는 것을 〈보기〉에서 모두 고르면?**

보기	
ㄱ. 첫머리 효과	ㄴ. 집중화 경향
ㄷ. 엄격화 경향	ㄹ. 선입견에 의한 오류

① ㄱ, ㄴ
② ㄱ, ㄷ
③ ㄴ, ㄷ
④ ㄴ, ㄹ
⑤ ㄷ, ㄹ

83 다음 중 정책문제의 구조화 기법과 〈보기〉의 설명을 바르게 연결한 것은?

A. 경계 분석(Boundary Analysis)
B. 가정 분석(Assumption Analysis)
C. 계층 분석(Hierarchy Analysis)
D. 분류 분석(Classification Analysis)

보기

ㄱ. 정책문제와 관련된 여러 구조화되지 않은 가설들을 창의적으로 통합하기 위해 사용하는 기법으로, 이전에 건의된 정책부터 분석한다.
ㄴ. 간접적이고 불확실한 원인으로부터 차츰 확실한 원인을 차례로 확인해 나가는 기법으로, 인과관계 파악을 주된 목적으로 한다.
ㄷ. 정책문제의 존속기간 및 형성 과정을 파악하기 위하여 사용하는 기법으로서, 포화표본추출(Saturation Sampling)을 통해 관련 이해당사자를 선정한다.
ㄹ. 문제상황을 정의하기 위해 당면 문제를 그 구성요소들로 분해하는 기법으로, 논리적 추론을 통해 추상적인 정책문제를 구체적인 요소들로 구분한다.

	A	B	C	D
①	ㄱ	ㄷ	ㄴ	ㄹ
②	ㄱ	ㄷ	ㄹ	ㄴ
③	ㄷ	ㄱ	ㄴ	ㄹ
④	ㄷ	ㄱ	ㄹ	ㄴ
⑤	ㄷ	ㄹ	ㄱ	ㄴ

84 다음 중 정책결정 모형에 대한 설명으로 옳지 않은 것은?

① 사이먼(Simon)은 결정자의 인지능력의 한계, 결정상황의 불확실성 및 시간의 제약 때문에 결정은 제한적 합리성의 조건하에 이루어지게 된다고 주장한다.
② 점증 모형은 이상적이고 규범적인 합리 모형과는 대조적으로 실제의 결정상황에 기초한 현실적이고 기술적인 모형이다.
③ 혼합 모형은 점증 모형의 단점을 합리 모형과의 통합으로 보완하려는 시도이다.
④ 쓰레기통 모형에서 가정하는 결정상황은 불확실성과 혼란이 심한 상태로 정상적인 권위구조와 결정규칙이 작동하지 않는 경우이다.
⑤ 합리 모형에서 말하는 합리성은 정치적 합리성을 의미한다.

85 **다음 중 우리나라의 지방자치제도에 대한 설명으로 옳지 않은 것은?**

① 주민의 지방정부에 대한 참정권은 법률에 의해 제한되며 지방정부의 과세권 역시 법률로 제한된다.
② 우리나라 지방자치단체의 구성은 기관통합형이 아닌 기관대립형을 택하고 있다.
③ 지방자치단체는 법령의 범위 안에서 자치에 관한 규정을 제정할 수 있다.
④ 지방세무서, 지방노동청, 지방산림청 등의 특별지방행정기관은 중앙부처에서 설치한 일선 집행기관으로서 고유의 법인격은 물론 자치권도 가지고 있지 않다.
⑤ 기관위임사무는 지방자치단체장이 국가사무를 위임받아 수행하는 것이며, 소요 경비는 지방의회의 심의를 거쳐 지방정부 예산으로 부담한다.

86 **다음 중 매트릭스 조직에 대한 설명으로 옳지 않은 것은?**

① 명령통일의 원리가 배제되고 이중의 명령 및 보고체제가 허용되어야 한다.
② 부서장들 간의 갈등해소를 위해 공개적이고 빈번한 대면기회가 필요하다.
③ 기능부서의 장들과 사업부서의 장들이 자원배분에 관한 권력을 공유할 수 있어야 한다.
④ 조직의 환경 영역이 단순하고 확실한 경우 효과적이다.
⑤ 조직의 성과를 저해하는 권력투쟁을 유발하기 쉽다.

87 **다음 중 롤스(J. Rawls)의 사회 정의의 원리로 옳지 않은 것은?**

① 원초상태(Original Position) 하에서 합의되는 일련의 법칙이 곧 사회정의의 원칙으로서 계약당사자들의 사회협동체를 규제하게 된다.
② 정의의 제1원리는 기본적 자유의 평등 원리로서, 모든 사람은 다른 사람의 유사한 자유와 상충되지 않는 한도 내에서 최대한의 기본적 자유에의 평등한 권리를 인정하는 것이다.
③ 정의의 제2원리의 하나인 '차등 원리(Difference Principle)'는 가장 불우한 사람들의 편익을 최대화해야 한다는 원리이다.
④ 정의의 제2원리의 하나인 '기회 균등의 원리'는 사회·경제적 불평등이 그 모체가 되는 모든 직무와 지위에 대한 기회 균등이 공정하게 이루어진 조건하에서 직무나 지위에 부수해 존재해야 한다는 원리이다.
⑤ 정의의 제1원리가 제2원리에 우선하고, 제2원리 중에서는 '차등 원리'가 '기회균등의 원리'에 우선되어야 한다.

88 **다음 중 옴부즈맨제도에 대한 설명으로 옳지 않은 것은?**

① 1800년대 초반 스웨덴에서 처음으로 채택되었다.

② 옴부즈맨은 입법기관에서 임명하는 옴부즈맨이었으나 국회의 제청에 의해 행정수반이 임명하는 옴부즈맨도 등장하게 되었다.

③ 우리나라 지방자치단체는 시민고충처리위원회를 둘 수 있는데 이것은 지방자치단체의 옴부즈맨이라고 할 수 있다.

④ 국무총리 소속으로 설치한 국민권익위원회는 행정체제 외의 독립통제기관이며, 대통령이 임명하는 옴부즈맨의 일종이다.

⑤ 시정조치의 강제권이 없기 때문에 비행의 시정이 비행자의 재량에 달려 있는 경우가 많다.

89 **다음 〈보기〉에서 현행 우리나라 공무원 연금제도에 대한 설명으로 옳은 것을 모두 고르면?**

보기

ㄱ. 법령에 특별한 사유가 없는 한 2012년 신규 임용 후 10년 이상 근무한 일반행정직 공무원의 퇴직연금 수혜 개시 연령은 65세이다.

ㄴ. 급여의 산정은 급여의 사유가 발생한 날이 속하는 달의 기준소득월액을 기초로 하는 것이 원칙이다.

ㄷ. 기여금은 납부기간이 36년을 초과해도 납부하여야 한다.

ㄹ. 퇴직급여 산정에 있어서 소득의 평균기간은 퇴직 전 5년으로 한다.

① ㄱ, ㄴ

② ㄱ, ㄷ

③ ㄴ, ㄷ

④ ㄴ, ㄹ

⑤ ㄷ, ㄹ

90 **다음 중 윌슨(Wilson)이 주장한 규제정치 모형에서 '감지된 비용은 좁게 집중되지만, 감지된 편익은 넓게 분산되는 경우'에 나타나는 유형은?**

① 대중정치

② 이익집단정치

③ 고객정치

④ 기업가정치

⑤ 네트워크정치

91 다음 〈보기〉에서 조직 이론에 대한 설명으로 옳은 것을 모두 고르면?

> **보기**
> ㄱ. 베버(M. Weber)의 관료제론에 따르면 규칙에 의한 규제는 조직에 계속성과 안정성을 제공한다.
> ㄴ. 행정관리론에서는 효율적 조직관리를 위한 원리들을 강조한다.
> ㄷ. 호손(Hawthorne) 실험을 통하여 조직 내 비공식집단의 중요성이 부각되었다.
> ㄹ. 조직군생태 이론(Population Ecology Theory)에서는 조직과 환경의 관계를 분석함에 있어 조직의 주도적·능동적 선택과 행동을 강조한다.

① ㄱ, ㄴ
② ㄱ, ㄴ, ㄷ
③ ㄱ, ㄴ, ㄹ
④ ㄱ, ㄷ, ㄹ
⑤ ㄴ, ㄷ, ㄹ

92 다음 〈보기〉에서 조직구성원의 인간관에 따른 조직관리와 동기부여에 대한 설명으로 옳은 것을 모두 고르면?

> **보기**
> ㄱ. 허즈버그의 욕구충족요인 이원론에 의하면 불만요인을 제거해야 조직원의 만족감을 높이고 동기가 유발된다.
> ㄴ. 로크의 목표설정 이론에 의하면 동기 유발을 위해서는 구체성이 높고 난이도가 높은 목표가 채택되어야 한다.
> ㄷ. 합리적·경제적 인간관은 테일러의 과학적 관리론, 맥그리거의 X이론, 아지리스의 미성숙인 이론의 기반을 이룬다.
> ㄹ. 자아실현적 인간관은 호손 실험을 바탕으로 하기 때문에 비공식적 집단의 중요성을 강조하며, 자율적으로 문제를 해결하도록 한다.

① ㄴ, ㄷ
② ㄷ, ㄹ
③ ㄱ, ㄴ, ㄷ
④ ㄱ, ㄴ, ㄹ
⑤ ㄱ, ㄴ, ㄷ, ㄹ

93 다음 중 지식을 암묵지(Tacit Knowledge)와 형식지(Explicit Knowledge)로 구분할 때, 암묵지에 해당하는 것을 〈보기〉에서 모두 고르면?

> **보기**
> ㄱ. 업무매뉴얼 ㄴ. 조직의 경험
> ㄷ. 숙련된 기술 ㄹ. 개인적 노하우(Know-how)
> ㅁ. 컴퓨터 프로그램 ㅂ. 정부 보고서

① ㄱ, ㄴ, ㄷ
② ㄴ, ㄷ, ㄹ
③ ㄴ, ㄷ, ㅁ
④ ㄷ, ㅁ, ㅂ
⑤ ㄹ, ㅁ, ㅂ

94 다음 〈보기〉에서 국회의 예산심의에 대한 설명으로 옳은 것을 모두 고르면?

> **보기**
> ㄱ. 상임위원회의 예비심사를 거친 예산안은 예산결산특별위원회에 회부된다.
> ㄴ. 예산결산특별위원회의 심사를 거친 예산안은 본회의에 부의된다.
> ㄷ. 예산결산특별위원회를 구성할 때에는 그 활동기한을 정하여야 한다. 다만, 본회의의 의결로 그 기간을 연장할 수 있다.
> ㄹ. 예산결산특별위원회는 소관 상임위원회의 동의 없이 새 비목을 설치할 수 있다.

① ㄱ, ㄴ
② ㄴ, ㄹ
③ ㄱ, ㄴ, ㄷ
④ ㄱ, ㄷ, ㄹ
⑤ ㄴ, ㄷ, ㄹ

95 다음 중 신공공관리론(NPM)의 오류에 대한 반작용으로 대두된 신공공서비스론(NPS)에서 주장하는 원칙에 해당하는 것은?

① 지출보다는 수익 창출
② 노젓기보다는 방향잡기
③ 서비스 제공보다 권한 부여
④ 고객이 아닌 시민에 대한 봉사
⑤ 시장기구를 통한 변화 촉진

96 다음 중 개방형 인사관리에 대한 설명으로 옳지 않은 것은?

① 충원된 전문가들이 관료집단에서 중요한 역할을 수행하게 한다.
② 개방형은 승진기회의 제약으로, 직무의 폐지는 대개 퇴직으로 이어진다.
③ 정치적 리더십의 요구에 따른 고위층의 조직 장악력 약화를 초래한다.
④ 공직의 침체, 무사안일주의 등 관료제의 병리를 억제한다.
⑤ 민간부문과의 인사교류로 적극적 인사행정이 가능하다.

97 다음 중 시민들의 가치관 변화가 행정조직 문화에 미친 영향으로 옳지 않은 것은?

① 시민들의 프로슈머(Prosumer) 경향화는 관료주의적 문화와 적절한 조화를 형성할 것이다.
② 개인의 욕구를 중시하는 개인주의적 태도는 공동체적 가치관과 갈등을 빚기 시작했다.
③ 시민들의 가치관과 태도의 다양화에도 불구하고 행정기관들은 아직도 행정조직 고유의 가치관과 행동양식을 강조하고 있다고 볼 수 있다.
④ 1990년대 이전까지는 경제성장과 국가안보라는 뚜렷한 국가 목표가 있었다고 볼 수 있다.
⑤ 공공서비스 공급에서 행정조직 간 경쟁, 민간화가 활성화되고 있다.

98 다음 중 합리적 정책결정 과정에서 정책문제를 정의할 때의 주요 요인이라고 보기 어려운 것은?

① 관련 요소 파악
② 관련된 사람들이 원하는 가치에 대한 파악
③ 정책대안의 탐색
④ 관련 요소 간의 인과관계 파악
⑤ 관련 요소 간의 역사적 맥락 파악

99 다음 〈보기〉에서 현행 지방공기업법에 규정된 지방공기업 대상사업(당연적용사업)이 아닌 것을 모두 고르면?

> **보기**
>
> ㄱ. 수도사업(마을상수도사업은 제외)
> ㄴ. 주민복지사업
> ㄷ. 공업용수도사업
> ㄹ. 공원묘지사업
> ㅁ. 주택사업
> ㅂ. 토지개발사업

① ㄱ, ㄷ
② ㄴ, ㄹ
③ ㄷ, ㅁ
④ ㄹ, ㅂ
⑤ ㅁ, ㅂ

100 다음 중 국민경제활동의 구성과 수준에 미치는 영향을 파악하고, 고위 정책결정자들에게 유용한 정보를 제공해 주는 예산의 분류로 옳은 것은?

① 기능별 분류
② 품목별 분류
③ 경제성질별 분류
④ 활동별 분류
⑤ 사업계획별 분류

101 다음 중 정책집행에 대한 설명으로 옳지 않은 것은?

① 정책의 희생집단보다 수혜집단의 조직화가 강하면 정책집행이 곤란하다.
② 집행은 명확하고 일관되게 이루어져야 한다.
③ 규제정책의 집행 과정에서도 갈등은 존재한다고 본다.
④ 정책집행 유형은 집행자와 결정자와의 관계에 따라 달라진다.
⑤ 정책집행에는 환경적 요인도 작용한다.

102 **다음 중 사회자본에 대한 설명으로 옳지 않은 것은?**

① 네트워크에 참여하는 당사자들이 공동으로 소유하는 자산이다.
② 한 행위자만이 배타적으로 소유권을 행사할 수 없다.
③ 협력적 행태를 촉진시키지만 혁신적 조직의 발전을 저해한다.
④ 행동의 효율성을 제고시킨다.
⑤ 사회적 관계에서 거래비용을 감소시켜 준다.

103 **다음 중 책임운영기관에 대한 설명으로 옳지 않은 것은?**

① 책임운영기관은 집행기능 중심의 조직이다.
② 책임운영기관의 성격은 정부기관이며, 구성원은 공무원이다.
③ 책임운영기관은 융통성과 책임성을 조화시킬 수 있다.
④ 책임운영기관은 공공성이 강하고 성과관리가 어려운 분야에 적용할 필요가 있다.
⑤ 책임운영기관은 정부팽창의 은폐수단 혹은 민영화의 회피수단으로 사용될 가능성이 있다.

104 **다음 중 정부 성과평가에 대한 설명으로 옳지 않은 것은?**

① 성과평가는 개인의 성과를 향상시키기 위한 방법을 모색하기 위해서 사용될 수 있다.
② 총체적 품질관리(Total Quality Management)는 개인의 성과평가를 위한 도구로 도입되었다.
③ 관리자와 구성원의 적극적인 참여는 성과평가 성공에 있어서 중요한 역할을 한다.
④ 조직목표의 본질은 성과평가제도의 운영과 직접 관련성을 갖는다.
⑤ 성과평가에서는 평가의 타당성, 신뢰성, 객관성을 확보하는 것이 중요하다.

105 동기부여와 관련된 이론을 내용 이론과 과정 이론으로 나눠볼 때, 다음 중 과정이론에 해당하는 것은?

① 욕구계층 이론
② 기대 이론
③ 욕구충족요인 이원론
④ 성취동기 이론
⑤ X－Y 이론

106 다음 근무성적평정상의 오류 중 '어떤 평정자가 다른 평정자들보다 언제나 좋은 점수 또는 나쁜 점수를 주게 됨'으로써 나타나는 것은?

① 집중화의 오류
② 관대화 경향
③ 시간적 오류
④ 상동적 오류
⑤ 규칙적 오류

107 다음 〈보기〉에서 정책집행의 상향식 접근(Bottom Up Approach)에 대한 설명으로 옳은 것을 모두 고르면?

보기

ㄱ. 합리 모형의 선형적 시각을 반영한다.
ㄴ. 집행이 일어나는 현장에 초점을 맞춘다.
ㄷ. 일선공무원의 전문지식과 문제해결능력을 중시한다.
ㄹ. 고위직보다는 하위직에서 주도한다.
ㅁ. 공식적인 정책목표가 중요한 변수로 취급되므로 집행실적의 객관적 평가가 용이하다.

① ㄱ, ㄴ, ㄷ
② ㄱ, ㄷ, ㅁ
③ ㄴ, ㄷ, ㄹ
④ ㄴ, ㄹ, ㅁ
⑤ ㄷ, ㄹ, ㅁ

108 다음 중 다면평가제도의 장점에 대한 설명으로 옳지 않은 것은?

① 평가의 객관성과 공정성 제고에 기여할 수 있다.
② 계층제적 문화가 강한 사회에서 조직 간 화합을 제고해 준다.
③ 피평가자가 자기의 역량을 강화할 수 있는 기회를 제공해 준다.
④ 조직 내 상하 간, 동료 간, 부서 간 의사소통을 촉진할 수 있다.
⑤ 팀워크가 강조되는 현대 사회의 새로운 조직 유형에 부합한다.

109 다음 중 예산개혁의 경향이 시대에 따라 변화해 온 순서대로 바르게 나열한 것은?

① 통제 지향 – 관리 지향 – 기획 지향 – 감축 지향 – 참여 지향
② 통제 지향 – 감축 지향 – 기획 지향 – 관리 지향 – 참여 지향
③ 관리 지향 – 감축 지향 – 통제 지향 – 기획 지향 – 참여 지향
④ 관리 지향 – 기획 지향 – 통제 지향 – 감축 지향 – 참여 지향
⑤ 기획 지향 – 감축 지향 – 통제 지향 – 관리 지향 – 참여 지향

110 다음 중 광역행정의 방식에 대한 설명으로 옳지 않은 것은?

① 공동처리 방식은 둘 이상의 지방자치단체가 상호 협력관계를 형성하여 광역적 행정사무를 공동으로 처리하는 방식이다.
② 연합 방식은 둘 이상의 지방자치단체가 독립적인 법인격을 그대로 유지하면서 연합단체를 새로 창설하여 광역행정에 관한 사무를 그 연합단체가 처리하게 하는 방식이다.
③ 연합 방식은 새로 창설된 연합단체가 기존 자치단체의 독립성을 존중하면서 스스로 사업의 주체가 된다는 점에서 공동처리 방식과 구별된다.
④ 통합 방식은 일정한 광역권 안에 여러 자치단체를 포괄하는 단일의 정부를 설립하여 그 정부의 주도로 광역사무를 처리하는 방식이다.
⑤ 통합 방식은 각 자치단체의 개별적 특수성을 반영함으로써 지방분권화를 촉진하고 주민참여를 용이하게 하는 장점이 있어 발전도상국보다 선진국가에서 많이 채택하고 있다.

시대에듀

M E M O

PART 4

채용가이드

CHAPTER

01 블라인드 채용 소개

1. 블라인드 채용이란?

채용 과정에서 편견이 개입되어 불합리한 차별을 야기할 수 있는 출신지, 가족관계, 학력, 외모 등의 편견요인은 제외하고, 직무능력만을 평가하여 인재를 채용하는 방식입니다.

2. 블라인드 채용의 필요성

- 채용의 공정성에 대한 사회적 요구
  - 누구에게나 직무능력만으로 경쟁할 수 있는 균등한 고용기회를 제공해야 하나, 아직도 채용의 공정성에 대한 불신이 존재
  - 채용상 차별금지에 대한 법적 요건이 권고적 성격에서 처벌을 동반한 의무적 성격으로 강화되는 추세
  - 시민의식과 지원자의 권리의식 성숙으로 차별에 대한 법적 대응 가능성 증가
- 우수인재 채용을 통한 기업의 경쟁력 강화 필요
  - 직무능력과 무관한 학벌, 외모 위주의 선발로 우수인재 선발기회 상실 및 기업경쟁력 약화
  - 채용 과정에서 차별 없이 직무능력중심으로 선발한 우수인재 확보 필요
- 공정한 채용을 통한 사회적 비용 감소 필요
  - 편견에 의한 차별적 채용은 우수인재 선발을 저해하고 외모·학벌 지상주의 등의 심화로 불필요한 사회적 비용 증가
  - 채용에서의 공정성을 높여 사회의 신뢰수준 제고

3. 블라인드 채용의 특징

편견요인을 요구하지 않는 대신 직무능력을 평가합니다.

블라인드 채용 = 편견유발 요인제외 + 직무능력 중심평가

※ 직무능력중심 채용이란?
기업의 역량기반 채용, NCS기반 능력중심 채용과 같이 직무수행에 필요한 능력과 역량을 평가하여 선발하는 채용방식을 통칭합니다.

4. 블라인드 채용의 평가요소

직무수행에 필요한 지식, 기술, 태도 등을 과학적인 선발기법을 통해 평가합니다.

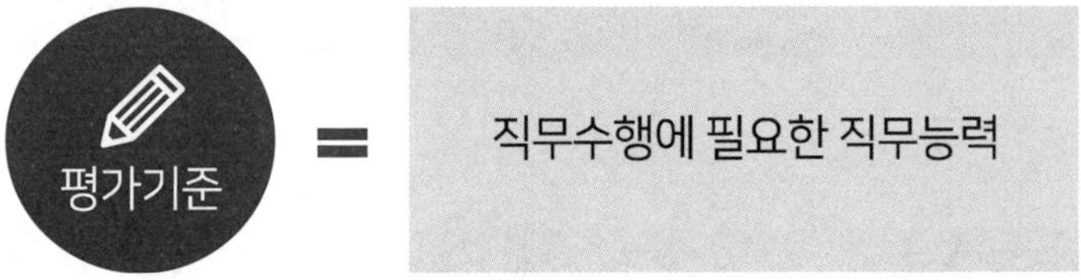

※ 과학적 선발기법이란?
직무분석을 통해 도출된 평가요소를 서류, 필기, 면접 등을 통해 체계적으로 평가하는 방법으로 입사지원서, 자기소개서, 직무수행능력평가, 구조화 면접 등이 해당됩니다.

5. 블라인드 채용 주요 도입 내용

- 입사지원서에 인적사항 요구 금지
  - 인적사항에는 출신지역, 가족관계, 결혼여부, 재산, 취미 및 특기, 종교, 생년월일(연령), 성별, 신장 및 체중, 사진, 전공, 학교명, 학점, 외국어 점수, 추천인 등이 해당
  - 채용 직무를 수행하는 데 있어 반드시 필요하다고 인정될 경우는 제외
    예 특수경비직 채용 시 : 시력, 건강한 신체 요구
    연구직 채용 시 : 논문, 학위 요구 등
- 블라인드 면접 실시
  - 면접관에게 응시자의 출신지역, 가족관계, 학교명 등 인적사항 정보 제공 금지
  - 면접관은 응시자의 인적사항에 대한 질문 금지

6. 블라인드 채용 도입의 효과성

- 구성원의 다양성과 창의성이 높아져 기업 경쟁력 강화
  - 편견을 없애고 직무능력 중심으로 선발하므로 다양한 직원 구성 가능
  - 다양한 생각과 의견을 통하여 기업의 창의성이 높아져 기업경쟁력 강화
- 직무에 적합한 인재선발을 통한 이직률 감소 및 만족도 제고
  - 사전에 지원자들에게 구체적이고 상세한 직무요건을 제시함으로써 허수 지원이 낮아지고, 직무에 적합한 지원자 모집 가능
  - 직무에 적합한 인재가 선발되어 직무이해도가 높아져 업무효율 증대 및 만족도 제고
- 채용의 공정성과 기업이미지 제고
  - 블라인드 채용은 사회적 편견을 줄인 선발 방법으로 기업에 대한 사회적 인식 제고
  - 채용과정에서 불합리한 차별을 받지 않고 실력에 의해 공정하게 평가를 받을 것이라는 믿음을 제공하고, 지원자들은 평등한 기회와 공정한 선발과정 경험

CHAPTER 02

서류전형 가이드

01 채용공고문

1. 채용공고문의 변화

기존 채용공고문	변화된 채용공고문
• 취업준비생에게 불충분하고 불친절한 측면 존재 • 모집분야에 대한 명확한 직무관련 정보 및 평가기준 부재 • 해당분야에 지원하기 위한 취업준비생의 무분별한 스펙 쌓기 현상 발생	• NCS 직무분석에 기반한 채용공고를 토대로 채용전형 진행 • 지원자가 입사 후 수행하게 될 업무에 대한 자세한 정보 공지 • 직무수행내용, 직무수행 시 필요한 능력, 관련된 자격, 직업기초능력 제시 • 지원자가 해당 직무에 필요한 스펙만을 준비할 수 있도록 안내
• 모집부문 및 응시자격 • 지원서 접수 • 전형절차 • 채용조건 및 처우 • 기타사항	• 채용절차 • 채용유형별 선발분야 및 예정인원 • 전형방법 • 선발분야별 직무기술서 • 우대사항

2. 지원 유의사항 및 지원요건 확인

채용 직무에 따른 세부사항을 공고문에 명시하여 지원자에게 적격한 지원 기회를 부여함과 동시에 채용과정에서의 공정성과 신뢰성을 확보합니다.

구성	내용	확인사항
모집분야 및 규모	고용형태(인턴 계약직 등), 모집분야, 인원, 근무지역 등	채용직무가 여러 개일 경우 본인이 해당되는 직무의 채용규모 확인
응시자격	기본 자격사항, 지원조건	지원을 위한 최소자격요건을 확인하여 불필요한 지원을 예방
우대조건	법정 · 특별 · 자격증 가점	본인의 가점 여부를 검토하여 가점 획득을 위한 사항을 사실대로 기재
근무조건 및 보수	고용형태 및 고용기간, 보수, 근무지	본인이 생각하는 기대수준에 부합하는지 확인하여 불필요한 지원을 예방
시험방법	서류 · 필기 · 면접전형 등의 활용방안	전형방법 및 세부 평가기법 등을 확인하여 지원전략 준비
전형일정	접수기간, 각 전형 단계별 심사 및 합격자 발표일 등	본인의 지원 스케줄을 검토하여 차질이 없도록 준비
제출서류	입사지원서(경력 · 경험기술서 등), 각종 증명서 및 자격증 사본 등	지원요건 부합 여부 및 자격 증빙서류 사전에 준비
유의사항	임용취소 등의 규정	임용취소 관련 법적 또는 기관 내부 규정을 검토하여 해당여부 확인

02 직무기술서

직무기술서란 직무수행의 내용과 필요한 능력, 관련 자격, 직업기초능력 등을 상세히 기재한 것으로 입사 후 수행하게 될 업무에 대한 정보가 수록되어 있는 자료입니다.

1. 채용분야

설명

NCS 직무분류 체계에 따라 직무에 대한 「대분류 – 중분류 – 소분류 – 세분류」 체계를 확인할 수 있습니다. 채용 직무에 대한 모든 직무기술서를 첨부하게 되며 실제 수행 업무를 기준으로 세부적인 분류정보를 제공합니다.

채용분야	분류체계			
사무행정	대분류	중분류	소분류	세분류
분류코드	02. 경영·회계·사무	03. 재무·회계	01. 재무	01. 예산
				02. 자금
			02. 회계	01. 회계감사
				02. 세무

2. 능력단위

설명

직무분류 체계의 세분류 하위능력단위 중 실질적으로 수행할 업무의 능력만 구체적으로 파악할 수 있습니다.

능력단위	(예산)	03. 연간종합예산수립 05. 확정예산 운영	04. 추정재무제표 작성 06. 예산실적 관리
	(자금)	04. 자금운용	
	(회계감사)	02. 자금관리 05. 회계정보시스템 운용 07. 회계감사	04. 결산관리 06. 재무분석
	(세무)	02. 결산관리 07. 법인세 신고	05. 부가가치세 신고

3. 직무수행내용

설명

세분류 영역의 기본정의를 통해 직무수행내용을 확인할 수 있습니다. 입사 후 수행할 직무내용을 구체적으로 확인할 수 있으며, 이를 통해 입사서류 작성부터 면접까지 직무에 대한 명확한 이해를 바탕으로 자신의 희망직무인지 아닌지, 해당 직무가 자신이 알고 있던 직무가 맞는지 확인할 수 있습니다.

직무수행내용	(예산) 일정기간 예상되는 수익과 비용을 편성, 집행하며 통제하는 일
	(자금) 자금의 계획 수립, 조달, 운용을 하고 발생 가능한 위험 관리 및 성과평가
	(회계감사) 기업 및 조직 내·외부에 있는 의사결정자들이 효율적인 의사결정을 할 수 있도록 유용한 정보를 제공, 제공된 회계정보의 적정성을 파악하는 일
	(세무) 세무는 기업의 활동을 위하여 주어진 세법범위 내에서 조세부담을 최소화시키는 조세전략을 포함하고 정확한 과세소득과 과세표준 및 세액을 산출하여 과세당국에 신고·납부하는 일

4. 직무기술서 예시

태도	(예산) 정확성, 분석적 태도, 논리적 태도, 타 부서와의 협조적 태도, 설득력
	(자금) 분석적 사고력
	(회계 감사) 합리적 태도, 전략적 사고, 정확성, 적극적 협업 태도, 법률준수 태도, 분석적 태도, 신속성, 책임감, 정확한 판단력
	(세무) 규정 준수 의지, 수리적 정확성, 주의 깊은 태도
우대 자격증	공인회계사, 세무사, 컴퓨터활용능력, 변호사, 워드프로세서, 전산회계운용사, 사회조사분석사, 재경관리사, 회계관리 등
직업기초능력	의사소통능력, 문제해결능력, 자원관리능력, 대인관계능력, 정보능력, 조직이해능력

5. 직무기술서 내용별 확인사항

항목	확인사항
모집부문	해당 채용에서 선발하는 부문(분야)명 확인 예 사무행정, 전산, 전기
분류체계	지원하려는 분야의 세부직무군 확인
주요기능 및 역할	지원하려는 기업의 전사적인 기능과 역할, 산업군 확인
능력단위	지원분야의 직무수행에 관련되는 세부업무사항 확인
직무수행내용	지원분야의 직무군에 대한 상세사항 확인
전형방법	지원하려는 기업의 신입사원 선발전형 절차 확인
일반요건	교육사항을 제외한 지원 요건 확인(자격요건, 특수한 경우 연령)
교육요건	교육사항에 대한 지원요건 확인(대졸 / 초대졸 / 고졸 / 전공 요건)
필요지식	지원분야의 업무수행을 위해 요구되는 지식 관련 세부항목 확인
필요기술	지원분야의 업무수행을 위해 요구되는 기술 관련 세부항목 확인
직무수행태도	지원분야의 업무수행을 위해 요구되는 태도 관련 세부항목 확인
직업기초능력	지원분야 또는 지원기업의 조직원으로서 근무하기 위해 필요한 일반적인 능력사항 확인

03 입사지원서

1. 입사지원서의 변화

기존지원서
직무와 관련 없는 학점, 개인신상, 어학점수, 자격, 수상경력 등을 나열하도록 구성

VS

능력중심 채용 입사지원서
해당 직무수행에 꼭 필요한 정보들을 제시할 수 있도록 구성

기존지원서		능력중심 채용 입사지원서	
직무기술서	→	인적사항	성명, 연락처, 지원분야 등 작성 (평가 미반영)
직무수행내용		교육사항	직무지식과 관련된 학교교육 및 직업교육 작성
요구지식 / 기술		자격사항	직무관련 국가공인 또는 민간자격 작성
관련 자격증		경력 및 경험사항	조직에 소속되어 일정한 임금을 받거나(경력) 임금 없이(경험) 직무와 관련된 활동 내용 작성
사전직무경험			

2. 교육사항

- 지원분야 직무와 관련된 학교 교육이나 직업교육 혹은 기타교육 등 직무에 대한 지원자의 학습 여부를 평가하기 위한 항목입니다.
- 지원하고자 하는 직무의 학교 전공교육 이외에 직업교육, 기타교육 등을 기입할 수 있기 때문에 전공 제한 없이 직업교육과 기타교육을 이수하여 지원이 가능하도록 기회를 제공합니다.
  (기타교육 : 학교 이외의 기관에서 개인이 이수한 교육과정 중 지원직무와 관련이 있다고 생각되는 교육내용)

구분	교육과정(과목)명	교육내용	과업(능력단위)

3. 자격사항

- 채용공고 및 직무기술서에 제시되어 있는 자격 현황을 토대로 지원자가 해당 직무를 수행하는 데 필요한 능력을 가지고 있는지를 평가하기 위한 항목입니다.
- 채용공고 및 직무기술서에 기재된 직무관련 필수 또는 우대자격 항목을 확인하여 본인이 보유하고 있는 자격사항을 기재합니다.

자격유형	자격증명	발급기관	취득일자	자격증번호

4. 경력 및 경험사항

- 직무와 관련된 경력이나 경험 여부를 표현하도록 하여 직무와 관련한 능력을 갖추었는지를 평가하기 위한 항목입니다.
- 해당 기업에서 직무를 수행함에 있어 필요한 사항만을 기록하게 되어 있기 때문에 직무와 무관한 스펙을 갖추지 않아도 됩니다.
- 경력 : 금전적 보수를 받고 일정기간 동안 일했던 경우
- 경험 : 금전적 보수를 받지 않고 수행한 활동

※ 기업에 따라 경력/경험 관련 증빙자료 요구 가능

구분	조직명	직위/역할	활동기간(년/월)	주요과업/활동내용

Tip

입사지원서 작성 방법

○ 경력 및 경험사항 작성

- 직무기술서에 제시된 지식, 기술, 태도와 지원자의 교육사항, 경력(경험)사항, 자격사항과 연계하여 개인의 직무역량에 대해 스스로 판단 가능

○ 인적사항 최소화

- 개인의 인적사항, 학교명, 가족관계 등을 노출하지 않도록 유의

부적절한 입사지원서 작성 사례

- 학교 이메일을 기입하여 학교명 노출
- 거주지 주소에 학교 기숙사 주소를 기입하여 학교명 노출
- 자기소개서에 부모님이 재직 중인 기업명, 직위, 직업을 기입하여 가족관계 노출
- 자기소개서에 석·박사 과정에 대한 이야기를 언급하여 학력 노출
- 동아리 활동에 대한 내용을 학교명과 더불어 언급하여 학교명 노출

04 자기소개서

1. 자기소개서의 변화

- 기존의 자기소개서는 지원자의 일대기나 관심 분야, 성격의 장·단점 등 개괄적인 사항을 묻는 질문으로 구성되어 지원자가 자신의 직무능력을 제대로 표출하지 못합니다.
- 능력중심 채용의 자기소개서는 직무기술서에 제시된 직업기초능력(또는 직무수행능력)에 대한 지원자의 과거 경험을 기술하게 함으로써 평가 타당도의 확보가 가능합니다.

1. 우리 회사와 해당 지원 직무분야에 지원한 동기에 대해 기술해 주세요.

2. 자신이 경험한 다양한 사회활동에 대해 기술해 주세요.

3. 지원 직무에 대한 전문성을 키우기 위해 받은 교육과 경험 및 경력사항에 대해 기술해 주세요.

4. 인사업무 또는 팀 과제 수행 중 발생한 갈등을 원만하게 해결해 본 경험이 있습니까? 당시 상황에 대한 설명과 갈등의 대상이 되었던 상대방을 설득한 과정 및 방법을 기술해 주세요.

5. 과거에 있었던 일 중 가장 어려웠었던(힘들었었던) 상황을 고르고, 어떤 방법으로 그 상황을 해결했는지를 기술해 주세요.

PART 4

Tip

자기소개서 작성 방법

① 자기소개서 문항이 묻고 있는 평가 역량 추측하기

> 예시
>
> • 팀 활동을 하면서 갈등 상황 시 상대방의 니즈나 의도를 명확히 파악하고 해결하여 목표 달성에 기여했던 경험에 대해서 작성해 주시기 바랍니다.
>
> • 다른 사람이 생각해내지 못했던 문제점을 찾고 이를 해결한 경험에 대해 작성해 주시기 바랍니다.

② 해당 역량을 보여줄 수 있는 소재 찾기(시간×역량 매트릭스)

예시

시간 ←→ (가로축), 평가역량 ↕ (세로축)

	2021년	2022년	2023년	2024년
도전정신	*대학 발표수업*	*대학 발표수업*	~~*다이어트(헬스)*~~	
대인관계	*대학 발표수업*	*대학 발표수업*		*경영 동아리*
의사소통	*편의점 아르바이트*	~~*군대 작업*~~	*봉사 동아리*	
직무역량			*경영 동아리*	*Book Study*
…				

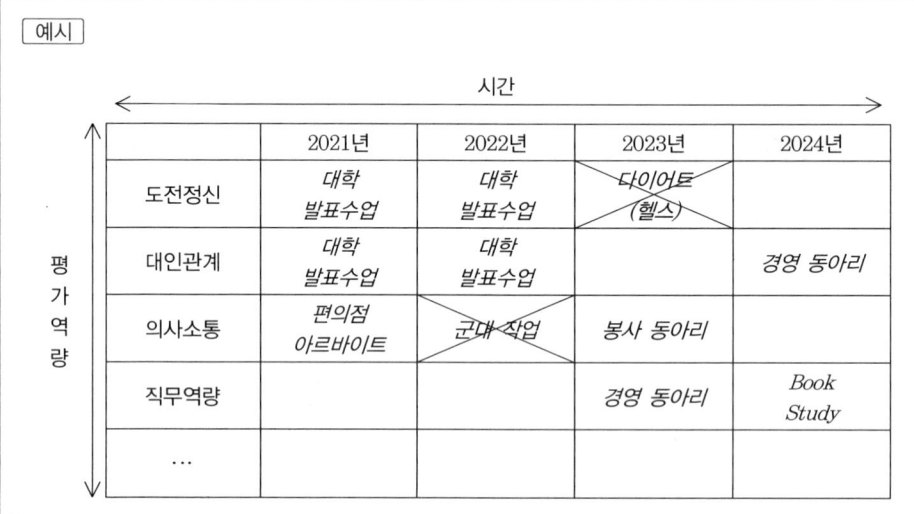

③ 자기소개서 작성 Skill 익히기

• 두괄식으로 작성하기
• 구체적 사례를 사용하기
• '나'를 중심으로 작성하기
• 직무역량 강조하기
• 경험 사례의 차별성 강조하기

03 인성검사 소개 및 모의테스트

01 인성검사 유형

인성검사는 지원자의 성격특성을 객관적으로 파악하고 그것이 각 기업에서 필요로 하는 인재상과 가치에 부합하는가를 평가하기 위한 검사입니다. 인성검사는 KPDI(한국인재개발진흥원), K-SAD(한국사회적성개발원), KIRBS(한국행동과학연구소), SHR(에스에이치알) 등의 전문기관을 통해 각 기업의 특성에 맞는 검사를 선택하여 실시합니다. 대표적인 인성검사의 유형에는 크게 다음과 같은 세 가지가 있으며, 채용 대행업체에 따라 달라집니다.

1. KPDI 검사

조직적응성과 직무적합성을 알아보기 위한 검사로 인성검사, 인성역량검사, 인적성검사, 직종별 인적성검사 등의 다양한 검사 도구를 구현합니다. KPDI는 성격을 파악하고 정신건강 상태 등을 측정하고, 직무검사는 해당 직무를 수행하기 위해 기본적으로 갖추어야 할 인지적 능력을 측정합니다. 역량검사는 특정 직무 역할을 효과적으로 수행하는 데 직접적으로 관련 있는 개인의 행동, 지식, 스킬, 가치관 등을 측정합니다.

2. KAD(Korea Aptitude Development) 검사

K-SAD(한국사회적성개발원)에서 실시하는 적성검사 프로그램입니다. 개인의 성향, 지적 능력, 기호, 관심, 흥미도를 종합적으로 분석하여 적성에 맞는 업무가 무엇인가 파악하고, 직무수행에 있어서 요구되는 기초능력과 실무능력을 분석합니다.

3. SHR 직무적성검사

직무수행에 필요한 종합적인 사고 능력을 다양한 적성검사(Paper and Pencil Test)로 평가합니다. SHR의 모든 직무능력검사는 표준화 검사입니다. 표준화 검사는 표본집단의 점수를 기초로 규준이 만들어진 검사이므로 개인의 점수를 규준에 맞추어 해석·비교하는 것이 가능합니다. S(Standardized Tests), H(Hundreds of Version), R(Reliable Norm Data)을 특징으로 하며, 직군·직급별 특성과 선발 수준에 맞추어 검사를 적용할 수 있습니다.

02 인성검사와 면접

인성검사는 특히 면접질문과 관련성이 높습니다. 면접관은 지원자의 인성검사 결과를 토대로 질문을 하기 때문입니다. 일관적이고 이상적인 답변을 하는 것이 가장 좋지만, 실제 시험은 매우 복잡하여 전문가라 해도 일정 성격을 유지하면서 답변을 하는 것이 힘듭니다. 또한, 인성검사에는 라이 스케일(Lie Scale) 설문이 전체 설문 속에 교묘하게 섞여 들어가 있으므로 겉치레적인 답을 하게 되면 회답태도의 허위성이 그대로 드러나게 됩니다. 예를 들어 '거짓말을 한 적이 한 번도 없다.'에 '예'로 답하고, '때로는 거짓말을 하기도 한다.'에 '예'라고 답하여 라이 스케일의 득점이 올라가게 되면 모든 회답의 신빙성이 사라지고 '자신을 돋보이게 하려는 사람'이라는 평가를 받을 수 있으므로 주의해야 합니다. 따라서 모의테스트를 통해 인성검사의 유형과 실제 시험 시 어떻게 문제를 풀어야 하는지 연습해 보고 체크한 부분 중 자신의 단점과 연결되는 부분은 면접에서 질문이 들어왔을 때 어떻게 대처해야 하는지 생각해 보는 것이 좋습니다.

03 유의사항

1. 기업의 인재상을 파악하라!

인성검사를 통해 개인의 성격 특성을 파악하고 그것이 기업의 인재상과 가치에 부합하는지를 평가하는 시험이기 때문에 해당 기업의 인재상을 먼저 파악하고 시험에 임하는 것이 좋습니다. 모의테스트에서 인재상에 맞는 가상의 인물을 설정하고 문제에 답해 보는 것도 많은 도움이 됩니다.

2. 일관성 있는 대답을 하라!

짧은 시간 안에 다양한 질문에 답을 해야 하는데, 그 안에는 중복되는 질문이 여러 번 나옵니다. 이때 앞서 자신이 체크했던 대답을 잘 기억해뒀다가 일관성 있는 답을 하는 것이 중요합니다.

3. 모든 문항에 대답하라!

많은 문제를 짧은 시간 안에 풀려다 보니 다 못 푸는 경우도 종종 생깁니다. 하지만 대답을 누락하거나 끝까지 다 못했을 경우 좋지 않은 결과를 가져올 수도 있으니 최대한 주어진 시간 안에 모든 문항에 답할 수 있도록 해야 합니다.

04 KPDI 모의테스트

※ 모의테스트는 질문 및 답변 유형 연습을 위한 것으로 실제 시험과 다를 수 있습니다.
※ 인성검사는 정답이 따로 없는 유형의 검사이므로 결과지를 제공하지 않습니다.

번호	내용	예	아니요
001	나는 솔직한 편이다.	☐	☐
002	나는 리드하는 것을 좋아한다.	☐	☐
003	법을 어겨서 말썽이 된 적이 한 번도 없다.	☐	☐
004	거짓말을 한 번도 한 적이 없다.	☐	☐
005	나는 눈치가 빠르다.	☐	☐
006	나는 일을 주도하기보다는 뒤에서 지원하는 것을 선호한다.	☐	☐
007	앞일은 알 수 없기 때문에 계획은 필요하지 않다.	☐	☐
008	거짓말도 때로는 방편이라고 생각한다.	☐	☐
009	사람이 많은 술자리를 좋아한다.	☐	☐
010	걱정이 지나치게 많다.	☐	☐
011	일을 시작하기 전 재고하는 경향이 있다.	☐	☐
012	불의를 참지 못한다.	☐	☐
013	처음 만나는 사람과도 이야기를 잘 한다.	☐	☐
014	때로는 변화가 두렵다.	☐	☐
015	나는 모든 사람에게 친절하다.	☐	☐
016	힘든 일이 있을 때 술은 위로가 되지 않는다.	☐	☐
017	결정을 빨리 내리지 못해 손해를 본 경험이 있다.	☐	☐
018	기회를 잡을 준비가 되어 있다.	☐	☐
019	때로는 내가 정말 쓸모없는 사람이라고 느낀다.	☐	☐
020	누군가 나를 챙겨주는 것이 좋다.	☐	☐
021	자주 가슴이 답답하다.	☐	☐
022	나는 내가 자랑스럽다.	☐	☐
023	경험이 중요하다고 생각한다.	☐	☐
024	전자기기를 분해하고 다시 조립하는 것을 좋아한다.	☐	☐

025	감시받고 있다는 느낌이 든다.	☐	☐
026	난처한 상황에 놓이면 그 순간을 피하고 싶다.	☐	☐
027	세상엔 믿을 사람이 없다.	☐	☐
028	잘못을 빨리 인정하는 편이다.	☐	☐
029	지도를 보고 길을 잘 찾아간다.	☐	☐
030	귓속말을 하는 사람을 보면 날 비난하고 있는 것 같다.	☐	☐
031	막무가내라는 말을 들을 때가 있다.	☐	☐
032	장래의 일을 생각하면 불안하다.	☐	☐
033	결과보다 과정이 중요하다고 생각한다.	☐	☐
034	운동은 그다지 할 필요가 없다고 생각한다.	☐	☐
035	새로운 일을 시작할 때 좀처럼 한 발을 떼지 못한다.	☐	☐
036	기분 상하는 일이 있더라도 참는 편이다.	☐	☐
037	업무능력은 성과로 평가받아야 한다고 생각한다.	☐	☐
038	머리가 맑지 못하고 무거운 느낌이 든다.	☐	☐
039	가끔 이상한 소리가 들린다.	☐	☐
040	타인이 내게 자주 고민상담을 하는 편이다.	☐	☐

05 SHR 모의테스트

※ 모의테스트는 질문 및 답변 유형 연습을 위한 것으로 실제 시험과 다를 수 있습니다.
※ 인성검사는 정답이 따로 없는 유형의 검사이므로 결과지를 제공하지 않습니다.

※ 이 성격검사의 각 문항에는 서로 다른 행동을 나타내는 네 개의 문장이 제시되어 있습니다. 이 문장들을 비교하여, 자신의 평소 행동과 가장 가까운 문장을 'ㄱ' 열에 표기하고, 가장 먼 문장을 'ㅁ' 열에 표기하십시오.

01 나는 ________________

	ㄱ	ㅁ
A. 실용적인 해결책을 찾는다.	☐	☐
B. 다른 사람을 돕는 것을 좋아한다.	☐	☐
C. 세부 사항을 잘 챙긴다.	☐	☐
D. 상대의 주장에서 허점을 잘 찾는다.	☐	☐

02 나는 ________________

	ㄱ	ㅁ
A. 매사에 적극적으로 임한다.	☐	☐
B. 즉흥적인 편이다.	☐	☐
C. 관찰력이 있다.	☐	☐
D. 임기응변에 강하다.	☐	☐

03 나는 ________________

	ㄱ	ㅁ
A. 무서운 영화를 잘 본다.	☐	☐
B. 조용한 곳이 좋다.	☐	☐
C. 가끔 울고 싶다.	☐	☐
D. 집중력이 좋다.	☐	☐

04 나는 ________________

	ㄱ	ㅁ
A. 기계를 조립하는 것을 좋아한다.	☐	☐
B. 집단에서 리드하는 역할을 맡는다.	☐	☐
C. 호기심이 많다.	☐	☐
D. 음악을 듣는 것을 좋아한다.	☐	☐

05 나는 ______________________

	ㄱ	ㅁ
A. 타인을 늘 배려한다.	☐	☐
B. 감수성이 예민하다.	☐	☐
C. 즐겨하는 운동이 있다.	☐	☐
D. 일을 시작하기 전에 계획을 세운다.	☐	☐

06 나는 ______________________

	ㄱ	ㅁ
A. 타인에게 설명하는 것을 좋아한다.	☐	☐
B. 여행을 좋아한다.	☐	☐
C. 정적인 것이 좋다.	☐	☐
D. 남을 돕는 것에 보람을 느낀다.	☐	☐

07 나는 ______________________

	ㄱ	ㅁ
A. 기계를 능숙하게 다룬다.	☐	☐
B. 밤에 잠이 잘 오지 않는다.	☐	☐
C. 한 번 간 길을 잘 기억한다.	☐	☐
D. 불의를 보면 참을 수 없다.	☐	☐

08 나는 ______________________

	ㄱ	ㅁ
A. 종일 말을 하지 않을 때가 있다.	☐	☐
B. 사람이 많은 곳을 좋아한다.	☐	☐
C. 술을 좋아한다.	☐	☐
D. 휴양지에서 편하게 쉬고 싶다.	☐	☐

09 나는 ______________________________

	ㄱ	ㅁ
A. 뉴스보다는 드라마를 좋아한다.	☐	☐
B. 길을 잘 찾는다.	☐	☐
C. 주말엔 집에서 쉬는 것이 좋다.	☐	☐
D. 아침에 일어나는 것이 힘들다.	☐	☐

10 나는 ______________________________

	ㄱ	ㅁ
A. 이성적이다.	☐	☐
B. 할 일을 종종 미룬다.	☐	☐
C. 어른을 대하는 게 힘들다.	☐	☐
D. 불을 보면 매혹을 느낀다.	☐	☐

11 나는 ______________________________

	ㄱ	ㅁ
A. 상상력이 풍부하다.	☐	☐
B. 예의 바르다는 소리를 자주 듣는다.	☐	☐
C. 사람들 앞에 서면 긴장한다.	☐	☐
D. 친구를 자주 만난다.	☐	☐

12 나는 ______________________________

	ㄱ	ㅁ
A. 나만의 스트레스 해소 방법이 있다.	☐	☐
B. 친구가 많다.	☐	☐
C. 책을 자주 읽는다.	☐	☐
D. 활동적이다.	☐	☐

CHAPTER

04 면접전형 가이드

01 면접유형 파악

1. 면접전형의 변화

기존 면접전형에서는 일상적이고 단편적인 대화나 지원자의 첫인상 및 면접관의 주관적인 판단 등에 의해서 입사 결정 여부를 판단하는 경우가 많았습니다. 이러한 면접전형은 면접 내용의 일관성이 결여되거나 직무 관련 타당성이 부족하였고, 면접에 대한 신뢰도에 영향을 주었습니다.

기존 면접(전통적 면접)		능력중심 채용 면접(구조화 면접)
• 일상적이고 단편적인 대화 • 인상, 외모 등 외부 요소의 영향 • 주관적인 판단에 의존한 총점 부여 ⇩ • 면접 내용의 일관성 결여 • 직무관련 타당성 부족 • 주관적인 채점으로 신뢰도 저하	VS	• 일관성 – 직무관련 역량에 초점을 둔 구체적 질문 목록 – 지원자별 동일 질문 적용 • 구조화 – 면접 진행 및 평가 절차를 일정한 체계에 의해 구성 • 표준화 – 평가 타당도 제고를 위한 평가 Matrix 구성 – 척도에 따라 항목별 채점, 개인 간 비교 • 신뢰성 – 면접진행 매뉴얼에 따라 면접위원 교육 및 실습

2. 능력중심 채용의 면접 유형

① 경험 면접
- 목적 : 선발하고자 하는 직무 능력이 필요한 과거 경험을 질문합니다.
- 평가요소 : 직업기초능력과 인성 및 태도적 요소를 평가합니다.

② 상황 면접
- 목적 : 특정 상황을 제시하고 지원자의 행동을 관찰함으로써 실제 상황의 행동을 예상합니다.
- 평가요소 : 직업기초능력과 인성 및 태도적 요소를 평가합니다.

③ 발표 면접
- 목적 : 특정 주제와 관련된 지원자의 발표와 질의응답을 통해 지원자 역량을 평가합니다.
- 평가요소 : 직무수행능력과 인지적 역량(문제해결능력)을 평가합니다.

④ 토론 면접
- 목적 : 토의과제에 대한 의견수렴 과정에서 지원자의 역량과 상호작용능력을 평가합니다.
- 평가요소 : 직무수행능력과 팀워크를 평가합니다.

02 면접유형별 준비 방법

1. 경험 면접

① 경험 면접의 특징

- 주로 직업기초능력에 관련된 지원자의 과거 경험을 심층 질문하여 검증하는 면접입니다.
- 직무능력과 관련된 과거 경험을 평가하기 위해 심층 질문을 하며, 이 질문은 지원자의 답변에 대하여 '꼬리에 꼬리를 무는 형식'으로 진행됩니다.

> - 능력요소, 정의, 심사 기준
>   - 평가하고자 하는 능력요소, 정의, 심사기준을 확인하여 면접위원이 해당 능력요소 관련 질문을 제시합니다.
> - Opening Question
>   - 능력요소에 관련된 과거 경험을 유도하기 위한 시작 질문을 합니다.
> - Follow-up Question
>   - 지원자의 경험 수준을 구체적으로 검증하기 위한 질문입니다.
>   - 경험 수준 검증을 위한 상황(Situation), 임무(Task), 역할 및 노력(Action), 결과(Result) 등으로 질문을 구분합니다.

경험 면접의 형태

〈일대다 면접〉 〈다대다 면접〉

② 경험 면접의 구조

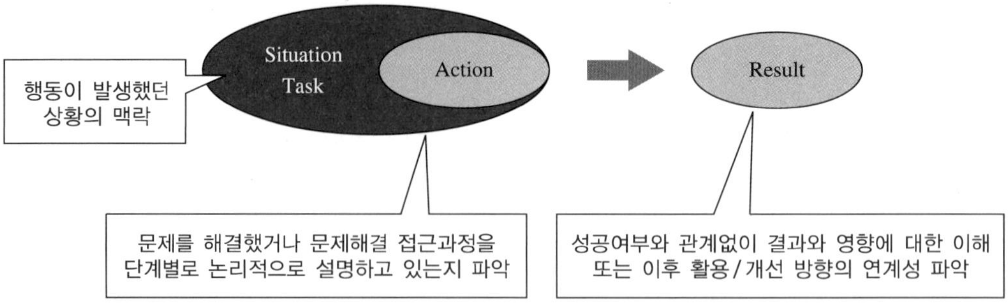

S(Situation)	귀하가 처해 있던 상황에 대해 말해 보시오.
T(Task)	귀하가 수행한 과제 / 과업은 무엇인가?
A(Action)	어떻게 행동(대응)했는가?
R(Result)	그 행동의 결과는 어땠는가?

(　　　　　)에 관한 과거 경험에 대하여 말해 보시오.

행동이 발생한 맥락

귀하가 처해 있던 상황에 대해 말해 보시오.
- 언제 경험하였습니까?
- 어디에서 경험하였습니까?
- 당신은 어떻게 그 경험을 하게 되었습니까?

관련 인물 및 과제

귀하가 수행한 과제 / 과업은 무엇인가?
- 당신이 맡은 역할은 무엇이었습니까?
- 본인을 지원한 팀원 or 조원은 누구였습니까?

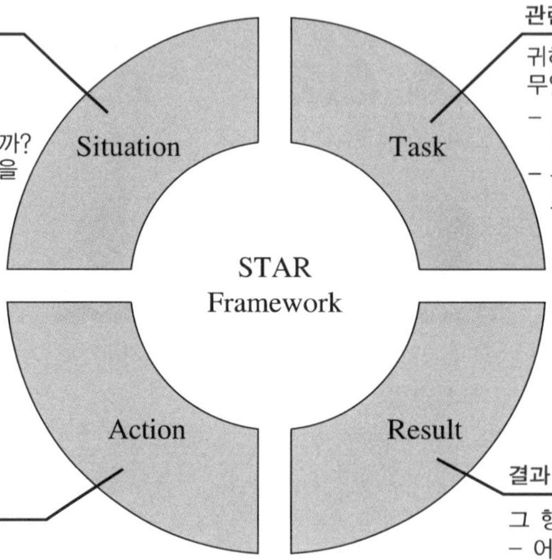

문제해결과정에 대한 구체적 설명

어떻게 행동(대응)했는가?
- 구체적으로 어떤 노력을 하였습니까?
- 어떤 어려움을 겪었으며 어떻게 극복하였습니까?

결과 / 영향에 대한 이해

그 행동의 결과는 어땠는가?
- 어떤 교훈을 얻었습니까?

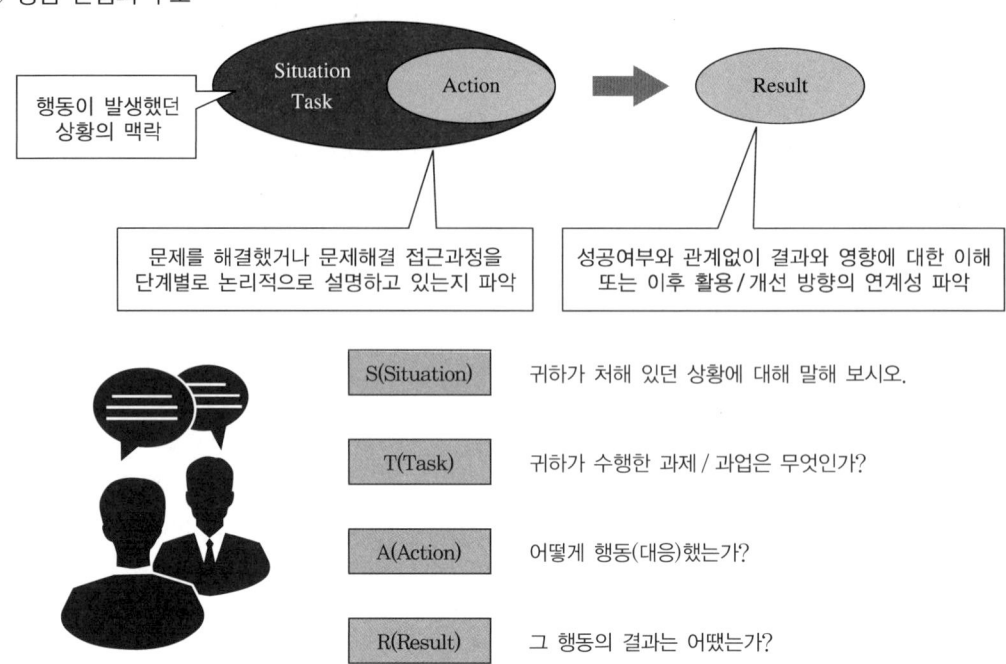

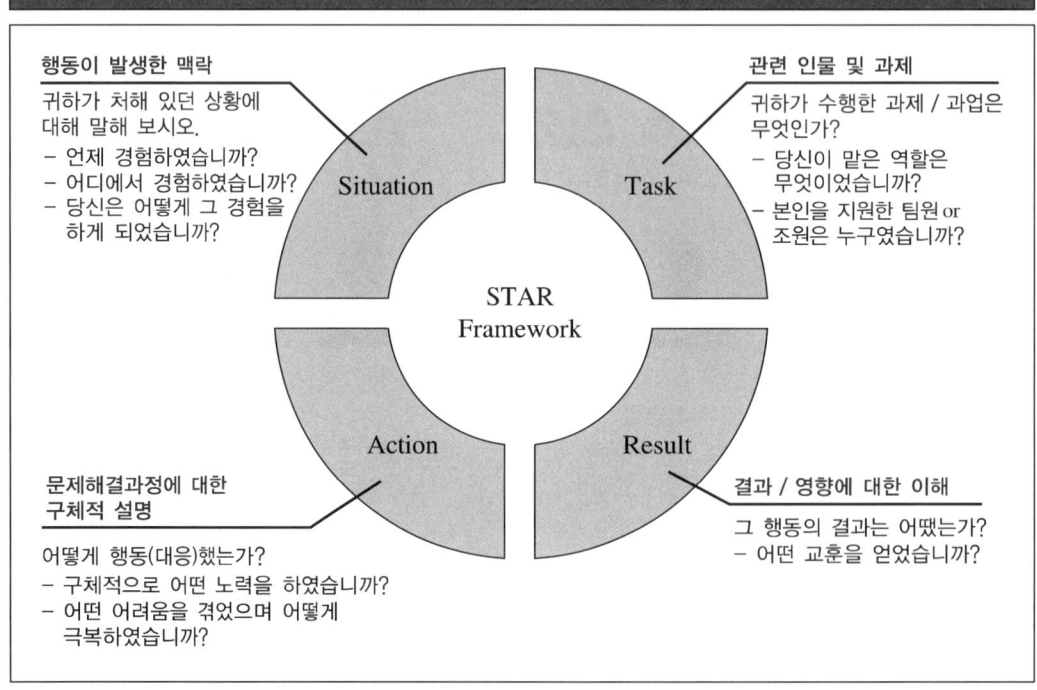

③ 경험 면접 질문 예시(직업윤리)

시작 질문	
1	남들이 신경 쓰지 않는 부분까지 고려하여 절차대로 업무(연구)를 수행하여 성과를 낸 경험을 구체적으로 말해 보시오.
2	조직의 원칙과 절차를 철저히 준수하며 업무(연구)를 수행한 것 중 성과를 향상시킨 경험에 대해 구체적으로 말해 보시오.
3	세부적인 절차와 규칙에 주의를 기울여 실수 없이 업무(연구)를 마무리한 경험을 구체적으로 말해 보시오.
4	조직의 규칙이나 원칙을 고려하여 성실하게 일했던 경험을 구체적으로 말해 보시오.
5	타인의 실수를 바로잡고 원칙과 절차대로 수행하여 성공적으로 업무를 마무리하였던 경험에 대해 말해 보시오.

후속 질문		
상황 (Situation)	상황	구체적으로 언제, 어디에서 경험한 일인가?
		어떤 상황이었는가?
	조직	어떤 조직에 속해 있었는가?
		그 조직의 특성은 무엇이었는가?
		몇 명으로 구성된 조직이었는가?
	기간	해당 조직에서 얼마나 일했는가?
		해당 업무는 몇 개월 동안 지속되었는가?
	조직규칙	조직의 원칙이나 규칙은 무엇이었는가?
임무 (Task)	과제	과제의 목표는 무엇이었는가?
		과제에 적용되는 조직의 원칙은 무엇이었는가?
		그 규칙을 지켜야 하는 이유는 무엇이었는가?
	역할	당신이 조직에서 맡은 역할은 무엇이었는가?
		과제에서 맡은 역할은 무엇이었는가?
	문제의식	규칙을 지키지 않을 경우 생기는 문제점 / 불편함은 무엇인가?
		해당 규칙이 왜 중요하다고 생각하였는가?
역할 및 노력 (Action)	행동	업무 과정의 어떤 장면에서 규칙을 철저히 준수하였는가?
		어떻게 규정을 적용시켜 업무를 수행하였는가?
		규정은 준수하는 데 어려움은 없었는가?
	노력	그 규칙을 지키기 위해 스스로 어떤 노력을 기울였는가?
		본인의 생각이나 태도에 어떤 변화가 있었는가?
		다른 사람들은 어떤 노력을 기울였는가?
	동료관계	동료들은 규칙을 철저히 준수하고 있었는가?
		팀원들은 해당 규칙에 대해 어떻게 반응하였는가?
		규칙에 대한 태도를 개선하기 위해 어떤 노력을 하였는가?
		팀원들의 태도는 당신에게 어떤 자극을 주었는가?
	업무추진	주어진 업무를 추진하는 데 규칙이 방해되진 않았는가?
		업무수행 과정에서 규정을 어떻게 적용하였는가?
		업무 시 규정을 준수해야 한다고 생각한 이유는 무엇인가?

결과 (Result)	평가	규칙을 어느 정도나 준수하였는가?
		그렇게 준수할 수 있었던 이유는 무엇이었는가?
		업무의 성과는 어느 정도였는가?
		성과에 만족하였는가?
		비슷한 상황이 온다면 어떻게 할 것인가?
	피드백	주변 사람들로부터 어떤 평가를 받았는가?
		그러한 평가에 만족하는가?
		다른 사람에게 본인의 행동이 영향을 주었다고 생각하는가?
	교훈	업무수행 과정에서 중요한 점은 무엇이라고 생각하는가?
		이 경험을 통해 느낀 바는 무엇인가?

2. 상황 면접

① 상황 면접의 특징

직무 관련 상황을 가정하여 제시하고 이에 대한 대응능력을 직무관련성 측면에서 평가하는 면접입니다.

- 상황 면접 과제의 구성은 크게 2가지로 구분
  - 상황 제시(Description) / 문제 제시(Question or Problem)
- 현장의 실제 업무 상황을 반영하여 과제를 제시하므로 직무분석이나 직무전문가 워크숍 등을 거쳐 현장성을 높임
- 문제는 상황에 대한 기본적인 이해능력(이론적 지식)과 함께 실질적 대응이나 변수 고려능력(실천적 능력) 등을 고르게 질문해야 함

상황 면접의 형태

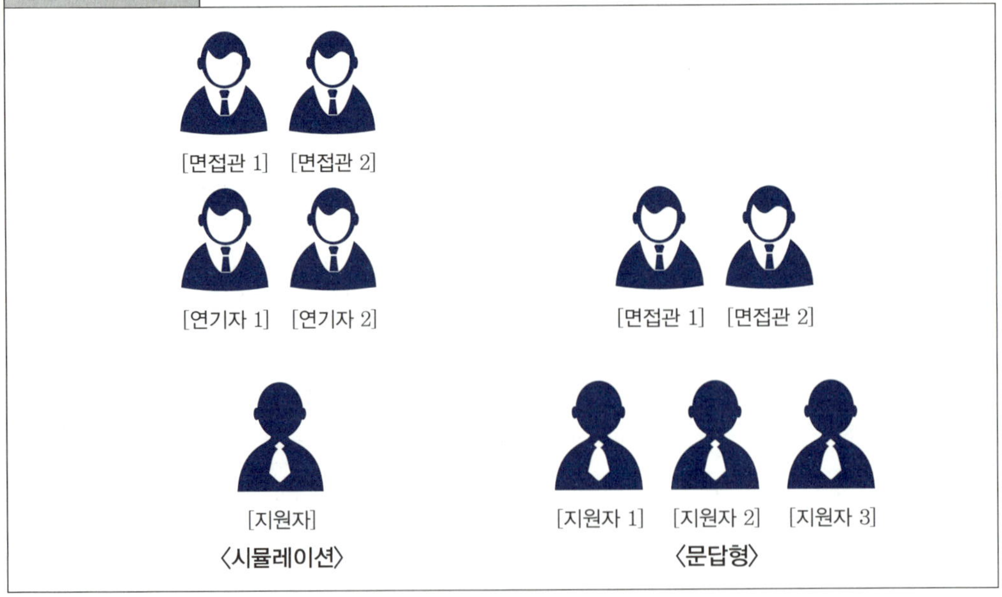

② 상황 면접 예시

상황 제시	인천공항 여객터미널 내에는 다양한 용도의 시설(사무실, 통신실, 식당, 전산실, 창고 면세점 등)이 설치되어 있습니다.	실제 업무 상황에 기반함
	금년에 소방배관의 누수가 잦아 메인 배관을 교체하는 공사를 추진하고 있으며, 당신은 이번 공사의 담당자입니다.	배경 정보
	주간에는 공항 운영이 이루어져 주로 야간에만 배관 교체 공사를 수행하던 중, 시공하는 기능공의 실수로 배관 연결 부위를 잘못 건드려 고압배관의 소화수가 누출되는 사고가 발생하였으며, 이로 인해 인근 시설물에 누수에 의한 피해가 발생하였습니다.	구체적인 문제 상황
문제 제시	일반적인 소방배관의 배관연결(이음)방식과 배관의 이탈(누수)이 발생하는 원인에 대해 설명해 보시오.	문제 상황 해결을 위한 기본 지식 문항
	담당자로서 본 사고를 현장에서 긴급히 처리하는 프로세스를 제시하고, 보수완료 후 사후적 조치가 필요한 부분 및 재발방지 방안에 대해 설명해 보시오.	문제 상황 해결을 위한 추가 대응 문항

3. 발표 면접

① 발표 면접의 특징

- 직무관련 주제에 대한 지원자의 생각을 정리하여 의견을 제시하고, 발표 및 질의응답을 통해 지원자의 직무능력을 평가하는 면접입니다.
- 발표 주제는 직무와 관련된 자료로 제공되며, 일정 시간 후 지원자가 보유한 지식 및 방안에 대한 발표 및 후속 질문을 통해 직무적합성을 평가합니다.

> • 주요 평가요소
> – 설득적 말하기 / 발표능력 / 문제해결능력 / 직무관련 전문성
> • 이미 언론을 통해 공론화된 시사 이슈보다는 해당 직무분야에 관련된 주제가 발표면접의 과제로 선정되는 경우가 최근 들어 늘어나고 있음
> • 짧은 시간 동안 주어진 과제를 빠른 속도로 분석하여 발표문을 작성하고 제한된 시간 안에 면접관에게 효과적인 발표를 진행하는 것이 핵심

발표 면접의 형태

〈개별 과제 발표〉 〈팀 과제 발표〉

※ 면접관에게 시각적 효과를 사용하여 메시지를 전달하는 쌍방향 커뮤니케이션 방식

※ 심층면접을 보완하기 위한 방안으로 최근 많은 기업에서 적극 도입하는 추세

② 발표 면접 예시

1. 지시문

당신은 현재 A사에서 직원들의 성과평가를 담당하고 있는 팀원이다. 인사팀은 지난주부터 사내 조직문화관련 인터뷰를 하던 도중 성과평가제도에 관련된 개선 니즈가 제일 많다는 것을 알게 되었다. 이에 팀장님은 인터뷰 결과를 종합하려 성과평가제도 개선 아이디어를 A4용지에 정리하여 신속 보고할 것을 지시하셨다. 당신에게 남은 시간은 1시간이다. 자료를 준비하는 대로 당신은 팀원들이 모인 회의실에서 5분 간 발표할 것이며, 이후 질의응답을 진행할 것이다.

2. 배경자료

〈성과평가제도 개선에 대한 인터뷰〉

최근 A사는 회사 사세의 급성장으로 인해 작년보다 매출이 두 배 성장하였고, 직원 수 또한 두 배로 증가하였다. 회사의 성장은 임금, 복지에 대한 상승 등 긍정적인 영향을 주었으나 업무의 불균형 및 성과보상의 불평등 문제가 발생하였다. 또한 수시로 입사하는 신입직원과 경력직원, 퇴사하는 직원들까지 인원들의 잦은 변동으로 인해 평가해야 할 대상이 변경되어 현재의 성과평가제도로는 공정한 평가가 어려운 상황이다.

[생산부서 김상호]
우리 팀은 지난 1년 동안 생산량이 급증했기 때문에 수십 명의 신규인력이 급하게 채용되었습니다. 이 때문에 저희 팀장님은 신규 입사자들의 이름조차 기억 못할 때가 많이 있습니다. 성과평가를 제대로 하고 있는지 의문이 듭니다.

[마케팅 부서 김흥민]
개인의 성과평가의 취지는 충분히 이해합니다. 그러나 현재 평가는 실적기반이나 정성적인 평가가 많이 포함되어 있어 객관성과 공정성에는 의문이 드는 것이 사실입니다. 이러한 상황에서 평가제도를 재수립하지 않고, 인센티브에 계속 반영한다면, 평가제도에 대한 반감이 커질 것이 분명합니다.

[교육부서 홍경민]
현재 교육부서는 인사팀과 밀접하게 일하고 있습니다. 그럼에도 인사팀에서 실시하는 성과평가제도에 대한 이해가 부족한 것 같습니다.

[기획부서 김경호 차장]
저는 저의 평가자 중 하나가 연구부서의 팀장님인데, 일 년에 몇 번 같이 일하지 않는데 어떻게 저를 평가할 수 있을까요? 특히 연구팀은 저희가 예산을 배정하는데, 저에게는 좋지만….

4. 토론 면접

① 토론 면접의 특징

- 다수의 지원자가 조를 편성해 과제에 대한 토론(토의)을 통해 결론을 도출해가는 면접입니다.
- 의사소통능력, 팀워크, 종합인성 등의 평가에 용이합니다.

> • 주요 평가요소
> – 설득적 말하기, 경청능력, 팀워크, 종합인성
> • 의견 대립이 명확한 주제 또는 채용분야의 직무 관련 주요 현안을 주제로 과제 구성
> • 제한된 시간 내 토론을 진행해야 하므로 적극적으로 자신 있게 토론에 임하고 본인의 의견을 개진할 수 있어야 함

토론 면접의 형태

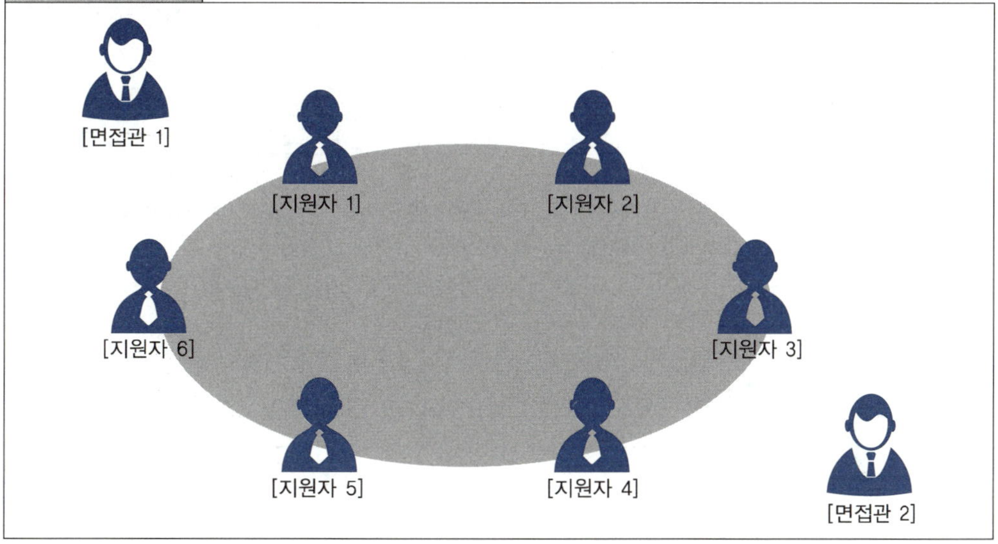

② 토론 면접 예시

고객 불만 고충처리

1. 들어가며

최근 우리 상품에 대한 고객 불만의 증가로 고객고충처리 TF가 만들어졌고 당신은 여기에 지원해 배치받았다. 당신의 업무는 불만을 가진 고객을 만나서 애로사항을 듣고 처리해 주는 일이다. 주된 업무로는 고객의 니즈를 파악해 방향성을 제시해 주고 그 해결책을 마련하는 일이다. 하지만 경우에 따라서 고객의 주관적인 의견으로 인해 제대로 된 방향으로 의사결정을 하지 못할 때가 있다. 이럴 경우 설득이나 논쟁을 해서라도 의견을 관철시키는 것이 좋을지 아니면 고객의 의견대로 진행하는 것이 좋을지 결정해야 할 때가 있다. 만약 당신이라면 이러한 상황에서 어떤 결정을 내릴 것인지 여부를 자유롭게 토론해 보시오.

2. 1분 자유 발언 시 준비사항

- 당신은 의견을 자유롭게 개진할 수 있으며 이에 따른 불이익은 없습니다.
- 토론의 방향성을 이해하고, 내용의 장점과 단점이 무엇인지 문제를 명확히 말해야 합니다.
- 합리적인 근거에 기초하여 개선방안을 명확히 제시해야 합니다.
- 제시한 방안을 실행 시 예상되는 긍정적・부정적 영향요인도 동시에 고려할 필요가 있습니다.

3. 토론 시 유의사항

- 토론 주제문과 제공된 메모지, 볼펜만 가지고 토론장에 입장할 수 있습니다.
- 사회자의 지정 또는 발표자가 손을 들어 발언권을 획득할 수 있으며, 사회자의 통제에 따릅니다.
- 토론회가 시작되면, 팀의 의견과 논거를 정리하여 1분간의 자유발언을 할 수 있습니다. 순서는 사회자가 지정합니다. 이후에는 자유롭게 상대방에게 질문하거나 답변을 할 수 있습니다.
- 핸드폰, 서적 등 외부 매체는 사용할 수 없습니다.
- 논제에 벗어나는 발언이나 지나치게 공격적인 발언을 할 경우, 위에서 제시한 유의사항을 지키지 않을 경우 불이익을 받을 수 있습니다.

03 면접 Role Play

1. 면접 Role Play 편성

- 교육생끼리 조를 편성하여 면접관과 지원자 역할을 교대로 진행합니다.
- 지원자 입장과 면접관 입장을 모두 경험해 보면서 면접에 대한 적응력을 높일 수 있습니다.

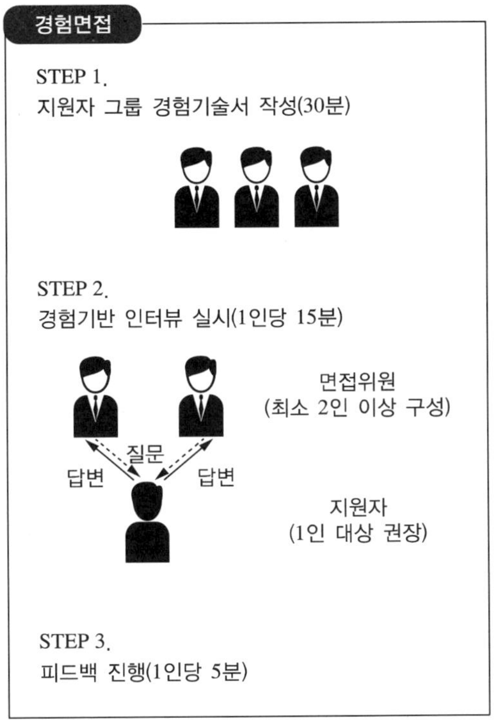

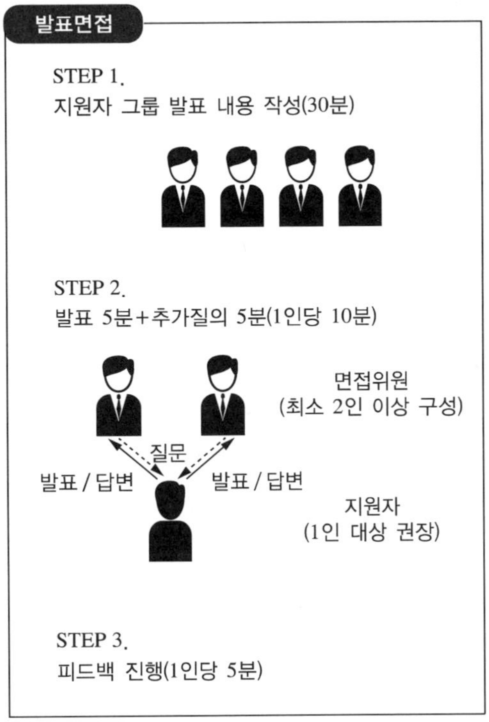

Tip

면접 준비하기

1. 면접 유형 확인 필수
   - 기업마다 면접 유형이 상이하기 때문에 해당 기업의 면접 유형을 확인하는 것이 좋음
   - 일반적으로 실무진 면접, 임원면접 2차례에 거쳐 면접을 실시하는 기업이 많고 실무진 면접과 임원 면접에서 평가요소가 다르기 때문에 유형에 맞는 준비방법이 필요
2. 후속 질문에 대한 사전 점검
   - 블라인드 채용 면접에서는 주요 질문과 함께 후속 질문을 통해 지원자의 직무능력을 판단
     → STAR 기법을 통한 후속 질문에 미리 대비하는 것이 필요

CHAPTER

05 인천국제공항공사 면접 기출질문

01 1차 면접

1. 개별면접

(1) 상황 면접

상황 면접은 역할극 상황에 따른 영어 면접으로 구성되었고, 실제 배우를 섭외하는 등의 세심한 진행이 이루어졌다. 지원자는 배우의 민원 요청 상황에서 적절한 대응능력을 보여야 한다.

(2) PT 면접

PT 주제에 관한 자료는 발표 전에 주어지며 준비시간 동안 발표할 내용을 전지에 정리한다. 준비한 내용을 토대로 면접관 앞에서 발표하며, 발표가 끝난 후 이에 대한 면접관의 질문이 이어진다.

- 인천국제공항을 본 소감이 어떠한가? [2024년]
- 아이돌 연예인 관련 특혜 시비에 대해 어떻게 생각하는가? [2024년]
- 조류 충돌 등 야생동물로 인한 항공안전 위협에 대한 효과적인 해결안에는 무엇이 있겠는가? [2024년]
- 사회적 약자를 위해서 공항이 해야 할 일은 무엇인지 말해 보시오.
- 공항서비스 향상을 위한 방안을 말해 보시오.
- 악성 민원에 대해 어떻게 대처할 것인지 발표해 보시오.
- 공항에서 응급상황이 발생했을 때 대처 방안에 대해 말해 보시오.
- Wi-Fi 품질 저하에 대한 해결책과 원인을 말해 보시오.
- 공항에 적용할 만한 4차 산업혁명 기술을 말해 보시오.
- 인천공항의 스마트화를 위한 방안에 대해 발표해 보시오.
- 인천국제공항의 개선점을 말해 보시오.
- 공항의 수요정책을 확대하기 위해 메디컬 및 전통문화 체험관 등을 개발하여 환승고객의 유치를 증대시키는 방안을 제시해 보시오.
- 통신시설의 관리자로서 당황스러운 상황이 발생할 때 어떻게 대처할 것인가?
- 인천국제공항에 있는 기계설비에 대해 아는 대로 말해 보시오.
- BHS의 특징과 기능에 대해 말해 보시오.
- 귀하가 건설 및 설계 담당자가 되었다. BHS의 개선해야할 점과 이에 대한 프로젝트를 어떻게 진행할지 말해 보시오.
- 설계를 맡긴 곳에서 기대 이하의 설계를 해오면 어떻게 할 것인가?
- 여름철 공사 중 홍수 피해가 발생할 때 복구 대책에 대해 말해 보시오.
- 굴착공사 시 보강막이 붕괴할 때 복구 대책에 대해 말해 보시오.

(3) 인성 면접

PT 면접이 끝난 후 그 자리에서 바로 이어서 인성 면접이 진행된다. 자기소개서를 토대로 가치관과 인성을 평가하는 질문을 받게 된다.

- 인천국제공항공사의 미션과 비전 중 가장 공감되는 것은 무엇인가? [2024년]
- 공항 안전관리와 관련한 최근의 트렌드에 대해 아는 것이 있다면 말해 보시오. [2024년]
- 상사가 귀하에게 부당한 지시를 한다면 어떻게 해결하겠는가? [2024년]
- 업무 추진 중에 실수를 한다면 어떻게 해결하겠는가? [2024년]
- 팀워크를 기반으로 성과를 달성한 경험이 있다면 말해 보시오. [2024년]
- 공항에서 일할 때 겪을 수 있는 가장 큰 어려움은 무엇이라고 생각하는가? [2024년]
- 인천국제공항공사의 비전은 무엇인가?
- 자신의 강점을 바탕으로 인천국제공항공사에 기여할 수 있는 부분이 있다면 말해 보시오.
- 본인이 가장 자주 사용하는 언어에 대해 말해 보시오.
- 인천국제공항공사의 사업 중 가장 관심이 가는 사업에 대해 말해 보시오.
- 공부를 제외하고 본인이 열정을 다해서 한 일에 대해 말해 보시오.
- 본인의 약점에 대해 말해 보시오.
- 창의성을 발휘한 경험이 있다면 말해 보시오.
- 동료와 불협화음 시 극복할 수 있는 방법을 말해 보시오.
- 업무 중 상사와 의견이 다를 때 어떻게 설득할 것인지 말해 보시오.
- 자신의 인생관에 대해 말해 보시오.
- 동료와 협업한 경험과 협업 과정에서 어떠한 역할을 맡았는지 말해 보시오.
- 공기업 직원으로서 갖춰야 할 가장 중요한 덕목은 무엇이라고 생각하는가?
- 비정규직 문제에 대해 어떻게 생각하는가?
- 본인의 장점과 단점은 무엇인가?
- 인생에서 힘들었던 경험을 말해 보시오.
- 인천국제공항공사의 인재상 중 자신에게 맞는 인재상은 무엇인가?
- 인천국제공항의 고객서비스를 상승시킬 방안은 무엇인가?
- 인천국제공항의 조직 중 민간소방대의 역할은 무엇인가?
- 네트워크조직에 대해서 말해 보시오.
- 인천국제공항 수요의 분산정책은 무엇인가?
- 인천국제공항의 홍보대사에 대해서 알고 있는가?
- 본인은 10년 뒤 전문가와 관리자 중 어떤 것이 되고 싶은가?
- 업무를 수행함에 있어 본인의 가장 부족한 점과 그것을 보완하기 위한 계획은 무엇인가?
- 다른 지원자보다 나이가 있는데 졸업 후 무엇을 했는가?
- 공항의 운영에서 효율성, 안전성, 편의성 중 가장 중요한 것은 무엇이라고 생각하는가?
- 왜 이직을 하려고 하는가?
- 졸업을 하고 어떤 활동을 했는가?
- 아버지에게 어떤 점을 배웠는가? 또한 배우고 싶지 않은 점은 무엇인가?
- 갈등관계를 극복했던 사례에 대해 말해 보시오.
- 지금까지 살아오면서 인간관계에서 실패했던 혹은 성공한 경험을 말해 보시오.
- 어려웠던 일을 극복한 사례를 말해 보시오.
- 동료의 잘못된 행동을 봤을 때 어떻게 대처하겠는가?

- 만약 입사 후 인천국제공항공사가 자신의 기대와 다르다면 어떻게 할 것인가?
- 입사하면 어떤 일을 잘할 수 있는가?
- 업무 중에 본인이 생각하지 못했던, 전공과 무관한 일을 맡게 되면 어떻게 대처하겠는가?
- 인생을 한 단어로 표현하고 설명해 보시오.
- 해당 직무를 지원한 이유는 무엇인가?

(4) 영어 면접

- 오늘 면접이 어땠는지 영어로 말해 보시오.
- 현재 면접 방을 영어로 묘사해 보시오.
- 오늘의 날씨를 영어로 표현해 보시오.
- 여행하고 싶은 나라에 대해 말해 보시오.
- 1분 자기소개를 해 보시오.
- 취미가 무엇인가?
- 입사 포부를 말해 보시오.
- 직무에 대한 동기를 말해 보시오.
- 외국의 어느 한 공항에서 인체국제공항의 ASQ 7연패에 대한 벤치마킹을 하기 위해 공항을 방문하려고 이메일을 보냈다. 자신이 인체국제공항공사의 홍보팀 매니저라 생각하고 아래의 내용이 포함되도록 답변 메일을 작성해 보시오.
  - ASQ 7연패 수상 축하에 대한 감사의 표현
  - 공항 방문을 허락하는 내용
  - 일정변경(2023. 2. 1. → 2023. 2. 30.)
  - 방문단 인원 및 세부 정보
  - 다른 부서와 협력이 필요하다는 내용
- 작성한 답변 메일을 요약해서 말해 보시오.
- 기상악화로 인한 항공기 결항으로 고객의 불만사항이 접수되었을 때, 다음과 같은 내용을 포함해서 고객에게 보낼 답변 메일을 작성해 보시오.
  - 연락처
  - 기상악화에 대한 상황
  - 자신의 신분(CS팀 매니저)
  - 홈페이지에 게재된 기상악화 상황에 대한 안내문
  - 해당 문의사항은 항공사의 소관
- 인천국제공항공사와 항공사의 관계에 대해 말해 보시오.
- 해외경험을 말해 보시오.
- 존경하는 인물은 누구인가?
- 학교생활에 대해 설명해 보시오.
- 본인의 장·단점은 무엇인가?
- 본인의 영어 실력은 어떠한지 말해 보시오.

2. 토론(토의) 면접

토의장에 들어가기 전 개인별로 주제에 대해 의견을 적고 제출한 뒤, 토의장에서 해결이 가장 시급한 것을 골라 해결방안을 도출해야 한다. 상황토의면접이 끝나고 개인별 질문을 받는다. 일반적으로 진행되는 토론 면접의 주제는 최근 사회적 이슈와 더불어 인천국제공항공사와 관련된 시사 주제가 출제되므로 평소 상식분야에 꾸준한 관심을 가질 필요가 있다.

- 고객 수요를 어떻게 하면 분산시키고 서비스를 향상시킬 수 있는가?
- 인천국제공항의 서비스 향상 혹은 개발과 사회적 공헌을 같이 할 수 있는 아이디어가 있는가?
- 인천국제공항의 매각에 대한 찬·반을 결정하고 찬성한다면 적절한 시기와 방법에 대해 말해 보시오.
- 세계적인 경기침체 속에서 인천국제공항공사가 겪게 될 위기상황은 무엇이며, 이를 극복할 수 있는 방안에 대해 토론해 보시오.
- SNS 사용이 늘어남에 따른 효과와 홍보방법 및 본인이 회사에 접목해서 사용할 수 있는 방법에 대해 토론해 보시오.
- 알몸투시기에 대해 토론해 보시오.
- 대형마트, 기업형 슈퍼마켓(SSM) 영업규제의 장·단점에 대해 토론해 보시오.
- 흡연자의 인사 불이익은 당연한 것인지에 대해 토론해 보시오.
- 안락사(존엄사)를 법으로 허용해야 하는지에 대해 토론해 보시오.

PART 4

02 2차 면접

임원진면접으로 자기소개와 개인별로 간단한 질문을 통해 지원자의 자세와 태도를 종합적으로 검증한다.

- 향후 5년 동안 자신의 직무와 관련해 성장 계획이 있다면 말해 보시오. [2024년]
- 지원한 직무에서 가장 필요한 역량은 무엇이라고 생각하는가?. [2024년]
- 성공하거나 실패한 경험에 대해 말해 보시오.
- 입사하기 위해 어떠한 준비를 해왔는지 말해 보시오.
- 입사 후 일하고 싶은 부서와 하고 싶은 업무에 대해 말해 보시오.
- 이직 사유를 말해 보시오.
- 가장 힘들었거나 어려웠던 경험을 말해 보시오.
- 평소에 스트레스가 쌓이면 어떻게 해소하는지 말해 보시오.
- 인천국제공항공사 사업에서 본인의 전공분야를 어떻게 살릴 수 있는가?
- 어떤 면접전형이 가장 어려웠는가?
- 면접을 위해 무엇을 준비했는가?
- 돈에 대한 귀하의 생각을 말해 보시오.
- 지금 머릿속에 떠오르는 것을 자유롭게 말해 보시오.
- 인천국제공항공사의 세계적인 입지에 대하여 말해 보시오.
- 인천국제공항에 있는 기계시설에 대해 말해 보시오.
- 인천국제공항이 개선해야 할 점을 말해 보시오.
- 인천국제공항공사 근무자로서 어떤 자세로 임해야 하는지 말해 보시오.
- 전공자로서 본인이 가진 역량은 얼마나 되는가?
- 본인의 군 생활에 대한 특별한 경험을 말해 보시오.
- 공백 기간 동안 무엇을 준비했는가?
- 입사 후 이루고 싶은 꿈이 있는가? 있다면 어떤 것인지 구체적으로 말해 보시오.
- 가장 성취감을 느꼈던 일을 말해 보시오.
- 창의력을 발휘한 경험을 말해 보시오.
- 본인이 CEO라면 회사를 어떻게 이끌겠는가?

Add+

주요 공기업 기출복원문제

CHAPTER 01

2025년 상반기 NCS 기출복원문제

01	02	03	04	05	06	07	08	09	10	11	12	13	14	15	16	17	18	19	20
②	③	⑤	③	③	①	④	⑤	①	⑤	②	④	②	③	④	①	①	⑤	⑤	③
21	22	23	24	25	26	27	28	29	30	31	32	33	34	35	36	37	38	39	40
③	③	①	①	③	③	①	④	③	④	③	②	②	①	①	②	②	④	①	③
41	42	43	44	45	46	47	48	49	50										
②	③	①	②	③	②	③	③	④	③										

01

정답 ②

마지막 문단을 보면 현재 AI 음성 합성 기술이 사람의 감정까지 담아 표현할 수 없다는 한계점이 존재한다고 했다. 따라서 현재는 AI 음성 합성 기술이 오디오북 제작에서 전문 성우의 역할을 대체할 수 있다고 보기는 어렵다.

오답분석

① 세 번째 문단을 통해 AI 음성 합성 기술이 비용과 시간 측면에서 전문 성우 녹음보다 효율적임을 알 수 있다.
③ 마지막 문단에서 문학 도서의 경우 AI 음성 합성 기술이 사람의 감정까지 담아 표현할 수 없는 반면, 비문학 도서들은 전문 성우가 반드시 필요하지는 않으므로 AI 음성 합성 기술로 제작이 가능하다고 하였다.
④·⑤ 두 번째 문단에서 전문 성우의 오디오북 녹음에는 많은 시간이 필요하며, 비용 또한 많이 들어 현실적인 한계에 부딪히고 있다고 하였다.

02

정답 ③

2024년 설날 노쇼 비율은 46%이지만, 이 중 19만 매가량이 재판매가 되지 않아 공석으로 운행되었다.

오답분석

① 첫 번째 문단에서 명절에 예매 경쟁률이 수십 배에 달하는 경우도 흔하다고 하였다.
② 세 번째 문단에서 노쇼 문제는 사회적 비용 증가로 연결되며, 이에 따른 비용이나 정책 변경은 국민의 부담으로 돌아올 것이라고 하였다.
④ 네 번째 문단에서 노쇼 문제를 해결하기 위해 코레일은 2025년부터 명절 특별수송기간에 출발 후 20분까지의 위약금을 기존 15%에서 30%로 상향 조정한다고 하였다.
⑤ 마지막 문단에서 노쇼 문제는 단순히 코레일의 노력만으로 해결될 수 없고, 근본적인 제도 개선과 국민 인식 변화가 함께 이루어져야 함을 이야기하고 있다.

03

정답 ⑤

선주는 문제점을 자신의 탓으로 돌리며 상대방에게 부탁을 하고 있다. 따라서 관용의 격률에 해당하는 사례이다.

오답분석

① 민재는 상대방을 칭찬하는 표현을 최대화해서 말하고 있다. 따라서 타인에 대한 비난은 최소화하고 칭찬은 최대화하여 말하는 표현법인 찬동의 격률에 해당하는 사례로 볼 수 있다.
② 지우는 문제점을 상대방의 탓으로 돌리며 상대방에게 부탁을 하고 있다. 따라서 관용의 격률에 해당하지 않는다.
③ 다예는 자신의 이익을 위해 상대방에게 부담을 주며 말하고 있다. 따라서 관용의 격률에 해당하지 않는다.

④ 동현은 상대에게 부담이 되는 표현은 최소화하면서 도움을 요청하고 있다. 따라서 상대방의 부담은 최소화하고 이익은 최대화하여 말하는 표현법인 요령의 격률에 해당하는 사례로 볼 수 있다.

04

정답 ③

먼저 분자와 분모를 따로 계산하면 다음과 같다.

• 분자 : $18\times(15^2+12+3)$

$\rightarrow 18\times(225+12+3)$

$\therefore 18\times240=4,320$

• 분모 : $90^2-2\times45\times4$

$\rightarrow 8,100-(2\times45\times4)$

$\therefore 8,100-360=7,740$

주어진 식을 정리하면 다음과 같다.

$\frac{4,320}{7,740}+1=\frac{4,320+7,740}{7,740}=\frac{12,060}{7,740}$

$\frac{12,060}{7,740}$을 기약분수로 만들기 위해 최대공약수 180으로 약분하면 $\frac{67}{43}$이므로 $p=43$, $q=67$이다.

따라서 $p+q=110$이다.

05

정답 ③

K시 지하철의 기본요금은 1회 1,500원이고, 아침에 20% 할인을 받으면 $1,500\times0.8=1,200$원이다. A씨의 지하철 총 이용 횟수는 $22\times2=44$회이며, 할인은 출근 시간에만 적용된다. 그러므로 퇴근 시 이용하는 지하철 요금은 $1,500\times22=33,000$원이다. 한 달 지하철 요금을 62,000원 이하로 유지하고자 하므로 출근 시 사용 가능한 지하철 요금은 $62,000-33,000=29,000$원이다. 할인을 받은 일수를 x일이라 하면, 할인을 받지 않은 일수는 $(22-x)$일이므로 다음과 같은 식이 성립한다.

$1,200x+1,500(22-x)\le29,000$

$\rightarrow 1,200x+33,000-1,500x\le29,000$

$\rightarrow -300x\le-4,000$

$\therefore x\le13.33$

따라서 최소 14일은 할인을 받아야 한 달 지하철 요금을 62,000원 이하로 유지할 수 있다.

06

정답 ①

먼저 1부터 6까지 숫자를 사용하여 만들 수 있는 4자리 수의 조합을 계산하면 $6^4=1,296$이다. 조건에 따라 중복된 숫자는 최대 2번 사용할 수 있으므로 같은 숫자가 3번 이상 사용된 경우의 수를 구하여 제외해야 한다.

• 같은 숫자가 4번 사용된 경우는 6가지이다(1111, 2222, …, 6666).

• 같은 숫자가 3번 사용된 경우는 aaab, aaba, abaa, baaa 4가지 경우가 있고, a로 가능한 수는 6가지, b로 가능한 수는 a를 제외한 5가지이므로 $4\times6\times5=120$가지이다.

따라서 조건을 만족하는 4자리 비밀번호는 총 $1,296-(6+120)=1,170$가지이다.

07

정답 ④

조사기간인 1～4월의 리뷰 수가 판매 건수이므로 월별 판매 건수와 반품 및 환불 건수를 계산하면 다음과 같다.

(단위 : 건)

구분	판매 건수	반품 건수	환불 건수
1월	1,000	1,000×0.03=30	1,000×0.02=20
2월	1,200	1,200×0.02=24	1,200×0.03=36
3월	1,500	1,500×0.04=60	1,500×0.01=15
4월	1,300	1,300×0.03=39	1,300×0.02=26
합계	5,000	153	97

따라서 반품 건수와 환불 건수를 모두 합하면 153+97=250건이다.

08

정답 ⑤

구로디지털단지역 하차 인원은 출근시간대 400명, 퇴근시간대 2,150명이므로 2,150÷400=5.375이다. 따라서 퇴근시간대 하차 인원은 출근시간대 하차 인원의 5배 이상이다.

오답분석

① 역삼역의 점심시간대와 퇴근시간대는 탑승 인원보다 하차 인원이 더 많다.
② 시청역의 탑승 인원은 점심시간대에 530명, 퇴근시간대에 420명으로 점심시간대에 탑승 인원이 더 많다.
③ 역삼역의 출근시간대는 탑승 1,150명, 하차 350명으로 탑승 인원이 더 많다.
④ 시청역의 출근시간대 대비 퇴근시간대 하차 인원의 증가 폭은 1,480−870=610명, 역삼역의 출근시간대 대비 퇴근시간대 하차 인원의 증가 폭은 1,250−350=900명이므로 시청역의 증가 폭이 더 작다.

09

정답 ①

A주임은 복잡한 역사 구조로 승객들이 길을 헤매는 문제를 해결하기 위한 아이디어를 지하철역과 비슷한 대상인 쇼핑센터의 증강현실 지도 기술에서 얻었고, 지하철역에서 이용 가능한 증강현실 길안내 서비스를 기획하였다. 따라서 주어진 사례에서 나타나는 창의적 사고 개발방법으로 가장 적절한 것은 대상과 비슷한 것을 찾아내 그것을 힌트로 새로운 아이디어를 생각해 내는 비교발상법인 NM법이다.

오답분석

② Synectics : 서로 관련이 없어 보이는 것들을 조합하여 새로운 것을 도출해 내는 비교발상법이다.
③ 체크리스트 : 미리 준비된 힌트들을 시각화하고, 주제를 힌트에 연결 지어 발상하는 강제연상법이다.
④ SCAMPER : 체크리스트의 발전된 기법으로, 대체, 결합, 응용, 수정, 전용, 제거, 반전과 같이 7가지 키워드를 주제와 연결 지어 발상하는 강제연상법이다.
⑤ 브레인스토밍 : 어떤 주제에서 자유롭게 생각나는 것을 계속해서 열거하여 창의적인 아이디어를 이끌어 내는 자유연상법이다.

10

정답 ⑤

A씨는 사고로 학생과 부딪힌 사건 하나만을 부풀려 젊은이들이 모두 조심성이 없으며 남을 배려하지 않는다고 주장하고 있다. 이는 특정한 사례 하나를 토대로 집단을 일반화하는 주장이므로 성급한 일반화의 오류에 해당한다.

오답분석

① 무지의 오류 : '외계인이 있다는 증거가 없으므로 외계인은 존재하지 않는다.'처럼 어떠한 주장이 증명되지 않았다고 해서 그 반대의 주장이 참이라고 주장하는 오류이다.
② 결합의 오류 : '머리카락 1개가 빠지면 대머리가 되지 않는다. 2개가 빠져도, 100개가 빠져도 그렇다. 따라서 1만 개가 빠져도 대머리가 되지 않는다.'처럼 하나의 사례에는 오류가 없지만, 여러 사례를 잘못 결합하여 발생하는 오류이다.
③ 애매성의 오류 : '여자는 남자보다 약하다. 따라서 여자는 오래 살지 못한다.'처럼 애매한 어휘의 사용으로 발생하는 오류이다.
④ 과대 해석의 오류 : '퇴근길에 조심하세요.'라는 말을 퇴근길에만 조심하라는 의미로 받아들이는 것처럼 문맥을 무시하고 과도하게 문구에만 집착하여 발생하는 오류이다.

11

정답 ②

ㄱ. 철도 이용객 수 증가는 외부환경요인인 법안에 의한 긍정적 효과이므로 기회에 해당한다.
ㄷ. 민간투자의 확대는 외부환경요인의 긍정적인 효과이므로 기회에 해당한다.
ㅂ. 기업 외부에서 발생한 공동 프로젝트에 참여하는 것은 기술혁신 등 긍정적인 측면이므로 기회에 해당한다.

오답분석

ㄴ. 내부환경요인인 운영 노하우는 기업 내부의 긍정적인 요소로 강점(Strength)에 해당한다.
ㄹ. 외부환경요인인 정부의 교통요금 동결 정책은 위협(Threat)에 해당한다.
ㅁ. 내부환경요인인 직원 수 부족으로 인한 저조한 고객 만족도는 약점(Weakness)에 해당한다.

12

정답 ④

ㄱ. A차장은 노인 이용자 대표와 논리적 토론을 통해 합리적 타협점을 찾고 있다. 이는 상이한 문화적 토양을 가지고 있는 구성원을 가정하여 서로의 생각을 직설적으로 주장하고 논쟁이나 협상을 통해 의견을 조정하는 하드 어프로치에 해당한다.
ㄴ. A센터장은 역할극과 브레인스토밍 기법을 통하여 직원들이 자발적으로 의견을 제시하고, 창의적인 해결방법을 도모할 수 있도록 촉진하고 있다. 이는 어떤 그룹이나 집단이 자발적으로 창의적인 문제해결을 할 수 있도록 촉진하는 퍼실리테이션에 해당한다.
ㄷ. A팀장은 B사원에게 실수에 대한 결과를 시사하여 실수를 줄일 수 있도록 넌지시 제안하였으며, 다른 팀원들에게도 B사원을 잘 도와줄 수 있도록 요청하였다. A팀장은 중재자로서 같은 문화적 토양을 가지고 있는 팀원들이 서로를 이해할 수 있도록 돕고, 권위와 공감에 의지하여 의견을 중재하고 있으므로 소프트 어프로치에 해당한다.

13

정답 ②

'된서리'는 늦가을에 아주 되게 내리는 서리를 의미하며, 이런 특성으로 인해 모진 재앙이나 타격을 비유적으로 이르는 말이다. 따라서 가장 비슷한 어휘는 '어떤 일에서 크게 기를 꺾음. 또는 그로 인한 손해·손실'을 의미하는 '타격(打擊)'이다.

오답분석

① 타계(他界) : 인간계를 떠나서 다른 세계로 간다는 뜻으로, 사람의 죽음 특히 귀인(貴人)의 죽음을 이르는 말
③ 타점(打點) : 붓이나 펜 따위로 점을 찍음. 야구에서 안타 따위로 득점한 점수
④ 타락(墮落) : 올바른 길에서 벗어나 잘못된 길로 빠지는 일
⑤ 타산(打算) : 자신에게 도움이 되는지를 따져 헤아림

14

정답 ③

빈칸에 들어갈 단어의 대상은 앞의 애민주의이므로 '어떤 명목을 붙여 주의나 주장 또는 처지를 앞에 내세움'을 의미하는 '표방(標榜)'이 가장 적절한 단어이다.

오답분석

① 표징(表徵) : 겉으로 드러나는 특징이나 상징
② 표집(標集) : 사회 조사에서 모집단의 특성을 잘 반영할 수 있는 표본을 추출하는 방법
④ 표류(漂流) : 물 위에 떠서 정처 없이 흘러감
⑤ 표리(表裏) : 물체의 겉과 속 또는 안과 밖을 통틀어 이르는 말

15

정답 ④

제시문은 원자력 발전소에서 방사성 물질의 차단과 외부 오염물질 유입 방지를 위해 강력한 공기조화시스템이 필요함을 주장하며, 이 시스템의 핵심 장치인 헤파필터에 대해 상세히 설명하고, 원자력 발전소에서 헤파필터의 역할과 중요성에 대해 서술하고 있다. 따라서 글의 주제로 가장 적절한 것은 '원자력 발전소에서의 헤파필터의 역할'이다.

16

정답 ①

제시문은 잠복결핵감염에 대해 설명하는 글로, 잠복결핵감염의 특성과 치료 방법 등을 서술하면서 잠복결핵감염이 어떻게 개인 건강뿐 아니라 사회 전체의 공중보건에 영향을 주는지 서술하고 있다. 따라서 글의 전체적인 주제는 '잠복결핵감염의 위험성'이 가장 적절하다.

17

정답 ①

메뉴별 손익분기점을 구하면 다음과 같으며, 손익분기점을 넘기기 위해서 필요한 판매량은 이보다 1단위 더 많아야 한다.

- 제육볶음 : 2,800,000÷(10,000−2,000)=350 → 351인분
- 오징어볶음 : 3,300,000÷(12,000−2,000)=330 → 331인분
- 돈가스 : 2,600,000÷(9,000−1,500)≒346.7 → 347인분
- 라면 : 1,800,000÷(6,000−800)≒346.2 → 347인분
- 고등어구이 : 3,100,000÷(11,000−2,000)≒344.4 → 345인분

따라서 손익분기점을 넘기기 위해 필요한 판매량이 가장 많은 메뉴는 제육볶음이다.

18

정답 ⑤

B지점에서 C지점까지의 거리를 $x$km라고 하고 식을 세우면 다음과 같다.

$(x+110)+x=190$

$\rightarrow 2x=80$

$\therefore x=40$

즉, A지점에서 B지점까지의 거리는 150km, B지점에서 C지점까지의 거리는 40km이다. K주임은 A지점에서 B지점까지 150km를 100km/h의 속력으로 이동하였으므로 소요된 시간은 1.5시간이고, B지점에서 C지점까지 40km를 80km/h의 속력으로 이동하였으므로 소요된 시간은 0.5시간이다.

따라서 A지점에서 C지점까지 이동하는 데 걸린 시간은 2시간이다. 단, B지점에서 1시간 동안 업무를 수행하였으므로 C지점에 도착한 시간은 오후 3시이다. 따라서 이동할 때의 평균 속력의 경우 총 190km를 2시간 동안 이동하였으므로 평균 속력은 $\frac{190}{2}=$ 95km/h이다.

19

정답 ⑤

본회의 시간이 1시간이고, 전후 30분간 회의 준비 및 회의록 작성을 진행해야 하므로 모두 2시간이 필요하다. 제시된 조건에 따라 회의가 불가능한 시간을 표시하면 다음과 같다.

<table>
<tr><th colspan="2">9시</th><th colspan="2">10시</th><th colspan="2">11시</th><th colspan="2">12시</th><th colspan="2">13시</th><th colspan="2">14시</th><th colspan="2">15시</th><th colspan="2">16시</th><th colspan="2">17시</th></tr>
<tr><td></td><td></td><td>예약</td><td></td><td></td><td></td><td colspan="2">점심시간</td><td></td><td></td><td>예약</td><td></td><td colspan="2">외부일정</td><td></td><td></td><td></td><td></td></tr>
</table>

30분 간격으로 칸을 나누었으므로 회의를 진행하기 위해서는 총 4칸이 필요하다. 따라서 16시부터 회의 준비를 할 수 있으므로 본회의를 시작할 수 있는 가장 빠른 시각은 오후 4시 30분(=16시 30분)이다.

20

정답 ③

약술형에서 48점을 득점하여 과락이 된 D를 제외하고 나머지 4명의 필기시험 점수의 평균과 가점을 더한 값은 다음과 같다.

- A : {(85+52+61+57)÷4}+6=69.75점 → 불합격
- B : (75+71+67+81)÷4=73.5점 → 합격
- C : {(67+81+72+54)÷4}+2=70.5점 → 합격
- E : (66+82+58+78)÷4=71점 → 합격

따라서 제20회 J국가자격 필기시험에 합격한 사람은 B, C, E 3명이다.

21

정답 ③

HDD(Hard Disk Drive)는 회전하는 자기 디스크와 기계적인 헤드를 사용해 데이터를 저장하고 읽는 저장장치로 플래시 메모리를 사용해 전자적으로 데이터를 저장하는 SSD(Solid State Drive)에 비해 가격이 저렴하다.

오답분석

① HDD는 움직이는 자기 디스크나 헤드가 필요하므로 SSD에 비해 무겁고, 소형화가 어렵다.
② HDD는 자기 디스크와 헤드를 움직이는 모터 및 회전 부품으로 인해 전력 소모가 SSD에 비해 더 크다.
④ SSD는 읽고 쓰는 데 물리적인 움직임이 필요 없으나, HDD는 회전하는 자기 디스크와 헤드가 데이터 위치를 찾기 위해 움직여야 하므로 데이터 접근이 SSD에 비해 느리다.
⑤ 플래시 드라이브로 구성되어 있는 SSD는 움직이는 부품이 없으나, HDD는 움직이는 기계적 부품이 많으며, 충격으로 인해 헤드가 자기 디스크에 닿아 스크래치가 생기는 등의 심각한 손상이 발생할 수 있다. 따라서 HDD는 SSD보다 외부 충격에 대한 내구력이 낮다.

22

정답 ③

제시된 상황은 조건이 참인지 거짓인지에 따라 서로 다른 값을 반환해야 하므로 IF 함수를 활용해야 한다. IF 함수의 함수식은 「=IF(조건,"참일 때의 값","거짓일 때의 값")」이며, 조건은 참조 대상의 값이 90 이상이어야 하므로 "참조대상>=90"이어야 한다. 따라서 올바른 함수식은 「=IF(참조 대상>=90,"합격","불합격")」이다.

오답분석

① 90점을 초과해야 합격으로 값이 나온다.
② 90점 이상이면 불합격, 90점 이하면 합격으로 값이 나온다.
④·⑤ CHOOSE 함수는 지정된 인덱스 번호를 기준으로 목록에서 특정 값을 선택하여 반환하는 함수로 제시된 상황에는 적절하지 않은 함수이다.

23

정답 ①

제시문은 허리 통증을 유발하는 직업적 요인에 대해 서술하고 있다. 따라서 글의 주제로 가장 적절한 것은 '허리 통증의 직업적 요인'이다.

오답분석

② 제시문은 허리 통증이나 질환이 어떻게 발생하는지만 서술하고, 관리 방법에 대해서는 서술하고 있지 않다.
③ 허리 질환의 원인을 여러 직업적 요인을 나누어 설명하지만, 직업에 따라 질환이 달라진다고는 서술하고 있지 않다. 오히려 허리 질환의 직업적 요인들이 대부분 추간판탈출증, 척추협착증 같이 비슷한 질환을 유발하는 것을 알 수 있다.
④ 세 번째 문단에서 허리 구부림 자세가 많은 업종이 허리 통증 관련 산재 신청이 많음에 대해 서술하고는 있지만, 글 전체를 포괄하는 주제로 적절하지 않다.

24

정답 ①

A교수의 발표 주제는 사람이 제공하던 서비스를 인공지능 기술로 대체하자는 것이 아닌, 인공지능 기술이 건강보험 가입자의 데이터를 기반으로 가입자에게 필요한 맞춤형 서비스를 제공해 주는지에 대한 것이다. 따라서 제시된 자료의 내용과 일치하지 않는다.

오답분석

② B교수의 발표 주제는 sLLM(소형 언어 모델)을 사용한 고객 서비스의 향상과 공단 근로자의 업무 효율성을 증대 사례이므로 이에 대한 고객과 공단 근로자의 의견이 필요하다.
③ D교수의 발표 주제는 야간 인공조명이 인간의 건강에 미치는 영향에 대한 것이므로, 야간 인공조명을 받은 사람과 이를 받지 않은 사람과의 건강상의 차이에 대한 구분되는 수치가 필요하다.
④ F팀장의 발표 주제는 병원 내에서 발생하는 폐렴의 데이터 분석을 통해 감염관리 체계 마련이 필요함을 제시하는 것이므로, 병원 내 감염병에 대한 데이터 정보가 필요하다. 따라서 병원 내 어느 병동에서 어떠한 상황에서 발생하였는지, 또 어느 연령대에서 주로 발생하는지 등에 대한 데이터가 필요하다.

25

정답 ③

네 번째 문단에 따르면 천식 환자는 심장박동 및 호흡수를 증가시키는 운동은 발작을 일으킬 수 있으므로 피해야 하고, 건조하지 않고 심장 박동이나 호흡수가 급격히 증가하지 않는 수영과 같은 운동이 좋다고 하였다. 따라서 등산의 경우 가파른 오르막이나, 건조한 환경 등 천식 환자에게 좋지 않은 운동 환경일 가능성이 높다.

오답분석

① 세 번째 문단에 따르면 당뇨는 인슐린이 제 기능을 하지 못해 혈당을 낮추지 못하는 질환으로, 유산소 운동을 통해 혈당을 낮출 수 있다.
② 세 번째 문단에 따르면 당뇨 환자와 심장병 환자는 유산소 운동이 좋다고 하였으며, 특히 심장병 환자의 경우 규칙적인 유산소 운동은 심혈관계를 향상시킨다고 하였다.
④ 마지막 문단에 따르면 허리 통증 환자는 유산소 운동보다는 척추를 지지하는 근육을 발달시킬 수 있는 코어 운동이 도움이 된다고 하였다.

26

정답 ③

제시된 문단은 국민건강보험공단이 담배 소송 변론에서 적극적으로 입장을 표명했다고 서술하고 있다. 그러므로 이어질 문단으로 공단의 주장이 포함된 (나) 문단 또는 (다) 문단이 와야 한다. 이 중 (다) 문단은 '마지막으로'로 시작하므로 글의 가장 마지막에 오는 것이 적절하다. 그러므로 첫 문단 뒤에 이어질 문단으로 가장 적절한 것은 (나) 문단이다. 다음 (가) 문단과 (라) 문단을 살펴보면, (가) 문단은 담배와 암 사이에는 인과관계가 있다는 주장, (라) 문단은 담배와 암 사이에 인과관계에 대한 뒷받침 자료로 제출한 증거의 목록에 대한 것이므로 (가) – (라) 순으로 이어져야 한다. 따라서 (나) – (가) – (라) – (다) 순으로 나열하는 것이 적절하다.

27

정답 ①

조사 지역별 법인 기업에서 사단법인이 차지하는 비율은 다음과 같다.

- 수도권 : $\frac{50,000}{60,000}\times 100 \fallingdotseq 83.33\%$
- 강원권 : $\frac{500}{1,000}\times 100 = 50\%$
- 충청권 : $\frac{2,500-800}{2,500}\times 100 = 68\%$
- 호남권 : $\frac{3,000-1,000}{3,000}\times 100 \fallingdotseq 66.67\%$
- 영남권 : $\frac{1,500}{2,500}\times 100 = 60\%$

수도권, 충청권, 호남권, 영남권, 강원권 순으로 높으므로 세 번째로 높은 지역은 호남권이다.

오답분석

② 5대 업종의 대기업 중 IT업이 아닌 기업의 수는 $11,000-6,000=5,000$개소이며, 수도권의 기타 기업도 5,000개소로 같다.
③ 조사 지역에서 대기업이 20% 증가하면 $13,500\times 0.2=2,700$개소 증가하고, 중소기업이 10% 감소하면 $25,000\times 0.1=2,500$개소 감소하므로 전체 기업 수는 증가한다.
④ 조사 지역의 재단법인 중 강원권 재단법인이 차지하는 비율은 $\frac{1,000-500}{13,300}\times 100 \fallingdotseq 3.76\%$이고, 조사 지역의 대기업 중 강원권 대기업이 차지하는 비율은 $\frac{500}{13,500}\times 100 \fallingdotseq 3.7\%$이므로 옳은 설명이다.

28

정답 ④

조사 지역의 전체 기업 중 운송업에 해당하는 중소기업 및 5인 미만 기업의 비율은 다음과 같다.

• 중소기업 : $\frac{9,000}{25,000}\times100=36\%$

• 5인 미만 : $\frac{100,000}{290,000}\times100\fallingdotseq34.48\%$

따라서 5인 미만 기업의 운송업 비율은 중소기업보다 낮다.

오답분석

① 조사 지역의 전체 기업 중 5인 미만인 기업의 비율은 $\frac{290,000}{405,000}\times100\fallingdotseq71.6\%$로 70% 이상이다.

② 조사 지역의 5인 미만 기업 중 수도권이 차지하는 비율은 $\frac{200,000}{290,000}\times100\fallingdotseq68.97\%$로 60% 이상이다.

③ 조사 지역 전체 기업 중 5대 업종에 해당하지 않는 기업의 수는 다음과 같다.

- 대기업 : 13,500−11,000=2,500개소
- 중소기업 : 25,000−22,000=3,000개소
- 5인 미만 : 290,000−235,000=55,000개소
- 사단법인 : 55,700−20,000=35,700개소
- 재단법인 : 13,300−9,000=4,300개소

이에 따라 대기업보단 중소기업이, 중소기업보단 5인 미만이 많고, 사단법인이 재단법인보다 많다.

29

정답 ③

제시된 자료는 7대 주요 범죄 현황이므로 한 해 전체 범죄 현황은 알 수 없다. 따라서 옳지 않은 설명이다.

오답분석

① 살인이 가장 많이 발생한 해는 1995년이며, 절도 역시 1995년에 가장 많이 발생하였다.
② K국 교도소의 잔여 형량별 복역자 수 자료를 통해 잔여 형량이 많을수록 복역자 수가 적음을 알 수 있다.
④ 잔여 형량이 1년 미만인 복역자의 수가 가장 많은 교도소는 F교도소이며, 전체 복역자 수 역시 F교도소가 가장 많다.

30

정답 ④

교도소별 잔여 형량이 1년 미만인 복역자 수 대비 3년 이상 5년 미만인 복역자 수의 비율은 다음과 같다.

• A : $\frac{400}{3,000}\times100\fallingdotseq13.3\%$

• B : $\frac{400}{4,000}\times100=10\%$

• C : $\frac{500}{5,000}\times100=10\%$

• D : $\frac{600}{6,000}\times100=10\%$

• E : $\frac{800}{7,000}\times100\fallingdotseq11.43\%$

• F : $\frac{1,000}{8,000}\times100=12.5\%$

A교도소가 가장 높으므로 옳지 않은 해석이다.

오답분석

① 1990년부터 1995년까지 전년 대비 살인 사건 발생 건수는 100건씩 일정하게 증가하고 있다. 그러나 기준이 되는 전년도의 수치가 점점 커지기 때문에 전년 대비 변화율은 점점 감소한다(1990년 20% 증가, 1991년 약 16.6% 증가 …).

② K국 전체 교도소 복역자 수는 5,300+5,700+7,800+10,000+10,300+11,600=50,700명이므로 D교도소에 복역하는 비율은 $\frac{10,000}{50,700}\times 100 ≒ 19.72\%$이다. 따라서 20% 이하이다.

③ 1993년부터 1995년까지 7대 주요 범죄 중 절도가 차지하는 비율을 구하기 위해 연도별 7대 주요 범죄 발생 건수를 계산하면 다음과 같다.

- 1993년 : 900+3,000+10,000+10,000+20,000+3,000+1,000=47,900건
- 1994년 : 1,000+2,000+20,000+10,000+27,000+5,000+900=65,900건
- 1995년 : 1,100+3,500+17,000+9,000+34,000+2,000+1,100=67,700건

절도가 차지하는 비율을 계산하면 다음과 같다.

$$\frac{20,000+27,000+34,000}{47,900+65,900+67,700}\times 100$$

$$\rightarrow \frac{81,000}{181,500}\times 100 ≒ 44.63\%$$

따라서 절도가 차지하는 비율은 45% 이하이다.

31

정답 ③

계란 가격은 2024년 7월부터 9월까지 증가하다가, 10월부터 감소한 후 12월에 다시 증가 추세를 보이고 있으므로 옳지 않다.

오답분석

① • 2024년 8월 대비 9월 쌀 가격 증가율

: $\frac{1,970-1,083}{1,083}\times 100 ≒ 81.90\%$

• 2024년 11월 대비 12월 무 가격 증가율

: $\frac{2,474-2,245}{2,245}\times 100 ≒ 10.20\%$

따라서 2024년 8월 대비 9월 쌀 가격의 증가율이 2024년 11월 대비 12월 무 가격의 증가율보다 크다.

② 국산, 미국산, 호주산 소 가격 모두 2024년 7월부터 9월까지 증가하다가 10월에 감소하였다.

④ 쌀 가격은 2024년 7월 1,992원에서 8월 1,083원으로 감소했다가, 9월 1,970원으로 증가한 후 10월부터는 꾸준히 감소하고 있다.

32

정답 ②

선택지에 제시된 식재료 가격의 2024년 12월 대비 2025년 1월 증감률을 계산하면 다음과 같다.

- 쌀 : $\frac{1,805-1,809}{1,809}\times 100 ≒ -0.22\%$
- 양파 : $\frac{1,759-1,548}{1,548}\times 100 ≒ 13.63\%$
- 무 : $\frac{2,543-2,474}{2,474}\times 100 ≒ 2.78\%$
- 건멸치 : $\frac{25,200-25,320}{25,320}\times 100 ≒ -0.47\%$

따라서 증감률이 가장 큰 재료는 양파이다.

33

정답 ②

신입사원 선발 조건에 따라 지원자에게 점수를 부여하면 다음과 같다.

(단위 : 점)

구분	학위 점수	어학시험 점수	면접 점수	총 인턴근무 기간	총점
A	18	20	30	18	86
B	25	17	24	18	84
C	18	17	24	18	77
D	30	14	18	12	74

따라서 최고득점자는 A이고, 최저득점자는 D이다.

34

정답 ①

A씨의 소규모 카페는 잘못된 위치 선정, 치열한 경쟁, 운영 경험 부족 등 여러 위기를 겪게 되었지만, A씨는 위기를 기회로 삼아 성공한 컨설팅 업체라는 좋은 결과를 얻었으므로 '화를 바꾸어 복이 되게 하다.'의 의미를 지닌 '전화위복(轉禍爲福)'이 가장 적절한 한자성어이다.

오답분석

② 사필귀정(事必歸正) : 모든 일은 반드시 바른길로 돌아감
③ 일취월장(日就月將) : 나날이 다달이 자라거나 발전함
④ 우공이산(愚公移山) : 어떤 일이든 끊임없이 노력하면 반드시 이루어짐

35

정답 ①

①의 '차원'은 '물리학적 구성 요소인 시간'을 의미한다. 반면 나머지는 '사물을 보거나 생각하는 처지, 또는 어떤 생각이나 의견 따위를 이루는 사상이나 학식의 수준'을 의미한다.

36

정답 ②

큐비트는 양자 중첩 특성을 가지고 있기 때문에 0과 1의 상태를 동시에 가진다. 반면 기존의 고전적 컴퓨터는 비트(Bit)를 통해 정보를 0과 1의 형태로 나타낸다.

오답분석

①·③ 큐비트는 측정하기 전에는 0과 1의 값을 동시에 지니지만, 측정과 동시에 하나의 값으로 확정된다.
④ 4개의 큐비트를 활용하면 $2^4=16$번의 상태를 동시에 표현할 수 있다.

37

정답 ②

SMR은 다양한 입지 조건에서 설치가 가능하여 전력망이 없는 지역이나 해상에서도 활용할 수 있다. 또한 크기가 작고 유연한 설계 덕분에 다양한 환경에서 활용이 가능하다.

오답분석

① SMR은 방사성 물질의 저장 및 관리 측면에서 유리하지만, 폐기물이 발생하지 않는다고는 서술되어 있지 않다.
③ SMR은 공장에서 모듈화된 기기를 제작하고, 현장으로 운송해 조립하는 방식이다.
④ 한국을 포함한 여러 국가가 SMR 개발에 적극적으로 나서고 있지만, 현재 기존 원전이 SMR로 전환되었는지는 확인할 수 없다.

38

정답 ④

J공사의 비밀번호 규칙을 정리하면 다음과 같다.
- 첫 번째와 아홉 번째 숫자 : 직원 종류별 코드(1 ~ 3)
- 두 번째 ~ 일곱 번째 숫자 : 입사 연, 월, 일(YYMMDD)
- 여덟 번째 문자 : 앞의 숫자를 모두 더하고 2를 뺀 값에 해당하는 알파벳 대문자

위의 규칙에 맞지 않는 비밀번호를 고르면 다음과 같다.
- 1942131S1 : 월 부분의 숫자가 21로 존재할 수 없다.
- 1241215L2 : 첫 번째와 아홉 번째 숫자가 동일하게 부여되지 않았다.
- 2210830P2 : 여덟 번째 문자가 2+2+1+0+8+3+0−2=14번째 알파벳인 N이 부여되어야 한다.
- 4200817T4 : 4는 없는 직원 종류별 코드이다.
- 2191229Z2 : 여덟 번째 문자가 2+1+9+1+2+2+9−2=24번째 알파벳인 X가 부여되어야 한다.

따라서 J공사 비밀번호 규칙에 맞지 않는 비밀번호는 모두 5개이다.

39

정답 ①

A씨는 고향 친구의 말끔한 정장을 보고, 부자일 확률보다 부자이면서 좋은 차도 끌고 다닐 확률이 높다고 생각하고 있다. 이는 두 사건(부자, 좋은 차 소유)이 동시에 일어날 확률이 실제로는 각 사건 중 하나가 단독으로 일어날 확률보다 항상 작거나 같음에도 불구하고, 두 사건이 동시에 일어날 확률이 더 높다고 잘못 판단하는 인지적 편향이다. 따라서 A씨의 사례는 결합의 오류에 해당한다.

오답분석

② 무지의 오류 : "담배가 암을 일으킨다는 확실한 증거가 없으므로 정부의 금연 정책은 잘못된 것이다."처럼 어떤 논리가 증명되지 않았다고 해서 그 반대의 주장이 참이라고 단정하는 오류이다.

③ 연역법의 오류 : "TV를 많이 보면 눈이 나빠진다.", "철수는 TV를 많이 보지 않는다.", "따라서 철수는 눈이 나빠지지 않는다."처럼 대전제와 주장이 잘못 연결되었지만, 삼단논법에 의하기 때문에 참이라고 단정하는 오류이다.

④ 과대해석의 오류 : "퇴근길에 조심하세요."라는 말을 퇴근길에만 조심하라는 의미로 받아들이는 것처럼 문맥을 무시하고 과도하게 문구에만 집착하여 발생하는 오류이다.

40

정답 ③

고속국도를 제외하면 본사와 이어지는 길은 A공장과 B공장밖에 없으므로 S대리는 A공장을 처음 방문하고 마지막으로 B공장을 방문하거나, B공장을 처음 방문하고 A공장을 마지막으로 방문해야 한다. 따라서 S대리는 A → D → C → E → B 순서로 방문하거나, 그 반대인 B → E → C → D → A 순서로 방문해야 한다. 두 경로의 길이는 같으므로 본사 → A → D → C → E → B → 본사의 이동 거리를 구하면 8+14+12+20+10+16=80km이다.

따라서 S대리가 일반국도만을 이용하여 본사에서 출발해서 모든 부속 공장을 방문하고 본사로 돌아오는 최단거리는 80km이다.

41

정답 ②

고속국도를 이용한다면 본사에서 출발하거나 본사에 도착할 때, 반드시 E공장을 거쳐야 한다. 따라서 S대리는 E → B → C → D → A 또는 A → D → C → B → E 순서로 방문해야 한다. 두 경로의 길이는 같으므로 본사 → E → B → C → D → A → 본사의 이동거리를 구하면 20+10+8+12+14+8=72km이다.

따라서 S대리가 고속국도를 이용할 때의 최단거리는 고속국도를 이용하지 않을 때와 80−72=8km 차이가 난다.

42

정답 ③

문단별 K기업의 기술시스템 발전 단계를 살펴보면 다음과 같다.
- (가) : K기업의 종합관리시스템이 경쟁에서 승리하여 기술표준이 되었으므로 기술 공고화 단계에 해당한다.
- (나) : K기업의 종합관리시스템이 실무적 안정성을 인정받아 다른 분야에서도 차용하였으므로 기술 이전의 단계에 해당한다.
- (다) : K기업의 종합관리시스템이 다른 기술시스템과 경쟁하고 있으므로 기술 경쟁의 단계에 해당한다.
- (라) : K기업의 종합관리시스템이 개발되고 발전한 것이므로 발명, 개발, 혁신의 단계에 해당한다.

따라서 기술시스템 발전 단계의 순서는 발명, 개발, 혁신의 단계 → 기술 이전의 단계 → 기술 경쟁의 단계 → 기술 공고화 단계로 진행되므로 K기업 종합관리시스템을 기술시스템의 발전 단계에 따라 순서대로 나열하면 (라) – (나) – (다) – (가)이다.

43

정답 ①

상사가 A주임에게 요청한 작업과 이에 대한 엑셀 단축키는 다음과 같다.

• [F12] 셀에서 왼쪽에 있는 값을 모두 선택하기 : 〈Shift〉+〈Home〉
• 차트 만들기 : 〈Alt〉+〈F1〉
• 오늘 날짜 입력하기 : 〈Ctrl〉+〈;〉

따라서 A주임이 사용하지 않은 단축키는 셀 서식의 단축키인 〈Ctrl〉+〈1〉이다.

44

정답 ②

맹아(萌芽)는 '풀이나 나무에 새로 돋아 나오는 싹, 사물의 시초가 되는 것'을 뜻하는 말이다.

오답분석

① 호도(糊塗) : 풀을 바른다는 뜻으로, 명확하게 결말을 내지 않고 일시적으로 감추거나 흐지부지 덮어 버림을 비유적으로 이르는 말
③ 무마(撫摩) : 분쟁이나 사건 따위를 어물어물 덮어 버림
④ 은폐(隱蔽) : 덮어 감추거나 가리어 숨김

45

정답 ③

③에 쓰인 '불이 붙었다'는 비유적으로 어떤 일이나 감정 따위가 치솟기 시작함을 의미한다.

오답분석

①·②·④ '물체에 불이 붙어 타기 시작하다'의 의미로 사용되었다.

46

정답 ②

등변 사다리꼴의 가장자리(변)를 따라 2m 간격으로 의자를 배치하므로 둘레를 구해야 한다. K고등학교의 운동장은 20m의 정사각형 공간에 양쪽에 밑변이 15m, 높이가 20m인 직각삼각형이 붙어있는 형태이므로 피타고라스 정리에 따라 빗변의 길이 xm는 다음과 같다.

$x^2=15^2+20^2=625$

$\therefore x=\sqrt{625}=25$

그러므로 K고등학교 운동장의 둘레는 20+25+50+25=120m이며, 2m 간격으로 의자를 배치하므로 120÷2=60개의 의자를 배치할 수 있다(시작점과 끝점이 같은 폐곡선의 형태이므로 1을 더하지 않음).

따라서 의자에 앉을 수 있는 학생의 수는 60명이다.

47

정답 ③

오답분석

① 2021년의 값이 서로 바뀌었다.
② 2024년 충주댐의 발전량 값이 잘못되었다.
④ 2023년 소양강댐의 발전량 값이 잘못되었다.

48

정답 ③

현대사회에서 기업은 일을 수행하는 데 소요되는 시간을 줄이기 위해 많은 노력을 기울이고 있다. 기업의 입장에서 작업 소요 시간의 단축으로 인해 볼 수 있는 효과는 다음과 같다.

- 생산성 향상 : 시간당 산출량이 증가하여 같은 시간 안에 더 많은 제품이나 서비스를 제공할 수 있으므로 노동 생산성이 향상된다.
- 가격 인상 : 일을 수행할 때 소요되는 시간을 단축함으로써 비용이 절감되고, 상대적으로 이익이 늘어남으로써 사실상 가격 인상 효과가 있다.
- 위험 감소 : 위험에 노출되는 시간을 줄이고, 계획적 작업 운영을 통해 불확실성이 감소하므로 위험이 감소하는 효과가 있다.
- 시장 점유율 증가 : 빠르고 효율적인 생산은 납기 준수 능력 향상, 원가 절감, 품질 유지로 이어지므로 고객 만족도를 높이고, 결과적으로 경쟁사보다 유리한 조건을 만들며 시장 점유율 확대에 기여한다.

정확한 예산 분배는 효율적인 예산관리를 통하여 기업이 얻을 수 있는 효과이다.

49

정답 ④

효율적이고 합리적인 인사관리 원칙

- 적재적소 배치의 원리 : 해당 직무 수행에 가장 적합한 인재를 배치해야 한다.
- 공정 보상의 원칙 : 근로자의 인권을 존중하고 공헌도에 따라 노동의 대가를 공정하게 지급해야 한다.
- 공정 인사의 원칙 : 직무 배당, 승진, 상벌, 근무 성적의 평가, 임금 등을 공정하게 처리해야 한다.
- 종업원 안정의 원칙 : 직장에서 신분이 보장되고 계속해서 근무할 수 있다는 믿음을 갖게 하여 근로자가 안정된 회사 생활을 할 수 있도록 해야 한다.
- 창의력 계발의 원칙 : 근로자가 창의력을 발휘할 수 있도록 새로운 제안, 건의 등의 기회를 마련하고, 적절한 보상을 하여 인센티브를 제공해야 한다.
- 단결의 원칙 : 직장 내에서 구성원들이 소외감을 갖지 않도록 배려하고, 서로 유대감을 가지고 협동, 단결하는 체제를 이루도록 한다.

50

정답 ③

회전대응의 원칙은 입・출하의 빈도가 높은 품목은 출입구 가까운 곳에 보관하는 것으로, 활용빈도가 상대적으로 높은 물품을 가져다 쓰기 쉬운 위치에 먼저 보관하는 방식을 말한다.

오답분석

① 동일성의 원칙 : 같은 품종은 같은 장소에 보관하는 원칙이다.
② 유사성의 원칙 : 유사품은 인접한 장소에 보관하는 원칙이다.
④ 기호화의 원칙 : 바코드, QR코드 등 물품을 기호화 하여 관리하는 것을 의미한다.

CHAPTER

02 2025 ~ 2024년 전공 기출복원문제

01 경영학

01	02	03	04	05	06	07	08	09	10	11	12	13	14	15	16	17	18	19	20
⑤	④	②	⑤	⑤	③	⑤	④	③	⑤	①	③	④	④	②	④	④	②	①	②
21	22	23	24	25															
③	④	①	④	③															

01

정답 ⑤

오답분석

ㄱ. 주식회사는 주식의 소유비율에 따라 주주들이 의사결정권한을 나누어 가지며, 주주총회가 최고 의사결정기구의 역할을 한다.

ㄷ. 주주는 주식회사에 대하여 본인이 투자한 금액만큼의 출자의무를 가지며, 그 이상의 금액에 대해서는 어떠한 책임이나 의무도 갖지 않는다.

02

정답 ④

조정은 목표를 달성하기 위해 자원의 중복, 부족 등을 보완하는 과정을 말한다.

03

정답 ②

유사한 특징을 가진 고객을 그룹으로 분류하는 것은 고객 세그먼트에 대한 설명이다. 고객 페르소나는 특정 고객 그룹을 대표하는 가상의 프로필을 생성하여 행동 패턴, 라이프스타일 등 다양한 데이터로 전략을 수립하는 고객 맞춤형 마케팅 전략이다.

04

정답 ⑤

매슬로의 욕구 5단계는 아래부터 생리적 욕구 → 안전 욕구 → 사랑과 소속 욕구(관계 욕구) → 존경 욕구 → 자아실현 욕구이다. 따라서 관계 욕구 이하의 욕구는 생리적 욕구와 안전 욕구이다.

매슬로의 욕구 5단계

- 1단계(생리적 욕구) : 음식, 물, 잠 등 생존에 필요한 최소한의 욕구
- 2단계(안전 욕구) : 신체적·경제적 안전에 대한 욕구
- 3단계(사랑과 소속 욕구) : 가족, 친구, 동료 등으로부터 갖는 소속감, 애정 욕구
- 4단계(존경 욕구) : 자신을 존중하고 타인에게 존중받고 싶어 하는 욕구
- 5단계(자아실현 욕구) : 자신의 잠재력을 끌어내어 의미 있는 삶을 살고 싶어 하는 욕구

05

정답 ⑤

자유분방하게 다양한 아이디어를 비판 없이 제시하는 자유연상법은 브레인스토밍에 해당한다. 명목집단법(NGT; Nominal Group Technique)은 참여자들이 서로 문제나 이슈 등을 분석하고 순위를 정하는 가중서열화 방법으로, 의사결정 과정 동안 토론이나 대인 커뮤니케이션을 제한하고, 서면을 통해 아이디어를 작성해서 투표를 통해 결정한다. 명목집단법은 참여자가 생각하고 있는 아이디어를 제약조건 없이 빠르게 이끌어 낼 수 있다.

06

정답 ③

테일러의 과학적 관리법은 하루 작업량을 과학적으로 설정하고 과업 수행에 따른 임금을 차별적으로 설정하는 차별적 성과급제를 시행한다.

오답분석

①·② 시간연구와 동작연구를 통해 표준 노동량을 정하고 해당 노동량에 따라 임금을 지급하여 생산성을 향상시킨다.
④ 각 과업을 전문화하여 관리한다.
⑤ 근로자가 노동을 하는 데 필요한 최적의 작업조건을 유지한다.

07

정답 ⑤

기능목록제도는 종업원별로 기능보유색인을 작성하여 데이터베이스에 저장하여 인적자원관리 및 경력개발에 활용하는 제도이며, 근로자의 직무능력 평가에 있어 필요한 정보를 파악하기 위해 개인능력평가표를 활용한다.

오답분석

① 자기신고제도 : 근로자에게 본인의 직무내용, 능력수준, 취득자격 등에 대한 정보를 직접 자기신고서에 작성하여 신고하게 하는 제도이다.
② 직능자격제도 : 직무능력을 자격에 따라 등급화하고 해당 자격을 취득하는 경우 직위를 부여하는 제도이다.
③ 평가센터제도 : 근로자의 직무능력을 객관적으로 발굴 및 육성하기 위한 제도이다.
④ 직무순환제도 : 담당직무를 주기적으로 교체함으로써 직무 전반에 대한 이해도를 높이는 제도이다.

08

정답 ④

데이터베이스 마케팅(DB 마케팅)은 고객별로 맞춤화된 서비스를 제공하기 위해 정보 기술을 이용하여 고객의 정보를 데이터베이스로 구축하여 관리하는 마케팅 전략이다. 이를 위해 고객의 성향, 이력 등 관련 정보가 필요하므로 기업과 고객 간 양방향 의사소통을 통해 1 : 1 관계를 구축하게 된다.

09

정답 ③

공정성 이론에 따르면 공정성 유형은 크게 절차적 공정성, 상호작용적 공정성, 분배적 공정성으로 나누어진다.

- 절차적 공정성 : 과정통제, 접근성, 반응속도, 유연성, 적정성
- 상호작용적 공정성 : 정직성, 노력, 감정이입
- 분배적 공정성 : 형평성, 공평성

10

정답 ⑤

e-비즈니스 기업은 비용절감 등을 통해 더 낮은 가격으로 우수한 품질의 상품 및 서비스를 제공할 수 있다는 장점이 있다.

11

정답 ①

고든법은 브레인스토밍의 단점을 개선하기 위해 고안된 것으로, 브레인스토밍이 테마를 구체적으로 제시하는 반면 고든법은 해당 테마의 키워드만을 제공하며, 참가자들이 자유롭게 발언하여 다양한 아이디어를 제시하도록 하고, 나중에 주제를 공개하여 아이디어를 구체화하여 문제 해결에 활용하는 방법이다.

오답분석

② 롤스토밍법 : 참가자가 아이디어를 떠올리기 위해 다른 사람의 역할을 맡아 아이디어를 연기하는 방법
③ 직관상기법 : 참가자들이 토론 주제에 대한 의도를 각자 조용히 생각하고, 이후 논의를 진행하는 방법
④ 집단토론법 : 토론 주제를 여러 개의 세부 주제로 나누고 각각의 주제를 해결하기 위해 여러 팀으로 나누는 방법

12

정답 ③

전방통합과 후방통합은 기업의 수직적 통합전략으로, 기업 공급망의 상하단으로 사업을 확장하는 방식이다. 전방통합은 기업이 자사 제품을 고객에게 판매하는 유통이나 판매 단계를 직접 수행하기 위해 공급망의 하류(고객 쪽)로 확장하는 전략이다. 반면 후방통합은 기업이 자사 제품에 필요한 원자재, 부품, 또는 원재료 공급을 직접 수행하기 위해 공급망의 상류(공급자 쪽)로 확장하는 전략이다. 따라서 자동차 생산업체가 원자재인 철강공장을 구입하는 사례는 후방통합에 해당한다.

13

정답 ④

민츠버그의 조직유형 중 기계적 관료제 구조에 대한 설명이다.

오답분석

① 단순 구조 : 소규모 조직에서 일반적으로 나타나는 조직유형으로 대부분의 의사결정이 관리자의 지시와 감독으로 이루어진다.
② 사업부제 구조 : 제품, 서비스, 지역 등에 따라 부서가 독립적으로 운영되는 형태의 조직유형으로, 각 부서가 자율적으로 운영되는 것이 특징이다.
③ 임시조직 구조 : 각 분야의 전문가들이 모여 프로젝트 팀을 구성하고, 혁신을 강조하는 창의적인 형태의 조직유형이다.

민츠버그의 5가지 조직유형

- 단순 구조 : 최고관리층에 의한 직접 감독이 특징으로 권한이 최고경영자에 집중된 구조이다.
- 기계적 관료제 구조 : 기술구조층에 의한 작업 과정의 표준화가 특징으로 절차와 규칙에 따라 움직이는 안정된 조직이다.
- 전문적 관료제 구조 : 운영핵심층에 의한 기술의 표준화가 특징으로 전문가의 자율성이 강조되는 조직이다.
- 사업부제 구조 : 중간관리층에 의한 산출물의 표준화가 특징으로 각 부서가 독립적으로 성과책임을 가지는 조직이다.
- 임시조직 구조 : 특별위원회에 의한 상호 조정이 특징으로 창의적이고 유연한 프로젝트 중심 조직이다. 애드호크라시라고도 부른다.

14

정답 ④

패널 면접은 한 명 또는 소수의 지원자에게 번갈아가며 질문을 던지고, 지원자의 태도·역량·사고력·문제해결능력 등을 종합적으로 평가하는 면접 형태이다.

오답분석

① 집단 면접 : 다수의 면접관이 다수의 지원자를 한 번에 평가하는 방식으로, 짧은 시간에 능률적으로 면접을 진행할 때 사용하는 방식이다.
② 스트레스 면접 : 면접관이 특정 정답이 없는 질문을 하여 지원자를 압박하는 면접 방식으로, 지원자는 본인이 가진 생각을 논리적으로 말하는 것이 중요하다.
③ 상황 면접 : 면접관이 특정한 상황을 주고 그에 대한 의견을 지원자가 답하는 면접 방식으로, 면접관의 의도를 잘 파악하여 합리적인 답변을 하는 것이 중요하다.

15

정답 ②

외부요인 귀인은 행동의 원인을 환경, 상황 등 외부 요인으로 판단하는 객관적 귀인 방식이므로 귀인오류가 아니다. 귀인오류(Attribution Error)란 사람들이 타인의 행동 원인을 판단할 때 일관되지 않거나 왜곡된 방식으로 귀인(원인 해석)하는 오류로, 실제 원인과 다르게 해석하는 심리적 경향이다.

오답분석

① 근본적 귀인오류 : 다른 사람의 행동원인을 찾을 때 외부요인은 배제하고 내부요인으로만 귀인하려는 오류이다.
③ 자존적 편견 : 자신의 행동원인을 찾을 때 좋은 쪽으로 귀인하려는 오류이다.
④ 행위자 – 관찰자 편견 : 자신의 행동과 타인의 행동원인을 다르게 보는 오류이다.

16

정답 ④

클로즈드 숍은 노동조합에 가입해야만 고용될 수 있으며, 모든 직원이 조합원이므로 조합의 단결력이 가장 강하다. 우리나라의 경우 노동조합 및 노동관계조정법에서 특정 노동조합 가입을 고용 조건으로 삼는 행위를 원칙적으로 금지하고 있다.

오답분석

① 에이전시 숍 : 근로자에게 노동조합 가입이 강제되지 않으나 조합 가입 대신 조합비는 납부하도록 하는 제도이다.
② 유니언 숍 : 고용된 근로자는 일정 기간 내에 노동조합에 가입하여 조합원 자격을 가져야 하고, 노동조합에 가입하지 않는 경우 해고하도록 정하는 제도이다.
③ 오픈 숍 : 사용자가 조합원 또는 비조합원 여부와 상관없이 아무나 채용할 수 있으며, 근로자도 노동조합 가입이나 탈퇴가 자유로운 제도이다.

17

정답 ④

ISO 26000은 기업의 사회적 책임을 위한 기존 방법이나 계획을 대체하는 역할을 하는 것이 아니라 보완하는 역할을 하며, 이를 통해 사회적 책임에 대한 공동의 이해를 증진시키는 것을 목표로 한다.

ISO 26000
국제표준화기구(ISO)에서 2010년 발표한 기업의 사회적 책임(CSR; Corporate Social Responsibility)에 대한 국제표준이다. 책임성, 투명성, 윤리적 행동, 이해관계자의 이익 존중, 법규 준수, 국제 행동규범 존중, 인권 존중 7개의 기본 원칙을 바탕으로 기업이 사회적 책임을 이행하고 커뮤니케이션을 제고하는 방법과 관련하여 지침을 제공한다.

18

정답 ②

제품 차별화가 낮은 경우 비슷한 기능과 형태의 제품이 다양하게 시장에 진입할 수 있어 진입장벽이 낮은 경우에 해당한다.

오답분석

① 초기 투자가 많이 필요한 경우 그만큼 자금력이 뒷받침되어야 하므로 진입장벽이 높다.
③ 법적 규제가 있는 경우 해당 규제에 맞는 제품만 시장에 들어올 수 있어 진입장벽이 높다.
④ 기존 경쟁업체가 많은 경우 시장에 참여해도 성과를 내기 쉽지 않기 때문에 진입장벽이 높다.

19

정답 ①

포터의 가치사슬에서 인적자원관리, 연구개발, 구입 · 조달은 지원적 활동에 해당하고, 생산운영, 내부물류, 외부물류, 마케팅 등은 본원적 활동에 해당한다.

20

정답 ②

카르텔에 참여하는 구성원은 법적 · 경제적 위험을 공유함으로써 개별 위험을 분산시킬 수 있고, 이를 통해 이윤 극대화를 추구한다.

21

정답 ③

수익이 많고 안정적이어서 현상을 유지하는 것이 필요한 사업은 현금젖소(Cash Cow)이다. 스타(Star)는 성장률과 시장 점유율이 모두 높아 추가적인 자금흐름을 통해 성장시킬 필요가 있는 사업을 의미한다.

BCG 매트릭스의 영역
- 물음표(Question) : 성장률은 높으나 점유율이 낮아 수익이 적고 현금흐름이 마이너스인 사업이다.
- 스타(Star) : 성장률과 시장 점유율이 모두 높아 수익이 많고, 더 많은 투자를 통해 수익을 증대하는 사업이다.
- 현금젖소(Cash Cow) : 성장률은 낮으나 점유율이 높아 안정적인 수익이 확보되는 사업으로, 투자 금액이 유지·보수 차원에서 머물게 되어 자금 투입보다 자금 산출이 많다.
- 개(Dog) : 성장률과 시장 점유율이 모두 낮아 수익이 적거나 마이너스인 사업이다.

22

정답 ④

변혁적 리더십에서 구성원의 성과 측정뿐만 아니라 구성원들을 리더로 얼마나 육성했는지도 중요한 평가 요소라 할 수 있다.

23

정답 ①

감정적 치유는 서번트 리더십의 구성요소에 해당한다.

변혁적 리더십의 구성요소
- 카리스마 : 변혁적 리더십의 가장 핵심적인 구성요소로, 명확한 비전을 제시하고 집합적인 행동을 위해 동기를 부여하며, 환경 변화에 민감하게 반응하는 일련의 과정을 의미한다.
- 영감적 동기화 : 구성원에게 영감을 주고 격려를 통해 동기를 부여하는 것을 의미한다.
- 지적 자극 : 구성원들이 기존 조직의 가치관, 신념, 기대 등에 대해 끊임없이 의문을 가지도록 지원하는 것을 의미한다.
- 개별 배려 : 구성원을 개별적으로 관리하며, 개인적인 욕구·관심 등을 파악하여 만족시키고자 하는 것을 의미한다.

24

정답 ④

매트릭스 조직은 기존의 기능별 조직구조 상태를 유지하면서 특정한 프로젝트를 수행할 때는 다른 부서의 인력과도 함께 일하는 조직설계 방식으로, 서로 다른 부서 구성원이 함께 일하면서 효율적인 자원 사용과 브레인스토밍을 통한 창의적인 대안 도출도 가능하다.

오답분석

① 매트릭스 조직은 조직 목표와 외부 환경 간 발생하는 갈등이 내재하여 갈등과 혼란을 초래할 수 있다.
② 복수의 상급자를 상대해야 하므로 역할에 대한 갈등 등으로 구성원이 심한 스트레스에 노출될 수 있다.
③ 힘의 균형이 치우치게 되면 조직의 구성이 깨지기 때문에 경영자의 개입 등으로 힘의 균형을 유지하기 위한 노력이 필요하다.

25

정답 ③

가치사슬(Value Chain)은 기업의 경쟁적 지위를 파악하고 이를 향상할 수 있는 지점을 찾기 위해 사용하는 모형으로, 고객에게 가치를 제공함에 있어서 부가가치 창출에 직·간접적으로 관련된 일련의 활동·기능·프로세스의 연계를 뜻한다. 가치사슬의 각 단계에서 가치를 높이는 활동을 어떻게 수행할 것인지, 비즈니스 과정이 어떻게 개선될 수 있는지를 조사·분석하여야 한다.

가치사슬 분석의 효과
- 프로세스 혁신 : 생산, 물류, 서비스 등 기업의 전반적 경영활동을 혁신할 수 있다.
- 원가 절감 : 낭비요소를 사전에 파악하여 제거함으로써 원가를 절감할 수 있다.
- 품질 향상 : 기술개발 등을 통해 더욱 양질의 제품을 생산할 수 있다.
- 기간 단축 : 조달, 물류, CS 등을 분석하여 고객에게 제품을 더욱 빠르게 납품할 수 있다.

02 경제학

01	02	03	04	05	06	07	08	09	10	11	12	13	14	15					
②	④	②	④	⑤	①	⑤	⑤	③	⑤	③	④	④	②	④					

01

정답 ②

명목 GDP를 실질 GDP로 나눈 값에 100을 곱하여 계산하는 것은 GDP 디플레이터이다. 소비자 물가지수(CPI; Consumer Price Index)는 통계청에서 일정 기간 동안 일반 소비자들이 구매하는 재화와 서비스의 가격 변동을 측정한 지표로, 가계의 소비생활 수준을 파악하고 인플레이션률 계산의 기준으로 사용된다.

02

정답 ④

인플레이션율이 1% 상승한 경우 중앙은행은 명목이자율을 1% 이상 상승시켜야 한다. 실질이자율은 명목이자율에서 기대 인플레이션율을 뺀 값이므로, 명목이자율을 인플레이션율보다 더 많이 상승시켜야 정책 효과가 나타날 수 있다.

오답분석

① 1992년, 미국 스탠퍼드대의 존 테일러 교수가 처음 제안한 원칙으로, 중앙은행이 물가안정과 경기안정을 위해 금리를 조정하는 기준을 수식으로 나타낸 것이다.
② 실제 인플레이션율이 목표치보다 높을 경우, 중앙은행은 금리를 인상하여 물가 상승 압력을 완화하려 한다.
③ 실제 성장률이 잠재성장률보다 낮을 경우, 중앙은행은 경기 부양을 위해 기준금리를 인하하는 방향으로 통화정책을 운용한다.

03

정답 ②

IS-LM 모형은 거시경제에서 이자율과 국민소득 간의 관계를 나타내며, 재화시장(IS 곡선)과 화폐시장(LM 곡선)이 동시에 균형을 이루는 점에서 단기 균형이 결정됨을 의미한다. IS 곡선은 '투자(Investment)와 저축(Saving)'의 균형 관계를 나타내며, 화폐공급은 LM 곡선에서 고려되는 요소이다.

오답분석

① IS-LM 모형은 이자율과 국민소득의 상호작용을 통해 거시경제를 설명하는 모델이다.
③ 두 곡선의 교차점은 재화시장과 화폐시장이 모두 균형을 이루는 상태를 의미한다.
④ LM 곡선은 화폐수요와 공급의 균형을 나타내며, 케인스의 유동성 선호이론을 기반으로 한다.

04

정답 ④

GDP는 소비(국민들이 사용하는 돈), 투자(기업 또는 정부가 투자하는 돈), 수출(해외로 제품을 판매하여 벌어들인 돈)의 합에서 수입(해외에서 제품을 사들여 지출한 돈)을 차감한 값이다.

05

정답 ⑤

독점적 경쟁시장에서 판매되는 제품은 서로 일정한 대체성을 가지므로 소비자는 여러 기업의 제품을 비교・선택할 수 있다. 이로 인해 다양한 제품이 존재하고, 진입과 퇴출이 자유롭기 때문에 개별 기업이 완전한 시장 지배력을 가지기 어렵다.

오답분석

① 독점적 경쟁시장은 다수의 기업이 존재하며 자유로운 시장 진입이 가능하다는 점에서 완전경쟁시장과 비슷하고, 각 기업이 차별화된 제품을 판매하며 일정한 가격 결정권을 가진다는 점에서는 독점시장과 유사한 구조를 가진다.
② 제품 차별화로 인해 기업은 일정한 가격 결정력을 가지며, 이로 인해 개별 기업의 수요곡선은 완전경쟁시장과 달리 수평이 아니라 우하향 형태를 띤다. 이는 소비자의 가격 민감도와 대체 효과를 반영한 결과이다.

③ 독점적 경쟁시장에서는 브랜드・품질・디자인・서비스 등 다양한 방식으로 제품을 차별화하며, 이를 통해 자기 제품에 대한 충성 수요를 창출하고 경쟁력을 확보하려 한다.
④ 독점적 경쟁시장은 진입장벽이 낮아 신규 기업의 시장 진입이 자유로운 편이다. 이로 인해 장기적으로는 이윤이 0에 수렴하며, 기업 간 경쟁이 유지된다.

06

정답 ①

종량세는 과세단위 기준을 수량에 두며, 종가세가 과세단위 기준을 금액에 둔다.

오답분석

② 종량세를 생산자에게 부과하면 생산자 부담이 증가하여 공급곡선이 왼쪽으로 이동하게 된다.
③ 종량세는 비율로 세금을 부과하는 것이 아니라 단위당 일정액의 세금을 부과하는 것이기 때문에 기울기가 변하지 않고, 부과된 세금만큼 평행이동하게 된다.
④ 수량을 기준으로 세금을 부과하기 때문에 정확하고 간편하게 세액을 계산할 수 있다.
⑤ 우리나라에서 주류의 경우 금액을 과세단위 기준으로 하여 값비싼 주류제품일수록 더 높은 세금을 부과하고 있다.

07

정답 ⑤

유위험 이자율 평가설(Risky Interest Rate Parity)은 서로 다른 통화 자산 간 투자 시, 기대 수익률을 조정하여 비교할 수 있다는 이론이다. 유위험 이자율 평가설에서는 투자자가 위험중립 성향을 갖는다고 가정한다.

08

정답 ⑤

먼델 – 플레밍 모형은 IS – LM 모형을 확장한 모형으로 국제수지를 고려하며 소국의 개방경제를 설명하는 모델이다. 먼델 – 플레밍 모형에서 화폐에 대한 수요는 소득과 이자율에만 의존하며, 투자는 이자율에 의존한다고 가정한다.

오답분석

① 현물 환율과 선물 환율은 동일하기 때문에 기존 환율이 변동 없이 지속된다고 가정한다.
② 임금률, 실업 자원, 규모에 대한 수확 등이 변하지 않아 물가수준이 일정하게 유지되고, 국내 생산량 공급이 탄력적이라고 가정한다.
③ 먼델 – 플레밍 모형은 소득에 따라 세금과 저축이 변화한다고 가정한다.
④ 먼델 – 플레밍 모형을 통해 소국의 개방경제를 설명할 수 있다.

09

정답 ③

보완재는 함께 사용될 때 효용이 높아지는 재화로, 한쪽의 가격이 오르면 다른 쪽의 수요도 감소하는 재화이다. 대체재는 서로 비슷한 용도로 사용되며, 한쪽 가격이 오르면 다른 쪽의 수요가 증가하는 재화이다. 빵의 수요가 증가하면 빵과 같이 소비하는 잼의 수요도 증가한다고 볼 수 있으므로 ③은 보완재 관계이고, 나머지는 대체재 관계로 볼 수 있다.

10

정답 ⑤

실업의 종류

- 경기적 실업 : 불황으로 인해 기업이 고용을 하지 않음으로써 발생하는 실업
- 마찰적 실업 : 새로운 직업을 탐색하거나 이직하는 과정에서 발생하는 일시적 실업
- 구조적 실업 : 한 나라의 경제구조 변화로 인해 특정 산업 또는 지역에서 발생하는 실업
- 계절적 실업 : 기후 또는 계절적 요인으로 인해 발생하는 실업

11

정답 ③

과점시장은 소수의 기업이 시장을 지배하는 구조로 각 기업은 상대 기업의 가격과 행동에 민감하게 반응하는 특징을 가진다. 이 때문에 상호의존성이 높고, 가격을 쉽게 내리지 않는 경직성이 나타나며, 주로 비가격경쟁(광고, 서비스 등)이 이루어진다. 또한 담합이나 공동행위와 같은 비경쟁적 행위가 발생할 가능성도 있고, 기존 기업의 전략적 진입 저지가 강하므로 높은 진입장벽을 갖는다.

반면, 제품의 차별화는 독점적 경쟁시장의 특징이다. 과점시장에서는 제품이 동질적인 경우가 많으며, 일부 산업에서는 약간의 차별화가 있을 수 있지만, 그것이 본질적인 특징은 아니다. 제품의 차별화가 나타나는 시장은 과점시장보다는 독점적 경쟁시장에 더 적합하다.

12

정답 ④

공급은 수요에 비해 가격 변화에 대응하는 데 더 많은 시간이 소요되며 장기일수록 시설 구축, 신규 기업 진입 등 변수가 많아지기 때문에 가격탄력성이 단기보다 더 크게 나타난다.

오답분석

① 가격탄력성은 1을 기준으로 1보다 크면 탄력적, 1보다 작으면 비탄력적이라고 한다.
② 수요곡선이 비탄력적이라는 것은 가격(Y축)이 크게 변동해도 수요(X축)의 변동폭이 작다는 의미이므로 기울기는 더 가파르게 나타난다.
③ 대체재가 존재하는 경우 가격 변화에 대해 수요는 더 민감하게 반응하게 되므로 수요의 가격탄력성이 더 커지게 된다.

13

정답 ④

국내 총수요는 가계, 기업, 정부의 지출인 소비, 투자, 정부지출, 수출을 모두 더한 값에서 해외로부터의 수입분을 차감하여 계산한다.

14

정답 ②

최적생산량은 한계비용과 한계수입이 일치하는 지점에서 구할 수 있다. 한계비용과 한계수입은 각각 총비용과 총수입을 미분하여 구할 수 있으며, $50+Q^2$를 Q에 대하여 미분하면 $2Q$이고, $60Q-Q^2$를 Q에 대하여 미분하면 $60-2Q$이다. 따라서 $2Q=60-2Q$이므로 $Q=15$이다.

15

정답 ④

경제의 외부충격에 대비하기 위해 내수시장을 키우는 것은 바람직하나, 내수시장에 치우칠 경우 글로벌 경쟁력을 잃어 오히려 성장률이 둔화될 수 있다.

03 행정학

01	02	03	04	05															
④	①	①	②	③															

01

정답 ④

점증적 정책결정은 지식과 정보의 불완전성, 미래예측의 불확실성을 전제하는 의사결정 모형으로, 그 자체가 정부실패 요인으로 거론되는 것은 아니다.

오답분석

①·②·③·⑤ 정부실패 요인에 대한 설명이다.

02

정답 ①

엽관주의는 연공서열 등에 따른 관직의 경직성을 배격하고자 하므로, 관료제를 개방하여 관료제조직의 민주화에 기여한다.

오답분석

② 성과보다는 지도자의 성향과의 부합 여부, 친밀도, 기여도 등이 중요시되므로 부정부패가 발생하기 쉽다.
③ 엽관주의는 국민 전체보다는 공직의 유지를 위해 관련된 이해관계집단의 이익을 위해 활동할 유인이 크므로 대의민주주의의 가치 실현에 적절하지 않다.
④ 관료조직이 폐쇄적이라면 장기간 근무하며 습득한 전문성을 토대로 정치세력화가 이루어질 수 있으나, 엽관주의에서는 전문성보다 정치적 성향 및 집권 기여도에 따라 공직의 교체가 이루어지므로 전문성에 따른 정치세력화를 방지할 수 있다.

03

정답 ①

기획재정부장관의 판단하에 부동산 경기 등 경기부양을 위하여 필요한 경우는 추가경정예산의 편성 사유에 포함되지 않는다.

추가경정예산 편성 사유
- 전쟁·대규모 자연재해가 발생한 경우
- 경기가 침체되고 대량 실업이 발생한 경우나 남북관계 등 대내외적으로 중대한 변화가 발생하였거나 발생할 우려가 있는 경우
- 법령에 따라 지출이 발생하거나 증가한 경우

04

정답 ②

허즈버그(Herzberg)는 불만을 제거해 주는 위생요인과 만족을 주는 동기부여요인을 독립된 별개로 보고 연구했다. 즉, 위생요인이 갖추어지지 않을 경우 조직 구성원에게 극도의 불만족을 초래하지만, 그것이 잘 갖추어져 있더라도 조직 구성원의 직무수행 동기를 유발하는 요인은 아니며, 동기를 부여하고 생산성을 높여주는 요인은 만족요인(동기부여요인)이다.

오답분석

① 매슬로(Maslow)의 욕구계층 이론에서는 자아실현욕구를 가장 고차원적인 욕구로 본다.
③ 맥그리거(McGregor)는 X·Y 이론은 성장 이론의 하나로서 근로자들의 사회적 욕구, 존경의 욕구, 자아실현 욕구를 충족시켜주기 위한 방향으로 동기를 부여한다.
④ 앨더퍼(Alderfer)의 ERG 이론 역시 성장 이론의 하나이다.

05

정답 ③

품목별 예산은 상향적 예산 과정을 수반하나, PPBS는 하향식 예산결정 과정이다.

오답분석

①·②·④ 계획예산제도(PPBS)는 조직 단위가 아니라 프로그램 단위로 예산을 편성하여 계획과 예산의 일치를 도모하는 제도이다. 목표 설정 및 사업구조 작성이 어렵기 때문에 집권화된 최고위층이 하향적으로 예산을 편성한다. 예산을 편성할 때는 계량적인 기법인 체제 분석, 비용편익 분석 등을 사용한다.

PART 1

직업기초능력평가

CHAPTER

01 의사소통능력

대표기출유형 01 기출응용문제

01

정답 ③

유전거리 비교의 한계를 보완하기 위해 나온 방법이 유전체 유사도를 측정하는 방법이며, 유전체 유사도는 종의 경계를 확정하는 데 유용한 기준을 제공한다고 하였으므로 ③은 적절하다.

오답분석

① 두 번째 문단 첫 번째 문장에 따르면 미생물의 종 구분에 외양과 생리적 특성을 이용한 방법이 사용되기도 한다.

②·④ 마지막 문단에 따르면 수많은 유전자를 모두 비교하는 것은 현실적으로 어렵기 때문에, 유전체의 특성을 화학적으로 비교하는 방법이 주로 사용되고 있다.

⑤ 제시문의 내용만으로는 확인할 수 없다.

02

정답 ④

㉠ K기업이 뒤늦게 뛰어든 러시아 시장에서 현지화 전략을 통해 선두에 오를 수 있었다고 하였으므로 다른 해외 기업들보다 먼저 러시아 시장에 진출하였다는 설명은 적절하지 않다.

㉡ 2017년 294만 대에 달했던 러시아 자동차 시장은 2021년 143만 대로 150만 대가량 규모가 축소되었음을 알 수 있지만, 2024년의 자동차 시장 규모는 알 수 없다.

㉣ K기업은 2025년 10월을 목표로 엔진공장을 설립할 계획이며, 이를 통해 현재 46% 수준인 부품의 현지화율이 높아질 것으로 기대하고 있다. 즉, 엔진공장은 현재 설립 계획에 있으므로 2024년 10월 설립하였다는 내용은 적절하지 않다.

오답분석

㉢ K기업은 2019년 2,204명이었던 직원을 2023년 2,309명으로 늘렸으므로 2020년부터 2023년까지 100명 이상의 직원을 더 채용하였음을 알 수 있다.

03

정답 ④

베드 룸에는 객실 내부에 샤워시설이 없지만 개별적으로 분리된 공용 샤워실을 이용할 수 있다.

대표기출유형 02 기출응용문제

01

정답 ③

제시문은 인천국제공항 제2여객터미널 주차장에 주차장 이용요금을 자동으로 할인하는 'e-하나로 감면서비스'가 도입된다는 내용이므로 ③이 글의 제목으로 가장 적절하다.

오답분석

① 행정안전부와의 협업을 통한 'e-하나로 감면서비스' 도입이 적절하다.
② 'e-하나로 감면서비스'에 대한 내용이므로 다양한 서비스로 볼 수 없다.
④·⑤ 기사의 내용과 관련이 없다.

02

정답 ③

인천국제공항공사가 사회적 가치 실현의 일환으로 장애인 바리스타가 운영하는 카페를 인천국제공항 내 오픈했다는 것이 제시문의 주요 내용이다. 따라서 연중 무휴와 합리적 가격만을 드러내는 ③은 글의 제목으로 적절하지 않다.

03

정답 ⑤

(마) 문단은 공포증을 겪는 사람들의 상황 해석 방식과 공포증에서 벗어나는 방법이 핵심 주제이다. 공포증을 겪는 사람들의 행동 유형은 나타나 있지 않다.

대표기출유형 03 기출응용문제

01

정답 ③

제시된 문단에서는 휘슬블로어를 소개하며, 휘슬블로어가 집단의 부정부패를 고발하는 것이 쉽지 않다는 점을 언급하고 있으므로, 뒤이어 내부 고발이 어려운 이유를 설명하는 문단이 와야 한다. 따라서 (다) 내부 고발이 어려운 이유와 휘슬블로어가 겪는 여러 사례 → (나) 휘슬블로우의 실태와 법적인 보호의 필요성 제기 → (라) 휘슬블로어를 보호하기 위한 법의 실태 설명 → (가) 법 밖에서도 보호받지 못하는 휘슬블로어의 순서로 나열하는 것이 적절하다.

02

정답 ②

제시문은 신앙 미술에 나타난 동물의 상징적 의미와 사례, 변화와 그 원인, 그리고 동물의 상징적 의미가 지닌 문화적 가치에 대하여 설명하고 있다. 따라서 (나) 신앙 미술에 나타난 동물의 상징적 의미와 그 사례 → (다) 동물의 상징적 의미의 변화 → (라) 동물의 상징적 의미가 변화하는 원인 → (가) 동물의 상징적 의미가 지닌 문화적 가치의 순서로 나열해야 한다.

03

정답 ③

제시문의 문맥상 먼저 속담을 제시하고 그 속담에 얽힌 이야기가 순서대로 나와야 하므로 (라) 문단이 가장 먼저 와야 한다. 다음으로 '앞집'과 '뒷집'의 다툼이 시작되는 (가) 문단이 와야 하고, 적반하장격으로 뒷집이 앞집에 닭 한 마리 값을 물어주게 된 상황을 설명하는 (다) 문단이 이어져야 한다. 그리고 이야기를 전체적으로 요약하고 평가하는 (나) 문단이 마지막에 와야 한다. 따라서 문단을 순서대로 바르게 나열하면 (라) → (가) → (다) → (나)이다.

04

정답 ③

제시문은 '무지에 대한 앎'을 설명하면서 과거와 현재의 사례를 통해 이에 대한 중요성을 주장하고 있다. 제시된 첫 문단에서는 대부분의 사람들이 자신의 무지에 대해 무관심하다는 상황에 대한 언급이므로, 다음으로는 역접 기능의 접속어 '그러나'로 시작하는 문단이 오는 것이 적절하다. 따라서 (라) 무지의 영역에 대한 지식 확장이 필요한 경우 → (가) '무지에 대한 앎'의 중요성과 이와 관련된 성인들의 주장 → (다) '무지에 대한 앎'을 배제하는 방향으로 흘러간 경우의 예시 → (마) 현대 사회에서 나타나는 '무지에 대한 앎'이 배제되는 경우의 예시 → (나) '무지에 대한 앎'의 중요성의 순서대로 나열하는 것이 올바르다.

05

정답 ④

보기의 목차와 제시문의 논문 내용을 연결하면 다음과 같다. 먼저 (가) 문단은 도로와 철도 수송 시스템의 구성과 수송 시스템의 환경 영향을 저감시키는 방법에 대해 언급하고 있으므로 목차의 '2. 수송 시스템'의 ⓐ와 ⓑ에 해당하는 내용이다. (나) 문단은 우리나라의 온실가스 배출량에 대한 통계치를 제시하며 왜 이 연구를 진행하게 되었는지에 대한 배경을 다루고 있으므로 목차의 '1. 서론'에 해당하는 내용임을 알 수 있다. 다음으로 (다) 문단은 본 연구를 각 단계로 나누어 분석한 결과 Modal Shift를 통해 효과가 확인되었다는 내용이므로 목차의 '4. 사례 연구'에 해당하는 내용이다. (라) 문단은 도로와 철도의 온실가스 배출이 어느 과정에서 어떠한 수치를 보이는지에 대한 구체적인 수치 자료이므로 목차의 '2. 수송 시스템'의 ⓒ에 해당하는 내용이다. 마지막으로 (마) 문단은 Modal Shift가 무엇이며 이를 활성화하기 위해 어떻게 해야 하는지에 대해 언급하고 있으므로 목차의 '3. Modal Shift(전환 교통)'에 해당하는 내용이다. 따라서 (나) → (가) → (라) → (마) → (다) 순으로 나열하는 것이 적절하다.

대표기출유형 04 기출응용문제

01

정답 ④

㉠의 주장을 요약하면 저작물의 공유 캠페인과 신설된 공정 이용 규정으로 인해 저작권자들의 정당한 권리가 침해받고, 이 때문에 창작물을 창조하는 사람들의 동기가 크게 감소한다는 것이다. 이에 따라 활용 가능한 저작물이 줄어들게 되어 이용자들도 피해를 당한다고 말한다. 따라서 ㉠은 저작권자의 권리를 인정해 주는 것이 결국 이용자에게도 도움이 된다고 주장함을 추론할 수 있다.

02

정답 ④

마지막 문단에 따르면 SWIM은 인근 국가가 아니라 전 세계 모든 국가의 항공 통신망을 연결하여 항공 정보를 공유하는 것을 목표로 한다.

오답분석

① 마지막 문단에 따르면 SWIM 도입을 통해 국제 항공기 운항의 안전성이 제고될 수 있음을 알 수 있다.
② 두 번째 문단에 따르면 SWIM 기술 개발은 우리나라 정부뿐만 아니라 국제기구인 ICAO에서도 추진하고 있는 사업임을 알 수 있다.
③ 첫 번째 문단에 따르면 SWIM 기술은 전용 시험장을 구축한 후, 한국·일본·중국 3개국에 의해 테스트가 시행될 예정이므로 옳은 설명이다.
⑤ 두 번째 문단에 따르면 I공사는 2024년부터 ICAO의 아시아·태평양 지역 SWIM 태스크포스에 참여하고 있으므로 2025년 현재 2년 차가 된다.

03

정답 ②

제시문에서는 수요 탄력성이 완전 비탄력적인 상품은 가격이 하락하면 지출액이 감소하며, 수요 탄력성이 완전 탄력적인 상품은 가격이 하락하면 지출액이 늘어난다고 설명하고 있다. 그러므로 소비자의 지출액을 줄이려면 수요 탄력성이 낮은 생필품의 가격은 낮추고, 수요 탄력성이 높은 사치품은 가격을 높여야 한다고 추론할 수 있다.

대표기출유형 05 기출응용문제

01

정답 ③

'찌개 따위를 끓이거나 설렁탕 따위를 담을 때 쓰는 그릇'을 뜻하는 어휘는 '뚝배기'이다.

오답분석

① '손가락 따위로 어떤 방향이나 대상을 집어서 보이거나 말하거나 알리다.'는 의미의 어휘는 '가리키다'이다.
② '사람들의 관심이나 주의가 집중되는 사물의 중심 부분'을 뜻하는 어휘는 '초점'이다.
④ '액체 따위를 끓여서 진하게 만들다, 약재 따위에 물을 부어 우러나도록 끓이다.'는 의미의 어휘는 '달이다'이다(다려 → 달여).
⑤ '길게 뻗어 나가면서 다른 물건을 감기도 하고 땅바닥에 퍼지기도 하는 식물의 줄기'를 뜻하는 어휘는 '넝쿨' 또는 '덩굴'이다.

02

정답 ③

㉠ 연임(連任) : 원래 정해진 임기를 다 마친 뒤에 다시 계속하여 그 직위에 머무름
㉡ 부과(賦課) : 세금이나 부담금 따위를 매기어 부담하게 함
㉢ 임차(賃借) : 돈을 내고 남의 물건을 빌려 씀

오답분석

- 역임(歷任) : 여러 직위를 두루 거쳐 지냄
- 부여(附與) : 사람에게 권리·명예·임무 따위를 지니도록 해 주거나, 사물이나 일에 가치·의의 따위를 붙임
- 임대(賃貸) : 돈을 받고 자기의 물건을 남에게 빌려줌

03

정답 ②

②는 문장 성분 간 호응이 어색하지 않고, 맞춤법도 틀린 부분이 없다.

오답분석

① 인상이다 → 인상을 준다
③ 일이 → 일을, 대상이다 → 대상으로 한다
④ 거칠은 → 거친
⑤ 치루었다 → 치르었다, 치렀다

CHAPTER

02 수리능력

대표기출유형 01 기출응용문제

01

정답 ④

아버지의 자리가 결정되면 그 맞은편은 어머니 자리로 고정된다. 어머니와 아버지의 자리가 고정되므로 아버지의 자리를 고정 후 남은 4자리는 어떻게 앉아도 같아지는 경우가 생기지 않는다. 따라서 자리에 앉는 경우의 수는 $4!=24$가지이다.

02

정답 ⑤

어느 지점까지의 거리를 $x$km라고 하자. 왕복하는 데 걸리는 시간은 $\frac{x}{3}+\frac{x}{4}=\frac{7}{12}x$시간이다.

2시간에서 3시간 사이에 왕복할 수 있어야 하므로 다음 식이 성립한다.

$2\leq\frac{7}{12}x\leq3 \rightarrow 24\leq7x\leq36 \rightarrow \frac{24}{7}\leq x\leq\frac{36}{7} \rightarrow 3.4\leq x\leq5.1$

따라서 2시간에서 3시간 사이에 왕복할 수 있는 지점은 Q지점과 R지점이다.

03

정답 ②

A ~ D기업의 인턴 및 정규직 채용 인원 비율을 아래처럼 정리하면 C기업의 정규직 채용 인원수는 전체 채용 인원수의 40%이다.

구분	A기업	B기업	C기업	D기업	합계
정규직			0.4	0.2	0.6
인턴	0.2	0.1	0.1		0.4
합계	0.2	0.1	0.5	0.2	1.0

따라서 전체 인원수는 $\frac{200}{0.4}=500$명이다.

04

정답 ③

12와 14의 최소공배수는 84이므로 할인행사가 동시에 열리는 주기는 84일이다. 따라서 4월 9일에 할인행사가 동시에 열렸다면 84일 후인 7월 2일에 다시 동시에 열릴 것이다.

05

정답 ④

거슬러 올라간 거리를 $x$km, 내려간 거리를 $(7-x)$km라고 할 때, 속력을 구하면 다음과 같다.

- 배를 타고 거슬러 올라갈 때의 속력 : (배의 속력)−(강물의 속력)=10km/h
- 배를 타고 내려갈 때의 속력 : (배의 속력)+(강물의 속력)=15km/h

이때 (올라갈 때 걸리는 시간)+(내려갈 때 걸리는 시간)=$\frac{2}{3}$시간이므로 다음 식이 성립한다.

$\frac{x}{10}+\frac{7-x}{15}=\frac{2}{3} \rightarrow x+14=20$

$\therefore x=6$
따라서 배를 타고 거슬러 올라간 거리는 6km이다.

06

정답 ②

처음 참석한 사람의 수를 x명이라 하면 다음 식이 성립한다.

i) $8x<17\times10 \rightarrow x<\frac{170}{8}\fallingdotseq21.3$

ii) $9x>17\times10 \rightarrow x>\frac{170}{9}\fallingdotseq18.9$

iii) $8(x+9)<10\times(17+6) \rightarrow x<\frac{230}{8}-9\fallingdotseq19.75$

따라서 세 식을 모두 만족해야 하므로 처음의 참석자 수는 19명이다.

07

정답 ③

B지역 유권자의 수를 x명(단, $x>0$)이라고 하면, A지역 유권자의 수는 $4x$명이다.

- A지역 찬성 유권자 수 : $4x\times\frac{3}{5}=\frac{12}{5}x$명
- B지역 찬성 유권자 수 : $\frac{1}{2}x$명

따라서 A, B 두 지역 유권자의 헌법 개정 찬성률은 $\frac{\frac{12}{5}x+\frac{1}{2}x}{4x+x}\times100=\frac{\frac{29}{10}x}{5x}\times100=58\%$이다.

08

정답 ③

- 5% 설탕물 600g에 들어있는 설탕의 양 : $\frac{5}{100}\times600=30g$
- 10분 동안 가열한 후 남은 설탕물의 양 : $600-(10\times10)=500g$
- 가열 후 남은 설탕물의 농도 : $\frac{30}{500}\times100=6\%$

  여기에 더 넣은 설탕물 200g의 농도를 x%라 하면 다음 식이 성립한다.

  $\frac{6}{100}\times500+\frac{x}{100}\times200=\frac{10}{100}\times700 \rightarrow 2x+30=70$

  $\therefore x=20$

따라서 더 넣은 설탕물의 농도는 20%이다.

09

정답 ①

A기계, B기계가 1분 동안 생산하는 비누의 수를 각각 x, y개라 하면 다음 식이 성립한다.
$5(x+4y)=100 \cdots$ ㉠
$4(2x+3y)=100 \cdots$ ㉡
두 식을 정리하면
$x+4y=20 \cdots$ ㉠′
$2x+3y=25 \cdots$ ㉡′
㉠′, ㉡′을 연립하면 $5y=15$, $y=3 \rightarrow x=8$이다.
따라서 A기계 3대와 B기계 2대를 동시에 가동하여 비누 100개를 생산하는 데 걸리는 시간은
$\frac{100}{(8\times3)+(3\times2)}=\frac{100}{30}=\frac{10}{3}$시간이다.

대표기출유형 02 기출응용문제

01

정답 ④

연령대별 경제활동 참가율을 구하면 다음과 같다.

- 15 ~ 19세 : $\frac{265}{2,944}\times100 \fallingdotseq 9.0\%$
- 20 ~ 29세 : $\frac{4,066}{6,435}\times100 \fallingdotseq 63.2\%$
- 30 ~ 39세 : $\frac{5,831}{7,519}\times100 \fallingdotseq 77.6\%$
- 40 ~ 49세 : $\frac{6,749}{8,351}\times100 \fallingdotseq 80.8\%$
- 50 ~ 59세 : $\frac{6,238}{8,220}\times100 \fallingdotseq 75.9\%$
- 60세 이상 : $\frac{3,885}{10,093}\times100 \fallingdotseq 38.5\%$

경제활동 참가율이 가장 높은 연령대는 40 ~ 49세이고, 가장 낮은 연령대는 15 ~ 19세이다.
따라서 두 연령대의 참가율의 차이는 80.8−9.0=71.8%p이다.

02

정답 ②

음식점까지의 거리를 $x$km라 하자.
역에서 음식점까지 왕복하는 데 걸리는 시간과 음식을 포장하는 데 걸리는 시간이 1시간 30분 이내여야 하므로 다음 식이 성립한다.

$$\frac{x}{3}+\frac{15}{60}+\frac{x}{3}\le\frac{3}{2}$$

$\rightarrow 20x+15+20x\le90$

$\rightarrow 40x\le75$

$\therefore\ x\le\frac{75}{40}=1.875$

즉, 역과 음식점 사이 거리가 1.875km 이내여야 하므로 갈 수 있는 음식점은 'N버거'와 'B도시락'이다.
따라서 K사원이 구입할 수 있는 음식은 도시락과 햄버거이다.

03

정답 ③

2024년 방송산업 종사자 수는 모두 32,443명이다. '2024년 추세'에서는 지상파(지상파DMB 포함)만 언급하고 있으므로 다른 분야의 인원은 고정되어 있다. 지상파 방송사(지상파DMB 포함)는 전년보다 301명이 늘어났으므로 2023년 방송산업 종사자 수는 32,443−301=32,142명이다.

04

정답 ③

- 1인 1일 사용량에서 영업용 사용량이 차지하는 비중 : $\frac{80}{282}\times100 \fallingdotseq 28.37\%$
- 1인 1일 가정용 사용량 중 하위 두 항목이 차지하는 비중 : $\frac{20+13}{180}\times100 \fallingdotseq 18.33\%$

01

정답 ⑤

총 유출량이 가장 적은 연도는 2021년이다. 2021년에 기타를 제외한 선박 종류별 사고 건수 대비 유출량을 구하면 다음과 같다.

- 유조선 : $\frac{21}{28}=0.75$
- 화물선 : $\frac{51}{68}=0.75$
- 어선 : $\frac{147}{245}=0.6$

따라서 2021년에 사고 건수 대비 유출량이 가장 적은 선박 종류는 어선이다.

오답분석

① 2024년 총 사고 건수의 전년 대비 증가율은 $\frac{480-384}{384}\times100=25\%$로, 20% 이상 증가하였다.

② 2023년에는 전년 대비 총 사고 건수는 감소했지만, 유조선 사고 건수는 증가하였다. 따라서 전년 대비 비율은 증가하였다.

③ 2021년에 총 사고 건수는 증가하였으나 총 유출량은 감소하였다.

④ 2020 ~ 2024년 동안 기타를 제외한 선박 종류별로 전체 유출량을 구하면 다음과 같다.

- 유조선 : 956+21+3+38+1,223=2,241
- 화물선 : 584+51+187+23+66=911
- 어선 : 53+147+181+105+30=516

따라서 2020 ~ 2024년 동안 전체 유출량이 두 번째로 많은 선박 종류는 화물선이다.

02

정답 ⑤

업그레이드 전 성능지수가 100인 기계의 수는 15대이고, 성능지수 향상 폭이 35인 기계의 수도 15대이므로 동일하다.

오답분석

① 업그레이드한 기계 100대의 성능지수 향상 폭의 평균을 구하면 $\frac{60\times14+5\times20+5\times21+15\times35}{100}=15.7$로 20 미만이다.

② 성능지수 향상 폭이 35인 기기는 15대인데, 성능지수는 65, 79, 85, 100 네 가지가 있고 이 중 가장 최대는 100이다. 서비스 성능이 35만큼 향상할 수 있는 경우는 성능지수가 65였을 때이다. 따라서 35만큼 향상된 기계의 수가 15대라고 했으므로 $\frac{15}{80}\times100=18.75\%$가 100으로 향상되었다.

③ 성능지수 향상 폭이 21인 기계는 5대로, 업그레이드 전 성능지수가 79인 기계 5대가 모두 100으로 향상되었다.

④ 향상되지 않은 기계는 향상 폭이 0인 15대이고, 이는 업그레이드 전 성능지수가 100인 기계 15대를 뜻하며, 그 외 기계는 모두 성능지수가 향상되었다.

03

정답 ⑤

ㄴ. 2024년 중국의 이산화탄소 배출량은 6,877.2백만 TC로 가장 많고, 6,877.2>28,999.4×0.2이므로 20% 이상이다.

ㄷ. • 러시아 : 2,178.8−1,532.6=646.2
  • 이란 : 533.2−179.6=353.6

ㄹ. 229.3×2<515.5이므로 2배 이상, 즉 100% 이상 증가했다.

오답분석

ㄱ. 2024년에는 전년 대비 감소했다.

04

정답 ②

수도권은 서울과 인천·경기를 합한 지역을 의미한다. 따라서 전체 마약류 단속 건수 중 수도권의 마약류 단속 건수의 비중은 22.1+35.8=57.9%이다.

오답분석

① • 대마 단속 전체 건수 : 167건
 • 마약 단속 전체 건수 : 65건
 65×3=195>167이므로 옳지 않은 설명이다.

③ 마약 단속 건수가 없는 지역은 강원, 충북, 제주로 3곳이다.

④ • 대구·경북 지역의 향정신성의약품 단속 건수 : 138건
 • 광주·전남 지역의 향정신성의약품 단속 건수 : 38건
 38×4=152>138이므로 옳지 않은 설명이다.

⑤ • 강원 지역의 향정신성의약품 단속 건수 : 35건
 • 강원 지역의 대마 단속 건수 : 13건
 13×3=39>35이므로 옳지 않은 설명이다.

대표기출유형 04 기출응용문제

01

정답 ⑤

2024년 각국의 가계 금융자산 구성비와 2024년 각국의 가계 총자산 대비 예금 구성비는 일치하지 않는다.

02

정답 ④

내수 현황을 누적으로 나타내었으므로 옳지 않다.

오답분석

①·② 제시된 자료를 통해 알 수 있다.

③ 신재생에너지원별 고용인원 비율을 구하면 다음과 같다.

• 태양광 : $\frac{8,698}{16,177}\times 100 \fallingdotseq 54\%$

• 풍력 : $\frac{2,369}{16,177}\times 100 \fallingdotseq 15\%$

• 폐기물 : $\frac{1,899}{16,177}\times 100 \fallingdotseq 12\%$

• 바이오 : $\frac{1,511}{16,177}\times 100 \fallingdotseq 9\%$

• 기타 : $\frac{1,700}{16,177}\times 100 \fallingdotseq 10\%$

⑤ 신재생에너지원별 해외공장매출 비율을 구하면 다음과 같다.

• 태양광 : $\frac{18,770}{22,579}\times 100 \fallingdotseq 83.1\%$

• 풍력 : $\frac{3,809}{22,579}\times 100 \fallingdotseq 16.9\%$

CHAPTER

03 문제해결능력

대표기출유형 01 기출응용문제

01

정답 ④

네 번째 조건에서 갑의 점수가 될 수 있는 경우는 노랑 2회, 빨강 2회, 검정 1회와 노랑 2회, 빨강 1회, 파랑 2회로 두 가지이다. 병의 점수가 될 수 있는 경우를 정리하면 다음과 같다.

구분	빨강	노랑	파랑	검정
경우 1	–	–	1	4
경우 2	–	1	–	4
경우 3	1	–	–	4
경우 4	–	–	2	3

또한 을의 점수는 갑의 점수보다 높아야 하므로 빨강, 노랑에 각각 2회 파랑에 1회로 41점인 경우가 있다. 나머지 경우에서는 빨강 또는 노랑이 3회가 되어야 하므로 다섯 번째 조건에 부합하지 않는다.
따라서 갑, 을, 병의 점수 분포에 따라 가능한 경우의 수는 $2\times4=8$가지이다.

02

정답 ③

가장 먼저 오전 9시에 B과 진료를 본다면 10시에 진료가 끝나고, 셔틀을 타고 본관으로 이동하면 10시 30분이 된다. 이후 C과 진료를 이어보면 12시 30분이 되고, 점심시간 이후 바로 A과 진료를 본다면 오후 2시에 진료를 다 받을 수 있다.
따라서 가장 빠른 경로는 B – C – A이다.

대표기출유형 02 기출응용문제

01

정답 ③

먼저 16진법으로 표현된 수를 10진법으로 변환하여야 한다.

- 43 → $4\times16+3=67$
- 41 → $4\times16+1=65$
- 54 → $5\times16+4=84$

변환된 수를 아스키 코드표를 이용하여 해독하면 67=C, 65=A, 84=T임을 확인할 수 있다.
따라서 철수가 장미에게 보낸 문자는 CAT이다.

02

정답 ⑤

규칙에 따라 사용할 수 있는 숫자는 1, 5, 6을 제외한 나머지 2, 3, 4, 7, 8, 9로, 총 6개이다. (한 자리 수)×(두 자리 수)=156이 되는 수를 알기 위해서는 156의 소인수를 구해보면 된다. 156의 소인수는 3, 2^2, 13으로, 156이 되는 수의 곱 중에 조건을 만족하는 것은 2×78과 4×39이다. 따라서 선택지 중에서 A팀 또는 B팀에 들어갈 수 있는 암호배열은 39이다.

대표기출유형 03 기출응용문제

01

정답 ①

두 번째 조건에 따라 S사원의 부서 직원 80명이 전원 참석하므로 수용 가능 인원이 40명인 C세미나는 제외되고, 세 번째 조건에 따라 거리가 60km를 초과하는 E호텔이 제외된다. 이어서 부서 워크숍은 2일간 진행되므로 하루 대관료가 50만 원을 초과하는 D리조트는 제외된다. 마지막으로 다섯 번째 조건에 따라 왕복 이동 시간이 4시간인 B연수원은 제외된다. 따라서 가장 적절한 워크숍 장소는 A호텔이다.

02

정답 ③

B안의 가중치는 전문성인데 전문성 면에서 자원봉사제도는 (−)이므로 적절하지 않은 내용이다.

오답분석

① 비용저렴성을 달성하려면 (+)를 보이는 자원봉사제도가 가장 유리하다.
② A안에 가중치를 적용할 경우 접근용이성과 전문성에 가중치를 적용하므로 두 정책목표 모두에서 (+)를 보이는 유급법률구조제도가 가장 적절하다.
④ 전문성 면에서는 유급법률구조제도가 (+), 자원봉사제도가 (−)이므로 적절한 내용이다.
⑤ B안에 가중치를 적용할 경우 전문성에 가중치를 적용하므로 (+)를 보이는 유급법률구조제도가 가장 적절하며, A안에 가중치를 적용할 경우에도 유급법률구조제도가 가장 적절하다. 따라서 어떤 것을 적용하더라도 결과는 같다.

03

정답 ③

ㄱ. 인천에서 중국을 경유해서 베트남으로 가는 경우에는 (210,000+310,000)×0.8=416,000원이 들고, 싱가포르로의 직항의 경우에는 580,000원이 든다. 따라서 164,000원이 더 저렴하다.
ㄷ. 갈 때는 직항으로 가는 것이 가장 저렴하여 341,000원 소요되고, 올 때도 직항이 가장 저렴하여 195,000원이 소요되므로, 최소 총비용은 536,000원이다.

오답분석

ㄴ. 태국은 왕복 298,000+203,000=501,000원, 싱가포르는 580,000+304,000=884,000원, 베트남은 341,000+195,000=536,000원이 소요되기 때문에 가장 비용이 적게 드는 태국을 선택할 것이다.

04

정답 ②

직항이 중국을 경유하는 것보다 소요 시간이 적으므로 직항 경로별 소요 시간을 도출하면 다음과 같다.

여행지	경로	왕복 소요 시간
베트남	인천 → 베트남(5시간 20분) / 베트남 → 인천(2시간 50분)	8시간 10분
태국	인천 → 태국(5시간) / 태국 → 인천(3시간 10분)	8시간 10분
싱가포르	인천 → 싱가포르(4시간 50분) / 싱가포르 → 인천(3시간)	7시간 50분

따라서 소요 시간이 가장 짧은 싱가포르로 여행을 갈 것이며, 7시간 50분이 소요될 것이다.

05

정답 ③

구매하려는 소파의 특징에 맞는 제조사를 찾기 위해 제조사별 특징을 대우로 정리하면 다음과 같다.

- A사 : 이탈리아제 천을 사용하면 쿠션재에 스프링을 사용한다. 커버를 교환 가능하게 하면 국내산 천을 사용하지 않는다. → ×
- B사 : 국내산 천을 사용하지 않으면 쿠션재에 우레탄을 사용하지 않는다. 이탈리아제의 천을 사용하면 리클라이닝이 가능하다. → ○
- C사 : 국내산 천을 사용하지 않으면 쿠션재에 패더를 사용한다. 쿠션재에 패더를 사용하면 침대 겸용 소파가 아니다. → ○
- D사 : 이탈리아제 천을 사용하지 않으면 쿠션재에 패더를 사용하지 않는다. 쿠션재에 우레탄을 사용하지 않으면 조립이라고 표시된 소파가 아니다. → ×

따라서 B사 또는 C사의 소파를 구매할 것이다.

06

정답 ⑤

글피는 모레의 다음날로 15일이다. 15일은 비가 내리지 않고 최저기온은 영하이다.

오답분석

① 12 ~ 15일의 일교차를 구하면 다음과 같다.
- 12일 : 11−0=11℃
- 13일 : 12−3=9℃
- 14일 : 3−(−5)=8℃
- 15일 : 8−(−4)=12℃

따라서 일교차가 가장 큰 날은 15일이다.

② 제시된 자료에서 미세먼지에 관한 내용은 확인할 수 없다.
③ 14일의 경우 비가 예보되어 있지만 낙뢰에 관한 예보는 확인할 수 없다.
④ 14일의 최저기온은 영하이지만 최고기온은 영상이다.

07

정답 ③

제시된 직원 투표 결과를 정리하면 다음과 같다.

여행상품	1인당 비용	총무팀	영업팀	개발팀	홍보팀	공장1	공장2	합계
A	500,000원	2표	1표	2표	0표	15표	6표	26표
B	750,000원	1표	2표	1표	1표	20표	5표	30표
C	600,000원	3표	1표	0표	1표	10표	4표	19표
D	1,000,000원	3표	4표	2표	1표	30표	10표	50표
E	850,000원	1표	2표	0표	2표	5표	5표	15표
합계		10표	10표	5표	5표	80표	30표	140표

㉠ 가장 인기가 좋은 여행상품은 D이다. 그러나 공장1의 고려사항은 회사에 손해를 줄 수 있으므로, 2박 3일 여행상품이 아닌 1박 2일 여행상품 중 가장 인기 있는 B가 선택된다. 따라서 750,000×140=105,000,000원이 필요하므로 옳다.
㉢ 공장1의 A, B 투표 결과가 바뀐다면 여행상품 A, B의 투표 수가 각각 31, 25표가 되어 선택되는 여행상품이 A로 변경된다.

오답분석

㉡ 가장 인기가 좋은 여행상품은 D이므로 옳지 않다.

CHAPTER

04 자원관리능력

대표기출유형 01 기출응용문제

01

정답 ④

공정별 순서는 A → B ↘ C → F이고, D → E ↗ C공정을 시작하기 전에 B공정과 E공정이 선행되어야 하는데, B공정까지 끝나려면 4시간이 소요되고 E공정까지 끝나려면 3시간이 소요된다. 선행작업이 완료되어야 이후 작업을 할 수 있으므로, C공정을 진행하기 위해서는 최소 4시간이 걸린다. 따라서 완제품은 F공정이 완료된 후 생산되므로 첫 번째 완제품 생산의 최소 소요 시간은 9시간이다.

02

정답 ③

A조와 겹치지 않는 프로그램으로 조건에 맞춰 일정을 짜면 다음과 같다.

- 최소 18시간을 이수하여야 하므로, 소요시간이 긴 프로그램부터 고려한다. 이때 토론은 첫째 날에만 가능한 수업이므로 이후 B조의 일정에서 제외한다.
- 첫째 날 : 토론을 제외하고 리더십 교육(5시간), 팀워크(4시간) 순서로 소요 시간이 길지만 리더십 교육은 비상대응역량 교육을 수강해야 이수할 수 있으므로 팀워크(4시간)를 첫째 날 오후에 배치한다.
- 둘째 날 : 리더십 교육을 위해서는 비상대응역량 교육이 필요하다. 따라서 오전에는 비상대응역량 교육을, 오후에는 리더십 교육을 배치한다.
- 셋째 날 : 나머지 프로그램 중 소요 시간이 3시간인 원전과정 1, 2를 순서대로 배치한다.
- 넷째 날 : B조는 어학 프로그램을 반드시 이수한다는 조건에 따라 어학을 배치한다.

구분		첫째 날		둘째 날		셋째 날		넷째 날	
		오전	오후	오전	오후	오전	오후	오전	오후
A조	프로그램	공항 도착	토론	원전과정1	팀워크	비상대응 역량 교육	리더십 교육		
	시간	×	5	3	4	2	5		
B조	프로그램	공항 도착	팀워크	비상대응 역량 교육	리더십 교육	원전과정 1	원전과정 2	어학	
	시간	×	4	2	5	3	3	1	

따라서 B조의 총 연수기간은 3박 4일이다.

03

정답 ⑤

조건에 따라 비행기 시간표를 정리하면 다음과 같다.

- B조의 연수기간은 총 3박 4일이다. 5일과 9일은 회사 행사로 인해 연수에 참가하지 못하므로 해당일자가 연수기간에 포함되는 출국일인 4, 6, 9일은 불가능하다. 따라서 출국일은 16, 20, 22일이 가능하다.
- 제외된 출국일로 인해 귀국일에 해당하지 않는 8일, 11일을 제외한다.
- 귀국 다음 날 연수 과정을 정리해 상사에게 보고해야 하므로 귀국 다음날이 평일이 아닌 금요일, 토요일은 제외해야 한다. 따라서 19, 26일을 제외한다.

• 선택지 중 20 ~ 23일과 22 ~ 25일 모두 가능하지만 마지막 날 어학 프로그램이 오전 10시에 끝나므로 23일 오전 10시 비행기를 탈 수 없다.

한국 → 필리핀	4일	6일	9일	16일	20일	22일
	×	×	×	○	○	○
필리핀 → 한국	8일	11일	19일	23일	25일	26일
	×	×	×	○	○	×

따라서 연수 일정은 22 ~ 25일이 적절하고, 출국일과 귀국일을 바르게 연결한 것은 ⑤이다.

대표기출유형 02 기출응용문제

01

정답 ④

수인이가 베트남 현금 1,670만 동을 환전하기 위해 필요한 한국 돈은 수수료를 제외하고 1,670만 동×483원/만 동=806,610원이다. 우대사항에 따르면 50만 원 이상 환전 시 70만 원까지 수수료가 0.4%로 낮아지므로 70만 원의 수수료는 0.4%가 적용되고 나머지는 0.5%가 적용된다. 이를 토대로 총수수료를 구하면 700,000×0.004+(806,610−700,000)×0.005=2,800+533.05≒3,330원이다.

따라서 수인이가 원하는 금액을 환전하기 위해서 필요한 총금액은 806,610+3,330=809,940원임을 알 수 있다.

02

정답 ④

제품군별로 지급해야 할 보관료는 다음과 같다.

• A제품군 : 300억×0.01=3억 원

• B제품군 : 2,000CUBIC×20,000=4천만 원

• C제품군 : 500톤×80,000=4천만 원

따라서 I기업이 보관료로 지급해야 할 총금액은 3억+4천만+4천만=3억 8천만 원이다.

03

정답 ④

i) 연봉 3,600만 원인 I사원의 월 수령액은 3,600만÷12=3,000,000원이다.
월평균 근무시간은 200시간이므로 시급은 300만÷200=15,000원/시간이다.

ii) 야근 수당
I사원이 평일에 야근한 시간은 2+3+1+3+2=11시간이므로 야근 수당은 15,000×11×1.2=198,000원이다.

iii) 특근 수당
I사원이 주말에 특근한 시간은 2+3=5시간이므로 특근 수당은 15,000×5×1.5=112,500원이다.
이때 식대는 야근·특근 수당에 포함되지 않는다.

따라서 I사원의 이번 달 야근·특근 근무 수당의 총액은 198,000+112,500=310,500원이다.

04

정답 ⑤

• A씨 부부의 왕복 비용 : (59,800×2)×2=239,200원

• 만 6세 아들의 왕복 비용 : (59,800×0.5)×2=59,800원

• 만 3세 딸의 왕복 비용 : 59,800×0.25=14,950원

따라서 A씨 가족이 지불한 교통비는 239,200+59,800+14,950=313,950원이다.

05

정답 ④

1일 평균임금을 x원이라 놓고 퇴직금 산정 공식을 이용하여 계산하면 다음과 같다.

1,900만 원$=\{30x\times(5\times365)\}\div365$

→ 1,900만$=150x$

∴ x ≒ 13만(∵ 천의 자리에서 올림)

따라서 1일 평균임금이 13만 원이므로, K씨의 평균 연봉을 계산하면 13만×365=4,745만 원이다.

대표기출유형 03 기출응용문제

01

정답 ①

각 자동차의 경비를 구하면 다음과 같다.

구분	경비 계산
A자동차	• 연료비 : 150,000km÷12km/L×1,400원/L=1,750만 원 • 경비 : 1,750만+2,000만=3,750만 원
B자동차	• 연료비 : 150,000km÷8km/L×900원/L=1,687.5만 원 • 경비 : 1,687.5만+2,200만=3,887.5만 원
C자동차	• 연료비 : 150,000km÷15km/L×1,150원/L=1,150만 원 • 경비 : 1,150만+2,700만=3,850만 원
D자동차	• 연료비 : 150,000km÷20km/L×1,150원/L=862.5만 원 • 경비 : 862.5만+3,300만=4,162.5만 원
E자동차	• 연료비 : 150,000km÷15km/L×1,400원/L=1,400만 원 • 경비 : 1,400만+2,600만=4,000만 원

따라서 경비가 가장 적게 들어가는 차량은 A자동차이다.

02

정답 ①

두 번째 조건에서 총구매금액이 30만 원 이상이면 총금액에서 5%를 할인해 주므로 한 벌당 가격이 300,000÷50=6,000원 이상인 품목은 할인적용이 들어간다. 업체별 품목 금액을 보면 모든 품목이 6,000원 이상이므로 5% 할인 적용대상이다. 따라서 모든 품목에 할인이 적용되어 정가로 비교가 가능하다.

세 번째 조건에서 차순위 품목이 1순위 품목보다 총금액이 20% 이상 저렴한 경우 차순위를 선택한다고 했으므로 한 벌당 가격으로 계산하면 1순위인 카라 티셔츠의 20% 할인된 가격은 8,000×0.8=6,400원이다. 정가가 6,400원 이하인 품목은 A업체의 티셔츠이므로 팀장은 1순위인 카라 티셔츠보다 2순위인 A업체의 티셔츠를 구입할 것이다.

03

정답 ⑤

가격, 조명도, A/S 등의 요건이 주어진 조건에 모두 부합한다.

오답분석

① 예산이 150만 원이라고 했으므로 예산을 초과하여 적절하지 않다.

② 신속한 A/S가 조건이므로 해외 A/S만 가능하여 적절하지 않다.

③ 조명도가 5,000lx 미만이므로 적절하지 않다.

④ 가격과 조명도도 적절하고 특이사항도 문제없지만 가격이 저렴한 제품을 우선으로 한다고 하였으므로 E가 적절하다.

04

정답 ④

어떤 컴퓨터를 구매하더라도 모니터와 본체를 각각 사는 것보다 세트로 사는 것이 이득이다. 하지만 세트 혜택이 아닌 다른 혜택에 해당되는 조건에 대해서도 비용을 비교해 봐야 한다. 성능평가에서 '하'를 받은 E컴퓨터를 제외하고 컴퓨터별 구매 비용을 계산하면 다음과 같다.

- A컴퓨터 : 80만 원×15대=1,200만 원
- B컴퓨터 : (75만 원×15대)−100만 원=1,025만 원
- C컴퓨터 : (20만 원×10대)+(20만 원×0.85×5대)+(60만 원×15대)=1,185만 원 또는 70만 원×15대=1,050만 원
- D컴퓨터 : 66만 원×15대=990만 원

D컴퓨터만 예산 범위인 1,000만 원 내에서 구매할 수 있으므로 조건을 만족하는 컴퓨터는 D컴퓨터이다.

대표기출유형 04 기출응용문제

01

정답 ④

승진시험 성적은 100점 만점이므로 제시된 점수를 그대로 반영하고 영어 성적은 5를 나누어서 반영한다. 성과 평가의 경우는 2를 나누어서 반영하며, 그 합산점수가 가장 큰 사람을 선발한다. 합산점수는 다음과 같다.

(단위 : 점)

구분	A	B	C	D	E	F	G	H	I	J	K
합산점수	220	225	225	200	277.5	235	245	220	260	225	230

이때, 합산점수가 높은 E와 I는 동료평가에서 하를 받았으므로 승진 대상에서 제외된다. 따라서 다음으로 점수가 높은 F, G가 승진 대상자가 된다.

02

정답 ④

- C강사 : 셋째 주 화요일 오전, 목요일, 금요일 오전에 스케줄이 비어 있으므로 목요일과 금요일에 이틀간 강의가 가능하다.
- E강사 : 첫째 주, 셋째 주 화 ~ 목요일 오전에 스케줄이 있으므로 수요일과 목요일 오후에는 강의가 가능하다.

오답분석

- A강사 : 매주 수 ~ 목요일에 스케줄이 있으므로 화요일과 금요일 오전에 강의가 가능하지만 강의가 연속 이틀에 걸쳐 진행되어야 한다는 조건에 부합하지 않는다.
- B강사 : 화요일과 목요일에 스케줄이 있으므로 수요일 오후와 금요일 오전에 강의가 가능하지만 강의가 연속 이틀에 걸쳐 진행되어야 한다는 조건에 부합하지 않는다.
- D강사 : 수요일 오후와 금요일 오전에 스케줄이 있으므로 화요일 오전과 목요일에 강의가 가능하지만 강의가 연속 이틀에 걸쳐 진행되어야 한다는 조건에 부합하지 않는다.

03

정답 ③

㉠ 각 팀장이 매긴 순위에 대한 가중치는 모두 동일하다고 했으므로 1, 2, 3, 4순위의 가중치를 각각 4, 3, 2, 1점으로 정해 네 사람의 면접점수를 산정하면 다음과 같다.

- 갑 : 2+4+1+2=9점
- 을 : 4+3+4+1=12점
- 병 : 1+1+3+4=9점
- 정 : 3+2+2+3=10점

면접점수가 높은 을, 정 중 한 명이 입사를 포기하면 갑, 병 중 한 명이 채용된다. 갑과 병의 면접점수는 9점으로 동점이지만 조건에 따라 인사팀장이 부여한 순위가 높은 갑을 채용하게 된다.

㉢ 경영관리팀장이 갑과 병의 순위를 바꿨을 때, 네 사람의 면접점수를 산정하면 다음과 같다.

- 갑 : 2+1+1+2=6점
- 을 : 4+3+4+1=12점
- 병 : 1+4+3+4=12점
- 정 : 3+2+2+3=10점

즉, 을과 병이 채용되므로 정은 채용되지 못한다.

오답분석

㉡ 인사팀장이 을과 정의 순위를 바꿨을 때, 네 사람의 면접점수를 산정하면 다음과 같다.

- 갑 : 2+4+1+2=9점
- 을 : 3+3+4+1=11점
- 병 : 1+1+3+4=9점
- 정 : 4+2+2+3=11점

즉, 을과 정이 채용되므로 갑은 채용되지 못한다.

CHAPTER
05 정보능력

대표기출유형 01 기출응용문제

01

정답 ①

마스터 부트 레코드(MBR; Master Boot Record)는 운영체계가 어디에, 어떻게 위치해 있는지를 식별하여 컴퓨터의 주기억장치에 적재될 수 있도록 하기 위한 정보로, 하드디스크나 디스켓의 첫 번째 섹터에 저장되어 있다.

02

정답 ⑤

제시문에서는 '응용프로그램과 데이터베이스를 독립시킴으로써 데이터를 변경시키더라도 응용프로그램은 변경되지 않는다.'고 하였다. 따라서 데이터의 논리적 의존성이 아니라 데이터의 논리적 독립성이 적절하다.

오답분석

① '다량의 데이터는 사용자의 질의에 대한 신속한 응답 처리를 가능하게 한다.'라는 내용은 실시간 접근성에 해당한다.
② '삽입·삭제·수정·갱신 등을 통하여 항상 최신의 데이터를 유동적으로 유지할 수 있으며'라는 내용을 통해 데이터베이스는 그 내용을 변화시키면서 계속적인 진화를 하고 있음을 알 수 있다.
③ '여러 명의 사용자가 동시에 공유를 할 수 있고'라는 부분에서 동시 공유가 가능함을 알 수 있다.
④ '각 데이터를 참조할 때는 사용자가 요구하는 내용에 따라 참조가 가능함'을 통해 내용에 의한 참조인 것을 알 수 있다.

03

정답 ③

고객의 신상정보의 경우 유출하거나 삭제하는 것 등의 행동을 해서는 안 되며, 거래처에서 빌린 컴퓨터에서 나왔기 때문에 거래처 담당자에게 되돌려주는 것이 가장 적절하다.

대표기출유형 02 기출응용문제

01

정답 ③

'볼펜은 행사에 참석한 직원 1인당 1개씩 지급한다.'라고 되어 있고 퇴직자가 속한 부서의 팀원 수가 [C2:C11]에 나와 있으므로 옳은 설명이다.

오답분석

㉠ '퇴직하는 직원이 소속된 부서당 화분 1개가 필요하다.'라고 되어 있고 자료를 보면 각 퇴직자의 소속부서가 모두 다르기 때문에 화분은 총 10개가 필요하다.
㉡ '근속연수 20년 이상인 직원에게 감사패를 준다.'라고 되어 있으므로 입사연도가 2005년 이전인 직원부터 해당된다. 퇴직자 중에서는 B씨, C씨, F씨, I씨 총 4명이지만 주어진 자료만으로는 행사에 참석하는 모든 직원의 입사연도를 알 수 없으므로 옳지 않은 설명이다.

02

정답 ④

LARGE 함수는 데이터 집합에서 N번째로 큰 값을 구하는 함수이다. 따라서 ④를 입력하면 [D2:D9] 범위에서 두 번째로 큰 값인 20,000이 산출된다.

오답분석

① MAX 함수는 최댓값을 구하는 함수이다.
② MIN 함수는 최솟값을 구하는 함수이다.
③ MID 함수는 문자열의 지정 위치에서 문자를 지정한 개수만큼 돌려주는 함수이다.
⑤ INDEX 함수는 범위 내에서 값이나 참조 영역을 구하는 함수이다.

03

정답 ①

SUMIF 함수는 주어진 조건에 의해 지정된 셀들의 합을 구하는 함수이며, 「=SUMIF(조건 범위,조건,계산할 범위)」로 구성된다. 따라서 ①을 입력하면 계산할 범위 [C2:C9] 안에서 [A2:A9] 범위 안의 조건인 [A2](의류)로 지정된 셀들의 합인 42가 산출된다.

오답분석

② COUNTIF 함수는 지정한 범위 내에서 조건에 맞는 셀의 개수를 구하는 함수이다.
③·④ VLOOKUP 함수와 HLOOKUP 함수는 배열의 첫 열/행에서 값을 검색하여 지정한 열/행의 같은 행/열에서 데이터를 돌려주는 찾기/참조함수이다.
⑤ AVERAGEIF 함수는 주어진 조건에 따라 지정되는 셀의 평균을 구하는 함수이다.

04

정답 ③

INDEX 함수는 「=INDEX(배열로 입력된 셀의 범위,배열이나 참조의 행 번호,배열이나 참조의 열 번호)」로 표시되고, MATCH 함수는 「=MATCH(찾으려고 하는 값,연속된 셀 범위,되돌릴 값을 표시하는 숫자)」로 표시되기 때문에 「=INDEX(E2:E9,MATCH(0,D2:D9,0))」를 입력하면 근무연수가 0인 사람의 근무월수가 셀에 표시된다. 따라서 2가 표시된다.

대표기출유형 03 기출응용문제

01

정답 ①

'strlen'은 문자열의 공백을 포함한 글자 수를 출력하는 함수이고, '₩n'은 줄 바꿈 명령어이다. 이때 '₩n'은 글자 수를 출력하는 함수에 포함되지 않았다. 따라서 "hello world"의 공백을 포함한 문자 수는 11이므로, 프로그램을 실행하면 11을 출력한다.

02

정답 ④

반복문을 통해 배열의 요소를 순회하면서 각 요소의 값을 더하여 tot에 저장하는 프로그램이다. 요소들의 값이 누적되어 있는 tot의 값이 100보다 크거나 같다면 break 문으로 인해 반복문을 종료하고 현재 tot 값을 출력한다. 따라서 10+37+23+4+8+71일 때 100보다 커져 반복문이 종료되므로 마지막에 더해진 값은 153이 된다.

CHAPTER

06 조직이해능력

대표기출유형 01 기출응용문제

01

정답 ④

경영은 경영목적, 인적자원, 자금, 전략의 4요소로 구성된다. 경영목적은 조직의 목적을 달성하기 위해 경영자가 수립하는 것으로, 보다 구체적인 방법과 과정이 담겨 있다. 인적자원은 조직에서 일하는 구성원으로, 경영은 이들의 직무수행에 기초하여 이루어지기 때문에 인적자원의 배치 및 활용이 중요하다. 자금은 경영을 하는 데 사용할 수 있는 돈으로, 자금이 충분히 확보되는 정도에 따라 경영의 방향과 범위가 정해지게 된다. 경영전략은 조직이 변화하는 환경에 적응하기 위하여 경영활동을 체계화하는 것으로, 목표달성을 위한 수단이다. 경영전략은 조직의 목적에 따라 전략 목표를 설정하고, 조직의 내·외부 환경을 분석하여 도출한다.

02

정답 ⑤

㉠ 집중화 전략에 해당한다.
㉡ 원가우위 전략에 해당한다.
㉢ 차별화 전략에 해당한다.

대표기출유형 02 기출응용문제

01

정답 ④

조직 목표의 기능

- 조직이 존재하는 정당성과 합법성 제공
- 조직이 나아갈 방향 제시
- 조직 구성원 의사결정의 기준
- 조직 구성원 행동수행의 동기 유발
- 수행 평가의 기준
- 조직 설계의 기준

02

정답 ⑤

조직 문화는 구성원 개개인의 개성을 인정하고 그 다양성을 강화하기보다는 구성원들의 행동을 통제하는 기능을 한다. 즉, 구성원을 획일화·사회화시킨다.

03

정답 ①

조직이 생존하기 위해서는 급변하는 환경에 적응하여야 한다. 이를 위해서는 원칙이 확립되어 있고 고지식한 기계적 조직보다는 운영이 유연한 유기적 조직이 더 적합하다.

오답분석

② 대규모 조직은 소규모 조직과는 다른 조직 구조를 갖게 된다. 대규모 조직은 소규모 조직에 비해 업무가 전문화·분화되어 있고, 많은 규칙과 규정이 존재하게 된다.
③ 조직 구조를 결정하는 요인으로는 크게 전략, 규모, 기술, 환경이 있다. 전략은 조직의 목적을 달성하기 위하여 수립한 계획으로 조직이 자원을 배분하고 경쟁적 우위를 달성하기 위한 주요 방침이다. 기술은 조직이 투입 요소를 산출물로 전환시키는 지식, 기계, 절차 등을 의미한다. 또한 조직은 환경의 변화에 적절하게 대응하기 위해 환경에 따라 조직의 구조를 다르게 조작한다.
④ 조직 활동의 결과에 따라 조직의 성과와 만족이 결정되며, 그 수준은 조직 구성원들의 개인적 성향과 조직 문화의 차이에 따라 달라진다.
⑤ 조직 구조의 결정 요인 중 하나인 기술은 조직이 투입 요소를 산출물로 전환시키는 지식, 기계, 절차 등을 의미한다. 소량생산 기술을 가진 조직은 유기적 조직 구조를, 대량생산 기술을 가진 조직은 기계적 조직 구조를 가진다.

04

정답 ①

조직 개편 방향에 따르면 마케팅본부를 신설한다고 하였다.

05

정답 ②

- 경영본부 : 기획조정실, 경영지원팀, 재무관리팀, 미래사업팀, 사회가치실현(TF팀), 인사관리팀 → 6팀
- 운영본부 : 물류전략실, 항만관리팀, 물류단지팀, 물류정보팀, 안전·보안(TF)팀 → 5팀
- 건설본부 : 항만개발실, 항만건설팀, 항만시설팀, 갑문운영팀, 스마트갑문(TF)팀 → 5팀

06

정답 ③

주어진 자료를 참고하면 마케팅본부에는 글로벌마케팅 1·2팀, 국내마케팅팀, 홍보팀이 속한다.

07

정답 ①

조직의 규칙과 규정은 조직의 목표나 전략에 따라 수립되어 조직 구성원들이 활동 범위를 제약하고 일관성을 부여하는 기능을 한다. 예를 들어 인사규정, 총무규정, 회계규정 등이 있다.

대표기출유형 03 기출응용문제

01

정답 ⑤

예산집행 조정, 통제 및 결산 총괄 등 예산과 관련된 업무는 ⓜ 자산팀이 아닌 ㉠ 예산팀이 담당하는 업무이다. 자산팀은 물품 구매와 장비·시설물 관리 등의 업무를 담당한다.

02

정답 ④

전문자격 시험의 출제정보를 관리하는 시스템의 구축·운영 업무는 정보화사업팀이 담당하는 업무로, 개인정보 보안과 관련된 업무를 담당하는 정보보안전담반의 업무로는 적절하지 않다.

03

정답 ③

2월 17 ~ 24일의 업무를 정리하면 다음과 같다.

17일	18일	19일	20일	21일	22일	23일	24일
B업무 (착수)	B업무	B업무 (완료)					
D업무 (착수)	D업무 (완료)						
			C업무 (착수)	C업무	C업무 (완료)		
		A업무 (착수)	A업무	A업무	A업무	A업무	A업무 (완료)

따라서 B – D – A – C 순서로 업무에 착수할 것임을 알 수 있다.

04

정답 ⑤

현재 시각이 오전 11시이므로 오전 중으로 처리하기로 한 업무를 가장 먼저 처리해야 한다. 따라서 오전 중으로 고객에게 보내기로 한 자료 작성(ㄹ)을 가장 먼저 처리한다. 다음으로 오늘까지 처리해야 하는 업무 두 가지(ㄱ, ㄴ) 중 비품 신청(ㄱ)보다는 부서장이 지시한 부서 업무 사항(ㄴ)을 먼저 처리하는 것이 적절하다. 그리고 특별한 상황이 아닌 이상 개인의 단독 업무보다는 타인·타 부서와 협조된 업무(ㄷ)를 우선적으로 처리해야 한다. 따라서 '고객에게 보내기로 한 자료 작성 – 부서 업무 사항 – 인접 부서의 협조 요청 – 단독 업무인 비품 신청' 순서로 업무를 처리해야 한다.

05

정답 ③

ㄱ. 최수영 상무이사가 결재한 것은 대결이다. 대결은 결재권자가 출장, 휴가, 기타 사유로 상당기간 부재중일 때 긴급한 문서를 처리하고자 할 경우 결재권자의 차하위 직위의 결재를 받아 시행하는 것을 말한다.
ㄴ. 대결 시에는 기안문의 결재란 중 대결한 자의 란에 '대결'을 표시하고 서명 또는 날인한다.
ㄹ. 전결 사항은 전결권자에게 책임과 권한이 위임되었으므로 중요한 사항이라면 원결재자에게 보고하는 데 그친다.

담당	과장	부장	상무이사	전무이사
아무개	최경옥	김석호	대결 최수영	전결

오답분석

ㄷ. 대결의 경우 원결재자가 문서의 시행 이후 결재하며, 이를 후결이라 한다.

CHAPTER

07 기술능력

대표기출유형 01 기출응용문제

01

정답 ④

㉠ 드론(Drone) : 무인항공기(UAV; Unmanned Aerial Vehicle)로도 불리며, 조종사가 탑승하지 않고 무선 원격 조종하는 비행체이다. 모형항공기와 비교되곤 하는데 드론과 모형항공기의 가장 큰 차이는 자동비행장치의 탑재 유무이다. 자동비행이 가능하면 드론의 일종으로 보고, 자동비행이 불가능하여 수동 조작이 필요하면 모형항공기의 일종으로 본다.

㉡ 사물인터넷(IoT; Internet of Things) : 물체에 인터넷 등의 네트워크를 적용하여 물체와 사용자와의 커뮤니케이션은 물론 연결된 기기 간의 상호작용을 통해 자동으로 기기를 제어하는 기술이다.

㉢ 빅데이터(Big data) : 기존 데이터 처리 능력으로는 감당이 안 되는 매우 크고 복잡한 비정형 데이터이다. 흔히 빅데이터의 3대 중요 요소로 크기(Volume)・속도(Velocity)・다양성(Variety)을 꼽으며, 빅데이터를 통한 가치 창출이 중요해지면서 정확성(Veracity)・가치(Value)까지 포함하여 빅데이터의 주요 5대 중요 요소로 꼽는 사람들도 있다. 이 빅데이터는 시장 선호도 조사 등 다양한 산업 분야에서 목적에 따라 적절하게 빅데이터를 처리하여 결론을 도출해야 한다.

02

정답 ①

기술시스템(Technological System)은 개별 기술이 네트워크로 결합하는 것을 말한다. 인공물의 집합체만이 아니라 투자회사, 법적 제도, 정치, 과학, 자연자원을 모두 포함하는 것으로, 사회기술시스템이라고도 한다.

대표기출유형 02 기출응용문제

01

정답 ④

제품에는 배터리 보호를 위하여 과충전 보호회로가 내장되어 있어 적정 충전시간을 초과하여도 배터리에 큰 손상이 없으므로 고장의 원인으로 옳지 않다.

02

정답 ③

청소기 전원을 끄고 이물질 제거 후 전원을 켜면 파워브러시가 재작동하며, 평상시에도 파워브러시가 멈추었을 때는 전원 스위치를 껐다 켜면 재작동한다.

03

정답 ⑤

사용 중 갑자기 흡입력이 떨어지는 이유는 흡입구를 커다란 이물질이 막고 있거나, 먼지 필터가 막혀 있거나, 먼지통 내에 오물이 가득 차 있을 경우이다.

PART 2

직무수행능력평가

CHAPTER 01

경영학(사무직) 적중예상문제

01	02	03	04	05	06	07	08	09	10	11	12	13	14	15	16	17	18	19	20
③	①	①	③	⑤	②	②	②	①	④	③	①	④	⑤	③	①	④	①	④	③

01

정답 ③

BCG 매트릭스 모형

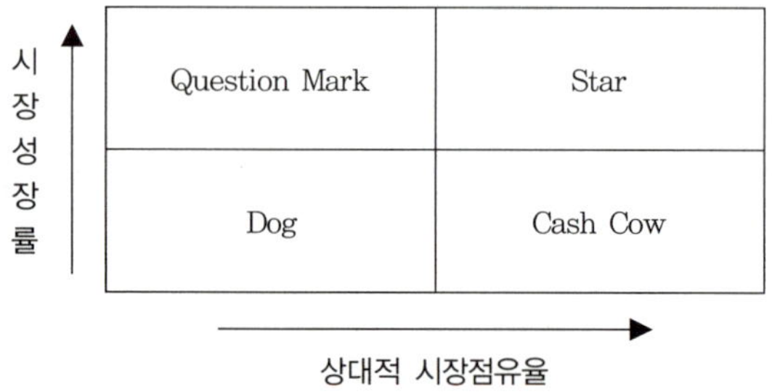

- Star : 시장점유율과 성장성이 모두 좋아 전망이 밝은 사업
- Question Mark : 시장점유율이 낮아 불안정한 수익을 보이지만, 성장률은 높기 때문에 전망을 쉽게 예측하기 어려운 사업
- Dog : 시장점유율과 성장률이 모두 낮은 사양사업
- Cash Cow : 시장점유율이 높아 지속적인 수익을 가져다주지만, 시장의 성장 가능성은 낮은 사업

02

정답 ①

주식회사는 그 구성원인 사원, 즉 주주는 자기의 출자액의 주식금액을 한도로 하여 회사의 자본 위험에 대한 책임을 지는데, 이를 주주의 유한책임이라 한다.

03

정답 ①

㉠ 국제회계기준위원회(IASB)는 회계처리 및 재무제표의 통일성을 목적으로 IFRS를 공표한다.
㉢ 보유자산을 공정가치로 측정함에 따라 현재의 시장가격을 기준으로 해당 자산을 평가한다.

오답분석

㉡ IFRS를 도입한 기업은 연결 재무제표를 기본 재무제표로 사용하여야 한다.
㉣ 우리나라는 2011년부터 상장사, 금융기업 등에 대해 IFRS를 의무 도입하였다.

04

정답 ③

- 6시그마 : 100만 개의 제품 중 발생하는 불량품이 평균 3.4개
- 5시그마 : 100만 개의 제품 중 발생하는 불량품이 평균 233개
- 4시그마 : 100만 개의 제품 중 발생하는 불량품이 평균 6,210개

05

정답 ⑤

휴대전화와 충전 장치의 연결 방식을 한 가지 형식으로 통일한 것은 표준화, 음료수의 생산 과정을 줄인 것은 작업 절차를 간소하게 한 것이므로 단순화, 자동차 바퀴의 조립작업을 한 사람에서 두 사람으로 분업화한 것을 전문화라고 한다.

06

정답 ②

프로젝트 조직은 태스크포스팀이라고도 하며 동태적 조직의 대표적인 형태이다. 프로젝트 조직은 인원 구성상의 탄력성을 유지하며, 목표가 명확하므로 구성원의 프로젝트에 대한 적극적인 참여, 조직의 기동성과 환경 적응성이 높다는 장점이 있다.

07

정답 ②

비즈니스 리엔지니어링(BR; Business Reengineering)은 업무 프로세스 중심의 개혁으로 비약적인 업적 향상을 실현하는 기법이며, 원점에서 재검토하여 프로세스를 중심으로 업무를 재편성한다. 업적을 비약적으로 향상시키고, 기능별 조직의 한계를 넘어 고객의 요구를 충족시킨다는 관점에서 업무 프로세스를 근본적으로 재편하는 톱다운(Top-down)식 접근 방법이다.

오답분석

① 컨커런트 엔지니어링(CE; Concurrent Engineering) : 기업의 제품 개발 프로세스를 재설계하여 신제품 개발 기간의 단축, 비용 절감 및 고품질의 제품 생산을 도모하는 경영혁신 기법이다.
③ 조직 리스트럭처링(RS; Restructuring) : 한 기업이 여러 사업부를 가지고 있을 때 미래 변화를 예측하여 어떤 사업부는 주력 사업으로 하고, 어떤 사업부는 축소·철수하고, 어떤 사업부는 신규 사업으로 새로이 진입하고 더 나아가 중복 사업을 통합하는 등 사업 구조를 개혁하는 것이다.
④ 다운사이징(DS; Downsizing) : 조직의 효율성, 생산성, 경쟁력을 개선하기 위해 조직 인력의 규모, 비용 규모, 업무 흐름 등에 변화를 가져오는 일련의 조치이다.
⑤ 벤치마킹(BM; Benchmarking) : 경영혁신 프로그램으로 해당 분야의 최고 경영 비결을 찾아내어 자사에 적용하는 생산성 향상 방법의 구체적 사안을 다루는 기법이다.

08

정답 ②

②는 X이론에 해당한다.

맥그리거(D. McGregor)의 X－Y이론

- X이론 : 명령통제에 관한 전통적 견해이며 낡은 인간관이다.
  - 인간은 선천적으로 일을 싫어하며 가능한 한 일을 하지 않고 지냈으면 한다.
  - 기업 내의 목표달성을 위해서는 통제·명령·상벌이 필요하다.
  - 종업원은 대체로 평범하며, 자발적으로 책임을 지기보다는 명령받기를 좋아하고 안전제일주의의 사고·행동을 취한다.
- Y이론 : 인간의 행동에 관한 여러 사회과학의 성과를 토대로 한 것이다.
  - 종업원들은 자발적으로 일할 마음을 가지게 된다.
  - 개개인의 목표와 기업목표의 결합을 꾀할 수 있다.
  - 일의 능률을 향상시킬 수 있다.

09

정답 ①

신제품 개발 과정은 '아이디어 창출 → 아이디어 선별 및 평가 → (제품개념 테스트 → 마케팅 전략 개발) → 사업타당성 분석 → 제품 개발 → 시험마케팅 → 상업화'의 순서로 진행된다.

10

정답 ④

오답분석

① 연봉제 : 개별 구성원의 능력·실적 및 조직 공헌도 등을 평가해 계약에 의해 연간 임금액을 책정하는 보수 체계이다.
② 개인성과급제 : 노동의 성과를 측정하여 그 결과에 따라 임금을 지급하는 제도이다.
③ 임금피크제 : 근로자들의 임금을 삭감하지 않고 고용을 유지하기 위해 근무시간을 줄여 고용을 보장하는 제도이다.
⑤ 스캔런 플랜 : 생산액의 변동에 임금을 연결시켜 산출하는 것으로, 일정 기간 동안 구성원과 조직이 기대한 원가절감액에서 실제 절약한 비용을 뺀 나머지를 모든 구성원들에게 금전적 형태로 제공하는 제도이다.

11

정답 ③

오답분석

① 편의품 : 최소한의 노력으로 적합한 제품을 구매하려는 행동의 특성을 보이는 제품으로, 주로 일상생활에서 소비 빈도가 가장 높으며 가장 인접해 있는 점포에서 구매하는 상품이다.
② 선매품 : 여러 점포를 방문하거나 다양한 제품들의 가격 수준, 품질, 스타일 등에 대한 적합성을 비교하여 최선의 선택으로 결정하는 제품이다.
④ 자본재 : 다른 재화를 생산하기 위해 사용되는 재화이다.
⑤ 원자재 : 공업 생산의 원료가 되는 자재이다.

12

정답 ①

초기고가전략은 가격 변화에 둔감한 경우, 즉 수요의 가격탄력성이 낮은 경우에 채택해야 한다.

13

정답 ④

(항상성장 모형) : $P=\frac{D_1}{\gamma-g}=\frac{1,100}{0.2-0.15}=\frac{1,100}{0.05}=22,000$원

(γ : 요구수익률, g : 성장률, D_1 : 차기주당배당금)

14

정답 ⑤

촉진믹스(Promotion Mix) 활동

- 광고
- 인적 판매
- 판매 촉진
- PR(Public Relationship)
- 직접마케팅
- 간접마케팅

15

정답 ③

채권가격 구하기

$$P=\frac{10,000\times0.03}{(1+0.02)^1}+\frac{10,000\times0.03}{(1+0.02)^2}+\frac{10,000}{(1+0.02)^2}=294+288+9,612=10,194\text{원}$$

16

정답 ①

인원·신제품·신시장의 추가 및 삭감이 신속하고 신축적인 것은 기능별 조직에 대한 설명이다.

17

정답 ④

(연 10%에 기간이자율에 대한 1기간 단일 현가계수)$=\frac{1}{1+0.1}=0.9091$

$\therefore$ $(1,000,000\times0.9091+1,000,000\times0.8264)-1,500,000=235,500$원

18

정답 ①

오답분석

② 적시생산시스템 : 필요한 때에 맞추어 물건을 생산・공급하는 것으로, 제조업체가 부품업체로부터 부품을 필요한 시기에 필요한 수량만큼만 공급받아 재고가 없도록 해주는 재고관리시스템이다.
③ 린 생산 : 작업 공정 혁신을 통해 비용은 줄이고 생산성은 높이는 것으로, 숙련된 기술자의 편성과 자동화 기계의 사용으로 적정량의 제품을 생산하는 방식이다.
④ 공급사슬관리 : 어떤 제품을 판매하는 경우 자재 조달, 제품 생산, 유통, 판매 등의 흐름을 적절히 관리하여 공급망 체인을 최적화함으로써 조달 시간 단축, 재고 비용이나 유통 비용 삭감, 고객 문의에 대한 빠른 대응을 실현하는 것이다.
⑤ 칸반 시스템 : 적시생산시스템의 생산통제 수단으로, 낭비를 제거하고 필요한 때에 필요한 물건을 필요한 양만큼만 만들어서 보다 빨리, 보다 싸게 생산하기 위한 목적으로 활용되는 시스템이다.

19

정답 ④

오답분석

① 순투자 : 기업이 고정자산을 구매하거나, 유효수명이 당회계연도를 초과하는 기존의 고정자산 투자에 돈을 사용할 때 발생한다.
② 재고투자 : 기업의 투자활동 중 재고품을 증가시키는 투자활동 또는 증가분을 말한다.
③ 민간투자 : 사기업에 의해서 이루어지는 투자로 사적투자라고도 한다.
⑤ 공동투자 : 복수의 기업이 공동 목적을 위해 투하하는 투자를 말한다.

20

정답 ③

트러스트는 경제적 자립권과 독립성을 둘 다 포기하고 시장독점이라는 하나의 목적으로 여러 기업이 뭉쳐서 이룬 하나의 통일체이다.

오답분석

① 카르텔(Kartell) : 기업연합을 의미하는 용어로, 동종 산업에 종사하는 다수의 기업들이 서로 경제적인 자립권과 법률상 독립권을 유지한 채 시장독점을 목적으로 한 연합체이다.
② 신디케이트(Syndicate) : 공동판매 카르텔이며 가장 고도화된 카르텔의 형태로, 생산은 독립성을 유지하나 판매는 공동판매회사를 통해서 이루어진다.
④ 콘체른(Konzern) : 법률상의 독립권만 유지되는 형태의 기업연합이다.
⑤ 컨글로머리트(Conglomerate) : 합병 또는 매수에 의해서 상호 관련 없는 이종기업을 결합하는 기업집중 형태이다.

CHAPTER 02

경제학(사무직) 적중예상문제

01	02	03	04	05	06	07	08	09	10	11	12	13	14	15	16	17	18	19	20
④	⑤	④	⑤	②	②	①	⑤	①	④	②	③	③	⑤	③	③	④	①	④	②

01

정답 ④

(가)의 수요량이 증가했을 때, 가격이 하락한 (나)는 (가)의 대체재이고, 수요가 함께 증가한 (다)는 (가)의 보완재이다. 따라서 대체 관계에서 수요의 교차탄력성은 0보다 크다.

오답분석

③ (다)의 수요가 증가하였으므로 거래량도 증가한다.

02

정답 ⑤

펀더멘털(Fundamental)은 국가나 기업의 경제 상태를 가늠할 수 있는 기초 경제 여건으로, 대개 경제성장률, 물가상승률, 실업률, 경상수지 등 경제 상태를 표현하는 데 기초적인 자료가 되는 주요 거시경제 지표가 이에 해당한다.

오답분석

ㄱ. 금융기관 매출액은 미시경제 지표이다.

03

정답 ④

오답분석

① 테이퍼링(Tapering) : 정부가 통화 유동성을 확대하기 위해 시행하던 양적완화(자산 매입) 조치를 점진적으로 축소하는 것을 일컫는 말이다.
② 체리피킹(Cherry picking) : 어떤 대상에서 좋은 것만 고르고, 나쁜 것은 고르지 않는 행위를 일컫는 용어이다.
③ 테뉴어보팅(Tenure Voting) : 장기간 보유한 주식에 더 많은 의결권을 부여하는 제도이다.
⑤ 오퍼레이션 트위스트(Operation Twist) : 장기국채를 사들이고 단기국채를 매도함으로써 장기금리를 끌어내리고 단기금리는 올리는 공개시장 조작 방식이다.

04

정답 ⑤

서킷브레이커는 3단계로 세분화되며, 1단계는 최초로 종합주가지수가 전일에 비해 8% 이상 하락한 경우 발동된다. 1단계 발동 시 모든 주식 거래가 20분간 중단되며, 이후 10분간 단일가매매로 거래가 재개된다. 2단계는 전일에 비해 15% 이상 하락하고 1단계 발동지수 대비 1% 이상 추가 하락한 경우에 발동된다. 2단계 발동 시 1단계와 마찬가지로 20분간 모든 거래가 중단되며, 이후 10분간 단일가매매로 거래가 재개된다. 3단계는 전일에 비해 20% 이상 하락하고 2단계 발동지수 대비 1% 이상 추가 하락한 경우 발동되며, 발동 시점을 기준으로 모든 주식 거래가 종료된다.

05

정답 ②

통화공급의 증가에는 이자율의 하락이 따른다. 이자율의 하락은 투자의 증대로 이어지고 따라서 총수요곡선은 우측으로 이동한다. 문제에 제시된 상황에서 총수요곡선의 우측 이동은 단기 총공급곡선 상에서 실질 GDP만을 증가시키며, 장기 총공급곡선 상에서는 실질 GDP를 변화시키지 못한다.

06

정답 ②

시장 가격의 형성은 누군가에 의해 운영되는 것이 아니라 '보이지 않는 손'에 의해 경제주체 사이에 자연스럽게 형성된다.

07

정답 ①

ㄱ. 소비자의 수요가 비탄력적인 경우 가격이 올라도 수요의 변화는 크지 않다. 따라서 총지출은 증가한다.

ㄴ. 탄력성이 커지면 세금 내는 것은 적어지고 보조금의 혜택도 적어진다. 반대로 탄력성이 적어지면 세금 내는 것은 많아지고 보조금의 혜택은 늘어나게 된다. 따라서 수요와 공급의 가격탄력성이 커지면 정부와의 거래량이 줄어들고(세수가 줄어듦) 후생 손실이 증가하게 된다.

오답분석

ㄷ. 독점기업의 경우 공급곡선이 존재하지 않는다. 따라서 공급의 가격탄력성은 존재하지 않는다.

ㄹ. 최저임금은 가격하한제에 해당한다. 따라서 노동의 공급보다는 수요 측면에 의해서 결정되는 것이 옳다.

08

정답 ⑤

ㄴ・ㄷ. 공리는 특별한 증명 없이 참과 거짓을 논할 수 있는 명제를 말한다. 현시선호 이론에는 강공리와 약공리가 존재한다. 약공리는 만약 한 상품묶음 Q_0이 다른 상품묶음 Q_1보다 현시선호되었다면, 어떤 경우라도 Q_1이 Q_0보다 현시선호될 수는 없다는 것을 말한다. 강공리는 만약 한 상품묶음 Q_0이 다른 상품묶음 Q_n보다 간접적으로 현시선호되었다면, 어떤 경우라도 Q_n이 Q_0보다 간접적으로 현시선호될 수 없다는 것을 말한다. 즉, 현시선호에서 공리는 소비자의 선택 행위가 일관성을 보여야 한다. 따라서 현시선호의 공리를 만족시키면 우하향하는 기울기를 가지는 무차별곡선을 도출하게 된다.

ㄹ. 강공리는 약공리를 함축하고 있으므로 강공리를 만족한다면 언제나 약공리는 만족한다.

오답분석

ㄱ. 현시선호 이론은 완전성・이행성・반사성이 있다는 것을 전제하는 소비자 선호 체계에 반대하면서 등장한 이론이므로, 이행성이 있다는 것을 전제로 한다는 내용은 옳지 않다.

09

정답 ①

숙련노동자의 균형임금은 최저임금보다 높기 때문에 최저임금이 인상되더라도 영향을 받지 않는다. 이에 비해 최저임금이 인상될 때 균형임금이 최저임금보다 낮은 비숙련노동자의 고용은 감소하게 된다. 따라서 노동수요가 탄력적일수록 최저임금 인상 시 비숙련노동자의 고용량이 크게 감소한다.

10

정답 ④

임금상승 시 여가소비가 감소하는 것은 여가가 정상재이면서 열등재이거나 대체 효과가 소득 효과보다 큰 경우이다.

11

정답 ②

자연독점이란 규모가 가장 큰 단일 공급자를 통한 재화의 생산 및 공급이 최대 효율을 나타내는 경우 발생하는 경제 현상을 의미한다. 자연독점 현상은 최소효율규모의 수준 자체가 매우 크거나 생산량이 증가할수록 평균총비용이 감소하는 '규모의 경제'가 나타날 경우에 발생한다. 이때 최소효율규모란 평균비용곡 선상에서 평균비용이 가장 낮은 생산 수준을 나타낸다.

12

정답 ③

오답분석

① 적응적 기대는 과거의 자료를 바탕으로 예상오차를 점차 수정해서 미래를 예측하는 것을 말하며, 적응적 기대에서의 경제주체는 단기적으로 보면 경제상황에 대해 정확히 파악하지 못하기 때문에 오류를 범하게 되고 시간이 지나면서 정확한 값을 찾게 되는 모습을 보인다. 따라서 적응적 기대는 경제주체들이 체계적 오류를 범한다고 보기 때문에 체계적 오류 가능성이 없다고 보는 것은 옳지 않다.

② 합리적 기대에 대한 정의이다.

④ 필립스 곡선이 급해지면 희생률은 작아진다.

⑤ t기의 기대 인플레이션에 영향을 주는 것은 $(t-1)$기의 인플레이션이다.

13

정답 ③

오답분석

① 기술이 매년 진보하는 상황에서 1인당 자본량은 계속 증가한다.

② 전체 자본량의 증가율은 기술진보율(2%)과 인구증가율(1%)의 합과 같다. 따라서 3%씩 증가할 것이다.

④ 저축률이 증가한다는 것은 투자가 많아지는 것을 뜻하므로, 1인당 자본량이 증가하게 된다. 하지만 솔로우 모형에서 장기상태의 성장률은 0을 유지하기 때문에 변화하지 않는다고 봐야 한다. 따라서 1인당 자본량의 증가율이 상승한다는 것은 옳지 않다.

⑤ 감가상각률이 증가한다는 것은 1인당 자본량은 줄어든다는 것을 의미한다.

14

정답 ⑤

비용함수 $C(Q)=100+2Q^2$를 통해 고정비용은 100, 가변비용은 $2Q^2$, 한계비용은 $4Q$, 평균가변비용은 $2Q$라는 것을 도출할 수 있다. 이에 따라 완전경쟁시장에서 최적산출량(5개)를 시장가격 20에 팔면 수입은 100, 손실은 50이다.

오답분석

① 기업이 속해 있는 시장이 완전경쟁시장이고 완전경쟁시장에서 기업은 시장가격을 받아들여야 한다. 또한 완전경쟁시장에서 기업이 직면하는 수요곡선은 수평선이다.

③ $4Q=20$ → 5이므로 최적산출량은 5이다.

④ 생산은 평균가변비용(AVC)보다 높은 곳에서 진행되므로 옳은 설명이다.

15

정답 ③

불확실한 상황에서 지혜의 재산의 기대 수익과 기대효용을 계산해보면 각각 다음과 같다.

- $E(x)=\left(\frac{3}{10}\times 400\right)+\left(\frac{7}{10}\times 900\right)=120+630=750$
- $E(U)=\left(\frac{3}{10}\times\sqrt{400}\right)+\left(\frac{7}{10}\times\sqrt{900}\right)=6+21=27$

재산의 크기가 900만 원이고 재산의 기대 수익이 750만 원이므로 기대손실액(Pl)은 150만 원($=0.3\times 500$)이다. 불확실한 상황에서와 동일한 효용을 얻을 수 있는 확실한 현금의 크기인 확실성등가(CE)를 구하면 $\sqrt{CE}=27$이므로 $CE=729$만 원이다.
또한 지혜의 위험프리미엄(π)은 기대수익에서 확실성등가(CE)를 뺀 21만 원이다.
따라서 지혜가 지불할 용의가 있는 최대 보험료는 기대손실액(Pl)과 위험프리미엄(π)을 합한 171만 원이다.

16

정답 ③

ㄴ. 기술충격 발생 → 노동수요 증가 → 임금·실질이자율 상승 → 노동공급 증가 → 공급의 증가가 되기 때문에 충격이 더 많이 오게 된다. 따라서 소비의 기간 간 대체효과는 크다.

ㄷ. 자본에 대한 요구가 많아지면 실질이자율 역시 같은 방향으로 움직이기 때문에 경기순행적이다.

오답분석

ㄱ. 흉작이나 획기적 발명품의 개발은 실물적 경비변동 이론(RBC)에 해당하며, 이 경우 영구적 기술충격이 아니라 일시적 기술충격에 해당한다.

ㄹ. 생산성 상승 → 노동 수요 증가 → 실질임금 상승으로 이어진다. 따라서 실질임금과 실질이자율은 경기순행적이다.

ㅁ. 경기 상황에 따라 노동 수요가 늘어날 수도 있고 줄어들 수도 있으므로 생산성은 경기순응적이다.

17

정답 ④

실질절하는 실질환율이 상승했다는 것을 의미한다. 실질환율이 상승하게 되면 수출이 증가하고 수입이 감소하게 된다. 환율이 상승하게 되면 원자재를 구입하는 사람들은 부담이 커지는데, 단기적으로 보면 무역수지 적자가 발생하게 된다(그래프의 '−' 부분). 이때 수출수요탄력성과 수입수요탄력성의 합이 1보다 커야 실질절하는 무역수지를 개선한다.

18

정답 ①

가격차별이란 동일한 상품에 대해 구입자 또는 구입량에 따라 다른 가격을 받는 행위를 의미한다. 기업은 이윤을 증대시키는 목적으로 가격차별을 실행한다. 이때 가격차별은 나이, 주중고객과 주말고객, 판매지역(국내와 국외), 대량구매 여부 등의 기준에 따라 이루어진다. 일반적으로 가격차별을 하면 기존에는 소비를 하지 않았던 수요자층까지 소비를 할 수 있으므로 산출량이 증가하고 사회후생이 증가한다.

19

정답 ④

ㄴ. 수요곡선이 수평선으로 주어져 있다는 것은 완전탄력적이라는 것을 의미한다. 수요가 완전탄력적인 경우 공급자가 모든 조세를 부담하기 때문에 물품세의 조세 부담은 모두 공급자에게 귀착된다.

ㄷ. 공급의 가격탄력성이 크면 클수록 상대적으로 수요는 덜 탄력적으로 되며, 덜 탄력적일수록 수요자에게 부담된다.

ㄹ. 법적부과 대상자보다는 경제적인 결과가 중요하다.

오답분석

ㄱ. 세금을 부여한다고 해서 수요곡선이 변화하는 것은 아니며, 사람이 최대한 낼 수 있는 것이 변화한다. 따라서 수요곡선은 이동하지 않고 공급자들에게 최대한 지불할 수 있는 금액만 떨어진다.

ㅁ. 세율에 비례하는 것이 아니라 세율 제곱에 비례한다.

20

정답 ②

절약의 역설(저축의 역설)은 절약(저축)의 증가가 투자의 증가로 이어지지 못하고 반대로 총수요를 감소시켜 생산활동을 위축하게 됨으로 인해 국민소득이 감소되는 경우를 말한다. 절약의 역설은 투자 수요의 이자율 탄력성이 적을 때 성립하므로, 이자율 변동의 영향을 적게 받을수록 절약의 역설이 발생할 가능성이 크다.

오답분석

ㄱ. 경기가 침체되었을 때 절약을 하면 상황이 더 안 좋아지기 때문에 절약의 역설이 발생하지 않는다는 설명은 옳지 않다.

ㄷ. 고전학파가 아니라 케인스에 해당한다.

ㄹ. 고전학파의 입장에서 임금은 신축적으로 변화하지만 케인스는 임금을 경직적으로 보기 때문에 절약의 역설이 발생한다.

CHAPTER

03 행정학(사무직) 적중예상문제

01	02	03	04	05	06	07	08	09	10	11	12	13	14	15	16	17	18	19	20
③	⑤	③	⑤	④	①	④	④	③	③	②	④	②	③	①	②	③	④	①	②

01

정답 ③

무의사결정론은 엘리트들이 대중에 대한 억압과 통제를 통해 불리한 문제는 거론을 못하게 막고, 유리한 이슈만을 정책의제로 설정하게 하는 것을 뜻한다.

오답분석

① 체제 이론 : 문지기(Gate Keeper)의 선호에 의해, 이익집단 자유주의는 이익집단의 영향력에 따라, 어떤 의제는 정책의제화가 될 수 없음을 설명하는 이론
② 다원주의론 : 사회를 구성하는 집단들 사이에 권력은 널리 동등하게 분산되어 있으며, 정책은 많은 이익집단의 경쟁과 타협의 산물이라고 설명하는 이론
④ 공공선택론 : 합리적 경제인을 가정, 즉 인간은 자신의 이익극대화를 추구하는 이기적인 존재로 가정하는 내용
⑤ 사이먼(H. Simon)의 의사결정론 : 인간은 인지능력의 제한이 있으므로 완전히 합리적인 결정에는 한계가 있어 일부 사회문제만을 정책의제로 선택하는 내용

02

정답 ⑤

고정간격 강화는 일정한 시간적 간격을 두고 강화 요인을 제공하는 방법이며, 빈도는 비율과 관련된 것이다.

강화(Reinforcement)

- 연속적 강화 : 바람직한 행동이 나올 때마다 강화 요인을 제공, 초기 단계의 학습에서 바람직한 행동의 빈도를 늘리는 데 효과적이다.
- 단속적 강화
  - 고정간격법 : 일정한 시간적 간격을 두고 강화 요인을 제공
  - 변동간격법 : 불규칙적인 시간 간격에 따라 강화 요인을 제공
  - 고정비율법 : 일정한 빈도의 바람직한 행동이 나타났을 때 강화 요인을 제공
  - 변동비율법 : 불규칙한 횟수의 바람직한 행동이 나타났을 때 강화 요인을 제공

03

정답 ③

선행 조치에는 법령 · 행정계획 · 행정행위 · 확약 · 행정지도 등이 포함되어 있으나, 무효행위는 신뢰 대상이 되지 않는다. 또한 공익에 반하거나 법치행정의 원리와 충돌되는 등의 경우에는 적용의 제한을 받는다.

신뢰보호의 원칙 적용

첫째, 행정청이 개인에 대하여 신뢰의 대상이 되는 공적인 견해 표명을 하여야 한다.
둘째, 행정청의 견해 표명이 정당하다고 신뢰한 것에 대하여 그 개인에게 귀책사유가 없어야 한다.
셋째, 그 개인이 그 견해 표명을 신뢰하고 이에 어떠한 행위를 하였어야 한다.
넷째, 행정청이 위 견해 표명에 반하는 처분을 함으로써 그 견해 표명을 신뢰한 개인의 이익이 침해되는 결과가 초래되어야 한다.
다섯째, 공익 또는 제3자의 정당한 이익을 해할 우려가 있는 경우가 아닌 한, 신뢰보호의 원칙에 반해 위법하다.

04

정답 ⑤

윌슨의 정치행정이원론에 따르면 행정의 비정치성이란 행정은 정치적 이념 혹은 집안이나 특정 개인의 선호도를 고려하지 않고 중립적으로 이루어져야 한다는 것을 의미한다.

05

정답 ④

분권화의 확대, 권한 재조정, 명령계통 수정 등에 관심을 갖는 것은 구조적 접근 방법에 해당한다.

행정개혁의 접근 방법

- 구조적 접근 방법 : 행정체제의 구조적 설계를 개선함으로써 행정개혁의 목표를 달성하려는 접근 방법
  - 원리 전략 : 기능 중복의 제거, 기구·직제·계층의 간소화 강조
  - 분권화 전략 : 구조의 분권화를 통해 조직을 개선
- 과정적(관리·기술적) 접근 방법 : 행정체제의 과정 또는 일의 흐름을 개선하려는 접근 방법
- 행태적(인간관계적) 접근 방법 : 행태과학의 지식과 기법을 활용하여 조직의 목표에 개인의 성장 의욕을 결부시킴으로써 조직을 개혁하려는 접근 방법
- 종합적 접근 방법 : 외적인 환경에 따라 담당자가 개방체제 관념에 입각하여 개혁 대상의 구성 요소들을 보다 포괄적으로 관찰하고 여러 가지 분화된 접근 방법들을 통합하여 해결 방안을 탐색하려는 접근 방법

06

정답 ①

조세지출예산 제도는 조세 감면에 따른 조세 형평성을 제고하기 위하여 정부가 국회에 다음연도 예산안을 제출할 때 조세 감면 대상 명세서를 함께 제출하여 보다 명확한 감시와 감독이 가능하도록 하는 제도이다.

오답분석

② 지출통제예산은 총액으로 지출을 통제하는 예산 제도로, 구체적인 항목별 지출에 대해서는 집행부의 재량을 확대하는 성과 지향적 예산 제도이다.
③ 우리나라 통합재정수지에서는 융자 지출을 재정수지의 적자 요인으로 간주한다.
④ 계획예산 제도는 하향적·집권적 예산 제도로, 구성원의 참여가 배제된다.
⑤ 지방정부예산도 통합재정수지에 포함된다.

07

정답 ④

느슨하게 연결된 하위조직들의 연합체를 다루는 것은 앨리슨의 조직 모형이다.

08

정답 ④

ㄴ. 킹던의 정책창 모형은 쓰레기통 모형을 한층 발전시켜 우연한 기회에 이루어지는 결정을 흐름으로 설명하고 있다.
ㄷ·ㄹ. 킹던은 정책 과정을 문제 흐름, 정책 흐름, 정치 흐름 등 세 가지 독립적인 흐름으로 개념화될 수 있으며, 각 흐름의 주도적인 행위자도 다르다고 보았다. 킹던은 정치 흐름과 문제 흐름이 합류할 때 정책의제가 설정되고, 정책 흐름에 의해서 만들어진 정책대안은 세 개의 흐름이 서로 같이 만나게 될 때 정책으로 결정될 기회를 갖게 된다고 보았다. 이러한 흐름을 토대로 정책의 창이 열리고 닫히는 이유를 제시하고 그 유형을 구분하였는데, 세 흐름을 합류시키는 데 주도적인 역할을 담당하는 정책기업가의 노력이나 점화 장치가 중요하다고 보았다.

오답분석

ㄱ. 방법론적 개인주의는 정책창 모형과는 관련성이 없다.
ㅁ. 표준 운영절차는 회사 모형을 설명하는 주요 개념이다.

09

정답 ③

오답분석

① 점증주의적 패러다임은 지식과 정보의 불완정성과 미래 예측의 불확실성을 전제로 한다.
② 체제 모형, 제도 모형, 집단 모형은 점증주의적 패러다임의 범주에 포함되는 정책결정 모형의 예이다.
④ 기술평가・예측 모형은 합리주의적 패러다임의 범주에 포함된다.
⑤ 정책결정을 전략적 계획의 틀에 맞추어 이해하는 것은 전략적 계획 패러다임이다.

10

정답 ③

오답분석

① 공익의 과정설에 대한 설명이다.
② 행정의 민주성에는 대내적으로 행정조직 내부 관리 및 운영의 대내적 민주성도 포함된다.
④ 장애인들에게 특별한 세금 감면 혜택을 부여하는 것은 사회적 형평성에 부합한다.
⑤ 만장일치와 계층제는 가외성의 장치가 아니다.

11

정답 ②

수입대체경비란 국가가 용역 또는 시설을 제공하여 발생하는 수입과 관련되는 경비를 의미한다. 여권발급 수수료나 공무원 시험 응시료와 같이 공공 서비스 제공에 따라 직접적인 수입이 발생하는 경우 해당 용역과 시설의 생산・관리에 소요되는 비용을 수입대체경비로 지정하고, 그 수입의 범위 내에서 초과지출을 예산 외로 운용할 수 있다(통일성・완전성 원칙의 예외).

12

정답 ④

전방향접근법은 하향식 접근으로, 결정기관에서 시작하여 집행기관으로 내려오면서 접근하는 방법이다. 집행에서 시작하여 상위계급이나 조직 또는 결정단계로 거슬러 올라가는 것은 상향식 접근이다.

13

정답 ②

판단적 미래 예측 기법은 경험적 자료나 이론이 아니라 전문가나 경험자들의 주관적인 견해에 의존하는 질적・판단적 예측이다.

14

정답 ③

NPM(신공공관리)과 뉴거버넌스 모두 방향 잡기(Steering) 역할을 중요시하지만, NPM에서는 정부를 방향 잡기 중심에 둔다.

신공공관리와 뉴거버넌스

구분	신공공관리(NPM)	뉴거버넌스
기초	신공공관리・신자유주의	공동체주의・참여주의
공급 주체	시장	공동체에 의한 공동생산
가치	결과(효율성・생산성)	과정(민주성・정치성)
관료의 역할	공공기업가	조정자
작동 원리	시장매커니즘	참여매커니즘
관리 방식	고객 지향	임무 중심

15

정답 ①

조직을 구성하는 것은 조직문화와 행태, 인력, 재정, 서비스와 프로세스이다.

조직 진단
- 행태과학의 방법을 사용하여 조직의 현재 상태를 점검하고 문제의 해결 또는 조직의 효과성 증대를 위한 방안을 목적으로 하는 조사이다.
- 조직의 활동이나 지침을 수립하기 위해서 자료나 정보를 다시 비교·분석·평가한다.

16

정답 ②

갈등 당사자들에게 공동의 상위 목표를 제시하거나 공동의 적을 설정하는 것은 갈등의 해소 전략에 해당한다.

갈등의 조성 전략
- 공식적·비공식적 의사 전달 통로의 의도적 변경
- 경쟁의 조성
- 조직 내 계층 수 및 조직단위 수 확대와 의존도 강화
- 계선조직과 막료조직의 활용
- 정보 전달의 통제(정보량 조절 : 정보 전달 억제나 과잉 노출)
- 의사결정권의 재분배
- 기존 구성원과 상이한 특성을 지닌 새로운 구성원의 투입(구성원의 유동), 직위 간 관계의 재설정

17

정답 ③

품목별 분류는 사업 중심이 아니기 때문에 사업의 성과와 결과에 대한 측정이 곤란하다.

오답분석

① 기능별 분류는 시민을 위한 분류라고도 하며, 행정수반의 재정정책을 수립하는 데 도움을 준다.
② 조직별 분류는 부처 예산의 전모를 파악할 수 있어 사업의 우선순위 파악이나 예산의 성과 파악이 어렵다.
④ 경제 성질별 분류는 국민소득, 자본 형성 등에 관한 정부 활동의 효과를 파악하는 데 유리하다.
⑤ 품목별 분류는 예산집행기관의 신축성을 저해한다.

18

정답 ④

ㄷ. 1910년대 테일러(Talor)의 과학적 관리론
ㅁ. 1930년대 메이어(Mayo)의 인간관계론
ㄴ. 1940년대 사이먼(Simon)의 행정행태론
ㄱ. 1970년대 왈도(Waldo)의 신행정론
ㄹ. 1970년대 오스트롬(Ostrom)의 공공선택론

19

정답 ①

허즈버그(F. Herzberg)의 이론은 동기유발에 관심을 두는 것이 아니라 만족 자체에 중점을 두고 있기 때문에 하위 욕구를 추구하는 계층에게는 적용하기가 어렵다.

20

정답 ②

ㄱ. 분배정책은 정부가 가지고 있는 권익이나 서비스 등 자원을 배분하는 정책이다. 수혜자들은 서비스와 편익을 더 많이 취하기 위해서 다투게 되므로 로그롤링, 포크 배럴(구유통)과 같은 정치적 현상이 발생하기도 한다.

ㄷ. 재분배정책은 누진소득세, 임대주택 건설사업 등이 대표적이다.

오답분석

ㄴ. 재분배정책에 대한 설명이다. 분배정책은 갈등이나 반발이 별로 없기 때문에 집행이 가장 용이한 정책이다.

ㄹ. 분배정책은 재분배정책에 비해서 안정적 정책을 위한 루틴화의 가능성이 높고 집행을 둘러싼 논란이 적어 집행이 용이하다.

분배정책과 재분배정책의 비교

구분	분배정책	재분배정책
재원	조세(공적 재원)	고소득층 소득
성격과 갈등 정도	없음(Non-Zero Sum)	많음(Zero Sum)
정책	사회간접자본 건설	누진세, 임대주택 건설
이념	능률성, 효과성, 공익성	형평성
집행	용이	곤란
수혜자	모든 국민	저소득층
관련 논점	포크배럴(구유통 정책), 로그롤링	이념상, 계급 간 대립

PART 3

최종점검 모의고사

제1회 최종점검 모의고사

| 01 | 공통

01	02	03	04	05	06	07	08	09	10	11	12	13	14	15	16	17	18	19	20
②	②	⑤	③	③	③	①	③	①	②	①	②	④	③	③	②	②	②	③	②
21	22	23	24	25	26	27	28	29	30	31	32	33	34	35	36	37	38	39	40
②	④	⑤	①	④	④	④	④	②	②	②	②	③	③	③	⑤	④	③	④	③
41	42	43	44	45	46	47	48	49	50										
④	⑤	③	⑤	④	②	④	④	①	①										

01 문서 내용 이해 정답 ②

5 – 1조의 ㉡에 따르면 인천공항 부지 내부뿐만 아니라 외부 지역의 야생동물의 서식 현황과 분포 및 서식지 이용 실태를 파악해야 한다.

오답분석

① 5 – 3조 ㉡의 ⓐ호
③ 5 – 3조 ㉢의 ⓑ호
④ 5 – 5조
⑤ 5 – 2조 ㉠·㉡

02 문단 나열 정답 ②

제시문은 나무를 가꾸기 위해 고려해야 하는 사항에 대해 설명하는 글이다. 따라서 (가) 나무를 가꾸기 위해 고려해야 할 사항과 가장 중요한 생육 조건 → (라) 나무를 생육할 때 주로 저지르는 실수인 나무 간격을 촘촘하게 심는 것 → (다) 그러한 실수를 저지르는 이유 → (나) 또 다른 식재 계획 시 고려해야 하는 주의점 순서로 나열해야 한다.

03 내용 추론 정답 ⑤

⑤는 플라세보 소비의 특징인 가심비, 즉 심리적 만족감보다는 상품의 가격을 중시하는 가성비에 따른 소비에 가깝다고 볼 수 있다.

04 응용 수리 정답 ③

A제품의 불량률을 x%라 하면 다음 식이 성립한다.

$600(1-x) \geq 2,400x$

$\rightarrow 3,000x \leq 600$

$\therefore x \leq 0.2$

따라서 불량률이 20% 이하여야 손해를 보지 않는다.

05 자료 계산

정답 ③

상품별로 고객 만족도 1점당 비용을 구하면 다음과 같다.

- 차량용 방향제 : 7,000÷5=1,400원
- 식용유 세트 : 10,000÷4=2,500원
- 유리용기 세트 : 6,000÷6=1,000원
- 32GB USB : 5,000÷4=1,250원
- 머그컵 세트 : 10,000÷5=2,000원
- 육아 관련 도서 : 8,800÷4=2,200원
- 핸드폰 충전기 : 7,500÷3=2,500원

할당받은 예산을 고려하며 고객 만족도 1점당 비용이 가장 낮은 상품부터 구매비용을 구하면 다음과 같다.

- 유리용기 세트 : 6,000×200=1,200,000원
  → 남은 예산 : 5,000,000−1,200,000=3,800,000원
- 32GB USB : 5,000×180=900,000원
  → 남은 예산 : 3,800,000−900,000=2,900,000원
- 차량용 방향제 : 7,000×300=2,100,000원
  → 남은 예산 : 2,900,000−2,100,000=800,000원
- 머그컵 세트 : 10,000×80=800,000원
  → 남은 예산 : 800,000−800,000=0원

즉, 확보 가능한 상품의 개수는 200+180+300+80=760개이다.
따라서 사은품을 나누어 줄 수 있는 고객의 수는 760÷2=380명이다.

06 자료 이해

정답 ③

- 유주임 : 반도체 업종의 경우 2위로 뽑힌 애로요인의 구성비가 12.0%이므로 3위인 애로요인의 구성비는 12.0% 미만임을 알 수 있다. 따라서 반도체 업종에서 1위, 2위 애로요인이 아닌 '수출 대상국의 경기부진'은 12.0% 미만일 것이며, 전기・전자제품 업종의 구성비는 14.0%이므로 옳은 설명이다.
- 최사원 : 농수산물 업종의 경우 1위 애로요인으로 원화환율 변동성 확대가 뽑혔으며, 생활용품 업종의 경우 해당 사유가 2위 안에 포함되지 않고, 이 사유의 구성비도 농수산물에 비해 낮다.

오답분석

- 김대리 : 기계류와 반도체 업종에서 각각 1위 애로요인으로 뽑은 항목이 서로 다르다. 따라서 두 업종에 모두 속하는 I기업이 주요 수출 애로요인 1위로 어떤 항목을 뽑았을지는 자료만으로는 알 수 없다.
- 박과장 : 7개의 업종 중 4개의 업종에서 원재료 가격상승이 주요 수출 애로요인 1위로 뽑혔지만, 업종별 기업의 수를 알 수는 없으므로, 해당 자료만으로 각 항목에 응답한 전체 업종별 기업의 수도 알 수 없다.

07 정보 이해

정답 ①

컴퓨터 시스템의 구성 요소

- 주기억장치 : 프로그램이 실행될 때 보조기억장치로부터 프로그램이나 자료를 이동시켜 실행시킬 수 있는 기억장치이다.
- 중앙처리장치(CPU) : 컴퓨터의 시스템을 제어하고 프로그램의 연산을 수행하는 처리장치이다.
- 보조저장장치 : 2차 기억장치, 디스크나 CD-ROM과 같이 영구 저장 능력을 가진 기억장치이다.
- 입출력장치 : 장치마다 별도의 제어기가 있어, CPU로부터 명령을 받아 장치의 동작을 제어하고 데이터를 이동시키는 일을 수행한다.

08 비용 계산

정답 ③

A고객은 제품을 구입한 지 1년이 지났으므로 수리비 2만 원을 부담해야 하며, A/S 서비스가 출장 서비스로 진행되어 출장비를 지불해야 하는데, 토요일 오후 3시는 A/S 센터 운영시간이 아니므로 3만 원의 출장비를 지불해야 한다. 또한 부품을 교체하였으므로 A고객은 부품비 5만 원까지 합하여 총 10만 원의 A/S 서비스 비용을 지불해야 한다.

09 인원 선발

정답 ①

평가지표 결과와 지표별 가중치를 이용하여 지원자들의 최종 점수를 계산하면 다음과 같다.

- A지원자 : (3×3)+(3×3)+(5×5)+(4×4)+(4×5)+5=84점
- B지원자 : (5×3)+(5×3)+(2×5)+(3×4)+(4×5)+5=77점
- C지원자 : (5×3)+(3×3)+(3×5)+(3×4)+(5×5)=76점
- D지원자 : (4×3)+(3×3)+(3×5)+(5×4)+(4×5)+5=81점
- E지원자 : (4×3)+(4×3)+(2×5)+(5×4)+(5×5)=79점

따라서 I공사에서 채용할 지원자는 A, D지원자이다.

10 정보 이해

정답 ②

바이러스에 감염되는 경로로는 불법 무단 복제, 다른 사람들과 공동으로 사용하는 컴퓨터, 인터넷, 전자우편의 첨부파일 등이 있다.

바이러스를 예방할 수 있는 방법

- 다운로드한 파일이나 외부에서 가져온 파일은 반드시 바이러스 검사를 수행한 후에 사용한다.
- 전자우편을 통해 감염될 수 있으므로 발신자가 불분명한 전자우편은 열어보지 않고 삭제한다.
- 중요한 자료는 정기적으로 백업한다.
- 바이러스 예방 프로그램을 램(RAM)에 상주시킨다.
- 백신 프로그램의 시스템 감시 및 인터넷 감시 기능을 이용해서 바이러스를 사전에 검색한다.
- 백신 프로그램의 업데이트를 통해 주기적으로 바이러스 검사를 수행한다.

11 명제 추론

정답 ①

A와 B를 기준으로 조건을 정리하면 다음과 같다.

- A : 디자인을 잘하면 편집을 잘하고, 편집을 잘하면 영업을 잘한다. 영업을 잘하면 기획을 못한다.
- B : 편집을 잘하면 영업을 잘한다. 영업을 잘하면 기획을 못한다.

따라서 조건에 따르면 A만 옳다.

12 자료 해석

정답 ②

주어진 자료를 표로 정리하면 다음과 같다.

선택		B여행팀	
		관광지에 간다	관광지에 가지 않는다
A여행팀	관광지에 간다	(10, 15)	(15, 10)
	관광지에 가지 않는다	(25, 20)	(35, 15)

- A여행팀의 최대효용
  - B여행팀이 관광지에 가는 경우 : A여행팀이 관광지에 가지 않을 때 25의 최대효용을 얻는다.
  - B여행팀이 관광지에 가지 않는 경우 : A여행팀이 관광지에 가지 않을 때 35의 최대효용을 얻는다.

  따라서 A여행팀은 B여행팀의 선택에 상관없이 관광지에 가지 않아야 효용이 발생하며, 이때의 최대효용은 35이다.
- B여행팀의 최대효용
  - A여행팀이 관광지에 가는 경우 : B여행팀이 관광지에 갈 때 15의 최대효용을 얻는다.
  - A여행팀이 관광지에 가지 않는 경우 : B여행팀이 관광지에 갈 때 20의 최대효용을 얻는다.

  따라서 B여행팀은 A여행팀의 선택에 상관없이 관광지에 가야 효용이 발생하며, 이때의 최대효용은 20이다.

이를 종합하면, A여행팀은 관광지에 가지 않을 때, B여행팀은 관광지에 갈 때 효용이 극대화되고, 총효용은 45(=25+20)이다.

13 자료 해석

정답 ④

예산이 가장 많이 드는 B사업과 E사업은 사업기간이 3년이므로 최소 1년은 겹쳐야 한다. 이를 바탕으로 정리하면 다음과 같다.

사업명 \ 연도/예산	1차	2차	3차	4차	5차
	20조 원	24조 원	28.8조 원	34.5조 원	41.5조 원
A	–	1조 원	4조 원	–	–
B	–	15조 원	18조 원	21조 원	–
C	–	–	–	–	15조 원
D	15조 원	8조 원	–	–	–
E	–	–	6조 원	12조 원	24조 원
실질 사용 예산 합계	15조 원	24조 원	28조 원	33조 원	39조 원

따라서 D사업을 첫해에 시작해야 한다.

14 프로그램 언어(코딩)

정답 ③

num1 = 14 − num2; : num1은 14−3으로 11이 된다.

num1 *= ________; :

num1 = num1 * ________이 되므로 11 * ______가 33이 되기 위해서는 빈칸에는 3이 들어가야 한다.

15 엑셀 함수

정답 ③

LEFT(데이터가 있는 셀 번호, 왼쪽을 기준으로 가져올 자릿수)이기 때문에 주민등록번호가 있는 [C2] 셀을 선택하고, 왼쪽을 기준으로 생년월일은 6자리이기 때문에 「=LEFT(C2,6)」가 옳은 수식이다.

16 글의 제목

정답 ②

두 번째 문단의 '시장경제가 제대로 운영되기 위해서는 국가의 소임이 중요하다.'라고 한 부분과 세 번째 문단의 '시장경제에서 국가가 할 일은 크게 세 가지로 나누어 볼 수 있다.'라고 한 부분을 통해 '시장경제에서의 국가의 역할'이 가장 적절한 제목임을 알 수 있다.

17 품목 확정

정답 ②

각 업체의 1년 정비 비용, 분기별 정비 횟수, 정비 1회당 수질개선 효과를 구한 후, 이에 따라 수질개선 점수를 도출하면 다음과 같다.

업체	1년 정비 비용	분기별 정비 횟수	정비 1회당 수질개선 효과	수질개선 점수
A	6,000−3,950=2,050만 원	$\frac{2,050}{30}$=68회	75+65+80=220점	$\frac{220\times 68}{100}$ ≒ 149점
B	6,000−4,200=1,800만 원	$\frac{1,800}{30}$=60회	79+68+84=231점	$\frac{231\times 60}{100}$ ≒ 138점
C	6,000−4,800=1,200만 원	$\frac{1,200}{30}$=40회	74+62+84=220점	$\frac{220\times 40}{100}$=88점
D	6,000−4,070=1,930만 원	$\frac{1,930}{30}$=64회	80+55+90=225점	$\frac{225\times 64}{100}$=144점
E	6,000−5,100=900만 원	$\frac{900}{30}$=30회	83+70+86=239점	$\frac{239\times 30}{100}$ ≒ 71점

따라서 수질개선 점수가 가장 높은 A업체와 D업체가 선정된다.

18 정보 이해

정답 ②

바로가기 아이콘의 [속성] – [일반] 탭에서 바로가기 아이콘의 위치, 이름, 크기, 만든 날짜, 수정한 날짜 등을 확인할 수 있다.

오답분석

① raw는 손실 압축을 하지 않고 모든 정보를 저장하는 이미지의 확장자 중 하나이다.
③ 바로가기 아이콘은 〈Ctrl〉+〈Shift〉를 누른 상태로 바탕 화면에 드래그 앤 드롭하면 만들 수 있다.
④ 바로가기 아이콘을 삭제해도 연결된 프로그램은 삭제되지 않는다.
⑤ 원본 파일이 있는 위치와 다른 위치에 만들 수 있다.

19 엑셀 함수

정답 ③

RIGHT는 오른쪽에서부터 문자를 추출하는 함수이다. RIGHT(문자열,추출할 문자 수)이므로 「=RIGHT(A3,4)」가 옳다.

20 자료 이해

정답 ②

실용성 전체 평균점수 $\frac{103}{6}$ ≒17점보다 높은 방식은 ID / PW 방식, 이메일 및 SNS 방식, 생체인증 방식 총 3가지이다.

오답분석

① 생체인증 방식의 선호도는 20+19+18=57점이고, OTP 방식의 선호도는 15+18+14=47점, I-pin 방식의 선호도는 16+17+15=48점이다. 따라서 생체인증 방식의 선호도는 나머지 두 방식의 선호도 합보다 47+48−57=38점 낮다.
③ 유효기간이 '없음'인 방식들은 ID / PW 방식, 이메일 및 SNS 방식, 생체인증 방식이며, 세 인증수단 방식의 간편성 평균점수는 $\frac{16+10+18}{3}$ ≒15점이다.
④ 공인인증서 방식의 선호도가 51점일 때, 보안성 점수는 51−(16+14+3)=18점이다.
⑤ 유효기간이 '없음'인 방식들은 ID / PW 방식, 이메일 및 SNS 방식, 생체인증 방식이며, 실용성 점수는 모두 18점 이상이다.

21 자료 이해

정답 ②

뉴질랜드의 수출수지는 8월에서 10월까지 증가했다가 11월에 감소한 후 12월에 다시 증가했다.

오답분석

① 한국의 수출수지 중 전월 대비 수출수지가 증가한 달은 9월, 10월, 11월이며, 증가량이 가장 많았던 달은 45,309−41,983=3,326백만 USD인 11월이다.
③ 그리스의 12월 수출수지는 2,426백만 USD이며 11월 수출수지는 2,409백만 USD이므로, 전월 대비 12월의 수출수지 증가율은 $\frac{2,426-2,409}{2,409}\times 100$ ≒0.7%p이다.
④ 10월부터 12월 사이 한국의 수출수지는 '증가 → 감소'의 추이이다. 이와 같은 양상을 보이는 나라는 독일과 미국으로 2개국이다.
⑤ 자료를 통해 알 수 있다.

22 자료 이해

정답 ④

총무부서 직원은 총 250×0.16=40명이다. 2023년과 2024년의 독감 예방접종 여부가 총무부서에 대한 자료라면, 총무부서 직원 중 2023년과 2024년의 예방접종자 수의 비율 차는 56−38=18%p이다. 따라서 40×0.18≒7.2이므로 약 7명 증가하였다.

오답분석

① 2023년 독감 예방접종자 수는 250×0.38=95명, 2024년 독감 예방접종자 수는 250×0.56=140명이므로, 2023년에는 예방접종을 하지 않았지만, 2024년에는 예방접종을 한 직원은 총 140−95=45명이다.

② 2023년의 예방접종자 수는 95명이고, 2024년의 예방접종자 수는 140명이다. 따라서 $\frac{140-95}{95}\times100\fallingdotseq47\%p$ 증가했다.

③ 2023년에 예방접종을 하지 않은 직원들을 대상으로 2024년의 독감 예방접종 여부를 조사한 자료라고 한다면, 2023년과 2024년 모두 예방접종을 하지 않은 직원은 총 $250\times0.62\times0.44\fallingdotseq68$명이다.

⑤ 제조부서를 제외한 직원은 $250\times(1-0.44)=140$명이고, 2024년 예방접종을 한 직원은 $250\times0.56=140$명이다. 따라서 제조부서 중 예방접종을 한 직원은 없다.

23 문서 내용 이해

정답 ⑤

제시문에 따르면 물수제비 발생에는 던진 돌의 세기와 각도 그리고 회전이 중요한 변수가 됨을 알 수 있으며, 물의 표면장력과 공기의 저항도 변수가 될 수 있다. 또한 세 번째 문단을 통해 돌이 수면에 부딪친 후 운동에너지가 계속 유지되면 물수제비가 잘 일어난다는 것을 알 수 있다.

오답분석

① 돌의 무게가 물수제비 횟수와 비례한다고 볼 수 없다.
② 돌의 표면과 물의 표면장력과의 관계를 유추할 수 있는 근거가 없다.
③ 회전의 방향에 따라 공기 저항이 커질 수도 있다.
④ 첫 번째 문단에서 물수제비의 횟수는 돌의 속도가 빠를수록 증가한다고 했으므로 중력과 물수제비 횟수가 비례한다고 볼 수는 없다.

24 내용 추론

정답 ①

자연 현상이 아닌 프리즘이라는 발명품을 통해 빛을 분리하고 그것을 이용하여 무지개의 빛깔을 규명해냈다는 것은 발명품을 활용한 사례로 볼 수 있다. ㉠은 물수제비라는 생활 주변의 자연 현상에서 원리를 찾아내 발명으로 연결시킨 경우를 말한다. 따라서 ①은 ㉠과 그 성격이 다르다.

25 자료 해석

정답 ④

유럽 출장 시 기내수하물은 8kg까지 무료이므로 가방의 무게 1kg을 고려하여 기내용 가방에 7kg의 짐을 넣는다. 나머지 짐의 무게는 53kg이므로 초과수하물 규정에 따라 한 가방에 넣을 수 없다. 즉, 위탁수하물 개수가 1개 초과될 수밖에 없다. 1개가 초과되므로 개수 초과에 대한 15만 원의 초과요금이 발생한다. 최저요금으로 산정하려면 무게에 대한 수하물 초과요금은 위탁수하물 두 개 중 하나에서만 발생되어야 한다. 이를 정리하면 다음과 같다.

구분		기내용 1kg	위탁용 3kg	위탁용 4kg	합계
경우 1	짐 무게	7kg	34g	19kg	60kg
	총무게	8kg	37kg	23kg	68kg
	비용	무료	개수초과 : 15만 원 무게초과 : 23만 원 =38만 원	무료	38만 원
경우 2	짐 무게	7kg	20kg	33kg	60kg
	총무게	8kg	23kg	37kg	68kg
	비용	무료	무료	개수초과 : 15만 원 무게초과 : 23만 원 =38만 원	38만 원

따라서 두 나라의 수하물 요금의 차이는 38만−20만=18만 원이다.

26 자료 해석

정답 ④

미국 출장 시 기내수하물은 12kg까지 무료이므로 가방의 무게 1kg을 고려하여 기내용 가방에 최대 11kg의 짐을 넣는다. 위탁수하물은 20kg씩 2개가 무료이므로 가방 무게를 고려하여 3kg, 4kg짜리 위탁용 가방에 각각 17kg, 16kg을 넣는다. 가방에 넣은 짐을 제외한 나머지 짐의 무게는 60−(11+17+16)=16kg이다. 16kg를 8kg씩 나눠 3kg, 4kg 위탁용 가방 두 개에 각각 담으면, 각각 28kg이 되므로 15+15=30만 원의 초과요금이 나온다. 하지만 16kg을 위탁용 가방 하나에 넣으면, 36kg이 되어 초과요금이 20만 원이므로 가장 저렴하다. 이를 정리하면 다음과 같다.

구분		기내용 1kg	위탁용 3kg	위탁용 4kg	합계
경우 1	짐 무게	11kg	33kg(17+16)	16kg	60kg
	총무게	12kg	36kg	20kg	68kg
	비용	무료	무게초과 : 20만 원	무료	20만 원
경우 2	짐 무게	11kg	17kg	32kg(16+16)	60kg
	총무게	12kg	20kg	36kg	68kg
	비용	무료	무료	무게초과 : 20만 원	20만 원

따라서 가장 저렴하게 짐을 나누어 보내는 방법은 ④이다.

27 명제 추론

정답 ④

한 분야의 모든 사람이 한 팀에 들어갈 수는 없으므로 가와 나는 한 팀이 될 수 없다.

오답분석

① 한 분야의 모든 사람이 한 팀에 들어갈 수 없기 때문에 갑과 을이 한 팀이 되는 것과 상관없이 가와 나는 반드시 다른 팀이어야 한다.
② 두 팀에 남녀가 각각 2명씩 들어갈 수도 있지만, (남자 셋, 여자 하나), (여자 셋, 남자 하나)의 경우도 있다.
③ a와 c는 성별이 다르기 때문에 같은 팀에 들어갈 수 있다.
⑤ 주어진 조건에 따라 배치할 때 c와 갑이 한 팀이 되면 한 팀의 인원이 5명이 된다.

28 비용 계산

정답 ④

제시된 조건에 따라 1 ~ 5층의 월 전기료를 구하면 다음과 같다.

- 1층 : 10대×5만+4대×3만=62만 원
- 2층 : 13대×5만+5대×3만=80만 원
- 3층 : 15대×5만+7대×3만=96만 원
- 4층 : 11대×5만+6대×3만=73만 원
- 5층 : 12대×5만+5대×3만=75만 원

첫 번째 조건을 충족하지 않는 층은 2·3·5층이고, 조건을 충족하기 위해 2·3·5층에 각각 구형 에어컨 2대, 5대, 1대를 판매해야 한다. 이때 발생하는 수입은 구형 에어컨의 중고 판매가격 총 10만×8대=80만 원이다. 구형 에어컨을 판매하고 난 후 각 층의 구형 에어컨의 개수와 신형 에어컨 개수 및 비율을 구하면 다음과 같다.

구분	1층	2층	3층	4층	5층
구형 에어컨	10대	13−2=11대	15−5=10대	11대	12−1=11대
신형 에어컨	4대	5대	7대	6대	5대
비율	$\frac{4}{10}$	$\frac{5}{11}$	$\frac{7}{10}$	$\frac{6}{11}$	$\frac{5}{11}$

두 번째 조건에서 비율이 $\frac{1}{2}$ 미만인 층은 1·2·5층이고, 조건을 충족하기 위해 신형 에어컨을 1대씩 구입하면, 신형 에어컨 총 구입비용은 50만×3대=150만 원이 나온다. 따라서 I회사는 150만−80만=70만 원의 비용이 발생한다.

29 시간 계획

정답 ②

대화 내용을 바탕으로 각자 연차 및 교육 일정을 정리하면 다음과 같다.

10월 달력						
일요일	월요일	화요일	수요일	목요일	금요일	토요일
	1	2 B사원 연차	3 개천절	4	5	6
7	8	9 한글날	10 A과장 연차	11 B대리 교육	12 B대리 교육	13
14	15 A사원 연차	16	17 B대리 연차	18 A대리 교육	19 A대리 교육	20
21	22	23	24 A대리 연차	25	26	27
28	29 워크샵	30 워크샵	31			

달력을 통해 셋째 주에 3명의 직원이 연차 및 교육을 신청했다는 것을 확인할 수 있다. 이때 A대리와 A사원이 먼저 신청했으므로 B대리가 옳지 않음을 알 수 있고, A대리의 자신이 교육받는 주에 다른 사람 2명이 신청 가능할 것 같다고 한 말은 네 번째 조건에 어긋난다. 따라서 옳지 않은 말을 한 직원은 A대리와 B대리이다.

PART 3

30 품목 확정

정답 ②

제시된 자료를 토대로 다시 예약할 항공편과 총비용을 구하면 다음과 같다.

- 항공편 예약 : 시간이 적게 걸리는 항공편을 순서대로 나열하면 '503(5시간 10분) - 300(7시간 30분) - 150(10시간 35분) - 701(12시간 10분) - 103(18시간) - 402(21시간 25분)'이다(∵ 프놈펜과 서울의 시차 2시간을 적용해서 계산해야 한다). 그러나 주어진 조건에 따라 김과장은 9월 16일 자정 이전에 입국해야 한다. 따라서 503 항공편은 5시간 10분이 걸리지만 9월 17일 오전 7시 5분에 도착하므로 적절하지 않다. 따라서 503 항공편 다음으로 시간이 적게 소요되고 9월 16일 16시 25분에 도착하는 300 항공편을 예약해야 한다.
- 비용(취소 수수료 포함)
  - 김과장이 다시 예약할 300 항공편 : 582,900원
  - 취소 수수료(출발 30일 ~ 21일 전 가격) : 18,000원

  따라서 (총비용)=(300 항공편 가격)+(취소 수수료)=600,900원이다.

31 문서 내용 이해

정답 ②

제시문의 마지막 문단에서는 '국가 미래교통 전략 2050' 보고서를 통해 산업혁명의 진행과 신 교통기술의 출현에 대비하는 전략을 마련할 것임을 이야기하고 있다. 그러나 신 교통기술에 대비하기 위한 세부전략에 대한 정보는 파악할 수 없다.

오답분석

① 마지막 문단을 통해 국가 차원의 미래전략을 수립하는 목적은 4차 산업혁명의 진행과 신 교통기술의 출현을 도전의 기회로 삼고, 4차 교통혁명 시대를 선도하기 위함임을 알 수 있다.
③ 네 번째 문단을 통해 1차 산업혁명과 4차 산업혁명 모두 교통 부문과 관련이 있다는 유사점을 확인할 수 있다.
④ 첫 번째 문단을 통해 4차 산업혁명으로 인한 위력적인 변화 사례인 '알파고 쇼크'를 확인할 수 있다.
⑤ 마지막 문단을 통해 글로벌 차원에서의 메가트렌드 분석, 미래의 교통물류 미래상 구상과 그 영향 제시, 미래변화에 대비한 정책 방향, 추진과제 포함 등 '국가 미래교통 전략 2050' 보고서의 작성 방향을 확인할 수 있다.

32 맞춤법

정답 ②

- 특히 올 추석 경기는 김영란법 시행 이후 전개될 업계판도를 가능해볼 수 있는 축소판이라고 입을 모은다. → 가늠
- 화환은 부주금을 포함하면 10만 원이 넘기 때문에 사실상 거래가 어렵다. → 부조금

33 프로그램 언어(코딩)

정답 ③

변수 i를 정의해주어야 프로그램이 정상적으로 실행된다. 정수 i를 정의하므로 int를 사용하고 while 조건문에서 i가 0보다 클 때 1씩 더하므로 0 이하의 수를 선언해야 오류가 발생하지 않는다.

34 프로그램 언어(코딩)

정답 ③

i를 0으로 정의하고 프로그램을 실행하면 0이 출력된다.

35 품목 확정

정답 ③

우선 아랍에미리트에는 해외 EPS센터가 없으므로 제외한다. 또한 한국 기업이 100개 이상 진출해 있어야 한다는 두 번째 조건으로 인도네시아와 중국으로 후보를 좁힐 수 있으나 '우리나라 사람들의 해외취업을 위한 박람회'이므로 성공적인 박람회 개최를 위해선 취업까지 이어지는 것이 중요하다. 중국의 경우 청년 실업률은 높지만 경쟁력 부분에서 현지 기업의 80% 이상이 우리나라 사람을 고용하기를 원하므로 중국 청년 실업률과는 별개로 우리나라 사람들의 취업이 쉽게 이루어질 수 있음을 알 수 있다. 따라서 박람회 장소로는 중국이 적절하다.

36 지료 이해

정답 ⑤

㉡ B국의 대미무역수지와 GDP 대비 경상수지 비중은 각각 742억 달러, 8.5%로 X요건과 Y요건을 충족한다.

㉢ 세 가지 요건 중 두 가지 요건만 충족하면 관찰대상국으로 지정된다.

- X요건과 Y요건을 충족하는 국가 : A, B, C, E
- X요건과 Z요건을 충족하는 국가 : C
- Y요건과 Z요건을 충족하는 국가 : C, J

이때 C국가는 X, Y, Z요건을 모두 충족하여 환율조작국으로 지정된다. 따라서 관찰대상국으로 지정되는 국가는 A, B, E, J로 4개이다.

㉣ X요건의 판단기준을 '대미무역수지 150억 달러 초과'로 변경할 때, 추가로 X요건을 충족하는 국가는 H국이다. 그러나 H국은 Y요건과 Z요건을 모두 충족하지 않으므로 환율조작국이나 관찰대상국으로 지정될 수 없다. 따라서 옳은 설명이다.

오답분석

㉠ X, Y, Z요건을 모두 충족하면 환율조작국으로 지정된다. 각 요건을 충족하는 국가를 나열하면 다음과 같다.

- X요건을 충족하는 국가 : A, B, C, D, E, F, G
- Y요건을 충족하는 국가 : A, B, C, E, J
- Z요건을 충족하는 국가 : C, J

따라서 환율조작국으로 지정되는 국가는 C국가이다.

37 규칙 적용

정답 ④

발행형태가 4로, 전집이기 때문에 한 권으로만 출판된 것이 아님을 알 수 있다.

오답분석

① 국가번호가 05(미국)로, 미국에서 출판되었다.

② 서명식별번호는 1011로, 1011번째 발행되었다. 441은 발행자의 번호로, 이 책을 발행한 출판사의 발행자번호가 441이라는 것을 의미한다.

③ 발행자번호는 441로, 세 자리로 이루어져 있다.

⑤ 도서의 내용이 710(한국어)이지만 도서가 한국어로 되어 있는지는 알 수 없다.

38 자료 해석

정답 ③

애플리케이션에 대한 판단 (A), (B)의 영향도를 분석하면 아래와 같다.

(A) 애플리케이션의 응답시간에 대한 사용자 요구 수준을 볼 때, 기본적인 성능이 잘 제공되는 것으로 판단된다. → (성능 영향도 0)
그러나 고장 시 불편한 손실이 발생되며, 다행히 쉽게 복구는 가능하다. → (신뢰성 영향도 1)
설계 단계에서 하나 이상의 설치 사이트에 대한 요구사항이 고려되고, 유사한 하드웨어나 소프트웨어 환경하에서만 운영되도록 설계되었다. → (다중 사이트 영향도 1)
그리고 데이터를 전송하는 정도를 보면 분산처리에 대한 요구사항이 명시되지 않은 것으로 판단된다. → (분산처리 영향도 0)

(B) 애플리케이션에서 발생할 수 있는 장애에 있어서는 기본적인 신뢰성이 제공된다. → (신뢰성 영향도 0)
응답시간 또는 처리율이 피크타임에 중요하다. → (성능 영향도 1)
애플리케이션의 처리기능은 여러 개의 서버상에서 동적으로 상호수행된다. → (분산처리 영향도 2)
그리고 이 애플리케이션은 동일한 소프트웨어 환경하에서만 운영되도록 설계되었다. → (다중 사이트 영향도 0)

따라서 판단에 대한 총 영향도는 (A)는 2, (B)는 3이다.

39 엑셀 함수

정답 ④

IF(조건,조건에 맞을 경우의 값,조건에 맞지 않을 경우의 값)의 형태를 가지고 있기 때문에 IF(E2>4,"해당","비해당")가 옳다.

40 엑셀 함수

정답 ③

오른쪽에 조건부 서식을 살펴보면 중복되지 않는 고유한 값에 서식이 지정되도록 설정되어 있다. 따라서 서식이 적용되는 값은 성명, 워드1급, 컴활1급, 김홍인, 최석우, 김지혜, 홍윤진, 전민경, 이애리, 한미리로 총 10개의 셀에 서식이 적용된다.

41 자료 이해

정답 ④

2024년 소포우편 분야의 2020년 대비 매출액 증가율은 $\frac{5,017-3,390}{3,390}\times100≒48.0\%p$이므로 옳지 않은 설명이다.

오답분석

① 매년 매출액이 가장 높은 분야는 일반통상 분야인 것을 확인할 수 있다.
② 일반통상 분야의 매출액은 2021년, 2022년, 2024년, 특수통상 분야의 매출액은 2023년, 2024년에 감소했고, 소포우편 분야는 매년 매출액이 꾸준히 증가한다.
③ 2024년 1분기 특수통상 분야의 매출액이 차지하고 있는 비율은 $\frac{1,406}{5,354}\times100≒26.3\%$이므로 20% 이상이다.
⑤ 2023년에는 일반통상 분야의 매출액이 전체의 $\frac{11,107}{21,722}\times100≒51.1\%$이므로 옳은 설명이다.

42 자료 이해

정답 ⑤

주어진 조건 중 하나를 특정할 수 있는 조건부터 풀어야 한다. 이에 따라 ㉣부터 순서대로 조건을 정리하면 다음과 같다.

㉣ 전년 대비 2021 ~ 2024년 신고 수가 한 번 감소하는 세관물품은 B이다. : B → 잡화류
㉡ 2020 ~ 2024년 세관물품 중 신고 수가 가장 적은 것은 D이다. : D → 가전류
㉢ 전년 대비 2021년 세관물품 신고 수 증감률은 다음과 같다.

- A : $\frac{3,547-3,245}{3,245}\times100\%≒9.31\%p$
- B : $\frac{2,548-2,157}{2,157}\times100\%≒18.13\%p$
- C : $\frac{3,753-3,029}{3,029}\times100\%≒23.90\%p$
- D : $\frac{1,756-1,886}{1,886}\times100\%≒-6.89\%p$

따라서 증가율이 가장 높은 것은 C이다. : C → 주류

그리고 남은 A는 담배류가 된다.

PART 3

43 자료 해석

정답 ③

동일 면적을 신청한 혼인기간이 5년 이내인 신혼부부는 혼인기간에 따라 1·2순위가 결정되며, 동순위일 경우 해당 지역 거주자 여부와 자녀 수를 기준으로 우선순위가 결정된다. 만약 자녀 수가 동일한 경우에는 다른 기준으로 판별하지 않고 추첨을 통하여 입주자를 선정하게 된다.

44 자료 해석

정답 ⑤

전용면적 $50m^2$ 이상 $60m^2$ 이하의 주택의 경우 가장 우선하는 선정 기준은 청약 납입 횟수이고, 그 다음은 주택건설지역 거주자이다. 이후 동순위일 경우에 배점 기준을 적용한다. 따라서 청약 납입은 C씨를 제외하고 모두 24회 이상이므로 해당 지역 거주자가 우선 기준이 된다. 이 경우, B씨는 해당 지역에 거주하지 않으므로 우선 공급 대상자에서 배제된다. 이후 남은 사람들은 동순위이므로 배점을 계산해 보면 다음과 같다.

구분	신청인 나이	부양가족 수	거주 기간	65세 부양	미성년 자녀	청약 납입 횟수	합계
A씨	0	0	3	0	0	2	5
노부부	3	1	3	0	0	0	7
D씨	3	2	3	0	0	3	11

따라서 D씨가 가장 높은 점수를 받아 우선순위로 선정된다.

45 빈칸 삽입

정답 ④

빈칸에 들어갈 말을 판단하기 위해 앞의 문단에서 제기한 질문의 형태에 유의해야 한다. 즉, '올바른 답을 추론해 내는 데 필요한 모든 정보와 정답 제시가 올바른 추론능력의 필요충분조건은 아니다.'라는 문장이 제시문의 중심내용이다. 이를 토대로 할 때 왓슨의 어리석음은 추론에 필요한 정보를 활용하지 못한 데에 있는 것이다.

오답분석

① 왓슨의 문제는 정보를 바르게 추론하지 못한 데 있다.
② 왓슨은 올바른 추론의 방법을 알고 있지 못했다.
③ 왓슨이 전문적인 추론 훈련을 받지 못했다는 정보는 없다.
⑤ 왓슨은 추론에 필요한 관련 정보를 가지고 있었다.

46 문서 수정

정답 ②

'로써'는 어떤 일의 수단이나 도구를 나타내는 격조사이며, '로서'는 지위나 신분 또는 자격을 나타내는 격조사이다. 서비스 이용자의 증가가 오투오 서비스 운영 업체에 많은 수익을 내도록 한 수단이 되므로 ㉡에는 '증가함으로써'가 적절하다.

47 응용 수리

정답 ④

4개, 7개, 8개씩 포장하면 각각 1개씩 남으므로 재고량은 4, 7, 8의 공배수보다 1이 클 것이다.
4, 7, 8의 공배수는 56이므로 다음과 같이 나누어 생각해 볼 수 있다.

- 재고량이 $56+1=57$개일 때 : $57=5\times11+2$
- 재고량이 $56\times2+1=113$개일 때 : $113=5\times22+3$
- 재고량이 $56\times3+1=169$개일 때 : $169=5\times33+4$

따라서 가능한 재고량의 최솟값은 169개이다.

48 인원 선발

정답 ④

황지원 대리는 부친 장례식, 김성용 부장은 본인 결혼식, 조현우 차장은 자녀 돌잔치, 이미연 과장은 모친 회갑으로 현금과 화환을 모두 받을 수 있다. 황지원 대리의 배우자인 이수현 과장의 경우, 장인어른 장례식은 지원 규정상 지원 대상이 아니므로 현금 또는 화환을 받을 수 없고, 최영서 사원의 배우자인 이강재 대리의 경우, 배우자의 졸업식은 지원 규정상 지원 대상이 아니므로 현금 또는 화환을 받을 수 없다.

49 인원 선발

정답 ①

김성용 부장은 본인 결혼식이므로 결혼식 축화화환을 제공받으며 그 금액은 82,000원이다.

오답분석

② 정우영 대리는 결혼기념일이므로 결혼기념일 축하화환을 제공받으며 그 금액은 79,000원이다.
③ 이미연 과장은 모친의 회갑이므로 회갑 축하화환을 제공받으며 그 금액은 80,000원이다.
④ 최영서 사원은 본인의 졸업식이므로 입학 및 졸업 축하화환을 제공받으며 그 금액은 56,000원이다.
⑤ 황지원 대리는 부친의 장례식이므로 장례식 근조화환을 제공받으며 그 금액은 95,000원이다.

50 시간 계획

정답 ①

화상회의 진행 시각(한국 기준 오후 4시～오후 5시)을 각국 현지 시각으로 변환하면 다음과 같다.

- 파키스탄 지사(−4시간) : 오후 12시～오후 1시, 점심시간이므로, 회의에 참석 불가능하다.
- 불가리아 지사 (−6시간) : 오전 10시～오전 11시이므로, 회의에 참석 가능하다.
- 호주 지사(+1시간) : 오후 5시～오후 6시이므로, 회의에 참석 가능하다.
- 영국 지사(−8시간) : 오전 8시～오전 9시이므로, 회의에 참석 가능하다(시차는 −9시간이지만, 서머타임을 적용한다).
- 싱가포르 지사(−1시간) : 오후 3시～오후 4시이므로, 회의에 참석 가능하다.

따라서 파키스탄 지사는 화상회의에 참석할 수 없다.

| 02 | 조직이해능력(사무직)

51	52	53	54	55	56	57	58	59	60										
①	⑤	②	③	②	④	④	⑤	③	③										

51 업무 종류

정답 ①

교육 홍보물의 교육내용은 '연구개발의 성공을 보장하는 R&D 기획서 작성'과 'R&D 기획서 작성 및 사업화 연계'이므로 A사원이 속한 부서의 업무는 R&D 연구 기획과 사업 연계이다. 또한 조직의 역량 강화 및 조직문화 구축은 제시된 교육과 관련이 없는 영역이다. A사원은 조직의 사업과 관련된 내용을 발언해야 한다.

52 업무 종류

정답 ⑤

서약서 집행 담당자는 보안담당관이며, 보안담당관은 총무국장이므로 서약서는 이사장이 아닌 총무국장에게 제출해야 한다.

53 업무 종류

정답 ②

영업의 주요 업무로는 견적 작성 및 제출, 시장분석, 판매 등을 들 수 있다. 금일 업무 내용 중 전사 공채 진행은 인사 업무이며, 명일 업무 내용 중 전사 소모품 관리는 총무 업무, 사원 급여 정산은 인사 업무로 볼 수 있다.

54 경영 전략

정답 ③

경영은 경영목적, 인적자원, 자금, 전략의 4요소로 구성된다.

ㄱ. 경영목적
ㄴ. 인적자원
ㅁ. 자금
ㅂ. 전략

오답분석

ㄷ. 마케팅
ㄹ. 회계

55 경영 전략

정답 ②

시각, 청각, 후각, 촉각, 미각의 다섯 가지 감각을 통해 만들어진 감각 마케팅의 사례로, 개인화 마케팅의 사례로 보기는 어렵다.

오답분석

① 고객들의 개인적인 사연을 기반으로 광고 서비스를 제공함으로써 개인화 마케팅의 사례로 적절하다.
③ 고객들이 자신이 직접 사과를 받는 듯한 효과를 얻게 됨으로써 개인화 마케팅의 사례로 적절하다.
④ 댓글 작성자의 이름을 기반으로 이벤트를 진행함으로써 개인화 마케팅의 사례로 적절하다.
⑤ 고객의 이름을 불러서 서비스를 제공함으로써 개인화 마케팅의 사례로 적절하다.

56 조직 구조

정답 ④

목표의 층위·내용 등에 따라 우선순위가 있을 수는 있지만, 하나씩 순차적으로 처리해야 하는 것은 아니다. 조직의 목표는 동시에 여러 개가 추구될 수 있다.

57 업무 종류

정답 ④

제시된 운항시설처의 업무분장표에서 항공기 화재진압훈련과 관련된 업무는 찾아볼 수 없다.

오답분석

①·② 기반시설팀 : 운항기반시설 제설작업 및 장비관리 업무, 전시목표(활주로 긴급 복구) 및 보안시설 관리 업무
③ 항공등화팀 : 항공등화시설 개량계획 수립 및 시행 업무
⑤ 운항안전팀 : 야생동물 위험관리 업무

58 업무 종류

정답 ⑤

이동지역 내의 안전관리를 담당하는 운항안전팀이 발간하는 안전회보에는 이동지역 내의 안전과 관련된 내용을 싣는 것이 적절하다. 따라서 여객터미널에서 실시하는 대테러 종합훈련은 운항안전팀의 안전회보에 실릴 내용으로 적절하지 않다.

59 경영 전략

정답 ③

C는 I기업의 이익과 자사의 이익 모두를 고려하여 합의점을 찾고 있다. 따라서 가장 적절한 대답은 C이다.

오답분석

① I기업의 협상당사자는 현재 가격에서는 불가능하다고 한계점을 정했지만, A는 설정한 목표와 한계에서 벗어나는 요구이므로 적절하지 않다.
② B는 합의점을 찾기보다는 자사의 특정 입장만 고집하고 있다. 따라서 적절하지 않다.
④ D는 상대방의 상황에 대해서 지나친 염려를 하고 있다. 따라서 적절하지 않다.
⑤ I기업의 협상 당사자는 가격에 대한 결정권을 가지고 있으므로 협상을 시도한 것이며, 회사의 최고 상급자는 협상의 세부사항을 잘 알지 못하므로 E는 잘못된 사람과의 협상을 요구하고 있다. 따라서 적절하지 않다.

60 경영 전략

정답 ③

1년에 한두 권밖에 안 팔리는 책일지라도 이러한 책들의 매출이 모이고 모이면 베스트셀러 못지않은 수익을 낼 수 있다.

| 03 | 기술능력(기술직)

51	52	53	54	55	56	57	58	59	60										
⑤	④	⑤	①	②	⑤	③	④	②	③										

51 기술 적용

정답 ⑤

영상이 희미한 경우 리모컨 메뉴창의 초점 조절 기능을 이용하여 초점을 조절하거나 투사거리가 초점에서 너무 가깝거나 멀리 떨어져 있지 않은지 확인해야 한다.

PART 3

52 기술 적용

정답 ④

세탁기와 수도꼭지와의 거리에 대해서는 설치 시 주의사항에서 확인할 수 없는 내용이다.

53 기술 적용

정답 ⑤

세탁기 내부온도가 70°C 이상이거나 물 온도가 50°C 이상인 경우 세탁기 문이 열리지 않는다. 따라서 내부온도가 내려갈 때까지 잠시 기다려야 하며, 이러한 상황에 대해 고객에게 설명해 주어야 한다.

오답분석

①·④ 세탁조에 물이 남아 있다면 탈수를 선택하여 배수하여야 한다.
② 세탁기 내부온도가 높다면 내부온도가 내려갈 때까지 잠시 기다려야 한다.
③ 탈수 시 세탁기가 흔들릴 때의 해결방법이다.

54 기술 적용

정답 ①

프리필터는 청소주기에 따라 1개월에 2회 이상 청소해야 한다.

오답분석

②·③ 탈취필터와 헤파필터의 교체주기는 6개월 ~ 1년이지만 사용 환경에 따라 차이가 날 수 있으며, 필터 교체 표시등을 확인하여 교체해야 한다.
④ 프리필터는 반영구적으로 사용하는 것이므로 교체할 필요가 없다.
⑤ 냄새가 심하게 날 경우 탈취필터를 확인하여 교체해야 한다.

55 기술 적용

정답 ②

공기청정기를 약하고 기울어진 바닥에 두면 이상 소음 및 진동이 생길 수 있으므로 단단하고 평평한 바닥에 두어야 한다. 따라서 공기청정기를 부드러운 매트 위에 놓는 것은 적절하지 않다.

56 기술 적용

정답 ⑤

스마트에어 서비스 기기 등록 시 스마트폰의 Wi-Fi 고급설정 모드에서 '개방형 Wi-Fi' 관련 항목이 아닌 '신호 약한 Wi-Fi 끊기 항목'과 '신호 세기'와 관련된 기능을 확인해야 한다.

57 기술 이해

정답 ③

A기업이 한 벤치마킹은 경쟁관계에 있지 않은 기업 중 마케팅이 우수한 곳을 찾아가 벤치마킹을 했기 때문에 비경쟁적 벤치마킹이다.

반면에 B기업은 동일 업종이지만 외국에 있어 비경쟁적 기업을 대상으로 벤치마킹을 했기 때문에 글로벌 벤치마킹이다.

오답분석

- 경쟁적 벤치마킹 : 동일 업종이면서 경쟁관계에 있는 기업을 대상으로 하는 벤치마킹이다.
- 직접적 벤치마킹 : 벤치마킹 대상을 직접 방문하여 수행하는 벤치마킹이다.
- 간접적 벤치마킹 : 인터넷 및 문서 형태의 자료를 통해서 수행하는 벤치마킹이다.

58 기술 이해

정답 ④

기술경영자의 능력

- 기술을 기업의 전반적인 전략 목표에 통합시키는 능력
- 빠르고 효과적으로 새로운 기술을 습득하고 기존의 기술에서 탈피하는 능력
- 기술을 효과적으로 평가할 수 있는 능력
- 기술 이전을 효과적으로 할 수 있는 능력
- 새로운 제품개발 시간을 단축할 수 있는 능력
- 크고 복잡하고 서로 다른 분야에 걸쳐 있는 프로젝트를 수행할 수 있는 능력
- 조직 내의 기술 이용을 수행할 수 있는 능력
- 기술 전문 인력을 운용할 수 있는 능력

59 기술 이해

정답 ②

화상 방지 시스템을 개발한 이유가 이용자들의 화상을 염려하였다는 점을 볼 때, 기술이 필요한 이유에 대해 설명하는 노와이(Know-why)의 사례로 가장 적절하다.

60 기술 이해

정답 ③

기술능력이 뛰어난 사람의 특징

- 실질적 해결을 필요로 하는 문제를 인식한다.
- 인식된 문제를 위한 다양한 해결책을 개발하고 평가한다.
- 실제적 문제를 해결하기 위해 지식이나 기타 자원을 선택하고 최적화시키며 적용한다.
- 주어진 한계 속에서 제한된 자원을 가지고 일한다.
- 기술적 해결에 대한 효용성을 평가한다.
- 여러 상황 속에서 기술의 체계와 도구를 사용하고 습득한다.

제2회 최종점검 모의고사

01 직업기초능력평가

| 01 | 공통

01	02	03	04	05	06	07	08	09	10	11	12	13	14	15	16	17	18	19	20
②	③	⑤	③	①	④	①	③	④	②	④	②	②	①	⑤	⑤	②	③	②	③
21	22	23	24	25	26	27	28	29	30	31	32	33	34	35	36	37	38	39	40
②	③	②	③	②	③	④	②	④	①	⑤	③	①	①	②	③	①	②	⑤	④
41	42	43	44	45	46	47	48	49	50										
⑤	⑤	④	④	①	②	④	③	②	①										

01 규칙 적용 — 정답 ②

• 생산한 시대를 기준으로 생산연도가 잘못 표시된 경우
- CY87068506(1990년대)
- VA27126459(2010년대)
- MY03123268(1990년대)
- CZ11128465(2000년대)
- MX95025124(1980년대)
- VA07107459(2010년대)
- CY12056487(1990년대)

• 1 ~ 12월의 번호인 01 ~ 12가 아닌 경우
- VZ08203215
- IA12159561
- CZ05166237
- PZ04212359

따라서 총 11개의 시리얼 번호가 잘못 기입되었다.

02 응용 수리 — 정답 ③

I기업의 전 직원을 x명이라고 하자. 찬성한 직원은 $0.8x$명이고, 이 가운데 남성 직원은 $0.8x \times 0.7 = 0.56x$명이다.

구분	찬성	반대	합계
남성	$0.56x$	$0.04x$	$0.6x$
여성	$0.24x$	$0.16x$	$0.4x$
합계	$0.8x$	$0.2x$	x

따라서 여성 직원을 뽑았을 때, 이 사람이 유연근무제에 찬성한 사람일 확률은 $\frac{0.24x}{0.4x} = \frac{3}{5}$이다.

03 인원 선발

정답 ⑤

요일별로 직원들의 당직 근무 일정을 정리하면 다음과 같다.

구분	월요일	화요일	수요일	목요일	금요일	토요일	일요일
주간	가, 나, 마	나, 다	다, 마	아, 자	바, 자	라, 사, 차	바
야간	라	마, 바, 아, 자	가, 나, 라, 바, 사	가, 사, 차	나, 다, 아	마, 자	다, 차

일정표를 보면 일요일 주간에 한 명, 월요일 야간에 한 명이 필요하고, 수요일 야간에 한 명이 빠져야 한다. 따라서 가, 나, 라, 바, 사 중 한 명이 옮겨야 한다. 이때 세 번째 당직 근무 규칙에 따라 같은 날에 주간과 야간 당직 근무는 함께 설 수 없으므로 월요일에 근무하는 '가, 나, 라, 마'와 일요일에 근무하는 '다, 바, 차'는 제외된다. 따라서 '사'의 당직 근무 일정을 변경하여 일요일 주간과 월요일 야간에 당직 근무를 해야 한다.

04 응용 수리

정답 ③

- A기업의 제품이 불량일 확률 : $\frac{3}{10}\times\frac{2}{100}=\frac{6}{1,000}$
- B기업의 제품이 불량일 확률 : $\frac{7}{10}\times\frac{3}{100}=\frac{21}{1,000}$
- 불량품인 부품을 선정할 확률 : $\frac{6}{1,000}+\frac{21}{1,000}=\frac{27}{1,000}$

따라서 부품 중 불량품을 선정하고, 그 불량품이 B기업의 불량품일 확률은 $\frac{21}{27}=\frac{7}{9}$이다.

05 명제 추론

정답 ①

제시된 조건을 정리하면 다음과 같다.

A	B	C	D
주황색	남색 또는 노란색	빨간색	남색 또는 노란색
파란색	보라색		
	초록색		

조건에서 이미 결정된 빨간색, 주황색, 초록색을 제외하고 B, D는 파란색을 싫어하므로 A 혹은 C가 파란색 구두를 사야 한다. 그러나 C가 두 켤레를 사게 되면 A는 한 켤레만 살 수 있으므로 조건에 어긋난다. 따라서 A가 파란색 구두를 샀다. 또한 C나 D가 보라색을 사면 네 번째 조건을 충족할 수 없으므로, B가 보라색 구두를 샀다.

06 엑셀 함수

정답 ④

ROUND 함수, ROUNDUP 함수, ROUNDDOWN 함수의 기능은 다음과 같다.

- ROUND(인수, 자릿수) 함수 : 인수를 지정한 자릿수로 반올림한 값을 구한다.
- ROUNDUP(인수, 자릿수) 함수 : 인수를 지정한 자릿수로 올림한 값을 구한다.
- ROUNDDOWN(인수, 자릿수) 함수 : 인수를 지정한 자릿수로 내림한 값을 구한다.

함수에서 각 단위별 자릿수는 다음과 같다.

만 단위	천 단위	백 단위	십 단위	일 단위	소수점 첫째 자리	소수점 둘째 자리	소수점 셋째 자리
−4	−3	−2	−1	0	1	2	3

[B9] 셀에 입력된 1,260,000 값은 [B2] 셀에 입력된 1,252,340의 값을 만 단위로 올림하여 나타낸 것임을 알 수 있다. 따라서 [B9] 셀에 입력된 함수는 ROUNDUP 함수로 볼 수 있으며, 만 위를 나타내는 자릿수는 −4이므로 함수는 ④가 적절하다.

07 문단 나열

정답 ①

제시된 단락은 신탁 원리의 탄생 배경인 12세기 영국의 상황에 대해 이야기하고 있다. 따라서 이어지는 단락은 (가) 신탁 제도의 형성과 위탁자, 수익자, 수탁자의 관계 등장 → (다) 불안정한 지위의 수익자 → (나) 적극적인 권리 행사가 허용되지 않는 연금 제도에 기반한 신탁 원리 → (라) 연금 운용 권리를 현저히 약화시키는 신탁 원리와 그 대신 부여된 수탁자 책임의 문제점 순서로 나열하는 것이 적절하다.

08 시간 계획

정답 ③

면접에 참여하는 직원들의 휴가 일정을 정리하면 다음과 같다.

- 마케팅팀 차장 : 8월 29일 ~ 9월 3일
- 인사팀 차장 : 9월 6일 ~ 10일
- 인사팀 부장 : 9월 6일 ~ 10일
- 인사팀 과장 : 9월 6일 ~ 9일
- 총무팀 주임 : 9월 1일 ~ 3일

선택지에 제시된 날짜 중에서 직원들의 휴가 일정이 잡히지 않은 유일한 날짜가 면접이 가능한 날짜가 된다. 따라서 면접이 가능한 날짜는 9월 5일이다.

09 자료 해석

정답 ④

각 조합에 대해 할인행사가 적용된 총 결제금액과 총효용을 산출하면 다음과 같다.

조합	총 결제금액	총효용
①	{(5,000×2)+(2,500×1)+(8,200×1)}×90%=18,630원	80+35+70=185
②	{(1,200×6)+(2,500×2)+(5,500×2)}×90%=20,880원	–
③	{(5,000×3)+(1,200×1)+(2,500×1)+(5,500×1)}×90%=21,780원	–
④	(5,000×1)+(1,200×2)+(2,500×4)=17,400원	220+35=255
⑤	{(1,200×3)+(8,200×2)+(5,500×1)}×90%=22,950원	–

①과 ④ 외의 조합의 경우 할인을 적용받아도 결제금액이 예산범위를 초과하므로 구입이 불가능하다. 따라서 ①과 ④ 중 효용의 합이 더 높은 것은 총효용이 255인 ④이다.

10 엑셀 함수

정답 ②

'$'가 붙으면 절대참조로 위치가 변하지 않고, 붙지 않으면 상대참조로 위치가 변한다. 「$A$1」는 무조건 [A1] 위치로 고정이며 「$A2」는 [A] 열은 고정이지만 행은 변한다는 것을 의미한다. [A7] 셀을 복사했을 때 열이 오른쪽으로 2칸 움직였지만 고정이기에 의미는 없고, 행이 7에서 8로 1행만큼 이동하였기 때문에 [A1]+[A3]의 값이 [C8] 셀이 된다. 따라서 1+3=4이다.

11 문서 내용 이해

정답 ④

인천국제공항공사는 2009년 이라크 아르빌신공항 사업을 수주하면서 해외공항 사업에 처음 진출하였고, 9년 후에 1억 달러 이상의 대규모 공항운영 사업을 따냈다.

12 엑셀 함수

정답 ②

ISNONTEXT 함수는 값이 텍스트가 아닐 경우 논리값 'TRUE'를 반환한다. [A2] 셀의 값은 텍스트이므로 함수의 결괏값으로 'FALSE'가 산출된다.

오답분석

① ISNUMBER 함수 : 값이 숫자일 경우 논리값 'TRUE'를 반환한다.
③ ISTEXT 함수 : 값이 텍스트일 경우 논리값 'TRUE'를 반환한다.
④ ISEVEN 함수 : 값이 짝수이면 논리값 'TRUE'를 반환한다.
⑤ ISODD 함수 : 값이 홀수이면 논리값 'TRUE'를 반환한다.

13 시간 계획

정답 ②

3년 이상 근속한 직원에게는 최초 1년을 초과하는 근속 매 2년마다 가산휴가 1일이 발생한다.

- 2021년 1월 1일 ~ 2021년 12월 31일 ⇒ 2022년 15일 연차휴가 발생
- 2022년 1월 1일 ~ 2022년 12월 31일 ⇒ 2023년 15일 연차휴가 발생
- 2023년 1월 1일 ~ 2023년 12월 31일 ⇒ 2024년 15일 연차휴가 발생+1일 가산휴가
- 2024년 1월 1일 ~ 2024년 12월 31일 ⇒ 2025년 16일 연차휴가 발생

따라서 2024년 1월 26일에는 가산휴가를 포함하여 16일의 연차휴가가 발생한다.

14 품목 확정

정답 ①

각 교통편에 대해 김대리의 기준에 따라 계산하면 다음과 같다.

- CZ3650 : $(2\times1{,}000{,}000\times0.6)+(500{,}000\times0.8)=1{,}600{,}000$원
- MU2744 : $(3\times1{,}000{,}000\times0.6)+(200{,}000\times0.8)=1{,}960{,}000$원
- G820 : $(5\times1{,}000{,}000\times0.6)+(120{,}000\times0.8)=3{,}096{,}000$원
- D42 : $(8\times1{,}000{,}000\times0.6)+(70{,}000\times0.8)=4{,}856{,}000$원

따라서 김대리가 선택하는 교통편은 계산 결과가 가장 낮은 CZ3650이다.

15 자료 계산

정답 ⑤

조건의 식을 토대로 품목별 할인가 판매 시 괴리율을 구하면 다음과 같다.

- 세탁기 : $\frac{640{,}000-580{,}000}{640{,}000}\times100 ≒ 9.3\%$
- 무선전화기 : $\frac{181{,}000-170{,}000}{181{,}000}\times100 ≒ 6.0\%$
- 오디오세트 : $\frac{493{,}000-448{,}000}{493{,}000}\times100 ≒ 9.1\%$
- 골프채 : $\frac{786{,}000-720{,}000}{786{,}000}\times100 ≒ 8.3\%$
- 운동복 : $\frac{212{,}500-180{,}000}{212{,}500}\times100 ≒ 15.2\%$

따라서 운동복이 15.2%로 품목 중 가장 할인가 판매 시의 괴리율이 높다.

16 응용 수리

정답 ⑤

B업체 견인차의 속력을 $x$km/h(단, $x\neq0$)라 하자.

A업체 견인차의 속력이 63km/h일 때 40분 만에 사고지점에 도착하므로, A업체로부터 사고지점까지의 거리는 $63\times\frac{40}{60}=42$km이다.

이때 사고지점은 B업체보다 A업체에 40km 더 가까우므로 B업체에서 사고지점까지의 거리는 42+40=82km이다.

B업체의 견인차가 A업체의 견인차보다 늦게 도착하지 않으려면 사고지점에 도착하는 데 걸리는 시간이 40분보다 적거나 같아야 하므로 다음 식이 성립한다.

$\frac{82}{x}\leq\frac{2}{3} \rightarrow 2x\geq246$

$\therefore x\geq123$

따라서 B업체의 견인차가 내야 하는 최소 속력은 123km/h이다.

17 자료 변환

정답 ②

변환된 그래프의 단위는 백만 주이고, 주어진 자료에서는 주식 수의 단위가 억 주이므로 이를 주의하여 종목당 평균 주식 수를 구하면 다음과 같다.

구분	2014년	2015년	2016년	2017년	2018년	2019년	2020년	2021년	2022년	2023년	2024년
종목당 평균 주식 수 (백만 주)	9.39	12.32	21.07	21.73	22.17	30.78	27.69	27.73	27.04	28.25	31.13

이를 토대로 전년 대비 증감 추세를 나타내면 다음과 같다.

구분	2014년	2015년	2016년	2017년	2018년	2019년	2020년	2021년	2022년	2023년	2024년
전년 대비 변동 추이	–	증가	증가	증가	증가	증가	감소	증가	감소	증가	증가

따라서 주어진 자료와 동일한 추세를 보이는 그래프는 ②이다.

18 자료 해석

정답 ③

- (가) : 부산에서 서울로 가는 버스터미널은 2개이므로, 고객에게 바르게 안내해 주었다.
- (다) : 소요 시간을 고려하여 도착시간에 맞게 출발하는 버스 시간을 바르게 안내해 주었다.
- (라) : 도로 교통 상황에 따라 소요 시간에 차이가 있다는 사실을 바르게 안내해 주었다.

오답분석

- (나) : 고객의 집은 부산 동부 터미널이 가깝다고 하였으므로 출발해야 되는 시간 등을 물어 부산 동부 터미널에 적당한 차량이 있는지 확인하고, 없을 경우 부산 터미널을 권유하는 것이 옳다. 단지 운행되는 버스가 많다는 이유만으로 부산 터미널을 이용하라고 안내하는 것은 옳지 않다.
- (마) : 우등 운행요금만 안내해 주었고, 일반 운행요금에 대한 안내를 하지 않았다.

19 문서 내용 이해

정답 ②

A씨는 계약전력이 3kW 이하이며, 전세계약을 했으므로 사용자로 변동된 경우이다. 계약전력이 5kW 이하인 고객은 전화신청이 가능하며, 사용자로 변동된 경우에는 전기사용변경신청서와 고객변동일을 입증할 수 있는 서류로 임대차계약서 또는 사업자등록증 사본을 구비하면 된다.

20 글의 제목

정답 ③

제시문의 첫 번째 문단에서는 하천의 과도한 영양분이 플랑크톤을 증식시켜 물고기의 생존을 위협한다고 이야기하며, 두 번째 문단에서는 이러한 녹조 현상이 우리가 먹는 물의 안전까지도 위협하고 있다고 이야기한다. 마지막 문단에서는 생활 속 작은 실천을 통해 생태계와 인간의 안전을 위협하는 녹조를 예방해야 한다고 주장하므로 글의 제목으로는 ③이 가장 적절하다.

21 비용 계산

정답 ②

기존의 운송횟수는 12회이므로 1일 운송되는 화물량은 12×1,000=12,000상자이다. 이때, 적재효율을 높여 기존 1,000상자에서 1,200상자로 늘어나므로 10회(=12,000÷1,200)로 운송횟수를 줄일 수 있으므로 다음 계산식으로 기존 방법과 새로운 방법의 월 수송비를 계산하면 다음과 같다.

(월 수송비)=(1회당 수송비)×(차량 1대당 1일 운행횟수)×(차량 운행대수)×(월 운행일수)

- 기존 월 수송비 : 100,000×3×4×20=24,000,000원
- 신규 월 수송비 : 100,000×10×20=20,000,000원

따라서 월 수송비 절감액은 4,000,000원(=24,000,000−20,000,000)이다.

22 자료 계산

정답 ③

㉠ 두 번째 정보에 따라 2016년부터 2024년까지 연도별 합계출산율 순위 중 2016년이 두 번째로 높은 연도이므로 가장 많은 2017년 합계출산율인 1.297명보다 낮고, 세 번째로 많은 2020년의 1.239명보다 높아야 된다. 따라서 선택지에서 1.244명과 1.251명이 범위에 포함된다.

㉡ 세 번째 정보로부터 2018년부터 2020년까지의 출생성비가 동일함을 알 수 있다. 따라서 빈칸에 들어갈 수는 105.3명이다.

㉢ 첫 번째 정보에서 2021년부터 2024년까지 전년 대비 출생아수는 감소하는 추세이며, 빈칸에 해당하는 2024년 전년 대비 감소한 출생아수가 가장 적다고 하였다. 연도별 전년 대비 출생아수 감소 인원은 다음과 같다.

연도	2021년	2022년	2023년
전년 대비 출생아수 감소 인원	438,420−406,243 =32,177명	406,243−357,771 =48,472명	357,771−326,822 =30,949명

2021 ~ 2023년 중 2023년가 전년 대비 감소 인원이 가장 적으므로 이보다 적게 차이가 나는 수를 찾으면 선택지 중 302,676명이 된다.

- 2024년 전년 대비 출생아수 감소 인원 : 326,822−302,676=24,146명<30,949명

따라서 빈칸 ㉠, ㉡, ㉢에 들어갈 적절한 수로 나열된 것은 ③이다.

23 자료 해석

정답 ②

㉠ 2022 ~ 2024년의 일본, 대만 및 기타 국적 임직원 수의 합을 구하면 다음과 같다.

- 2022년 : 1,615+1,333+97=3,045명
- 2023년 : 2,353+1,585+115=4,053명
- 2024년 : 2,749+2,032+153=4,934명

따라서 2022 ~ 2024년의 일본, 대만 및 기타 국적 임직원 수의 합은 중국 국적 임직원 수보다 많다.

㉢ 국적별 2023년과 2024년의 전년 대비 임직원 수의 증감폭을 구하면 다음과 같다.

- 2023년의 2022년 대비 임직원 수의 증감폭
  - 한국 : 10,197−9,566=631명
  - 중국 : 3,748−2,636=1,112명
  - 일본 : 2,353−1,615=738명
  - 대만 : 1,585−1,333=252명
  - 기타 : 115−97=18명
- 2024년의 2023년 대비 임직원 수의 증감폭
  - 한국 : 9,070−10,197=−1,127명
  - 중국 : 4,853−3,748=1,105명
  - 일본 : 2,749−2,353=396명
  - 대만 : 2,032−1,585=447명
  - 기타 : 153−115=38명

따라서 2023년과 2024년에 전년 대비 임직원 수가 가장 많이 증가한 국적은 중국이다.

오답분석

㉡ 연도별 전체 임직원 수를 구하면 다음과 같다.

- 2022년 : 8,914+5,181+1,152=15,247명
- 2023년 : 8,933+7,113+1,952=17,998명
- 2024년 : 10,947+6,210+1,700=18,857명

연도별 전체 임직원 중 20대 이하 임직원이 차지하는 비중을 구하면 다음과 같다.

- 2022년 : $\frac{8,914}{15,247}\times 100 ≒ 58.5\%$
- 2023년 : $\frac{8,933}{17,998}\times 100 ≒ 49.6\%$
- 2024년 : $\frac{10,947}{18,857}\times 100 ≒ 58.1\%$

2023년의 경우 전체 임직원 중 20대 이하 임직원이 차지하는 비중은 50% 미만이다.

㉣ 연령대별 2024년의 2023년 대비 증감률을 구하면 다음과 같다.

- 20대 이하 : $\frac{10,947-8,933}{8,933}\times 100 ≒ 22.55\%p$
- 30대 : $\frac{6,210-7,113}{7,113}\times 100 ≒ -12.70\%p$
- 40대 이상 : $\frac{1,700-1,952}{1,952}\times 100 ≒ -12.91\%p$

따라서 2024년 임직원 수의 2023년 대비 감소율이 가장 큰 연령대는 40대 이상이다.

24 자료 해석

정답 ③

(종합청렴도)=[(외부청렴도)×0.6+(내부청렴도)×0.3+(정책고객평가)×0.1]−(감점요인)이므로, 이를 변형하여 내부청렴도에 관한 공식을 도출할 수 있다.

(내부청렴도)=[(종합청렴도)−(외부청렴도)×0.6−(정책고객평가)×0.1+(감점요인)]× $\frac{10}{3}$

위 식에 연도별 수치를 대입하여 내부청렴도를 구하면 다음과 같다.

- 2021년 : $[6.23-(8.0\times0.6)-(6.9\times0.1)+(0.7+0.7+0.2)]\times\frac{10}{3}=2.34\times\frac{10}{3}=7.8$
- 2022년 : $[6.21-(8.0\times0.6)-(7.1\times0.1)+(0.7+0.8+0.2)]\times\frac{10}{3}=2.4\times\frac{10}{3}=8.0$
- 2023년 : $[6.16-(8.0\times0.6)-(7.2\times0.1)+(0.7+0.8+0.2)]\times\frac{10}{3}=2.34\times\frac{10}{3}=7.8$
- 2024년 : $[6.8-(8.1\times0.6)-(7.3\times0.1)+(0.5+0.4+0.2)]\times\frac{10}{3}=2.31\times\frac{10}{3}=7.7$

따라서 내부청렴도가 가장 높은 해는 2022년, 가장 낮은 해는 2024년이다.

25 어휘

정답 ②

정신질환 산재 조사·판정을 이전에는 서울업무상질병판정위원회에서만 처리했으므로 ㉡은 '일괄적으로'가 적절하다.

오답분석

① 앞 문장에 따르면, 산재 승인율이 급감하고 있음을 알 수 있다. 하지만 산재 승인 기준이 느슨할 경우 오히려 더 많은 승인이 일어날 것이므로, ㉠에는 '느슨한'보다는 '까다로운'이 더 적절하다.

③ 제시문에 따르면 이전에는 서울업무상질병판정위원회에서만 진행했던 산재 조사·판정을 이제는 다른 지역에서 각자 진행하고 있다고 하였으므로 ㉢은 '분산했고'라는 내용이 적절하다.

④ 산재 승인율은 감소하고 있으므로 이에 불복하는 행정소송 제기는 더욱 증가함을 예측할 수 있다. 따라서 ㉣에는 '감소'보다는 '증가'가 더 적절하다.

⑤ 상관관계란 두 대상이 서로 관련성이 있다고 추측되는 넓은 의미의 관계인 반면, 인과관계는 어떤 사실로 인해 어떤 다른 사실이 초래되었다는 원인과 결과의 관계를 말한다. 따라서, 문맥상 대법원보다 소극적인 방식으로 업무상 사망을 기준 짓는 A공단은 해당 사건을 '인과관계'의 기준으로 적용했다는 보는 것이 더 적절하다.

26 시간 계획

정답 ③

회사별 점심시간, 종교 활동 시간 및 업무시간을 시차를 고려해 정리하면 다음과 같다.

A기업(서울)	오전 7시		오전 9시			오후 12시	오후 1시		오후 3시			오후 6시
B기업(시드니)	오전 9시			오후 12시	오후 1시				오후 5시	오후 6시		오후 8시
C기업(두바이)	오전 2시							오전 9시	오전 10시		오후 12시	오후 1시
D기업(모스크바)	오전 1시								오전 9시			오후 12시

따라서 화상회의가 가능한 시각은 한국 시간으로 모든 회사가 근무하는 오후 3～4시이다.

27 시간 계획

정답 ④

인천에서 샌프란시스코까지 비행 시간은 10시간 25분이므로, 샌프란시스코 도착 시간에서 거슬러 올라가면 샌프란시스코 시간으로 00시 10분에 출발한 것이 된다. 이때 한국은 샌프란시스코보다 16시간에 빠르기 때문에 한국 시간으로는 16시 10분에 출발한 것이다. 하지만 비행기 티케팅을 위해 출발 한 시간 전에 인천공항에 도착해야 하므로 15시 10분까지 가야 한다.

28 정보 이해

정답 ②

바이오스란 컴퓨터에서 전원을 켜면 맨 처음 컴퓨터의 제어를 맡아 가장 기본적인 기능을 처리해 주는 프로그램으로, 모든 소프트웨어는 바이오스를 기반으로 움직인다.

오답분석

① ROM(Read Only Memory)에 대한 설명이다.
③ RAM(Random Access Memory)에 대한 설명이다.
④ 스풀링(Spooling)에 대한 설명이다.
⑤ 미들웨어(Middleware)에 대한 설명이다.

29 자료 이해

정답 ④

- 2016 ~ 2017년 사이 축산물 수입량은 약 10만 톤 감소했으나, 수입액은 약 2억 달러 증가하였다.
- 2021 ~ 2022년 사이 축산물 수입량은 약 10만 톤 감소했으나, 수입액은 변함이 없다.

30 자료 해석

정답 ①

ㄱ. 부패금액이 산정되지 않은 6번의 경우에도 고발하였으므로 옳지 않은 설명이다.
ㄴ. 2번의 경우 해임당하였음에도 고발되지 않았으므로 옳지 않은 설명이다.

오답분석

ㄷ. 직무관련자로부터 금품을 수수한 사건은 2번, 4번, 5번, 7번, 8번으로 총 5건이 있었다.
ㄹ. 2번과 4번은 모두 '직무관련자로부터 금품 및 향응수수'로 동일한 부패행위 유형에 해당함에도 2번은 해임, 4번은 감봉 1개월의 처분을 받았으므로 옳은 설명이다.

31 문단 나열

정답 ⑤

제2여객터미널에 지능형 안내 로봇과 청소 로봇을 도입해 스마트 에어포트 기술 분야에서 세계 선도 의지를 보였다는 (라), 제2여객터미널 출국장 중앙에 위치한 스마트체크인 존에 대해 설명하는 (다), 그 외에 패스트트랙과 터널형 보안 검색의 장점 및 기대점에 대해 설명하는 (가), 그 외에 상반기에 도입될 기술들에 대해 설명하며 마무리하는 (나)의 순서가 적절하다.

32 정보 이해

정답 ③

영역(Block)의 지정

- 한 단어 영역 지정 : 해당 단어 안에 마우스 포인터를 놓고 두 번 클릭한다.
- 한 줄 영역 지정 : 해당 줄의 왼쪽 끝으로 마우스 포인터를 이동하여 포인터가 화살표로 바뀌면 한 번 클릭한다.
- 문단 전체 영역 지정
  - 해당 문단의 임의의 위치에 마우스 포인터를 놓고 세 번 클릭한다.
  - 문단 내의 한 행 왼쪽 끝에서 마우스 포인터가 화살표로 바뀌면 두 번 클릭한다.
- 문서 전체 영역 지정
  - 문단의 왼쪽 끝으로 마우스 포인터를 이동하여 포인터가 화살표로 바뀌면 세 번 클릭한다.
  - [편집] 메뉴에서 [모두 선택]을 선택한다.
  - 문서 내의 임의의 위치에서 〈Ctrl〉+〈A〉를 누른다.
  - 문서 내의 한 행 왼쪽 끝에서 마우스 포인터가 화살표로 바뀌면 세 번 클릭한다.

33 프로그램 언어(코딩)

정답 ①

'ary[3]'으로 크기가 3인 배열을 설정하고 반복 명령문을 설정하기 위해 i=0을 설정한다.
그 후에 크기가 3인 배열의 각 변수를 설정하고 for 반복 명령문으로 '++' 증감 연산자를 이용하여 i<3까지 반복한다.
printf 명령어를 통해 첫 번째 변수는 'i+1', 두 번째 변수는 ary[i]를 텍스트와 함께 출력한다.
따라서 배열에 저장된 값은 순서대로 1, 2, 3이고, 반복문 내부에서 i값의 1을 더하고 있으므로 '1, 2, 3번째 요소'에 저장된 값이 각각 문자열과 함께 한 줄씩 출력된다.

34 자료 이해

정답 ①

재화 1개당 가격을 고려하여 자료를 정리하면 다음과 같다.

생산량(개)	0	1	2	3	4	5
총 판매수입(만 원)	0	7	14	21	28	35
총 생산비용(만 원)	5	9	12	17	24	33
이윤(만 원)	−5	−2	+2	+4	+4	+2

ㄱ. 따라서 2개와 5개를 생산할 때의 이윤은 +2로 동일하다.
ㄴ. 이윤은 생산량 3개와 4개에서 +4로 가장 크지만, 극대화할 수 있는 최대 생산량은 4개이다.

오답분석

ㄷ. 생산량을 4개에서 5개로 늘리면 이윤은 4만원에서 2만 원으로 감소한다.
ㄹ. 1개를 생산하면 −2만 원이지만, 생산하지 않을 때는 −5만 원이다.

35 품목 확정

정답 ②

주어진 조건을 따라 A～E노트북의 점수를 계산하면 다음과 같다.

구분	A	B	C	D	E
저장용량	4점	2+3=5점	5점	2+3=5점	3+3=6점
배터리 지속시간	2점	5점	1점	4점	3점
무게	2점	5점	1점	4점	3점
가격	2점	5점	1점	3점	4점
합계	4+2+2+2 =10점	5+5+5+5 =20점	5+1+1+1 =8점	5+4+4+3 =16점	6+3+3+4 =16점

따라서 점수가 가장 높은 B노트북을 고른다.

36 빈칸 삽입

정답 ③

제시문의 내용으로 볼 때 빈칸에는 '유쾌한 건망증'의 예가 될 만한 속담이 들어가야 한다. 특히 빈칸 뒷부분에서 소개되고 있는 일화와 비슷한 성격의 내용이 담긴 속담을 찾는다. 따라서 '업은 아이 삼 년을 찾는다.'라는 속담이 가장 적절하다.

37 문서 내용 이해

정답 ①

그린캡 도우미는 2010년 창의 실용 제도개선 우수사례로 국무총리상을 받았다. 하지만 그린캡 도우미가 다른 공사의 서비스에도 적용되었다는 내용은 제시문을 통해 알 수 없다.

38 자료 이해

정답 ②

가. 현재 성장을 유지할 경우 4.7천 건의 도입량이 48MW, 도입을 촉진할 경우는 4.2천 건의 도입량이 49MW이므로 건수당 도입량은 각각 48÷4.7≒10.21MW, 49÷4.2≒11.67MW로 건수당 도입량이 커짐을 알 수 있다.

다. 현재 성장을 유지할 경우의 신축주택 10kW 이상의 비중은 4.7÷(165.3+4.7)×100≒2.76%이며, 도입을 촉진할 경우의 신축주택 10kW 이상의 비중은 4.2÷(185.2+4.2)×100≒2.22%이므로 2.76−2.22=0.54%p가 되어 0.5%p 이상 하락함을 알 수 있다.

오답분석

나. 2019년 기존주택의 10kW 미만의 천 건당 도입량은 454÷94.1≒4.82MW이며, 10kW 이상은 245÷23.3≒10.52MW이므로 10kWh 이상의 사용량이 더 많다.

라. $\frac{165-145.4}{145.4}\times 100 \fallingdotseq 13.48$%p이므로 15%p를 넘지 않는다.

39 자료 해석

정답 ⑤

A/S 규정 중 '교환・환불 배송 정책' 부분을 살펴보면, A/S와 관련된 운송비는 제품 초기불량일 경우에만 당사에서 부담한다고 규정하고 있다. 그러므로 초기불량이 아닐 경우 운송비는 고객이 부담하여야 한다. 따라서 운송비를 제외한 복구 시 발생되는 모든 비용에 대해 고객이 부담하여야 한다는 답변은 옳지 않다.

40 자료 해석

정답 ④

고객의 요청을 참고하여 수리가 필요한 항목을 정리하면 다음과 같다.

- 네트워크 관련 작업 : 20,000원
- 펌웨어 업그레이드 : 20,000원
- 하드 디스크 점검 : 10,000원

따라서 고객에게 안내해야 할 수리비용은 20,000+20,000+10,000=50,000원이다.

41 자료 해석

정답 ⑤

A/S 점검표에 따른 비용을 계산하면 다음과 같다.

- 전면 유리 파손 교체 : 3,000원
- 전원 배선 교체 : 8,000원
- 41만 화소 IR 교체 : 30,000원
- 추가 CCTV 제품비 : 80,000원
- 추가 CCTV 건물 내부(로비) 설치 : 10,000원

따라서 고객에게 청구해야 할 비용은 3,000+8,000+30,000+80,000+10,000=131,000원이다.

42 자료 계산

정답 ⑤

- (P공정을 거친 양품 수의 기댓값)=1,000만×0.97=970만 개
- (Q공정을 거친 양품 수의 기댓값)=970만×0.95=921만 5천 개

43 비용 계산

정답 ④

- H문구 : 비품가격은 32,000+31,900+2,500=66,400원이다. 여기에 20% 할인 쿠폰을 사용하면 총 주문금액은 66,400×0.8=53,120원이다. 배송료를 더하면 53,120+4,000=57,120이므로 견적금액은 57,100원이다(∵ 백 원 미만 절사).
- I문구 : 비품가격은 25,000+22,800+1,800=49,600원이다. 회원가 구매 시 판매가의 7%를 할인받으므로 총 주문금액은 49,600×0.93=46,128원이다. 배송료를 더하면 46,128+2,500=48,628원이므로 견적금액은 48,600원이다(∵ 백 원 미만 절사).

• J문구 : 50,000원 이상 구매 시 문서 파일 1개를 무료 증정하기 때문에 문서 파일은 따로 살 필요가 없다. 문서파일을 제외한 비품가격은 24,100+28,000=52,100원이다. 첫 구매 적립금을 사용하면 52,100−4,000=48,100원이고, 배송료를 더하면 48,100+4,500=52,600원이다.

따라서 제일 저렴한 I문구와 거래할 예정이며, 견적금액은 48,600원이다.

44 문서 내용 이해

정답 ④

제시문에 따르면 업무협약에 따라 만약 지방발 인천공항행 KTX 열차가 장시간 지연될 경우에는 코레일이 신속하게 대체수송버스를 투입하여 탑승시간이 임박한 승객들을 수송할 예정이다. 따라서 아직 시행 전이므로 적절하지 않다.

45 빈칸 삽입

정답 ①

보기의 문장은 각 기관의 기존 매뉴얼이 있었음을 인지하고, 체계적인 역할 규정의 필요성을 말하고 있다. 따라서 네 가지 기관이 언급된 이후이자 구체적 체계를 설명하기 전인 (가)의 위치가 가장 적절하다.

46 정보 이해

정답 ②

출력 장치는 스피커, LCD 모니터, 레이저 프린터가 해당하므로 11개이다.

오답분석

ㄱ. 키보드, 스캐너, 마우스는 입력 장치에 해당하므로 14개이다.

ㄷ. 광디스크, USB 메모리는 저장 장치에 해당하므로 19개이다.

PART 3

47 비용 계산

정답 ④

규정에 따라 여비를 운임·숙박비·식비·일비로 구분하여 계산하면 다음과 같다.

• 운임 : 철도·선박·항공운임에 대해서만 지급한다고 규정하고 있으므로, 버스 또는 택시요금에 대해서는 지급하지 않는다. 따라서 여비는 철도운임만 지급 되며 일반실 기준으로 실비로 지급하므로, 총 86,000원이다.
• 숙박비 : 1박당 실비로 지급하되, 그 상한액은 40,000원이다. 그러나 출장기간이 2일 이상인 경우에는 출장기간 전체의 총액 한도 내에서 실비로 지급한다고 하였으므로, 3일간의 숙박비는 총 120,000원(3박 기준) 내에서 실비가 지급된다. 따라서 B과장이 지출한 숙박비인 45,000+30,000+35,000=110,000원 모두 여비로 지급된다.
• 식비 : 1일당 20,000원으로, 여행일수에 따라 지급된다. 총 4일이므로 80,000원이 지급된다.
• 일비 : 1인당 20,000원으로, 여행일수에 따라 지급된다. 총 4일이므로 80,000원이 지급된다.

따라서 B과장이 출장으로 인하여 정산 받은 여비의 총액은 86,000+110,000+80,000+80,000=356,000원이다.

48 정보 이해

정답 ③

핀테크(Fintech)는 금융(Finance)과 Technology의 합성어로, IT 기술을 활용한 혁신적인 금융 서비스를 말한다. 전통적인 금융 산업을 디지털화하고 자동화하여, 더 편리하고 저렴하며 빠른 금융 서비스를 가능하게 한다.

오답분석

① P2P : 'Peer to Peer network'의 약자로, 기존의 서버와 클라이언트 개념이나 공급자와 소비자 개념에서 벗어나 개인 컴퓨터끼리 직접 연결하고 검색함으로써 모든 참여자가 공급자인 동시에 수요자가 되는 형태를 말한다.

② O2O : 'Online to Offline'의 약자로, 정보 유통 비용이 저렴한 온라인과 실제 소비가 일어나는 오프라인의 장점을 접목해 새로운 시장을 만드는 것을 의미한다.

④ IoT(Internet of Things) : 사물인터넷은 사물에 센서를 부착해 실시간으로 데이터를 인터넷으로 주고받는 기술이나 환경을 말한다.

⑤ 클라우드 : 사용하려고 하는 자료와 소프트웨어를 인터넷 상의 서버에 저장하고, 인터넷에 접속하기만 하면 언제 어디서든 자료를 사용할 수 있는 컴퓨터 환경이다.

49 엑셀 함수

정답 ②

VLOOKUP 함수는 목록 범위의 첫 번째 열에서 세로 방향으로 검색하면서 원하는 값을 추출하는 함수이고, HLOOKUP 함수는 목록 범위의 첫 번째 행에서 가로 방향으로 검색하면서 원하는 값을 추출하는 함수이다. 따라서 [F2:G9] 영역을 이용하여 업무지역별 코드번호를 입력할 경우 VLOOKUP 함수가 적절하며, VLOOKUP 함수의 형식은 「=VLOOKUP(찾을 값, 범위, 열 번호, 찾기 옵션)」으로, [D2] 셀에 입력된 수식은 「=VLOOKUP(C2,$F$2:$G$9,2,0)」임을 알 수 있다.

50 정보 이해

정답 ①

숫자와 문자가 혼합된 데이터는 문자열로 입력되며, 문자 데이터와 같이 왼쪽으로 정렬된다.

오답분석

② 문자 데이터는 기본적으로 왼쪽으로 정렬된다.
③ 날짜 데이터는 자동으로 셀의 오른쪽으로 정렬된다.
④ 수치 데이터는 셀의 오른쪽으로 정렬된다.
⑤ 시간 데이터는 세미콜론(;)이 아니라 콜론(:)을 사용한다.

| 02 | 조직이해능력(사무직)

51	52	53	54	55	56	57	58	59	60										
②	④	④	②	②	②	⑤	②	①	④										

51 경영 전략

정답 ②

- 소프트웨어적 요소
  - 스타일(Style) : 조직구성원을 이끌어 나가는 관리자의 경영방식
  - 구성원(Staff) : 조직 내 인적 자원의 능력, 전문성, 동기 등
  - 스킬(Skills) : 조직구성원이 가지고 있는 핵심 역량
  - 공유가치(Shared Values) : 조직 이념, 비전 등 조직구성원이 함께 공유하는 가치관
- 하드웨어적 요소
  - 전략(Strategy) : 시장에서의 경쟁우위를 위해 회사가 개발한 계획
  - 구조(Structure) : 조직별 역할, 권한, 책임을 명시한 조직도
  - 시스템(Systems) : 조직의 관리체계, 운영절차, 제도 등 전략을 실행하기 위한 프로세스

52 조직 구조

정답 ④

리더와 부하 간 상호관계는 조직문화의 구성요소 중 리더십 스타일에 대한 설명이다. 관리시스템은 조직문화의 구성요소로서 장기전략 목적 달성에 적합한 보상제도와 인센티브, 경영정보와 의사결정시스템, 경영계획 등 조직의 목적을 실제로 달성하는 모든 경영관리제도와 절차를 의미한다.

53 조직 구조

정답 ④

오답분석

ㄱ. 부품 조립 작업 시 계속적인 불량품 발생 인식은 확인 단계에 해당한다.
ㄹ. 추려진 대안들의 장단점을 분석하고 해결안 도출은 선택 단계에 해당한다.

조직의 의사결정 단계

- 확인 단계 : 의사결정이 필요한 문제를 확인하는 단계와 이를 구체화하기 위한 정보를 얻는 진단 단계이다.
- 개발 단계 : 조직 내 기존 해결 방법을 찾는 탐색 단계와 새로운 문제에 대한 해결안을 설계하는 설계 단계이다.
- 선택 단계 : 실행 가능한 해결안을 선택하고 이를 승인하는 단계이다.

54 조직 구조

정답 ②

- 영리조직 : 은행, 회사, 필라테스, 학원, 편의점
- 비영리조직 : 동사무소, 병원

55 경영 전략

정답 ②

경영활동을 구성하는 요소는 경영목적, 인적자원, 자금, 경영전략이다. (나)의 경우와 같이 봉사활동을 수행하는 일은 목적과 인력, 자금 등이 필요한 일이지만 정해진 목표를 달성하기 위한 조직의 관리, 전략, 운영 활동이라고 볼 수 없으므로 경영활동이 아니다.

PART 3

56 조직 구조

정답 ②

1Page 보고는 보고서 분량을 한 쪽으로 제한한다. 모양・글꼴・색상 등 외적인 형식을 없애고 핵심 내용만 명확히 함으로써 양식과 절차에 들어가는 시간과 노력을 최소화하는 것이 목적이다.

57 업무 종류

정답 ⑤

일반적으로 기획부의 업무는 사업계획이나 경영점검 등 경영활동 전반에 걸친 기획 업무가 주를 이루며, 사옥 이전 관련 발생 비용 산출은 회계부, 대내외 홍보는 홍보팀 등에서 담당한다.

58 조직 구조

정답 ②

I기업은 기존에 수행하지 않던 해외 판매 업무가 추가될 것이므로 그에 따른 해외영업팀 등의 신설 조직이 필요하게 된다. 해외에 공장 등의 조직을 보유하게 됨으로써 이를 관리하는 해외관리팀이 필요할 것이며, 물품의 수출에 따른 통관 업무를 담당하는 물류팀, 외화 대금 수취 및 해외 조직으로부터의 자금 이동 관련 업무를 담당할 외환업무팀, 국제 거래상 발생하게 될 해외 거래 계약 실무를 담당할 국제법무팀 등이 필요하게 된다. 기업회계팀은 I사의 해외 사업과 상관없이 기존 회계를 담당하는 필요 조직이라고 볼 수 있다.

59 업무 종류

정답 ①

A씨의 행동을 살펴보면 무계획적인 업무처리로 인하여 일이 늦어지거나 누락되는 경우가 많다는 것을 알 수 있다. 이러한 행동에 대한 적절한 피드백으로는 업무를 계획적으로 진행하라는 내용인 ①이 가장 적절하다.

60 업무 종류

정답 ④

'(가) 비서실 방문'은 브로슈어 인쇄를 위해 미리 파일을 받아야 하므로 '(라) 인쇄소 방문'보다 먼저 이루어져야 한다. '(나) 회의실, 마이크 체크'는 내일 오전 '(마) 업무보고' 전에 준비해야 할 사항이다. '(다) 케이터링 서비스 예약'은 내일 3시 팀장회의를 위해 준비하는 것이므로 24시간 전인 오늘 3시 이전에 실시하여야 한다. 따라서 업무순서를 정리하면 (다) – (가) – (라) – (나) – (마)가 되는데, 이때 (다)가 (가)보다 먼저 이루어져야 하는 이유는 현재 시각이 2시 50분이기 때문이다. 비서실까지 가는 데 걸리는 시간이 15분이므로 비서실에 갔다 오면 3시가 지난다. 따라서 케이터링 서비스 예약을 먼저 하는 것이 적절하다.

| 03 | 기술능력(기술직)

51	52	53	54	55	56	57	58	59	60										
②	④	③	②	④	③	①	③	④	⑤										

51 기술 이해

정답 ②

임펠러 날개깃이 피로 현상으로 인해 결함을 일으킬 수 있다고 하였기 때문에 기술적 원인에 해당된다. 기술적 원인에는 기계 설계 불량, 재료의 부적합, 생산 공정의 부적당, 정비・보존 불량 등이 해당된다.

오답분석

① 작업 관리상 원인 : 안전 관리 조직의 결함, 안전 수칙 미제정, 작업 준비 불충분, 인원 배치 및 작업 지시 부적당 등
③ 교육적 원인 : 안전 지식의 불충분, 안전 수칙의 오해, 경험이나 훈련의 불충분과 작업관리자의 작업 방법의 교육 불충분, 유해 위험 작업 교육 불충분 등
④ 불안전한 행동 : 위험 장소 접근, 안전장치 기능 제거, 보호 장비의 미착용 및 잘못 사용, 운전 중인 기계의 속도 조작, 기계・기구의 잘못된 사용, 위험물 취급 부주의, 불안전한 상태 방치, 불안정한 자세와 동작, 감독 및 연락 잘못 등

52 기술 이해

정답 ④

산업재해의 예방대책

1. 안전 관리 조직
2. 사실의 발견
3. 원인 분석
4. 시정책의 선정
5. 시정책 적용 및 뒤처리

53 기술 적용

정답 ③

설치 시 주의사항에 따르면 난방기기 주변은 과열되어 고장의 염려가 있으므로 피해야 한다. ③의 냉방기는 장소 선정 시 고려되어야 할 사항과 거리가 멀다.

54 기술 적용

정답 ②

전원이 갑자기 꺼진다면 전력 소모를 줄일 수 있는 기능인 '취침예약'이나 '자동전원끄기' 기능이 설정되어 있는지 확인해야 한다.

오답분석

① 전원이 켜지지 않을 경우 전원코드, 안테나 케이블, 케이블 방송 수신기의 연결이 제대로 되어 있는지 확인해야 하지만, 위성 리시버는 지문에서 확인할 수 없다.
③ 제품에서 뚝뚝 소리가 나는 것은 TV 외관의 기구적 수축이나 팽창 때문에 나타날 수 있는 현상이므로 안심하고 사용해도 된다.
④ 제품 특성상 장시간 시청 시 패널에서 열이 발생하므로 열이 발생하는 것은 결함이나 동작 사용상의 문제가 되는 것이 아니므로 안심하고 사용해도 된다.
⑤ 리모컨 동작이 되지 않을 때는 새 건전지로 교체하고, 교체 후에도 문제가 해결되지 않는다면 서비스센터로 문의해야 한다.

55 기술 적용

정답 ④

상부링크, 체크체인 확인, 링크볼의 일치 여부 점검은 작업기 연결 전에 확인해야 할 사항들이다. 시동 전에 점검해야 할 사항은 윤활유, 연료, 냉각수량이다.

56 기술 적용

정답 ③

배터리의 방전 유무를 확인한 후 충전하는 조치는 트랙터 시동모터가 회전하지 않을 경우 점검해야 하는 사항이다.

57 기술 적용

정답 ①

제품설명서의 설치 관련 주의사항 7번째 항목을 확인해 보면 책장이나 벽장 등 통풍이 안 되는 좁은 공간에 설치하지 말라고 안내하고 있으며, 이는 내부 온도 상승으로 인하여 화재가 발생할 수 있기 때문임을 설명하고 있다. 따라서 TV를 가구 안에 설치하게 되면 통풍이 원활하지 않아 화재가 발생할 가능성이 있다.

오답분석

② 직사광선에 장기간 노출될 경우 패널 표면이 변색할 가능성이 있는데, 햇빛에 노출된다는 정보는 없다.
③ 그림을 보면 평평한 가구 안에 설치되어 있음을 알 수 있다.
④ 그림에서 제품의 밑면(원형)이 밖으로 튀어나와 있지 않다는 것을 알 수 있다.
⑤ 화재의 발생 위험이 있으므로 아무런 문제가 없는 것은 아니다.

58 기술 적용

정답 ③

햇빛(직사광선)에 장시간 노출되는 것은 TV 패널 표면에 변색을 일으킬 가능성이 있지만, 화재 위험과는 거리가 멀다. 제품설명서에도 별도로 화재 위험이 있다고 설명하고 있지 않다.

오답분석

①·②·④·⑤ 제품설명서에서 화재 위험이 있다고 설명하고 있다.

59 기술 이해

정답 ④

산업재해의 예방대책

1. 안전 관리 조직
2. 사실의 발견
3. 원인 분석
4. 시정책의 선정
5. 시정책 적응 및 뒤처리

60 기술 이해

정답 ⑤

벤치마킹은 비교 대상에 따라 내부·경쟁적·비경쟁적·글로벌 벤치마킹으로 분류되며, N기업은 뛰어난 비경쟁 기업의 유사 분야를 대상으로 벤치마킹하는 비경쟁적 벤치마킹을 하고 있다. 비경쟁적 벤치마킹은 아이디어 창출 가능성은 높으나 가공하지 않고 사용하면 실패할 가능성이 높다.

오답분석

① 내부 벤치마킹에 대한 설명이다.
②·③ 글로벌 벤치마킹에 대한 설명이다.
④ 경쟁적 벤치마킹에 대한 설명이다.

02 직무수행능력평가

| 01 | 경영학(사무직)

61	62	63	64	65	66	67	68	69	70	71	72	73	74	75	76	77	78	79	80
⑤	①	②	②	⑤	③	⑤	③	③	⑤	⑤	①	③	①	②	③	②	①	①	②
81	82	83	84	85	86	87	88	89	90	91	92	93	94	95	96	97	98	99	100
②	④	①	③	⑤	②	②	①	①	③	①	③	③	①	③	③	②	①	③	①
101	102	103	104	105	106	107	108	109	110										
②	④	①	②	①	③	④	②	④	①										

61

정답 ⑤

테일러는 조직적 태업의 근본적 문제가 표준작업량의 불명확성에 있는 것을 해결하기 위해 시간연구와 동작연구를 이용해 표준작업량을 설정하였다. 테일러의 과업관리(Task Management)의 목표는 '높은 임금, 낮은 노무비의 원리'로 집약된다.

62

정답 ①

틈새를 비집고 들어가는 것처럼 시장의 빈틈을 공략하는 것으로, 시장 세분화를 통해 특정한 성격을 가진 소규모의 소비자를 대상으로 하는 니치 마케팅에 대한 설명이다.

63

정답 ②

공식적 커뮤니케이션의 장·단점

장점	단점
• 의사나 정보가 정확하다. • 권위관계를 유지·향상시킬 수 있다. • 전달자·피전달자의 책임소재가 명확하다. • 전달통로가 체계적이며 편리하다.	• 조직 내의 의사소통을 완전히 충족시키지 못한다. • 인간의 다양한 내면을 충족시키지 못한다. • 인간 관계적 욕구를 충족시키지 못한다. • 조직을 경직화·엄격화·정태화한다. • 비융통적·획일적 조직을 형성한다.

64

정답 ②

빅 배스(Big Bath Accounting)란 목욕을 해서 때를 씻어낸다는 의미에서 유래된 것으로, 교체된 경영진들이 이전 경영진들의 재임기간에 발생한 잠재 손실을 그대로 떠안고 갈 경우 향후 책임소재가 불분명해질 수 있기 때문에 이를 방지하기 위하여 많이 쓰인다.

오답분석

① 윈도 드레싱(Window Dressing) : 기관투자가들이 결산기에 투자수익률을 올리기 위해 주식을 집중적으로 사고파는 행위
③ 분식회계(Window Dressing Settlement) : 기업이 재정 상태나 경영 실적을 실제보다 좋게 보이게 할 목적으로 부당한 방법으로 자산이나 이익을 부풀려 계산하는 회계
④ 숏 커버링(Short Covering) : 매도한 주식을 다시 사는 환매수
⑤ 펀더멘털(Fundamental) : 한 나라의 경제 상태를 표현하는 데 있어 가장 기초적인 자료가 되는 성장률, 물가상승률, 실업률, 경상수지 등의 주요 거시경제 지표

65

정답 ⑤

상위자가 하위자에게 직무를 위양할 때에는 권한은 이양할 수 있지만 책임은 이양할 수 없다.

66

정답 ③

오답분석

① 데이터베이스 : 여러 사람에 의해 공유되어 사용될 목적으로 통합하여 관리되는 데이터의 집합
② 데이터 웨어하우스 : 사용자의 의사결정에 도움을 주기 위하여 다양한 운영 시스템에서 추출·변환·통합되고 요약된 데이터베이스
④ 데이터 마트 : 데이터의 한 부분으로서 특정 사용자가 관심을 갖는 데이터들을 담은 비교적 작은 규모의 데이터 웨어하우스
⑤ 메타데이터 : 데이터에 관한 구조화된 데이터로, 다른 데이터를 설명해 주는 데이터

67

정답 ⑤

마이클 포터는 원가우위 전략과 차별화 전략을 동시에 추구하는 것을 이도저도 아닌 어정쩡한 상황이라고 지적하였으며, 둘 중 한 가지를 선택하여 추구하는 것이 효과적이라고 주장했다.

68

정답 ③

국가별로 과세 여부가 일치하지 않는 혼성불일치 효과 제거, 투명성과 실질을 고려한 유해조세제도 대응, 조세조약혜택 남용 방지, 고정사업장 지위의 인위적 회피 방지 등의 과제는 한국의 과세 기반 확대에 유리한 영향을 줄 것이다.

BEPS 방지 프로젝트의 주요 과제별 국내 영향

과제	국내 영향
혼성불일치 효과 제거	과세 기반 확보 측면에서 유리
투명성과 실질을 고려한 유해조세제도 대응	
조세조약혜택 남용 방지	
고정사업장 지위의 인위적 회피 방지	
가치창출과 이전가격 적용 결과의 합치	국세청 준비 등에 따라 유리 또는 불리
이전가격 자료구비 및 국별 보고서 제출	
이자공제 및 기타금융비용을 통한 세원잠식 방지	한국에 큰 파장 예상(신중한 도입 검토 필요)
공격적 조세회피 보고의무	한국 도입은 시기 상조

69

정답 ③

기업의 사회적 책임이란 기업의 의사결정 과정에서 모든 이해자 집단에 대한 의사결정의 영향력을 고려하고 그 이해자 집단들에게 최선의 결과가 주어질 수 있는 의사결정을 내리게 하기 위한 노력이라 할 수 있다. 구체적인 내용으로는 기업 유지 및 존속에 대한 책임, 이해자 집단에 대한 이해조정책임, 후계자 육성의 책임, 정부에 대한 책임, 지역사회 발전의 책임 등이 있다.

70

정답 ⑤

대비오류(Contrast Error)는 대조효과라고도 하며, 연속적으로 평가되는 두 피고과자 간의 평가점수 차이가 실제보다 더 큰 것으로 느끼게 되는 오류를 말한다. 면접 시 우수한 후보의 바로 뒤 순서에 면접을 보는 평범한 후보가 중간 이하의 평가점수를 받는 경우가 바로 그 예라고 할 수 있다.

71

정답 ⑤

오답분석

① 데이터베이스 관리시스템은 데이터의 중복성을 최소화하면서 조직에서의 다양한 정보요구를 충족시킬 수 있도록 상호 관련된 데이터를 모아놓은 데이터의 통합된 집합체이다.
② 전문가시스템은 특정 전문분야에서 전문가의 축적된 경험과 전문지식을 시스템화하여 의사결정을 지원하거나 자동화하는 정보시스템이다.
③ 전사적 자원관리시스템은 구매, 생산, 판매, 회계, 인사 등 기업의 모든 인적·물적 자원을 효율적으로 관리하여 기업의 경쟁력을 강화시켜 주는 통합정보시스템이다.
④ 의사결정지원시스템은 경영관리자의 의사결정을 도와주는 시스템이다.

72

정답 ①

목표관리는 조직에서 권력을 강화하기 위한 전술이라기보다는 조직의 동기부여나 조직의 업적 향상과 관련이 있다.

73

정답 ③

오답분석

① 호감득실 이론 : 자신을 처음부터 계속 좋아해 주던 사람보다 자신을 싫어하다가 좋아하는 사람을 더 좋아하게 되고, 반대로 자신을 처음부터 계속 싫어하던 사람보다 자신을 좋아하다가 싫어하는 사람을 더 싫어하게 된다고 주장하는 이론이다.
② 사회교환 이론 : 두 사람의 인간관계에서 비용과 보상을 주고받는 과정을 사회교환 과정이라 하고 보상에서 비용을 제한 결과에 따라 그 관계의 존속 여부가 결정된다는 이론이다.
④ 기대 – 불일치 이론 : 1981년 올리버(Oliver)에 의해 제시된 이론으로, 성과가 기대보다 높아 긍정적 불일치가 발생하면 만족하고, 성과가 기대보다 낮아 부정적 불일치가 발생하면 불만족을 가져온다는 이론이다.
⑤ 인지불협화 이론 : 페스팅거(Festinger)가 주장한 이론으로, 사람들은 자신의 태도와 행동이 일치하지 않을 때 불편한 긴장을 경험한다고 제안한 이론이다.

74

정답 ①

페이욜은 일반관리론에서 어떠한 경영이든 '경영의 활동'에는 다음 6가지 종류의 활동 또는 기능이 있다고 보았다.

- 기술적 활동 : 생산, 제조, 가공
- 상업적 활동 : 구매, 판매, 교환
- 재무적 활동 : 자본의 조달과 운용
- 보호적 활동 : 재화와 종업원의 보호
- 회계적 활동 : 재산목록, 대차대조표, 원가, 통계 등
- 관리적 활동 : 계획, 조직, 명령, 조정, 통제

75

정답 ②

프로그램의 최고 단계 훈련을 마치고, 프로젝트 팀 지도를 전담하는 직원은 블랙벨트이다. 마스터 블랙벨트는 식스 시그마 최고과정에 이른 사람으로, 블랙벨트가 수행하는 프로젝트를 전문적으로 관리한다.

76

정답 ③

곱셈의 법칙이란 각 서비스 항목에 있어서 처음부터 점수를 우수하게 받았어도 마지막 단계의 마무리에서 0이면 결과는 0으로, 형편없는 서비스가 되는 것을 의미한다. 따라서 처음부터 끝까지 각 단계마다 잘해야 한다는 뜻이다.

77

정답 ②

성과급제는 노동성과를 측정하여 측정된 성과에 따라 임금을 산정·지급하는 제도이다. 그러므로 이 제도에서 임금은 성과와 비례한다.

78

정답 ①

미국의 경영자 포드는 부품의 표준화, 제품의 단순화, 작업의 전문화 등 '3S 운동'을 전개하고 컨베이어 시스템에 의한 이동조립 방법을 채택해 작업의 동시 관리를 꾀하여 생산능률을 극대화했다.

79

정답 ①

임프로쉐어 플랜은 단위당 소요되는 표준 노동시간과 실제 노동시간을 비교하여 절약된 노동시간만큼 시간당 임률을 노사가 1 : 1로 배분하는 것으로, 개인별 인센티브 제도에 쓰이는 성과측정 방법을 집단의 성과측정에 이용한 방식이다. 산업공학의 원칙을 이용하여 보너스를 산정한다는 특징이 있다.

오답분석

② 스캔런 플랜 : 노사협력에 의한 생산성 향상에 대한 대가를 지불하는 방식의 성과배분계획 모형이다.
③ 러커 플랜 : 매출액에서 각종 비용을 제한 일종의 부가가치 개념인 생산가치로부터 임금상수를 도출하여, 실제 부가가치 발생 규모를 표준 부가가치와 비교하여 그 절약분에 임금상수를 곱한 만큼 종업원에게 배분하는 방식이다.
④ 메리크식 복률성과급 : 표준 작업량의 83%와 100%선을 기준으로 하여 83% 미만의 성과자들에게는 낮은 임률을 적용하고, 83 ~ 100% 사이의 성과자들에게는 표준 임금률을 약간 상회하는 수준, 100% 이상의 성과자들에게는 더 높은 수준의 임률을 제공하여 중간 정도의 목표를 달성하는 종업원을 배려하는 방식이다.
⑤ 테일러식 차별성과급 : 표준 작업량을 기준으로 임금률을 고저로 나누는 방식이다.

80

정답 ②

앰부시 마케팅(Ambush Marketing)의 앰부시(Ambush)는 '매복'을 뜻하는 말로, 교묘히 규제를 피해 가는 매복 마케팅이라고도 한다. 대형 스포츠 이벤트에서 공식 후원사가 아니면서도 TV 광고나 개별 선수 후원을 활용해 공식 스폰서와 같은 인상을 주어서 홍보 효과를 극대화하는 전략이다.

오답분석

① 니치 마케팅(Niche Marketing) : '틈새시장'이라는 뜻을 가진 말로, 시장의 빈틈을 공략하는 새로운 상품을 잇달아 시장에 내놓음으로써 다른 특별한 제품 없이도 셰어(Share)를 유지하는 마케팅 기법이다.
③ 버즈 마케팅(Buzz Marketing) : 소비자들이 자발적으로 메시지를 전달하게 하여 상품에 대한 긍정적인 입소문을 내게 하는 마케팅 기법이다.
④ 플래그십 마케팅(Flagship Marketing) : 시장에서 성공을 거둔 특정 상품을 중심으로 판촉활동을 하는 마케팅 기법이다.
⑤ 바이럴 마케팅(Viral marketing) : 네티즌들이 이메일이나 메신저 혹은 블로그 등을 통해 자발적으로 기업이나 상품을 홍보하도록 만드는 마케팅 기법이다.

81

정답 ②

분류법은 직무평가의 방법 중 정성적 방법으로, 등급법이라고도 하며 미리 정해진 등급을 통해 직무를 평가하는 방법이다.

82

정답 ④

노조 가입의 강제성의 정도에 따른 것이므로 '클로즈드 숍 – 유니언 숍 – 오픈 숍' 순서이다.

PART 3

83

정답 ①

비유동자산이란 재무상태표 작성일을 기준으로 1년 이내에 현금화할 수 없는 자산을 말한다. 비유동자산은 크게 투자자산, 유형자산, 무형자산으로 구분할 수 있다. 이때 '투자자산'은 기업의 본래 영업활동이 아닌 투자목적으로 보유하는 자산을 의미하고, '유형자산'은 토지, 건물 등 부동산 자산과 기계장치, 설비 등을 말한다. 그리고 그 외 영업권, 산업재산권 등을 '무형자산'이라고 한다.

84

정답 ③

주식시장은 발행시장과 유통시장으로 나누어진다. 발행시장이란 주식을 발행하여 투자자에게 판매하는 시장이고, 유통시장은 발행된 주식이 제3자 간에 유통되는 시장을 의미한다. 자사주 매입은 유통시장에서 이루어지며, 주식배당, 주식분할, 유・무상증자, 기업공개 등은 발행시장과 관련이 있다.

85

정답 ⑤

수평적 분화는 조직 내 직무나 부서의 개수를 의미하며, 전문화의 수준이 높아질수록 직무의 수가 증가하므로 수평적 분화의 정도는 높아지는 것이 일반적이다.

86

정답 ②

JIT의 주요 요소는 부품의 표준화, 고품질, 가동준비 시간의 감소, 소규모 로트 사이즈, 예방관리가 있다.

87

정답 ②

마케팅 조사의 과정

- 1단계 : 조사문제의 제기와 조사목적의 결정
  통상적으로 마케팅 조사를 수행하기 위해서는 먼저 조사문제를 정확하게 정의해야 한다. 마케팅 조사는 특정한 의사결정을 위해 수행되는 것이므로, 의사결정 문제에서부터 조사문제가 결정된다.
- 2단계 : 마케팅 조사의 설계
  연구에 대한 구체적인 목적을 공식화하여 조사를 수행하기 위한 순서와 책임을 구체화시켜야 한다. 보통 연구조사의 주체, 대상, 시점, 장소 및 방법 등을 결정하는 단계이다.
- 3단계 : 자료의 수집과 분석
  자료의 수집 방법, 설문지의 작성, 조사대상에 대한 선정 및 실사 등을 통해 자료를 수집하고 통계적 집계를 수행하여 분석한다.
- 4단계 : 보고서 작성
  나온 결과에 대해 의미 있는 정보를 추출하여 보고서를 작성한다.

88

정답 ①

(매출원가)=(기초상품재고액)+(당기상품매출액)−(기말상품재고액)

89

정답 ①

2부제 가격(이중요율) 전략은 제품의 가격체계를 기본가격과 사용가격으로 구분하여 2부제로 부가하는 가격정책을 말한다. 즉, 이 방식은 제품의 구매량과는 상관없이 기본가격과 단위가격이 적용되는 가격시스템을 의미한다.

90

정답 ③

오답분석

① 아웃소싱 : 일부의 자재, 부품, 노동, 서비스를 외주업체에 이전해 전문성과 비용 효율성을 높이는 것을 말한다.
② 합작투자 : 2개 이상의 기업이 공동으로 투자하여 새로운 기업을 설립하는 것을 말한다.
④ 턴키프로젝트 : 공장이나 여타 생산설비를 가동 직전까지 준비한 후 인도해 주는 방식을 말한다.
⑤ 그린필드투자 : 해외 진출 기업이 투자 대상국에 생산시설이나 법인을 직접 설립하여 투자하는 방식으로, 외국인직접투자(FDI)의 한 유형이다.

91

정답 ①

유연생산시스템(FMS)은 소량의 다품종 제품을 짧은 납기로 해서 수요변동에 대한 재고를 지니지 않고 대처하면서 생산 효율의 향상 및 원가절감을 실현할 수 있는 자동생산시스템이다.

92

정답 ③

두 개 이상의 투자안을 결합하여 투자하는 경우의 NPV는 각 투자안의 NPV를 합한 것과 같다는 가치가산의 원리가 적용되어 두 프로젝트의 NPV를 합한 42억 원이 된다. IRR의 경우 가치가산의 원리가 적용되지 않으므로 현재 제시된 자료만으로는 두 프로젝트를 동시에 수행하였을 때의 IRR을 구할 수 없다.

93

정답 ③

부품수요를 관리하기 위한 기법은 자재소요계획(MRP; Material Requirement Planning)이다.

94

정답 ①

마케팅 믹스의 4P로는 Product, Price, Place, Promotion가 있다.

95

정답 ③

마케팅의 기본 요소로는 제품, 교환, 시장, 필요 및 욕구 등이 있다.

96

정답 ③

$$(\text{공헌이익률})=\frac{(\text{단위공헌이익})}{(\text{판매가격})}=\frac{1-0.6}{1}=0.4$$

$$(\text{손익분기점 매출액})=\frac{(\text{고정비})}{(\text{공헌이익률})}=\frac{600,000}{0.4}=1,500,000\text{원}$$

97

정답 ②

유지 가능성이란 세분시장이 충분한 규모이거나 이익을 낼 수 있는 정도의 크기가 되어야 함을 말한다. 즉, 각 세분시장 내에는 특정 마케팅 프로그램을 지속적으로 실행할 가치가 있을 만큼의 가능한 한 동질적인 수요자들이 존재해야 한다.

98

정답 ①

마케팅 전략을 수립하는 순서는 STP, 즉 시장세분화(Segmentation) → 표적시장 선정(Targeting) → 포지셔닝(Positioning)이다.

99

정답 ③

- (자산)=(자본)+(부채)
- (자본)=(자본금)+(자본잉여금)+[이익잉여금(당기순이익 포함)]
  유상증자를 하면 자본금과 자본잉여금이 증가하고, 이익이 늘어나면 이익잉여금이 증가한다. 주식배당을 하면 이익잉여금이 줄어든 만큼 자본금이 증가하므로 자본은 불변한다. 단 현금배당을 하면 이익잉여금은 감소하게 된다.
- 1,500억 원=800억 원+(당기순이익)+500억 원
- (당기순이익)=200억 원

100

정답 ①

포장의 목적은 제품의 보호성, 편의성, 촉진성 외에 제품의 환경보호성 등이 있다.

101

정답 ②

㉠ 집약적 유통 : 가능한 많은 중간상들에게 자사의 제품을 취급하도록 하는 것이다.
㉡ 전속적 유통 : 일정 지역 내에서의 독점 판매권을 중간상에게 부여하는 방식이다.
㉢ 선택적 유통 : 집약적 유통과 전속적 유통의 중간 형태이다.

102

정답 ④

무점포 소매상에 속하는 것으로는 텔레마케팅, 홈쇼핑, 카탈로그 마케팅, 다이렉트 메일 마케팅 등이 있다.

103

정답 ①

집약적 유통은 포괄되는 시장의 범위를 확대시키려는 전략으로, 소비자가 제품 구매를 위해 많은 노력을 기울이지 않기 때문에 주로 편의품이 여기에 속한다.

104

정답 ②

시계열분석 기법의 시계열 구성요소에는 추세(Trend), 주기(Cycle), 계절적 변동(Seasonal Variation), 임의 변동(Random Variation), 불규칙 변동(Irregular Variation) 등이 있다.

105

정답 ①

공급사슬관리(SCM)는 공급업체, 구매 기업, 유통업체, 물류회사들이 주문, 생산, 재고수준 및 제품과 서비스의 배송에 관한 정보를 공유하도록 하여 제품과 서비스를 효율적으로 구매・생산・배송할 수 있도록 지원하는 시스템이다.

106

정답 ③

경영관리 과정은 '계획 수립 → 조직화 → 지휘 → 통제' 순서이다.

107

정답 ④

허시와 블랜차드의 3차원적 유효성 이론에 따르면 부하의 성숙 수준이 증대됨에 따라 리더는 부하의 성숙 수준이 중간 정도일 때까지 보다 더 관계지향적인 행동을 취하며, 과업지향적인 행동은 덜 취해야 한다.

108

정답 ②

표적집단면접법(FGI; Focus Group Interview)은 소수의 응답자와 자유로운 대화를 통하여 정보를 찾아내는 방법이다.

109

정답 ④

재판매가격 유지정책은 사업자가 제품의 거래 가격을 정하여 그 가격대로 판매하도록 하는 정책이다.

110

정답 ①

스키밍(Skimming) 가격전략이란 상품이 시장에 도입되는 초기단계에 고가로 출시하여 점차 가격을 하락시켜 나가는 방법이다.

| 02 | 경제학(사무직)

61	62	63	64	65	66	67	68	69	70	71	72	73	74	75	76	77	78	79	80
④	④	③	④	③	②	③	③	①	①	④	③	⑤	①	①	③	④	④	④	④
81	82	83	84	85	86	87	88	89	90	91	92	93	94	95	96	97	98	99	100
①	①	⑤	②	①	③	①	⑤	④	①	①	⑤	①	①	①	②	④	④	④	②
101	102	103	104	105	106	107	108	109	110										
①	②	③	②	③	②	④	④	④	①										

61

정답 ④

㉡·㉢ 역선택은 시장에서 거래를 할 때 주체 간 정보 비대칭으로 인해 부족한 정보를 가지고 있는 쪽이 불리한 선택을 하게 되어 경제적 비효율이 발생하는 상황을 말한다.

오답분석

㉠·㉣ 도덕적 해이와 관련된 사례이다. 도덕적 해이는 감추어진 행동이 문제가 되는 상황에서 정보를 가진 측이 정보를 가지지 못한 측의 이익에 반하는 행동을 취하는 경향을 말한다. 역선택이 거래 이전에 발생하는 문제라면, 도덕적 해이는 거래가 발생한 후 정보를 더 많이 가지고 있는 사람이 바람직하지 않은 행위를 하는 것을 말한다.

62

정답 ④

오답분석

① 생산량 증가 시 한계비용이 평균비용보다 크면 평균비용은 상승한다.
② 장기에 생산량이 증가함에 따라 평균비용이 감소하는 것을 규모의 경제라 한다. 범위의 경제란 한 기업이 두 가지 이상의 상품을 동시에 생산함으로써 하나의 상품만을 생산하는 기업보다 낮은 비용으로 생산할 수 있는 경우를 말한다.
③ 총비용곡선이 직선이더라도 총수입이 총가변비용에 미달한다면 이윤극대화 생산량은 0이 된다. 총비용곡선이 우상향의 직선인 경우에도 모든 생산량 수준에서 총수입이 총비용보다 작다면 이윤극대화 생산량은 0이 된다.
⑤ 평균비용이 증가하는 구간에서는 한계비용이 평균비용보다 크다.

63

정답 ③

원자재 가격 상승으로 인한 기업 생산비의 증가는 총공급곡선을 왼쪽으로 이동시킨다. 한편, 기준금리 인상으로 이자율이 상승하면 투자와 소비가 위축되므로 총수요곡선도 왼쪽으로 이동한다. 이 경우 실질 GDP는 크게 감소하게 되는 반면, 물가는 증가하는지 감소하는지 알 수 없다.

64

정답 ④

위장 실업이라고도 불리는 잠재적 실업은 형식적 · 표면적으로는 취업하고 있으나, 실질적으로는 실업 상태에 있는 것이다. 실업하여 귀농(歸農)한 영세농민, 도시 영세영업 종사자 등 일반적으로 일할 의사와 능력이 있으면서도 정상적인 취업 기회가 없어 저소득과 저생산성을 특징으로 하는 열악한 취업 상태에 있는 것을 말한다.

오답분석

① 구조적 실업 : 산업구조의 변화로 인해 발생하는 만성적이고 장기적인 실업을 의미한다.
② 마찰적 실업 : 직장과 직장 사이에 발생하는 일시적 실업으로, 더 좋은 곳으로 이직하거나 다른 지역으로 이사를 가서 새로운 직장을 구할 때 발생하는 실업이다.
③ 자발적 실업 : 일할 의사는 있으나 현재의 임금 수준이 낮다고 생각해 스스로 실업하고 있는 상태를 뜻한다.
⑤ 계절적 실업 : 어떠한 산업의 생산이 계절적으로 변동했기 때문에 일어나는 단기인 실업을 말한다.

65

정답 ③

'풍요 속의 빈곤'은 영국의 경제학자 케인스가 주장한 이론으로, 절약의 역설이라고도 한다. '생산능력이 충분함에도 유효수요의 부족으로 대량 실업이 발생하고 국민들이 빈곤해지는 상황'을 뜻하는 말이다.

66

정답 ②

달러 대비 원화 환율이 상승하면 1달러를 구매하는 원화 비용이 늘어난다는 뜻이다. 즉, 1,000원이면 구매가 가능했던 1달러를 1,100원을 줘야 한다면 달러 대비 원화 환율이 상승했다고 할 수 있다. 이를 바꿔 말하면 원화 가치는 하락했다고 한다.

67

정답 ③

물가가 급속하게 상승하는 인플레이션이 발생하면 화폐가치가 하락하게 되므로 채무자나 실물자산 보유자는 채권자나 금융자산 보유자보다 유리해진다.

68

정답 ③

오답분석

① 필립스곡선은 인플레이션율과 실업률 간의 상충관계를 보여주는 우하향의 곡선이다.
② 단기필립스곡선은 기대인플레이션이 상승할 경우 우상방으로 이동한다.
④ 자연실업률 가설에 의하면 장기에는 필립스곡선이 수직선이므로 재량적인 정책을 통해 실업률을 자연실업률보다 낮추는 것은 불가능하다.
⑤ 단기필립스곡선에서 총수요가 증가하면 물가 수준은 상승하고 총산출량은 증가하는데, 이때 산출량이 많을수록 기업의 노동자 고용은 늘어난다.

69

정답 ①

솔로우 모형은 규모에 대한 보수불변 생산함수를 가정하며, 시간이 흐름에 따라 노동량이 증가하며 기술이 진보하는 것을 고려한 성장 모형이다. 솔로우 모형은 장기 균형 상태에서 더 이상 성장이 발생하지 않으며 자본의 한계생산체감에 의해 일정한 값을 갖게 되는 수렴 현상이 발생한다고 설명한다.

70

정답 ①

원자재 가격이 하락하면 기업들의 생산비가 낮아지므로 총수요곡선이 이동하는 것이 아니라 총공급곡선이 오른쪽으로 이동한다.

오답분석

②·③·⑤는 총수요곡선을 왼쪽으로 이동시키는 요인이며, ④는 총수요곡선을 오른쪽으로 이동시키는 요인이다. 구체적으로 살펴보면, 현금 사용이 증가하여 현금통화 비율이 높아지는 경우에는 통화승수가 작아지므로 통화공급이 감소하고, 통화공급이 감소하면 이자율이 상승하므로 민간소비와 민간투자가 줄어든다. 따라서 총수요곡선이 왼쪽으로 이동한다. 반면, 가계에 미래소득에 대한 낙관적인 전망은 소비지출을 늘어나게 하여 총수요곡선을 오른쪽으로 이동시킨다.

71

정답 ④

특허료 수취는 서비스수지(경상수지)를 개선하는 사례이다.

오답분석

①·③ 투자수지(자본수지) 개선에 대한 사례이다.
② 서비스수지(경상수지) 악화에 대한 사례이다.
⑤ 소득수지(경상수지) 악화의 요인이다.

72

정답 ③

'공짜 점심은 없다.'라는 말은 무엇을 얻고자 하면 보통 그 대가로 무엇인가를 포기해야 한다는 뜻으로 해석할 수 있다. 즉, 어떠한 선택에는 반드시 포기하게 되는 다른 가치가 존재한다는 의미이다. 시간이나 자금의 사용은 다른 활동에의 시간 사용, 다른 서비스나 재화의 구매를 불가능하게 만들어 기회비용을 유발한다. 정부의 예산 배정, 여러 투자상품 중 특정 상품의 선택, 경기활성화와 물가안정 사이의 상충관계 등이 기회비용의 사례가 될 수 있다.

73

정답 ⑤

ㄱ. 배우자의 실질임금이 낮을수록 기혼여성의 경제활동참가율은 높아진다.
ㄴ. 취학 이전의 자녀의 수가 많을수록 기혼여성의 경제활동참가율은 낮아진다.
ㄷ. 기혼여성의 교육수준이 높을수록 기혼여성의 경제활동참가율은 높아진다.

74

정답 ①

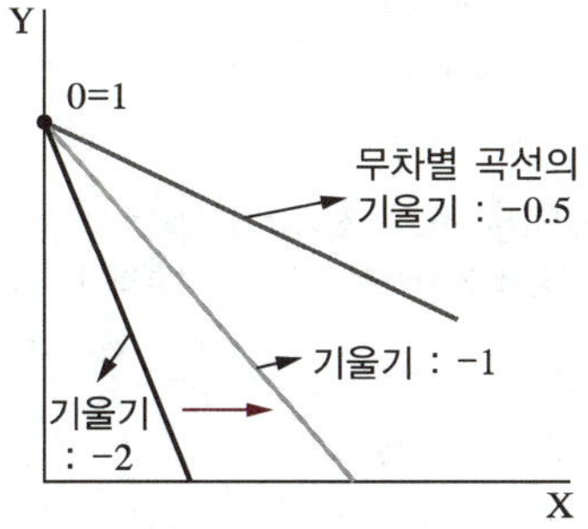

가격이 변하기 전 예산선의 기울기는 -2, 무차별곡선의 기울기는 -0.5이므로 소비자 A는 자신의 소득 전부를 Y재를 구매하는 데에 사용한다. 그런데 X재 가격이 1로 하락하더라도 예산선의 기울기는 -1이므로 여전히 Y재만을 소비하는 것이 효용을 극대화한다. 따라서 가격이 변하더라도 X재와 Y재의 소비량은 변화가 없다.

PART 3

75

정답 ①

WTO(World Trade Organization)는 세계무역기구로, 세계의 무역회원국들 간의 무역관계와 협정을 관리·감독하는 기구이다.

오답분석

② ASEAN(Association of Southeast Asian Nations) : 동남아시아국가연합을 말한다.
③ EU(European Union) : 유럽연합을 말한다.
④ APEC(Asia Pacific Economic Cooperation) : 아시아태평양경제협력체을 말한다.
⑤ NAFTA(North American Free Trade Agreement) : 북미자유무역협정을 말한다.

76

정답 ③

예측하지 못한 인플레이션은 부의 재분배 효과를 가져온다. 즉, 예상한 인플레이션보다 실제 물가가 더 많이 상승하면 화폐의 실질 가치가 하락하게 되므로 채권자는 손해를 보고 채무자는 이득을 본다. 이때 국채를 발행한 정부와 장기 임금 계약을 맺은 회사는 채무자로 볼 수 있다.

77

정답 ④

관세동맹이란 회원국 간 역내무역 자유화 외에도 역외국에 대해 공동관세율을 적용하여 대외적인 관세까지도 역내국들이 공동보조를 취하는 제도이다. 공동시장은 관세동맹 수준의 무역정책 외에도 회원국 간 노동, 자본 등 생산요소의 자유로운 이동이 가능하다.

78

정답 ④

루카스의 공급곡선 공식은 $Y=Y_N+\alpha(p-p^e)(\alpha>0)$이므로 물가예상이 부정확한 경우 단기 총공급곡선은 우상향하게 된다. 즉, 루카스의 불완전정보 모형에서는 재화가격에 대한 불완전정보 때문에 단기총공급곡선이 우상향한다.

79

정답 ④

㉠ 헥셔 – 오린, ㉡ 스톨퍼 – 사무엘슨, ㉢ 티에프

오답분석

립진스키의 정리에 따르면 어떤 생산요소를 집약적으로 사용하는 재화생산은 증가하지만 공급이 고정된 생산요소를 집약적으로 사용하는 재화생산은 감소한다. 즉, 천연가스 부존량이 증가하면 천연가스를 많이 사용하는 부문의 생산은 증가하지만 공급이 고정된 다른 생산요소를 집약적으로 사용하는 부문의 생산은 감소한다.

80

정답 ④

자연실업률이란 마찰적 실업만 존재하는 완전고용 상태의 실업률을 의미한다. 정부가 구직 사이트 등을 운영하여 취업정보를 제공하는 경우에는 자연실업률이 하락하지만 경제 불확실성의 증가, 정부의 사회보장제도 확대 등은 자연실업률을 상승시키는 요인이다.

81

정답 ①

정부의 확장적 재정정책, 독립적인 민간 투자의 증가, 가계의 소비 증가, 확대금융정책으로 인한 통화량의 증가 등은 총수요곡선을 오른쪽으로 이동시키는 수요견인 인플레이션의 요인이다.

오답분석

②·⑤ 수입 자본재나 국제 원자재 가격의 상승은 총공급곡선을 왼쪽으로 이동시켜 비용인상 인플레이션이 발생하게 된다.
③ 임금이 하락하면 총공급곡선이 오른쪽으로 이동하므로 물가는 하락하게 된다.
④ 환경오염의 감소는 인플레이션과 직접적인 관련이 없다.

82

정답 ①

공급자에게 조세가 부과되더라도 일부는 소비자에게 전가되므로 소비자도 조세의 일부를 부담하게 된다.

83

정답 ⑤

정책 실행시차의 존재로 인해 바람직하지 않은 결과를 초래하므로 정책 실행시차의 존재가 정부실패의 원인이 된다.

84

정답 ②

올해가 좋은 해일 확률은 80%이고, 나쁜 해일 확률은 20%이므로 각각의 기대수익률을 계산하면 다음과 같다.

- 주식 A에 투자할 경우
  (0.8×30%)+[0.2×(−10%)]=22%
- 주식 B에 투자할 경우
  (0.8×20%)+[0.2×(−5%)]=15%
- 포트폴리오 C에 투자할 경우
  (0.5×22%)+(0.5×15%)=18.5%

따라서 A, B, C의 기대수익률을 비교하면 A>C>B이다.

85

정답 ①

정부지출의 효과가 크기 위해서는 승수효과가 커져야 한다. 승수효과란 확대재정정책에 따른 소득의 증가로 인해 소비지출이 늘어나게 되어 총수요가 추가적으로 증가하는 현상을 말한다. 즉, 한계소비성향이 높을수록 승수효과는 커진다. 이때 한계소비성향이 높다는 것은 한계저축성향이 낮다는 것과 동일한 의미이다.

86

정답 ③

케인스가 주장한 절약의 역설은 개인이 소비를 줄이고 저축을 늘리는 경우 저축한 돈이 투자로 이어지지 않기 때문에 사회 전체적으로 볼 때 오히려 소득의 감소를 초래할 수 있다는 이론이다. 저축을 위해 줄어든 소비로 인해 생산된 상품은 재고로 남게 되고 이는 총수요의 감소로 이어져 국민소득이 줄어들 수 있다.

87

정답 ①

저축에 대한 비과세 도입과 같은 대부자금의 공급을 증가시키는 방향으로 세법이 개정되면 대부자금의 공급곡선이 오른쪽으로 이동한다. 대부자금의 공급곡선이 오른쪽으로 이동할 때 대부자금의 거래량이 크게 증가하는 것은 공급곡선이 매우 급경사이고 수요곡선이 매우 완만할 때이다. 따라서 대부자금의 수요곡선이 매우 탄력적이고 대부자금의 공급곡선이 매우 비탄력적일 때 대부자금의 균형거래량이 가장 크게 증가한다.

88

정답 ⑤

국내총생산(GDP)에 포함되는 것은 최종재의 가치이다. 최종재란 생산된 후 소비자에게 최종 소비되는 재화를 의미하므로 최종재 생산에 투입되는 중간재의 가치는 포함되지 않는다. 분식점에 판매된 고추장은 최종재인 떡볶이를 만드는 재료로 쓰이는 중간재이므로 GDP 측정 시 포함되지 않는다. 또한 토지가격 상승에 따른 자본이득은 아무런 생산 과정이 없기 때문에 토지가 매매되기 전까지는 GDP에 포함되지 않는다.

89

정답 ④

사회보험은 국가가 가입을 강제하는 것으로, 역선택 문제의 해결을 꾀할 수 있고 가입자 수가 많아 규모의 경제가 실현될 수 있다.

90

정답 ①

주인 – 대리인 문제란 대리인이 주인보다 더 많은 정보를 갖고 있으므로 대리인이 주인의 이익을 위해 노력할 유인이 없기 때문에 발생한다. 예를 들어 최고 경영자로 선임된 후 주주의 이윤극대화를 위해 노력하지 않는 현상, 정치인이 당선된 후 국민의 이익을 위해 노력하지 않는 현상, 종업원이 취업한 후 태만하게 되는 현상 등이 주인 – 대리인 문제에 해당한다. 교사와 학생의 관계는 정보의 비대칭성으로 인한 이익추구 관계가 아니므로 주인 – 대리인 문제를 적용하기에 옳지 않은 사례이다.

91

정답 ①

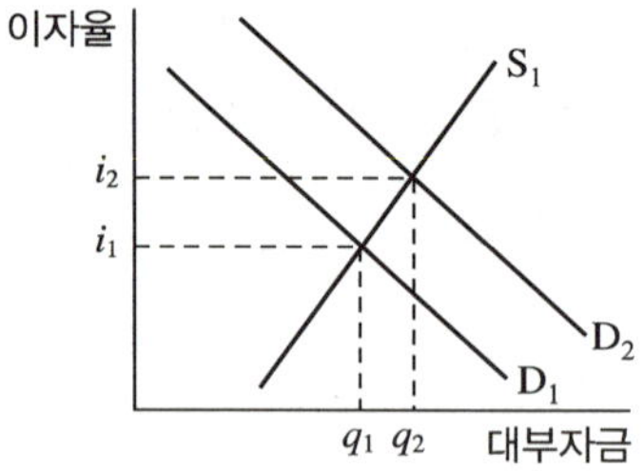

기업들에 대한 투자세액공제가 확대되면, 투자가 증가하므로 대부자금에 대한 수요가 증가($D_1 \rightarrow D_2$)한다. 이렇게 되면 실질이자율이 상승($i_1 \rightarrow i_2$)하고 저축이 늘어난다. 그 결과, 대부자금의 균형거래량은 증가($q_1 \rightarrow q_2$)한다.

92

정답 ⑤

외부불경제란 한 사람의 행위가 제3자의 경제적 후생에 영향을 미치지만 그에 대한 금전적 보상이 이뤄지지 않는 현상을 의미한다. 공해와 같은 외부불경제는 재화 생산의 사적 비용이 사회적 비용보다 작기 때문에 사적 생산이 사회적 최적 생산량보다 과다하게 이루어진다. 외부불경제로 인한 자원배분의 비효율성을 해결하기 위해 정부는 세금·벌금 등을 부과하거나 규제를 가하게 된다. 반면, 외부경제는 사적 비용이 사회적 비용보다 크기 때문에 사적 생산이 사회적 최적 생산량보다 적게 이뤄진다.

93

정답 ①

코즈의 정리란 민간 경제주체들이 자원 배분 과정에서 거래비용 없이 협상할 수 있다면 외부효과로 인해 발생하는 비효율성을 시장 스스로 해결할 수 있다는 이론이다. 한편, 코즈의 정리에 따르면 재산권이 누구에게 부여되는지는 경제적 효율성 측면에서 아무런 차이가 없지만 소득분배 측면에서는 차이가 발생한다.

94

정답 ①

시장실패란 시장이 자유롭게 기능하도록 맡겨 둘 경우 효율적인 자원배분을 달성하지 못하는 상황을 말한다. 시장실패의 요인에는 외부효과, 독점기업과 같은 시장지배력, 공공재의 공급부족, 경제주체들이 획득할 수 있는 정보의 부족 등이 있다. 시장실패는 정부 개입의 근거가 되지만 정부가 개입한다고 해서 문제 해결이 보장되는 것은 아니다. 초과수요는 시장실패의 요인이 아니며, 시장에서의 공급확대로 초과수요 현상을 해결할 수 있다.

95

정답 ①

공동소유 목초지와 같은 공동자원은 한 사람이 소비하면 다른 사람이 소비할 수 없으므로 경합성은 있으나 다른 사람이 소비하는 것을 막을 수는 없으므로 배제성은 없다. 유료도로는 통행료를 내지 않은 차량은 배제가 가능하므로 공유자원이 아닌것에 비해, 막히는 무료도로는 누구나 이용할 수 있으나 소비가 경합적이므로 공유자원으로 볼 수 있다. 공유자원의 이용을 개인의 자율에 맡길 경우 서로의 이익을 극대화함에 따라 자원이 남용되거나 고갈되는 공유지의 비극이 발생할 수 있다.

96

정답 ②

소비의 경합성은 사적 재화의 특징으로, 시장에서 효율적 자원배분이 가능한 조건이다.

97

정답 ④

자동차 사고가 발생하면 보험료를 할증하는 것은 보험가입 후에 태만을 방지하기 위한 것이므로, 도덕적 해이를 줄이기 위한 방안에 해당된다.

98

정답 ④

실업률이 20%이고 취업자 수가 120만 명일 때, 실업자 수와 경제활동인구는 다음과 같이 구한다.

$$(\text{실업률})=\frac{(\text{실업자 수})}{(\text{경제활동인구})}\times100=\frac{(\text{실업자 수})}{(\text{취업자 수}+\text{실업자 수})}\times100$$

$$20\%=\frac{(\text{실업자 수})}{120\text{만 명}+(\text{실업자 수})}\times100$$

(실업자 수)=30만 명

(경제활동인구)=(취업자 수)+(실업자 수)=120만+30만=150만 명

$$(\text{경제활동참가율})=\frac{(\text{경제활동인구})}{(\text{노동가능인구})}\times100=\frac{150\text{만 명}}{200\text{만 명}}\times100=75\%$$

따라서 실업자 수가 30만 명, 경제활동인구가 150만 명이므로 경제활동참가율은 75%가 된다.

99

정답 ④

엥겔지수는 전체 소비지출 중에서 식료품비가 차지하는 비중을 표시하는 지표로, 특정 계층의 생활 수준만을 알 수 있다.

100

정답 ②

효율성임금 이론이란 평균임금보다 높은 임금을 지급해 주는 것을 유인으로, 생산성 높은 노동자를 채용하여 생산성을 결정짓는 이론이다.

101

정답 ①

이윤극대화 가설에 대한 비판이 이루어지면서 기업의 존재 목적에 대해 장기이윤극대화 가설, 제약된 이윤극대화 가설, 판매수입(매출액)극대화 가설, 경영자재량 가설, 기업가의 효용극대화 가설, 만족이윤 가설 등의 다양한 대체 가설이 등장하였지만 아직까지 완전히 이윤극대화 가설을 대체할 수 있는 가설이 존재하지 않는다.

102

정답 ②

돼지고기 값이 상승하는 경우는 돼지고기에 대한 수요가 늘거나, 공급이 줄거나, 대체재 소비가 줄어들 때이다. 따라서 돼지 사육두수가 점차 감소하면 공급이 줄어들어 돼지고기 값이 상승하고, 정부 예상보다 경기 회복세가 강한 경우에도 돼지고기에 대한 수요가 증가하여 돼지고기 값이 상승한다.

103

정답 ③

A국과 B국이 고구마와 휴대폰을 생산하는 데 투입되는 노동력을 정리하면 다음과 같다.

구분	A국	B국
고구마(1kg)	200	150
휴대폰(1대)	300	200

A국은 B국보다 고구마와 휴대폰을 각각 1단위 생산하기 위해 필요로 하는 노동력이 더 많으므로 B국이 절대우위를 가진다. 한편, A국은 고구마 1kg을 생산하기 위해 휴대폰 1대를 생산하기 위한 노동력의 약 66.7%$\left(=\frac{2}{3}\times 100\right)$가 필요하고, B국은 약 75%$\left(=\frac{3}{4}\times 100\right)$가 필요하다. 따라서 상대적으로 A국은 고구마 생산에, B국은 휴대폰 생산에 비교우위가 있다. 이 경우 A국과 B국은 각각 고구마와 휴대폰에 생산을 특화한 뒤 서로 생산물을 교환하면 소비량을 늘릴 수 있다. 현재 6,000명 투입이 가능하므로 A국은 고구마 30kg, B국은 휴대폰 30대를 생산한다.

104

정답 ②

환율의 하락은 외환시장에서 외환의 초과공급 또는 국내통화의 수요증가를 의미한다. 미국 달러 자본의 국내 투자 확대, 국내 부동산 매입, 국내 주식 매입, 국내산 제품의 수출 증가는 모두 외환의 초과공급과 국내통화의 초과수요라는 결과를 가져오므로 국내통화의 가치가 상승하면서 환율은 하락하게 된다.

105

정답 ③

정부의 직접적인 서비스 공급은 혼합경제체제에서 시장경제체제의 시장실패를 보완하기 위한 것이며, 1인 1표가 아닌 1원 1표이다.

106

정답 ②

제시된 효용함수는 두 재화가 완전보완재일 때이다. 효용함수가 $U=\min(X, Y)$이므로 효용을 극대화하려면 X재와 Y재를 항상 1 : 1로 소비해야 한다.

소득이 100이고 Y재의 가격이 10일 때, X재와 Y재의 양은 항상 같으므로 두 재화를 같은 양 X라고 설정하고 예산선 식인 $(M=P_X \cdot X+P_Y \cdot Y)$에 대입해 보면, $100=P_X\times X+10\times X$이다. 따라서 이를 정리하면 $X=\frac{100}{P_X+10}$임을 알 수 있다.

107

정답 ④

GDP 디플레이터(Deflator)는 명목 GDP와 실질 GDP 간의 비율로서, 국민경제 전체의 물가압력을 측정하는 지수로 사용되며, 통화량 목표설정에 있어서도 기준 물가상승률로 사용된다.

108

정답 ④

농산물은 필수재이므로 수요의 가격탄력성이 낮다. 수요의 가격탄력성이 낮으면 공급이 증가할 때 가격이 상대적으로 큰 폭으로 하락하게 된다. 하지만 가격이 하락하더라도 수요가 크게 증가하지 않으므로 수입은 감소하게 된다.

109

정답 ④

국제유가 등 국제 원자재 가격이 상승하면 수입가격 상승으로 경상수지가 악화되고, 경제성장이 둔화되며, 실업도 증가하게 된다.

110

정답 ①

출구전략이란 경기를 부양하기 위하여 취하였던 각종 완화정책을 정상화하는 것을 말한다. 경기가 침체되면 기준 금리를 내리거나 재정지출을 확대하여 유동성 공급을 늘리는 조치를 취하는데, 경기가 회복되는 과정에서 유동성이 과도하게 공급되면 물가가 상승하고 인플레이션을 초래할 수 있다. 따라서 경제에 미칠 후유증을 최소화하면서 재정 건전성을 강화해 나가는 것을 출구전략이라 한다.

오답분석

② 통화 스와프 : 두 나라가 자국통화를 상대국 통화와 맞교환하는 방식으로, 외환위기가 발생하면 자국통화를 상대국에게 맡기고 외국통화를 단기 차입하는 중앙은행 간 신용계약이다.

| 03 | 행정학(사무직)

61	62	63	64	65	66	67	68	69	70	71	72	73	74	75	76	77	78	79	80
②	⑤	④	⑤	①	②	②	④	⑤	②	④	①	④	①	③	③	④	①	②	④
81	82	83	84	85	86	87	88	89	90	91	92	93	94	95	96	97	98	99	100
③	③	③	⑤	⑤	④	⑤	④	①	④	②	①	②	①	④	③	①	③	②	③
101	102	103	104	105	106	107	108	109	110										
①	③	④	②	②	⑤	③	②	①	⑤										

61

정답 ②

리바이어던(Leviathan)은 구약성서에 나오는 힘이 강하고, 몸집이 큰 수중 동물로 정부재정의 과다 팽창을 비유한다. 현대의 대의민주체제가 본질적으로 정부 부문의 과도한 팽창을 유발하는 속성을 지닌다. 일반 대중이 더 큰 정부지출에 적극적으로 반대하지 않는 투표 성향(투표 거래, 담합)을 보이므로, 현대판 리바이어던의 등장을 초래한다.

오답분석

① 지대추구 이론은 정부의 규제가 반사적 이득이나 독점적 이익(지대)를 발생시키고 기업은 이를 고착화시키기 위한 로비 활동을 한다는 것을 말한다.
③ 파킨슨이 1914년부터 28년간 영국의 행정조직을 관찰한 결과 제시된 법칙으로 공무원 수는 본질적 업무량(행정수요를 충족시키기 위한 업무량)의 증감과 무관하게 일정 비율로 증가한다는 것이다.
④ 니스카넨이 1971년에 제기한 가설을 말하며, 관료들은 자신들의 영향력과 승진 기회를 확대하기 위해 예산 규모의 극대화를 추구한다는 것을 의미한다. 관료들이 오랜 경험 등을 활용하여 재정선택 과정을 독점한다는 점에서 재정선택의 독점 모형이라고도 한다.
⑤ 로머와 로젠탈의 회복 수준 이론은 투표자와 관료의 상호작용을 다음과 같은 단순한 상황에서 검토하였다. 관료들은 국민투표에서 유권자들 앞에 제시될 각 부처의 재원조달 계획을 마련하며, 그것은 다수결 투표에 의해 가부가 결정된다. 제안이 부결되면 지출 수준은 외생적인 어떤 방법으로 결정된 회귀(Reversion) 수준에서 확정된다. 예를 들어 회귀 수준은 지난해의 예산 규모일 수도 있고 혹은 0일 수도 있으며(이 경우 부처예산안의 부결은 부처의 폐쇄를 의미함), 혹은 좀 더 복잡한 어떤 방법으로 결정될 수도 있다. 로머와 로젠탈은 관료들의 문제, 즉 유권자 앞에 제시되는 예산안을 편성하는 문제, 또 지출 수준이 최종적으로 어떻게 결정되는지를 설명하는 문제를 검토하였다.

62

정답 ⑤

전자정부는 정보통신기술을 활용하여 행정활동의 모든 과정을 혁신함으로써 정부의 업무처리가 효율적이고 생산적으로 개선되고, 정부의 고객인 국민에 대하여 질 높은 행정서비스를 제공하는 정부를 말한다. 그러나 정부기관의 저장장치에 저장되어 있는 국민들의 개인정보가 내부인의 도덕적 해이나 외부 해커의 공격으로 인해 유출될 가능성이 있으며, 해커의 공격으로 인한 시스템 마비로 온라인으로 처리하는 정부 업무가 마비될 가능성이 있다.

63

정답 ④

ㄴ. 국가재정법 제17조에는 "한 회계연도의 모든 수입을 세입으로 하고, 모든 지출은 세출로 한다."는 내용이 명시되어 있다.
ㄷ. 지방재정법 제34조 제3항에 따르면 해당 경우는 적용 예외사항으로 규정되어 있다.

오답분석

ㄱ. 예산총계주의는 세입과 세출에 대해 누락 없이 예산에 계상해야 한다는 완전성에 대한 원칙이다. ㄱ의 내용은 명료성의 원칙에 대한 설명이다.

64

정답 ⑤

점증 모형은 수단과 목표가 명확히 구분되지 않으므로 흔히 목표 – 수단의 분석이 부적절하거나 제한되는 경우가 많으며, 목표 달성의 극대화를 추구하지 않는다. 정책목표 달성을 극대화하는 정책을 최선의 정책으로 평가하는 모형은 합리 모형이다.

합리 모형과 점증 모형의 특징 비교

구분	합리 모형	점증 모형
의사결정자	합리적 경제인	정치인
목표수단, 상호작용	• 목표와 수단의 엄격 구분(선후 · 계층성) • 수단은 목표에 합치되도록 선택 • 목표의 명확한 정의, 목표 – 수단 분석 활용	• 목표와 수단의 상호의존성 · 연쇄관계 • 목표를 수단에 합치되도록 재조정 · 수정 • 목표의 불명확성 · 목표 – 수단 분석 제한적
대안의 범위	대안 수는 무한정, 현실의 제약조건이 없다는 가정	대안 수는 한정, 현실의 제약조건 수용
분석의 범위	포괄적 분석, Root Method	제한적 분석, Branch Method(지분법 : 支分法)
접근 방식	• 이상적 · 규범적 · 연역적 접근 • 이론의존도 강함, OR · SA(BC 분석) 활용 • Algorithm, 체계적 · 과학적 접근	• 현실적 · 실증적 · 귀납적 접근 • 이론의존도 약함 • Heuristic, 주먹구구식, 이전투구식 결정
분석 · 결정의 특징	포괄적 · 총체적 · 단발적 · 1회적 결정, 하향적 결정	분절적 · 분할적 · 계속적 · 점진적 · 지속적 결정, 상향적 결정
결정 양식	• 전체 최적화(부분의 합≠전체) • 거시적 · 하향적 · 집권적	• 부분 최적화(부분의 합=전체) • 미시적 · 상향적 · 분권적
현실(기득권)	기득권 불인정(매몰비용 고려 안 함)	기득권 인정(매몰비용 고려)
적용사회	전체주의 · 권위주의 사회	다원주의 사회
관련 이론	공익의 실체설(적극설)	공익의 과정설(소극설), 다원주의

65

정답 ①

권력문화적 접근은 권력남용에 의해 부패가 유발된다고 보는 접근이며, 공직자들의 잘못된 의식구조를 부패의 원인으로 보는 접근은 구조적 접근에 해당한다.

66

정답 ②

오답분석

ㄱ. 민츠버그(Mintzberg)의 전문적 관료제는 낮은 공식화와 높은 수직적 · 수평적 분권화를 특성으로 한다.
ㄴ. 콕스(Cox. Jr)의 다원적 조직에 관한 설명이다. 다문화적 조직은 다른 문화적 입장을 가진 사람들을 포용하면서도 집단간 갈등 수준은 상당히 낮다.
ㄹ. 정보화사회에서는 조직의 핵심 기능인 기획 및 조정기능을 제외한 집행기능의 위임 · 위탁을 통해 업무를 간소화한다.

67

정답 ②

지방의회의 의장이나 부의장이 법령을 위반하거나 정당한 사유 없이 직무를 수행하지 아니하면 지방의회는 불신임을 의결할 수 있다(지방자치법 제62조 제1항). 불신임의결은 재적의원 4분의 1 이상의 발의와 재적의원 과반수의 찬성으로 행한다(동조 제2항).

오답분석

① 지방자치법 제49조 제1항
③ 주민투표법 제26조 제1항
④ 주민투표법 제14조 제1항
⑤ 지방자치법 제32조 제1항부터 제8항

68

정답 ④

주민소환투표권자 총수의 3분의 1 이상의 투표와 유효투표 총수 과반수의 찬성으로 확정된다.

오답분석

① 시·도지사의 주민소환투표의 청구 서명인 수는 해당 지방자치단체 주민소환청구권자 총수의 100분의 10 이상이다.
② 주민이 직선한 공직자가 주민소환의 대상이다.
③ 주민소환투표권자는 주민소환투표인명부 작성기준일 현재 해당 지방자치단체의 장과 지방의회의원에 대한 선거권을 가지고 있는 자로 한다.
⑤ 주민소환이 확정된 때에는 주민소환투표대상자는 그 결과가 공표된 시점부터 그 직을 상실한다.

주민소환투표의 청구요건

- 특별시장·광역시장·도지사 : 해당 지방자치단체의 주민소환투표청구권자 총수의 100분의 10 이상
- 시장·군수·자치구의 구청장 : 해당 지방자치단체의 주민소환투표청구권자 총수의 100분의 15 이상
- 지역구 시·도의회의원 및 지역구 자치구·시·군의회의원 : 해당 지방의회의원의 선거구 안의 주민소환투표청구권자 총수의 100분의 20 이상

69

정답 ⑤

예산의 이체는 정부조직 등에 관한 법령의 제정·개정 또는 폐지로 인하여 그 직무와 권한에 변동이 있는 경우 관련되는 예산의 귀속을 변경하여 예산집행의 신축성을 부여하는 제도이다. 사업내용이나 규모 등에 변경을 가하지 않고 해당 예산의 귀속만 변경하는 것으로써, 어떤 과목의 예산부족을 다른 과목의 금액으로 보전하기 위하여 당초 예산의 내용을 변경시키는 예산의 이·전용과는 구분된다.
이체의 절차는 기획재정부장관이 중앙관서의 장의 요구에 따라 예산을 이체할 수 있도록 규정하고 있다. 정부조직법 개편 시 국회의 의결을 얻었기 때문에 이체 시 별도의 국회의 의결을 받을 필요는 없다.

오답분석

① 명시이월 : 세출예산 중 경비의 성질상 연도 내 지출을 끝내지 못할 것으로 예견되는 경우, 다음 연도로 이월할 수 있다는 취지를 명백히 하여 미리 국회의 의결을 거쳐 다음 연도에 이월하는 제도이다.
② 예비비 사용 : 정부가 예비비로 사용한 금액의 총괄명세서를 다음 연도 5월 31일까지 국회에 제출하여 승인을 얻도록 한다. 총액으로 사전에 의결을 받지만, 구체적인 사용 용도는 사후승인을 받는다. 이런 이유로 견해에 따라 사전의결의 원칙에 예외로 보는 견해도 있고, 예외가 아니라고 보는 견해도 있다.
③ 예산의 이용 : 예산이 정한 장·관·항 간(입법과목)에 각각 상호 융통하는 것을 말한다. 예산 이용제도는 국가재정법 제45조에 따른 예산의 목적 외 사용금지 원칙의 예외로서, 예산집행에 신축성을 부여하여 예산집행주체가 집행 과정에서 발생한 여건 변화에 탄력적으로 대응할 수 있도록 미리 국회의 의결을 받은 경우에 한하여 허용되고 있다.
④ 계속비 : 완성에 수년을 요하는 공사나 제조 및 연구개발사업은 그 경비의 총액과 연부액(年賦額)을 정하여 미리 국회의 의결을 얻은 범위 안에서 수년에 걸쳐서 지출할 수 있는 제도로, 수년간의 예산이 안정적으로 집행되어 재정투자의 효율성을 높일 수 있는 제도이다.

70

정답 ②

BSC 방법론은 성과평가 시스템으로, Renaissance Solutions사의 David. P Norton 박사와 Havard 경영대학의 Robert S. Kaplan 교수가 공동으로 개발한 균형 성과측정 기록표를 의미한다. BSC는 독창적인 4가지 관점인 재무적, 고객, 내부 프로세스, 학습과 성장의 관점에 의하여 조직의 전략과 비전을 가시화하고, 목표를 달성할 수 있도록 이끌어 준다. 따라서 프로그램적 관점은 균형성과지표의 요소에 포함되지 않는다.

오답분석

① 재무적 관점 : '우리 조직은 주주들에게 어떻게 보일까?'로, 매출신장률, 시장점유율, 원가절감률, 자산보유 수준, 재고 수준, 비용 절감액 등이 해당된다.

③ 고객 관점 : '재무적으로 성공하기 위해서는 고객들에게 어떻게 보여야 하나?'로, 외부시각 / 고객확보율, 고객만족도, 고객유지율, 고객 불만 건수, 시스템 회복시간 등이 해당된다.

④ 내부 프로세스 관점 : '프로세스와 서비스의 질을 높이기 위해서는 어떻게 해야 하나?'로, 전자결재율, 화상회의율, 고객 대응 시간, 업무처리시간, 불량률, 반품률 등이 해당된다.

⑤ 학습과 성장 관점 : '우리 조직은 지속적으로 가치를 개선하고 창출할 수 있는가?'로, 미래시각 / 성장과 학습지표, 업무숙련도, 사기, 독서율, 정보시스템 활용력, 교육훈련 투자 등이 해당된다.

71

정답 ④

참여적 정부 모형의 문제 진단 기준은 관료적 계층제에 있으며, 구조 개혁 방안으로 평면조직을 제안한다.

72

정답 ①

ㄱ. 인간관계론은 인간을 사회적·심리적 존재로 가정하기 때문에 사회적 규범이 생산성을 좌우한다고 본다.

ㄴ. 과학적 관리론은 과학적 분석을 통해 업무수행에 적용할 유일 최선의 방법을 발견할 수 있다고 전제한다.

오답분석

ㄷ. 체제론은 하위의 단순 체제는 복잡한 상위의 체제에 속한다고 이해하므로, 계서적 관점을 지지한다.

ㄹ. 발전행정론은 정치·사회·경제를 균형적으로 발전시키기보다는 행정체제가 다른 분야의 발전을 이끌어 나가는 불균형적인 접근법을 중시한다.

73

정답 ④

관료제는 업무의 수행은 안정적이고 세밀하게 이루어져야 하며, 규칙과 표준화된 운영절차에 따라 이루어지도록 되어 있다. 따라서 이념형으로서의 관료는 직무를 수행하는 데 증오나 애정과 같은 감정을 갖지 않는 비정의적(Impersonality)이며 형식 합리성의 정신에 따라 수행해야 한다.

오답분석

①·②·③·⑤ 모두 관료제에 대한 옳은 설명이다.

74

정답 ①

앨리슨 모형은 1960년대 초 쿠바 미사일 사건과 관련된 미국의 외교정책 과정을 분석한 후 정부의 정책결정 과정을 설명하고 예측하기 위한 분석 틀로서, 세 가지 의사결정 모형인 합리 모형, 조직과정 모형, 관료정치 모형을 제시하여 설명한 것이다. 엘리슨은 이 중 어느 하나가 아니라 세 가지 모두 적용될 수 있다고 설명하였다.

75

정답 ③

탈신공공관리론은 신공공관리의 역기능적 측면을 교정하고 통치 역량을 강화하여 정치행정 체제의 통제와 조정을 개선하기 위해 재집권화와 재규제를 주장한다. 규제 완화는 신공공관리론에서 강조하는 전략이다.

신공공관리론과 탈신공공관리론의 비교

구분		신공공관리론	탈신공공관리론
정부기능	정부 – 시장 관계의 기본 철학	• 시장지향주의(규제 완화)	• 정부의 정치 · 행정력 역량 강화 • 재규제의 주장 • 정치적 통제 강조
	주요 행정가치	• 능률성, 경제적 가치 강조	• 민주성 · 형평성 등 전통적 행정가치 동시 고려
	정부 규모와 기능	• 정부 규모와 기능 감축 (민간화 · 민영화 · 민간 위탁)	• 민간화 · 민영화의 신중한 접근
	공공서비스 제공 방식	• 시장 메커니즘의 활용	• 민간 – 공공 부문의 파트너십 강조
조직구조	기본 모형	• 탈관료제 모형	• 관료제 모형과 탈관료제 모형의 조화
	조직구조의 특징	• 비항구적 · 유기적 구조, 분권화	• 재집권화(분권과 집권의 조화)
	조직개편의 방향	• 소규모의 준자율적 조직으로 행정의 분절화(책임운영기관)	• 분절화 축소 • 총체적 정부 강조 • 집권화, 역량 및 조정의 증대

76

정답 ③

기획재정부장관은 국무회의의 심의를 거쳐 대통령의 승인을 얻은 다음 연도의 예산안편성지침을 매년 3월 31일까지 각 중앙관서의 장에게 통보하여야 한다.

77

정답 ④

근무성적평정은 과거의 실적과 능력에 대한 평가이며, 미래 잠재력까지 측정한다고 볼 수 없다. 미래 행동에 대한 잠재력 측정이 가능한 평가는 역량평가이다.

78

정답 ①

내용타당성은 시험이 특정한 직위에 필요한 능력이나 실적과 직결되는 실질적인 능력요소(태도, 기술 등)를 포괄적으로 측정하였는가에 대한 기준이다. 따라서 내용타당성을 확보하려면 직무 분석을 통해 선행적으로 실질적인 능력요소를 파악해야 한다.

오답분석

② 구성타당성 : 시험이 이론적(추상적)으로 구성된 능력요소를 얼마나 정확하게 측정할 수 있느냐에 대한 기준이다. 즉, 추상적 능력요소를 구체적인 측정요소로 전환했을 때 구체적인 측정요소가 추상적 능력요소를 얼마나 잘 대변하는가의 문제이다.

③ 개념타당성 : 감정과 같은 추상적인 개념 또는 속성을 측정도구가 얼마나 적합하게 측정하였는가를 나타내는 타당성을 말한다.

④ 예측적 기준타당성 : 신규 채용자를 대상으로 그의 채용시험 성적과 업무 실적을 비교하여 양자의 상관관계를 확인하는 방법으로, 측정의 정확성은 높으나, 비용과 노력이 많이 소모된다는 점, 시차가 존재한다는 점, 성장효과 및 오염효과가 존재한다는 점이 한계이다.

⑤ 동시적 기준타당성 : 재직자를 대상으로 그들의 업무 실적과 시험 성적을 비교하여 그 상관관계를 보는 방법으로, 측정의 정확성은 낮으나 신속하고 비용과 노력이 절감된다.

79

정답 ②

오답분석

① · ④ 분배정책에 대한 설명이다.
③ 구성정책에 대한 설명이다.
⑤ 규제정책에 대한 설명이다.

80

정답 ④

제도화된 부패란 부패가 관행화되어 버린 상태로서, 부패가 실질적 규범이 되면서 조직 내의 공식적 규범은 준수하지 않는 상태가 만연한 경우이다. 이러한 조직에서는 지켜지지 않는 비현실적 반부패 행동규범의 대외적 발표를 하게 되며, 부패에 저항하는 자에 대한 보복이 뒤따르게 된다.

81

정답 ③

맥클리랜드(McClelland)는 인간의 욕구는 사회문화적으로 학습되는 것이라고 규정하면서, 욕구를 권력욕구 · 친교욕구 · 성취욕구로 분류하였다.

오답분석

① 앨더퍼(Alderfer)는 ERG 이론에서 매슬로의 욕구 5단계를 줄여서 생존욕구, 대인관계욕구, 성장욕구의 3단계를 제시하였다. 욕구 발로의 점진적 · 상향적 진행만을 강조한 매슬로와 달리 앨더퍼는 욕구의 퇴행을 주장하였다.
② 애덤스(Adams)의 형평성 이론은 형평성에 대한 사람들의 지각과 신념이 직무 행동에 영향을 미친다고 보는 동기부여 이론이다. 인간이 타인과 비교해서 정당한 보상이 주어진다고 기대했을 때, 직무수행의 향상을 가져온다고 보았다.
④ 브룸(Vroom)의 기대 이론에서 동기부여의 힘은 개인의 능력이나 노력이 성과를 가져올 수 있는지에 대한 기대나 확률(Expectation), 그리고 성과가 보상을 가져올 수 있는 충분한 수단이 되는지의 여부(Instrumentality), 그리고 보상에 대한 주관적 가치(Valence)가 상호 작용하여 결정된다. 전체적인 동기부여는 '$\sum$[(기대)×(수단성)×(유인가)]'로 결정된다고 제시한다.
⑤ 로크(Locke)의 목표설정 이론은 사람들은 일을 할 때 자기욕구의 충족 여부 등을 따지지 않고 설정된 목표를 달성하기 위해 열심히 일을 하며, 목표가 곤란성(난도)과 구체성을 띨수록 성취의도를 더욱 유인하여 직무성과를 제고할 수 있다는 내용이다.

맥클리랜드의 성취동기 이론

- 권력욕구 : 타인의 행동에 영향력을 미치거나 통제하려는 욕구이다.
- 친교욕구 : 타인과 우호적 관계를 유지하려는 욕구이다.
- 성취욕구 : 높은 기준을 설정하고 이를 달성하려는 욕구나 자신의 능력을 스스로 성공적으로 발휘함으로써 자부심을 높이려는 욕구이다.

82

정답 ③

강제배분법은 점수의 분포 비율을 정해놓고 평가하는 상대평가 방법으로, 집중화, 엄격화, 관대화 오차를 방지하기 위해 도입되었다.

오답분석

ㄱ. 시간적 오차에 해당한다.
ㄹ. 고정관념에 기인한 오차에 해당한다.

83

정답 ③

ㄱ은 가정 분석(B), ㄴ은 계층 분석(C), ㄷ은 경계 분석(A), ㄹ은 분류 분석(D)에 해당한다.

84

정답 ⑤

합리 모형에서 말하는 합리성은 경제적 합리성을 말한다. 정치적 합리성은 점증 모형에서 중시하는 합리성이다.

합리 모형과 점증 모형

구분	합리 모형	점증 모형
합리성 최적화 정도	• 경제적 합리성(자원배분의 효율성) • 전체적 · 포괄적 분석	• 정치적 합리성(타협 · 조정과 합의) • 부분적 최적화
목표와 수단	• 목표 – 수단 분석을 함 • 목표는 고정됨(목표와 수단은 별개) • 수단은 목표에 합치	• 목표 – 수단 분석을 하지 않음 • 목표는 고정되지 않음 • 목표는 수단에 합치
정책 결정	• 근본적 · 기본적 결정 • 비분할적 · 포괄적 결정 • 하향적 결정 • 단발적 결정(문제의 재정의가 없음)	• 지엽적 · 세부적 결정 • 분할적 · 한정적 결정 • 상향적 결정 • 연속적 결정(문제의 재정의 빈번)
정책 특성	• 비가분적 정책에 적합	• 가분적 정책에 적합
접근 방식과 정책 변화	• 연역적 접근 • 쇄신적 · 근본적 변화 • 매몰비용을 고려하지 않음	• 귀납적 접근 • 점진적 · 한계적 변화 • 매몰비용을 고려함
적용 국가	• 상대적으로 개도국에 적용 용이	• 다원화된 선진국에 주로 적용
배경 이론 및 참여	• 엘리트론 • 참여 불인정(소수에 의한 결정)	• 다원주의 • 참여 인정(다양한 이해관계자 참여)

85

정답 ⑤

기관위임사무는 지방자치단체장이 국가 또는 상급 지자체사무를 위임받아 수행하는 것이다. 따라서 기관위임사무의 소요 경비는 전액 위임기관의 예산으로 부담한다.

86

정답 ④

매트릭스 조직은 환경의 불확실성과 복잡성이 높은 경우 효과적이다.

87

정답 ⑤

롤스는 정의의 제1원리(평등)가 제2원리(차등조정의 원리)에 우선하고, 제2원리 중에서는 기회균등의 원리가 차등의 원리에 우선되어야 한다고 보았다.

88

정답 ④

국무총리 소속으로 설치한 국민권익위원회는 행정부 내에 소속한 독립통제기관이며, 대통령이 임명하는 옴부즈맨의 일종이다.

89

정답 ①

ㄱ. 퇴직연금 또는 퇴직연금일시금(공무원연금법 제43조 제1항 제1호)

① 공무원이 10년 이상 재직하고 퇴직한 경우에는 다음 각 호의 어느 하나에 해당하는 때부터 사망할 때까지 퇴직연금을 지급한다.

1. 65세가 되는 때

ㄴ. 급여액 산정의 기초(공무원연금법 제30조 제1항)

공무원연금법에 따른 급여(퇴직연금 · 조기퇴직연금 및 퇴직유족연금은 제외한다)의 산정은 급여의 사유가 발생한 날이 속하는 달의 기준소득월액을 기초로 한다. 다만, 공무원의 임용에 관련한 법률 또는 국회규칙, 대법원규칙, 헌법재판소규칙, 중앙선거관리위원회규칙 및 대통령령에서 정하는 바에 따라 공무원이 공무로 사망하거나 전사하여 상위 계급 · 직급 또는 직위(고위공무원단 직위를 포함한다)에 승진 등 임용된 경우에는 대통령령으로 정하는 바에 따라 해당 상위 계급 · 직급 또는 직위에서 재직한 것으로 간주하여 산정한 기준소득월액을 기초로 한다.

오답분석

ㄷ. 기여금(공무원연금법 제67조 제1항)

① 기여금은 공무원으로 임명된 날이 속하는 달부터 퇴직한 날의 전날 또는 사망한 날이 속하는 달까지 월별로 내야 한다. 다만, 기여금 납부기간이 36년을 초과한 자는 기여금을 내지 아니한다.

ㄹ. 퇴직급여의 산정에 있어서 퇴직 전 5년이 아닌 재직기간 전체를 기반으로 산정한다.

90

정답 ④

비용이 소수 집단에게 좁게 집중되고 편익은 넓게 분산되는 것은 기업가정치에 해당한다.

91

정답 ②

ㄱ. 베버의 관료제론은 규칙과 규제가 조직에 계속성을 제공하여 조직을 예측 가능성 있는 조직, 안정적인 조직으로 유지시킨다고 보았다.

ㄴ. 행정관리론은 모든 조직에 적용시킬 수 있는 효율적 조직관리의 원리들을 연구하였다.

ㄷ. 호손 실험을 통해 인간관계에서의 비공식적 요인이 업무의 생산성에 큰 영향을 끼친다는 것이 확인되었다.

오답분석

ㄹ. 조직군생태 이론은 조직과 환경의 관계에서 조직군이 환경에 의해 수동적으로 결정된다는 환경결정론적 입장을 취한다.

거시조직 이론의 유형

구분	결정론	임의론
조직군	• 조직군 생태론 • 조직경제학(주인 – 대리인 이론, 거래비용 경제학) • 제도화 이론	• 공동체 생태론
개별조직	• 구조적 상황론	• 전략적 선택론 • 자원의존 이론

92

정답 ①

오답분석

ㄱ. 허즈버그의 욕구충족요인 이원론에 의하면 만족요인을 충족시켜 줘야 조직원의 만족감을 높이고 동기를 유발할 수 있다.

ㄹ. 호손 실험을 바탕으로 하는 인간관은 사회적 인간관이다.

93

정답 ②

암묵적 지식인 '암묵지'는 언어로 표현하기 힘든 개인적 경험, 주관적 지식 등을 이르는 말이다. 여기에는 조직의 경험, 숙련된 기술, 개인적 노하우 등이 해당된다. 형식지는 객관화된 지식, 언어를 통해 표현 가능한 지식을 말하는데, 여기에는 업무매뉴얼, 컴퓨터 프로그램, 정부 보고서 등이 해당된다.

암묵지와 형식지

구분	암묵지	형식지
정의	주관적인 지식으로, 언어로 표현하기 힘듦	객관적 지식으로, 언어로 표현이 가능함
획득	경험을 통한 지식	언어를 통한 지식
전달	은유를 통해 전달 (타인에게 전수하는 것이 어려움)	언어를 통해 전달 (타인에게 전수하는 것이 상대적으로 용이)

94

정답 ①

오답분석

ㄷ. 예산결산특별위원회는 상설특별위원회이기 때문에 따로 활동기한을 정하지 않는다.
ㄹ. 예산결산특별위원회는 소관 상임위원회가 삭감한 세출예산의 금액을 증액하거나 새 비목을 설치하려는 경우에는 소관 상임위원회의 동의를 얻어야 한다.

95

정답 ④

고객이 아닌 시민에 대한 봉사는 신공공서비스론의 원칙이다. 반면에 신공공관리론은 경쟁을 바탕으로 한 고객 서비스의 질 향상을 지향한다.

오답분석

①·②·③·⑤ 신공공관리론의 특징이다.

96

정답 ③

개방형 인사관리는 인사권자에게 재량권을 주어 정치적 리더십을 강화하고 조직의 장악력을 높여준다.

개방형 인사관리의 장단점

장점	단점
• 행정의 대응성 제고 • 조직의 신진대사 촉진 • 정치적 리더십 확립을 통한 개혁 추진 • 세력 형성 및 조직 장악력 강화 • 행정에 전문가주의적 요소 강화 • 권위주의적 행정문화 타파 • 우수인재의 유치 • 행정의 질적 수준 증대 • 공직침체 및 관료화의 방지 • 재직공무원의 자기개발 노력 촉진	• 조직의 응집성 약화 • 직업공무원제와 충돌 • 정실임용의 가능성 • 구성원 간의 불신 • 공공성 저해 가능성 • 민·관 유착 가능성 • 승진기회 축소로 재직공무원의 사기 저하 • 빈번한 교체근무로 행정의 책임성 저하 • 복잡한 임용절차로 임용비용 증가

97

정답 ①

프로슈머는 생산자와 소비자를 합한 의미로서, 소비자가 단순한 소비자에서 나아가 생산에 참여하는 역할도 함께 수행하는 것을 말한다. 시민들이 프로슈머화 경향을 띠게 될수록 시민들이 공공재의 생산자인 관료의 행태를 쇄신하려 하고 시민 자신들의 의견을 투입시키려 할 것이기 때문에 현재의 관료주의적 문화와 마찰을 빚게 될 것이다. 따라서 프로슈머와 관료주의적 문화가 적절한 조화를 이루게 될 것이라는 설명은 옳지 않다.

98

정답 ③

정책대안의 탐색은 정책문제를 정의하는 단계가 아니라 정책목표설정 다음에 이루어진다.

정책문제의 정의
- 관련 요소 파악
- 가치 간 관계의 파악
- 인과관계의 파악
- 역사적 맥락 파악

99

정답 ②

주민복지사업과 공원묘지사업은 대상사업에 해당하지 않는다.

100

정답 ③

경제성질별 분류는 예산이 국민경제에 미치는 영향을 파악하기 위해 편성하며, 경제정책이나 재정정책의 수립에 유용하고 정부거래의 경제적 효과분석이 용이한 분류방식이다.

오답분석

① 기능별 분류는 정부가 수행하는 기능을 중심으로 예산을 분류하는 방식으로, 예산의 국민경제적 효과 파악은 어렵다.
② 품목별 분류는 지출대상(품목)별로 분류하는 방식이다.

101

정답 ①

정책의 수혜집단이 강하게 조직되어 있는 집단이라면 정책집행은 용이해진다.

오답분석

② 집행의 명확성과 일관성이 보장되어야 한다.
③ 규제정책의 집행 과정에서 실제로 불이익을 받는 자가 생겨나게 되는데, 이때 정책을 시행하는 과정에서 격렬한 갈등이 발생할 수 있다.
④ 나카무라(Nakamura)와 스몰우드(Smallwood)의 주장이다.
⑤ 정책의 집행에는 대중의 지지, 매스컴의 반응, 정책결정기관의 입장, 정치·경제·사회·문화적 흐름 등 많은 환경적 요인들이 영향을 끼친다.

102

정답 ③

사회자본은 사회 구성원들의 신뢰를 바탕으로 사회 구성원의 협력적 행태를 촉진시켜 공동목표를 효율적으로 달성할 수 있게 하는 자본을 말한다. 사회자본은 구성원의 창의력을 증진시켜 조직의 혁신적 발전을 이끌어낼 수 있다.

오답분석

①·② 네트워크에 참여하는 당사자들이 공동으로 소유하는 자산이므로 한 행위자가 배타적으로 소유권을 주장할 수 없다.
④·⑤ 신뢰를 기본으로 하기 때문에 사회적 관계에서 일어나는 불필요한 가외의 비용을 감소시켜 거래비용을 감소시켜 준다.

103

정답 ④

책임운영기관은 정책기능으로부터 분리된 집행 및 서비스 기능을 수행하는 기관을 말한다. 주로 경쟁원리에 따라 움직일 수 있고 성과관리가 용이한 분야에서 이루어지며, 기관운영에 있어서 상당한 자율권을 부여한다는 것이 특징이다.

104

정답 ②

총체적 품질관리(Total Quality Management)는 서비스의 품질은 구성원의 개인적 노력이 아니라 체제 내에서 활동하는 모든 구성원에 의하여 결정된다고 본다. 구성원 개인의 성과평가를 위한 도구는 MBO 등이 있다.

총체적 품질관리(TQM)의 특징
- 고객이 품질의 최종결정자
- 전체 구성원에 의한 품질 결정
- 투입과 절차의 지속적 개선
- 품질의 일관성(서비스의 변이성 방지)
- 과학적 절차에 의한 결정

105

정답 ②

기대 이론은 과정 이론에 해당하는 동기부여 이론으로서, 성과에 대한 기대성, 수단성, 유의성을 종합적으로 고려하여 구성원에 대한 동기부여의 정도가 나타난다는 이론이다.

오답분석

①·③·④·⑤ 동기부여 이론 중 내용 이론에 속한다.

106

정답 ⑤

규칙적 오류는 어떤 평정자가 다른 평정자들보다 언제나 좋은 점수 혹은 나쁜 점수를 주는 것을 말한다.

근무평정상의 대표적 오류

연쇄효과	피평정자의 특정 요소가 다른 평정요소의 평가에까지 영향을 미치는 것이다.
집중화의 오류	무난하게 중간치의 평정만 일어나는 것이다.
규칙적 오류	한 평정자가 지속적으로 낮은 혹은 높은 평정을 보이는 것이다.
시간적 오류	시간적으로 더 가까운 때에 일어난 사건이 평정에 더 큰 영향을 끼치는 것이다.
상동적 오류	피평정자에 대한 선입견이나 고정관념이 다른 요소의 평정에 영향을 끼치는 것이다.

107

정답 ③

오답분석

ㄱ. 상향적 접근은 제한된 합리성, 적응적 합리성을 추구하는 입장이며, 합리 모형의 선형적 시각을 반영하지 않으므로 옳지 않다.

ㅁ. 하향식 집행의 특징에 해당한다. 상향식 집행에서는 공식적 정책목표가 무시되므로 집행 결과에 대한 객관적인 평가가 용이하다는 것은 옳지 않다.

상향적 접근과 하향적 접근의 비교

구분	하향적 · 전방향적 접근	상향적 · 후방향적 접근
학자	1970년대, Van Meter, Van Horn, Sabatier, Mazmanian, Edwards	1970년대 말 ~ 1980년대 초, Elmore, Lipsky, Berman
분석 목표	성공적 집행의 좌우요인 탐구(예측 / 정책건의)	집행현장의 실제 상태를 기술 · 설명
정책과정 모형	단계주의자 모형	융합주의자 모형
집행과정 특징	계층적 지도	분화된 문제해결
민주주의 모형	엘리트 민주주의	참여 민주주의
평가기준	- 공식적 목표의 달성도(효과성) - 정책결정자의 의도를 실현하는 것이 성공적 정책집행이라고 파악 - 정치적 기준과 의도하지 않은 결과도 고찰하지만 이는 선택기준	- 평가기준 불명확(집행 과정에서의 적응성 강조) - 집행의 성공은 결정자의 의도에의 순응 여부보다는 집행자가 주어진 여건하에서 역할의 충실한 수행이라는 상황적 기준을 중시
전반적 초점	정책결정자가 의도한 정책목표를 달성하기 위해 집행체계를 어떻게 운영하는지에 초점을 둠	집행네트워크 행위자의 전략적 상호작용
적응상황	핵심 정책이 있고 비교적 구조화된 상황에 적합	핵심 정책이 없고 독립적인 다수행위자가 개입하는 동태적 상황에 적합
Berman	정형적 집행	적응적 집행
Elmore	전방향적 집행(Forward Mapping)	후방향적 집행(Backward Mapping)
Nakamura	고전적 기술자형, 지시적 위임가형	재량적 실험가형, 관료적 기업가형

108

정답 ②

다면평가제는 경직된 분위기의 계층제적 사회에서는 부하의 평정, 동료의 평정을 받는 것이 조직원들의 강한 불쾌감을 불러올 수 있고, 이로 인해 조직 내 갈등상황이 불거질 수 있다.

109

정답 ①

예산개혁의 경향은 '통제 지향 – 관리 지향 – 기획 지향 – 감축 지향 – 참여 지향'의 순서로 발달하였다.

110

정답 ⑤

통합 방식은 일정한 광역권 안의 여러 자치단체를 포괄하는 단일의 정부를 설립하여 주도적으로 광역사무를 처리하는 방식으로, 선진국보다는 개발도상국에서 많이 채택한다.

인천국제공항공사 NCS 필기전형 답안카드

성 명

지원 분야

문제지 형별기재란	
(　　)형	Ⓐ Ⓑ

수 험 번 호						
⓪	⓪	⓪	⓪	⓪	⓪	⓪
①	①	①	①	①	①	①
②	②	②	②	②	②	②
③	③	③	③	③	③	③
④	④	④	④	④	④	④
⑤	⑤	⑤	⑤	⑤	⑤	⑤
⑥	⑥	⑥	⑥	⑥	⑥	⑥
⑦	⑦	⑦	⑦	⑦	⑦	⑦
⑧	⑧	⑧	⑧	⑧	⑧	⑧
⑨	⑨	⑨	⑨	⑨	⑨	⑨

감독위원 확인
㉤ 인

1	①	②	③	④	⑤	21	①	②	③	④	⑤	41	①	②	③	④	⑤
2	①	②	③	④	⑤	22	①	②	③	④	⑤	42	①	②	③	④	⑤
3	①	②	③	④	⑤	23	①	②	③	④	⑤	43	①	②	③	④	⑤
4	①	②	③	④	⑤	24	①	②	③	④	⑤	44	①	②	③	④	⑤
5	①	②	③	④	⑤	25	①	②	③	④	⑤	45	①	②	③	④	⑤
6	①	②	③	④	⑤	26	①	②	③	④	⑤	46	①	②	③	④	⑤
7	①	②	③	④	⑤	27	①	②	③	④	⑤	47	①	②	③	④	⑤
8	①	②	③	④	⑤	28	①	②	③	④	⑤	48	①	②	③	④	⑤
9	①	②	③	④	⑤	29	①	②	③	④	⑤	49	①	②	③	④	⑤
10	①	②	③	④	⑤	30	①	②	③	④	⑤	50	①	②	③	④	⑤
11	①	②	③	④	⑤	31	①	②	③	④	⑤	51	①	②	③	④	⑤
12	①	②	③	④	⑤	32	①	②	③	④	⑤	52	①	②	③	④	⑤
13	①	②	③	④	⑤	33	①	②	③	④	⑤	53	①	②	③	④	⑤
14	①	②	③	④	⑤	34	①	②	③	④	⑤	54	①	②	③	④	⑤
15	①	②	③	④	⑤	35	①	②	③	④	⑤	55	①	②	③	④	⑤
16	①	②	③	④	⑤	36	①	②	③	④	⑤	56	①	②	③	④	⑤
17	①	②	③	④	⑤	37	①	②	③	④	⑤	57	①	②	③	④	⑤
18	①	②	③	④	⑤	38	①	②	③	④	⑤	58	①	②	③	④	⑤
19	①	②	③	④	⑤	39	①	②	③	④	⑤	59	①	②	③	④	⑤
20	①	②	③	④	⑤	40	①	②	③	④	⑤	60	①	②	③	④	⑤

※ 본 답안지는 마킹연습용 모의 답안지입니다.

인천국제공항공사 NCS 필기전형 답안카드

성 명

지원 분야

문제지 형별기재란	
(　　　)형	Ⓐ Ⓑ

수 험 번 호						
⓪	⓪	⓪	⓪	⓪	⓪	⓪
①	①	①	①	①	①	①
②	②	②	②	②	②	②
③	③	③	③	③	③	③
④	④	④	④	④	④	④
⑤	⑤	⑤	⑤	⑤	⑤	⑤
⑥	⑥	⑥	⑥	⑥	⑥	⑥
⑦	⑦	⑦	⑦	⑦	⑦	⑦
⑧	⑧	⑧	⑧	⑧	⑧	⑧
⑨	⑨	⑨	⑨	⑨	⑨	⑨

감독위원 확인
인

1	①	②	③	④	⑤	21	①	②	③	④	⑤	41	①	②	③	④	⑤
2	①	②	③	④	⑤	22	①	②	③	④	⑤	42	①	②	③	④	⑤
3	①	②	③	④	⑤	23	①	②	③	④	⑤	43	①	②	③	④	⑤
4	①	②	③	④	⑤	24	①	②	③	④	⑤	44	①	②	③	④	⑤
5	①	②	③	④	⑤	25	①	②	③	④	⑤	45	①	②	③	④	⑤
6	①	②	③	④	⑤	26	①	②	③	④	⑤	46	①	②	③	④	⑤
7	①	②	③	④	⑤	27	①	②	③	④	⑤	47	①	②	③	④	⑤
8	①	②	③	④	⑤	28	①	②	③	④	⑤	48	①	②	③	④	⑤
9	①	②	③	④	⑤	29	①	②	③	④	⑤	49	①	②	③	④	⑤
10	①	②	③	④	⑤	30	①	②	③	④	⑤	50	①	②	③	④	⑤
11	①	②	③	④	⑤	31	①	②	③	④	⑤	51	①	②	③	④	⑤
12	①	②	③	④	⑤	32	①	②	③	④	⑤	52	①	②	③	④	⑤
13	①	②	③	④	⑤	33	①	②	③	④	⑤	53	①	②	③	④	⑤
14	①	②	③	④	⑤	34	①	②	③	④	⑤	54	①	②	③	④	⑤
15	①	②	③	④	⑤	35	①	②	③	④	⑤	55	①	②	③	④	⑤
16	①	②	③	④	⑤	36	①	②	③	④	⑤	56	①	②	③	④	⑤
17	①	②	③	④	⑤	37	①	②	③	④	⑤	57	①	②	③	④	⑤
18	①	②	③	④	⑤	38	①	②	③	④	⑤	58	①	②	③	④	⑤
19	①	②	③	④	⑤	39	①	②	③	④	⑤	59	①	②	③	④	⑤
20	①	②	③	④	⑤	40	①	②	③	④	⑤	60	①	②	③	④	⑤

※ 본 답안지는 마킹연습용 모의 답안지입니다.

인천국제공항공사 NCS 필기전형 답안카드

성 명

지원 분야

문제지 형별기재란	
( )형	Ⓐ Ⓑ

수 험 번 호						
⓪	⓪	⓪	⓪	⓪	⓪	⓪
①	①	①	①	①	①	①
②	②	②	②	②	②	②
③	③	③	③	③	③	③
④	④	④	④	④	④	④
⑤	⑤	⑤	⑤	⑤	⑤	⑤
⑥	⑥	⑥	⑥	⑥	⑥	⑥
⑦	⑦	⑦	⑦	⑦	⑦	⑦
⑧	⑧	⑧	⑧	⑧	⑧	⑧
⑨	⑨	⑨	⑨	⑨	⑨	⑨

감독위원 확인
㊞ 인

1	①	②	③	④	⑤	21	①	②	③	④	⑤	41	①	②	③	④	⑤
2	①	②	③	④	⑤	22	①	②	③	④	⑤	42	①	②	③	④	⑤
3	①	②	③	④	⑤	23	①	②	③	④	⑤	43	①	②	③	④	⑤
4	①	②	③	④	⑤	24	①	②	③	④	⑤	44	①	②	③	④	⑤
5	①	②	③	④	⑤	25	①	②	③	④	⑤	45	①	②	③	④	⑤
6	①	②	③	④	⑤	26	①	②	③	④	⑤	46	①	②	③	④	⑤
7	①	②	③	④	⑤	27	①	②	③	④	⑤	47	①	②	③	④	⑤
8	①	②	③	④	⑤	28	①	②	③	④	⑤	48	①	②	③	④	⑤
9	①	②	③	④	⑤	29	①	②	③	④	⑤	49	①	②	③	④	⑤
10	①	②	③	④	⑤	30	①	②	③	④	⑤	50	①	②	③	④	⑤
11	①	②	③	④	⑤	31	①	②	③	④	⑤	51	①	②	③	④	⑤
12	①	②	③	④	⑤	32	①	②	③	④	⑤	52	①	②	③	④	⑤
13	①	②	③	④	⑤	33	①	②	③	④	⑤	53	①	②	③	④	⑤
14	①	②	③	④	⑤	34	①	②	③	④	⑤	54	①	②	③	④	⑤
15	①	②	③	④	⑤	35	①	②	③	④	⑤	55	①	②	③	④	⑤
16	①	②	③	④	⑤	36	①	②	③	④	⑤	56	①	②	③	④	⑤
17	①	②	③	④	⑤	37	①	②	③	④	⑤	57	①	②	③	④	⑤
18	①	②	③	④	⑤	38	①	②	③	④	⑤	58	①	②	③	④	⑤
19	①	②	③	④	⑤	39	①	②	③	④	⑤	59	①	②	③	④	⑤
20	①	②	③	④	⑤	40	①	②	③	④	⑤	60	①	②	③	④	⑤

※ 본 답안지는 마킹연습용 모의 답안지입니다.

인천국제공항공사 NCS 필기전형 답안카드

성 명

지원 분야

문제지 형별기재란	
(　　)형	Ⓐ Ⓑ

수 험 번 호						
⓪	⓪	⓪	⓪	⓪	⓪	⓪
①	①	①	①	①	①	①
②	②	②	②	②	②	②
③	③	③	③	③	③	③
④	④	④	④	④	④	④
⑤	⑤	⑤	⑤	⑤	⑤	⑤
⑥	⑥	⑥	⑥	⑥	⑥	⑥
⑦	⑦	⑦	⑦	⑦	⑦	⑦
⑧	⑧	⑧	⑧	⑧	⑧	⑧
⑨	⑨	⑨	⑨	⑨	⑨	⑨

감독위원 확인
㊞ 인

1	①	②	③	④	⑤	21	①	②	③	④	⑤	41	①	②	③	④	⑤
2	①	②	③	④	⑤	22	①	②	③	④	⑤	42	①	②	③	④	⑤
3	①	②	③	④	⑤	23	①	②	③	④	⑤	43	①	②	③	④	⑤
4	①	②	③	④	⑤	24	①	②	③	④	⑤	44	①	②	③	④	⑤
5	①	②	③	④	⑤	25	①	②	③	④	⑤	45	①	②	③	④	⑤
6	①	②	③	④	⑤	26	①	②	③	④	⑤	46	①	②	③	④	⑤
7	①	②	③	④	⑤	27	①	②	③	④	⑤	47	①	②	③	④	⑤
8	①	②	③	④	⑤	28	①	②	③	④	⑤	48	①	②	③	④	⑤
9	①	②	③	④	⑤	29	①	②	③	④	⑤	49	①	②	③	④	⑤
10	①	②	③	④	⑤	30	①	②	③	④	⑤	50	①	②	③	④	⑤
11	①	②	③	④	⑤	31	①	②	③	④	⑤	51	①	②	③	④	⑤
12	①	②	③	④	⑤	32	①	②	③	④	⑤	52	①	②	③	④	⑤
13	①	②	③	④	⑤	33	①	②	③	④	⑤	53	①	②	③	④	⑤
14	①	②	③	④	⑤	34	①	②	③	④	⑤	54	①	②	③	④	⑤
15	①	②	③	④	⑤	35	①	②	③	④	⑤	55	①	②	③	④	⑤
16	①	②	③	④	⑤	36	①	②	③	④	⑤	56	①	②	③	④	⑤
17	①	②	③	④	⑤	37	①	②	③	④	⑤	57	①	②	③	④	⑤
18	①	②	③	④	⑤	38	①	②	③	④	⑤	58	①	②	③	④	⑤
19	①	②	③	④	⑤	39	①	②	③	④	⑤	59	①	②	③	④	⑤
20	①	②	③	④	⑤	40	①	②	③	④	⑤	60	①	②	③	④	⑤

※ 본 답안지는 마킹연습용 모의 답안지입니다.

인천국제공항공사 NCS+전공 필기전형 답안카드

성 명

지원 분야

문제지 형별기재란	
(　　　)형	Ⓐ Ⓑ

수 험 번 호						
⓪	⓪	⓪	⓪	⓪	⓪	⓪
①	①	①	①	①	①	①
②	②	②	②	②	②	②
③	③	③	③	③	③	③
④	④	④	④	④	④	④
⑤	⑤	⑤	⑤	⑤	⑤	⑤
⑥	⑥	⑥	⑥	⑥	⑥	⑥
⑦	⑦	⑦	⑦	⑦	⑦	⑦
⑧	⑧	⑧	⑧	⑧	⑧	⑧
⑨	⑨	⑨	⑨	⑨	⑨	⑨

감독위원 확인
인

1	①②③④⑤	21	①②③④⑤	41	①②③④⑤	61	①②③④⑤	81	①②③④⑤	101	①②③④⑤
2	①②③④⑤	22	①②③④⑤	42	①②③④⑤	62	①②③④⑤	82	①②③④⑤	102	①②③④⑤
3	①②③④⑤	23	①②③④⑤	43	①②③④⑤	63	①②③④⑤	83	①②③④⑤	103	①②③④⑤
4	①②③④⑤	24	①②③④⑤	44	①②③④⑤	64	①②③④⑤	84	①②③④⑤	104	①②③④⑤
5	①②③④⑤	25	①②③④⑤	45	①②③④⑤	65	①②③④⑤	85	①②③④⑤	105	①②③④⑤
6	①②③④⑤	26	①②③④⑤	46	①②③④⑤	66	①②③④⑤	86	①②③④⑤	106	①②③④⑤
7	①②③④⑤	27	①②③④⑤	47	①②③④⑤	67	①②③④⑤	87	①②③④⑤	107	①②③④⑤
8	①②③④⑤	28	①②③④⑤	48	①②③④⑤	68	①②③④⑤	88	①②③④⑤	108	①②③④⑤
9	①②③④⑤	29	①②③④⑤	49	①②③④⑤	69	①②③④⑤	89	①②③④⑤	109	①②③④⑤
10	①②③④⑤	30	①②③④⑤	50	①②③④⑤	70	①②③④⑤	90	①②③④⑤	110	①②③④⑤
11	①②③④⑤	31	①②③④⑤	51	①②③④⑤	71	①②③④⑤	91	①②③④⑤		
12	①②③④⑤	32	①②③④⑤	52	①②③④⑤	72	①②③④⑤	92	①②③④⑤		
13	①②③④⑤	33	①②③④⑤	53	①②③④⑤	73	①②③④⑤	93	①②③④⑤		
14	①②③④⑤	34	①②③④⑤	54	①②③④⑤	74	①②③④⑤	94	①②③④⑤		
15	①②③④⑤	35	①②③④⑤	55	①②③④⑤	75	①②③④⑤	95	①②③④⑤		
16	①②③④⑤	36	①②③④⑤	56	①②③④⑤	76	①②③④⑤	96	①②③④⑤		
17	①②③④⑤	37	①②③④⑤	57	①②③④⑤	77	①②③④⑤	97	①②③④⑤		
18	①②③④⑤	38	①②③④⑤	58	①②③④⑤	78	①②③④⑤	98	①②③④⑤		
19	①②③④⑤	39	①②③④⑤	59	①②③④⑤	79	①②③④⑤	99	①②③④⑤		
20	①②③④⑤	40	①②③④⑤	60	①②③④⑤	80	①②③④⑤	100	①②③④⑤		

※ 본 답안지는 마킹연습용 모의 답안지입니다.

인천국제공항공사 NCS+전공 필기전형 답안카드

성 명

지원 분야

문제지 형별기재란	
(　　　)형	Ⓐ Ⓑ

수 험 번 호						
⓪	⓪	⓪	⓪	⓪	⓪	⓪
①	①	①	①	①	①	①
②	②	②	②	②	②	②
③	③	③	③	③	③	③
④	④	④	④	④	④	④
⑤	⑤	⑤	⑤	⑤	⑤	⑤
⑥	⑥	⑥	⑥	⑥	⑥	⑥
⑦	⑦	⑦	⑦	⑦	⑦	⑦
⑧	⑧	⑧	⑧	⑧	⑧	⑧
⑨	⑨	⑨	⑨	⑨	⑨	⑨

감독위원 확인
㊞ 인

1	①②③④⑤	21	①②③④⑤	41	①②③④⑤	61	①②③④⑤	81	①②③④⑤	101	①②③④⑤
2	①②③④⑤	22	①②③④⑤	42	①②③④⑤	62	①②③④⑤	82	①②③④⑤	102	①②③④⑤
3	①②③④⑤	23	①②③④⑤	43	①②③④⑤	63	①②③④⑤	83	①②③④⑤	103	①②③④⑤
4	①②③④⑤	24	①②③④⑤	44	①②③④⑤	64	①②③④⑤	84	①②③④⑤	104	①②③④⑤
5	①②③④⑤	25	①②③④⑤	45	①②③④⑤	65	①②③④⑤	85	①②③④⑤	105	①②③④⑤
6	①②③④⑤	26	①②③④⑤	46	①②③④⑤	66	①②③④⑤	86	①②③④⑤	106	①②③④⑤
7	①②③④⑤	27	①②③④⑤	47	①②③④⑤	67	①②③④⑤	87	①②③④⑤	107	①②③④⑤
8	①②③④⑤	28	①②③④⑤	48	①②③④⑤	68	①②③④⑤	88	①②③④⑤	108	①②③④⑤
9	①②③④⑤	29	①②③④⑤	49	①②③④⑤	69	①②③④⑤	89	①②③④⑤	109	①②③④⑤
10	①②③④⑤	30	①②③④⑤	50	①②③④⑤	70	①②③④⑤	90	①②③④⑤	110	①②③④⑤
11	①②③④⑤	31	①②③④⑤	51	①②③④⑤	71	①②③④⑤	91	①②③④⑤		
12	①②③④⑤	32	①②③④⑤	52	①②③④⑤	72	①②③④⑤	92	①②③④⑤		
13	①②③④⑤	33	①②③④⑤	53	①②③④⑤	73	①②③④⑤	93	①②③④⑤		
14	①②③④⑤	34	①②③④⑤	54	①②③④⑤	74	①②③④⑤	94	①②③④⑤		
15	①②③④⑤	35	①②③④⑤	55	①②③④⑤	75	①②③④⑤	95	①②③④⑤		
16	①②③④⑤	36	①②③④⑤	56	①②③④⑤	76	①②③④⑤	96	①②③④⑤		
17	①②③④⑤	37	①②③④⑤	57	①②③④⑤	77	①②③④⑤	97	①②③④⑤		
18	①②③④⑤	38	①②③④⑤	58	①②③④⑤	78	①②③④⑤	98	①②③④⑤		
19	①②③④⑤	39	①②③④⑤	59	①②③④⑤	79	①②③④⑤	99	①②③④⑤		
20	①②③④⑤	40	①②③④⑤	60	①②③④⑤	80	①②③④⑤	100	①②③④⑤		

※ 본 답안지는 마킹연습용 모의 답안지입니다.

2025 최신판 시대에듀 All-New
인천국제공항공사(인국공) 통합기본서

개정19판1쇄 발행	2025년 08월 20일 (인쇄 2025년 07월 08일)
초 판 발 행	2013년 01월 07일 (인쇄 2012년 10월 10일)
발 행 인	박영일
책 임 편 집	이해욱
편 저	SDC(Sidae Data Center)
편 집 진 행	여연주 · 오세혁
표지디자인	김도연
편집디자인	장성복 · 유가영
발 행 처	(주)시대고시기획
출 판 등 록	제10-1521호
주 소	서울시 마포구 큰우물로 75 [도화동 538 성지 B/D] 9F
전 화	1600-3600
팩 스	02-701-8823
홈 페 이 지	www.sdedu.co.kr
I S B N	979-11-383-9630-1 (13320)
정 가	25,000원

답안채점 • 성적분석 서비스

모바일 OMR

도서 내 모의고사 우측 상단에 위치한 QR코드 찍기 → 로그인 하기 → '시작하기' 클릭 → '응시하기' 클릭 → 나의 답안을 모바일 OMR 카드에 입력 → '성적분석 & 채점결과' 클릭 → 현재 내 실력 확인하기

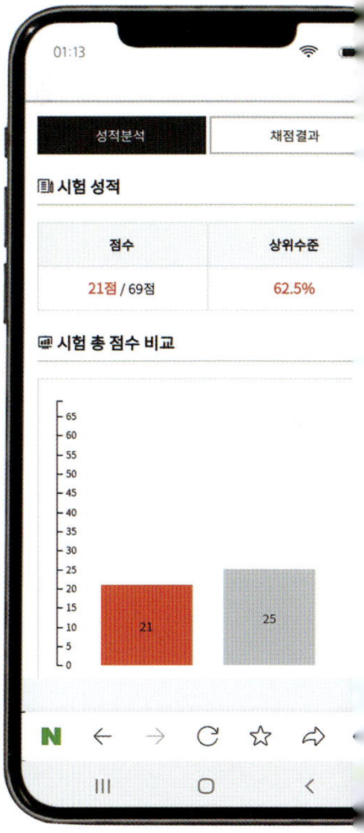

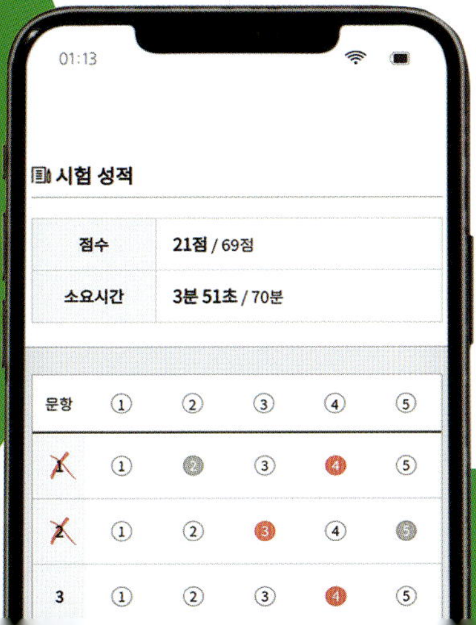

도서에 수록된 모의고사에 대한
객관적인 결과(정답률, 순위)를
종합적으로 분석하여 제공합니다.

※OMR 답안채점 / 성적분석 서비스는 등록 후 30일간 사용 가능합니다.

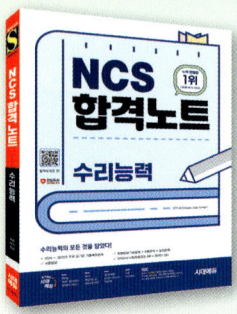

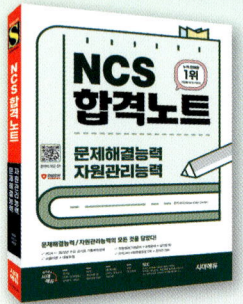